문학지리학의 이론과 해석

- 문학공간을 어떻게 이해하고, 활용할 것인가?

Theory and Interpretation of Literary Geography

- How to understand and utilize the literary space?

권혁래

용인대학교 교양교육원 교수.

연세대 국문학과와 동대학원 국문학과 졸. 문학박사.

한국고전소설 및 옛이야기, 아시아옛이야기, 문학지리와 콘텐츠 분야에 대해 연구하고 있다. 저서로는『조선후기 역사소설의 탐구』,『고전소설의 다시쓰기』,『일제강점기 설화 · 동화집 연구』,『필리핀 국민동화 바샹할머니 이야기』, 역서로는『조선동화집』등이 있다.「문학지리학 연구의 정체성과 연구방법론 고찰」,「아시아 선악형제담 비교연구」논문으로 교육부 학술 · 연구지원사업 우수 성과상(2017, 2021년) 수상.

서강학술총서
136

문학지리학의 이론과 해석

- 문학공간을 어떻게 이해하고, 활용할 것인가?

Theory and Interpretation of Literary Geography

- How to understand and utilize the literary space?

권혁래 지음
KWON, Hyeok-rae

서강대학교출판부

서강학술총서 136

문학지리학의 이론과 해석

– 문학공간을 어떻게 이해하고, 활용할 것인가?

Theory and Interpretation of Literary Geography

– How to understand and utilize the literary space?

초판 1쇄 발행 | 2022년 1월 14일

지 은 이 | 권혁래
발 행 인 | 심종혁
편 집 인 | 주세영
발 행 처 | 서강대학교출판부
등록 번호 | 제2002-000170호

주 소 | 서울특별시 마포구 백범로 35(신수동)
전 화 | (02) 705-8212
팩 스 | (02) 705-8612

ISBN 978-89-7273-378-2(94080)
ISBN 978-89-7273-139-9(세트)

값 42,000원

* 잘못된 책은 구입하신 곳에서 바꿔드립니다.

* '서강학술총서'는 SK SUPEX 기금의 후원으로 제작됩니다.

머 리 말

문학지리학의 이론을 정리하고, 문학공간을 어떻게 이해하고, 활용할 것인지에 대해 독자들과 함께 논의하려고 이 책을 쓰게 되었다. 서사문학, 주로 고소설과 설화문학을 공부하면서 내 관심사는 주로 서사분석과 주제해석, 또는 인물의 성격이었다. 소설의 3요소 중 하나인 공간은 그야말로 서사 뒤에 깔리는 '배경' 정도로 생각하였다. 고소설에는 작품의 공간이 특정하게 제시된 작품이 많지 않고, 관습적으로 북경, 남경 등 중국을 배경으로 한 작품들이 많은 점도 그러한 이유 중 하나이다.

내가 문학작품에 그려진 공간에 주목하게 된 것은 조선후기 역사소설을 연구하면서부터이다. 〈임진록〉에 그려진 부산성전투, 남원성전투, 평양성전투, 남해안에서 벌어진 이순신의 해전 등을 보면서 실제 전투가 벌어진 지형과 지리가 궁금했다. 〈임경업전〉에 그려진 의주, 백마산성, 〈김영철전〉에 그려진 평안남도의 영유현, 자모산성, 중국 환인현 부찰 벌판에서 벌어진 심하전투, 주인공이 포로생활을 한 허투알라성과 건주, 5년간 머물렀던 산동성 등주(登州), 〈최척전〉에서 최척·옥영 부부가 정착한 절강성 항주, 옥영이 배를 타고 귀국한 해로와 바다를 생각하면서, 스토리가 전개되는 이국적 문학공간들에 대해 관심을 갖지 않을 수 없었다. 〈김영철전〉과 〈최척전〉은 고소설에서는 드물게 중국의 만주와 영원성, 산동반도의 등주, 절강성 소흥과 항주가 배경으로 들어오고, 일본의 낭고사[나가사키]와 베트남의 어느 항구[홍옌, 또는 호이안]이 등장한다. 왜병이 남원에서 민간인들을 체포해 섬진강 상류에서 배로 일본 규슈 지방으로 실어가는 장면이, 일본에서 베트남에 이르는 바다와 무역선의 원양항해가, 항주에서 순천으로 오는 해로가 그려진다. 도대체 이런 외국의 도시와 바다는 왜, 어떻게 작품 안에 들어온 것인가? 주인공, 또는 작가는 그곳을 다녀온 것일까? 이런 궁금증이 생겨났다.

이런 문학공간들은 대개 가보기 힘든 곳이라서 텍스트 위주로 분석하고 이해하다가, 2008년 겨울, 중국 호남성 장사(長沙)에서 열린 한국고소설학회 국제학술대회에 참석하면서 〈최척전〉의 해외공간에 대해 새롭게 눈을 뜨게 되었다. 최척은 그의 망명을 도와준 명나라 병사 여유문이 죽은 뒤, 중국 각지를 유람했는데, 작가는 그가 장강과 회수를 타고 용문, 우혈, 동정호, 악양루, 고소대, 호산 등지를 다녔다고 했다. 학회에 참석한 몇몇 중국인 학자에게 이 넓은 지역에 있는 도시들을 1년 안에 유람하는 것이 가능할지 물어보았는데, 그들은 불가능하다고 말하였다. 2011년 한양대 이승수 교수가 이끄는 사행록 현지답사팀에 합류하면서 중국 동북지방을 다니며 〈김영철전〉의 배경공간인 심하전투가 벌어진 부찰 들판, 허투알라성 등을 답사하게 되었다. 요녕성 환인현, 본계시, 무순시 등지를 찾아다니면서 소설에 그려진 공간, 노정 등이 실제 지리와 어떻게 상관되는지를 따져보게 되었다.

2013년에는 신류 장군의 제2차 흑룡강원정(1658년)을 제재로 한 신류의 진중일기 『북정록』과 소설 〈배시황전〉의 배경공간인 함경북도 회령에서부터 두만강, 해관령, 용정시, 연길시, 왕청현, 노송령(백자령), 영고탑성을 가보고, 목단강시에서부터 목단강, 송화강 수로를 따라 의란, 부금, 가목사, 동강을 거쳐 러시아 수군과 조 · 청 연합군이 전투를 벌였던 흑룡강 유역까지 답사하였다. 이후 〈김영철전〉에서 영철이 건주를 탈출해 정착하였다는 산동성 등주 일대를 답사하며 영철이 그곳에서 5년간 가무공연을 하며 살아갔을 모습을 떠올렸다. 〈최척전〉에서 최척이 정착한 절강성 항주를 방문하여 18년간 그곳에서 최척과 옥영 부부가 정착해 산 모습을 상상하고, 차 상인이 되어 무역선을 타고 바다를 누볐을 최척의 삶을 스토리텔링의 방식으로 풀어보았다. 〈최척전〉의 작가 조위한이 거주했던 남원성 주포를 찾아보고, 최척의 거주지로 소개된 남원 만복사지 동쪽, 최척 부부가 피난한 지리산 연곡사 계곡, 옥영이 항주에서 배를 타고 귀국하였을 순창의 포구를 찾아보기도 하였다.

이렇듯 역사소설의 배경공간이 된 국내외 도시를 답사하면서 문학의 공간이 실제 지리와 어떻게 연관을 맺고 있는지에 관심을 갖게 되었다. 문학작품에 그려진 공간 및 도시, 노정은 작가나 주인공이 경험한 장소를 실제적으로 반영한 것도 있고, 작가의 독서와 상상에 의해 묘사된 경우도 있다. 나는 「〈최척전〉에 나타난 유랑의 의미」(2008)를 시작으로 문학공간에 대해 좀 더 연구하였다. 문학작품의 공간이 묘사되는 방식, 공간과 서사가 결합되는 방식을 연구하면서 문학지리학이라는 개념을 이은숙 교수의 논문을 통해 접하고, 지리학자들이 문학공간을 연구하는 방식, 개념에 관심을 갖게 되었다. 이은숙은 「문학지리학 서설–문학과 지리학과의 만남」(1992)에서 문학지리학의 개념을, "경관에 대한 해설서로서의 문학작품이나 지리학적 현상으로서의 문학작품을 연구하는 관점"이라고 정의하였다. 그리고 문학작품 연구를 통해 장소에 대한 개인과 인간집단의 미적 체험을 이해할 수 있으며, 장소 및 지역에 관한 사실적 지리정보를 얻고, 장소 및 지역의 이미지 형성과정을 이해하는 데 도움을 얻는다고 하였다.

크리스티안 노르베르크 슐츠라는 노르웨이 건축가는 『존재, 공간, 건축』(1971)이라는 책에서, "장소는 행위와 의도의 중심", "실존의 의미 있는 사건들을 경험하게 되는 초점"이라고 표현하고, 사건과 행위는 장소의 맥락에서만 의미 있다며 장소의 위상을 한껏 올렸다. 지리학연구자들의 표현에 의하면, 장소는 인간의 삶을, 나아가 자아정체성까지도 형성할 수 있는 핵심 요소이다. 장소의 영향력을 적극적으로 해석하는 지리학자들의 이러한 관점은 서사문학의 이해에도 새로운 관점을 제공한다. 소설에서 공간, 또는 장소는 서사 속 인물을 성장시키며, 이주와 여행은 주인공의 생각과 행동, 자아형성에 영향을 미친다.

1990년대 중반 이후 이은숙 교수는 문학공간의 실용성, 상품적 가치에 주목한 연구주제를 제시하였고, 21세기 들어 몇몇 지리학자들은 문학공간의 장소 마케팅 활용, 문학지리의 DB작업 및 GIS 활용, 디지털 콘텐츠 제작 등의 주제로 문학지리학 연구를 수행하였다.

국문학계에서 문학연구방법론으로서 문학지리학을 의식하고 연구를 진행한 것은 2000년대 중반 이후로 파악된다. 서울대 국문학과의 조동일 교수는 『지방문학사 연구의 방향과 과제』(2004)에서 '지방문학사' 개념으로, 동국대 국문학과 김태준 교수는 『문학지리 · 한국인의 심상공간』(2005)에서 '지역문학연구'의 개념으로 문학지리학 연구를 시도하였다. 국문학계에서는 2000년대 중후반부터 지역문학사, 기행문학의 여행체험, 사행록에 그려진 문학공간에 대한 연구를 시작해, 2010년을 전후한 시기부터는 심상지리, 도시 및 장소의 표상, 문학공간의 스토리텔링과 콘텐츠 활용 등으로 주제를 넓혀 오고 있다. 2015년을 기점으로 해 문화콘텐츠, 호텔경영, 문화관광, 관광경영, 관광개발, 지역문화(개발) 등의 다양한 전공의 연구자들이 문학공간 연구에 합류하면서 문학공간을 활용한 관광콘텐츠 개발 연구가 활성화되고 있다.

나는 「문학지리학 연구의 정체성과 연구방법론 고찰」(2016) 논문을 준비하면서 문학과 지리학의 교집합으로서의 문학지리학의 이론과 방법론을 공부하고, 외국의 논저도 찾아보았다. 문학지리학은 문학작품에 그려진 공간 또는 장소가 실제 지리와 어떠한 연관을 맺고 있는가를 질문하고 탐구하는 연구방법론이다. 문학 속의 공간과 장소는 문학과 지리학의 교집합에 자리잡고 서로의 영역을 넘나들고 있다. 지리학연구자와 문학연구자는 각각 사회과학자와 인문학자의 정체성을 지니고 상이한 시각으로 문학공간을 해석하고 활용하며, 서로 다른 용어와 개념을 사용하고 있다.

문학지리학에서 파악되는 상이한 관점과 연구방법론을 통합적으로 이해하고 정립하기 위해 이 책을 구상하였다. 이 책은 2018년 서강대 출판부의 연구지원을 받아 진행되었다. 이 연구지원이 있어 문학지리학을 주제로 하여 이론과 해석을 겸한 교양학술서를 기획 · 출판하게 되었다. 나는 이 책에서 첫째, 지리학과 문학 분야에서 문학공간을 연구 · 분석해온 성과와 연구방법론을 검토하고, 2010년대 이후 관광경영학 및 문화콘텐츠학, 지역문화학 등의 학문 범주에서 시도하고 있는 문학공간의 활용방식에 대해 기술하였다. 둘째, 한국고전문학에서 국내 및 해외 문학공간의 형상화 양상, 문학공간 분석을 활용한 서사연구, 문학공간을 활용한 콘텐츠 제작방안에 대해 논하였다.

출판 기회를 주시고, 최종 출판원고를 제출하기까지 긴 시간 기다려 주신 서강대 출판부 및 서강학술총서 담당자께 진심으로 감사드린다. 이 책을 집필하기까지 직간접적으로 도움을 주신 많은 분들께 감사드린다. 먼저 상명대 지리학과 명예교수이신 이은숙 교수님께 감사드린다. 그가 쓴 20여 편의 논문은 문학공간에 대한 지리학적 이해와 상상력을 넓히는 바탕이 되었다. 지리학계의 문학지리학 연구방법 및 동향에 대해 조언해 주신 청주교대 심승희 교수님, 문학공간 DB작업과 GIS활용 연구에 대한 이해에 도움을 주신 지인컨설팅 대표이사 장은미 박사님께 깊이 감사드린다. 2014년부터 답사를 함께 하였고, 공동연구를 하면서 고지도 및 지리학공부를 도와주시고, 논문을 작성할 때 고지도 디자인 작업을 도와주신 동북아역사재단 문상명 박사님께 감사드린다.

2011년 여름부터 사행록 및 역사소설의 배경이 되는 중국의 요녕성, 길림성 등지의 현장답사에 합류하도록 해주신 한양대 국문과 이승수 교수께 깊이 감사드린다. 이승수 교수를 따라 여러 차례 중국으로 문학답사를 다니면서 '문학이 탄생하는 공간'에 대해 많은 공부를 하였고, 문학지리학에 대한 영감을 얻었다. 한국방송통신대 방송국의 카메듀서 신춘호 박사님은 답사를 같이 다녔으며, 사진과 지도를 이용하여 문학지도를 만들고, 논문을 작성하는 데 많은 아이디어를 주셨다. 신 선생님을 통해 문학지리학 연구에서 사진의 인용 · 배열, 지도의 디자인, GPS좌표기록 등의 활용방법을 배웠다. 이 책의 3부 2장 및 4부의 본문 중에 수록된 대부분의 사진은 신 선생님이 제공해주신 것을 사용하였고, 시각자료들의 디자인 작업도 신 선생님의 도움을 얻었다. 이 지면을 빌어 다시 한 번 감사의 인사를 드린다.

중국의 동북3성, 절강성, 산동성 등지를 다니며 문학답사를 함께 한 동국대 김일환 교수, 연세대 유광수 교수, 관동대 강동우 교수, 공주대 이성형 교수, 경북대 김재웅 교수, 동북3성 최고의 역사문화 전문가이드 임문성 선생 등께 감사드린다. 이승수, 신춘호 선생을 비롯해 이 벗들과 4-5년간 방학마다 여행을 같이 하며 문학과 문학지리, 글쓰기에 대해 많은 대화를 하였고, 우정과 추억, 아이디어를 나눴다. 2006년

경 박재연본 〈김영철전〉의 입력파일을 제공해주신 선문대 양승민 선생님, 〈김영철전〉, 〈북정록〉 등에 대해 발표와 토론을 함께 하며 같은 길을 걸어온 고려대 송하준 선생님께 감사드린다.

한문학에서 문학지리연구의 선편을 잡으시고 디지털 공간에서의 표현, 간도 및 북방영토 문제에 대해 연구기회를 마련해주신 연세대 국문과 허경진 교수님께 감사드린다. 디지털인문학과 문학정보의 표현방법을 논문과 워크샵 강의를 통해 가르쳐주신 한국학중앙연구원 인문정보학과의 김현 교수님, 〈최척전〉과 〈김영철전〉, 『북정록』의 문학지도 작업을 도와준 같은 연구원의 김현종 선생, 흑룡강원정서사의 시각화 콘텐츠 논문의 공동저자이자 시각화 표현기술에 대해 고민을 함께 한 같은 연구원의 김사현 선생께 감사드린다. 2014~2015년 즈음에 논문들을 읽으며 문학지리 연구사 정리작업을 도와준 한양대 김용선 선생, 연세대 윤영현 선생에게 감사의 마음을 전한다. 방학마다 시간과 비용 들여 답사여행을 떠나는 남편을 용인해주고, 짧은 촌평으로 글쓰기를 격려해준 나의 동지 김혜순에게 무한감사와 사랑의 마음을 전한다. 대학원에서 공부를 시작할 때 부족한 제자에게 생각을 열어주시고, 공부의 방법을 가르쳐주신 설성경 교수님께 감사드린다.

이 책은 모두 5부 18장으로 구성되어 있다. 1부에서는 문학지리학의 개념과 범주, 학문적 정체성과 연구방법론에 관해 논하였다. 1장에서는 문학공간을 바라보는 시각을 지리학, 문학, 관광경영 등의 분야에서 이뤄진 성과를 분석하며 고찰하였다. 2장에서는 용어와 개념 문제, 문학공간의 스토리텔링 및 콘텐츠 활용, 문학공간의 DB작업 및 디지털 콘텐츠작업 등 현재 문학지리학연구의 쟁점과 전망을 살폈다. 3장에서는 문학지리를 탐구하거나 문학공간을 활용한 글쓰기를 어떻게 할 것인가에 대해 제안하였다. 여기 1, 2장은 문학지리학이라는 분야에 관해 학문의 융복합적 성격, 개념과 연구관점, 연구사와 전망을 종합적으로 서술하였다는 점에서 이 분야 연구에 발판이 될 것이라 기대한다.

2부에서는 한국고전문학에 형상화된 주요 도시경관과 장소성, 그 공간 위에서 활동하는 인물들에 대해 고찰하였다. 1장에서는 고려말·조선초 및 조선중기 해로사행록에 그려진 중국 산동반도 등주의 경관 및 장소성, 사신으로 활동한 권근·정몽주·홍익한·정두원 등의 형상과 내면을 살폈다. 2장에서는 13세기 초 이규보의 시에서부터 조선 초기의 소설, 후기의 한시와 야담, 20세기 초 자료에 이르기까지 여러 문학 작품에 그려진 상업도시 개성의 경관과 장소성, 개성상인 형상에 대해 살폈다. 3장에서는 19세기 말 실기문학 〈영고탑북정지〉, 〈강북일기〉에 그려진 간도(間島) 경관과 유민 형상에 대해 살폈다. 4장에서는 근대 인문지리지 『조선환여승람』『영암군편』의 편집·출판과정에서 영암의 충신·효자·열녀, 연주현씨 가문을 비롯해 향촌인물이 군지에 대거수록된 점, 현준호의 영향력, 왕인 박사 유적지 조성사업 등을 고찰하며 영암군의 로컬리티가 어떻게 형성되는지를 살폈다.

3부에서는 조선후기 전란을 제재로 한 실기문학 및 소설에 그려진 동아시아 문학공간에 대해 살폈다. 1장에서는 임진왜란 때 일본에 잡혀갔다가 돌아온 진주 선비 조완벽의 체험담을 기록한 〈조완벽전〉을 분석하며 베트남 체험, 해양체험, 민간인포로로서의 삶 등을 고찰하였다. 2장에서는 신류의 『북정록』을 텍스트로 하여 함경북도 회령부터 현 중국 흑룡강성(黑龍江省) 영고탑성(寧古塔城)까지의 구간에 한정하여 제2차 흑룡강원정의 노정과 경관을 원전 텍스트, 사진과 지도, GPS좌표를 활용하며 고찰하였다. 3장에서는 제2차 흑룡강원정 일정을 기록한 신류의 『북정록』 및 이의 파생 텍스트인 〈차한일기〉, 〈북정일록〉, 〈배시황전〉, 『북정일기』 등을 대비하며 북해변 러시아군, 만주변방 부족민,

청의 북방산하에 대한 인식과 묘사내용을 살폈다. 4장에서는 조선후기 전쟁소설에 그려진 한반도 북부지방의 여러 표상과 인물 · 주제와의 관계에 대해 고찰하였다.

4부에서는 문학지리학의 관점에서 조선후기 역사소설의 서사와 문학공간을 해석하였다. 1장에서는 1619년 일어난 심하전투를 제재로 한 〈김영철전〉, 〈최척전〉, 〈강로전〉 등을 텍스트로 하여 각 작품마다 서사 및 문학공간 묘사의 양상을 대비하며 문학의 진실성 문제를 고찰하였다. 2장에서는 〈김영철전〉을 텍스트로 하여, 전쟁포로 김영철의 후금 건주 탈출노정과 등주 정착 및 혼인, 등주탈출까지의 서사와 상상된 문학공간의 결합 방식을 살폈다. 3장에서는 심하전투 참전군인의 인생사를 서술한 〈김영철전〉의 글쓰기 기법을 분석하며, 노정서술 및 경관묘사에서 발견되는 빈틈의 의미를 살폈다. 4장에서는 〈최척전〉에서 전쟁으로 인한 이산–귀환서사, 이와 결합하는 국내 및 동아시아 지역공간의 이미지를 문학지리학적 시각에서 해석하고, 문학공간의 활용방안을 살폈다. 5장에서는 〈최척전〉의 망명서사, 소략하게 묘사된 중국 소흥 · 항주 공간의 문학지리를 구체적으로 파악하고, 공간과 시간, 서사와의 관계를 스토리텔링 기법으로 표현하였다.

5부에서는 『북정록』, 〈최척전〉 등에 그려진 문학공간을 활용한 콘텐츠 개발방안, 곧 작품의 서사와 공간적 특징을 활용하여 디지털콘텐츠, 지역문화콘텐츠를 제작하는 방안에 내해 고찰하였다. 1장에서는 흑룡강원정서사를 디지털 공간에서 재현할 때 작품의 시각화 요소를 분석해 시각화콘텐츠로 제작하는 방식에 대해 논하였다. 2장에서는 〈최척전〉의 망명–귀환서사 및 남원이라는 지역문화적 특성을 활용한 지역문화콘텐츠 개발방안을 논하였다. 이 두 장은 시론적인 글로, 공부하며 쓴 글임에도 불구하고 미흡한 점이 많음을 고백한다.

2018년에 저술을 기획하고, 최종 출판원고를 제출하기까지 적지 않은 시간이 걸렸다. 1부의 문학지리학 연구방법론은 학술대회 발표와 관련 연구자의 인터뷰, 토론을 거쳐 구성과 생각을 정리하고, 각종 자료들을 검토해 보완하였다. 2부에서 5부까지의 원고는 2010년부터 발표한 관련 연구논문 등을 바탕으로, 교양도서로 읽힐 수 있도록 구성과 내용, 문장을 전체적으로 보완하고 고쳐 썼다. 각 장의 원문 출처는 책의 말미에 기록하였다.

이 책은 문학연구자가 쓴 문학지리학 저술이기에 아무래도 지리학 연구자가 쓰는 글과는 차이가 있을 것이다. 일반 독자와 문학연구자는 물론, 지리학, 문화콘텐츠, 관광경영 등 다른 분야의 연구자들께서 조언과 비판을 해주신다면 생산적 토론이 될 것이라고 생각한다. 이를 통해 문학공간의 이해와 활용에 대한 논의가 좀 더 활성화되기를 기대한다.

2020년 1월 이후 곧 있으면 3년째. 코로나19 바이러스 팬데믹은 계속되고, 학교가 아닌 곳에서 비대면수업을 하는 상황에서 나는 집과 동네 카페를 오가며 원고를 쓰고 문장을 고쳤다. TV와 인터넷에서는 코로나확진 현황, 백신접종 현황 뉴스가 끊임없이 나오고, 사람들은 마스크를 쓰고 조심조심 살고 있다. 인간과 동물, 자연이 공생하며, 지구환경과 자연이 더 건강해졌으면 좋겠다.

2021년 12월 5일

자양동에서 권혁래

Abstract

Theory and Interpretation of Literary Geography

– How to understand and utilize the literary space?

KWON, Hyeok-rae
(Yongin University, South Korea)

I wrote this book to organize theory of literary geography being studied in Korea and to discuss with readers how to understand and utilize literary space. While studying historical novels in the late Joseon Dynasty, I paid attention to the spaces depicted in literary works. In old novels such as *Imjin-rok* (임진록), *Kim Youngchul-jeon* (김영철전), and *Choi Cheok-jeon* (최척전), Manchuria in China and Tengzhou (Penglai) City in Shandong Province are depicted as the stage of the novel, and the novel depicts a sea route from Nagasaki, Japan to Hoi An, Vietnam, and a Japanese trading ship. Why and how did these foreign cities and seas come into the work? Did the main character or writer go there? I was curious about these things.

The scholar who first inspired me about literary geography

was Professor Eunsook Lee of the Department of Geography at Sangmyung University. In "Introduction to Literary Geography - Encounter of Literature and Geography" (1992), she defined literary geography as "a study that studies literature from the point of view that a literary work is a commentary on a landscape or shows a geographical phenomenon".

Since the mid-1990s, Prof. Lee has presented research topics that focus on practicality and commercial value of literary space. In the 21st century, some geographers have conducted research on literary geography with themes such as the use of place marketing of literary space, DB work and GIS use of literary geography, and digital content production.

It is the first time in the mid-2000s that Korean literature researchers conducted research using literary geography terms. Professor Dong-il Cho, a researcher on Korean literature, presented the direction of the study of literary geography with the concept of 'the history of local literature' in *Directions and Tasks of Research on Local Literary History* (2004). Professor Tae-jun Kim of Dongguk University attempted to study literary geography with the concept of 'research on regional literature' in *Literary Geography: The Image Space of Korean*s (2005).

Researchers of Korean literature began to study the history of local literature, travel experiences of travel literature, and the literary space depicted in the records of the envoys from the mid to late 2000s. From around 2010, they have expanded their research topics to include image geography, representation of cities and places, storytelling of literary spaces, and utilization of content in literary spaces.

Since 2015, researchers from various majors, such as cultural contents, hotel management, tourism management, and local culture (development), have joined the research on literary space, accordingly, research on tourism content development using literary space has been revitalized.

Literary geography is a research methodology that questions and explores how the spaces or places depicted in literary works are related to actual geography. Spaces and places in literature are located at the intersection of literature and geography, crossing each other's domains. Geography researchers and literary researchers each have the identities of social scientists and humanities, interpret and use literary spaces from different perspectives, and use different terms and concepts. I conceived this book with the purpose of understanding the different perspectives and research methodologies that appear in literary geography research in an integrated way.

This book consists of 5 parts and 18 chapters. In Part 1, the concepts and categories of literary geography, academic identity, and research methodology were discussed. In Chapter 1, I analyzed the results of literary space research in the fields of geography, literature, and tourism management etc. In Chapter 2, I examined the issues and prospects of current literary geography research, such as terminology and concepts, storytelling and content utilization in literary space, DB work in literary space, and digital content work. In Chapter 3, I suggested how to explore literary geography or write using literary space. These discussions in Chapters 1 and 2 are expected to serve as a springboard for research in this field in that it comprehensively describes the convergence characteristics, concepts and research perspectives, research history and prospects of literary geography.

In Part 2, the major urban landscapes and spatial characteristics embodied in Korean classical literature were examined. In Chapter 1, I examined the landscape and location characteristics of Tengzhou City in Shandong Province, China, depicted in the records of the Goryeo and Joseon envoys who went to China by boat from the end of the 14th century to the middle of the 17th century. In Chapter 2, I examined the landscapes of urban Kaesong and the image of Kaesong merchants depicted in various literary works from the early 13th century to the early 20th century. In Chapter 3, I examined the landscape of Gando (間島) and the figures of refugees drawn in *Yeong-gotap-bukjeong-ji* at the end of the 19th century. In Chapter 4, I examined the locality of Yeong-am-gun, Jeollanam-do, depicted in the modern geography *Joseon Hwanyeo-seungram.*

In Part 3, I looked into the East Asian literary space depicted in novels about the war in the late Joseon Dynasty. In Chapter 1, I analyzed the experience of Wan-byeok Cho, a civilian prisoner of Imjin War in 1592-1599, traveling to Vietnam on a Japanese merchant ship and sailing for *Cho Wan-byeok-jeon*. In Chapter 2, I studied the course and scenery of the 2nd Heilonggang

Expedition(1658), using General Shinryu's *Bukjeong-nok* as the text. In Chapter 3, I analyzed figures of the Russian army on the northern coast, the tribesmen on the periphery of Manchuria, and the mountains and rivers in the northern part of the Qing dynasty drawn in General Shinryu's *Bukjeong-nok* and its derivative texts, *Chahan-ilgi*, *Bukjeong-ilrok*, *Bae Sihwang-jeon*, etc. In Chapter 4, I examined the relationship between various representations of the northern part of the Korean Peninsula and characters and themes depicted in war novels in the late Joseon Dynasty.

In Part 4, I analyzed the narrative and literary space of historical novels in the late Joseon Dynasty from the point of view of literary geography. In Chapter 1, I considered the issue of authenticity of literature by comparing the aspects of narrative and literary space descriptions, using *Kim Youngchul-jeon, Choi Cheok-jeon*, and *Gangro-jeon* as the subject of the battle of Simha in 1619. In Chapter 2, I used *Kim Youngchul-jeon* as the text, and examined the course of the escape of the prisoner of war Youngchul Kim from the Qing Dynasty Territory, the life in Tengzhou City in Shandong Province, the story of marriage, and the aspect of the imagined literary space. In Chapter 3, I analyzed the writing technique of *Kim Youngchul-jeon* and considered the meaning of the gaps found in the description of the travel course and the description of the landscape. In Chapter 4, I examined the narrative of separation and return due to Imjin War in *Choi Cheok-jeon* and the literary geography of domestic and overseas spaces. Chapter 5, I examines how the narrative of exile in *Choi Cheok-*

jeon and the imagination depicting the spaces of Shaoxing and Hangzhou correspond to each other.

In Part 5, I considered ways to produce digital contents and local cultural contents by using narrative and spatial characteristics of the works, targeting narrative literature that has a well-formed literary space. In Chapter 1, I discussed the method of creating visualization contents by analyzing the visualization elements of the work when reproducing the narrative of the 2nd Heilonggang Expedition(1658) in digital space. In Chapter 2, I discussed a plan to develop local cultural contents using the exile-return narrative of *Choi Cheok-jeon* and it's local cultural characteristics.

Through this book, I would like to discuss the understanding and use of literary space with Korean citizens and literary researchers, as well as researchers in other fields such as geography, cultural contents, tourism management, and foreign researchers.

Major literary works covered in this book– *Imjin-rok* (임진록), *Kim Youngchul-jeon* (김영철전), *Choi Cheok-jeon* (최척전), *Gangro-jeon* (강로전), *Im Gyoung-up-jeon* (임경업전), *Chaekjung-ilrok* (책중일록), *Yeong-gotap-bukjeong-ji* (영고탑북정지), *Cho Wan-byeok-jeon* (조완벽전), *Joseon Hwanyeo-seungram* (조선환여승람), *Bukjeong-nok* (북정록) *and its derivative texts, Chahan-ilgi* (차한일기), *Bukjeong-ilrok* (북정일록), *Bae Sihwang-jeon* (배시황전), etc.

차　례

제1부
문학지리학의 관점과 전망

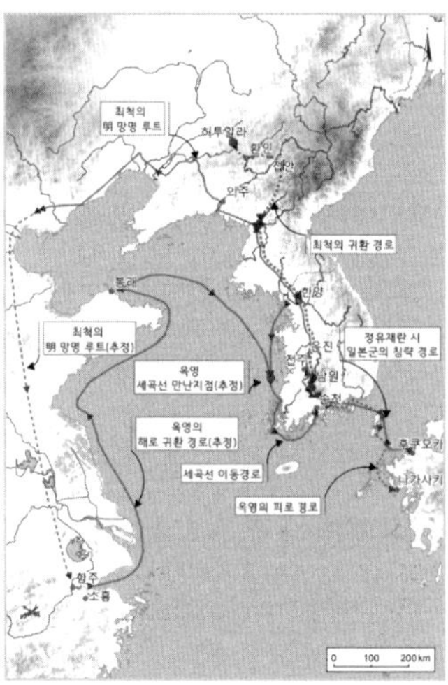

〈최척전〉의 서사와 공간 및 노정

문학지리학의 핵심은 실제 공간의 지리가 표현 매체인 문학과 어떠한 관계를 맺고 있느냐에 달려 있다. … 문학에 표현·상징화된 공간과 경관, 이미지와 장소성의 분석과 해석을 통해서 우리는 무엇을 얻을 수 있을까?

제1장
문학지리학의 관점과 연구방법론

1. 문학공간과 문학지리학

한 사람의 삶을 이해하고 표현하는 데 있어 시간과 공간은 원초적인 기준으로 작용한다. 공간 문제에 한정한다면, 인간은 공간에 대한 경험을 바탕으로 삶을 이해하고 사물을 이해하고 세상을 이해한다. 인간은 살아가면서 공간을 의미화하고, 아울러 공간은 그곳에 사는 인간을 의미화한다. "공간에 내재되어 있는 기억의 힘은 위대하다."는 키에르케고르의 말을 굳이 떠올리지 않더라도, 우리는 한 역사 공간 속에서 한 개인의 체험을 넘어 한 공동체 구성원들이 공유하는 기억과 경험의 가치에 대해 깊이 공감한다.

문학에서 공간은 작가가 습득했던 삶의 인식과 감수성이 발현되는 주요 소재이다. 당연하게도 모든 문학작품들은 그것을 탄생하게 한 공간을 품고 있다. 따라서 작가가 경험했던 공간, 또는 그것의 표현 방법에 대한 탐구는 문학작품을 이해하고 평가하는 데 매우 중요한 근거가 된다.[1] 이런 점에서 문학을 해석하는 방법론의 하나로 문학지리학은 유용하다.

문학작품은 필연적으로 문학의 한 요소인 배경공간, 또는 장소를 담고 있다. 문학지리학은 위에서 말한 것처럼, 문학작품에 그려진 공간 또는 장소가 실제 지리와 어떠한 연관을 맺고 있는가를 질문하고 탐구하는 연구방법론이다. 이러한 개념으로 본다면 문학 속의 공간과 장소는 문학과 지리학의 교집합에 자리잡고 서로의 영역을 넘나들고 있다. 그래서 문학 연구와 지리학 연구, 양 분야에서는 문학지리학의 개념과 의미를 다양한 방식으로 사용하고 있다.

지리학연구에서 문학작품은 '경관'과 '장소'를 이해하는 유용한 제재다. 한국에서 문학지리학 연구는 1990년대 초부터 지리학자들에 의해 시작되었다. 한국에서 문학지리학의 영역을 개척한 이은숙은 "경관에 대한 해설서로서의 문학작품이나, 지리학적 현상으로서의 문학작품을 연구하는 관점"[2]에서 문학작품에 그려진 지리공간을 주목하였다. 이후로 지리학 분야의 연구자들은 문학작품에 표현된 공간과 경관을 추출하여 자연지리, 문화지리 등의 영역에서 도움을 얻고사 했다. 이에 비해 문학연구에서 관심을 둔 지리 개념은 문학배경으로서의 '공간'이다. 사람들은 작가가 작품을 창작할 때 경험했거나 영향을 준 공간, 또

1 최수웅, 『문학의 공간, 공간의 스토리텔링』, 한국학술정보, 2006, 32쪽.

2 이은숙, 「문학지리학 서설–문학과 지리학과의 만남」, 『문화역사지리』 4, 한국문화역사지리학회, 1992, 148–165쪽.

는 문학작품에 그려진 공간 · 이미지를 주목해 왔다. 이러한 이미지를 '심상공간', '심상지리'라는 말로 표현하기도 하였다.

장석주는 문학지리학이 특정 지역과 연관하여 발생한 문학적 자산을 자연지리에 대한 관심과 연결해 그 지리의 위치, 지형, 인심, 풍속, 인물, 기후, 생태, 역사, 지역의 방언 분화, 공동체의 체험 등을 전제로 아우르며, 그것이 문학 상상력에 어떤 자양분을 공급하고, 미학적 숨결을 불어넣었는가를 따지고 캐는 것을 본령으로 한다고 하였다.[3] 지방 · 환경 · 자연을 포괄하는 한 공간이 문학지리학의 발생론적 대상이 되는 것은 개별자의 사사로운 공간애가 개별화의 수준을 넘어서서 사회적 의미장 안에서 뜻을 얻을 때 가능해진다. 이는 그 심리적 · 문화적 상징성이 공공적 기림이 될 만하다는 공증을 얻는다는 뜻이다.[4]

윤주필은 문학지리학의 핵심이 실제 공간의 지리가 표현 매체인 문학과 어떠한 관계를 맺고 있느냐에 달려 있다고 하였다. 그것은 특정 지리에 터 잡고 있는 생활공간의 표현에서부터 관념과 형상으로 그려진 인간 내면의 공간에 이르기까지 다양하며, 문학의 종류와 시대 · 작가에 따른 일정한 편차가 존재할 터이다. 따라서 문학지리학이 총괄적 개념에 그치지 않고 하나의 연구방법론으로 개발되기 위해서는 문학작품과 지리의 조건을 일정한 기준으로 제한하고, 그 대상들의 관계 양상과 특징들을 해석하는 연구 과정이 다양하게 시도되어야 한다. 이럴 때만이 문학지리학의 방법론적 득실이 진지하게 비평될 수 있을 것이다.[5]

3 장석주, 『장소의 탄생』, 작가정신, 2006, 28－29쪽.

4 위의 책, 34쪽.

5 윤주필, 「한국 한문학에서 본 중국 강남의 문학지리학」, 『한국한문학연구』 49, 한

작가가 경험하거나 상상한 공간, 또는 그것의 표현방법에 대한 탐구는 문학작품을 이해하고 해석하는 데 중요한 근거가 된다. 문학연구자는 작품에 그려진 공간과 경관을 탐구하여 문학작품 및 작가의식을 새롭게 해석할 수 있다.

지리학연구자와 문학연구자는 다소 상이한 관점에서 문학지리학을 인식하면서 독자적으로 연구방법을 가다듬고 성과를 쌓아오고 있다. 지리학연구자들은 문학작품의 정보와 문학의 속성에 관심을 기울이면서 장소 · 지리 정보를 축적하는 한편, 장소에 대한 문학적 기록이 현실 장소에 일으킨 변화에 주목하거나 문학에 그려진 장소 정보를 집적해 '공간행동' 연구에 활용하기도 하였다. 문학연구자들은 이론적 고찰은 세련되지 않지만, 문학작품에 수없이 많이 그려진 지리공간의 이미지 및 장소성을 분석하고, 이를 작가의 창작과정 및 의도와 연결해 지속적으로 해석하는 작업을 해왔다.

문학에 그려진 특정 지역 및 장소는 관광경영 및 문화콘텐츠, 지역문화개발 면에서도 주목을 받고 있다. 최근 여러 지방자치 단체에서는 지역 문인들의 문학관을 건설하고 문학거리를 조성하거나, 작가나 문학작품을 소재로 하여 콘텐츠를 발굴하고 축제나 문화제를 개최하고 있다. 작가 및 문학작품이 갖는 '지역성'은 최근 각 지방자치 단체들이 장소를 관광상품으로 만들려 하면서 가장 관심을 드러내는 대상이다.

다양한 미디어에서 각 지역의 문학을 제재로 하여 영화나 드라마, 다큐멘터리 등을 제작하는 것을 보아도 문학작품의 배경공간, 또는 문

국한문학회, 2012, 246-248쪽.

학작품으로 인해 만들어진 장소는 분명 흥미로운 연구대상이다. 문학작품의 배경공간과 장소는 이렇듯 지리학, 문학, 영화, 관광경영, 문화콘텐츠 등 여러 학문과 산업 분야에서 관심의 대상이 되고 있다.

문학지리학은 기본적으로 지리학과 문학이 '학문간 소통'을 이루는 통합학문이며, '문학공간'을 창조적으로 해석할 수 있는 관점과 방법론을 제시할 수 있으며. 그러한 방향으로 발전시켜야 한다. 그동안 지리학, 문학, 지역문화, 문화콘텐츠 등의 분과 학문에서는 문학지리학에 관해 각각의 관심사에서 연구를 진행해 왔지만, 타 학문분과에서 진행되고 있는 연구방법에 대해선 관심과 상호소통이 부족했다. 그동안 각 학문분과에서 이뤄진 연구성과들을 이해하고 통합적으로 고찰한다면, '문학지리학'에 대한 이해가 풍부해지고 연구를 더 효율적으로 진행할 수 있을 것이다. 문학지리학은 무엇을, 어떻게 연구하는 학문인가? 문학에 표현 · 상징화된 공간과 경관, 이미지와 장소성의 분석과 해석을 통해서 우리는 무엇을 얻을 수 있을까?

2. 지리학연구자가 문학공간을 보는 시각

지리학자들은 일찍부터 문학작품이 묘사하고 있는 지리적 요소들에 주목해 왔다. 문화지리학자 마이크 크랭은 "지리학과 문학은 둘 다 장소와 공간에 대한 글쓰기"라고 지리학과 문학의 공통점을 명시한 바 있다. 이희연은 고대 서사시 작가 호메로스가 쓴 〈일리아드〉와 〈오디세이〉를 대서사시이자 지리서라고 하였다.[6] 이는 이 서사시에 고대 지중해 일대의 땅과 민족에 대한 기록이 담겨 있음을 주목한 것이다. 주인공의 이름 오디세우스에서 파생된 오디세이(Odyssey)라는 단어가 '장기간의 방랑, 모험'이라는 의미를 담은 보통명사가 된 것도 여행서로서의 성격 때문이라고 하였다.

문학지리학이 지리학 내 하위 연구 분야로 자리 잡게 된 것은 1970년대 미국의 지리학연구자들이 학술대회와 저술에서 '문학에서의 경관(Landscape in Literature)' 개념을 제기하면서부터이다. 한국 학계에서 학문연구 방법론으로 문학지리학이 의식되었던 것은 1990년대 초반 지리학자 이은숙의 연구에서부터 시작된 것으로 파악된다. 문학지리학의 이론 정립과 방법론 적용은 지리학계에서 선편을 잡았다. 이후로 정희선, 장은미, 김진영, 심승희 등에 의해 후속 연구가 진행되면서 이론적 검토와 적용이 이뤄지고 있다.

문학지리학의 기본연구주제와 응용연구주제

이은숙은 1980년대까지 영국과 미국 등지에서 연구되었던 문학지리학의 성과를 바탕으로, 문학지리학 연구의 관점과 방법론을 처음으로 한국학계에 소개하였다. 이은숙은 1992년 「문학지리학 서설–문학과 지리학과의 만남」이라는 논문을 발표하였고[7], 이후로도 20여 편의 논문을 지속적으로 발표하였다. 이은숙은 문학지리학의 개념을 "경관

6 이희연, 『지리학사』, 법문사, 1991, 22쪽.

7 이은숙, 앞의 논문.

에 대한 해설서로서의 문학작품이나 지리학적 현상으로서의 문학작품을 연구하는 관점"이라 정의하고, 구체적으로 문학작품을 이해하는 방식을 세 가지로 들었다.

첫째, 문학작품은 개인과 인간집단의 체험에 대한 이해의 가능성을 넓혀준다.
둘째, 문학작품은 특정 장소 및 지역에 대한 사실적 증거를 제공한다.
셋째, 문학작품은 장소 및 지역의 이미지 형성과정을 이해할 수 있게 도와준다.

첫 번째 관점에서 '개인의 체험'이란 작가 개인의 장소에 대한 '특수한 미적 체험'을 본다는 것이고, '인간집단의 체험'이란 한 장소에 대해 여러 사람, 또는 많은 사람들의 문학작품이 축적되면 이를 통해 '집단적 미적 체험'을 이해할 수 있다는 것이다. 두 번째 관점은 문학작품에서 장소 및 지역에 관한 '사실적 지리정보'를 얻을 수 있다는 것이다. 세 번째 관점은 문학작품을 통해 장소 및 지역에 관해 사람들의 '인식', 또는 '이미지'가 어떻게 형성되는지를 살필 수 있다는 것이다.

이러한 관점은 인문지리학의 시각에서 장소와 지역 이미지 형성에 기여하는 문학작품의 자료적 가치 및 영향력을 평가한 것으로, 지리학계에서 문학공간을 연구하는 기본연구시각 및 주제라 할 수 있다. 이은숙은 후속 연구를 통해 지리학 연구대상으로서의 문학작품에 대해, "문학작품은 지리학적 통찰력"을 제공하며, "문학이 창출된 그 시대의 인간의 삶의 진실을 보여준다는 점에서 관찰대상이 되어야 한다."고 하였다.[8] 문학연구자의 시각에서 보면 이러한 관점은 꽤 신선하고 통찰력 있어 보인다.

가령, 이민문학의 이민공간에 대해 위의 관점을 적용해보면 다음과 같다. 이은숙은 이민소설을 대상으로 이민과정, 이민공간의 경관 등의 주제를 연구한 적이 있다. 간도문학(間島文學)을 대상으로 한 연구(1999)에서는 최서해, 박계주, 안수길 등의 소설을 이민소설로 간주하고, 이민경관과 이민들의 북간도에 대한 총체적 공간 이미지를 연구하였다. 이를 통해 북간도 이민의 이동결정과정과 정착과정의 시대적 특징, 이민경관 창출에 있어서의 이전 거주지의 영향, 사회적 요인에 대한 반응과 가치 재정립, 이민공간의 이미지, 정체성 문제, 이민의식 등을 종합적으로 연구하였다.[9] 또한 재미한인문학을 대상으로 고향의식과 이민공간에 대한 의식을 연구하였다.[10]

일본 지리학자의 문학지리학 연구관점

필자는 1990년대 문학지리학 연구동향을 조사하다가 일본의 지리학자 스기우라 요시오(杉浦芳夫)가 문학지리학 관점에서 편집한 『文學

8 이은숙, 「지리학 탐구대상으로서의 문학작품과 지리학 연구수단으로서의 문학작품」, 『문화역사지리』 22-3, 한국문화역사지리학회, 2010.

9 이은숙, 「1930년대 북간도 지역에 대한 조선이민의 공간 이미지-이민소설을 중심으로」, 『대한지리학회지』 34-4, 대한지리학회, 1999.

10 이은숙, 「해방 전 재미한인 이민문학에 나타난 고향의식과 그 지리적 의미」, 『문화역사지리』 16-1, 한국문화역사지리학회, 2004; 「이민공간에 대한 재미한인의 지각-한인이민문학을 중심으로: 이민공간에 대한 재미한인의 지각」, 『문화역사지리』 18-3, 한국문화역사지리학회, 2006.

· 人 · 地域』(1995)[11]과 지리학자 오다 마사야스(小田匡保)[12]가 이 책에 대해 쓴 서평, 「문학지리학의 향방(文學地理學のゆくえ)」을 발견하였다.[13] 오다(小田)는 이 서평에서 스기우라(杉浦) 등이 쓴 책이 지리학적으로 엄밀하지 않을 뿐 아니라 문학연구자들의 마음을 흔들 수 있는 포인트가 없기에 "재미없다"고 말하면서, 지리학자들이 문학작품을 연구대상으로 사용하는 목적과 연구방향을 아래의 여섯 가지로 제시하였다.[14]

첫째, 특정한 지역 · 공간에 관한 지리적 현상을 밝히는 것

둘째, 어느 특정한 지역 · 공간 · 장소에 대한 인간의 인식 · 이미지를 밝히는 것

셋째, 일반적인 공간인식과 공간행동, 장소의 경험, 환경관 등을 찾는 것

넷째. 문학작품의 지리적 측면(공간 · 장소 등)을 밝히는 것

다섯째, 작가의 지리적 측면(공간인식, 공간행동 등)을 밝히는 것

여섯째, 지리(학) 교육의 교재로써 사용하는 것

---

11 杉浦芳夫 編, 『文學 人 地域-越境する地理學』(古今書院, 1995)은 "고대 일본에 있어서 '風景'의 탄생", "'場'을 둘러싼 상상력-고대설화에서 보는 '國'의 景觀", "소설 『土』의 역사지리학", "추리소설의 무대로서의 장소-金田一耕助가 활약하는 작품세계", "『氷壁』의 自然誌", "아동문학에 그려진 가공공간과 어린이의 탐색 행동-『빨간 머리의 앤』 및 『무밍』을 사례로" 등 여덟 개 장으로 구성되어 있다. 스기우라(杉浦) 교수는 1992년에 『文學のなかの地理空間-東京とその近傍』(古今書院)을 출간한 바 있다.

12 일본 고마자와대학(駒澤大學) 문학부 지리학과 교수

13 小田匡保, 「文學地理學のゆくえ – 杉浦芳夫編 『文學 · 人 · 地域』はなぜ面白くないか?-」, 『駒澤地理』 33, 東京: 駒澤大学文学部地理学教室, 駒澤大学総合教育研究部自然科学部門 編, 1997, pp.101-116. 이 자료를 구해주신 일본 릿쿄대학 김광식 박사님께 감사드린다.

14 위의 글, pp.106-112.

오다가 말한 문학지리학의 연구목적 역시, 인문지리학의 연구관점을 충실히 보여주는 것으로 보이는데, 기본연구주제의 목록을 좀 더 특정화했다는 점이 눈에 띈다. 곧, 문학에 그려진 어떤 지역이나 장소에 대한 지리적 측면, 대중 및 작가들의 공간인식과 공간행동 등은 지리학의 일반적 규범을 문학작품이라는 대상에 적용한 것으로 보인다.

첫째는 말 그대로 문학 작품을 분석해 특정한 지역 · 공간에 관한 지리적 현상을 밝히는 것이 목적이고, 둘째는 문학 작품을 분석해 특정한 지역 및 장소에 대한 이미지가 형성되는 과정을 말한다. 셋째는 단일 작가나 작품보다는, 복수의 작가의 문학작품과 다른 관련 자료를 합쳐 일반적인 공간인식, 공간행동에 관해 연구하는 것이다. 넷째는 문학공간 분석에 중심을 둔 작품론이며, 다섯째는 작가의 고향이나, 여행지역, 이동공간 등의 지리 · 장소가 작품 창작에 어떤 영향을 주었는지를 분석하는, 어떤 면에서 문학연구자의 작가 연구, 작가론에 가까운 영역이다. 여섯째는 말 그대로 문학작품의 장소 및 지역에 관한 내용을 지리교육의 제재로 사용하자는 것이다. 한국의 사범대학 국어교육과와 지리교육과에서도 이러한 내용을 검토한 사례가 있다.

문학공간의 응용연구주제

1990년대 중반 이후 이은숙은 문학공간의 실용성, 상품적 가치에 주목한 연구주제를 제시한다. 이른바 문학공간의 응용연구주제라 할 수 있는 다섯 가지는 다음과 같다.

①장소, 또는 경관의 이미지 형성과정의 이해

②문학공간에 대한 장소 마케팅, 그에 따른 서비스 경관 형성과정과 특성

③문학공간이 새로운 장소성을 획득하는 과정에 대한 분석

④문화관광 대상지로서의 문학공간, 이의 관광가치 창출과정

⑤문학공간의 대중화와 경관변화

①의 주제는 지리학연구자가 문학공간을 주목하는 본질적 가치이다. 이러한 관점은 문학지리학의 연구방법이 도입되었을 때부터 있었던 기본연구주제이다. ②~⑤의 주제는 ①의 응용연구주제로서, 문학작품[공간]이 현실지리에 공간행동을 유발하고 새로운 장소성 및 부가가치를 생산하는 역동성이 있다는 점을 중시한 것이다.

④의 주제로서, 문학작품에 그려진 지역과 문학과 관련된 특정 장소가 관광명소화되는 사례는 남원시가 『춘향전』의 문학공간을 관광명소한 사례, 전남 곡성군이 오곡면이 심청의 고향이라고 주장하며 지난 2000년부터 심청축제를 개최하고 있는 사례, 전남 장성군이 홍길동의 출생지라고 주장하며 홍길동테마파크를 운영하고 있는 사례 등에서 손쉽게 발견된다. 전남 장성군은 2000년 강원도 강릉시와 홍길동 캐릭터를 놓고 재판까지 벌여 승소하기도 했다. 이는 설화나 고소설의 배경공간이나 역사, 옛 지명 등이 무형자산으로서의 가치가 커 자치단체마다 이를 지역발전과 주민들의 자긍심 향상의 원동력으로 삼으려 하기 때문이다.

문학공간의 장소 마케팅 활용

이은숙 · 장은미(2001)는 문학작품과 현실 공간 사이에 순환 과정이 나타난다는 점을 주목하였다. 이는 ③과 ⑤의 주제에 해당하는 것인데, 특정 문학작품에 의해 대중적으로 알려진 장소가 관광지로 상업화되면서, 변화한 장소의 특성이 또 다른 문학작품 속에 반영된다는 것이다. 구체적 장소로 정동진을 들어 설명했는데, 곧 넓은 의미의 문학작품인 드라마 「모래시계」에 의해 정동진이 상업화되자 주민들의 삶도 변화하게 되었다는 것이다. 2001년 강원일보 신춘문예 당선작인 박명애의 『바다의 벽』은 바로 정동진에서 모래시계 관광 상품을 팔며 살아가는 주민들의 이야기를 그린 것인데, 이러한 과정을 통해 "드라마 → 현실 공간의 변화 → 새로운 문학작품의 창작"이라는 순환 과정이 발생한다는 것이다.[15]

②의 주제에 해당하는 연구로는 「문학공간을 활용한 장소마케팅 방안: 종로지역을 사례로」(2007)가 있다. 이은숙 · 정희선 · 장은미는 문학공간을 장소마케팅에 활용하는 방안을 찾다가 문학공간을 다음의 셋으로 구분했다.

첫째, 작가 중심의 문학공간,

둘째, 작품 중심의 문학공간,

셋째, 특정 문학작품이 발표된 후 형성되는 가시적 문학공간[16]

---

15 이은숙 · 장은미, 「한국 문학공간의 특성과 Web GIS 구축자료에 관한 기초 연구」, 『문화역사지리』 13-1, 한국문화역사지리학회, 2001, 17-34쪽.

16 이은숙 · 정희선 · 장은미, 「문학공간을 활용한 장소마케팅 방안: 종로지역을 사

첫 번째, '작가 중심 문학공간'이란 작가의 생가, 거주지, 활동 무대, 이동사와 관련된 공간이고, 두 번째, '작품 중심 문학공간'이란 대표적 소설과 시의 배경이 된 공간, 문학작품의 줄거리와 연계된 공간, 주인공의 생활공간을 의미한다. 세 번째, '가시적 문학공간'이란 문인들의 모임 장소, 작가와 작품을 활용한 지명, 특정 문학작품을 기리기 위해 설치된 기념비나 문학관이 위치한 장소를 통칭한다.

이들은 이러한 문학공간을 활용한 장소 마케팅의 강점으로 문학작품을 통해 특정 장소에 대한 대중의 관심과 방문을 효과적으로 유도할 수 있다는 점, 지역의 독특한 이미지를 부각시키고 그 지역에 대한 이해를 증진시키며 지역문화 정보를 확대하는 역할을 한다는 점, 장소의 매력도를 높이고 장소가 가지는 느낌을 독자에게 효과적으로 전달할 수 있다는 점을 들었다. 약점으로는 대중에게 널리 알려지지 않은 문학작품은 장소 마케팅에 활용할 수 없다는 점, 우리 문학작품이 해외에는 잘 알려져 있지 않아 해외 방문객을 끌어들이기 어렵다는 점, 작품 속에서 특정 장소에 대한 묘사가 부정적일 경우 부정적 장소 이미지가 형성될 가능성이 있다는 점을 꼽았다.[17] 문학공간을 이러한 방식으로 정의하고 분류한 것은 이 논문이 처음으로 보인다. 이 분류를 주목하고 활용할 필요가 있다고 생각한다.

이 주제와 연관해 고전문학연구자 신희경이 문학공간을 구분한 사례가 발견된다.

례로」, 『국토지리학회지』 41-1, 국토지리학회, 2007, 54쪽.

17 위의 논문.

첫째, 텍스트에 나타나는 공간(작품의 배경으로 작품에서 직접적으로 언급된 공간)

둘째, 작가의 경험 공간(작가가 태어난 공간, 성장한 공간, 생활한 공간 등)

셋째, 소설 향유와 관련된 공간(소설의 창작, 제작, 유통, 독서 등과 관련된 공간)[18]

첫 번째는 문학작품에 그려진 지리공간, 두 번째는 작가의 문학작품 창작에 영향을 준 환경으로서의 지리공간이다. 세 번째는 문학작품의 소비 · 향유 과정에서 파생되는, 문학작품의 영향을 받고 형성된, 이른바 문학에 의해 만들어진 '파생공간'을 말한다. 이러한 구분된 문학공간에서 첫 번째, 두 번째 것은 이은숙 · 정희선 · 장은미(2007)가 말한 작품 중심의 문학공간, 작가 중심의 문학공간과 유사하다. 세 번째 것은 주로 소설 향유와 관련 있는 '과거의 공간'을 주목한 것이라서, 새로운 공간활동이 일어나고 있는 현재적 문학공간을 주목한 이은숙 등의 개념과는 차이가 있다. 지리학자의 공간연구는 역시 장소의 현재적 활용을 더 주목한다.

이은숙과 공동연구 팀은 1950년 이후의 도시소설에 그려진 문학공간을 제재로 하여 다양한 주제를 연구하였다. 도시소설 속에 나타난 도시민의 여가공간 변화, 1950년 이후 도시소설에 투영된 수도권 도시화에 따른 공간변화, 대중교통확장과 문학공간의 외연확대, 도시소설에 그려진 서울 도시민의 소비와 생활양식 등의 주제가 그것이다. 이는 도

18 신희경, 「고전소설 공간 답사를 위한 제언」, 『돈암어문학』 33, 돈암어문학회, 2018.

시소설에 그려진 문학공간이 변화하고 확장되며 새로운 장소성을 획득하는 과정을 분석적으로 연구한 사례이다.[19]

장소 만들기로서의 문학작품

심승희는 문학작품과 관련된 장소의 변화과정을 좀 더 다면적으로 파악하였다. 그는 유홍준의 『나의 문화유산답사기』로 인해 남도의 오지 강진 · 해남 지역이 남도 답사 1번지로 변화하기는 했지만, 여기에는 1980년대 이후 우리나라 여가 환경의 변화가 중요한 배경이 되었다고 지적하였다. 곧, 우리나라는 1980년대 중반 이후부터 도시 가구당 여가 지출비, 자가용 등록대수, 정기간행물 종 수 등 문화 및 여가 관련 사회 지표 수치가 급증했다. 특히 자가용 승용차의 증가는 국내 관광에 획기적인 변화를 가져왔으며, TV나 정기 간행물 같은 대중 매체의 급증은 보다 전문화된 여가 정보를 제공해 주었다. 이러한 조건은 여가를 휴식이나 기분 전환보다 자기계발을 위한 창조적 활동으로 사고하게 된 계층들의 여가 욕구와 결합하여 문화 관광을 발전시키게 되었다. 이런 배경에서 1993년 출판된 『나의 문화유산답사기』는 문화관광의 일종인 학습 관광을 유행시키게 되었고, 그 과정에서 책에서 묘사된 특정

19 이은숙 · 김희순 · 정희선, 「도시소설 속에 나타난 도시민의 여가공간 변화: 1950년 이후 수도권 배경의 도시소설을 중심으로」, 『한국도시지리학회지』 11-3, 한국도시지리학회, 2008; 이은숙 · 정희선 · 김희순, 「1950년 이후 도시소설에 투영된 수도권의 도시화에 의한 공간변화」, 『국토지리학회지』 42-4, 국토지리학회, 2008; 장은미 · 이은숙, 「대중교통확장과 문학공간의 외연확대」, 『대한지리학회 학술대회논문집』, 대한지리학회, 2008; 이은숙 · 김일림 · 장은미, 「소비를 통해 본 서울 도시민의 생활양식: 1950년대 이후 도시소설을 중심으로」, 『문화역사지리』 21-1, 한국문화역사지리학회, 2009.

지역들이 새롭게 태어나게 되었다는 것이다.[20]

이러한 연구들은 사회과학적 관점이 두드러진, 문학작품의 공간성과 사회성을 분석하는 시각이 두드러진다. 지리학연구자가 어떠한 문학작품을 대상으로 지리적 현상을 분석할지, 나아가 문학공간 분석 결과를 바탕으로 현실지리 속의 공간 · 장소를 어떻게 활용하고 개발할지 후속연구가 기대된다.

문학지리학 연구방법론 성찰과 장소성 고찰

앞서 말한 것처럼, 이은숙 이후로 지리학계에서 문학지리학 연구는 김진영 · 신정엽, 심승희, 정희선, 장은미 등에 의해 계승되었다. 그 중 몇 가지 대표적 사례를 살펴보면 다음과 같다.

①김진영 · 신정엽(2010), 「문학지리학 연구의 정체성과 공간 논의에 대한 재고찰」, 『지리교육논집』 54.
②심승희(2012), 「지리학과 지리교육이 문학에 접근하는 방식」, 『문학교육학』 37.

①에서 김진영 · 신정엽은 문학지리학이 "지역 또는 장소를 용이하게 이해하기 위해 문학을 주로 이용한다"고 하고, 다양한 문학지리학 연구가 문학작품을 이용하는 방식을 네 가지로 구분하였다. 곧, 1) 지역에 대한 정보 제공, 2) 문학을 통한 장소의 간접체험, 3) 문학 속 장소

20 심승희, 「문화관광의 대중화를 통해서 본 공간의 사회적 구성」, 서울대 박사학위 논문, 2000.

의 의미 해석, 4) 문학의 장소 서술의 영향력 등이다. 또한 문학지리학 연구의 방향에 대해, 1) 문학과 지리학의 상호작용, 2) 문학작품을 도구적 측면에서 활용하는 것에 대한 지양, 3) 지역이나 장소에 대한 마케팅이나 홍보를 목적으로 하는 연구 등으로 제시하였다. 이러한 연구는 지리학을 바탕에 두고 문학을 좀 더 진지하게 활용 평가하자는 관점과 문학작품 공간 이해의 방향성을 제시하였다는 점에서 의미가 있다.

한편, 김진영 · 신정엽은 문학지리학자들이 인용하는 문학작품의 공간 묘사 내용이 "지식인의 눈에 비쳐진 장소감"만을 보여주는 것이며, 또 문학지리학자들이 문학을 '도구적으로 이용할 뿐 총체적으로 접근하지 않는다고 비판하였다. 따라서, 김진영 · 신정엽의 논점은 '문학을 제대로 활용하라!'는 것으로 옮겨간다.

> 문학작품은 사물이나 현상에 대한 다양한 측면을 조망하고, 이를 재현하는 표현 방식의 자유로움이 우리들의 이해의 폭을 더욱 확대시키고 심화시켜주는 장점을 가진다. 반면 지리학자는 자신의 목적이나 관점에 따라 문학작품을 선별적으로 취사, 선택하며, 문학작품 내에서도 필요에 따라 일부분만을 활용하거나 제한적으로 해석한다. 따라서 문학이 가지는 규범적인 지리적 저술 방식과 비교되는, 다양하고 창의적인 잠재성을 지리학자는 종종 간과할 수 있다. 따라서 문학작품의 본질적인 이해와 관련하여, 재현하려는 내용뿐만 아니라 이들이 갖는 형식 등을 **총체적으로** 다루어야 한다.[21]

저자들은 지리학자들이 문학을 지리학 연구를 위해 도구화하는 것

21 김진영 · 신정엽, 앞의 논문, 8쪽.

을 경계하며, 문학작품을 총체적 관점에서 파악할 것을 요청한다. 이들은 문학지리학의 연구방법론을 고찰한다고 하였는데, 문학 연구에 대한 논의는 다분히 추상적 · 이론적 차원에 머문 느낌이 있다. 가령 소설의 경우, 배경뿐 아니라 인물과 주제, 그리고 문체에 대한 연구는 지리학연구자의 몫이 아니다. 이 정도의 연구는 이상적인 수준으로, 이는 문학연구자와 공동연구를 하면 된다고 생각한다.

②의 심승희 연구에서 두드러진 경향은 장소성에 대한 고찰이다. 심승희는 지리학이 문학에 접근하는 방식을, 1) '장소 기억하기'로서의 문학, 2) '장소 만들기'로서의 문학, 두 가지로 고찰하였다. 지리학이 문학을 일종의 '장소 기억하기'로 본다는 것은 문학이 '지리적 사실들'을 담고 있는 기록물이라는 점에 주목한 것이다.

심승희는 지리학이 문학에 접근하는 방식으로 문학지리학의 발달과정에 따라 유형화한 브로소(Brosseau)의 분류법–지역지리적 접근, 인본주의적 접근, 급진적 · 유물론적 접근, 대안적인 인식론적 접근, 비판적 접근 등–을 소개하고, 이를 응용하여 '장소 기억하기'로서의 문학과 '장소 만들기'로서의 문학으로 재분류한 것이다. 지리학이 문학을 일종의 '장소 기록하기'로 본다는 것은 문학이 '지리적 사실'을 담고 있는 기록물이라는 점을 주목한 것이다. 심승희는 지리학자들이 문학작품이 품고 있는 지리적 사실에 대해 접근하는 방식으로 실증주의적 접근, 인본주의적 접근, 구조주의적 접근으로 나눠 고찰하였다.

'실증주의적 접근'이란 '문학이 담고 있는 지리적 사실'을 객관적 사실로 제한하여, 문학작품 전체의 맥락에서 단편적 지식만을 추려내는 방식이다. 가령, 조선 시대 사대부들이 명산을 유람한 뒤 남긴 유산기

(遊山記)를 이러한 접근방식으로 분석할 수 있을 것이다. 곧 백두산, 금강산, 청량산, 지리산 등 여행지 별로 나눠 여행자의 성격, 동기, 여행경로, 여행방식을 비교분석할 수 있다. 문학연구자들은 유산기에서 지리학자들이 관심을 갖는 객관적 정보보다는 감회와 작품의 구성 및 문학적 관습을 더 주목할 것이다. 이러한 접근방식은 많은 지리학자들이 매력을 느끼지만, 문학작품의 생산과 지리적 환경과의 관계를 실증적으로 증명해내기 위해 무리한 일반화를 하는 위험과 어려움이 따를 수 있다.

'인본주의적 접근'이란 문학작품을 인간의 장소 경험을 이해할 수 있는 통로로 이해하는 방식이다. 이 방식에서는 지리에 대한 인간의 주관적 정서를 연구하는 데 중점을 둔다. 이은숙(2004)이 해방 전 재미 한인 이민문학을 통해 그들의 고향 인식을 분석한 것이나, 김진영(2011)이 단순히 소설 속에 나타난 집, 고향 이미지의 분석을 넘어, 장소성 프로세스라는 분석도구를 개발해 소설 〈토지〉 속 평사리의 장소성을 분석한 것이 이러한 접근방식에 해당된다.[22]

'구조주의적 접근'이란 "다양한 사회구조적 요인을 통해 변화하는 지리적 현상과 사람들의 장소경험을 이해하고자 하는" 접근 방법이다. 이 방식에는 객관적인 사회 구조와 주관적인 개인의 의미 세계의 상호작용에 초점이 있다. 주로 산업화와 근대화라는 사회 구조적 요인에 관심을 가지며, 이 때문에 관련 주제를 다룬 작품을 선정하여 문학작품을 전체적으로 활용하는 경향이 있다. 이은숙 · 김희순 · 정희선(2008)

22 김진영, 「인간주의 지리학 관점에서 장소성 프로세스를 적용한 문학지리학 연구: 소설 〈토지〉 속 평사리의 장소성을 중심으로」, 서울대 석사학위 논문, 2011.

은 이러한 관점에서 우리나라 수도권을 공간적 배경으로 창작된 1950년 이후의 도시소설을 통해 수도권의 도시화에 따른 공간적 변화와 삶의 모습을 분석한 바 있다.[23]

심승희는 '장소 만들기'로서의 문학 기능에 대해, 문학은 '장소에 대한 시선'을 형성하는 한편, '장소를 물리적으로 변화시키는 힘'이 있다고 하였다. 이러한 관점에 의하면, 대중성을 얻은 문학작품이 지역과 장소에 어떠한 영향력을 끼치는지를 주목할 수 있다. 문학작품, 아니, 문학의 공간이 현실의 공간을 물리적으로 변화시킬 수 있다는 인식은 흥미롭다. 이는 문학작품이 문학이론의 맥락을 넘어, 광범위한 사회문화적 담론으로 발전한다.

문학지리의 데이터베이스 작업 및 GIS 활용

지리학연구자들이 방대한 문학작품의 지리정보를 조사하고 입력하면서까지 데이터베이스 작업을 한다는 것은 쉽지 않다. 사실은 너무나 품이 많이 드는 일이라 엄두를 내지 못할 일일지도 모른다. 한국현대문학에서 도시소설은 비슷한 속성을 공유하거나 같은 지역의 문학공간을 배경으로 한 작품들이 많다. 같은 문학공간에 대한 정보가 집적되면 문학공간의 DB 작업과 GIS를 활용한 웹 작업이 다소 용이해지거나 유용해진다. 지리학자들의 DB 작업사례는 많지 않다.

23 이은숙 · 정희선 · 김희순, 「1950년 이후 도시소설에 투영된 수도권의 도시화에 의한 공간변화」, 『국토지리학회지』 42-4, 국토지리학회, 2008.

③이은숙 · 김일림 · 정희선(2007), 「종로 문학공간의 데이터베이스 구축방안」, 『문화역사지리』 19-2.

④장은미 · 박용재(2017), 「정보통신기술은 문학연구에 약이 되는가? 독이 되는가?」, 『한국문학연구』 55.

③은 문학공간의 데이터베이스 작업으로는 첫 번째 연구로 파악된다. 이은숙 · 김일림 · 정희선은 종로구의 문학공간을 소재로 한 소설 900여 편을 1차 검색하고, 네 개의 시 웹 사이트에서 종로 관련 시를 검색해 데이터베이스화하고, GIS 기술을 활용해 웹 서비스를 어떻게 할지에 초점을 맞추었다. 이들이 웹 공간을 주목한 것은 파급효과가 크고, 공유하기가 쉽다는 이유 때문이다. 이들은 종로지역을 사례지역으로 선정한 이유에 대해, 이 지역이 조선시대에 북악산, 인왕산, 낙산의 자연능선을 따라 만들어진 도성 안 부분으로서 근 · 현대를 거치면서 많은 문인들의 흔적이 남아있는 공간이며, 다양한 문학작품 속에 생생하게 묘사되었기 때문이라고 하였다. 이들은 종로지역을 작품배경으로 한 시 · 소설을 각각 153편, 48권씩 선정한 뒤, 작품중심 문학공간 데이터베이스 구축방안, 작가중심 문학공간 데이터베이스 구축방안을 논하였다. 결론적으로, 이들은 종로를 대표하는 작가[시인 · 소설가]로 "김수영 · 박목월 · 박인환 · 박종화 · 염상섭 · 유치환 · 이광수 · 이상 · 조병화 · 한무숙 · 한용운 · 현진건", 12인을 선정하고, 이들의 생가, 또는 기념비가 있는 장소 14곳을 선정해 '가시적 문학공간 데이터베이스 구축방안'을 제시하였다.[24]

24 이은숙 · 김일림 · 정희선, 「종로 문학공간의 데이터베이스 구축방안」, 『문화역사

가시적 데이터베이스 작성항목에 대해서는 다음의 일곱 가지 항목을 제시하였다; "1. 작가명, 2. 장르, 3. 공간특징, 4. 공간위치, 5. 랜드마크, 6. 사진파일, 7. 의미설명(11쪽). 저자들은 이 한 편의 논문을 쓰기 위해 사실 꽤 많은 공력을 기울인 것으로 보인다. 수백 편의 시 · 소설 작품을 검색하고, 전부는 아니더라도 일부 작품은 공들여 읽었을 것이고, 작가와 작품의 장소를 찾아갔을 것이고, 사진을 찍고 데이터베이스 구축작업을 하였다. 이러한 작업은 장은미 및 2010년대 관광콘텐츠 분야에서 나온 후속 연구에 기여하였을 것이다.

④에서 장은미 · 박용재는 문학지리의 데이터베이스 작업 및 GIS 활용 등 정보통신기술을 접목한 문학연구 방법의 분야를 분류하고, 구체적 연구모형을 분석 · 검토하였다.[25] 저자들은 문학연구의 전형적 연구방법을 검토한 뒤, 문학연구의 외재적 접근, 곧 문학의 장소성을 매개로 하여 음악, 미술, 영화, 사진, 나아가 정보통신기술을 활용한 연구가 문학연구의 본질을 왜곡한다는 비판에 대해, 지리학연구자들이 문학을 존중하고 깊이 있게 이해하는 태도를 취한다면 별 문제가 되지 않을 것이라고 하였다.

이 연구의 논점은 정보통신기술의 구체적 활용 방법 및 가능성에 대한 것이다. 장은미 · 박용재는 문학연구에서 '정보기술 적용 가능 분야'를 "스마트 서비스, 정보보호, 기반 소프트웨어, 디지털 콘텐츠, 융합 소프트웨어, 창조융합", 여섯 분야로 분류하고, '통신기술 적용 가능

지리』 19-2, 한국문화역사지리학회, 2007, 1-14쪽.

25 장은미 · 박용재, 「정보통신기술은 문학 연구에 약이 되는가? 독이 되는가?」, 『한국문학연구』 55, 동국대 한국문학연구소, 2017, 121-158쪽.

분야'를 "방송, 이동통신, 전파위성, 네트워크", 네 분야로 분류하였다. 문학연구에 대한 정보통신기술의 활용 가능성은 "문학사회학적 시각, 수용론적 시각, 지리정보서비스의 시각, 문학 포털 플랫폼 시각", 네 분야로 나눠 고찰하였다.

그 뒤로 문학연구와 정보통신기술 활용 연계 연구사례로, "문체연구와 시맨틱 웹 · 빅데이터 처리 기술", "지리정보와 작가론", "지리정보시스템과 작품론", "문학사회학과 인터넷 플랫폼", "문학지리학과 콘텐츠 서비스" 등 11개 범주의 사례를 살폈다. 이 부분은 논의대상이 너무 넓고, 첨단 정보통신 용어와 어려운 기술적 내용이 많아 이해하기 힘들다. 다만, 이 논문은 정보통신기술을 활용한 문학지리 연구의 범주와 활용 가능성이 넓고 크다는 점을 상상할 수 있게 해준다는 점에서 유용하다.

장소성의 해석과 활용

오늘날 지리학계에서 문학지리학은 인문지리학 및 문화지리학의 하위 범주 속에서 논의되고 있는데, 그 영역의 특수성은 문학의 장소성을 매개로 하여 사회적 삶의 공간성에 대한 이해의 지평을 넓히고 지역 마케팅으로까지 활용하는 방법[론]을 개발하는 문제에 있는 듯하다. 지리학계에서 문학에 대해 갖는 관심은 문학작품을 매개로 한 '장소성'이다. 장소성은 인문지리의 총화로 일컬어지는 개념으로서, 지리학연구자들은 문학을 매개로 한 장소 인지(認知)가 사람들의 마인드와 행태를 어떻게 변화시키는지에 관심을 기울인다.

정보통신기술을 활용한 연구방법론은 매우 전문적이고 특수하다는 인식을 주지만, 활용 가능성이 넓다는 점을 보여준다. 넓게는 고전에서부터 현대문학에 이르기까지, 또는 국경에 제한되지 않고 아시아 문학작품 정보를 데이터베이스로 구축하는 작업부터 정보통신을 활용해 문학의 공간 · 장소성을 분석 · 재현하는 방법론까지 지리학적 연구의 가능성은 매우 넓어 보인다.

하지만 정작 문제는, 한국에서 진행되고 있는 지리학연구자들의 문학지리학 연구가 방법론 모색에 앞서, 구체적 연구대상으로서의 작가 및 작품을 확장하지 못함으로써 일정한 한계를 보여주고 있다는 점이다. 꼭 많은 작품들의 공간 · 서사 정보를 집적하지 않더라도 특정한 주제에 대한 깊이 있는 이해나 한두 작품에 대한 애정이 있다면, 정보통신 기술을 활용해 문학의 장소성을 독창적으로 재현(representation)할 수 있지 않을까 한다. 그보다 선행하는 문제는 지리학연구자는 문학연구자의 수에 비해 매우 적고, 그중에서도 문학을 연구대상으로 하여 지리현상을 연구하는 지리학연구자는 더욱 적다는 것이다.

필자는 2021년의 한 학술대회 발표회장에서 지리학 분야에서 문학작품을 대상으로 한 연구가 지속적으로 발표되지 않는 이유에 대해 지리학자를 향해 질문을 하였다. 이에 대해 토론자인 지상현 교수(경희대 지리학과)는 두 가지로 답변해 주었다. 그는 이에 대해, 첫째, 지리학연구자들은 1990년대 이후 인문학적 연구의 '주관성'을 극복하고 사회과학으로서의 정체성을 갖추려고 애써 왔는데, 이로 인해 문학연구보다는 사회과학적 연구에 치중하게 되었다는 것이다. 둘째, 지리학 연구는 공간적 불평등과 인간의 복지와 같은 도덕적 쟁점에 대해 관심을 기울이는 포스트모더니즘으로 넘어오면서 문학에 좀 더 관심을 기울일 기회가 있었지만, 문학작품보다는 대중적 영향력이 더 크고 연구하기도 수월한 영화에 더 관심을 갖게 되었다는 것이다.[26] 지리학자들이 시작했던 문학공간 연구의 문제의식과 연구방법은 오늘날 문학연구자와 관광경영 연구자 등이 이어받아 구체적 연구성과를 내고 있다.

문학 연구에서는 작품 내 장소, 지리에 대한 관심과 이론이 지리학 분야의 연구성과가 보여주는 만큼 정밀하지 않다. 지리학 연구에서 활용된 연구방법을 잘 살펴 문학연구자가 뒤집어 활용한다면 문학의 공간 연구에 적지 않은 진전이 있을 것이라고 생각한다. 지리학연구자들은 문학지리학을 개척하고 논리와 방법론을 발전시켜 왔다. 이들의 연구는 지리학의 논리 위에서 문학을 활용하여 지리학 연구의 외연을 넓혀 왔지만, 연구자들도 인정했듯이, 문학작품에 대한 제한적인 접근과 사용이 연구를 저해할 수 있다. 또한 지리적 사고와 지식에만 초점을 두어서 문학작품을 제한된 도구적 역할에 국한시키는 것도 문제가 될 수 있다. 이는 문학연구자들과의 교감 및 협력연구를 통해 풀어갈 수밖에 없는 문제가 아닌가 한다.

26 지리학의 포스트 모더니즘에 대해서는 다음의 논문을 참조할 것; 최병두, 「새로운 지역지리학과 세계화시대 지역발전」, 『한국지역지리학회지』 8-2, 한국지역지리학회, 2002, 131-149쪽; 지상현 · 콜린 플린트, 「지정학의 재발견과 비판적 재구성: 비판지정학」, 『공간과 사회』 31, 한국공간환경학회, 2009, 160-199쪽; 조철기, 「지리교육에서의 도덕적 전환-도덕적 개념, 기능, 가치/덕목-」, 『대한지리학회지』 48-1, 대한지리학회, 2013, 128-150쪽.

3. 문학연구자가 문학공간을 보는 시각

지방문학사 서술, 심상공간의 개념

국문학계에서 문학연구방법론으로서 문학지리학을 의식하고 진행한 것은 2000년대 중반 이후로 파악된다. 조동일과 김태준은 지방문학사, 또는 지역문학 연구의 개념으로 문학지리학 연구를 시도하였다.

①조동일(2004), 『지방문학사 연구의 방향과 과제』, 서울대 출판부.
②김태준 편저(2005), 『문학지리 · 한국인의 심상공간』(국내편, 국외편), 논형.

①은 지방문학사 서술로서의 문학지리학 연구방향을 제시한 조동일의 저술이다. 조동일은 문학사 서술의 맥락에서 '지방문학사' 서술의 필요성을 말했는데, 국문학계에서는 이것을 문학지리학의 개념으로 이해하는 경향이 있다. 그는 지방문학사는 일반론이 전제될 수 있지만, 무엇보다도 구체적인 내용을 갖춘 실제 작업이 지방에 따라 달라야 하고, 각기 전문가가 맡아서 진행해야 함을 설명하였다. 저자는 제주, 영남, 호남, 중부, 서울 등으로 권역을 나눈 다음 구체적인 연구방법과 내용을 서술하였다. 조동일에게 문학지리학은 '지방문학사 서술'을 의미한다. 조동일 이후로 국문학계에서는 대체로 '지방문학사 서술로서의 문학지리학' 개념이 작용하고 있는 것으로 보인다.

②는 김태준의 편저인데, 다수의 문학연구자들이 '문학지리'의 의미와 필요성을 인식하고 공동작업한 첫 번째 연구성과다. 이 책은 편자

가 문학지리학에 대해 엄밀한 학문적 논의를 편 것은 아니지만, '문학지리', '심상공간'이라는 용어를 쓰면서 방향성을 제시하였고 수십 명의 집필자들이 한국문학작품에 담긴 공간을 다양한 문화론적 시각에서 분석·해석하였다는 점에서 의미 있는 저술이다. 가령, 4장 「산수향의 경계 춘천, 홍천」(이상삼)의 목차를 보면, "지리적 경계와 산수향의 면모, 시가로 보는 산수향의 경치·흥취·이치, 영서문화권의 서사문학, 생활 속의 문화지리지를 위하여"로 구성되어 있다. 필자 이상삼은 이 장에서, 춘천 관광을 '자연과 문명의 빛을 보는 자연지리와 인문지리 여행'으로 삼자는 바람을 보인다. 박애경은 「원류에 대한 노스텔지어 낙동강」에서, 낙동강이 문학작품의 배경 및 소재가 되면서 지속적인 영감의 원천이 되었다며 〈구지가〉, 〈어부사〉, 향랑의 〈산유화〉, 조명희의 〈낙동강〉, 김정한의 〈모래톱 이야기〉를 소개하고, 낙동강이 삶과 생활의 토대요 민족의 알레고리로 그려진 모습을 고찰하였다.

김태준 및 공동저자들의 글쓰기는 연구논문이라기보다는, 대체로 하나의 지역에 얽힌 다양한 역사·문화·문학·인물의 기억을 회상하는 '문학기행 에세이', '지역문화연구'의 성격을 지닌다. 김태준은 국문학계에 가장 먼저 문학지리학의 개념을 도입했지만, 그러나 이 편저에서는 아직까지 본격적·과학적 연구의 수준은 제시하지 못했다. 고전문학 학계에서는 ①과 ②이후 대체로 '지역학', '지역문화'로서의 문학지리학 개념이 자리 잡고 있다. 몇몇 연구사례를 보면 다음과 같다.

이종묵(2008), 「기묘사림과 충주의 문화 공간」, 『고전문학연구』 33.

권순긍(2008), 「중원지역의 문학지리와 그 의미–달천, 청풍 지역을 중심으로, 『고전문학연구』 33.

최명환(2008), 「충청북도 마을신앙 현황과 당신화 전승 가능성」, 『고전문학연구』 33.

한석수(2008), 「중원지역 전통문화의 문학지리학적 고찰; 화양동의 문학-우암 송시열과 그 제자들의 한시를 중심으로-」. 『고전문학연구』 33.

심경호(2011), 「관서 · 관북 지역의 문학적 형상화와 문학 활동-조선시대를 중심으로」, 『한국고전연구』 24.

이들은 특정 지역의 문학유산을 지역문화의 형성, 또는 공간적 특성과 연관하여 연구하는 경향을 보여주었다. 중국문학연구자 허세욱(2000) 또한 「중국문학지리학의 형성과 그 인과 연구」(『중국어문논총』 18)에서 이와 같은 관점으로 중국문학 분야에서의 문학지리학 연구를 소개하였다. 최근 지역문학을 연구한 사례로 제천문학의 지역성을 연구한 ③과, 문학공간을 문학교육 면에서 활용한 ④를 통해 살펴보고자 한다.

③권순긍(2020), 『제천의 문학과 문학지리학』, 박이정.

④김종철(2017), 「〈춘향전〉과 지리-문학교육과 지리교육의 공동 영역의 탐색」, 『고전문학과 교육』 35.

③의 『제천의 문학과 문학지리학』은 지역문학 연구의 한 전범을 보여준다. 권순긍은 이 책에서 지역성과 문학지리에 관심을 두고 제천의 지리적 표상들이 문학에서 어떻게 형상화되었는지를 주요하게 다루었다. 이 책에서 말하는 문학지리학의 의미와 관점은 『한국문학통사』를 집필한 조동일이 말한, 문학을 지역의 토대 위에서 살펴보는 "문

학의 공간적 배치"를 의미한다. 문학지리학에서의 지역문학은 지역성(locality)을 띠게 되며, 작품에 나타난 공간은 단순한 자연물이 아니라, 의미를 지닌 심상적 공간으로서 전환된다. 저자는 제천의 세명대학교에서 28년 간 근무하면서 자신이 접하고 만난 제천의 자연, 문학, 인물, 문화를 제천 문학지리학의 대상으로 삼았다. 저자는 제천을 중심으로 그 지역성을 드러낸 문학이나 제천 출신 혹은 거주 문인들의 작품들과 제천의 정신을 세운 의병을 형상화한 소설을 연구하였다.

저자에 의하면, 제천의 문학지리는 의림지와 청풍, 박달재라는 상징성을 지닌 공간으로 구성된다. 의림지의 지리가 '민의 생활공간'이라면, 청풍의 자연은 '사대부의 풍류공간'으로 위치한다. 의림지는 제천을 대표하는 임호 박수검, 학고 김이만의 한시에 의해 민의 생활공간으로서 형상이 부각되었다. 청풍의 자연은 옥소 권섭의 한시 및 〈황강구곡가〉를 비롯해 수많은 한벽루시(寒碧樓詩)를 통해 사대부들의 계산풍류가 잘 드러나 있다. 박달재는 대중가요 〈울고 넘는 박달재〉의 힘에 의해 널리 알려졌다. 책에서는 〈박달재 전설〉의 형성과 변용과정을 살피며, 대중가요 〈울고 넘는 박달재〉에 의해 내용이 왜곡되고 확대 재생산되었는지를 밝혔다. 제천지역의 구비전승에 관해서는 의림지 전설, 장수탑 전설, 용마 무덤 전설을 살피며 그 역사적 의미를 살폈다. 제천의 작가들에서는 고전작가 네 명의 삶과 문학작품을 고찰하였다. 현대 작가로는 제천의병을 소설화한 『남한강』을 쓴 제천 출신의 강승원, 시인 정영상, 김시천의 시를 살폈다.

이러한 제천의 지역문학 연구를 통해 제천의 자연산수, 지리적 공간이 심상 공간으로 전환된 것이 알려지고, 제천 민중의 삶과 역사를 형상화한 문학작품과 작가가 홍보되면서, 지방도시 제천은 문학적 향기가 있는 문화도시로 전환된다. 이러한 작업은 특정 지역과 장소에 대한 인간의 인식과 이미지를 탐구하는 의미가 있을 것이다. 요컨대, 지역문학 연구로써의 문학지리학은 특정 지역의 문학과 자연 · 지리를 결합해 개성 있는 '심상공간'을 만듦으로써 지역성을 인식시키는 데 기여할 것이다.

한편으로, 문학공간을 활용한 문학/문화교육의 연구도 촉발되고 있다. ④의 연구는 공간이 문학교육의 관심사라는 면에서 〈춘향전〉의 공간을 중심으로 문학교육과 지리교육의 융합교육을 모색하였다. 김종철은 구체적으로 〈춘향전〉 텍스트에 공간의 실체, 공간의 역할, 공간의식, 공간 체험, 공간 재구성 등이 구현된 양상을 분석하였다. 그 결과 〈춘향전〉의 작가는 실제의 지리 공간을 서사 전개에 효과적으로 활용하고 있으며, 또한 등장인물들의 공간의식, 장소감 등을 잘 형상화하였고, 나아가 작품에 영향을 받고 그 배경인 실제 공간이 변화된 점을 확인하였다.

이외에도 공간과 문학교육과 관련된 연구는, 문학공간답사를 활용한 문학교육(김수복, 2004), 〈최척전〉의 문학지리학적 해석과 소설교육(권혁래, 2009), 지역성과 문학교육(문영진, 2014), 고전시가를 통한 장소경험과 지역문학교육(송지언, 2014), 문학공간 답사를 통한 한국어 학습자의 문화교육(남궁정 · 김경훤, 2019), 문학공간 체험을 통한 청소년 인성역량 개발(박영민, 2019), 문학공간의 교육적 활용(박준형, 2020), 공간생산론을 활용한 문학교육(이근영, 2021), 옛이야기 감상에서 장소감의 활용(이근영, 2021) 등 꽤 많은 연구사례가 발견된다. 이는 문학교육 영역에서도 문학공간이 매우 흥미로운 연구주제임을 보여준다.

현대문학에서의 장소의 '표상'과 공간성 논의

현대문학 연구에서 장소성에 대한 연구는 2000년대 중반 이후 시작하여, 2010년대 중반부터는 꽤 많은 연구가 발견된다. 이에 대한 논의를 다 살피기는 힘들어 이중 몇 개의 논문만 살펴본다.

①신성환(2011), 「편혜영 소설에 나타난 장소상실과 그 의미」, 『어문론총』 55.
②동국대 한국문학연구소(2011), 『근대 한국의 문학지리학』, 동국대 출판부.
③박형준(2020), 「한국소설에 재현된 '장항'의 장소성 연구」, 『한국민족문화』 76.

①에서 신성환은 인문지리학의 '장소성' 개념을 적용하여 편혜영 소설에 나타난 '안주하는 장소로서의 집 · 일터'와 '이동하는 장소로서의 길'이라는 키워드로 장소에 대한 체험과 인식, 의미체계를 분석하였다. 그는 에드워드 렐프의 '장소성 상실' 개념 등을 적용하여 편혜영의 소설에서 획일성과 표준화가 강요되는 복제된 집과 일터(아파트, 도시 근교의 주택단지, 임시거처로서의 파견근무자의 숙소, 공장)에서 살며, 장소성이 박탈된 도시와 길(고속도로)을 배회하는 주인공들의 삶이 비인간화되는

양상을 비판적으로 분석하였다.[27] 장소성을 관심사로 한 연관 연구사례로서, 김미영(2014)은 박완서 소설에 그려진 치유공간을 앙리 르페브르의 인문사회적 공간론과 도시론, 에드워드 렐프의 장소성 등 지리학계의 연구방법을 적용하여 연구하였다.[28]

②는 현대문학연구자들이 보여준 본격적 문학지리학 연구 사례다. 김태준 교수의 영향으로 동국대에서 주로 문학지리학의 후속연구가 이뤄졌는데, 「식민지의 장소, 경주의 표상」(허병식), 「〈찔레꽃〉에 나타난 식민도시 경성의 공간 표상 체계」(손종업), 「한국 근대소설과 '평양'이라는 로컬리티」(정종현), 「신소설의 여성과 공간」(조형래), 「남양(南洋) 표상과 지정학적 상상력」(오태영) 등은 독자적인 문학 연구방법론으로 자리잡은 연구사례를 보여준다. 이외에도 정종현의「근대문학에 나타난 만주 표상」, 이철호의「근대소설에 나타난 평양 표상과 그 의미」, 이경훈의「식민지와 관광지」 등도 주목할 만하다. 이들은 공통적으로 '표상'이라는 개념을 사용하며 문학공간의 의미를 해석하였다.

②의 공간 연구들은 '지리학'의 연구방법을 대체로 의식하지 않은 채로 연구를 수행한 것으로 보인다. 지리학연구자들은 지리학이 '객관적이어야 한다'는 과학적 태도를 가지고 있고, 그러한 과학적 태도 하에서 '객관적이기만 해서는 안 된다'는 위기의식을 생산할 수 있었다. 즉, 지리학 연구계에서 문학지리학 분야는 일반적 지리학의 객관적이

27 신성환, 「편혜영 소설에 나타난 장소상실과 그 의미-집, 일터, 길의 공간구조 및 인문지리학적 인식을 중심으로」, 『어문론총』 55, 한국문학언어학회, 2011, 353-389쪽.

28 김미영, 「박완서 소설의 치유 공간 연구」, 『한국언어문학』 91집, 한국언어문학회, 2014.

어야 한다는 규준에 대한 일종의 '주관성을 첨가해주는 보완물'로서 배태된 것이라고 할 수 있다. 그런데 ②의 허병식, 손종업, 정종현 등의 문학연구자들은 애초에 지리학처럼 '객관적이어야 한다'는 규준을 가지고 있지도 않았다. 따라서 그들은 특별히 자신들의 '공간 표상'에 대한 연구가 '주관적인 것'이라고 생각할 수도 없었다.

위 현대문학 분야의 '공간성 연구'는 비교적 작은 공간인 '호텔'부터, 도시인 '평양', 넓은 지역 범주라고 할 수 있는 '남양', '만주' 등에까지 공통적으로 '표상' 개념을 쓰고 있는데, 무엇보다 중요한 것은 이 공간 개념이 어떤 '지각된 공간' 이상일 수 없다는 것을 의미한다는 데 있다. '표상'의 사전적 의미는 "추상적인 사물이나 개념에 상대하여 그것을 상기시키거나 연상시키는 구체적인 사물로 나타내는 일"[29], "감각에 의하여 획득한 현상이 마음속에서 재생된 것"[30]으로서, '주관적인 지각 반응'을 의미한다고 볼 수 있다. 유의어로 '심상, 이미지'가 있다.

가령 '만주 표상'이라는 것은 만주에 대한 지표적 속성 즉 객관적 속성들(넓이, 토양, 식생 등)을 통한 이해를 의미하는 것이 아니라, '특정 시기, 특정의 인간군들이 만주에 대해 지각한 결과'를 의미하는 개념이다. 이 개념은 지리학자들이 말하는 '경관'과는 분명한 차이가 있다. 예컨대, 이경훈의 「식민지와 관광지」는 식민지 시기 만주가 일본 제국의 신식민지로서 제국 내의 이등 시민인 조선인들에게 어떻게 낭만적인 관광지로서 의미 부여되는가를 논의하고 있는데, 이는 '공간'을 심리 내적으로 '표상된 공간'으로 이해하는 문학 연구 분야의 공간(성) 논의의

29 『고려대 한국어대사전』, 고려대학교 민족문화연구원, 2009.

30 『표준국어대사전』

한 사례를 보여준다. 이외에도 조명숙은 정지용, 김기림, 김광균의 모더니즘 시에서 근대도시를 구성하는 각각의 장소가 시인에 따라 어떻게 지각 · 경험 · 의미화되는지를 분석하는 방식으로 1930년대 모더니즘 시의 장소성을 탐구하였다.[31]

③은 국문학계에서 지리학의 연구방법론을 수용해 문학공간의 장소성 연구를 진행한 사례이다. 박형준은 일제강점기에 계획도시로 개발된 '장항 지역'이 한국소설 텍스트에 재현된 양상을 분석함으로써, 장항의 다양한 장소 정체성과 심상지리를 고찰하였다. 저자는 조정래의 대하소설 『아리랑』 1권과 박범신의 『소금』, 손영목의 「장항선에서」, 솔겸의 『장항선 급행혼약』, 구인환의 「기벌포의 전설」 등을 분석하였다. 분석 결과를 정리하면, 첫째, 외부자의 시선에서 바라본 장항의 장소 이미지는 서울에서 멀리 떨어진 철도의 종착지이자 쇄락한 항구도시이며, 그곳은 여행자의 삶을 되돌아보게 하는 영혼의 고향이다. 둘째, 내부자와 외부자의 만남을 통해 상처 받은 현대인의 삶을 치유하는 모성공간으로 장항을 형상화하고 있는 경우이다. 이는 장항 지역의 제련소 굴뚝, 도선장, 박대조림 등과 같은 이미지를 통해 구체화된다. 셋째, 내부자의 시선으로 장항이라는 장소에 각인되어 있는 역사적 상흔과 치유되지 못한 한국전쟁의 아픔을 보여주는 경우이다. 이와 같이 한국소설에 재현된 장항의 장소성은 다채로운 심상지리를 보여주는데, 이는 장항의 역사와 현재를 이해하는 데 기여한다.

이외에도 문학을 통한 장소성 탐구 및 심상공간에 대한 고찰은 고

31 조명숙, 「1930년대 모더니즘 시의 장소성 연구: 정지용, 김기림, 김광균을 중심으로」, 아주대 박사논문, 2015.

전문학이나 현대문학 양쪽에서 꾸준히 진행되어 왔다. 관련 연구가 꽤 많은 편이이서 주제만 간략히 정리해본다. 고전문학 관련 연구주제로는, 호남지역 16세기 누정의 공간적 특성(박종우. 2008), 〈최척전〉과 유랑(권혁래, 2008), 17세기 서사문학에 나타난 월경(越境)의 양상과 초국적 공간(최원오, 2009), 월경과 서사(진재교, 2010), 17세기 고소설에 나타난 여성 인물의 유랑 · 축출 · 귀환(최기숙, 2010), 송순 시가의 장소성(김은희, 2013) 등이 발견된다.

근대문학 관련 연구주제로는, 김유정 소설에 나타난 향토의 발견과 섹슈얼리티(김양선, 2004), 식민지 근대의 심상지리와 기행문학(박진숙, 2006), 문학공간 동두천의 장소성과 현장답사(간복균, 2007), 신경림 문학공간의 장소성(노창선, 2007), 고령문학의 공간과 장소성(박용찬, 2009), 구로공단이라는 장소의 소멸(김원, 2015), 경성과 모던 서울의 표상(김춘식, 2010), 신경림 문학의 농촌공간(강정구·김종회, 2012), 백석 시의 장소성(김민숙, 2012), 1950년대 대구의 문학공간(박용찬, 2012), 하동 출생 시인의 시 세계에 나타난 심상지리적 특성(오태호, 2012), 김구용 시의 근대공간성(박선영, 2013), 분단 접경지대(철원) 문학공간의 의미(박덕규·이은주, 2014), 서도 로컬리티와 시적 표상공간(전영주, 2014), 박태원 문학공간의 미학적 해석(변찬복, 2015), 문학공간의 상징성-편의점(강민희, 2019), 근대문학에서의 용산 풍경(유인혁, 2019), 모빌리티와 트랜스로컬리티로 살핀 강원영동문학의 공간(정연수, 2020) 등이 발견된다.

2000년대 들어 근 · 현대문학의 공간 · 장소성에 대한 연구는 폭발적으로 늘어나고 있어 현황 파악도 쉽지 않다. 이상에서 보여준 개념과 연구방법론은 문학연구자들이 지리학계의 연구방법론을 적용하는 한

편, 문학 고유의 방법론을 개척하고 연구의 시야를 넓히는 양상을 보여준다.

기행문학의 여행체험 연구

기행문학은 전통적으로 문학지리학의 주요 연구대상이었다. 여행은 공간적 실천행위로서 지리학에서도 핵심주제로 자리잡아 왔다. 지리학자 마이크 크랭은 지리학 연구에서 여행/관광/탐험을 구분하고, 여행과 관련한 연구주제에 대해, 첫째, 여행이 어떻게 지리적 지식을 창출하고 구성하는지에 대한 탐구, 둘째, 이를 통해 생산된 지식 유산을 비판적으로 사고해야 할 필요성이 있다는 점, 셋째, 여행자들이 다양한 유형의 통과의례를 겪으면서 일어나는 지식의 변형 가능성에 대한 탐구, 마지막으로, 관광과 여행의 복잡성과 다양성에 대한 탐구 등을 말하였다.[32] 그런데, 지리학자들이 한국의 기행문학을 대상으로 연구한 결과는 보이지 않으며, 기행문학은 대체로 문학연구자들의 몫이 되어 왔다.

기행문학은 여행의 체험이나 감상을 기술한 글로, 여행문학이라고도 한다. 기행문학은, 첫째, 인제 떠나고 돌아온다는 노정(路程)이 밝혀져 있고, 둘째, 무엇 때문에 어디로 가는가의 목적과 목적지가 밝혀져 있다. 셋째, 무엇을 보고 듣고 겪었는가의 견문 체험적 내용이 서술되어 있으며, 넷째, 그러한 경험을 통하여 작가의 감상이나 인식이 그려

32 이무용 역, 마이크 크랭, 「여행/관광」, 이명민 · 진종헌 외 역, 데이비드 앳킨슨 외 편, 『현대문화지리학』, 논형, 2011, 84-96쪽.

져 있다는 점에서 문학지리학의 관점에서 밝혀낼 흥미로운 요소가 많다. 기행문학에 관해서는 국문학계를 중심으로 연구가 이뤄져 왔는데, 몇몇 사례를 살펴보면 다음과 같다.

①김태준(2006), 『한국의 여행문학』, 이화여대 출판부.

②허경진(2009), 「수로조천록과 통신사행록의 바다 체험 비교」, 『한국한문학연구』 43.

③정한기(2010), 『여행문학의 표현과 창작배경』, 월인.

④규장각한국학연구원(2011), 『조선 사람의 세계여행』, 글항아리.

⑤서기재(2018), 「일제강점기 미디어를 통해 본 여행지로서 '평양'과 '평양인'」, 『통일인문학』 66.

⑥우미영(2018), 『근대조선의 여행자들』, 역사비평사.

①에서 김태준은 우리 민족의 해외 체험의 역사이자 풍속사이며 문학사인 동시에 정신사라고 할 수 있는 여행문학에 대해 신라시대 혜초의 『왕오천축국전』부터 조선시대 최부의 『표해록』, 강항의 『간양록』, 『노가재 연행일기』·『열하일기』·『을병연행록』 등의 연행록, 유길준의 『서유견문』 및 민영규의 『예루살렘 입성기』 등의 근대 여행기까지 한국의 여행문학 양상을 다양하게 살펴보았다.

②에서 허경진은 명·청 교체기에 해로를 통해 명나라에 사행했던 기록인 〈가해조천록〉, 일본통신사로 다녀온 경험을 기록한 〈해사록〉에 그려진 바다 체험의 양상과 표현방식을 비교연구하였다. 이외에도 허경진은 한일 문사들이 주고받은 창수시(唱酬詩)와 필담집, 표류민 이지항과 아이누인, 일본인 사이의 의사소통 등 조선인들의 일본여행 및

교류에 관해 실증적 연구를 하였다.

③에서 정한기는 19세기 금강산 기행가사, 〈금강록〉 · 〈금강별곡〉, 〈일동장유가〉, 〈연행가〉 등의 기행가사를 중심으로 여행문학의 창작 배경과 표현에 대해 고찰하였다. 중세시대에 사행은 양적으로 가장 많은 여행문학을 낳았다. 대부분의 사행록은 공식화된 표현방식, 보고 문학으로서의 노정기술이 나타나지만, 사행노정에서 주고받은 창화시(唱和詩)나 중국과 일본의 낯선 장소와 경관에 대한 감회, 새로운 문물에 대한 인식 면에서 다양한 양상을 보여주기도 하였다. 연암 박지원의 『열하일기』는 기행문학의 정수를 보여주는 작품으로서, 청나라의 경관과 문물을 목격하면서 받은 충격과 성찰을 빼어나게 기술하였다. 이외에도 많은 유배가사, 유산가(遊山歌) 등도 사대부 여행문학의 다양한 모습을 보여준다.

④에서 전용훈, 윤대원, 조형근 등은 여말선초부터 식민지 시기까지 열두 명의 조선인이 떠난 다양한 형태의 세계여행을 통시적인 시각에서 분석 · 기술하였다. 이 책에서 필자들은 『표해록』에 그려진 조선 선비 최부의 6개월에 걸친, 중국 절강성 영파를 시작으로 항주, 운하, 북경을 거쳐 조선으로 돌아오는 기행, 『열하일기』 등에 그려진 조선 실학의 숨은 추동력이 된 북경 사행길, 『해천추범(海天秋帆)』에 그려진 1896년 러시아 사절단이 된 민영환 일행이 캐나다와 뉴욕까지 견문하고 돌아온 세계여행, 『세계일주기』에 그려진 연희전문학교 이순탁 교수가 1933년 4월 26일 교토를 시작으로, 상하이, 홍콩, 싱가포르, 나폴리, 폼페이, 로마, 제네바, 런던, 뉴욕, 하와이와 요코하마, 도쿄를 거쳐 1934년 1월 20일 귀국하기까지 아시아 9개 도시, 아프리카 1개 도

시, 유럽 16개 도시, 북미(미국) 6개 도시를 여행한 모습과 기록을 복원했다.

⑤에서 서기재는 일제강점기 한국과 일본에서 간행된 여행안내서와 잡지를 통해 당시 한국 여행자들의 평양 인식과, 오늘날 평양 관광의 현재를 살펴보았다. 평양은 일제강점기에 일본인에게 '가장 조선적인 도시'로 여겨져 주목을 받던 곳이었다. 일제는 1910년 병합 이후부터 꾸준히 한국 관광지를 소개하는 여행안내서를 간행하고, 식민지 시기 말기에는『문화조선』과 같은 관광잡지 발간을 통해 정형화된 평양의 이미지를 재생산하였다. 일제강점기 근대 관광과 명소에 대해서는 이미 많은 연구가 진행되었다. 이러한 연구를 통해 전통적으로 한국의 명승지로 인식되어온 서울, 평양 및 지방도시, 팔경이라고 하는 곳들이 일제강점기를 거쳐 어떻게 변형되고 재구성되고 있는지를 밝혔다.

⑥에서 우미영은 근대 조선인들이 남긴 기행문을 통해 그들의 눈에 비친 조선 및 세계의 자연풍광, 문화유적, 도시의 근대문명 등에 대한 인식, 세계체험 양상 및 여행자의 정체성 등을 고찰하였다. 저자는 민영환의『해천추범』, 최남선의「교남홍조」·「평양행」등을 텍스트로 하여 근대문물의 상징인 기차와 철도가 여행자의 인식을 어떻게 변화시키는지를 살폈다. 유학생 및 신여성들이 남긴 다수의 기행문을 통해서는 도쿄의 장소적 의미, 세계체험 및 자기모순적 인식의 양상을 살폈다. 단체관광의 형태로 이뤄진 일본관광단, 수학여행, 문화유적관광 및 식민지 지식인의 도쿄 여행 등 뒤에 남겨진 기행문을 통해서는 식민지 여행자의 시선, 식민지 시기 관광의 양상과 의미 등에 대해 고찰하였다. 이외에도 고도 여행기를 통해서는 문화유적의 관습적 의미를 고찰

하였고, 이정섭 기자의 「호한기행」을 통해서는 중국 상하이와 한커우까지의 여정과 중국정세에 대한 기록을 살폈다. 요컨대, 이 책은 식민지시대에 생산된 각종 기행문을 통해 근대 조선인들의 여행, 여행자, 여행자의 인식을 살폈다.

한국의 기행문학에 관한 문학연구자들의 연구내용을 간략히 살폈지만, 중세시기의 국내여행과 국외여행, 근대시기의 여행자들의 시선과 관광, 세계여행 경험과 여행자, 여행자의 인식 등의 주제는 결코 단순하지 않다. 여기에 중세시기 전란으로 인해 포로 · 유랑 · 이주 등 해외경험을 했던 사람들의 견문기록이 추가된다면 한국의 기행문학은 편폭이 더욱 넓어질 것이다. 이에 대해 문학 · 문화지리학의 연구방법을 적용하게 된다면, 문학공간에 대한 기본연구주제는 물론, 중세시대의 월경(越境) · 유랑 · 이주, 근대시기의 여행과 관광을 통해 형성되는 장소성, 탈식민주의 등 공간인식, 공간체험, 공간행동 면에서 복잡한 응용연구주제들이 인식되고, 좀 더 풍부하고 다양한 연구결과가 나오리라 예상된다. 한국 기행문학 연구에 지리학연구자들이 동참해야 할 이유다.

문학공간의 실증적 연구와 심상지리 연구

고전문학의 공간은 현실 공간과 비현실 공간이 결합된 양상으로 나타난다. 고전문학의 공간 연구를 이러한 두 공간의 성격 및 공간이동을 중심으로, 문학공간의 실증적 연구, 서사지리 및 심상지리의 표현양상, 공간구성, 공간과 인물, 공간의 스토리텔링 등을 키워드로 하여 정리해 본다.

연행의 지리 · 공간에 대한 실증적 연구

⑦이승수(2011), 「1790년 열하 사행의 "이도정-열하" 구간에 대한 인문지리학적 탐색」, 『고전문학연구』 40.

이승수는 연행록, 심하전투서사 및 흑룡강원정서사의 배경공간을 현지답사하여 노정과 지형을 상세하게 조사하여 작품 해석이나 작가의 감회를 이해하고, 장소와 노정에 대한 훈고학적 지식을 활용하는 독특한 연구 스타일을 보여준다. ⑦은 문학공간의 현장답사 결과를 바탕으로 작품의 문학지리를 실증적으로 연구한 한 사례이다. 이승수는 연행의 지리 · 공간에 대한 실증적 연구를 일관되게 수행하고 그 연구결과를 논문의 형식으로 집필하였다. 위 논문은 1790년 열하 사행의 기록 중 '신점-열하' 구간의 길이 지니는 인문지리학적 의미를 탐색한 글이다.

저자는 사행록 연행노정 관련 연구들에서 연행일기, 한시 등의 텍스트를 상세히 분석하고 현지답사를 통해 노정을 재구한다. 그리고 사행노정과 장소, 사행문학에 대해 다양한 문헌지식을 동원하여 고증 · 분석하고, 답사자로서의 '감회'를 서술하며 현재의 문제와 연결 짓는다. 저자는 사행 관련 연구의 범위를 점차 넓혀, 고려 말부터 18세기에 이르기까지 사행의 전 구간을 답사하며 각 구간의 노정(路程)과 정몽주 · 유몽인 · 박지원 · 박제가 등의 시경(詩境)과 심적(心跡) 등을 인문지리학적 시각에서 분석한 결과를 내놓았다. 목록을 열거해 본다.

「새로운 세계의 탐색, 문화와 여행-박제가의 연행 한시를 중심으로」(2007)

「고려말 대명 사행의 요동반도 경로 고찰」(2009)

「연행로의 문명사적 위상 검토, 그 의의와 한계-17세기 초 유몽인의 산문을 중심으로」(2010)

「연행로 중 '요양-안산-광녕 구간'에 대한 인문지리학적 검토」(2011)

「1790년 열하 사행의 "이도정-열하" 구간에 대한 인문지리학적 탐색」(2011)

「연행로 중의 동팔참 고」(2012)

「1609년 여름 유몽인 연행길의 몇 장면-압록강에서 광녕까지」(2012)

「연행로 중 심양~광녕참 구간의 노정 재구」(2013)

「연행로 중 광녕-산해관 구간의 노정 재구」(2014)

「1386년 정몽주의 남경 사행, 노정과 시경」(2015)

「연행로 중 요양~심양 구간의 노정과 풍물-지리감각의 갱신과 신흥 왕조의 체험-」(2016)

「연행로의 지리와 심적, 산해관~통주 구간」(2017)

「연행로의 지리와 심적2, 통주~옥하관」(2018)

「1780년 연암 박지원의 열하 행로」(2019)

이승수는 '연행로 시리즈'라 할 만큼 구간별로 끊어 10여 년에 걸쳐 현장답사를 하며 연행의 노정 중에 있는 지리·장소를 인문지리학적 눈으로 탐색하고, 연행주체들의 시문과 심미적 경험을 추체험한 뒤 지표적 특징과 장소·경관 체험을 종합하여 연구결과를 기술하였다. 연행자 중 유몽인, 정몽주, 박지원은 따로 뽑아 그들의 장소체험을 고찰하였다. 중국 사행의 거의 전 지역과 장소를 구간 별로 끊어 답사하고,

사행문학을 텍스트로 하여 시리즈 논문형식으로 보고한 것은 이승수가 처음일 것이다.

북방공간을 배경으로 한 서사를 연구할 때는 '서사지리'라는 개념을 사용하였다. 그가 1619년 강홍립이 주장이 되어 출병한 심하전역에 대해 전쟁의 현장을 답사하고, 문헌 자료를 통해 현장과 작품을 입체적으로 조명하여 발표한 「심하전역의 현장답사 연구」(『한국학논집』 41, 2007)라는 논문은 '노정고증-문헌비평-감회토로'의 순으로 기술하여 답사논문의 전범을 보여준다. 후속 연구로는, 「1658년 나선정벌 관련 기록의 서사지리」(『고전문학연구』 45, 2014), 「1619년 심하전역의 미결지리 고증」(이승수·김일환·신춘호·임문성, 『어문연구』 47-4, 2019) 등이 있다.

전쟁문학의 지리 · 공간에 대한 융합연구

⑧권혁래 · 신춘호 · 김재웅 · 이석현(2015), 「심하전투서사의 문학지리학적 고찰-문학지도와 경관, 서사 중심으로」, 『우리어문연구』 51.

⑧은 1619년 3월 중국 요녕성에서 일어난 심하전투의 현장을 답사하고, 이 전투를 제재로 한 〈김영철전〉, 〈최척전〉, 〈강로전〉 등에 그려진 전란서사 및 문학공간을 실제 전투 현장과 대비하여 분석한 결과이다. 권혁래 · 신춘호 · 김재웅 · 이석현은 공동연구 작업을 통해 '심하전투 문학지도'를 제작하고, 경관 사진과 GPS 좌표 활용, 텍스트 분석 및 해석 방식을 겸하여 문학공간의 현장을 종합적으로 재현하는 표현양식을 개발하였다. 이후 이들은 심하전투서사, 흑룡강원정서사 등을 제재

로 해 공동연구를 진행하면서 문학·문화콘텐츠·역사지리학의 방법을 융합해 노정·문학공간의 새로운 분석·표현 방식을 제시하였다.

⑧-1) 신춘호(2015), 「'17C 역사소설 공간' 전자문화지도 구축방안 시고」, 『글로벌문화콘텐츠』 20.

⑧-2) 문상명·권혁래(2015), 「고지도와 문학 텍스트에 그려진 닝구타(寧古塔)의 경관과 인식」, 『열상고전연구』 47.

⑧-3) 김재웅(2015), 「나선정벌의 영웅 신유 장군 기념관 건립과 전시 콘텐츠 개발 방안」, 『열상고전연구』 47.

⑧-4) 김재웅·권혁래(2015), 「〈최척전〉 국내 공간의 문학지리학적 연구」, 『온지논총』 42.

⑧-1)은 서사작품의 공간을 영상과 전자문화지도로 표현하는 방식을, ⑧-2)는 흑룡강원정서사의 주요 공간인 닝구타를 고지도와 문학 텍스트를 결합해 표현하는 방식을 제시했다. ⑧-3)은 흑룡강원정에서 러시아 수군을 물리친 신류 장군의 기념관콘텐츠 방안을 제시했고, ⑧-4)는 정유재란 및 심하전투를 제재로 한 〈최척전〉의 국내공간을 지도와 사진, 스토리텔링의 방식으로 재현하는 방안을 제시했다.

심상지리 연구

2000년 이후의 연구에서 '심상지리'에 관한 몇 가지 연구성과를 살펴보면 다음과 같다.

⑨탁원정(2005), 「17세기 가정소설의 공간 연구-〈사씨남정기〉, 〈창선감의록〉을 대상으로-」, 이화여대 박사논문.

⑩이강엽(2006), 「〈구운몽〉의 문학지리학적 해석: 응축과 확산」, 『어문학』 94.

⑪김수연(2014), 「남악 형산, 유불도 인문지리의 공간경계역」, 『고전문학연구』 45.

⑫조재현(2009), 『고전소설의 환상세계』, 월인.

⑬신태수(2011), 「외국공간에 대한 16세기 조선 문인의 심상지리와 작품화-권필의 〈주생전〉에 형상화된 중국 남방을 중심으로-」, 『고소설연구』 31.

⑭윤주필(2012), 「한국 한문학에서 본 중국 강남의 문학지리학」, 『한국한문학연구』 49.

⑨에서 탁원정은 17세기 가정소설 〈사씨남정기〉와 〈창선감의록〉의 공간을 '집/집 밖'의 구도로 파악하고, 이것의 표층 구조와 심층 구조, '집을 떠남', '집으로 돌아옴' 행위 의미를 분석하였다. 그는 〈장화홍련전〉에 대한 논의에서는 핵심 서사를 중심으로 집, 못, 관아의 세 공간으로 나눠, 현실과 비현실 공간의 관계 속에서 공간의 성격을 분석함으로써 서사와 공간 간의 관계를 파악하였다. 탁원정의 연구는 소설의 공간을 서사, 인물 간의 관계 속에서 심층적으로 이해하며, 공간 중심의 작품 해석방식을 선보였다는 점에서 의미 있다.

⑩에서 이강엽은 〈구운몽〉의 공간을 지도로 표현하며 문학지리적 관점에서 문학내적 원리를 분석한 결과, '중심'과 '전체', '상승' 등의 이

미지가 발견된다는 점을 확인하였다. 〈구운몽〉에는 주인공들이 신성계의 중심으로서 '형산'과 세속계의 중심으로서 '장안'을 양 극점으로 두고, 온 세상 전체를 주유하며 세속적 꿈을 좇지만, 끝내 형산에서 풍도로까지 떨어졌다가 다시 속세를 거쳐 연화사로 올라서는 상승의 과정이 고스란히 담겨 있다는 것이다. 그는 〈구운몽〉이 이러한 방식으로 신화적 공간을 구현했음을 말하며, 이러한 분석방식을 신화적 특성이 드러나는 여타의 고전 서사물에도 유용하게 활용될 수 있을 것이라 주장하였다. 이강엽의 연구는 고소설에서의 현실 공간과 비현실 공간 구분 및 결합 양식이 신화에서 비롯된 것임을 밝혔으며, 이 점은 김수연 등의 후속 연구에도 영향을 미친 것으로 보인다.

⑪에서 김수연은 〈구운몽〉의 대표적 공간인 '남악 형산'이 실재하는 공간이면서 동시에 초월적 신성공간으로 이미지화 된 과정을 구체적으로 살피며, 동시에 〈구운몽〉 속 남악 형산의 이미지에 혼재하는 유 · 불 · 도적 성격의 기원을 고찰하였다. 이는 지형지리와 인문지리, 상상지리의 경계를 넘나들면서 문학공간이 만들어짐을 논증한 사례라 할 수 있다.

⑫에서 조재현은 전기소설, 몽유소설, 윤리소설, 가정소설 등 50여 편의 다양한 고전소설을 대상으로, 고전소설에 나타나는 환상계의 공간세계를 분석하였다. 그는 천상계, 선계, 수궁계, 저승계, 현실계 경계공간으로 나눠 고찰하였는데, 그간 단편적으로 진행되어 오던 고전소설의 환상공간의 속성을 종합적이고 유기적으로 분석한 결과를 보여주었다. 이 연구는 고전소설의 비현실 공간인 '환상계' 공간이 어떻게 형성되고 의미를 구현하는지 분석적이면서도 종합적으로 보여주었다

는 점에서 주목된다.

⑬에서 신태수는 〈주생전〉의 공간 배치와 이동이 실제와는 상당한 차이를 드러내고 있다는 데 착안하여, 이 작품에 형상화된 중국 남방 공간은 타자에 대한 상상이며 작가의 감정과 사상이 작용한 주관적 혼합물이라는 관점에서 작가 권필의 심상지리와 작품화를 고찰하였다. 이 연구는 16세기 말 조선 문인의 외국공간에 대한 공간지식 및 심상지리의 형성과정과 그 양상의 일면을 이해할 수 있는, 권필을 비롯한 16 · 17세기 조선 문인들의 심상지리와 작품화를 이해할 수 있는 연구 사례이다.

⑭에서 윤주필은 중국의 '강남(江南)' 지역이 한국한문학의 문학적 제재이자 배경으로 애용되면서, 정치 · 경제 · 문화의 중심지, 정신적 배후 공간, 통치권에서 벗어난 비문명권으로 상징화된 양상을 분석하였다.

문학공간에 대해 최근 문학연구자들이 지속적으로 관심을 보이고 있다. 일일이 다 들지는 못하지만, 적지 않은 연구자들이 고전소설에 그려진 문학공간, 유배문학의 배경공간이 되는 지역공간, 시조와 가사 등에 나타난 자연산수의 특성을 연구하며, 인물과 서사와의 관계를 새롭게 해석하고 있다. 또한 근현대의 여행문학, 시와 소설에서 새롭게 발견되는 공간의 표상화 방식, 문학의식, 문학공간의 장소성 및 장소체험 등에 대해서도 활발히 연구를 진행하고 있다.

고소설, 고전문학, 근대문학, 현대문학 등 한국문학에 나타난 공간의 특성은 무엇일까? 이에 대한 답을 개개 작품을 심층적으로 분석해 얻는 방식도 있지만, 전반적인 이론적 접근방식도 마련할 필요가 있다. 그것은 지리학의 개념과 이론에서 얻어올 수도 있고, 외국학계의 문학이론에서 구할 수도 있지만, 한국문학작품에 그려진 지리현상과 지표로서의 공간, 공간의 표현방식을 통시적으로 고찰하면서 얻을 수 있다면 더욱 흥미로울 것이다.

제2장
문학지리학의 쟁점과 전망

1. 연구자 간 교감과 소통의 필요성

문학연구자와 지리학연구자 간에는 문학공간연구의 목적과 방향, 방법론에 있어서 상이한 인식이 발견된다. 지리학연구자들은 문학지리학을 개척하고 논리와 체계를 갖춰온 공이 있다. 이들의 연구는 지리학의 논리 위에서 문학을 활용하여 지리학 연구의 외연을 넓혀 왔지만, 연구자들도 인정했듯이, 문학작품에 대한 제한적인 접근과 사용이 연구를 방해할 수 있다. 또한 지리적 사고와 지식에만 초점을 두어서 문학작품을 제한된 도구적 역할에 국한시키는 것도 문제가 될 수 있다. 이는 문학연구자들과의 교감과 협력연구를 통해 풀어갈 수밖에 없는 문제가 아닌가 한다.

문학에서는 문학지리학에 대한 좀 더 체계적이고 논리적인 접근이 필요하다. '지방문학사', '지역문화연구' 개념에서 그 지역의 작가와 문학작품의 특징을 기술하는 것만으로는 문학지리학의 본령에 도달할 수 없다. '심상지리', '표상'과 같은 개념을 사용한 연구는 미학 및 인문학적 성찰을 담은 연구이다. 여기에 지리학의 개념과 논의 수준을 수용한다면, 장소와 공간, 경관, 지리에 대해 좀 더 체계적이고 분석적 접근이 가능해질 것이다. 인문지리학의 시각과 방법론을 도입하는 것도 대상을 새로운 각도에서 조명할 수 있는 방법이라고 생각된다. 이는 김수연의 말처럼, 문학공간이 "지형지리와 인문지리, 상상지리의 경계를 끊임없이 넘놀고 쉼 없이 꿈틀대며 자신의 독자적 경계역을 만들어"[33]왔다는 점을 인식할 때 더욱 그러하다.

문학지리학 연구에서 '지리학과 문학연구자 간의 교감과 소통'은 현 단계에서 연구의 진전을 이룰 중요한 키워드로 부각된다. 지리학연구와 문학연구에서 수행된 문학지리학 연구는 연구목표와 방법론에 차이가 있을 수밖에 없다. 지리학연구에서는 문학작품의 지리적 사실-공간 설정과 인식, 경관묘사-을 지리학 연구에 활용해왔고, 국문학연구에서는 지방문학사 · 지역문화 연구에서 시작하여 공간 · 지역 · 경관이 어떻게 문학창작에 영향을 주고, 어떠한 표상을 만들어냈는지를 구체적으로 파악하는 방향으로 연구가 진행되었다. 개개의 문학 작품에서 만들어진 공간 형상을 심층적으로 이해하는 것이나, 주요 공간인 현실계 공간/비현실계 공간의 관계를 신화와 연계하여 이해하는 것은 문학내적인 연구방법이라 할 수 있다. 문학과 지리학연구자들에게선 연구

33 김수연, 「남악 형산, 유불도 인문지리의 공간경계역」, 『고전문학연구』 45, 한국고전문학회, 2014, 53쪽.

의 목적과 방향, 방법론에 있어서 상이한 인식이 발견되는데, 몇 가지 과제를 서술하면 다음과 같다.

2. 용어와 개념 문제

문학지리학 연구의 학문간 소통 문제에서 먼저 해결해야 할 사안은 용어와 개념 문제다. 지리학연구자들은 문학작품에 그려진 공간에 대해 '장소(place)'와 '장소성(placeness)'이란 개념으로 접근한다. 이에 대해 문학연구자들은 장소란 개념을 쓰지 않고 '공간(space)', 또는 '배경(background)'이란 용어를 사용한다. 지리학연구자들은 한 장소의 대표적(전형적) 이미지를 표현할 때 "지형, 기후, 토양, 생물계 등으로 이루어지는, 일정 지역의 지리학적 특성"[34]이란 뜻의 '경관(landscape)'이란 용어를 사용한다. 문학연구자들은 이러한 용어 대신, '풍경(Scenery, Sight)', '심상공간(Imaginative Space, Imaginary Space)', '표상(Representation)'이란 개념을 사용한다.

위 용어와 개념들은 문학연구자와 지리학연구자들이 상이하게 쓰는 대표적 사례이다. '경관', '장소성'은 지리학계에서는 중요하게 쓰는 개념인데, 문학계에서는 용어의 뜻도 다르고 잘 사용하지도 않는다. 에드워드 렐프에 의하면, '경관'이란 "모든 장소가 지닌 물리적이고 시각적인 형태"[35]로 '외관'이란 개념으로도 이해된다. 렐프는 장소의 혼은 그

34 『고려대 한국어대사전』

35 에드워드 렐프 저, 김덕현 · 김현주 · 심승희 역, 『장소와 장소상실』, 논형, 2005, 79쪽.

경관 속에 있으며, 장소는 경관으로 이해되고 경험되며, 외관은 모든 장소들의 중요한 특성이라고 하였다.[36]

지리학자들은 장소가 사회적으로 중요하게 인식되는 것은 한 장소 속에 거주하고 있는 인간이 자신이 처한 장소와 지속적으로 상호작용을 하며, 이 과정에서 인간의 개인적, 집단적 자아의 형성에 장소가 관여하고 있기 때문이라고 한다. 인간이 생산해내는 다양한 의미의 세계를 알기 위해서는 의미 생산 주체인 인간을 이해해야 하며, 인간 이해를 위해서는 그들이 처해 있는 장소를 이해하는 것이 실마리가 된다. 장소는 인간의 삶을, 나아가 자아정체성까지도 형성할 수 있는 핵심 요소인 것이다. 장소는 구체적인 위치를 기반으로 하며, 인간의 삶과 무관하게 존재하는 물리적인 지점이 아니다. 그래서 장소는 절대적 위치를 나타낸다기보다는, 상대적 위치로 표현된다. 동일한 위치라고 할지라도 인간은 자신만의 의미 세계를 만들어가면서 절대적 위치를 상대화시키고, 물리적이고 객관적인 위치를 상대적이고 인간적인 장소로 변화시킨다. 이와 같이 위치와 장소는 매우 밀접한 연관을 맺고 있다.[37]

장소와 유사하게 사용되는 공간(space) 개념은 일상적으로는 장소와 거의 구별하지 않고 사용된다. 지리학자들은 장소와 공간을 서로 대립적인 개념으로 사용한다. 지리학에서 공간은 '비어 있는 지리 영역'으로, 장소에 비해 보편적이고 일반적인 것을 담는 개념이다. 그러므로, 지표를 지칭하는 동전의 양면으로서 장소와 공간에 대해 인식할 필요

36 위의 책, 80-81쪽.

37 박승규, 「개념에 담겨 있는 지리학의 사고방식」, 전종한 외, 『인문지리학의 시선』(개정2판), 사회평론, 2012, 33쪽.

가 있다. 이는 상황에 따라 달리 사용되기도 한다. 가령, 우리가 일상적으로 지나다니는 공원이나 가로수 길은 그곳에 산책 나온 사람에게는 '유희'의 공간이고 '소통'의 공간이지만, 헤어진 연인과의 기억을 지닌 사람에게는 추억의 '장소'가 된다.

최근에 공간은 '사회적으로 생산되어진 공간'이라는 새로운 개념적 정의가 제시되기도 한다. 이러한 공간의 성격을 '공간성(spatiality)'이라 하는데, 이 때 공간은 '비어 있는 공간'이 아니라, 수많은 자본주의적 이념이 대결하는 전투의 장으로 간주한다. 이러한 공간론에 의하면, 우리는 태어나면서 자연스럽게 접하는 되는 공간이 아니라, 헤게모니를 쥐고 있는 누군가에 의해 생산되고 만들어진 공간을 일상 속에서 소비하면서 살고 있다.[38] 어떤 면에서 장소가 비교적 좁은 범위의 공간을 의미한다면, 공간과 지역은 상대적으로 넓은 스케일의 지표 일부를 지칭한다. 사회적 공간에 대해 앙리 르페브르는 '공간의 재현', '재현적 공간', '공간적 실천'이라는 공간 개념을 사용하였다.[39]

문학 연구에서 '장소'는 아무런 개념어가 아닌데, 지리학에서는 이처럼 '인간에 의해 사용되고 경험되며, 가치 있는 지리 영역'으로 설명된다. 공간에 대한 정의도 지리학과 문학은 상이하다. 문학에서 공간이 '인물이 활동하고 사건이 전개되는 배경'이라면, 지리학에서는 '비어 있는 지표'이다. 이로 볼 때, 문학에서 '공간' 개념은 지리학의 '장소' 개념과 거의 유사하다. 이렇듯 상이하게 이해되고 쓰이고 있는 문학작품의 공간 · 장소 개념에 대해 문학/지리학/교육학 등의 관련 연구자들 간에

38 위의 책, 35쪽.

39 같은 책, 36쪽.

심층적 논의가 필요하다. 필자는 문학연구자들도 지리학계에서 사용하고 있는 '장소', '장소성', '장소체험'이라는 개념을 수용하는 것이 문학공간론을 활성화하는 데 필요하지 않을까 생각한다.

한편, 이보다 큰 범주로 문학작품의 공간 및 지리를 연구대상으로 삼을 때 '인문지리', '문화지리', '문학지리', '서사지리', '심상지리', '심상공간', '상상지리'과 같은 용어가 사용된다. 문학연구자들이 쓰는 '~지리'란 용어는 지리학에서 빌려 온 것이다. '인문지리', '문화지리'라는 용어는 계통지리학의 대표적 개념인데, 문학연구자들이 이 용어를 적절하게 사용하고 있는지 점검할 필요가 있다. '서사지리', '심상지리', '심상공간', '상상지리', '문학지도' 등은 최근 10여 년간 문학연구자들이 발명한 개념이다. 여기에 '표상' 개념까지 더한다면, 문학연구자들 간에 공간 논의가 얼마나 활발한지를 알 수 있다. 이는 문학연구자들이 그간 쓰던 '공간'이라는 개념만으로는 분화되는 '공간' 사유를 더 이상 감당할 수 없음을 보여준다. 이 용어들이 적절하고 정확하게 쓰일 수 있도록 과학적이고 합리적으로 개념과 범주를 설정해야 할 것이다. 명확한 개념으로 정의될 수 없다면, 임의적이거나 수사적 용어로 그칠 것이다.

3. 문학공간의 스토리텔링 및 콘텐츠 활용

문학지리학 연구의 활력은 무엇보다 문학공간의 장소성에 대한 깊이 있는 해석, 이에 바탕한 스토리텔링 및 콘텐츠 활용 면에서 찾아지고 있다. 지리학에서 장소(place)는 '인간에 의해 사용되고 경험되며, 가치 있는 지리 영역'으로 설명된다. 이는 주관적이며 특수한 지리 영역을 말한다. 캐나다의 지리학자 이푸 투안은 장소를 "생물학적 필요, 곧 식량, 물, 휴식, 번식 등이 충족되는 가치의 중심지"라고 설명하였다.[40] 투안은 '장소애(topophilia)'라는 용어로 일상인들의 감성과 결부된 공간 체험을 설명한다. 그의 제자 에드워드 렐프는 '장소'에 관해 좀 더 진전된 인식을 표현하였다.

> 장소는 행위와 의도의 중심이며, 우리가 실존의 의미 있는 사건들을 경험하게 되는 초점이다. 사건과 행위는 장소의 맥락에서만 의미 있으며, 사건과 행위가 장소의 성격에 영향을 주지만, 장소의 성격에 의해 사건과 행위가 윤색되고 영향을 받기도 한다. (중략) 그러므로 장소는 인간의 모든 의식과 경험으로 구성된 의도의 구조에 통합된다. (중략) 장소는 의도적으로 정의된 사물 또는 사물이나 사건들의 집합에 대한 맥락이나 배경이다.[41] (밑줄 표시는 인용자 강조)

문학연구자가 보기에, "장소는 행위와 의도의 중심", "실존의 의미 있는 사건들을 경험하게 되는 초점"이라는 표현은 사실 놀랍다. 문학연구자들은 소설의 3요소인 '인물-사건-배경' 중에서, 공간을 인물과 사건 뒤편이나 밑바닥에 깔린 '배경' 정도로만 취급한다. 렐프는 이러한 관념을 뒤집기라도 할 듯 일부러, "사건과 행위는 장소의 맥락에서만 의미 있다."며 장소의 위상을 한껏 치켜세웠다.

장소는 인간의 삶을, 나아가 자아정체성까지도 형성할 수 있는 핵

40 구동회 · 심승희 역, 이푸 투안, 『공간과 장소』, 대윤, 개정판:2007, 17쪽.

41 에드워드 렐프 저, 김덕현 · 김현주 · 심승희 역, 『장소와 장소상실』, 논형, 2005, 102-103쪽.

심 요소이다.[42] 장소의 영향력을 적극적으로 해석하는 이러한 관점은 서사문학의 이해에도 새로운 관점을 제공할 것이다. 서사문학에서 장소, 또는 공간은 인물의 환경으로 작용한다. 렐프의 관점을 적용해 서사문학의 장소가 어떻게 구성되어 있는지, 장소의 구성과 성격이 서사 주인공의 성격과 행위에 어떻게 영향을 미치는지를 분석해본다면 작품 해석도 달라질 것이다.

지리학자들의 문학공간 연구에서 흥미로운 점은 무엇보다 장소의 역동성, 상품가치를 발견하고, 그것을 활용하는 방법을 제시한다는 것이다. 문학작품은 '장소 기억하기'의 기능으로 이해되는 경우가 많은데, 2000년대 중반 이후로 장소 마케팅 분야에 대한 수요가 늘고, 여기에 스토리텔링 기법이 활용되면서 '장소 만들기'로서의 문학작품에 대한 관심이 많아지고 있다. 수백 년간 2~3백 명의 대규모 사절단들이 왕래하며 기억과 흔적을 남겼던 중국 사행노정(육로, 수로), 일본 통신사들의 노정, 표류노정은 이제 '장소 기억하기'뿐 아니라, 사람들의 장소체험을 유도하는 '장소 만들기'의 관점에서 연구되고 있다. 이런 관점에서 기행(여행)문학이 현실 지리적 세계에 어떤 영향을 주었나를 고찰하는 것도 흥미롭다. 예컨대, 심승희는 유홍준의 『나의 문화유산 답사기』가 '장소 기억하기'에서 '장소 만들기'의 기능을 발휘하고 있다고 보면서, 독서자들이 이 책에 기록된 장소를 따라 기행하면서 현실 장소에 어떠한 영향을 주었는지 고찰하는 것도 흥미로울 것이라고 하였다.[43]

최근 들어 지방자치단체에서는 자기 고장의 작가, 작품, 문학유산

42 박승규, 앞의 논문, 33쪽.

43 이는 심승희 교수가 2014년 8월 필자와의 인터뷰에서 들려준 말이다.

을 활용하여 축제를 열고 관광자원으로 활용하고 있다. 문학 자산을 활용하여 각 지역에서 주최하고 있는 축제, 문학관, 테마 파크는 어떤 것이 있으며, 스토리텔링의 방식은 어떠한지도 흥미로운 연구 테마가 될 것이다. 많은 문학연구자들과 관광경영연구자들은 로컬리티를 지닌 문학작품을 주목해, 관련 지리학 지식을 수용하며 문학공간의 장소성 및 이를 활용한 스토리텔링과 콘텐츠개발 연구를 활성화하고 있다. KCI(한국학술지인용색인)에서 문학공간의 장소성에 대한 논문을 검색하면, 무려 130건이 넘는 논문이 발견된다.(2021년 5월 기준) 이중 한국문학공간의 스토리텔링에 관한 연구 사례로는 다음과 같은 것이 있다.

①이수현(2008), 「〈메밀꽃 필 무렵〉의 스토리텔링 양상」, 『현대문학의 연구』 35.
②안숭범 · 최혜실(2011), 「홍사용 문학관과 공간 스토리텔링 활용」, 『석당논집』 51.
③임화순 · 김구 · 남윤섭(2012), 「문학공간을 활용한 스토리텔링 콘텐츠 개발 연구 –소설 「지상에 숟가락 하나」를 중심으로–」, 『탐라문화』 40.
④강민희(2015), 「문학공간의 스토리텔링 방안 연구 – 권정생을 중심으로 –」, 『한민족어문학』 71.

이중 ①에서 이수현은 이효석의 〈메밀꽃 필 무렵〉이 공간 중심으로 서사가 전개되는 특징을 살피고, 각각 HDTV 문학관과 서사만화로 스토리텔링되는 양상을 살펴보았다. ②에서 안숭범 · 최혜실은 이미 조성된 문학관들을 문인콘텐츠 문학관/문학콘텐츠 문학관, 작품 배경형 문학관/작가 배경형 문학관으로 구분하고, 문학관 조성에 적용될 수 있는 공간 스토리텔링을 논의하였다.

문학공간의 명소화 사업과 문학관 건립은 문학공간 콘텐츠 개발의 핵심내용으로 파악된다. 문학공간의 콘텐츠 방안에 관한 연구 사례로는 다음과 같은 것이 있다.

⑤박덕규(2006), 「문학공간의 문학관 조성과 문화산업화 전략 – 이문구와 김주영의 문학을 중심으로」, 『한국문예창작』 5-2.

⑥박덕규(2009), 「문학공간의 명소화와 문화산업화 문제」, 『한국문예창작』 8-2.

⑦장노현(2007), 「〈소나기〉와 문학활용 테마파크-전략과 테마기획을 중심으로」, 『국제어문』 41.

⑧김창호(2009), 「소설 『태백산맥』 문학공간의 공간 분류에 따른 콘텐츠화 연구」, 『현대문학이론연구』 37

⑨김수복(2011), 「신동엽 문학공간의 에듀테인먼트 활용 연구」, 『한국언어문화』 44.

⑩조성경(2017), 「이효석 소설의 문학공간과 활용」, 『인문과학연구』 30.

⑪박일우(2017), 「문학텍스트의 공간구현을 통한 도시브랜드구축에 관한 연구—조정래의 소설 『태백산맥』의 서사공간을 중심으로」, 『한국문예창작』 16-3.

⑫이원영(2018), 「구비문학을 활용한 지역문화콘텐츠 개발과 현대적 전승 양상」, 『한국고전연구』 43.

⑤에서 박덕규는 이문구 문학이 산업화로 극심한 변화를 체험하고

있는 농촌문학적 성취를 잘 보여준다고 하며 이문구문학관을 문화콘텐츠화하는 방안을 소박하고 거칠게 제시하였다. ⑥에서는, 황순원문학촌이 테마파크형 문화콘텐츠로 성공적으로 운영되고 있다는 점을 평가하고, 2000년대 들어 전국에 건립된 48개 문학관들은 전략이 부재하다고 비판하였다. ⑦에서 장노현은 황순원의 〈소나기〉와 김유정의 〈동백꽃〉, 그리고 각 지역에 조성된 테마파크를 검토하며, 테마파크가 지역민의 생활과 유기적으로 연결되어 있지 않다고 평가하였다. 그리고 문학활용 테마파크 조성은 지역민의 생활문화적 차원에서 추진되어야 하며, 경제 활성화를 통한 지역 경쟁력 강화라는 실질적인 효과를 거두기 위해서는 문화에 대한 경제적 관점의 접근이 필요하다는 점을 말하고, 방안으로 대규모 문학활용 테마파크를 제안했다

⑪에서 박일우는 조정래의 소설 『태백산맥』의 서사 공간을 중심으로, 문학텍스트의 공간구현을 통한 도시브랜드 구축에 관한 연구를 수행하였다. 박일우에 의하면, 도시 브랜딩이란 도시를 하나의 상품으로 보고, 지역특성화, 관광 인프라 구축 등을 위한 구체적인 목표를 세우고 추진하는, 타 지역과의 차별화 전략 중 하나이다. ⑫에서 이원영은 전남 곡성군의 '섬진강도깨비마을'과 경남 의령군의 '한우산 철쭉설화원'에서 실행되고 있는 도깨비 이야기/캐릭터의 스토리텔링의 양상 및 실제 운영 현황을 점검하고, 지역 소재 설화를 활용한 지역문화콘텐츠 개발 및 구비문학의 현대적 전승 방향을 살폈다.

2015년을 기점으로 해 문화콘텐츠, 호텔경영, 문화관광, 관광경영, 관광개발, 지역문화(개발) 등의 다양한 전공의 연구자들이 문학공간 연구에 합류하면서 문학공간의 관광콘텐츠 개발 연구가 활성화되고 있

다. 이에 관한 연구사례로는 다음과 같은 것이 있다.

⑬신춘호(2015), 「연행노정 공간의 역사문화콘텐츠 활용 방안 일고 – 〈스토리테마파크〉의 스토리를 활용한 '병자호란 역사관광콘텐츠' 기획을 중심으로」, 『한문고전연구』 31.

⑭변찬복(2016), 「〈소설가 구보씨의 일일〉 문학공간의 관광콘텐츠화에 관한 연구」, 『호텔경영학연구』 25–5.

⑮ 변찬복 · 박종호(2016), 「문학공간의 장소성 분석에 근거한 관광콘텐츠화 방안 : 〈탁류〉를 대상으로」, 『관광연구』 31–3.

⑯ 남윤섭(2019), 「문학공간의 장소성을 활용한 관광콘텐츠 개발에 관한 탐색적 연구 –제주지역 '바람타는 섬'을 중심으로–」, 『한국사진지리학회지』 29–3.

⑰ 이경숙 · 권기창(2019), 「장소성 강화를 위한 무섬별리문학관 공간스토리텔링 방안 연구」, 『지역과문화』 6–1.

⑱ 이경숙 · 권기창(2020), 「문학관광 활성화를 위한 이육사문학관 공간콘텐츠 기획」, 『한국문화공간건축학회논문집』 72.

⑬에서 영상기획콘텐츠 연구자 신춘호는 역사공간으로서 연행노정이 갖는 역사 · 문화적 가치와 의미에 대해 살펴보고, 연행노정에 투영된 병자호란 관련 기억 양상을 파악하여 이를 역사관광콘텐츠로 기획하기를 시도하였다. 하지만 연행문화, 연행노정을 '퍼블릭 도메인 스토리'로 기획하는 시도 정도에서 그친 점은 아쉽다.

⑭에서 변찬복(2016)은 박태원의 〈소설가 구보씨의 일일〉에 나타난 도시산책자 모티브 양상을 분석하고, 장면화(場面化)를 경유하여 공공

미술과 증강현실로 콘텐츠화 하는 방안을 제시하였다. 변찬복은 문학연구를 바탕으로 융합연구의 방식을 보여준다. 소설의 서사분석은 소설에서 가장 중심적인 문학공간인 서울도심의 거리들과 다방과 카페, 경성역, 그리고 백화점을 중심으로 수행하였다. 서사분석 결과, 구보의 멜랑콜리 양상은 "스펙타클에 빠져듦과 저항함, 권태, 소외, 그리고 고독"으로 요약되며, 전체를 관통하는 구보의 감정은 "고독"과 "소외"로 나타났다. 미국에서 호텔경영학을 전공으로 박사논문을 쓴 변찬복은 문학연구자나 지리학연구자와는 다른 방식으로 문학작품의 관광콘텐츠 개발방안을 제시했다는 점에서 흥미롭다.

⑮에서 변찬복 · 박종호는 소설가 채만식이 1937년에 지은 〈탁류〉의 장소성 분석을 통해서 문학작품의 서사가 해당 장소에 어떻게 반영되고 형상화되었는지를 살피고, 새로운 관광콘텐츠화 방안을 제시한다고 하였다. 이들은 요컨대, 〈탁류〉에서 주요 문학공간인 '개복동'과 '둔뱀이'는 거의 모든 사건과 등장인물들의 행동이 일어나는 중심적 공간인데, 현재 이를 형상화한 건축물과 공공디자인은 찾아볼 수 없으니, 관광콘텐츠방안으로, 첫째, 개복동, 창성동, 둔율동 일대에 정주사네, 명님이네, 한참봉 싸전집, 개복동 개명집 등을 실경 형식으로 형상화할 것, 둘째, 선유민들의 물신숭배와 속물적 삶과 같은 부정적 측면을 건축과 공공디자인을 이용하여 미학적으로 표현해야 할 것을 제시했다. 이는 문학의 공간을 현실과 직접적으로 연결 · 대응시키는, 매우 흥미로운 연구방식을 보여준다.

⑯에서 남윤섭은 1932년 벌어진 '잠녀항일투쟁'을 다룬 현기영의 〈바람타는 섬〉(창작과비평사, 1989)을 테마로 하여 문학작품이 관광공간

과 만나 매력적인 관광콘텐츠가 되는 방안에 대해 논의하였다. 잠녀항일투쟁은 북제주군 구좌읍을 주 무대로 1931년부터 1932년까지 벌어졌던 항일운동으로서 연 인원 1만 7천여 명이 참여한 대규모 민중항쟁이다. 그는 이 지역의 특색 있는 자연경관들을 주민들의 시각으로 묘사한다면, 문학적 작품성과 더불어 문학공간의 관광콘텐츠화가 가능하다고 하였다.(20쪽) 그리고, 그 방향과 내용을 역사적 사건 장소의 관광콘텐츠, 자연환경 장소의 관광콘텐츠, 인문환경 장소의 관광콘텐츠, 관광콘텐츠 프로그램 개발, 네 가지 면에서 구체적으로 제시하였다. 이 연구는 확실히 관광개발학자의 연구답게 문학공간을 관광콘텐츠로 개발하는 방향에 맞추고 있다.

⑰에서 지역문화연구자 이경숙 · 권기창은 경상북도 영주시 문수면 수도리에 있는 무섬마을을 '무섬별리문학관'으로 스토리텔링 하는 방안을 제시하였다. 저자들은 지역문학관의 중요성을 인식하고 무섬마을의 장소성 강화를 위해 닫힌 공간의 문학관이 아닌, '열린 공간'의 무섬별리문학관을 제시하였다. 또한, 조지훈과 관련된 이야기로 방문객이 장소감을 느끼고, 연인의 공간, 사유의 공간, 배려의 공간, 치유의 공간으로 구성하고, 사랑, 마을, 밥상, 유희로 공간을 스토리텔링하여 문학콘텐츠와 문학작품 배경인 마을의 공간을 극대화하는 방식으로 복합문화공간을 제시하였다. ⑱의 「문학관광 활성화를 위한 이육사문학관 공간콘텐츠 기획」(2020)에서는 이육사문학관을 관광객들이 체험관광하며, 정신적 고양을 할 수 있는 관광 개념의 콘텐츠를 기획하였다.

이렇듯 이은숙을 비롯해 지리학연구자들이 시작한 문학공간에 관한 사회과학적 연구는 폭 넓은 문학연구자들이 뒷받침하고 있고, 문화콘텐츠, 인문정보학, 관광경영, 지역문화 연구자 등이 이어받아 문학공간을 스토리텔링하고, 현실공간[장소]에 장소성을 부여하고, 문학관 건설안을 제시하며, 지역문화 · 관광콘텐츠를 기획하는 방향으로 전개되고 있다. 이러한 일들은 이른바, 장소 마케팅을 하여 사람들이 그 장소를 찾도록 만드는 일을 의미한다. 이러한 연구가 문학공간의 장소성을 좀 더 심도 있게 해석한 위에서, 각 분과학문의 융합적 연구를 통해 실질적 성과가 나올 수 있도록 노력하고 고민해야 할 것이다.

4. 문학공간의 DB 작업 및 디지털 콘텐츠 작업

문학공간을 종합적으로 파악하여 데이터베이스화하고 디지털 콘텐츠 제작에 활용하는 일은 문학지리학 연구의 또 다른 유망 분야이다. 어떤 작품에 어떤 공간, 장소가 그려졌는지, 작가와 문학유산이 어떠한지 고전과 현대문학 작품을 조사하여 종합적으로 정보를 집적하고 활용 · 재현하는 작업은 중요하고 유용하다. 『택리지』나 『동국여지승람』 등의 인문지리지, 수많은 사행록들, 고지도, 읍지 · 군지, 전설 · 민담집, 현대문학전집, 문학상 수상작 시리즈 등은 문학연구자와 지리학연구자가 공동으로 관심을 갖고 융합적 관점에서 새롭게 주제를 설정하여 연구할 수 있는 텍스트이다. 이를 자료로 하여 문학지리사전과 문학지리정보 데이터베이스를 만드는 일도 가능할 것이다.

문학공간 데이터베이스는 답사활동을 통해 문학공간에 관련된 자료를 수집하고 이를 체계적으로 정리하고 분류한 정보체계를 의미한다. 전통적으로 문학공간 데이터베이스에는 다음과 같은 요소들이 포함된다.

첫째, 지역별 문학공간 분포지도
둘째, 지역별 문학공간 특성에 대한 요약 설명
셋째, 해당 지역 출신 작가, 또는 해당 문학공간을 다룬 작품에 대한 분석
넷째, 분석과정에서 언급된 작가 및 작품 목록
다섯째, 대상 문학공간의 이미지 · 영상자료 · 이미지 · 영상자료 목록
여섯째, 분석과정에서 언급된 작가 설명 · 사진 · 연구자료 목록
일곱째, 분석과정에서 언급된 작품 설명 · 관련 사진 · 본문 또는 줄거리[44]

이러한 정보들을 수집 · 정리하기 위해서는 기존의 자료들을 잘 활용할 뿐 아니라, 문학공간을 답사하는 활동을 병행하는 것이 중요하다. 또한, 문학작품에 표현된 공간, 지리적 사실을 집적하여 좀 더 편리하고 효과적으로 이해 · 활용할 수 있는 표현방법을 개발하는 것도 필요하다. 아날로그 공간뿐 아니라, 디지털 공간에서 스토리텔링, 지도[고지도, 구글 지도, 문학지도], 사진, 동영상 등을 이용해 문학에 표현된 지리공간적 내용을 시각화하는 방법, GIS(지리정보 시스템)을 활용한 문학정보 표현방법을 고안하는 것도 과제이다. 이는 문학, 지리학, 문화콘텐츠, 관광경영 연구자들뿐 아니라, 인문정보학 연구자들의 협업까

44 김수복, 「문학공간의 데이터베이스 실용화방안 연구」, 『한국언어문화』 29, 한국언어문화학회, 2006, 164쪽.

지도 필요하다.

문학연구자들은 대체로 작품 및 작가 연구를 통해 지역의 장소성을 탐구하며, 지역문학 연구, 문학공간의 스토리텔링, 콘텐츠 기획 등의 일에 참여하고 있다. 여기서 나아가 정보통신기술을 활용한 연구가 필요하다는 점이 확인되고 있다. 현 시대는 인공지능의 시대라고 하지만, GIS나 빅 데이터를 이해하고 활용하는 문학연구자는 아직까지 소수이다. 그렇다면, 정보통신기술을 활용한 문학지리 연구에 문학연구자들은 어떻게 동참할 수 있을까?

디지털 인문학에 대한 기대

디지털 인문학(Digital Humanities)이란 정보통신기술의 도움을 받아 새로운 방식으로 수행하는 인문학 연구와 교육, 그리고 이와 관계된 창조적인 저작 활동을 일컫는 말이다. 2008년 미국의 인문학재단(National Endowment for Humanities)이 디지털 인문학 지원단(Office of Digital Humanities)를 설치하고 각 대학의 디지털 인문학 연구에 대한 지원을 강화하면서, 디지털 인문학은 미국뿐 아니라 세계 대학의 새로운 관심사로 떠올랐다. 한국의 인문학계에서도 인문학과 정보과학의 융합 학문인 "디지털 인문학"에 대한 관심이 높아지고 있다.

필자는 한국학중앙연구원 인문정보학 교실(책임: 김현 교수)에서 주최한 제1기 디지털 인문학 교육 워크샵(2016년 1월)에 참여한 적이 있다. '디지털 인문학을 담론이 아닌, 실천의 영역에서 탐구함'을 표방한 이 워크샵에서 필자를 포함해 각 대학의 교수, 대학원생 등 30명의 수강생들은 각자 서버를 할당받아 인문학 강의를 위한 디지털 교실을 만드는 방법부터 배웠다. 온톨로지 설계와 위키 콘텐츠 편찬 기술을 게임 형태로 교육하는 방법도 배웠다. 위키 콘텐츠 제작방법을 배우면서 위키 콘텐츠 제작이 지식의 새로운 표현방식이 될 수 있다는 것을 알게 되었고, 지식의 공유와 지식 네트워크 형성의 중요성을 실감했다. 온톨로지 설계는 새로운 교육방법론이 될 수 있으나, 교수자에게는 좀 더 체화하는 시간이 필요하다는 것을 느꼈다.

강의를 들으며 필자는 디지털 인문학의 사회적 수요와 상품화 가능성, 보상에 대해 질문했다. 김현 교수님의 강의와 답변을 통해 내가 이해한 디지털 인문학 교육의 강점이자 목표는 '디지털 원어민 세대인 학생들이 디지털 세계에서 글을 쓰고, 지식을 공유하고, 무엇보다 자신의 관심분야 및 생활 속의 인문학적 관심사를 지식으로 만들어 디지털 세계에서 표현하는 방법을 익히는 것'이었다. 인문사회계열 학생들이 일상사에서 콘텐츠 소재를 발견하고 소프트웨어 활용능력을 배워 표현할 수 있다면, 이 자체가 대단한 능력이고, 보상이 될 것이다. 이를 위해서 교수가 먼저 디지털 마인드를 기르고 표현능력을 배워야 한다는 생각을 했다.

디지털 콘텐츠 제작방법을 배우는 것이 디지털 인문학 교육의 전부는 아니다. 기술만 배우면 심도 있는 지식이 올라오지 않으니까. 그 시작은 인문학 마인드를 기르는 것이 아닐까? 고전 읽기와 창의적 사고, 텍스트 읽기와 쓰기 능력을 익혀 디지털 표현기술과 결합하는 것, 이것이 인문사회 계열 학생 및 교수자들이 갖춰야 할 새로운 능력이고 사회적 수요에 부응하는 방식이 아닐까 생각했다.

토의와 협업의 필요성

필자는 2020년 2월 장은미 박사와 함께 한 자리에서 그가 쓴 논문(2017)을 읽고 정보통신기술을 활용한 문학지리 연구에 문학연구자들은 어떻게 동참할 수 있을지에 대해 질문한 적이 있다. 그는 이에 대해, 문학작품을 콘텐츠화하여 이윤을 얻을 만큼의 시장이 없고, 문학작품의 수가 방대하지만 현실에 미치는 영향력은 다른 미디어 및 예술 장르에 비해서 작기 때문에 정보통신기술을 활용한 문학지리 연구분야에서 문학연구자의 활동이 활발하지 않은 것으로 보인다고 하였다.

장은미 · 박용재(2017)는 향후 인공지능이 접목된 문학콘텐츠 분석이 이루어진다면, 그 일을 수행하는 과정에 문학연구자가 대상 선별의 역할, 분류체계 및 용어에 대한 체계적인 자문이 필요할 것으로 보인다고 하였다.[45]

장은미 박사는 필자와의 인터뷰에서, 문학연구자들이 문학작품과 실제 지역공간을 연결해주는 역할을 해주기를 기대 겸 주문하였다. 또한 Web GIS는 문학공간의 인식과 활용에 장점이 있으므로 문학에 형상화된 장소를 발굴해 웹 공간에 재현하는 일, 문학의 공간 서사를 스토리텔링하여 콘텐츠를 만들며 유튜브를 플랫폼으로 활용해 공유하는 일 등이 필요하며, 그 일이 가능할 것이라고도 전망하였다. 이는 위에서 말한 위키 콘텐츠 제작 및 디지털 인문학의 내용과 연관되는 것이기도 하다. 지리학자가 기대하는 이러한 역할에 문학연구자들이 어떻게 호응할 수 있을지 고민할 필요가 있다.

45 장은미 · 박용재, 앞의 논문, 152쪽.

최근 문학연구자들은 석 · 박사 학위논문 및 저서, 학술논문 등을 통해 『한중록』, 『인현왕후전』 등 궁중의 공간이 등장하는 고전소설, 유배문학, 시조와 가사 등에 나타난 지역 공간 및 비현실 공간의 특성을 연구하며 인물과 서사와의 관계를 새롭게 해석하고 있다. 문학공간의 스토리텔링과 콘텐츠 활용에 대해서도 꾸준히 연구결과를 발표하고 있다. 또한, 근 · 현대의 여행문학, 시와 소설에서 공간의 표상화 방식, 문학의식, 문학공간의 장소성 및 장소체험 등에 대해서도 활발히 연구를 하고 있다. 문학지리의 연구 · 활용 · 표현이라는 면에서 문학연구자와 지리학연구자, 이에 더해 문화콘텐츠학, 인문정보학, 관광경영 연구자 등은 각자의 주 특기를 바탕으로 토의와 협업이 필요할 것으로 보인다.

제3장
문학지리 탐구와 글쓰기

이 장에서는 문학지리 탐구를 활용해 글을 쓰는 일에 대해 생각해 보려고 한다. 이는 생활 글쓰기일 수도 있고, 연구자의 연구행위에 포함될 수도 있다. 한 개인이 문학지리를 탐구하여 글을 쓰려면 어떻게 하는 것이 좋을까? 당연한 이야기이겠지만, 먼저 문학작품을 충실히 읽고 감상하면서 그 한 요소인 문학의 공간, 현실의 장소에 눈을 뜨는 것이다. 사실 문학의 공간은 문학작품을 구성하는 한 요소일 뿐, 총화(總和)가 아니며 본질적 요소라고 말하기도 어렵다. 그런데, 어느 순간, 어떤 작품을 이해할 때 문학의 공간, 문학지리가 중요한 문제로 인식될 때가 있다. 그때 문학의 공간, 문학지리에 대해 탐구하게 된다.

문학공간의 탐구작업은 분석과 해석으로 이뤄진다. 문학과 인문지리학의 융합학문인 문학지리학은 문학의 공간 · 장소를 분석하고 창의적으로 해석하여 글을 쓰고 다양한 방식으로 표현하는 방법을 제공한다. 우리가 문학지리학을 잘 이해하고 활용한다면, 개인 차원에서 자신이 어떠한 공간 및 장소에서 경험한 심미적 체험을 글로 써서 결과물을 낼 수 있다. 기행문, 답사보고서 등이 이러한 유형의 글쓰기이다.

문학지리학은 우리가 즐겨 읽었던 문학작품의 공간을 활용하여 글을 쓰고 콘텐츠를 개발할 수 있는 방법을 제공한다. 문학지리학은 문학작품에서 크고 작은 지역성(locality), 장소성을 발견하여 개발 · 활용하는 것에도 영감을 줄 것이다. 좀 더 객관적이거나 과학적 분석을 통한 글쓰기는 논문의 형식을 취할 것이고, 현실적 활용을 목적으로 한다면 문학공간의 스토리텔링 등의 방식을 찾게 될 것이다.

1. 장소체험과 글쓰기

공간이 자연 상태의 지리 영역이라면, 장소는 인간에 의해 의미 부여된 지표의 일부이다. 우리는 장소의 위치, 장소에 형성된 경관, 장소와 연관된 인물 · 사건 · 문화 등을 코드로 하여 장소라는 텍스트를 이해하고, 상상하며, 재구한다. 우리는 직접 어떤 장소에 가서 그곳에 깃든 역사와 문화를 보고 배우고 느낀다. 그런 점에서 문학공간의 체험은 문학지리학의 관념과 방법을 실습할 수 있는 좋은 기회가 된다.

앞에서 이은숙 · 정희선 · 장은미가 소개한 세 가지의 문학공간에 대해 다시 살펴보자.

①작가 중심의 문학공간 – 작가의 생가, 거주지, 활동무대, 이동사

와 관련된 공간

②작품 중심의 문학공간 – 문학작품의 줄거리와 관련된 공간, 주인공의 생활공간

③특정 문학작품이 발표된 후 형성되는 가시적 문학공간 – 문인들의 모임장소, 작가와 작품을 활용한 지명, 특정 문학작품을 기리기 위해 설치된 기념비와 문학관이 위치한 장소 등[46]

우리는 이러한 다양한 문학공간을 읽기, 여행, 답사, 생활 등의 방식으로 체험하게 된다. ①'작가 중심의 문학공간'은 작품을 창작한 작가를 인간적으로 이해한다는 점에서 감동이 있고, 작가의 생애 및 환경, 그의 활동무대가 창작에 끼친 직 · 간접적 영향을 살필 수 있다는 점에서 유용하다. 어떤 작품이 독자나 글 쓰는 사람의 눈과 마음에 들어온 뒤 작품의 공간성을 말하려고 생각한다면, 작가의 고향 및 자연환경에 대한 것을 놓치는 것은 별로 지혜롭지 못하다. 작가의 문학공간에 대해 조사하고 이해한 것이 많아지면 작품의 문학공간 및 서사 · 주제를 해석하는 데 도움을 받는다.

문학작품의 줄거리와 관련된 공간, 주인공의 생활공간 등을 말하는 ②'작품 중심의 문학공간'은 문학지리 탐구의 본질적 대상이다. 문학작품의 공간배경이 현실 지리 및 장소를 직접적으로 묘사한 것이라면 반영의 양상, 묘사방법, 착오 등에 대해 세밀히 분석, 해석할 것이 많아질 것이다. 이러한 작품들은 현장답사를 통해 당시의 환경과 공간의 분

---

46 이은숙 · 정희선 · 장은미, 「문학공간을 활용한 장소마케팅 방안: 종로지역을 사례로」, 『국토지리학회지』 41-1, 국토지리학회, 2007, 54쪽.

위기를 체험하면서 작품의 공간을 이해하거나, 대비 · 분석하게 될 것이다.

그런데, 그렇지 않은 작품들도 많다. 작가들은 문학작품 속의 장소를 모호하게 설정하거나 보편화, 상징화하는 방식을 취하는 경우가 많다. 이런 작품들의 문학공간에는 현실의 특정 지리나 장소가 반영되었다고 말하기 어렵다. 이럴 경우, 문학작품의 줄거리와 관련된 공간, 주인공의 생활공간은 꼭 현실 공간과 직접적으로 연결 짓지 않더라도, 관련된 현장을 답사하면서 당시의 환경과 공간의 분위기를 체험하는 것이 작품의 공간과 분위기를 이해하는 데 도움이 될 것이다. 한편으로, 작품 내에서 서사와 공간의 관계, 인물과 공간의 관계를 좀 더 긴밀하게 파악하면서 해석하는 방식이 필요하다.

③'특정 문학작품이 발표된 후 형성되는 가시적 문학공간'은 문학작품이 현실 공간에 끼치는 영향을 파악하기 위한 대상이다. 특히, 지역사회에서는 시간이 흐를수록 그 지역 출신 문인들의 모임장소, 작가와 작품을 활용한 지명, 상업적 장소, 관광명소 등이 발전하게 되므로 이에 대한 조사는 흥미롭다. 요즘은 지방자치단체에서 작가들의 기념비, 문학관을 설립하는 곳이 많은데, 문학관이 위치한 장소, 문학관의 콘텐츠와 설계, 스토리텔링 등에 대해 탐구할 것이 많아지고 있다.

사람들은 자신이 체험한 문학공간의 장소성을 다양한 장르와 매체를 통해 표현하게 되는데, 일반적으로는 글쓰기를 통해 자신의 장소체험을 효과적으로 표현할 수 있다. 이러한 다양한 문학공간을 체험하고 돌아왔다면, 이를 효율적으로 정리해 문학기행문이나 보고서, 연구논문 등의 형식으로 남겨보자.

기행문학, 또는 기행문

글쓰기의 대상을 꼭 '만들어진 문학공간'에만 한정할 필요는 없다. 기행문학은 자신이 다녀온 여행체험을 글로 쓰는 것으로, 이 글쓰기에서도 여행의 공간 및 지리를 효과적으로 표현하면 좋다. 어느 멋진 곳으로 여행이나 답사를 다녀온 뒤, 그때 본 장면, 느낀 감흥을 어떻게 표현할 것인가? 오늘날 '장소체험'을 활용한 글쓰기는 개인 블로그 작성, 문학작품을 활용한 중 · 고등학교의 지리교육 및 국어수업, 대학의 문화콘텐츠, 관광경영, 국문학과 등의 강좌에서 널리 활용되고 있다. 장소체험을 활용한 글쓰기는 여러 유형이 있겠지만, 대표적인 것으로는 기행문, 답사보고서, 르포가 있다. 이러한 글쓰기들은 공통적으로 자신이 체험한 장소에 대해 주제, 인물, 사건을 설정하고 이를 시간의 순서에 따라 이야기처럼 풀어쓰는 방식을 취한다. 글을 쓸 때 먼저, '경관', '장소성' 등의 개념을 익히고, 지도 · 사진 · 글쓰기를 연계 · 활용하는 기법, 스토리텔링 기법을 활용하여 글 쓰는 방법을 익히면 도움이 된다. 이러한 과정을 체계적으로 익히는 방법으로 필자는 세 가지 방법을 소개한다.

첫째, 기행문[답사 보고서, 르포 등]을 쓰기 위해 먼저, 자신의 여행, 또는 답사 경험 및 장소체험을 글로 쓸 계획을 세우며, 글쓰기의 의미를 이해하고 글쓰기 방법을 익힌다. 모범이 되는 글(여행칼럼, 기행문, 답사 보고서 등)을 찾아 읽고, 어떤 글이 감동을 주는지, 어떠한 방식의 글쓰기가 감동을 주는지 느껴보고, 그것을 모방하여 글을 써보자. 여행 프로그램 영상도 영감을 준다. 이러한 방식으로 글쓰기를 시작해 본다면, 자신도 모르는 사이에 글쓰기 실력이 성장할 것이다.

둘째, 자신이 인식한 장소성을 몇 개의 단어나 짧은 글로 표현하는 것이다. 가령, 기행문을 예로 든다면 한 장소를 선정하고 여행한 경험을 소재로 하여, 기행문의 핵심인 '장소성', '경관'의 내용을 몇 개의 단어로, 한두 문장으로, 또는 한 문단으로 써 본다. 자신이 고른 몇 개의 단어는 핵심어가 되며, 자신이 작성한 한두 문장이나 짧은 한 문단은 주제문이나 개요문이 될 것이다.

셋째, 이미지 · 동영상 자료와 스토리텔링 기법을 이용하여 글을 쓴다. 스토리텔링이란 자신이 하고 싶은 이야기를 효율적으로 전달하기 위해 먼저 이야기의 주제를 잡은 뒤에, 인물의 성격을 드러내고, 사건을 인물의 시점에서 시간적 순서에 따라 풀어내는 글쓰기 방식이다. 글과 함께, 자신이 체험한 장소를 지도와 사진, 동영상 등의 이미지 자료로도 기록해두면 좋다. 자신이 스토리텔링한 글을 지도, 사진 등의 이미지 자료와 결합해 표현할 수 있다면, 장소의 시각적 효과가 커질 것이다. 블로그나 커뮤니티 사이트, 구글, 유튜브 같은 디지털 매체에 글 · 이미지 자료 · 동영상을 편집해 올릴 수 있다면 콘텐츠는 효율적으로 보관되고, 다른 사람들과 공유할 수 있을 것이다.

2. 문학공간에 대한 문헌조사, 현장조사

문학작품의 배경이 되는 문학공간에 대한 분석 · 해석을 바탕으로 공간적 표현을 한다면, 객관적 사실로서의 지역성은 물론, 주관적으로 인식되는 지역성도 파악할 수 있다. 또한 이를 통해 문학공간에 대한 독자의 반향이 만들어내는 구체적인 지역의 재생산과정을 이해할 수 있다. 또한 문학작품은 멘탈 맵(mental map)과 같은 행태주의적 접근, 장소집착(place attachment)이나 장소에 대한 사랑(topophilia)과 같은 공간 지각 측면과 관련된 심리학적 접근, 인간의 삶의 기능 공간 중에 하나인 여가공간으로서의 문학공간에 대한 사회적 접근 등 다양한 방법론적 접근을 적용해 공간을 이해할 수 있도록 길을 제공한다.[47] 토포필리아(topophilia)는 그리스어로, 장소와 사랑의 합성어인데, 장소애(場所愛), 즉, 장소에 대한 사랑을 의미한다. 집과 고향은 장소애의 원초적 대상이다.

문학작품에 그려진 미적인 경관의 상징성, 개인적인 장소경험, 환경에 대한 애착, 장소의 역동적 변화 등은 독자들에게 공간의 구체적 이미지를 기억하게 하고, 그 공간에 대한 방문욕구를 불러일으킨다. 이렇듯 문학작품은 현실공간에 좋은 영향을 미치는 경우가 많기 때문에 지역경제를 활성화하고자 하는 장소의 마케팅 수단으로 활용되기도 한다.

자신이 흥미 있는 장소 및 문학공간이 있다면, 문학작품, 백과사전, 지도, 지방지 및 연구논문 등을 조사하여 지리정보를 파악하고, 지명의 변천에 대하여 연구하며, 현장조사를 통하여 노정이나 실제의 공간이 어떠한지를 확인하면 좋다. 문학작품 속 공간은 세밀하게 묘사된 것도 있고, 상상력의 영역에서 묘사되거나 간략하게, 때로는 모호하거

47 이은숙, 「문학공간의 인식체계와 특성」, 『현대문학이론연구』 36, 현대문학이론학회, 2009, 5-6쪽.

나 왜곡되게 그려진 경우도 있다. 이것을 분석해내고 창의적으로 해석해내야 한다. 공간의 이동경로를 파악하고 이를 선으로 이어보는 것도 좋다. 문학작품 속의 노정을 따라 걸으면서 작품의 구체적 지리 공간을 확인하고 그 분위기를 상상해볼 수 있다. 문헌조사를 생략하고 현장만을 탐방하는 것은 피상적인 경관이나 인상만을 파악하고 돌아오기 쉽기 때문에 비효율적이다. 반대로 문학공간의 현장을 답사하지 않고 문헌만을 가지고 작업한다면 현장에서 얻을 수 있는 다양한 정보들, 느낌, 실제 지리적 감각 등을 놓치기 쉽다. 이런 점에서 현장조사 작업은 문학지리 탐구를 위한 기초이자 핵심 작업이라 할 수 있다.

문학지리학의 개념과 관점을 적용하여 문학작품을 해석할 때, 포인트는 공간 중심으로 형상화의 양상 및 수법을 분석하는 것이다. 분석 작업을 할 때 눈여겨 볼 점은 두 가지다. 첫째, 실제 어떤 지역 공간(지표, 경관)이 문학작품에 형상화되고 의미화되었는가 하는 것이다. 지역공간을 문학으로 형상화한 작품들을 수집 · 분석한다면 문학작품 속에 투영된 특정 지역의 이미지를 파악할 수 있다. 둘째, 문학공간이 작품의 인물 및 사건과 어떻게 연결되어 있는가를 따져보는 것이다. 예를 들어, 시나 소설작품, 희곡 등에 그려진 지역공간은 작가의 의식 · 기억, 작중 주인공의 삶, 작품의 주요한 사건 등과 긴밀한 연관 관계를 맺고 있을 가능성이 크다. 문학작품에 그려진 지역공간은 작가나 주인공의 인식 및 지향을 어떤 식으로든 반영하게 마련이다. 작가가 지리공간을 실제 체험하거나 견문하여 이를 작품 속에 묘사해 넣었다면, 거기에는 무의식적이든 의식적이든 작가의 의도 및 무의식이 담겨 있다고 판단하고 그 의미를 파악해볼 수 있다.

3. 영상자료 활용, 지리좌표 기록과 문학지도 제작

문학공간을 사진 · 영상으로 기록해 놓으면 공간의 이미지를 효과적으로 파악하고 표현할 수 있다. 여기서 중요한 것은 영상기록을 단순히 경관 묘사 차원에서 끝내지 않고, 문학작품에 투영된 공간 이미지 및 시점에 중점을 두고 시각화해야 한다는 점이다. 카메듀서 신춘호 박사에 의하면, 문학작품에 묘사된 장소 및 포인트가 있다면, 그 자리에서서 경관을 관찰하고 주위 환경을 촬영해야 한다. 이런 까닭에 사진 · 영상 기록 작업을 할 때에는 작가 및 문학작품을 잘 이해하고 있어야 하며, 현장의 환경 및 정보에 대한 조사 역시 잘 수행해야 한다.

도시공간을 벗어나 촬영을 한다면, 가능하다면, GPS 기기를 활용하여 실제 지리공간의 지리적 위치를 파악하고 데이터화 작업하는 것이 좋다. 사진과 동영상은 그 영상 이미지가 내포하는 내용물 자체로서 수많은 해석의 가능성을 담고 있어서 텍스트의 부족함을 보충할 수 있다는 장점이 있다. GPS 좌표[Way point] 기록 작업은 공간 데이터를 제시함으로써 문학공간의 지리적 위치를 과학적인 방식으로 비정할 수 있는 장점이 있다. 또한 GPS 좌표 기록작업을 통해 조사대상인 문학공간과 실제 공간과의 대비 및 분석 작업을 할 수 있다.

문학지도를 활용한 글쓰기

문학지도(Literary Map)란 문학 텍스트에 구현된 공간 배경의 역사 · 지리적 정보, 인물의 이동 경로, 해당 공간에서 인물의 활동 상황, 지명의 변천, 지역의 경관 및 풍속 등 특정 지역의 문학적 정보를 알 수 있도록 표시한 지도를 말한다. 문학지리학을 적용하여 무엇인가 새로운 콘텐츠를 제작하려는 사람들은 문학작품에 표현된 역사적 사건, 인물, 장소, 지역의 상태, 공간의 GPS 좌표, 지역의 문화 및 풍속 등에 대한 조사 · 연구 결과를 종합한 문학지도 작업에 의욕을 가질 필요가 있다. 이 문학지도는 다양한 연구 · 분석 작업에서 얻은 각종 텍스트 분석 자료와 지리적 정보들을 지도 위에 디자인하여 구현하는 한편, 경관 사진과 이미지, 연표, 텍스트, 도표의 형식을 사용하여 작성된다. 디지털 공간에 바탕지도를 올리고 그 위에 다양하고 복잡한 정보를 그려 넣을 수 있지만, 때로는 산과 강, 길이 부각된 옛지도를 활용하거나, 간략한 손그림이나 회화적 방식으로 문학지도를 디자인할 수도 있다.

문학지도는 문학지리의 회화적 표현방식이기 때문에 예술적 가치를 지니기도 한다. 문학지리에 관한 수많은 설명과 분석결과를 한 장의 지도로 압축적으로, 개성 있게 표현할 수 있다면, 그 효과는 무척 크다. 영상자료 기록, 문학지도 제작, 여기에 글쓰기를 결합한다면, 문학공간 및 지리는 가장 효율적으로 표현될 수 있을 것이다.

제2부
고전문학 속의 도시경관과 장소성

〈중국 산동성 등주(펑라이)의 봉래각 원경〉

한국고전문학에 형상화된 등주, 개성, 간도, 영암 등 주요 도시의 경관과 장소성, 그 공간 위에서 활동하는 인물들에 대해 살펴본다.

제1장
해로사행록과 등주의 장소성

1. 해로사행의 관문, 산동반도 등주(登州)

중국 산동반도의 등주(登州), 현 지명 펑라이(蓬萊)는 한국과 중국 간 해로사행의 관문도시였다. 역사적으로 중국 산동성 등주는 한·중 간 중요한 외교적 의미와 인연을 지닌다. 하지만 현재 한국 사회에서, 한적한 현급(縣級) 도시로 쇠락한 등주·펑라이를 기억하는 이는 별로 없다. 펑라이는 현재 중화인민공화국 산동성(山東省) 옌타이(烟台) 시의 현급시(縣級市)인 행정구역이다. 넓이는 1,129㎢이고, 인구는 약 50만 명이다. 펑라이는 산동반도의 최북단에 위치해 있다. 북쪽 발해해를 제외하면, 펑라이는 완전히 옌타이 시에 둘러싸여 있다. 펑라이는 19세기에 외국인들에 의해 개방된 산동 반도의 첫 번째 항구이며, 첫 번째 선교회가 세워진 곳이다. 이후에 서쪽으로 88km 떨어진 옌타이 항이 발전하면서 펑라이는 쇠락하게 되었다. 이 도시는 도교의 선인 팔선(八仙)이 내려온 곳이라는 이야기로 유명해졌다. 또한 '해시(海市)'라고도 하는, 5~6월의 빈번한 바다의 신기루로도 유명하다.[48]

펑라이시의 옛 지명은 우이국(嵎夷國), 모자국(牟子國), 동래군(東萊郡), 동모군(東牟郡), 등주부(登州府) 등이 있는데[49], 가장 대표적인 것은 등주이다. 등주는 역사적으로 한반도와 인연이 깊다. 등주는 일찍이 고구려 살수 대첩 때 수나라 해군이 출발한 시작지였고, 고려 말과 조선 초, 그리고 17세기 전반 해로사행이 열렸을 때 조선의 사행선이 도착한 주요 항구 중 하나이다. 등주는 고려 · 조선과 중국 명 왕조 간에 외교적으로 중요한 의미를 갖는 도시로, 해로사행록에서 거의 빠짐없이 언급되었다. 이 장에서는 고려 말 권근과 정몽주의 사행시에 그려진 등주의 경관에 대해, 1624년 홍익한의 〈조천항해록〉에 그려진 해로사행의 여정과 등주 경관에 대해, 또한 17세기 소설 〈김영철전〉에 그려진 등주의 이미지 및 해로사행의 장면을 살펴볼 것이다.

2. 고려 말 사행시에 그려진 등주 경관

고려조의 중국 사행은 보통 육로를 이용하였는데, 14세기 후반에 와서 육로와 함께 해로를 이용하게 되었다. 이는 고려를 외교 · 군사 면에서 효과적으로 지배하려는 명의 요동 폐쇄 정책의 영향 때문이었다.

48 위키 백과사전

49 謝壽昌 외, 『中國古今地名大辭典』(6판), 臺北:臺灣商務印刷館, 1982, 926쪽.

명은 명과 원 사이에서 확실한 태도를 정하지 않고 있던 고려를 의심하여 잔존하고 있는 북원(北元) 세력이 고려와 결탁할 것을 염려하는 한편, 고려의 사절이 요동 지역을 정탐할까 우려하여 육로로 요동지역을 통과하는 것을 허락하지 않았다.[50] 이승수가 작성한 여말선초 사행기록표를 보면, 1372년에서 1401년 사이 노정을 추정할 수 있는 여덟 건의 자료에서 거의 대부분의 사행이 요동반도와 산동반도를 잇는 해로를 이용한 것을 알 수 있다.[51]

고려 말 당시의 구체적인 사행 노정과 사정을 알 수 있는 사행기록으로는 정도전(1384년), 정몽주(1386년), 권근(1389년) 등이 남긴 시편들이 있다. 이 중에서 가장 기록이 풍부하고 흥미를 끄는 자료는 권근(權近, 1352~1409)의 〈봉사록(奉使錄)〉이다. 권근은 창왕(昌王) 원년(1389) 6월부터 9월까지 문하평리(門下評理) 윤승순(尹承順)의 부사(副使)로 명나라에 다녀왔다. 그때의 사행을 기록한 것이 〈봉사록〉인데, 여기에는 모두 132수의 사행시가 실려 있다. 권근은 〈봉사록〉의 서문에서, 자기가 보고 들은 것을 '기록'하기 위해 시를 짓는다고 하였다.

> 만여 리를 갔다가 돌아오면서 성지의 큼과 궁실의 장엄함, 갑병(甲兵)과 주거(舟車)의 풍부함과 인물 · 재부(財賦)의 번성함 등 본 것은 많지만, 필력이 미치지 못하는 점이 있어 그 상세함을 다할 수 없고, 다만 그 대략을 열거한다. 아! 해외의 보잘 것 없는 유생으로서 천하가 통일되는 날을 만나게 되어 사명을 받들고 황제의 대궐

50 국사편찬위원회 편, 『한국사』 제20권, 국사편찬위원회, 1994, 3640-368쪽 ; 장동익, 『고려시대 대외관계사 종합연표』, 동북아역사재단, 2009, 390-400쪽 참조.

51 이승수, 「고려말 대명 사행의 요동반도 경로 고찰」, 『한문학보』 20, 우리한문학회, 2009, 13쪽.

에 조회함으로써 그 관람을 넓혀 평소에 원유(遠遊)하고자 했던 뜻을 이룰 수 있게 되었으니 어찌 다행한 일이 아니겠는가. 그러므로 천박하고 비루함을 헤아리지 아니하고 무릇 이목에 닿는 것이 있으면 반드시 기록하여 그것을 시로 지었으니, 감히 작품으로 삼자는 것이 아니라 스스로 잊지 말자는 것일 뿐이다.[52]

(밑줄 표시는 인용자 강조. 이하 동일)

위에 서술한 바와 같이, 권근은 당시 자신이 견문한 중국의 모습을 빠짐없이 기록하는 것을 사명으로 삼고 사행 노정을 따라 시를 남겼다. 그는 평양성을 떠나 의주, 압록강, 개주성, 요동성, 안산역, 우강역 등 요동 지역을 지나 산해관, 통주 노선을 거쳐 운하를 타고 남하하여 남경으로 갔다. 하지만 귀국 노정은 이와 달리, 산동반도 쪽으로 향하여 등주까지 육로로 이동한 다음, 등주에서부터는 해로를 이용하여 발해만을 건너 현 대련시(大連市)에 속한 여순구(旅順口)에 도착, 요동반도로 북상하여 요동에서 동팔참(東八站)을 거쳐 육로로 귀국하였다.

권근은 등주를 제재 및 배경으로 한 시를 다섯 편 남겼는데, 모두 『양촌집(陽村集)』 권6에 실려 있다. 세 편에서는 등주의 경관 및 계절에 감응해 나그네로서의 심회를 읊었고, 두 편에서는 등주의 경관과 연관된 역사적 연고를 회고하면서 등주의 장소성을 환기하였다. 먼저 나그네의 심회를 읊은 시를 살펴보면 다음과 같다.

52 往還萬餘里 城池之大 宮室之壯 甲兵舟車之富 人物財賦之繁 所見旣廣 而筆力有不逮 不能盡其祥 姑擧其略爾 噫 以海外蕞爾之儒 得逢天下同文之日 御使命而朝帝庭 因以廣其觀覽 以償平日遠遊之志 豈不華哉. 是以不撥淺陋 凡有接於耳目者必記而詩之 非敢爲作 要自不忘耳(權近, 〈奉使錄〉, 『陽村集』 券6)

〈1〉〈봉래역에 머물러 바람을 기다리면서 벽상(壁上)의 윤찬성 시에 차운하다〉
(《留蓬萊驛待風次壁上尹贊成韻》)

고향 길은 바다 북쪽으로 이어져 있는데　　鄕程連海北
나는 역마 타고 산동을 지나네　　郵傳過山東
공연히 날만 보내니 적막하다　　寂寞空消日
바람에 막혀 머물고 있네　　淹留致阻風
말굽의 먼지를 언제나 털까　　馬蹄塵未拂
기러기 다리엔 서신 전하기 어려워라　　鴈足信難通
험지를 건너면 좋아지는 법　　濟險當終吉
궁해도 마음잡고 참아야 하네　　操心要固窮

〈2〉〈이튿날 또 앞의 운을 사용하다〉(《翌日又用前韻》)

타국에서 맞은 가을도 저물어가니　　旅泊秋將晩
가고픈 마음 날로 동쪽으로 향하네　　歸心日向東
장막 안은 텅 비어 이지러진 달이 가엾고　　帷空憐缺月
옷이 얇으니 찬바람이 두렵구나　　衣冷畏寒風
먼 타국에 와서 몸마저 게을러지고　　遠地身方倦
차고 어두운 바다는 건널 수가 없네　　滄溟路不通
봉래산엔 신선이 많다는데　　蓬萊多羽客
부디 궁한 나를 건네주었으면　　有力濟吾窮

〈1〉과 〈2〉는 권근이 봉래역 벽에 써 있는 윤찬성 시의 운을 빌려, 배 뜨기를 기다려 하루빨리 귀국하고 싶은 마음을 거듭 노래한 것이다. 권근은 당시에 창왕의 명나라 입조(入朝)를 청하기 위해 사행하였다. 돌아올 때 그는 명 황제의 자문을 가지고 돌아왔다. 하지만 그 자문에는 왕씨가 아닌, 신씨가 왕위를 계승하였음을 꾸짖는 내용이 들어 있었다.

그는 하루빨리 자문을 가지고 가서 국내의 왕위계승에 대한 논란을 막아야 할 필요가 있었던 만큼, 해로를 선택한 그의 귀국길은 초조하고 급하였을 것이다.

〈1〉에는 아직 갈 길이 먼데 바람이 불어 배를 띄우지 못하고 있는 상황에서, 등주에 머물며 마음을 다잡고 떠나기를 고대하고 있는 권근의 마음이 표현되어 있다. 봉래역 숙소에서 권근은 8천 리 긴 노정에 깊어가는 가을밤에 나그네로서 힘겹고 궁한 처지, 고국에 대한 그리움을 노래하고 있다. 〈2〉는 그 이튿날 같은 운으로 지은 것으로, 평양성을 출발한 것이 6월인데 어느덧 가을이 되었음을 느끼며 봉래산에 신선이 있거든 자신을 좀 건네주었으면 하는 바람을 노래하였다.

〈3〉 〈새벽 비에 짓다〉(〈曉雨作〉)

팔천 리 길에 나그네 되니	爲客八千里
부모님 생각은 하루 열두 번도 더 나는구나	思親十二時
타향 시름 견디기 어려운데	羈愁難自遣
찬 가을 기운에 더욱 슬프다	秋氣復堪悲
계자의 가죽옷도 해져가고	季子裘將敝
양주의 눈물도 드리워지네	楊朱淚欲垂
잠 못 든 밤, 하늘은 벌써 밝아오네	不眠天又曉
비바람 으스스하니 처량도 해라	風雨颼凄其

권근은 위 시에서 밤새 뒤척이다가 새벽 비 소리에 일어나 상심해하고 있는 자신의 신세를 나타내었다. 5 · 6구에서는 자신이 객지에 온 지 오래되어 옷이 해졌으나 사신으로서의 임무는 제대로 수행하지 못하였음을 소진(蘇秦)과 양주(楊朱)의 고사에 비유하여 토로하였다. 계자

(季子)는 전국 시대 변사 소진(蘇秦)의 자(字)로, 그는 진왕(秦王)을 설득하려고 진나라에 갔으나 뜻을 이루지 못하고 돌아올 적에 검은 초피(貂皮) 갖옷이 모두 해졌다. 양주(楊朱) 또한 전국 시대 사람으로, 두 갈래 길에 당도하여 울었는데, 이는 사람이 선의 길로 가느냐, 악의 길로 가느냐의 판가름이 마치 이 기로에서 갈라지는 것과 같아서였다고 한다. 위 시는 봉래역 공관에 누웠으나 힘겨운 사신 임무의 압박감에 눌려 잠들지 못하고 새벽을 맞은 모습을 잘 보여준다.

권근은 또 자신이 묵고 있는 등주 봉래역 및 봉래각에 연관된 옛 역사를 노래한 시 두 수를 남겼다. 〈4〉, 〈5〉를 보면 다음과 같다.

〈4〉 〈등주 봉래역에 자면서 옛 임금의 일을 노래한 네 절구〉
(《宿登州蓬萊驛詠懷古迹四絕》)

탕탕하신 요 임금 성신으로 蕩蕩陶唐乃聖神
농사철 놓치지 말도록 백성 권면하셨네 授時賓日最勤民
진실로 그 덕이 하늘 같으니 信知帝德如天大
사해의 봄이 여기 등주에서 비롯되었네 陽谷和均四海春

조룡의 편석도 공이 없어라. 祖龍鞭石竟無功
죽지 않는 신선을 뉘 보았더뇨 誰見神山不死翁
삼십오 년이 참으로 한 순간 三十五年眞一瞥
정어리 썩는 냄새만이 수레에 찼네 終敎鮑臭滿車中

방사들 사술 부려 시끄럽게 떠들지만 方士紛紛競騁邪
한 무제는 어찌 진 시황을 거울삼지 않았던가 漢皇何不鑑秦家
무릉이라 다른 날 가을풀이 쓸쓸한데 武陵異日生秋草
만리라 부질없이 만리사로 제사했네 萬里空祠萬里沙

백성들 팔다리에 구더기 생기니　手脚生蛆衆力疲
인심과 천명은 벌써 수나라를 떠났네　人心天命已離隋
백만 척 큰 배가 있다 한들 어디에 쓰리　樓船百萬終安用
살수에 잠긴 시체만이 슬플 뿐이지　薩水流尸自可悲

권근은 등주 봉래역 숙소에서 묵으면서 요 임금, 진시황, 한 무제, 수 양제의 고사를 회상하며 시를 지었다. 봉래는 신선들이 살던 곳이며, 진시황과 한 무제가 장생불사 약을 구하려고 했던 곳이다. 권근은 이러한 연고를 회상하며, 1연에서는 『서경(書經)』 제1편 우서(虞書) 1장 요전(堯典)을 인용해, 백성이 농사철을 놓치지 않도록 친히 권면하신 요 임금의 큰 덕을 칭송하였다. 양곡(陽谷)은 해가 처음 돋는 동쪽 골짜기, 곧 등주를 말하는 것으로 사해의 봄이 등주에서부터 시작됨을 노래하였다.

2연에서는 진시황이 불사약을 구했으나 결국 헛된 일이었음을 말하였다. 진시황은 불사약을 구하기 위해 동남동녀(童男童女)를 삼신산(三神山)에 보냈으나, 즉위한 지 37년째에 외유 길에 죽었다. 이때 수행한 간신 이사(李斯)와 조고(趙高)는 상(喪)을 발표하지 않고 거짓 조칙을 꾸며 장자 부소(扶蘇)를 죽이고, 차자 호해(胡亥)를 태자로 세운 다음 돌아왔는데, 시체 썩는 냄새를 막기 위하여 정어리 한 섬을 수레에 실어 그 냄새인 것처럼 꾸몄다.[53]

3연에서는 한 무제 또한 방사(方士)들의 말에 혹하여 불사약을 구했으나, 결국 국고만 탕진하였음을 말하였다. 만리사(萬里沙)는 신의 이름으로, 무제가 신선을 찾아 등주에 갔다가 이 신에게 제사하고 돌아왔다

53　司馬遷, 〈秦始皇本紀〉, 『史記』.

는 고사가 있다.

4연에서는 수양제가 많은 백성을 혹사하여 궁궐을 짓고 운하를 팠으며, 배를 만들고 무기를 제작하여 고구려를 공격하다가 을지문덕 장군의 계략에 당해 살수에서 대패하고 나라가 멸망하였음을 말하였다. 권근은 고려인으로서 등주가 살수 대첩 때 수나라 해군의 출발지였음을 상기한 것이다. 이렇듯 권근은 역사의 흥망성쇠와 중국 제왕의 고사를 인용하며 등주, 봉래의 장소성을 환기하였다.

〈5〉〈봉래각에 올라〉(《登蓬萊閣》)

봉래각 옛 집은 언덕 위 높이 있고	蓬萊古閣在高丘
깨진 주초와 무너진 담은 가을 풀에 묻혔구나	破礎頹垣野草秋
서불은 아니 오고 하늘은 아득한데	徐市不還天渺渺
안기생을 만날세라 물만이 유유하네	安期難遇水悠悠
고래는 물결 뿜어 바람이 길게 일고	鼉噴雪浪長風壯
자라는 신산을 이고 맑은 기운 떠오르네	鼇戴神山灝氣浮
진 시황과 한 무제의 마지막 사업은 무엇인고	秦漢到頭何事業
천년이라 흰 구름 시름만 남기는도다	白雲千載使人愁

봉래각은 등주(현, 평라이시) 북쪽 해안가에 있는데, 송 가우(嘉佑) 6년(1061)에 건축되었다. 전설에 의하면, 여동빈(呂洞賓), 장과로(張果老) 등 8명의 신선이 봉래각에서 술을 마시고 취한 뒤, 파도를 건너 날아갔다고 한다. 소동파(蘇東坡)는 1085년 등주지부(登州知州)로 부임하여 봉래각에서 본 바다의 신기루에 대한 감회를 〈등주해시(登州海市)〉라는 시로 남긴 적이 있는데, 후대의 시인들이 봉래각에 오를 때면 반드시 이 시를 언급한다고 한다.

서불(徐市)과 안기생(安期生)은 모두 진나라 때의 방사(方士)이다. 진시황은 불사약을 구하려고 서불을 삼신산에 보냈으나 끝내 돌아오지 않았으며, 사자를 해중으로 보내어 안기생을 만나려 하였으나 풍랑을 만나 이르지 못하고 말았다.[54] 봉래각에 올라 권근은 불사약을 구해 신선이 되려고 한 진 시황, 한 무제를 떠올리며 그들의 행동이 부질없었음을 상기하였다. 지금도 봉래각에는 소동파의 〈등주해시〉와 8신선 그림을 비롯해 각종 신선에 관련된 시문 · 서화들이 그대로 남아 있어 권근이 본 경관과 느꼈던 마음을 여실히 느낄 수 있다.

다음으로 정몽주의 사행시를 살펴본다. 『포은집(圃隱集)』 권1에는 등주를 배경 및 제재로 한 〈삼월십구일과해숙등주공관곽통사금압마선조풍미지인류대(三月十九日過海宿登州公館郭通寺金押馬船遭風未至因留待)〉, 〈봉래역시한서장(蓬萊驛示韓書狀)〉, 〈등주선사(登州仙祠)〉, 〈등주과해(登州過海)〉 등 네 수의 시가 실려 있다. 앞의 두 수는 사행선을 타고 발해만을 건너 등주에 도착한 뒤 육로로 남경을 향해 떠나기 전에 지은 시이고, 뒤의 두 수는 남경에서 돌아와 귀국할 사행선을 띄우기 전에 지은 시이다. 정몽주는 권근보다 3년 앞선 1386년에 남경으로 사행을 다녀왔다. 당시 고려와 명 조정 간에는 군사 · 외교적 긴장이 팽팽하게 존재하고 있었다. 특히 북원(北元)의 나하추(納合出)가 아직까지 군사행동을 펴고 있었고 명은 고려에 대해 여전히 의심을 풀지 않고 있던 상황이었다. 그렇기 때문에, 현안을 해결하기 위해 사행길에 오른 정몽주는 사신으로서의 임무에 큰 부담을 갖고 있었다.[55] 그 괴로운 심회가 잘 나

54 위의 책, 같은 곳.

55 엄경흠, 「정몽주와 권근의 사행시에 표현된 국제관계」, 조규익 외 편, 『연행록 연

타난 시가 다음의 시다.

〈6〉〈3월 19일 바다를 지나 등주 공관에서 묵고, 곽통사 김압마의 배가 바람을 만나 오지 않아 기다리다〉(〈三月十九日過海宿登州公館郭通寺金押馬船遭風未至因留待〉)

등주서 바라보는 요동 벌판	登州望遼野
머나먼 저 하늘 한 모퉁이에 있구나	邈矣天一涯
멀리 발해가 그 사이를 경계하여	溟渤限其間
땅이 동이(東夷)와 중화(中和)로 갈렸구나	地分夷與華
배를 타고 오니	我來因舟楫
건너기 편리함은 자랑할 만하구나	利涉還可誇
어제는 바다 북쪽으로는 눈이 흩날리더니	昨日海北雪
오늘 아침 바다 남쪽에는 꽃이 날리네	今朝海南花
기후가 이리도 다르니	夫何氣候異
사행 길 먼 줄 알겠네	可驗道路賒
나그네 마음은 쉬 쓸쓸해지고	客懷易凄楚
세상일은 어그러지기 십상이네	世事喜蹉跎
함께 온 두세 사람	偕行二三子
풍파에 길을 잃었네	相失迷風波
괴로운 생각에 밤을 새니	終夜苦憶念
북소리 또렷이 들려오누나	耿耿聞鼓撾
새벽녘 봉래각에 오르니	晨登蓬萊閣
파도는 산을 덮을 만치 우뚝하구나	浪湧山嵯峨
돌아와 외로운 숙소에 나아가	歸來就孤館
베개에 기대어 하염없이 시름 읊네	欹枕空吟哦

시인은 1386년 3월 19일에 등주에 먼저 도착하여 공관에 머물면서

구총서』 7권, 학고방, 2006, 326-327쪽.

뒤에 처진 곽통사 김압마의 배를 기다리고 있다. 1~10구에는 등주 항에 내려 멀리 발해 해협 건너 희미한 요동반도를 바라보며 긴 사행 길을 배를 타고 수월하게 왔음을 말하고, 눈발이 휘날리는 북쪽 바다를 지나 꽃잎이 흩날리는 등주의 바다를 보며 안도하는 마음을 내비치고 있다.

11 · 12구에서는 사신으로서의 고된 심사에 대해, "나그네 마음은 쉬 쓸쓸해지고, 세상일은 어그러지기 좋아하네."라며 괴로운 마음을 말하고, 13~16구에서는 아직 동료들의 배가 도착하지 않아 괴로운 생각에 밤을 샌 모습을 말한다. 새벽녘에 봉래각에 올라 바다를 보니 파도는 산을 덮을 만치 커 보이고, 숙소에 돌아와도 외로움만 더할 뿐이다. 시인은 등주항, 봉래각, 봉래역 숙소로 시점을 옮기며, 바다를 막 건너와 사신으로 겪는 막막함과 심적 부담감을 잘 표현하였다.

정몽주는 남경에 가서 황제에게 관복(冠服)을 청하고 또 세공(歲貢) 감면을 청하였다. 그 결과로 명 조정의 오해를 풀어 조복(朝服)을 하사받고 5년 동안 들이지 못한 조공을 면제 받은 것은 물론, 다시 세공(歲貢)을 평상시 액수대로 정하고 돌아왔다.[56] 하지만 어려운 임무를 마치고 귀국길에 올랐음에도 불구하고, 그의 마음은 그리 밝지 않은 듯하다. 정몽주는 1386년 10월 12일에 남경을 육로로 출발했으므로 그가 등주에 도착한 때는 대략 1386년 10월 말경으로 파악된다.[57] 그때의 심회를 기록한 시가 〈등주의 신선사당(登州仙祠)〉, 〈등주에서 바다를 지나며(登州過海)〉이다. 〈등주의 신선사당〉에서는 "어디에 올라가서 나의 생

56 鄭麟趾, 〈鄭夢周列傳〉, 「列傳」 券30, 『高麗史』.

57 鄭夢周, 〈壬子十月十二日發京師宿鎮江府丹徒驛〉, 『圃隱集』 券1.

각 위로하리. 지불성 아래의 옛 신선 사당(何處登臨慰我思 之罘城下古仙祠)"와 같이, 괴로운 마음을 위로하기 위해 배회하다가 지불성(之罘城) 아래의 옛 신선사당을 찾아 기도하기도 하였다. 그리고 드디어 배를 타고 등주를 떠나 바다에 들어서는 순간의 심회를 읊은 것이 다음의 시다.

〈7〉〈등주에서 바다를 지나며〉(《登州過海》)

지불성 아래에서 조각 돛을 펼쳤는데	之罘城下片帆張
잠깐 사이에 배는 망망대해에 들어섰네	便覺須臾入杳茫
봉래산 신선각의 구름이 아득히 보이고	雲接蓬萊仙闕遠
달 밝은 요해 바다 나그네 옷 서늘하네	月明遼海客衣涼
백년 인생 천지간에 몸은 좁쌀만 한데	百年天地身如粟
공명 두 글자에 귀밑털이 희어가네	兩字功名鬢欲霜
언제나 귀거래사 길게 노래할까	何日長歌賦歸去
봉창가에서 잠 못 이루고 마음만 상하네	篷窓終夜寸心傷

정몽주는 사행선이 등주 앞바다를 지나 등주의 봉래각이 멀어지고 발해 해협으로 접어들자 사신으로 느꼈던 중압감을 일시 던 듯하다. 5 · 6구에서는 천지 아래 인생은 보잘것없이 작은데 사행 길을 왕복하다가 지친 자신의 모습에 탄식한다. 7 · 8구에서는 다시 사신이자 정치인으로서 자기가 짊어진 일의 무게 때문에 고심하는 모습을 보인다.

이상에서 등주를 제재 및 소재로 한 권근과 정몽주의 사행시 몇 편을 살펴보았는데, 주된 소재는 등주 · 봉래역의 숙소, 봉래각, 신선각, 신선사당, 등주 앞바다 등이며, 이를 통해 사신으로서의 심적 부담감,

나그네의 심회, 등주라는 공간에 관련된 역사적 감회, 자연풍광에서 느끼는 감회를 주로 표현하였음을 알 수 있다.

3. 〈조천항해록〉과 등주 경관

조선 후기의 해로사행은 1617년부터 병자호란으로 대명 외교가 단절된 1637년까지 25차례 이뤄졌다. 1617년 해로사행이 시작될 때 국내 출발지는 평안북도 곽산(郭山) 선사포(宣沙浦)였다. 사행선은 선사포에서 출발하여 철산(鐵山), 가도(椵島), 거우도(車牛島), 녹도(鹿島)를 지나, 중국 요동반도 연안의 석성도(石城島), 장산도(長山島), 발해 해협의 황성도(皇城島), 타기도(鼉磯島), 묘도(廟島)를 거쳐, 산동반도의 등주(登州)에 이른다. 등주부터는 육로로 이동하여 북경(北京)에 이르렀는데, 총 수로가 3천 7백 60리이고, 육로가 1천 9백리였다.[58] 1629년부터는 군사적인 이유로 해로사행의 종착지가 등주에서 각화도(覺華島)로 바뀌었지만, 등주 수로와 각화도 수로가 시기에 따라 일률적으로 구분되지는 않았다.

등주 수로를 택했던 해로사행 노정 중에서 한 · 중 간에 북경과 한양의 정보를 서로 교환하고, 사행의 목적 성취를 위해 인정 교류가 시작되는 지점이 바로 등주였다. 조선의 연행사는 등주에서부터 외교관으로서의 역할을 시작하였고, 중국 또한 등주에서부터 조선의 사절을 외교사절로 맞는 영접을 시작하였다.[59]

58 '航海路程', 〈事大〉 上, 『通文館志』 3권.

59 임기중, 「수로연행록과 수로연행도」, 『한국어문학연구』 43집, 한국어문학연구회,

고려 말 해로사행의 여정이 주로 단편적인 시 형태로 기록되었다면, 조선 후기에는 대부분 일기체의 산문으로 기록되었다. 현전하는 해로사행록은 안경(安璥)의 〈가해조천록(嘉海朝天錄)〉(1617), 이민성(李民宬)의 〈조천록(朝天錄)〉(1622)을 비롯하여 27종이 있는데[60], 널리 알려진 것으로는 1624년 정사 이덕형(李德泂)의 서장관 홍익한(洪翼漢, 1586~1637)이 기록한 〈조천항해록(朝天航海錄)〉이 있다. 홍익한은 사명을 받고 조정을 하직한 1624년 7월부터 이듬해 4월까지 일기 형식으로 사행 일정을 기록하였다. 홍익한은 뒤에 병자호란 때 주전파(主戰派) 삼학사(三學士)의 한 사람으로, 청나라로 끌려가서도 끝내 뜻을 굽히지 않다가 죽음을 당한 것으로도 유명하다.

8개월간의 일정 동안, 사행사 일행이 등주에 머문 것은 1624년 8월 23일부터 9월 12일까지의 20일, 그리고 환국길인 이듬해 3월 14일부터 20일까지의 일주일이다. 사행선은 1624년 8월 초에 곽산 선사포를 출발했는데, 홍익한은 출발 당시 풍파가 너무 심해 사행단이 노심초사하는 모습을 세세히 서술하였다. 배는 철산, 가도를 지나 요동반도 연안을 따라 항해하다가 발해 해협을 가로질러 황성도, 묘도 등의 섬을 거쳐 20일 만인 8월 23일에 산동성 등주항에 도착하였다.

사행사가 등주에서 행한 주요 임무는 군문(軍門)에서 표문(票文)을 받고 호송 인원을 지원받아 북경으로 떠날 채비를 하는 것이었다. 그 일에는 적지 않은 시간이 필요했다. 홍익한은 그 기간 동안 등주에서 사행사 일행이 겪었던 일과 견문한 내용을 비교적 자세히 기록했다. 사

2004, 23쪽.

60 위의 논문, 9-10쪽.

신 일행은 등주 지부(知府)에 자신들이 도착하였음을 알리고, 군문(軍門)에 가 현관례(見官禮)를 행하는 것으로 등주 일정을 시작하였다. 사신들은 연회를 통해 등주의 관리들과 교류하거나 시중 풍속을 살폈으며, 역관들은 밀무역을 하기도 하였다. 사행단은 군문에서 표문(票文)을 받고 수십 명의 호송 무사와 병거 및 기마 등을 지원받고서야 북경으로 출발할 수 있었다. 사행사가 등주 군문으로부터 사신으로서의 외교적 승인과 제반 지원을 얻는 것은 절차가 까다로웠다.

그런데 이보다 사행사가 노심초사했던 일은, 지연되고 있는 인조의 책봉 건을 조속히 완결짓도록 등주의 유력인사들로부터 명나라 조정 인사들에게 전할 서신을 얻는 일이었다. 당시 등주 군문의 책임자는 무지망(武之望)이었는데, 다음의 기록에는 그러한 사정이 구체적으로 나타나 있다.

> "…원컨대 노야께서는 의정부의 신문(申文)과 우리들의 정문(呈文)을 살펴보시고 표 노야의 상본(上本)에 의하여 속히 봉전을 완결시켜 주시면 동방의 창생들이 또한 장차 정성을 다하여 보답할 것입니다." 하니, 군문이 말하기를, "내가 4월 전에 북경에 있어 예부임 노야와 친분이 있었으므로 이 일을 소상히 알고 있는데, 조정의 의론이 서로 엇갈려 있었소. 지금은 각부에서도 명백히 알고 있으니, 그대들은 북경에 가서 다만 각로(閣老)와 종백(宗伯) 앞에 소상히 전달하오." 한다. 우리가 또 고하기를, "노야가 상본할 때에 각로와 종백 및 과관(科官)에게도 아울러 서신을 내 주심이 어떻겠습니까?" 하니, 군문이 쾌히 승낙하였다.(8월 29일)[61]

61 홍익한 저, 정순범 역, 〈조천항해록〉, 『국역 연행록선집』 Ⅱ, 민족문화추진회, 1976, 173쪽.

1624년은 광해군이 폐위된 지 2년째 되는 해인데, 그때까지 명 조정은 인조 책봉을 승인하지 않았다. 당연히 사행은 명 조정으로부터 인조 책봉을 승인받는 것이 주 목적이 되었다. 현관례에서 조선의 사신을 맞은 군문의 무지망은 밑줄 친 부분에서처럼, 북경에 있는 명 조정백관들이 인조 책봉을 도울 수 있도록 자신이 그들에게 서신을 써주겠다며 호의를 보였다. 하지만 서찰은 조속히 처리되지 않았고, 사신들은 몇 차례나 사람을 보내어 독촉하고 간청한 끝에 10여 일 만에 서신을 얻을 수 있었다. 그 뒤에는 또 사신들을 호위할 무사, 수레와 말 등을 조정하는 감합표문(勘合票文)이 나오지 않아 고심하였다. 사행단이 군문에서 표문 얻기를 기다리는 사이 홍익한은 일행들과 틈틈이 등주의 명승지를 견문하였다. 주요 내용은 다음과 같다.

○상 · 부사와 함께 보정사(普靜寺)에 구경 가다. (8월 27일)
○명의 관리가 등주로 새로 부임해 규례처럼 먼저 사찰과 신묘에 두루 알현하는 것을 보고, 사귀(邪鬼) 섬기는 것이 풍습이 되고 성교(聖敎)가 인멸되었음을 한탄하다. (8월 28일)
○공자 문묘를 알현하다. (8월 29일)
○진해루(鎭海樓)에 오르다. (9월 1일)
○오후에 상 · 부사와 함께 봉래각에 올라 동으로 창망한 운해 밖에 있는 본국 쪽을 바라보며 소회를 기록하다. (9월 4일)

이상의 내용에서도 알 수 있듯이, 사행 일행이 보정사, 공자 문묘, 진해루, 봉래각 등 등주의 명소나 유서 깊은 장소를 다니는 것은 오랜 관례처럼 행해졌다. 홍익한은 일행이 관람하거나 풍습에 대해 견문한 일들을 그날그날 기록하였다. 오늘날 우리는 홍익한의 기록을 통해 사행 일행의 등주에서의 공간인식과 공간행동, 장소경험을 확인할 수 있다. 사행 일행은 등주에서 20일을 체류하였고, 9월 12일 오후에 드디어 등주를 떠나 북경으로 향하였다.

홍익한 일행은 북경에서 5개월여 간 체류하며 공식임무를 수행한 뒤, 1625년 3월 14일 다시 등주로 돌아와 일주일을 머물렀다. 이때 비공식적 활동 및 견문한 내용은 다음과 같다.

○조선사람 고한로(高漢老)가 찾아와 만나다. 고한로라는 자는 연안부 사람으로, 임진왜란 때 진 유격을 따라 중국에 들어왔다가 중국 군인이 되었다. (3월 16일)
○저녁에 봉래각에 올라 성모묘(聖母廟)에 제사하다. (3월 17일)
○연회를 갖고 등주의 시인 오대빈을 만나다. (3월 18일)
○천비(天妃)·풍신(風神)·용왕(龍王)·소성(小聖)에게 제사하고, 해로사행길에 사망한 사신들의 제사를 지내다.(3월 19일)

이와 같이 귀국길의 등주 체류기간은 대부분 교류와 사례(謝禮), 안전 귀향을 위한 제사, 해로사행 길에 바다에 빠져 죽은 사신들에 대한 제사 등의 활동으로 채워졌다. 해로사행길에 사망한 사신들이란 1620년 광해군이 명나라 신종을 조문하려고 보낸 진위사 박이서, 진향사 유간, 서장관 정응두 등을 말한다. 이들은 육로를 통해 명나라에 갔다가 요동반도의 통행이 막히자 1621년 뱃길로 귀국하다가 폭풍을 만나서 모두 죽고 말았다.

사행단이 봉래각에 올라 성모묘에 제사한 것, 민간신앙에 따라 천비(天妃)·풍신(風神)·용왕(龍王)·소성(小聖)에게 제사한 것, 등주 시인 오대빈과 교류한 것 등은 사행단의 종교활동·문화체험 및 문화교류

활동에 해당된다. 조선사람 고한로(高漢老)가 임진왜란이 끝난 뒤 진 유격을 따라왔다가 명나라 군인이 되었다는 기록은 조선 민간인의 월경(越境) 및 망명 사례를 보여준다.

사행선은 3월 20일 자정에 배에서 선신(船神)에게 개양제(開洋祭)를 지내고, 오시(午時) 초에 등주항을 출발, 묘도 앞바다에 정박하였다. 이후 진주문, 황성도, 평도, 장산도, 석성도, 가도를 거쳐 선사포에 4월 2일 도착하였다. 조선에서 출발할 때 뱃길은 20일이 걸렸으나, 귀국할 때는 12일이 걸렸다. 뱃길은 늘 험했고, 바람이 불지 않거나 역풍을 맞을 때마다 홍익한 일행은 천비(天妃), 해신(海神)에게 제사 지내며 안전을 빌었다. 뱃사람들의 천비 숭배 및 해신들에 대한 제사 기록은 흥미롭다. 천비(天妃)는 중국 중부 및 남부의 바닷가와 타이완 지방 등의 민간에서 믿고 있는 바다의 여신으로, 천후(天后)·천상성모(天上聖母)·마조(媽祖)라고도 한다. 천비는 바다를 평정하여 배의 운항을 보호한다고 알려져 있다. 중국 남부 연해에는 많은 천후궁이 있어서 천비의 탄신일마다 성대하게 제사를 지냈다. 또한 선원들은 바다에 나가기 전에 천비에게 제사 지내는 것이 일상사였다. 현재 해외의 많은 화교 거주지에서는 천비를 기리는 제사가 지금도 행해지고 있다.[62] 홍익한이 육로를 통해 한양으로 돌아온 것은 4월 18일 경이었으니, 등주에서부터 한양까지 해로 12일, 육로 16일을 합쳐 약 한 달이 걸렸다.

이처럼 고려 말, 조선 후기 사행 노정 중에 그려진 등주는 해로와 육로를 잇는 중간 기착지였다. 사신들은 20여 일간의 험난한 해로를 건

62 '천비', 다음백과. https://100.daum.net/encyclopedia/view/b20c2170a

너 등주에 들어설 때 안도의 숨을 내쉬며 외교관으로서의 역할을 시작하였고, 중국의 관원 또한 등주에서부터 고려 및 조선의 사절을 영접하기 시작하였다. 또한 사신들이 임무를 마치고 돌아와 등주에 머무르며 사행선의 출발을 기다릴 때, 등주는 나그네로서의 자신을 돌아보게 하는 외로움과 성찰의 공간이 되었다.

4. 1630년 정두원의 해로사행과 등주인 김영철

심하전투 전쟁포로 김영철을 주인공으로 한 소설 〈김영철전〉에서 등주는 조선의 사행선이 기항한 곳이며, 주인공 김영철의 정착지이자 부부이별의 도시로 그려진다.

평안도 영유 출신의 김영철은 1619년 심하전투에 출전하였다가 포로가 되어 만주의 건주(建州) 지역에서 후금 장수 아라나의 가노(家奴) 생활을 6년간 하였다. 그는 그곳에서 후금 여인과 부부가 되어 아들 둘을 낳았다. 하지만 그는 고향으로 돌아가려는 마음에, 함께 있던 한인(漢人)들과 1625년 8월 보름날 밤 건주를 탈출해 산동반도 등주 쪽을 향해 말을 달렸다. 그들은 영원성을 지키고 있던 원숭환 장군에게 투항해 억류된 뒤, 1626년 1월 누르하치의 10만 군병이 영원성을 공격해 왔을 때 명의 군사들과 함께 성을 방어하였다.

그들은 북경으로 보내져 명 조정의 조사를 받았고, 영철은 친구 전유년(田有年)을 따라 등주로 갔다. 그때가 1626년 봄이었다. 영철은 명 조정으로부터 적지 않은 정착금을 받고 등주에 정착하였다. 영철은

1626년 봄에 전유년의 여동생과 결혼을 하였다. 두 사람은 일가친척들의 축복을 받았고, 물질적으로도 풍족한 삶을 살았다. 전씨 부인은 화가를 시켜 조선에 있는 시부모의 화상을 그려 조석으로 봉양할 만큼 효성스러웠다. 두 사람은 애틋한 마음으로 서로 사랑하였고, 행복하게 살았다. 영철은 전씨 부인과의 사이에서 아들 둘을 얻었으며, 유족하고 행복한 삶을 살았다.

그런데 그러던 어느 날, 그는 조선에서 온 사행선 소식을 듣게 되고, 항구의 사행선을 찾아가 고향 친구를 만난다. 거기서 부모의 소식을 들은 영철은 고민 끝에 고향으로 돌아가기로 마음먹는다. 그때가 1630년 10월이었다. 사신 일행이 북경을 다녀온 이듬해 봄, 그는 몰래 사행선에 숨어들어 마침내 등주를 떠나 귀국한다. 이때 등주에 출입한 사행선에 관한 사실 여부를 따져본다면, 이는 사실에 근거한 설정으로 보인다.

소설에는 해로사행 정사의 이름이 밝혀져 있지 않지만, 실제 역사에서 1630년 10월 당시 등주에 정박한 사행선은 정두원(鄭斗源, 1581~1642)을 정사(正使)로 한 일행이 탄 배였다. 『인조실록』에 의하면, 정두원은 1630년 7월 한양을 출발하여 9월에 등주에 도착, 북경 사행을 마치고 이듬해인 1631년 봄에 다시 등주로 돌아오고, 6월 24일 석다산(石多山)에 도착하였고[63], 7월 7일에는 한양에 도착하였다.[64]

소설에서 정사는 영철을 만나 적극적으로 발언하며 영철의 조선 귀환에 적극적으로 개입한다. 그는 처음에는 영철에게 조선 귀환을 권

63 『인조실록』, 인조9년 6월 24일.

64 『승정원일기』, 인조9년 7월 7일.

유하였으나, 북경에 다녀와서는 귀환이 불가하다며 영철을 주저앉혔다. 하지만 영철은 사행선이 등주항을 떠나는 날 새벽, 사행선에 찾아와 배 깊은 곳에 숨었고, 마침내 고국으로 돌아갔다. 영철이 탄 배가 명 · 청 교체기에 등주에 입항한 조선의 마지막 사행선과 시기적으로 정확히 일치한다는 점에서 영철의 등주 서사는 매우 교묘하다.

작품에는 영철의 등주 탈출장면이 매우 극적으로 그려져 있다. 아내와 자식을 버리고 고국 행을 선택하는 영철의 내적 갈등, 남편을 찾아 새벽에 일족들을 데리고 와 미친 듯한 모습으로 배를 뒤지는 전씨 부인의 모습, 외교적 책임을 면하기 위해 전씨 부인을 모질게 악녀로 몰아세우는 조선 사신의 모습, 떠나가는 사행선을 보고 오열하는 전씨 부인 등, 1631년 6월 어느 날의 등주항 경관은 우리 소설사에서 아프고 슬픈 '이별'의 명장면으로 꼽힐 것이다.[65]

소설 〈김영철전〉에 그려진 등주는 전쟁포로 김영철이 건주에서 탈출하여 안착한 도시로, 삶의 공간으로서의 냄새가 배어나는 거소이다. 〈김영철전〉의 등주 스토리 덕분에 우리는 해로사행의 관문 도시 등주를 영철과 전씨 부부의 사랑과 행복, 이별의 고통이 그려진 소설의 문학공간으로 기억하게 될 것이다. 4부 2장에서 김영철의 등주 스토리를 좀 더 상세히 분석할 것이다. 소설 〈김영철전〉에 그려진 등주와 영철 부부의 형상은 한 · 중 간 의미 있는 인연으로 기억될 것이다.

65 홍세태본 〈김영철전〉에는 이 장면이 간략하다. 이에 비해 박재연본 〈김영철전〉과 한글본 〈김철전〉에는 부부이별 장면이 훨씬 풍부하고 극적으로 형상화되어 있다.

제2장

상업도시 개성과 개성상인 형상

1. 개성상인의 희로애락과 내면세계 보기

최근 문학연구자들은 문학 작품에 그려진 '상인' 형상에 관심을 보이고 있다. 한국문학에서는 조선후기 고소설에 나타난 상인 형상, 여성 유상(儒商), 야담에 그려진 상인 형상에 대해 연구가 이뤄졌다.[66] 일본문학에서는 에도시대 소설, 근세소설에 보이는 상인상에 대해[67], 중국문

66 탁원정, 「조선후기 고소설에 나타난 상인 형상과 그 의미-〈보은기우록〉을 중심으로」, 『한국고전연구』 30, 한국고전연구학회, 2014; 김수연, 「18-19세기 한국소설에 나타난 여성의 상업 활동과 여성 유상(儒商)」, 『중국소설논총』 46, 한국중국소설학회, 2015; 박경남, 「조선후기 야담에 나타난 상인의 범주와 상인 형상의 변모 과정」, 『민족문화연구』 68, 민족문화연구원, 2015; 김동석, 「18세기 청나라로 간 조선 상인들의 활동」, 『동방한문학』 73, 동방한문학회, 2017.

67 고영란, 「18세기 에도 시대 소설에 보이는 상인의 치부와 그 의식-치부 주체의 이동을 중심으로」, 『중국소설논총』 46, 한국중국소설학회, 2015; 고영란, 「에도(江戶) 중기 경제인식과 상인소설 소고-에지마 기세키(江島其磧)의 작품을 중심

학에서는 당대 소설 속 시장과 상인, 명대 소설의 상인 등이 연구되고 있다.[68] '문학과 상인'은 문학지리학의 흥미로운 테마다. 상인은 상품을 가지고 지역에서 지역으로 이동하며 다양한 도시와 인물을 만나기 때문에 문학지리학의 시각에서 문학에 그려진 장소와 여정, 물품과 교류, 인물 등의 모습을 살필 수 있다.

이 장에서는 조선의 상업도시 '개성'의 모습과 상업적 인간으로 인식되어 온 '개성상인'의 형상을 문학작품을 통해 찾아보려 한다. 문학은 세계와 인생의 진실된 모습을 포착하여 형상화한다. 문학은 상인의 진실된 모습 역시 잘 보여주리라 기대한다. 고전문학의 문장에는 개성상인의 인간적 모습과 내면세계가 다수 발견된다.

개성상인이 한국을 대표하는 상인으로 인식된 것은 상업활동에 있어서 전문성과 합리성을 지녔기 때문이다. 조선후기 개성상인들은 전국을 무대로 하는 행상 활동을 하였고, 청나라와 일본을 연결하는 국제무역, 나아가 인삼재배와 홍삼제조업으로 사업영역을 넓혀나감으로써 오늘날 상인정신을 전형적으로 구현한 대표 집단으로 인식되고 있

으로-」, 『일본근대학연구』 46, 한국일본근대학회, 2014; 최태화, 「19세기 일본 근세소설 속에 등장하는 실존 상인들의 묘사-KBS드라마 "프로듀사"와의 비교를 중심으로」, 『중국소설논총』 46, 한국중국소설학회, 2015; 水谷隆之, 「일본 근세소설 속의 상인상의 형성과 전개-사이카쿠(西鶴)와 그 이후의 우키요조시(浮世草子)를 중심으로-」, 『민족문화연구』 68, 민족문화연구원, 2015.

68 함은선, 「사회문화적 측면에서 본 화본소설 중의 상인형상」, 『중국소설논총』 25, 한국중국소설학회, 2007; 한혜경, 「명대 의화본 소설에 나타난 상인들의 풍모와 이국정취: 〈轉運漢巧遇洞庭紅, 波斯胡指破鼉龍殼〉을 중심으로」, 『중국소설논총』 27, 한국중국소설학회, 2008; 정광훈, 「돈황 변문 속 상인 형상과 그 문학적 작용」, 『중국소설논총』 46, 한국중국소설학회, 2015; 정광훈, 「인식의 이중성—당대 소설 속 상인을 보는 시선들」, 『중국소설논총』 58, 한국중국소설학회, 2019; 정광훈, 「당대(唐代) 소설 속 시장과 상인-이질 세계와의 접촉과 그 매개 주체-」, 『중국학연구』 87, 중국학연구회, 2019.

다. 최근에는 중국의 산서상인(山西商人), 일본의 오미상인(近江商人) 등과 비교연구되며 한국의 대표 상인집단으로서 주목받고 있다.[69]

개성상인들은 상업이윤을 추구하는 상인인 동시에, 민족적 성격을 지닌 상인이었다. 개항 이후, 한국의 시장은 일본과 중국 상인들이 매우 빠르게 장악하고 있었다. 이러한 위기 앞에서 조선후기의 대표적 사상(私商)인 경강상인(京江商人)들은 대부분 외래자본에 종속되어 힘을 쓰지 못했는데, 개성상인들은 가장 마지막까지 외래상업자본과 경쟁을 벌였다. 외래상업자본이 가장 먼저 침투한 시장은 개항장을 중심으로 한 포구시장권(浦口市場圈)이었다. 전통적 범선(帆船)을 운용하던 경강상인들은 근대적 기선을 운용하는 외래상업자본에 맞서 포구시장권을 지켜낼 수 없었다. 반면, 개성상인들은 전국 각지에 송방(松房)이라는 지점을 운영했기 때문에 육로를 중심으로 연결되는 장시시장권을 완전히 장악하였다. 개성상인의 장시 장악은 외래상업자본의 내륙시장 진출을 늦추는 중요한 요인이었다.

개성상인은 전통적으로 '송상(松商)'이라 불렸으며, '송도상고(松都商賈)', '송도고객(松都賈客)' 등으로도 불렸다. 개성상인이 우리 역사에서 의미 있는 집단으로 인식되기 시작한 것은 조선 후기로 파악된다. 17세기 후반 이후 청과 일본과의 무역이 활발해지면서 송상은 의주의 만상(灣商), 동래의 내상(萊商)과 함께 국제무역을 주도하는 상인으로 성

69 임외석, 「한 · 중 · 일 주요 상인조직의 경영철학에 대한 비교연구」, 『유라시아연구』 11-3, 아시아 · 유럽미래학회, 2014; 양정필, 「개성상인과 중국 산서(山西) 상인 비교 연구」, 『탐라문화』 62, 탐라문화연구원, 2019; 양정필, 「개성상인과 일본 오미[近江] 상인의 비교 연구-그 기원과 정치권력과의 관계를 중심으로-」, 『역사와 실학』 69, 역사실학회, 2019.

장하였다. 개성상인은 중강개시(中江開市)[70]에 참여하면서부터 국제무역에 참여하였다. 중강개시는 임진왜란 때 창설되고, 잠시 중단되었다가 청나라의 요청에 의해 1646년부터 재개되었다. 매년 2월15일과 8월 15일에 열린 중강개시에서 조선은 소, 소금, 종이, 다시마, 해삼, 면포, 사기 등을 수출하였다. 중강개시에 참여하면서 중국과의 교역경험을 쌓은 개성상인들은 이후 의주상인과 함께 중국과의 교역에서 주도권을 장악하게 된다.[71]

조선왕조실록에서 개성상인에 관한 기록을 검색해보면, 조선 개국 이후 금지했던 개성 시전의 개시를 태종 조에 다시 허락하였다는 기사[72], 송상이 예조참의에게 뇌물을 주었다는 사건[73], 송상과 만상의 밀무역이 너무나 심하므로 정조가 대신들과 의주의 중강후시를 철폐하는 건에 대해 의논하였다는 기사[74], 개성주민들 대부분이 삼포경영과 홍삼제조업에 종사하고 있다는 기사[75] 등 18세기 이후 은과 인삼을 가지고 중국, 일본 등에 무역행위를 하면서 거상으로 성장하였다는 내용 등의 기사가 발견된다. 『승정원일기』에는 조정의 대신들이 송상과 만상을 간악한 자들로 묘사하거나[76] 송상들이 몰래 삼 농사를 지어 골치아파하는 모습

70 의주와 대안의 청나라 사이의 압록강 중간에 있는 섬에 설치된 무역시장.

71 '개성상인', 『한국민족문화대백과사전』, 한국학중앙연구원. encykorea.aks.ac.kr

72 『태종실록』 23권, 태종 9년(1409) 3월 3일. 한국고전번역원 DB. db.itkc.or.kr

73 『영조실록』 47권, 영조 14년(1738) 7월 18일 '禮曹參議吳命瑞上疏, 辨金尙重疏'. 이 기사는 예조 참의 오명서가 동래상인들에게서 뇌물을 받았다는 김상중의 상소에 변명하는 것인데, 동래상인들이 모두 송도사람이라는 것이 나타난다.

74 『정조실록』 16권, 정조 7년(1783) 10월 14일.

75 『순조실록』 24권, 순조 21년(1821) 11월 29일.

76 『승정원일기』 정조 7년(1783) 8월 29일.

[77] 등 송상에 관한 41건의 기사가 검색된다. 조선 중후기 일본과의 교린 관계를 기록한 『변례집요(邊例集要)』에는 일본과 밀무역을 하다가 표류하던 송상의 귀환 기사[78], 송상 · 내상이 강계삼으로 일본과 밀무역을 너무 심하게 하여 나라에 약으로 쓸 인삼이 부족할 정도이므로 인삼 반출을 엄금해야 한다는 내용의 기사[79] 등이 기록되어 있다.

이처럼 조선조의 기록들에는 개성상인들의 활동에 대해 대체로 부정적인 내용의 기사들이 많았는데, 20세기 후반 들어 역사학이나 경제학계에서 그들의 상업행위를 민족자본의 형성이나 합리적인 상업경영으로 평가하는 시각이 생겨났다. 개성상인들의 상업경영은 복식부기와 전문경영인제도, 독특한 금융제도인 시변제(時邊制) 등 합리적 경영방식을 보여주었으며, 그들의 자본축적과 생산부문에 자본을 투자한 점은 우리나라 중세 말기 상업의 근대적 지향을 보여주는 징표로도 이해되고 있다.[80] 일제하에서는 개성 특유의 사금융제도인 시변제(時變制)를 통해 일본 자본의 경제적 침탈에 대항하였으며, 해방 이후에는 굳건한 기업정신을 이루는 데 기여하였다고 평가되기도 하였다.[81]

이러한 경제적 측면과 함께, 근대 시기 개성인들의 저술활동, 개성상인들이 후원한 언론활동, 예술활동도 조명되었다. 정종현은 김택영, 박은식 등이 저술활동을 통해서 개성인들의 역사적 정체성을 확인하

77 『승정원일기』 고종 3년(1866) 8월 18일.

78 『邊例集要』 上(한국사료총서 제16집) 卷之三, 〈漂差倭〉 壬午 '開城漂民'.

79 『邊例集要』 下(한국사료총서 제16집), 卷之九, 〈開市〉 '江蔘變通節目'

80 고동환, 「조선시대 개성과 개성상인」, 『역사비평』 54, 역사비평사, 2001, 209-220쪽.

81 오성, 「개성상인들은 어떻게 일제에 저항하였나?」, 한철호 외 저, 『대한제국기 지방 사람들』, 어진이, 2006.

였으며, 일본 제국주의 하에서 개성상인들이 상업과 인삼사업을 통해 민족자본을 형성하여 일본자본의 침탈에 대항하였다는 점을 평가하였다.[82] 김남석은 1910~20년대 일본 자본의 영향력과 경쟁하던 개성 지역 유지(상인)들이 개성상인 특유의 독자성과 창의성을 활용하여 근대 연극장인 '개성좌'[83]를 인수하여 유지하고, 확대 경영하였음을 평가하였다.[84] 양정필은 근대 시기 개성에서 간행된『고려시보』[85]를 1930년대 개성 출신의 신진 엘리트 그룹이 개성의 부와 상업 발달을 기반으로 하여 간행한 근대언론지라고 평가하였다.[86] 개성상인의 문학적 형상에 관한 선행 연구는 김창원의「근대 개성의 지리적 배치와 개성상인의 탄생」(2015)이 거의 유일한 것으로 보인다. 김창원은 위 논문에서 전근대 시기 한양의 종속적 위치에 있던 개성이 일제 하 압록강철교 부설로 인해 결정적으로 위상이 변모하였다는 점을 평가하고, 1910~30년대에 간행된『반도시론』,『고려시보』매체를 통해 '근대 민족상인'으로서의 개성상인 이미지가 형성되었다고 파악하였다. 또한 개성상인을 묘사한 고전문학 작품으로, 정두경의 〈송도상인노래[松都賈客詞]〉, 김재찬의 〈송

82 정종현,「일본제국기 개성의 지역성과 (탈)식민의 문화기획」,『동방학지』151집, 연세대 국학연구원, 2010, 279-329쪽.

83 개성좌는 이기세가 1912년 세웠으며 한국인이 주인인 개성 최초의 극장으로, 1940년대까지 연극, 영화를 공연하며 개성에서 유일한 향토 공연장의 구실을 하였다.

84 김남석,「일제강점기 개성 지역 문화의 거점 "개성좌(開城座)" 연구 - 1912년 창립부터 1945년까지-」,『영남학』26, 경북대 영남문화연구원, 2014, 367-395쪽.

85 1933년 4월 15일 경기도 개성에서 발간된 지방신문으로 일제에 의해 강제폐간된 1941년 4월 16일까지 거의 매월 2회 발간되었다. 당시에 유명했던 중앙일간지에 버금가는, 개성과 그 근교일대는 물론 황해도 등까지도 널리 보급되었던 신문이다.

86 양정필,「1930년대 개성지역 신진 엘리트 연구:『고려시보』동인의 사회문화운동을 중심으로」,『역사와 현실』63, 한국역사연구회, 2007, 191-217쪽.

경십영(松京十詠)〉, 이덕형의 〈송도기이(松都奇異)〉 등을 소개하였다.[87]

필자가 '개성상인'의 문학적 형상화를 고찰하려는 것은, 문학작품이 대상 인물의 외모와 행동뿐 아니라 내면 성격을 그려내는 특성 상, 개성상인의 다양하고도 독특한 면모를 파악할 수 있기 때문이다. 당대 문학작품을 통해 개성상인의 희로애락의 감정과 내면세계를 발견한다면, 사회경제적 인물로서의 개성상인과는 다른 새로운 면모를 살필 수 있을 것이다.

2. 상업도시 개성의 풍경과 송상에 대한 기억

개성상인들이 상업에 전문성을 가지고 활동할 수 있었던 배경에는 고려시대(918~1392) 개경이 국제무역도시로서 번성했던 전통이 있다. 고려는 대외무역이 활발했던 나라였다. 개경은 국제무역항인 예성강 입구의 벽란도를 관문 삼아 서해를 통해 송나라, 일본, 베트남, 대식국(아라비아)까지 활발히 해상무역활동을 하면서 상업도시로 발전하였다. 이때부터 개경의 상인들은 송상(松商)이라고 불렸다. 고려가요 〈쌍화점〉의 '쌍화'는 '아랍의 위구르족이 먹던 음식명 'samsa'가 변이된 차용어로서, 고려가 외국과의 교역과 교류가 융성하여 아랍상인들이 수도 개성에 상주했던 증거로 파악된다.[88]

87 김창원, 「근대 개성의 지리적 배치와 개성상인의 탄생」, 『국제어문』 64, 국제어문학회, 2015, 33-53쪽.

88 고혜선, 「고려 '쌍화'와 '삼사(samsa)'의 관련성 연구」, 『동양학』 55, 단국대 동양학연구원, 2014, 119-140쪽.

일찍이 고려 시인 이규보(李奎報, 1168~1241)는 국제무역도시 개경 및 벽란도의 풍경을 다음과 같이 시로 노래한 바 있다.

조수는 밀려왔다 다시 밀려가고	潮來復潮去
오가는 뱃머리 서로 잇대었도다.	來船去舶首尾銜相連
아침에 이 누각 아래에서 출발하면	朝發此樓底
한낮이 못되어 남만(南蠻)에 이르도다	未午棹入南蠻天[89]

위 시구는 고려의 시인 이규보가 예성강 하구에 있는 누각 위에 올라 벽란도를 바라보며 지은 시의 일부다. 이규보는 예성강을 통해 서해바다를 드나드는 배들이 즐비한 풍경을 그리고, 아침에 떠난 배들이 순식간에 남방국가까지 간다며 해상왕국 고려에 대한 자부심을 표현하였다. 이 시는 국제무역항으로 기능한 벽란도와 국제도시로서 번성한 개성의 경관을 잘 보여준 시로 평가된다.

고려가 멸망하고 조선이 건국된 뒤, 국제도시 개성의 활기찬 모습과 송상들의 왕성한 해외무역은 일시에 사라지고, 개성 주민들은 생계수단은 17세기 중엽에 편찬된 『동국여지지(東國輿地志)』의 〈개성부〉 '풍속조'에 "주민들이 행상으로 업을 삼는다."고 기록될 정도로, 작은 규모의 상업이 주된 것이었다. 근대 개성상인 공성학은 1929년의 인터뷰 자료에서, 개성 사람은 이씨조선에 내해서 좋은 감정이 없어서 새 나라에 벼슬하겠다는 사람이 없고 이성계도 개성 사람에게는 과거의 길을 막아서 개성 사람들은 벼슬길에 나가지 않고 이재(理財)의 길을 택해서

89 〈又樓上觀潮 贈同寮金君〉, 이규보, 『동국이상국전집』 제16권 고율시.

그 생도를 유지해 나갔다고 구술하였다.[90]

조선 초기 이래 문신들은 개경을 유람한 뒤 '개성유기(開城遊記)'를 남겼는데, 여러 편을 찾아보아도 상업도시 개성이나 개성상인에 대한 기록은 발견되지 않는다. 조선 초의 문신 채수, 유호인 등이 1477년(성종5) 개성에 여행을 다녀온 뒤 각기 남긴 〈유송도록(遊松都錄)〉에는 송악산, 만월대, 영통사, 박연폭포 등 개성의 명승지에 대한 감회, 벼슬아치로서의 자부심이나 여행의 즐거움이 표현되어 있다.[91] 조선 중기에 기록된 조찬한의 〈유천마성거양산기(遊天磨聖居兩山記)〉(1605), 김육의 〈천성일록(天聖日錄)〉(1607), 김창협의 〈유송경기(遊松京記)〉(1671), 오원의 〈서유일기(西遊日記)〉(1729) 등의 유기에도 선죽교, 박연폭포, 천마산 등의 개성의 명승지를 유람한 감회가 중심적으로 표현되었고, 포은 정몽주, 화담 서경덕 등 뛰어난 유학자들에 대한 존경과 감회가 조금 더해졌다. 아무리 호기롭게 경치 구경을 왔다 한들, 15세기 후반부터 18세기 전반까지의 개성유기에 개성상인들에 대한 단 한 마디의 언급이 없다는 것은 당시 대부분의 문신들에게 상업도시 개성과 개성상인들을 관심 있게 보아야 할 별다른 이유가 없었다는 것을 의미한다.

개성의 풍속에 대해 명확하면서도 긍정적 내용의 글을 남긴 사람은 17세기 전반 개성유수의 벼슬을 했던 이덕형(李德泂, 1566~1645)으로 보인다. 그는 〈송도기이(松都記異)〉에 개성의 풍속과 경제에 대해 다음과 같이 서술하였다.

90 공성학, 〈개성상인〉, 임석재, 『한국구전설화』 '경기도편'(임석재전집5), 평민사, 1989, 43쪽.

91 채수 외 저, 전관수 역, 『조선사람들의 개성여행』, 지만지, 2008, 13-14쪽.

숭정 기사년(1629)에 내가 개성유수로 나갔다. 세대가 멀어져서 고려조의 남은 풍속이 변하고 바뀌어 거의 없어졌는데, 오직 장사하고 이익을 좇는 습관만은 전에 비하여 더욱 성해졌다. 그런 때문에 백성들의 넉넉한 것과 물자의 풍부한 것이 가위 우리나라에서 제일이라 하겠다. 상가의 풍속은 저울눈을 가지고 다투므로 사기로 소송하는 것이 많을 듯한데도, 순후한 운치가 지금까지 남아 있어서 문서 처리할 것이 얼마 되지 않았다.[92]

이덕형은 시간이 흘러 개성에 옛 왕조의 풍속이 거의 남아 있지 않지만, "장사하고 이익을 좇는 습관(貿遷逐利之習)만은 전에 비하여 더욱 성해졌다."고 기술하였다. 그리고 "백성들의 넉넉한 것과 물자의 풍부한 것은 우리나라 제일(人民之富庶 物貨之殷儲 可謂冠於吾東矣)"이라고 한 것처럼 개성이 상업도시로서 성장한 결과를 긍정적으로 보았다.[93] 개성이 상업도시이니 상인들끼리 서로 다투고 소송하는 것은 당연히 많을 듯하다. 그런데도 고려조의 순후한 운치가 남아 있어 사기 소송 건이 적다고 한 것은 개성상인들을 우호적인 시선에서 긍정적으로 평가한 것임에 틀림없다. 개성의 풍속에 대해서는 다음과 같이 기록하였다.

고도(古都) 사람들을 보건대, 백성들이 모두 질실(質實)하고 돈후(敦厚)해서, 비록 그 풍속이 장사를 좋아한다고 하지만 또한 부지런히 일해서 여유 있게 재산을 벌며, 남과 다투지 않으며 남녀가 놀기를 좋아하지 않아서 마을에는 창기가 없다. (중략) 혁명이 이루어

92 이덕형, 〈松都奇異〉, 『대동야승』 제71권; 『대동야승』 17권, 민족문화추진회, 1971, 327쪽.

93 이 구절에서 "개성의 상업을 중시하는 분위기를 덜 문명화된 고려조의 유산으로 이해"했다는 김창원의 해석은 문맥을 오독한 게 아닌가 싶다. 김창원, 앞의 논문 46쪽.

지고 나라가 없어질 때를 당해서 의관을 한 사람들은 새 나라를 따라 옮겨 가지 않으면 도망해서 살았기 때문에, 그 백성들의 가문은 귀천이 없고, 벼슬을 본래부터 비루하게 여기고 업신여겼다.[94]

『고려사』에는 고려의 군신들이 방탕하고 요괴하고 허탄하다고만 기록되어 있는 데 반해, 이덕형은 개성사람들이 질실 · 돈후하며, 부지런히 일해 재산을 모아놓았기에 남과 다투지 않으며, 마을에 창기도 없고 가문에 귀천을 두지 않고 살았다고 하였다. 상인을 일반 농민보다 못한 계층으로 취급한 조선 사회에서, 이덕형만큼 개성의 풍속과 개성상인들의 생활을 긍정적으로 평가한 이는 드물지 않을까 한다.

조선 중기의 문인이자 학자인 정두경(鄭斗卿, 1597~1673)은 〈송도상인노래(松都賈客詞)〉라는, 개성상인의 행상 활동과 내면세계를 묘사한 흔치 않은 작품을 남겼다.

상인들 해마다 산에 산 너머 다니더니	賈客年年山上山
올해도 또 의주 향해 가네.	今年又復往龍灣
압록강 서쪽서 무역시장 열리니	鴨江西畔開場市
요동에서 온 비단을 사 가지고 돌아오네.	賣得遼東錦繡還
송도 상인들 먼 길 떠날 때	松都賈客客行遙
문 앞의 버들가지 하나 꺾어 가는구나.	去折門前楊柳條
천리 밖에서 홀연 동네 사람 만나면	千里忽逢同里閈
객사에서 밤 깊도록 탁타교를 얘기하네.	夜深歸語橐駝橋[95]

개성상인들은 대부분 소나 말을 소유하고 여러 명이 행상단을 조

94 『대동야승』 17권, 354쪽.

95 정두경, 〈송도상인 노래[松都賈客詞]〉, 『東溟先生集』, 卷之二, 七言絕句.

직하여 활동하였다. 시인은 1연에서 산 너머 의주 중강개시에 물건을 싣고 가 팔고, 비단을 사 오는 개성상인의 생활을 그렸다. 시에는 상인들의 거래품목이 나타나 있지 않지만, 인삼을 싣고 가서 요동에서 온 비단을 사왔음을 어렵지 않게 추정할 수 있다. 2연에서는 타지에 나가 행상을 하며 고향집 그리는 상인들의 마음을 표현하였다. 상인들이 길을 떠날 때 문 앞의 버들가지 하나를 꺾어 가는 이유는 행상이나 사행길에서 고향집을 떠올리며 고단함을 달래기 위함일 것이고, 타지에서 고향 사람 만나 고향의 다리를 이야기하는 것은 나그네의 쓸쓸한 마음을 달래기 위함일 것이다. 시인은 개성상인의 고단한 행상 생활과 타지에서 고향 그리는 심정을 안쓰러운 마음으로 표현하였다.

유득공(柳得恭, 1748~1807)은 1785년에 지은 『이십일도회고시(二十一都懷古詩)』의 '고려' 제6수에 예성강 어귀에 상선이 해마다 들어오던 모습을 그렸다.

조수 들고나는 급수문을 지나	潮落潮生急水門
해마다 장삿배는 강마을에 올려온다.	季季商舶到江村
무산십이봉 닮은 뭇 봉우리엔	攢峯十二巫山似
눈물 자아내는 원숭이 소리만 없을 뿐.	只少三聲墮淚猿[96]

유득공은 1778년 무렵 『동국지지(東國地誌)』를 읽는 과정에서 동기를 부여받아 『이십일도회고시』를 짓기 시작했으며, 1785년(정조9)에 43수 전편을 완성했다고 한다. 위 시의 기구, 승구에서는 조수가 밀려들

96 이 시의 번역은 이민홍의 번역문을 인용하였다. 이민홍 역, 『유득공의 이십일도회고시』, 국학자료원, 2008, 147쪽.

고 나가는 예성강 협곡 급수문의 풍경과 장삿배가 간간이 오가는 18세기 말의 예성강 강안의 마을 풍경을 그렸다.[97] 예성강의 양안은 가파른 협곡이라 강이 길고 좁은데, 이 풍경이 슬픈 원숭이 소리로 유명한, 중국 사천성 동부에 있는 무산협곡과 흡사하다는 것을 전구, 결구에서 노래하였다. 유득공은 고려왕조가 망한 지 400년 뒤의 고려왕성을 돌아보면서 예성강에 장삿배 드나드는 풍경을 떠올렸다. 이 이미지는 이규보가 노래한 것처럼 쉴 새 없이 배들이 항구를 드나드는 풍경은 아니지만, 정례적으로 장삿배가 다니는 모습을 묘사한 것이다.

조선 정부는 조선 후기에 개성상인과 같은 사상들의 무역행위를 불법으로 지목해 철저히 통제하다가, 1681년(숙종7)부터 사행비용과 군수품을 조달하려는 목적에서 부상들을 무판별장(貿販別將)에 임명함으로써 사상들에게 대외무역에 참여하는 길을 열어주었다.[98] 개성상인들이 대규모로 부를 축적하기 시작한 것과 동시에 개성상인에 대한 여론도 급속히 악화된 것이 아닐까 생각된다. 조선 후기 문신 김재찬(金載瓚, 1746~1827)이 송도를 유람한 뒤 지은 〈송경십영(松京十詠)〉이라는 노래에는 상업도시 개성에 대한 부정적 시선이 가득하다.

제6수

풍속이 강남과 비슷하여	土俗似江南
사람들 재물만 섬긴다네.	居人尙財用

97 『송사(宋史)』에 "예성강은 두 개의 산 사이에 있는데, 암석으로 된 협곡으로, 소용돌이가 심하게 치며 흘러가니, 이른바 급수문이 가장 험준하고 좁다는 것"라고 하였다. 『대명일통지(大明一統志)』에는 "급수문은 개성 남쪽바다 가운데 있는데, 움푹 파인 협곡이 마치 무협(巫峽)과 같다." 하였다(위의 책, 148쪽에서 재인용).

98 '개성상인', 『한국민족문화대백과사전』.

작은 이익만 알고 但知錐刀利
농상(農桑) 중요한 건 모른다네. 不事農桑重
군읍을 돌다 보면 들리는 소리 往往郡邑間
태반이 송상들 송사 다툼이라네. 太半松商訟

제7수
한양과 평양 사이에 자리 잡고 있어 地居二京會
재화가 날마다 몰려드네. 貨賄日湊輻
술집 깃발은 온 성에 가득하고 旌帘挾一城
말발굽과 수레바퀴는 성의 큰길을 채웠네. 蹄轂咽九陌
큰 상인은 손도 까딱 않는데 大賈不動手
집안사람들 기름진 음식 한 상 차렸네. 家居方丈食[99]

1~5수에서 개성의 역사와 명승에 대한 감회를 노래한 시인은 6, 7수에서 상업도시 개성과 개성상인의 모습을 노래하였는데, 시의 정조(情調)는 앞서 본 이덕형의 기술 및 정두경의 시와는 사뭇 다르다. 위의 제6수에서는 개성이 중국 강남처럼 재물이 풍성한데, 사람들이 작은 이익만 알고 농사와 양잠이 귀한 줄 모른다는 점, 마을에 인정이 넘치는 것이 아니라 상인들끼리 이익 때문에 서로 다투는 소리만 들린다고 했다. 제7수에서는 개성의 부유한 풍경을 그렸다. 한양과 평양 사이에 위치한 것 때문에 개성에 재화가 몰려들지만, 성에는 술집과 마차만 가득할 뿐이고, 아무 수고도 않는 상인은 기름진 음식을 먹으며 호사스럽게 산다며 비아냥거렸다.

개성이 상인들의 활발한 활동 덕분에 부유해졌다지만 정작 풍속은 악화되었다는 표현에서는 개성상인들을 아니꼽게 여기고 멸시하는 듯

99 金載瓚, 〈松京十詠〉, 『海石遺稿』 卷之三, 詩.

한 시인의 시선을 느낄 수 있다. 이러한 풍경은 200여 년 전 이덕형이 기록한 개성의 모습과는 완전히 다르다. 이러한 시선은 사실에 근거한 것일 수도 있지만, 17세기 후반 이래로 대규모 상업도시로 성장한 개성의 풍속을 부정적으로 인식한 결과일 수도 있을 것이다.

3. 서사문학 속의 개성상인

개성상인 홍생의 풍류와 역사의식

조선 초기 매월당(梅月堂) 김시습(金時習, 1435~1493)이 지은 『금오신화(金鰲新話)』에 수록된 〈취유부벽정기(醉遊浮碧亭記)〉에는 개성의 부자 상인 홍생(洪生)의 풍류와 역사의식이 그려져 있다. 작품의 시작 부분은 다음과 같다.

> 천순(天順) 초년에 개성에 홍생이라는 부자가 있었다. 그는 나이도 젊고 얼굴도 잘생긴데다 풍도가 있었으며, 또한 글을 잘 지었다. 홍생은 팔월 한가위날을 맞아 면사(綿絲)를 사려고 친구들과 함께 평양장에 포백(布帛)을 싣고 와서 강가에 배를 대었다. 성안의 이름난 기생들이 모두 성문 밖으로 나와서 홍생에게 추파를 던졌다.[100] (밑줄 표시는 인용자 강조. 이하 동일)

소설 첫머리에 소개된 홍생은 개성상인이고, 부자이고, 외모도 뛰어난 청년이다. 시대배경은 천순(天順) 초년, 곧 명나라 영종(英宗,

100 天順初, 松京有富室洪生, 年少美姿容, 有風度, 又善屬文. 値中秋望, 與同伴, 抱布貿絲于箕城, 泊舟艤岸 城中名娼, 皆出闉闍, 而目成焉.

1457~1464)의 연호이니, 조선 세조(1455~1468) 대이다. 개성에서 포백을 배에 싣고 와서 평양장에서 팔고, 면사를 사가는 것으로 보아 그는 상인임에 틀림없다. 소설 속 홍생은 평양에서 실을 대량 구입해 배에 싣고 가 개성의 여인들에게 베를 짜도록 하고, 이를 다시 싣고 와 평양 장에 가져와 파는 중간상이 아닐까 추정된다.[101]

한편으로 그는 밤에 흥에 겨워 홀로 배를 타고 나가 부벽정(浮碧亭)에 올라 옛 도읍을 바라보며 시를 읊조리고 춤을 추는 '풍류남아'이다.[102] 부벽정은 경치 좋기로 유명한 평양에서도 절경으로 꼽히는 곳이다. 그가 읊조리는 시의 주제는 맥수은허(麥秀殷墟) 즉, 끊임없이 변화하는 인간사에 대한 상념이다. 이로 보아 그는 단순한 상인이 아니라, 글을 알고 역사의식을 지닌 고려 귀족의 후예라는 점을 추측할 수 있다. 그가 읊은 시는 고조선 왕실의 기씨(箕氏) 여인을 만나게 되는 직접적인 매개로 작용한다. 기씨 여인은 위만(衛滿)에 의해 나라를 빼앗긴 기준(箕準)의 딸로서, 죽기를 기다리다가 신인(神人)을 만나 신선의 거처로 인도되었고, 항아(嫦娥)의 시녀가 되어 살다가 문득 고향 생각이 나서 부벽정에 내려왔다가 홍생을 만난 것이다.[103] 기씨 여인과 시를 주고받으며 하룻밤 인연을 맺은 홍생은 여인을 그리워하는 마음 때문에 병을 얻어 집으로 돌아왔다. 얼마 뒤 홍생은 기씨 여인을 그리워하다가

---

101 실을 사고 포백을 판다'는 행위에 대해, 이지하는 "물물교환을 말하는데, 한편으로는 여자를 유혹한다는 의미를 담고 있기도 하다."고 하였는데(김시습 저, 이지하 역, 『금오신화』, 민음사, 2008, 62쪽), 이러한 논의의 근거가 무엇인지 알 수 없다.

102 이대형, 「『금오신화』의 서사방식 연구」, 연세대 박사논문, 2001, 71쪽.

103 위의 논문, 71-72쪽.

죽지만 며칠이 지나도 시신의 낯빛이 변하지 않자, 사람들은 그가 신선이 되었다고 하였다.

이렇게 역사의식과 주제 위주로 소설을 보면 이 작품은 매월당 김시습이 작중 주인공을 통해 망한 고려에 대한 깊은 추념(追念)의 정을 표현한 것이라고 할 수 있다. 한편으로, 작가가 개성상인 홍생이 고려 귀족의 후예로서 선박을 이용해 개성과 평양 장을 오가며 옷감과 원사를 교역한 행위를 포착해 소설에 그린 것은 〈취유부벽정기〉를 이해하는 새로운 관점을 제공할 것이다.

개성상인의 부부애와 애환

서사문학에 그려진 개성상인의 형상에서 인상적인 것은 부부애에 대한 것이다. 경제적 인간으로 인식된 개성상인이 가장 인간적으로 그려진 모습은 남편과 아내가 부부애를 나누는 순간일 것이다. 조선 후기 박양한(朴亮漢, 1677~1746)이 펴낸 야담집 『매옹한록(梅翁閑錄)』[104]에 수록된 〈병자호란 때 잡혀간 송도상인의 아내[丙子胡亂松都商賈之妻]〉라는 작품에는 병자호란 때 청나라에 잡혀간 상인의 처와, 그 처를 찾으러 청나라에 간 남편 간에 애뜻한 사랑 장면이 그려져 있다. 작품의 줄거리는 다음과 같다.[105]

104 이 야담집은 저자 박양한이 그때그때 보고 들은 것을 기록한 것이다. 조선조 개국 이래 숙종 때까지 약 300년간의 기사이며, 인조 · 효종 · 현종 · 숙종대의 것들이 중심이 되고 있다.

105 『매옹한록』의 240화 작품으로, 『조선조문헌설화집요』 2권(서대석 편저, 집문당, 1992, 348-349쪽) 에 개요가 수록되어 있다.

1) 병자호란 때 한 송도상인의 처가 오랑캐에게 잡혀갔다.
2) 그 상인이 처를 찾으려고 돈을 모아 심양에 가니, 그 처는 마 장군(馬將軍)의 애첩이 되어 있었다.
3) 상인은 마 장군이 자기 처를 총애하여 속신해 주기는커녕, 자기를 죽이리라는 말을 듣고서도 처를 만나기 위해 정원으로 숨어 들어갔다.
4) 상인이 한밤에 물을 뜨러 나온 처를 만나니, 그 처가 오랑캐도 인간이고 자기를 사랑하므로 저버릴 수 없다고 하면서 재물을 줄 터이니 그것으로 첩을 사서 살라고 하였다.
5) 또한 추격병이 있을 것이라며 사흘 동안 산꼭대기에 있는 동굴에 숨어 있다가 떠나게 하였다.
6) 다음날 그 처가 자결을 하자, 마 장군이 놀라 조선인이 왔음을 알고 추격을 하다가 사흘이 지난 다음 포기하였다.
7) 그 상인이 무사히 빠져나올 수 있었다.

위 내용은 『매옹한록』을 비롯하여 세 종의 야담집에 유사한 내용이 수록되어 있다. 이 작품에서 주목되는 것은 그 나름의 방식으로 절개와 사랑을 지키는 개성상인 처의 모습이다. 개성상인의 처는 자신을 찾으러 위험을 무릅쓰고 온 남편을 위해서는 도망가는 법을 알려준 뒤 자결한다. 개성상인은 아내의 말대로 삼 일 동안 산 속 동굴에 숨어 있다가 조선으로 도망쳐 온다.

당시 조선의 사대부들은 청에서 돌아온 며느리나 아내, 이른바 '환향녀(還鄕女)'들을 받아들이지 않고 내치던 일이 많았다. 『인조실록』에 의하면, 부원군 장유(張維)는 청에 잡혀갔다 돌아온 며느리를 다시 불러 받아들이면 선조의 제사를 모실 수 없다며, 자신의 외아들이 이혼하고 새로 장가들도록 허락해 달라고 상소하였다. 이에 반해 청국에 잡혀갔다 속환되어 온 딸을 둔 전 승지 한이겸(韓履謙)은 사위가 다시 장가를 들려 한다며 고발하였다. 이에 대해 사관은 "절의를 잃은 사람과 짝이 되면 이는 자신도 절의를 잃는 것이다. 절의를 잃은 부인을 다시 취해 부모를 섬기고 종사(宗祀)를 받들며 자손을 낳고 가세(家世)를 잇는다면, 어찌 이런 이치가 있겠는가."[106] 하며, 절개를 잃은 부인은 받아들이면 안 된다고 주장하였다.

그런데 이러한 절개 논란과 상관없이 오직 잡혀간 아내만을 걱정하여 직접 청국으로 찾으러 간 개성상인의 모습에서는 그 어떤 위협이나 논란에도 흔들리지 않는 견고한 부부애를 볼 수 있다. 심양에 간 그는 아내가 청나라 장군의 애첩이 된 것을 알았지만, 아랑곳하지 않고 위험을 무릅쓰고 아내의 거처를 찾아가 같이 돌아가기를 청하였다. 당시 사대부들과 달리, 절개를 잃었느니 마니 논란에 개의치 않고 오직 아내를 구하여 돌아가려는 개성상인의 모습은 열녀 명분에 매달린 모습이 아니다. 그럼에도 불구하고 그 아내는 청나라 주인과의 의리를 저버릴 수 없으니 돌아가라고 했는데, 이는 사실 남편이 안전하게 고국으로 돌아갈 수 있도록 계책을 쓴 것이었다.

이 작품은 당시 풍문에 전하는 이야기를 기록한 야담인 만큼 사실 여부를 따지는 것보다는, 개성상인의 부부애가 어떻게 인식되는지를 살펴보는 것에 의미가 있다. 작가는 전란으로 이산된 개성상인 부부에게서 '비애'를 인식하고, 큰돈을 준비해 아내를 찾은 남편에게서 '의리'를, 그 남편을 떠나보낸 뒤 자결한 아내의 모습에서 '절개'를, 그리고 애

106 『인조실록』 인조16년 무인(1638) 3월 11일.

틋하고 슬픈 부부애를 형상화하였다.

개성상인 부부에게서 힘든 점은 남편이 장사를 하러 외지로 나가면 부부가 오랫동안 떨어져 있을 수밖에 없었던 상황인 것으로 보인다. 『청구야담』에 수록된 〈해서 원이 시신을 감추어 은혜를 갚다[匿屍身海倅償恩]〉[107]라는 작품에는 장사를 하러 장기간 집을 비운 사이 바람을 피운 아내에 대한 남편의 복잡한 감정이 그려져 있다. 작품의 줄거리는 다음과 같다.

1) 충청도 선비 유씨가 과거를 보러 상경했다가 낙방하다.
2) 유씨가 송도로 가 명승지와 고적을 유람하다.
3) 성 안을 다니다가 비를 피해 길가 집 문 앞으로 피신하다.
4) 그 집의 여종이 안으로 불러 집으로 들어가다.
5) 상인인 그 집 주인은 장사하러 나가 수년째 돌아오지 않았고, 20세 정도의 안주인이 맞아주다.
6) 유생이 식사를 대접받고 안주인과 정분이 나 그 집에 열흘 동안 머무르다.
7) 상인의 친구가 그 기미를 알고 친구에 기별하다.
8) 상인이 달려와 새벽에 담을 넘어 집에 들이닥쳐, 유생과 아내를 호통치다.
9) 상인이 아내에게 술과 고기를 사오라 하여 유생과 술잔을 나누다.
10) 상인이 유생과 아내에게 죄를 꾸짖고 용서하다.
11) 상인이 즉시 친구 집으로 가서, 친구와 함께 자기 집으로 와 집안 동정을 살피다.
12) 집안에 아무도 없는 것을 알고 친구가 상인에게 사과하다.
13) 유생이 몇 년 뒤 급제하여 해서 고을의 원님으로 부임하다.

107 〈익시신해수상은(匿屍身海倅償恩)〉, 『청구야담』 권5. 이 작품은 최웅이 주해한 『주해 청구야담』 I (국학자료원, 1996), 378-385쪽에도 실려 있다.

14) 그 고을의 촌민이 자기 아버지가 송도 상인에게 맞아 죽었다고 고발하다.
15) 원님이 송도 상인이 몇 년 전 자신을 용서한 사람이라는 것을 알고, 비밀리에 통인을 시켜 상가집의 시신을 죽은 개로 바꿔놓게 하다.
16) 시체가 없으므로 재판이 이뤄지지 않아 송도 상인이 처벌을 피하다.
17) 6,7년 뒤 유생이 송상의 이웃 고을의 사또로 부임한 뒤, 송상을 불러 그간의 일을 털어놓다.
18) 상인이 유생의 은덕에 감사하고, 평생 서신을 왕래하다.

이 작품에는 두 사건이 기술되어 있다. 1)~12)에는 개성상인이 자신의 아내가 한 선비와 외도한 것을 알고도 용서한 사건이, 13)~18)에는 몇 년 뒤 해서 지방의 고을사또로 부임한 선비가 개성상인이 살인범으로 고소되었을 때 시신을 숨겨주어 은혜 갚은 사건이 기술되어 있다.

이 이야기에서 문제의 발단은 이십대 초반의 젊은 개성상인이 외지로 장사하러 나가 몇 년 동안 집을 비운 것이었다. 상인의 젊고 아름다운 아내는 개성에 유람을 온 한 선비가 우연히 자기 집문 앞에서 비를 피하고 있는 것을 알고 불러들여 바람을 피웠다. 친구가 기별해주어 아내의 외도를 알게 된 상인은 그날 새벽에 자기 집에 들이닥쳐 아내의 외도 장면을 자기 눈으로 확인한다. 선비를 당장 죽일 것처럼 분노했던 상인은 선비와 술잔을 나눈 뒤 그를 꾸짖어 보내고, 아내도 용서하고 다시는 죄를 짓지 말라고 한다. 그리고는 곧바로 친구를 자기 집으로 불러 아무 일도 없었음을 확인해주고 다시 집을 떠난다.

당장 칼부림이 날 것 같던 일을 용서하고 아무 일도 없었던 것처럼 사건을 처리한 개성상인에게서 그의 '대범'한 성격이 드러난다. 도대체 그는 왜 아내와 선비를 용서한 것일까? 아마도 상인은 이 일이 자신이 몇 년 동안 집을 비우고 외로운 아내의 처지를 돌아보지 않은 것이 발단이 되었다고 자책한 것은 아닐까? 남편이 집을 비운 사이 젊은 아내가 바람을 피웠다면 오늘날도 그렇겠지만, 당시 윤리관으로는 도저히 용서하기 힘들 것이다. 간통한 두 남녀를 칼로 찔러 죽일 수도 있었지만, 그렇게 되면 상인과 그 집안, 그리고 한 선비의 인생은 풍비박산이 난다. 상인은 자신을 자책하며 아내와 선비를 꾸짖고 용서하였다. 덕분에 상인은 아내와 자신의 명예를 지키고 자신의 일에 충실할 수 있었고, 선비는 훗날 벼슬을 얻어 상인에게 은혜 갚을 수 있는 기회를 얻었다.

이보다 훨씬 후대에 기록된 내용이지만, 1934년에 발간된 『개성지』 '열녀' 편에는 행상을 나가 위험한 상황에 처했던 남편들과, 그러한 남편을 둔 여인들의 애환이 그려져 있다. 서인(庶人) 예업(禮業)과 송씨(宋氏)는 행상을 나갔던 남편들이 외지에서 살해당한다. 예업은 서인 백귀종(白貴宗)의 처인데, 남편이 외지로 장사하러 나갔다가 도적에게 살해당하자 죽도 먹지 않고 밤낮으로 통곡하였다. 남편의 시신이 발견된 날, 그녀는 가슴을 치며 울다가 죽었다. 이 일 알려지자 조정에서는 정려(旌閭)를 내렸다. 송씨의 남편 서인 고준실(高俊實)은 의주에 행상을 나갔다가 그의 재물을 노린 박춘건이라는 사람에게 살해를 당한다. 송씨는 남자 옷을 입고 의주로 가서 남편이 살해당한 사건을 관아에 고발하였다. 하지만, 관아에서 아무런 조치도 하지 않자 송씨는 갖은 노력

끝에 남편의 살해범을 밝혀내 직접 복수하였다.[108]

이 두 사람의 살인 및 재판 사건에서 외지로 행상을 떠난 상인 남편은 돈을 노린 자들에게 살해당하기 쉬운 위험한 상황에 처해 있었음을 알 수 있으며, 남편을 자기 목숨만큼이나 사랑했던 아내들의 깊은 슬픔을 읽을 수 있다.

개성상인의 실리적 경제관념

역사학계의 연구를 통해 밝혀졌듯이, 개성상인 중에서도 소규모의 자본밖에 없던 사람들은 외지로 행상을 다녔고, 자본과 조직을 갖췄던 상인들은 차인제도와 시변제를 통해 부를 축적하였다. 몇몇 야담과 구비문학 작품들에는 철저한 경제관념을 지닌 개성상인의 실리주의적 모습이 그려져 있다. 『청구야담』에 수록된 〈생금을 얻어 부자가 다시 한 집에 살다[獲生金父子同宮]〉[109]라는 야담에서는 부자 관계에서도 철저히 경제관념을 지키는 모습을 볼 수 있다. 내용은 다음과 같다.

1) 개성의 조동지는 수만 금 되는 재산이 있고, 차인을 전국에 두어 재물을 거래하는 상인이다.
2) 자식이 없던 조동지가 10세 된 걸인 소년의 관상을 보고 양자로 삼다.
3) 아들이 16세가 되어 결혼하고, 부친에게 5천 냥을 얻어 평양으로 장사하러 가다.

108 임봉식, 『개성지』 권6, 개성지 편찬소, 1934, 107, 110쪽; 경인문화사 영인, 『개성지』, 1989, 364, 367쪽.

109 『청구야담』 권18; 최웅 주해, 『주해 청구야담』, 국학자료원, 1996, 285-290쪽.

4) 아들이 기녀에게 홀려 돈을 탕진하자, 조동지가 아들과 가솔들을 쫓아내다.
5) 아들이 기녀의 집에 머물다가 기녀의 방문 섬돌이 생금(生金)이라는 것을 발견하다.
6) 아들이 기녀의 집을 나오면서 섬돌을 얻어 나오다.
7) 아들이 금가루를 조동지의 댁으로 보내니 조동지가 아들을 찾아가다.
8) 조동지가 아들이 횡재로 생금을 얻은 것을 보고 칭찬하고 다시 집안으로 들이다.

〈생금을 얻어 부자가 다시 한집에 살다〉라는 제목의 작품은 개성의 부자상인 조동지가 양자로 들인 아들이 기생에게 홀려 돈을 잃어버리자 인연을 끊고 그 식솔을 쫓아버렸는데, 아들이 횡재로 생금을 얻어 부자가 되자 그 가족을 다시 받아들였다는 내용이다. 이 작품에서는 개성상인이 어떻게 돈을 버는지에 관한 대략적인 모습과, 또 돈에 대한 개성상인의 가치관을 알 수 있다. 1)에는 조동지가 수만 금 자본을 가진 부상으로서, 차인을 고용하여 전국적 규모로 상업을 하고 있는 모습이 기술되었다. 2)~4)에는 조동지가 만석꾼의 관상을 보고 얻은 양자가 성장하자 자본을 주어 일을 맡겨보고, 재산을 탕진하자 파양하고 쫓아내는 냉정한 모습이 기술되었다. 5)~8)에는 아들이 우연히 생금 덩어리를 얻어 부자가 되자 조동지가 기뻐하며 다시 맞이하는 모습이 기술되었다.

이 이야기는 자식이 성인이 되면 돈을 주고 일을 맡겨보지만, 일을 실패하면 부자관계라도 끊어버리는 개성상인의 실리주의적 사고방식을 보여준다. 5) · 6)의 쫓겨난 아들이 생금을 횡재하여 부자가 되었다는 이야기는 아마도 당대 사람들의 횡재 욕구를 반영한 화소일 것이다. 이 이야기는 『동야휘집(東野彙輯)』 권7에 〈수일석부자서륜(輸一石父子敍倫)〉이라는 제목으로 실려 있는데, 줄거리는 비슷하다. 『이조한문단편집』 상권에는 같은 내용의 작품이 〈개성상인〉이라는 제목으로 실려 있다.[110]

한편, 근대 개성출신의 실업가인 공성학(孔聖學, 1879~1957)은 1929년 5월, 설화 채록자 임석재에게 자신이 듣고 보고 겪은 개성상인의 삶에 대해 구술하였다. 그는 인터뷰에서 개성 사람들이 조선에 반감을 품고 벼슬길에 나가지 않고 이재(理財)의 길을 택했다는 것과 함께, 개성상인들이 후계자를 키우는 모습, 개성상인들끼리 엄격히 신용을 지키는 모습, 상인의 아내가 어떠한 생활을 하는지에 대해 구체적으로 소개하였다. 내용은 다음과 같다.

> ①개성상인이 상인을 기르는 방법은 독특하다. 거상에게 희망자가 오면 한 3,4년 동안 숙식만 제공하고 무보수로 방 쓸기, 마당 쓸기, 담뱃불 심부름 등 각종의 잔심부름만 시키고 상품 교육이나 상술 같은 것은 전연 가르치지 않다가 수년 부려 보는 동안에 상인으로서 대성할 재질이 있다고 보면 돈 약간을 빌려 주며, 황해도 금천(金川)의 시별리 장에 가서 장사를 시킨다. 금천의 시별리는 수안(遂安), 곡산(谷山) 등지에서 나오는 곡물의 집산지이고 그 고장의 사람들은 순박해서 이해관계를 심하게 따지지 않는 고장이다. 그래서 개성상인의 풋내기는 상품 선별과 상술을 익히는 데에는 아조 적절한 고장이다. 이렇게 해서 상인다운 재질을 발휘하면 큰돈을 내주어 큰 장사를 하게 한다.

110 이우성 · 임형택 편역, 『이조한문단편집』 상권, 일조각, 87-91쪽.

②개성상인들끼리는 신용 위주로 돈거래를 한다. 그래서 개성 상인 사이에는 채용증서니 어음의 교환이 없다. 돈을 갚는 날자, 이자를 내는 액수와 날짜를 정하면 어김없이 그대로 실행한다. 만일에 약속날자를 하루라도 어기면 그는 그후에 돈 거래가 막힐 뿐 아니라 개성상인 사회에서 매장되고 만다.

③개성상인의 이재욕은 남자뿐 아니라 그의 처들도 강하다. 남편이 장사 차로 외지에 나가서 남편 시중의 번거로움이 없어지게 되니까 그 시간을 이용해서 어떠한 방법으로서든지 돈 모으는 데 애를 쓴다.[111]

공성학은 일제강점기에 민족자본으로 향토를 개발하여 일본인들의 자본침략에 저항하자고 주장한 지사형 민족기업가로 평가되는 인물이다. 그는 1910년대부터 1930년대까지 개성삼업주식회사 사장, 개성인삼조합 조합장, 개성상회 대표 등을 역임하였다. 그는 임석재를 만나 자신이 보고 겪은 개성상인의 삶에 대해 구술하면서, ①에서는 개성상인들이 상인을 기르는 독특한 방법을 소개하였다. 상인들은 찾아온 사람들에게 3, 4년간 무보수로 각종 잔심부름을 시켜보고 장래성이 보이면 약간의 돈을 빌려주어 상인으로서의 자질을 평가한다고 하였다. ②에서는 개성상인들이 신용위주로 돈 거래를 하는데, 신용을 잃으면 아주 매장된다고 하는 엄격한 신용거래의 모습을 보여주었다.

③에서는 개성상인과 그 아내의 관계에 대해서도 언급하였는데, 개성상인의 아내들은 남편들 못지않게 이재욕과 생활력이 강하다고 한 점이 눈에 띈다. 대부분의 개성상인 남편들은 외지를 떠돌며 외롭고 고된 생활을 했을 것이다. 남편이 으레 집에 없다면 그 아내도 여성으로

111 공성학, 〈개성상인〉, 앞의 책, 43-44쪽.

서 어찌 외롭고 힘들지 않겠는가? 앞서 인용한 '젊은 아내의 외도'는 남편의 장기간 부재에도 분명 한 원인이 있을 것이다. 남편이 외지에 있으니까 아내들이 남편의 시중드는 번거로움이 없어 돈 모으는 데 힘썼을 것이라는 공성학의 말은 개성상인 아내들의 부지런한 성격과 생활력을 말한 것이겠지만, 한편으로는 개성상인 부부가 항시적으로 겪는 힘겨운 노동과 외로운 생활을 짐짓 아무렇지도 않은 것인 냥 표현한 말로도 이해된다.

4. 학문과 구제사업에 힘쓴 개성상인의 후예와 개성부자

구제사업에 힘쓴 학인 김시탁

개성상인 개인의 실명이 기록으로 남아 전해진 예는 굉장히 드물다. 시인 조수삼(趙秀三, 1762~1849)이 19세기 전반, 조선의 비주류 인물들의 삶을 조명한 문학서 『추재기이(秋齋紀異)』[112]나 조선후기 문인 유재건(劉在建, 1793~1880)이 시정에서 보고 들은 이야기를 기록하여 1862년

112 이 책은 저자 조수삼이 70대 이후인 1830년대에서 1840년대 사이에 썼을 것으로 추정된다. 조수삼은 도둑, 강도, 조방꾼, 거지, 부랑아, 방랑시인, 차력사, 술장수, 임노동자, 떡장수, 비구니, 전기수, 시에서 해금을 켜는 노인, 탈춤꾼, 재담꾼 등 사회적 소수자의 남다른 인생을 이야기 소재로 삼아 당대 하층 사회의 일면을 부각시켰다.(조수삼 지음, 안대회 옮김, 『추재기이』, 한겨레출판, 2010, 5-19쪽.) 그런데, 이 비주류 사람들 중에는 개성상인은 물론이고, 상인 직업을 가진 사람도 한 명 없다. 저자가 상인을 사회적 소수자로 여기지 않은 까닭으로 보인다.

편찬한 『이향견문록(異鄕見聞錄)』[113]에서도 개성상인은 등장하지 않는다. 개성상인은 특이한 행적을 보인 사람들에 한해 묘갈명이나 문집, 읍지에서 이름이 가끔씩 발견된다. 그중 한 명이 김덕준과 그의 아들 김시탁이다.

김시탁(金時鐸, 1713~1751)은 개성상인의 아들로서 직접 학자로 전업하여 학문에 힘쓰면서 사회사업가로서의 삶을 산 인물이다. 김시탁의 생애는 조선후기 학자 김원행(金元行, 1702~1772)이 쓴 김시탁의 묘갈명(墓碣銘)에 비교적 자세히 기록되어 있다.[114] 개성상인들의 자제들은 대부분 사환(使喚)에서부터 시작하여 가업을 이었다. 그런데, 18세기 초 개성상인 김덕준의 아들 김시탁은 재화를 불려보라는 부친의 뜻에 맞서, "우리 집안 산업이 이미 풍족하니 어찌 독서하여 지키는 것만 하겠습니까?"라고 하며, 학문의 길을 선택한다. 실명이 확인되는 개성상인의 자제들 가운데 이런 삶을 산 사람은 드물기에 김시탁의 이름은 돋보인다.

그는 도암(陶庵) 이재(李縡)에게 수학한 뒤, 송악산 부근에 서실을 짓고 일대의 사우(士友)들과 학문에 힘썼다. 그는 관직에 뜻을 두지 않

113 유재건은 중인 계층으로, 규장각에서 근무했다. 이 책은 저자가 시정에서 보고 들은 이야기를 기록한 것인데, 사대부들의 이야기는 한 편도 없고, 모두 일반 백성들의 이야기다. 저자는 중인, 상민, 천민, 노예를 비롯해, 여자스님, 신선, 도사, 점쟁이 등의 신분과 직업을 가진 사람들 중에서 말과 행동, 시와 문장을 기록할 만 280명을 직접 뽑아 10권의 책으로 편찬하였다. 그런데 이향의 어질고 선한 사람 가운데 잊힌 사람들을 되살려 기록한 『이향견문록』에도 개성상인에 대한 기록은 한 편을 찾아볼 수 없다. 아마도 개성상인들의 말과 행동, 시와 문장에서 가려 뽑을 만한 것이 없어서일 것이다.

114 김원행이 쓴 묘갈명 「김군시탁묘갈명(金君時鐸墓碣銘) 병서(并序)」는 『미호집』 권17에 수록되어 있다. 이 책에서는 강여진이 번역한 『미호집』 4(보고사, 2013, 371-376쪽)의 문장을 인용한다.

고 오직 학문과 행실을 닦는 데 힘쓰다가 39세의 나이에 세상을 떴다. 그의 자는 자목(子木)이며, 본관은 덕수(德水)이다. 그의 행실은 학문뿐 아니라, 부친이 물려준 재물을 주위 사람들을 위해 아낌없이 사용한 일에서도 주목된다. 일례를 보면 다음과 같다.

> 형제들과 지극히 우애가 있어 재용(財用)에 일정한 주인이 없었다. 친척이나 고을 사람 가운데서 가난하여 배우지 못하는 자가 있으면 혹 입히고 먹여가며 가르치고, 때를 넘기도록 관례(冠禮)를 치르지 못한 자가 있으면 또 그를 위해 건(巾)과 복(服)을 마련해 씌워주었고, 후생이 부지런히 공부하는 것을 보면 반드시 기뻐하며 장려하였고, 세속의 굴레에 유인되어 학업을 게을리 하는 자가 있으면 반드시 정색을 하고 꾸짖으니, 이로 말미암아 사람들이 모두 공경하고 복종하며 기꺼이 종유하였다.[115]

위 인용문에서 알 수 있는 것처럼, 김시탁은 학문에 힘쓰면서도 집안의 재물을 친지와 마을 사람들을 위해서 아끼지 않고 사용하였다. 배움의 욕구가 있는 사람들을 지원한 것은 오늘날로 치면 장학사업이며, 가난해 성인식을 치를 비용도 없는 사람들에게 의복을 지원한 것은 구제사업에 해당되니, 김시탁은 실제 친척 및 마을공동체의 후원자 역할을 한 것이다. 김시탁이 상인의 자제로서 부친이 이룬 경제적 토대 위에서 좀 더 높은 세계에 뜻을 두어 학문의 길을 걸으면서도, 친척과 마을 공동체를 위해 장학사업, 복지사업을 펼치며 사람들로부터 존경받았다는 사실은 지금까지 거의 알려지지 않았다. 이 지면을 통해 독서인이자 사회사업가로서 김시탁의 삶을 주목할 필요가 있음을 말하고 싶다.

115 김원행 저, 강여진 역, 위의 책, 374쪽.

19세기 말, 김택영은 『숭양기구전』의 '학행전(學行傳)'에서 김시탁의 생애를 학문과 효행에 중심을 두어 기록하였다.[116] 1934년에 발간된 『개성지』에서는 '재행(才行)' 편에서 김시탁의 학문과 효행 내용을 간략히 기록하였다.[117] 구제사업보다 학문과 효행의 행적을 더 높인, 후대 기록의 변화는 여전한 유가적 가치관에 따른 것이었을 것이다.

구제기금을 조성해 구제사업을 한 개성부자 최순성

김시탁 외에 구제사업을 통해 사회적 영향력을 끼친 인물로 영·정조대의 개성부자 최순성(崔舜星, 1719~1789)이라는 사람이 있다. 최순성은 상인이 아닌, 양반가의 인물이다. 그럼에도 불구하고 최순성의 행실을 주목하는 이유는 김시탁에 이어 구제사업에 힘쓴 개성부자라는 점을 밝히고자 함이다. 최순성의 삶은 연암 박지원이 1789년 최순성을 위해 써준 〈치암최옹묘갈명(癡庵崔翁墓碣銘)〉에서 처음 소개되었다. 이 묘갈명에는 최순성이 남에게 우환이나 장례 일이 있으면 마음이 허탈하여 마치 허기진 사람이 아침 먹듯이 남을 도왔던 일들이 세세히 기록되어 있다.[118] 뒤에 개성 출신의 지식인 김택영(金澤榮, 1850~1927)은 『숭양기구전(崧陽耆舊傳)』[119]에 개성 출신의 인물 91명의 행적을 기술하였는

116 〈金時鐸許增〉, 『중편한대숭양기구전(重編韓代崧陽耆舊傳)』 권1, 5-6장; 한국학문헌연구소 편, 『김택영전집』 5, 아세아문화사, 1978, 543-545쪽.

117 임봉식, 『개성지』 권6, 개성지편찬소, 1934, 25쪽; 경인문화사 영인, 『개성지』, 1989, 282쪽.

118 〈치암최옹묘갈명(癡庵崔翁墓碣銘)〉, 『연암집』 권2; 박지원 저, 신호열·김명호 역, 『연암집』 상편, 돌베개, 2007, 345-351쪽.

119 『숭양기구전』은 개성 출신 지식인 김택영이 쓴 개성 출신의 인물전으로, 1896년

데, '임휼전(任恤傳)'에 최순성의 행적 및 교유관계를 자세하게 기록하였다.[120] 최순성의 행적을 요약한다면, '개성 부자의 자제 최순성이 집안의 재물 수만금을 모아 급인전(急人錢)을 만들어 구제사업을 한 인물'이라는 것이다. 이런 점에서 최순성을 호방하고 의협심이 있는 협객(俠客)이라고도 하였다.[121] 〈최순성〉에는 그의 구제사업이 다음과 같이 기록되어 있다.

①최순성의 자는 경협(景協)이며 본관은 양천(陽川)인데, 대대로 돈이 많아 그 고을에서 큰 부자로 알려졌다. 순성은 부모가 세상을 떠나자 장례를 치른 후 탄식하며 말하기를, "어머니가 계시지 않은데 누구를 위해 재산을 모으겠는가. 가난한 것이 부한 것과 다르다는 것을 알고 있는데 쓸 줄을 모르면서 모으기만 해 무엇하리." 하

에 활자본으로 간행되었다. 1903년에 개정판이 간행되었고, 1920년에 증보 산삭하여 『중편한대숭양기구전(重編韓代崧陽耆舊傳)』으로 재차 간행되었다. 김택영은 정인지의 『고려사』를 한양 중심의 편파적 역사서로 규정하고, 『고려사』에 의해 묘술(描述)된 개성은 한양에 의한, 한양을 위한, 한양의 역사로 보았다. 그리하여 개성의 역사와 인물을 높이려는 의도에서 쓴 것이다. 책에는 학행전(學行傳) 24명, 문사전(文詞傳) 18명, 충의전(忠義傳) 11명, 은일전(隱逸傳) 1명, 순량전(循良傳) 3명, 효우전(孝友傳) 16명, 정렬전(貞烈傳) 8명, 임휼전(任恤傳) 1명, 기절전(奇節傳) 2명, 무용전(武勇傳) 5명, 기술전(技術傳) 2명 등 모두 11가지로 분문하여 91명의 행적을 수록하였다. 『한국민족문화대백과사전』, 한국학중앙연구원.

120 〈崔舜星〉, 『중편한대숭양기구전(重編韓代崧陽耆舊傳)』 권2, 9-11쪽; 한국학문헌연구소 편, 『김택영전집』 5, 아세아문화사, 1978, 586-588쪽. 또한 같은 내용이 〈최순성전〉이라는 제목으로 『소호당집(韶濩堂集)』 권9, 9-11쪽; 『김택영전집』 2, 176-179쪽에 수록되어 있다. 〈최순성전〉의 원문 및 번역문은 차용주 역, 『양원유집 · 해학유서 · 명미당집 · 소호당집 · 심재집』(한국고전문학전집 9), 고대민족문화연구원, 1993, 354-357쪽에 수록되어 있다.

121 김경회, 「최순성(崔舜星)의 행적에 나타난 협객(俠客) 면모 고찰」, 『겨레어문학』 69, 겨레어문학회, 2019, 13~14쪽. 협객은 하층 문인과 백성의 요구와 인식, 즉 신의, 정의, 자유로운 생활, 억강부약(抑强扶弱) 등 그 계층이 지닌 반권위적이며 수평적이고 자연법적인 의식을 구현하려 한 인간형을 뜻한다.

며 전 재산을 파악하여 한 해 동안 제사 지내고 손님 대접할 것과 입고 먹을 것을 제외한 나머지 수만금을 별도로 모아 급인전(急人錢)이라 이름하고, 친척 · 친우 및 다른 고을 사람에 이르기까지 누구에게 할 것 없이 없는 사람에게 초상이 나면 부의도 하며, 말에서부터 농기구에 이르기까지 빌려 주며 흉년이 들면 곡식을 주어 구했다.[122]

②그의 아들 성균진사(成均進士)인 진관(鎭觀) 또한 급인전을 저축해 흉년이 되면 아침저녁으로 높은 곳에 올라가 살펴 밥을 해먹지 못하는 사람이 있으면 몰래 돈이나 곡식을 주되 자신이 주는 것을 알지 못하게 하였다.[123]

위 인용문 ①에서 최순성이 대대로 돈이 많은 부자라 하였는데, 재산 재역이나 토지에 대해 일체 언급이 없다. 최순성은 대지주일 수도 있지만, 전문경영인인 차인(差人)을 두고 사업을 하는 사용인(使用人; 소유주)일 가능성도 배제할 수 없다. 최순성은 부모가 세상을 뜬 후, 자신이 쓸 약간의 비용을 제외한 수만금으로 '급인전(急人錢)'이라는 기금을 만들어 친척 및 다른 고을 사람들에게까지 구제사업을 하였다. 급인전은 오늘날로 치면 '구제기금', 또는 '자선사업기금'이니 다양한 관점에서 고찰할 필요가 있다. ②에서 순성의 아들 진관은 성균진사를 할 만큼 학문에 전념하면서도, 아버지를 이어 '급인전' 기금을 만들어 구제활동을 하였음을 알 수 있다.

순성은 제주에 사는 친구 고경항이 일찍 세상을 떠나자 그의 묘 앞에 비를 세우고, 그의 아들을 데리고 와서 기르며 돌보았다. 또한 곡성

122 차용주 역, 위의 책, 354쪽.

123 같은 책, 356쪽.

에 사는 부친의 친구 임두라는 사람이 가난하지만 열심히 공부하며 바르게 살고자 하는 모습을 보고는 매달 먹을 양식을 보내주었다. 순성은 일생동안 많은 사람들을 구제해주었고, 다른 사람에게 생사존망이 걸린 일을 해주고도 내색을 하지 않았다고 한다. 그는 풍류가 있어 술과 명승지 여행을 즐겼으며, 친구를 좋아해 서울의 명사인 이충익(李忠翊), 민노행(閔魯行)의 무리들도 모두 그의 집에 출입했다고 한다. 이충익은 양명학자로 유명했으며, 민노행은 학문이 높아 추사 김정희와도 교유했다고 한다. 이로 보아 최순성은 교양과 식견이 범상치 않았으며, 이충익이나 민노행 등과 같은 지식인들의 친구이자 패트런 역할도 했음을 추정할 수 있다. 최순성은 정조13년(1789)에 70세의 나이로 세상을 떴다. 김택영은 최순성의 삶에 대해 다음과 같이 논평하였다.

> 개성이 땅은 좁고 사람은 많아 장사를 하는 사람이 많고 검소하고 인색한 것이 옛날부터 풍속이었기 때문에 지금까지 최순성과 같이 가진 재산을 다른 사람에게 많이 베푸는 사람을 보지 못했다. 그런데 최순성은 바로 모아 베푸는 사람일 뿐만 아니라, 곧 달인(達人)으로서 겸손하고 가득차면 기울어지는 이치에 따라 귀신이 주는 해를 하지 못하게 하는 데 밝았기 때문일 것이다.[124]

김택영은 개성이 땅이 좁고 장사하는 사람이 많아 검소하고 인색한 것이 풍습인데, 최순성은 다른 사람들과 달리 베풀기를 좋아하고 세상 이치를 알아 겸손하기까지 한 구제사업의 달인이라는 점을 높이 평가하였다. 연암 박지원도 최순성이 평생 구제사업에 헌신했음을 말하

124 같은 책, 357쪽.

며, "집 재산이 거만(鉅萬)이었지만, 죽는 날에 미쳐서는 한 냥도 남아 있는 것이 없었다."고 하였다.[125] 필자는 전술한 김시탁과 더불어, 풍류 남아이자 사회사업가인 개성 부자 최순성의 삶을 새롭게 조명할 필요가 있다고 생각한다.

방외인 허생의 패트런, 개성 백부자

연암 박지원의 『열하일기(熱河日記)』, 「옥갑야화(玉匣夜話)」에 실린 〈허생(許生)〉은 연암의 완전한 창작물이 아닌, 널리 전해 오던 '허생 이야기'를 개작한 것으로 평가되고 있다. 이와 유사한 이야기가 『청구야담』, 『계서야담』, 『기문총화』, 『동야휘집』, 『차산필담』 등 조선후기 대표 야담집에 일곱 편 정도가 보이며,[126] 뒤늦게 발굴된 연세대 소장본 『선유동기(仙遊洞)記)』 역시 허생 이야기의 후반부인 북벌론이 변주된 이야기이다.[127]

여러 '허생 이야기' 중에 허생에게 돈을 대주는 부자가 개성상인으로 그려진 이야기가 있다. 『청구야담』의 150화 작품인 〈만금을 써서 기생 운낭의 오금화로를 얻다(雲娘妓家銷盡萬金得烏金爐)〉에는 이른바, 개

125 박지원 저, 신호열 · 김명호 역, 앞의 책, 349쪽.

126 기존의 연구 성과를 살펴볼 때, 박지원의 〈허생전〉은 그의 완전한 창작물이라기보다는 조선 후기에 널리 유전되고 있던 허생 이야기를 나름의 문학적 역량을 발휘하여 개작한 것으로 보인다.(〈허생전〉 정착에 관한 논의는 정출헌, 『고전소설사의 구도와 시각』, 소명출판, 1998; 임형택, 「한문단편 형성과정에서의 강담사」, 『창작과 비평』 제13권 3호, 창비, 1978; 장진숙, 『야담 서사변개의 사회문학적 맥락과 의미』, 인하대학교 박사학위논문, 2013 참조)

127 정환국, 「허생고사와 북벌인식의 추이-자료 〈선유동기〉를 통해서」, 『한국어문학연구』 47, 한국어문학연구학회, 2006.

성상인 '백 부자'가 지식인 '허생'의 패트런으로 그려졌다. 이 인물은 지인지감형 인물로, 인재를 알아보고 후원하는 개성상인 형상으로 그려졌다. 『청야담수(青野談藪)』 150화에도 같은 제목, 같은 내용의 작품이 실려 있다. 〈허생별전〉[128], 〈식보기허생취동로(識寶氣許生取銅爐)〉[129]를 비롯해 몇 편의 유사한 내용의 작품이 있다. 작품의 내용을 요약하면 다음과 같다.[130]

1) 허생은 방외인으로 가난한 집안을 돌보지 않고 책만 읽었으니, 그 아내가 바느질로 가계를 이었다.
2) 하루는 허생이 그 아내가 머리를 잘라 끼니 장만하는 걸 보고서 일년을 기한으로 하고 집을 나갔다.
3) 허생이 송도 갑부 백모(白某)를 찾아가 천 금을 빌자 하니, 백군(白君)이 그 인물됨이 비범한 것을 알고 선뜻 빌려주었다.
4) 허생이 기성(箕城;평양) 명기 초운의 집에 가서 매일같이 즐겨서 돈을 다 썼으며, 다시 백군에게 돈을 빌려다가 똑같이 다 탕진하였다.
5) 허생이 돈이 다 떨어지자 초운에게 정표로 좌상의 오동로(烏銅爐)를 달라고 하여 얻어냈다.
6) 허생이 오동로를 박살내서 회령개시로 가져가니 한 서역 상인이 와서 그것을 십만 금을 주고 사갔다. 그것은 진시황의 보물로, 오동이 아니라 오금(烏金)이었던 것이다.
7) 허생이 송도로 돌아와 백군에게 십만 금을 건네주고 떠나니, 백군이 뒤를 밟아 그 집을 알아낸 후 매달 돈과 곡식을 보내주었다.

---

128 이우성 · 임형택 편역, 『이조한문단편집』 상권, 94−99쪽.

129 『동야휘집』 88편. 서대석 편저, 『조선조문헌설화집요』 1권, 572−573쪽에 개요가 수록되어 있다.

130 서대석 편저, 『조선조문헌설화집요』 2권, 658−659쪽에 개요가 수록되어 있다.

8) 이때 상공 이완이 인재를 찾던 중 소문을 듣고 허생을 찾아왔다.
9) 허생이 나라를 세울 세 가지 방책을 제시했는데, 이공이 이를 받아들이지 않자 꾸짖어 내쫓았다.
10) 이공이 다음날 다시 그 집을 찾아갔으나 이미 종적을 감춘 뒤였다.

이 야담은 박지원의 〈허생전〉과 유사하나, 허생을 후원한 사람이 서울 변 부자가 아니라, 송도 거상 백 부자인 것이 다르다. 백 부자는 돈을 빌려주되, 그 인물이 범상치 않으면 아무런 담보 없이도 그 자리에서 천금을 빌려주는, 이른바 지인지감형(知人知鑑型) 인물이다. 허생의 인물됨은 기생집에 있는 오동로(검은 구리 화로)가 진시황의 내탕고에 있던 천하의 보물(오금)이었던 것을 알아본 것이고, 그냥 가져온 게 아니라 많은 돈을 들여 기생 운랑에게 정성을 다한 뒤 얻어낸 것 등이다. 흥미로운 것은 그가 오금을 회령개시에 가서 서역 상인에게 십만 냥을 받고 판다는 것이다. 백 부자는 이런 허생이 비범한 사람인 줄 알아보고 그에게 투자를 했으며, 뒤에는 허생의 집에 돈과 곡식을 댄 지인지감형 인물로 그려졌다.

박지원의 '허생'이 일본과 해상무역을 하며 무인도를 개척한 남방형 사업가라면, 〈만금〉 야담의 허생은 평양을 거쳐 회령개시로 가서 서역 상인과 거래한 북방형 상인의 자취를 보여준다. 북벌론이 나오는 후반부를 제외한, 〈만금〉 야담의 나머지 부분은 돈에 대한 욕망을 채우는 내용이 그려졌다. 거기서 개성 백 부자는 능력은 있으나 기회를 얻지 못한 무명의 인물을 알아보고 과감하게 투자하고 후원한 거상으로 형상화되었다. '개성 백 부자'는 패트런을 기대하는 가난한 지식인들의 판타지가 투영된, 어쩌면 현실의 최순성 같은 인물을 모델로 한 형상일 것이다.

제3장
19세기 말 간도경관과 유민

1. 간도와 유민

우리 역사에서 '간도(間島)'라는 지명은 병자호란 뒤에 처음 발견된다. 청나라는 이 지역을 봉금지역(封禁地域)으로 정하고 청국인이나 조선인 모두의 입주를 불허하는 공간 지대로 삼았는데, 청나라와 조선 사이에 놓인, 섬과 같은 땅이라는 데서, '사이 간(間)' 자를 사용한 간도라는 지명이 유래된 것으로 보인다. 그러나 조선 후기에 우리 농민들이 이 지역을 새로 개간한 땅이라는 뜻에서 '간도(墾島)'라고도 적었다. 간도는 서간도와 동간도로 구분된다. 서간도는 압록강과 송화강의 상류 지방인 백두산 일대를 가리키며, 동간도는 북간도라고도 하며 혼춘(琿春)·왕청(汪淸)·연길(延吉)·화룡(和龍)의 네 현으로 나누어져 있는 두만

강 북부의 만주 땅을 말한다.[131]

19세기 후반에 쓰인 〈영고탑북정지(寧古塔北征誌)〉(1871), 〈강북일기(江北日記)〉(1872), 민용호의 〈강북일기(江北日記)〉(1900) 등에서 북방공간은 대기근을 피해 함경도, 평안도 백성들이 이주해 간 장소로 인식된다. 위 작품들은 북간도와 서간도 지역에 들어가 살고 있는 조선 유민들을 각각 쇄환사[다른 나라에서 떠도는 조선 백성을 데려오는 임무를 맡은 사신]와 정탐자, 한인(韓人) 귀화 임무를 맡은 정부 관리의 시각에서 기록한 일기문학이다.

〈영고탑북정지〉는 1871년(고종 8) 청나라의 요구에 따라 조선 정부에서 파견한 관리들이 북간도 지역에 유입된 조선 유민들을 체포해 조선으로 송환해온 일을 일기체로 기록한 것으로, 미번역자료이다. 서북지방에는 1869년, '기사년(己巳年) 재해'로 불릴 정도로 서북지방에 극심한 흉년이 들었다. 이때부터 몇 년간 조선에는 극심한 가뭄이 들어, 굶주림에 시달리는 수천 명의 조선인들이 압록강과 두만강을 건너기 시작하였다. 이에 청국 정부는 조선 정부에 영고탑성 일대, 이른바 북간도에 들어온 조선 유민들을 데려가도록 요청하였고, 조정에서는 종9품 권관 김광우(金光雨)를 책임자로 삼아 도민영회차사원(逃民領回差使員), 곧 '조선유민의 송환 임무'를 맡은 실무외교관 12명을 파견하였다.

〈영고탑북정지〉에는 저자의 이름이 드러나 있지 않지만, 차사원의 업무와 문서를 빠짐없이 파악하고, 또 유민 쇄환 업무를 고심하고 결정

131 '간도'의 개념, 역사, 범위에 대해서는 다음의 책을 참고하였다; '간도', 『한국민족문화백과대사전』, 한국학중앙연구원; 육락현, 『간도는 왜 우리 땅인가?』, 백산자료원, 2013; 심상용, 『간도 비극의 땅, 잊혀진 영토』, 아우누리, 2013; 『연변조선족자치주개황』 집필소조, 『중국의 우리민족』, 한울, 1988 등.

하는 내용을 1인칭 시점으로 기록한 것을 보아 차사원의 책임자인 김광우를 저자로 보는 것이 무리 없어 보인다. 저자 김광우는 1871년 3월 6일 함경도 경원(慶源)을 출발하여 영고탑(寧古塔) 일대를 다니며 조선 유민들을 데리고 돌아온 6월 9일까지의 3개월간의 여정과 활동내용을 그날그날 기록하였다. 초반부는 매일매일 기록하였지만, 3월 22일부터는 한꺼번에 2~3일씩, 4~5일씩 묶어 기록하기도 했다.[132]

고백하건대, 이 작품은 문장이 아름답지 않으며, 내용에서 숭고한 민족감정은커녕 한 점 애민심도 느껴지지 않는다. 노정을 기술하고 경관을 묘사한 장면은 지루하며, 유민들을 체포해 돌아오는 서사에서는 비루한 감정도 느껴진다. 그럼에도, 이 작품을 고찰하는 까닭은 북간도라는 북방영토의 장소성을 살필 수 있기 때문이다. 이 장에서는 첫째, 〈영고탑북정지〉에 그려진 노정과 1658년 흑룡강원정으로 출병하였던 신류 장군의 영고탑 노정과 비교해 살펴보고, 1871년의 북간도의 경관을 고지도와 경관 사진을 활용해 살필 것이다. 둘째, 김광우를 비롯한 12명의 차사원 일행이 어떠한 시선과 방식으로 가난하고 힘없는 유민을 송환했는지를 파악할 것이다. 셋째, 1872년과 1900년에 쓰인 두 권의 〈강북일기〉에 그려진 서간도 경관 및 이주민 형상, 이들을 바라보는 조선 조정의 시선에 대해 고찰할 것이다.

132 이 작품은 한 행 18~24자, 한 면 8행, 1책 21장(32.3×21.7cm)의 초서체 한문필사본으로, 규장각에 소장되어 있다. 책의 서문을 보면 이 책이 행중에 쓴 초고를 정서한 정고본(整稿本)임을 알 수 있다.

2. 〈영고탑북정지〉에 그려진 영고탑 여정과 북간도 경관

〈영고탑북정지〉는 다음과 같은 문장으로 시작된다.

> ①우리나라는, 나라가 백성을 의지하고 백성은 나라를 의지하여 사방이 편안하고 여러 해 풍년이 들었다. 근래에는 백성의 위급함이 매우 심하고 흉년이 여러 해 계속되어, 사방으로 흩어진 사람의 수를 알 수 없을 정도이다. 특히, 청나라 영고탑부도통(寧古塔副都統) 양우(楊烏)가 황성(皇城)에 아뢰어 쇄환의 은지(恩旨)를 받게 되어 동치(同治) 10년 경오년(庚午年)[133] 12월 12일에 두 폭의 문서를 작성하여 보내, 회령개시(會寧開市) 차장(次將) 김영록(金英祿)으로 하여금 신미년 정월 초2일에 회령, 경원 양 부서에 가지고 가게 하였다. 그래서 회령부사 이지수(李枝秀)가 정월 초3일 두 영문(營門)에 전보(轉報)하였고… (중략) ②나는 신미년 3월 초6일에 경원부를 출발하여 강을 건너 수천 리 길을 다녀왔는데, 길이 진흙탕이고 너무 먼데다, 내가 물정에 어두워 3~4개월 동안 갖은 고생을 하였다. 그 대략적인 내용을 기록해 살피고 반성하는 자료로 삼는다.[134]

제목인 '영고탑북정지(寧古塔北征誌)'란 "왕명을 받고 영고탑성 지역에 가서 [유민 쇄환] 임무수행한 것을 쓴 기록"이라는 뜻이다. 저자는 ①에서 나라가 백성에 의지하고 백성은 나라에 의지하여 팔방을 편안

133 이 일이 일어난 경오년(고종7)은 서기 '1870년'으로, '동치(同治)10년'은 '동치9년'을 잘못 쓴 것이다.

134 〈寧古塔北征誌〉, 1-2장. "惟我民國 國倚其民 民倚其國 綏八域累豊年矣. 夫何近來 民危太甚 年形荐歉 散而之四方者 不知其數矣. 特自大國寧古塔副都統楊烏 奏達皇城, 至承刷還恩旨 同治十年庚午十二月十二日 成出枚移兩幅 使會寧開市次將金英祿 辛未正月初二日 賫傳于會源兩府. 故會寧府使李枝秀 正月初三日轉報兩營門…(中略) 余辛未三月初六日 自慶源府發行 渡江往還數千里 辛苦三四朔矣. 路塗夐隔 物情齟齬. 撮其大概 以備省覽之資."

히 하는 것인데, 백성이 나라를 의지하지 못하게 되었으므로 백성의 위급함이 매우 심해졌고, 흉년마저 여러 해 계속되어 사방으로 흩어진 백성의 수를 알 수 없을 정도라고 하였다. 그리고 청나라 영고탑부도통(寧古塔副都統) 양우(楊烏)가 영고탑 관할 구역에 들어온 조선인 유민 수가 심상치 않으므로 1870년에 이를 북경에 보고하여 받은 지시에 의거하여 조선에 문서를 보내고, 다시 조선 조정에서 1871년 차사원을 정해 임무를 수행하게 된 과정을 서술하였다. ②에서는 수천 리 진흙길에, 물정을 몰라 고생하였음을 강조하며, 과정을 서술하여 살피고 반성하는 데에 뜻이 있다고 하였다. 이들이 출발한 경원부터 영고탑까지의 실제 거리는 1,025리였다.

1871년의 도민영회차사원 업무는 청조의 조문을 받고 함경감사 김수현(金壽鉉)과 북병사 김기석(金箕錫)의 장계에 따라 추진되었다. 차사원(差使員)이란 중요한 임무를 지워 중앙에서 임시로 파견하는 관리를 이르던 말로, 당시 차사원은 건원(乾原)의 권관(權管) 김광우(金光雨)를 수장으로, 행영(行營)의 전 가선대부 황계현(黃繼賢)을 별정군관으로, 경원의 최신묵(崔愼黙)을 필리(筆吏)로 하고, 그 외 회령통사 최인검(崔仁儉)과 하인 등 12명으로 구성되었다. 이들은 말 일곱 필과 약간의 식량을 휴대하고 일정을 소화하였다.

김광우는 『승정원일기』에 몇 차례 등장하는데, 고종 7년 경오(1870) 2월 30일 기록에 의하면, 영의정 김병학(金炳學)이 고종에게 품의하기를, "출신(出身) 김광우(金光雨)는 무예가 또한 쉽게 얻을 수 없는 경지라고 합니다. 인심을 수습하고 변무(邊務)의 방어를 돕는 데는 이 사람을 먼저 시험하여 쓰는 것이 제일 좋겠습니다."라고 하여, 고종이 윤허하는 장면이 있다. 출신(出身)은 과거 합격자로 임용 대기 중에 있던 자를 말한다. 이로 볼 때, 김광우는 임용 대기 중이던 무과 합격자로서, 출중한 무예를 인정받아 1870년 영의정 김병학의 추천을 받아 건원 권관으로 임명받은 자임을 알 수 있다. 권관이란 벼슬은 조선시대 변경지방 진관(鎭管)의 최하 단위인 진보(鎭堡)에 두었던 종9품의 수장(守將)이다. 함경도에는 보로지(甫老知)·오촌(吾村)·양영만동(梁永萬洞) 등 16개소에 권관을 두었는데, 건원의 종9품 권관 김광우를 대민외교 사절인 차사원 수장으로 임명한 것을 보면, 이때의 직무가 실무 중심인 것이었음을 알 수 있다.

차사원 일행의 목적은 '청나라 영토로 넘어 들어간 조선백성을 청나라 영고탑부도통에게 돌려받아 데려오는 것'이었다. 이들은 혼춘에서부터 청 관원의 도움을 받아, 흉년을 피하여 국경을 넘어가서 영고탑 지역에 흩어져 있는 조선 유민의 현황을 파악하고 이들의 본국 쇄환을 추진하였다.

1871년 차사원 일행이 도착한 영고탑성은 영고탑 구성(舊城)이 아닌, 영고탑 신성(新城)이다. 1666년 영고탑장군 파해(巴海)는 지금의 흑룡강성(黑龍江省) 영안시(寧安市)로 성을 옮겼는데, 이를 '탑성(塔城)'이라 약칭하였다. 영고탑성은 청나라 동북지방의 군사·행정을 통괄하는 주요 도시인데다, 조선과 여러 모로 연고가 있는 장소이다. 북방지리 면에서 〈영고탑북정지〉는 함경북도 경원을 출발점으로 하여 영고탑 신성까지의 1,025리 노정과 주요 지역의 경관과 세태를 보여주는 흥미로운 자료다.

12명의 차사원 일행은 1871년 3월 6일 함경도 경원에서 두만강을 건너, 혼춘 거리(琿春街上) (3월 6일) – 발거막(撥車幕) (7일) – 삼한(三漢) (8일) – 덕통(德通) (11일) – 대감자(大堪子) (12일) – 왕청(王淸) (13일) – 오태(五台) (14일) – 낙타뢰자(駱駝磊子) (15일) – 삼태(三台) (16일) – 마륵호리(瑪勒瑚哩) (17일) – 신관지(新官地) (18일) – 우구자(于溝子) (19일)의 노정을 따라, 3월 20일 목적지인 탑성(塔城)에 도착하였다.

영고탑성은 근대 조선족의 중국 동북지역 이주 역사에 있어서도 중요한 공간이며, 조선에서 영고탑까지의 노정 또한 외교 · 군사 · 경제적 측면에서 중요하다. 청의 원병 요청으로 300명 조선군을 이끌고 1658년 흑룡강원정에 나선 신류 장군은 회령에서부터 영고탑 구성에 이르는 노정을『북정록』에 기록한 바 있다. 당시 신류의 조선군은 회령에서 두만강을 건너, 현재 중국의 삼합(三合), 고라이령(古羅耳嶺), 용정(龍井), 연길(延吉)을 거쳐 왕청(王淸)에 도착하였고, 다시 대감자참(大堪子站), 노송령(老松嶺), 말고리(末古里), 석암진(石巖鎭) 등 1871년의 차사원들이 간 길을 동일하게 걸어 영고탑성에 도착하였다. 혼춘, 발거막, 삼한, 덕통 등의 지명은 신류의『북정록』에 그려진 지명과는 차이가 있지만, 대감자참부터 왕청, 노송령, 마륵호리, 석암진으로 이어지는 노정은 동일하다. 1881년 이후 혼춘과 영고탑성 사이에는 10개 역참이 건설되는데[135], 차사원의 노정은 이 혼춘–영고탑성 역참과 대부분 일치한다. 이를 〈표 1〉로 보면 다음과 같다.

135 桑树森 主编,『黑龍江道路交通史』, 人民交通出版社, 1988, 205쪽.

〈표 1〉 〈영고탑북정지〉의 노정과 장소성

〈영고탑북정지〉 노정(1871)	거리	청대말 역참명 (1881)	역참의 현 위치	『북정록』 노정(1658)
慶源			함경북도 경원군	會寧
琿春	40리	第10站. 琿春城台	현 吉林省琿春市 소재	龍井
三漢	80리	第9站. 密占站	현 吉林省琿春市密江幺密江村	延吉
德通	100리	第8站. 穆克德和站	현 吉林省圖們市凉水鎭南大村, 舊稱南大洞	弓仇叱洞 (吉靑嶺)
大堪子	100리	第7站. 大坎子站	현 吉林省汪淸縣東光鎭大坎子村	大堪子
王淸	80리	第6站. 哈順站	현 吉林省汪淸縣汪淸鎭春和村	胡之江
五台	100리	第5站. 瑚珠領站	현 吉林省汪淸縣大興溝鎭廟嶺村	阿彌壇 (廟嶺)
駱駝磊子	150리	第4站. 薩奇庫站	현 吉林省汪淸縣春陽鎭石頭河子村. 薩奇庫河에서 도강. 북쪽 대안이 駱駝磊子店.	戊可道君 (春陽)
三台	100리	第3站. 老松嶺站 (老松嶺)	현 黑龍江省寧安市馬河幺 老松嶺村. 老松嶺을 넘으면 바로 나오는 마을	柏子嶺
瑪勒瑚哩	50리	第2站. 瑪尔瑚哩站	현 黑龍江省寧安市馬河鄕馬河村. 徒斗溝子라고도 함.	末古里 (馬蓮河)
新官地	50리	第1站. 新官地站	현 黑龍江省 寧安市 石巖鎭	石巖鎭
于溝子	100리	미상		
塔城	55리	寧古塔 新城	현 黑龍江省 寧安市	寧古塔 舊城

이를 고지도로 보면 〈그림 1〉과 같다.

〈서북계도〉는 모두 6권으로 이루어진 변경지도로, 중국의 동북부 지방(만주 지방)과 우리나라의 북부 지방을 포함하고 있다. 이 지도는 임진왜란과 병자호란 이후 북방지역에 대한 경계와 군사적인 목적으로 제작된 관방지도 가운데 가장 자세한 지도로, 조선후기 북부지방의 지명과 하천의 흐름을 자세히 표현하였다. 지도에는 의주에서 봉황성(鳳凰城)과 성경(盛京. 현 심양)을 거쳐 북경에 이르는 연행로, 영고탑에서 개원(開元)을 거쳐 성경에 이르는 경로 및 주요 경유지가 표시되어 있

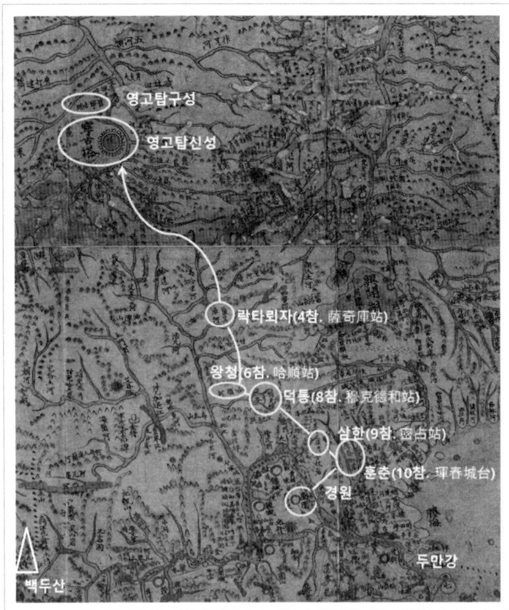

〈그림 1〉〈西北界圖〉, 18세기 중반, 채색필사본, 23.5×17.0㎝, 서울대 규장각 한국학연구원

다. 〈그림 1〉은 〈서북계도〉의 2권과 3권을 합하여 경원에서 영고탑 부분을 확대한 위에, 〈영고탑북정지〉에 표기된 영고탑 노정과 '청대말 역참명'을 비교하여 지명과 노정을 표기한 것이다. 두 기록의 지명을 참고해볼 때, 차사원이 경유한 영고탑 노정은 조선에서도 18세기 중반에 이미 인지하고 있는 주요 교통로임을 알 수 있다.

〈그림 2〉〈영고탑부도통지도(寧古塔副都統地圖)〉는 1820년대 영고탑 관할구역을 그린 지도로, 여기에도 혼춘, 대감자, 마륵호리 등 〈영고탑북정지〉에 기술된 지명이 다수 표기되어 있다. 지도에 1658년 신류의 흑룡강원정로와 1871년의 유민 영회로를 점선으로 그렸는데, 두 노정은 출발과 도착 지점은 차이가 있지만, '왕청 – 마륵호리' 구간은 노정이 일치하는, 역사성을 지닌 옛길임을 알 수 있다.

〈그림 2〉 1820년대 〈寧古塔副都統地圖〉(譚其, 主編, 『中國歷史地圖集』 수록 지도)

19세기 말, 서간도는 아직 비어 있는 곳이 많아서 청인들과 조선인들이 땅을 개척하여 다투는 상황이었지만, 회령, 온성, 경원 이북의 두만강 건너편 지역은 청인들의 도시와 촌락이 이미 발달해 있었다. 차사원 자격으로 청나라에 간 김광우 일행은 청 관리의 안내를 받으며 이들 지역을 관찰하며 〈영고탑북정지〉에 혼춘, 대감자, 마륵호리, 탑성 등 노변 경관을 기술해 놓았다.

차사원들은 영고탑에 도착하기까지 유민들에 대해서는 철저한 무관심으로 일관한다. 이와는 상반되게, 김광우는 매일같이 자신들이 먹는 음식이 얼마나 부실한지 불평하고, 그때그때 눈앞에 보이는 이국적 경관에는 호기심을 번뜩이며 상세히 기술하였다. 김광우는 유민 송환과는 별개의 일처럼, 국경을 넘으면서 영고탑까지 각 경유지의 산천, 풍속, 유적 등을 보고 느낀 감회를 상세하게 기록하였다. 그는 도강 뒤 발견한 관왕묘, 혼춘의 거리 경관, 삼한의 경관, 대감자 객점의 경관,

대감자를 출발하여 장령(長嶺)의 울창한 수목과 노루, 사슴이 뛰노는 모습 등 많은 노변 경관과 객회(客懷)를 매일같이 기술하였다.

> ①동쪽 평야로 10리쯤 가는데 하나의 토성이 있으니, 이는 혼춘거리라는 곳이다. 민가가 즐비하고 닭과 개 짖는 소리가 사방에서 들렸다. ②마침 몇 사람이 나와서 우리를 맞이하며, "협령(協領: 청나라의 무관 직)이 귀가하여 관헌이 텅 비었고, 다만 고반원(稿伴員) 한 사람만이 있다."고 하였다. 그래서 그에게 문서를 건네주고 오랫동안 이야기를 한 후 객점(客店)으로 옮겼다. 식량을 꺼내 밤늦게 밥을 해 먹었는데 모래가 반이었다. 그래도 맛있게 먹는 자도 있고 못 먹겠다는 자도 있으니, 이는 운수일 뿐 무슨 말이 필요하겠는가? 애써 자려고 했지만 잠이 안 와 칼을 어루만지며 앉아 밤을 새우다가 아침을 맞았다. ③심회를 억누를 수 없어 방문을 열고 내다보니, 거주민은 만 여 가구나 되었고 땅은 200리나 되는 큰 평야니, 이는 하늘이 내려준 살기 좋은 곳이었다. 그 안에는 가게가 수 백호나 되고, 물화의 풍부함과 누대와 방들의 화려함은 끝이 없다. 벌레나 새길 수 있는 조그마한 기술을 가지고 어찌 이를 다 기록할 수 있으랴.[136]

위 인용문은 3월 6일과 7일에 관찰한 혼춘의 경관을 기록한 내용이다. ①과 ③에서는 처음 본 혼춘의 평야, 토성, 가게와 물화의 풍부함에 대해 서술하였고, ②에서는 청 관원과의 만남 이후 모래 섞인 밥을 먹는 것과 잠을 이룰 수 없는 고통에 대해 서술하였다. 혼춘은 조선 회

---

136 仍向東坪十餘里許有一土城 此所謂琿春街上也. 閭閻櫛比 鷄犬之聲達四境. 適有數箇人出迎, 日協領歸家官軒已空 只有稿伴員一人. 故授其移文 與語良久 仍移客店. 自出粮米夜而炊之 沙亦半矣. 或有甘啖者 或有厭食者 是亦數也 屬之付說而. 强眠不得 撫釼起坐東方已曙. 心懷難抑 推戶視之 居民爲萬餘戶之多 地方爲二百里之大野 此眞天府之土也. 中有街舍數百戶 物貨之殷 樓房之侈華麗無雙 以若雕蟲小技 誠難盡記也.

령과 정기무역을 하던 청국 측의 개시(開市)로서, 예부터 조선과 접촉이 잦았다. 혼춘에서 왕청, 영안의 영고탑까지는 청대 말 10개의 역참이 설치될 정도로 군사, 행정, 경제면에서 잘 정비되어 있었다.

다음은 3월 13일 대감자에서 왕청의 100리 여정을 기록한 내용이다.

> ①대감자로부터 왕청까지 평야가 100리나 이어지는데, 북강(北江)이 한 줄기 흘렀다. 수목은 하늘을 가리고 노루와 사슴이 뛰논다. 때마침 늦봄이라 경관이 각각 달랐고, 떨어지는 꽃잎은 말이 없고, 향기로운 풀은 다정하였다. 땅은 별천지요 사람 또한 신령을 모아놓은 것 같다. ②오직 이곳의 변론(卞論)은 예로 접대하고, 마땅한 의례를 갖춰 술과 음식을 대접하였다. 천 번 고생한 끝에 한 번 배불리 음식 대접을 받으니, 사례하지 않을 수 없고 인정을 표현하지 않을 수 없어 장지(壯紙) 한 묶음을 내어 사례하니 그들 또한 매우 겸양하였다. 이 날 일로 한 번 웃을 수 있었다. ③그런데 땅이 낮고 습해, 길은 갈수록 진흙탕이었다. 앞에 가는 자가 빠지면 뒤에 가는 자가 꺼내주는 식이니, 어제 온 길이 오늘 가는 길과 같고, 오늘 겪은 고통이 어제의 고통과 같았다. 하루 종일 비를 맞아가며 밤을 새워 걸어 숙박하였다. 그간 겪은 고생을 어찌 다 말하랴. 간략히 노정을 기록할 뿐이다.[137] (밑줄 표시는 인용자 강조. 이하 동일)

①에서는 대감자로부터 왕청관(王淸館)까지 평야가 100리 넘게 이어지는 중에 한 줄기 강이 흐르며, 노루와 사슴이 뛰놀고 꽃잎이 떨어지는 늦봄의 경관을 별천지라 묘사하였다. 특히, 밑줄친 부분에서는 아

137 自大堪子地至王淸館 長野百里北江一帶矣. 樹木蔽天 獐鹿橫行. 時當暮春景光各異 落花無語 芳草多情. 地是別區 人亦鍾靈歟. 惟此卞論接以其禮 享亦其儀. 千苦之餘一飽之需 不可無謝 亦不可無情 別出壯紙一束 以謝厚誼 則渠亦謙讓太多 是爲一笑之資. 而地亦卑濕 去益泥濘. 前者見陷 後者乃援 昨日之路今日之路也 今日之苦昨日之苦也. 終日冒雨 犯夜止宿. 寧欲無言於苦辛之狀 略記里數之遠近焉.

름다운 꽃과 풀이 있는 경치의 서정을 한껏 표현하였다. ②에서는 굶주리고 고생한 끝에 한 관원으로부터 배불리 음식대접을 받은 뒤 흡족한 마음을 표현하였고, ③에서는 비오는 날 진흙길을 걷는 고통에 대해 서술하였다. 김광우는 북간도의 노정과 경관을 서술하는 중에, 대체로 길이 험난하고 음식과 숙소가 이루 말할 수 없이 고통스러웠음을 표현하

①大堪子站 터

②大堪子村 경관

③老松嶺村 터

④老松嶺과 寧安市 경계 표지판

⑤瑪勒瑚哩站 터

⑥馬河 경관

〈그림 3〉〈영고탑북정지〉의 주요지점(공간) 기록사진

였다.

〈그림 3-①〉, 〈3-②〉는 2013년과 2014년에 신류가 이끈 제2차 흑룡강원정(1658년) 노정을 답사하면서 촬영한 대감자촌의 경관이다. 신류가 청나라 군을 도와 러시아 수군과 싸우러 갔던 그 길을, 1871년 김광우와 차사원 일행 또한 걸어 조선의 유민을 쇄환하러 갔다. 김광우는 그 길과 땅의 장소성에 대해서 전혀 인지하지 못하였지만, 노정의 경관과 길의 험난함은 1658년과 별다를 바가 없었던 것 같다. 현재 대감자촌에는 역참은 찾아볼 수 없고 그 터만 보존되어 있으며, 마을은 여전히 한적한 시골 경관을 유지하고 있다.

〈그림 3-③〉, 〈3-④〉는 청대 말 제3 역참인 노송령참의 경관이다. 노송령은 백자령(柏子嶺)이라고도 하는데, 60리에 걸친 높고 긴 산이다. 신류는 1658년 5월 7일 이 산을 하루 종일 넘으며 고생스러움을 표현하였는데, 차사원 김광우는 1871년 3월 16일 이 산을 넘으며, "땅은 별천지이나 길은 험하고 좁으며, 소나무와 잣나무는 빽빽이 남쪽에 심어져 있어 울창하여 푸르며, 참나무는 북쪽에 심어져 있어 하나하나 희게 덮여 있었다. 아름답도다!" 찬탄하였다. 그는 저녁 때 이곳 노송령촌에 이르러 삼태점(三台店)에서 숙박하였는데, 물이 달라서인지 행로의 고통 때문인지 모두들 설사를 했다고 했다.

〈그림 3-⑤〉, 〈3-⑥〉은 노송령을 내려와 만나는 마륵호리참(瑪勒瑚哩站)의 옛터와 인근 하천 경관이다. 차사원 일행은 전날 설사가 심하여 겨우 50리를 가서 이곳 마을의 역참에서 숙박하였다. 이곳 역시 신류의 조선군 300명이 200여 년 전 아침을 지어먹고, 목단강을 건너기 위해 행군을 재촉한 곳이다.

김광우는 목적지인 영고탑성에서 3월 20일부터 5월 18일까지 두 달 가까이 머물렀는데, 민간에서 관현악 연주하는 모습, 전각, 사대부 운구 행렬, 혼인행렬 등을 길고 자세하게 묘사하기도 하였다. 영고탑 신성의 경관을 일부 옮겨보면 다음과 같다.

> ①탑성에서 4품 관원을 책정했는데 와서 맞이하였다. 함께 들어가니 성 동쪽에 목단강이 있는데, 강의 규모가 컸다. 배를 타고 건넜는데, 토성도 있고 목책(木柵)도 있었다. 여염집이 즐비하고 닭과 개 짖는 소리가 시끄럽게 들렸다. (중략) 또 공화가(公和家)는 모두 벽돌[磚石]로 벽을 쌓았는데 높고 광활하였다. 물고기꼬리 모양으로 지붕을 하였고, 층층이 푸른 방[碧舍]이 있었다. 성 남쪽에 또 2층의 괴성루(魁星樓)가 있는데, 단청의 아름다움과 동량의 재질은 일찍이 보지 못한 것이었다. 땅의 규모를 물으니 너무 넓어 알지 못한다고 하였다. 다시 집들의 숫자를 물으니 많아서 다 기록할 수 없다고 하였다.(3월 20일)[138] ②반 달 동안 체류하였는데, 성 주위를 두루 둘러보니 인구가 많고 땅이 넓었다. 산천은 깨끗하고 민가는 십여만 호라 하였는데, 일일이 세지 못할 정도였다. 땅은 사방으로 만여 리라 하였으나, 어찌 다 기록할 수 있겠는가. (중략) 또 거리에 대해 말하면 서쪽에서부터 동쪽으로 30~40개의 가게가 있고, 북쪽에서부터 남쪽으로는 3천 개의 창고가 있었다. 물화는 사치스럽고 성대하며 누대가 겹겹이 층지어 있으니, 눈으로는 볼 수는 있어도 말로는 형용할 수 없었다.[139]

138 自塔城妥定四品官弁出迎. 同入而城東有▼(廿/牧)丹江 江是大江也. 乘船而渡 或有土城 或有木柵. 閭閻櫛比 鷄犬浪藉.(中略) 且公和家全磚石而成壁 巋巋巨閣也. 鱗瓦作盖 屢屢碧舍矣. 城南又有魁星樓二層 丹靑之妙 棟樑之材 彼我而無今古罕有. 看之未訖 問其地方 則濶不可知得云. 又問戶數 則多不可盡記云.

139 滯留半朔 周探一城 則人多地廣. 山川淸灑 民戶雖曰十萬餘戶 戶不可盡數也. 地方亦曰萬餘里 里不得盡記矣. (中略) 又以街家言之 自西向東 爲三四十壓也 自北向南 爲數三千庫也. 物貨之侈盛 樓臺之層疊 目可得見 言不可形矣.

김광우는 영고탑 신성의 성곽과 건물의 웅대함, 넓은 땅과 수십 만 명의 인구, 번화한 상가의 모습을 상세히 묘사하고 기록하였다. 위 내용에 따르면, 영고탑성은 땅이 사방 만여 리에 이르고, 민가는 10만여 호이며, 남북로에는 3천 개의 창고가 있고, 동서로에는 3−40개의 번화한 가게가 있다고 하였다. 우리의 문헌기록 중에 영고탑성을 이토록 번화한 도시로 기록한 내용은 찾아보기 힘들다.

『영안현지(寧安縣誌)』에 따르면, 신성은 높이 20척 남짓 했으며, 내성과 외성으로 분리되었는데, 내성(內城)의 동서남쪽에 세 개의 문이 설치되었다. 영고탑에는 인구가 증가하고 상업도 점차 발달했다. 1638년 청국의 요구로 설치된 회령개시에 참여한 사람들도 주로 영고탑의 기인(旗人)들이었다. 문헌기록에 따르면, 영고탑은 1694년에 술가게[飮鋪], 잡화점을 비롯해, 각종 상업과 무역활동이 활기를 띠기 시작했고, 가경(嘉慶, 1796~1820) 연간에는 상업 품목이 10여 종이 이를 만큼 발전했다. 영고탑의 관리들은 "사대문을 활짝 열어놓고 상업무역활동을 격려"했다. 덕분에 유민들이 증가하여 인구는 날마다 늘어났고, 성 주변에도 수많은 촌락들이 생겨났다고 했다.[140] 이 기록들은 19세기 초까지 영고탑성이 번화했음을 보여준다.

〈영고탑북정지〉는 영고탑성의 가장 성대했던 시기의 모습을 보여주는 기록이다. 영고탑은 1666년에 건설되었으며, 현재 도시의 역사가 340년이 넘었다. 영고탑은 17세기 중반 이래, 청의 동북부를 관할하는 가장 큰 거점도시이자 만주 동북지역을 관할하는 주요 행정기구의 소

140 張縉彦, 『寧古塔山水記 域外集』, 黑龍江人民出版社, 1984.

재지며, 경제 · 문화의 중심지로 자리잡았다. 1644년 이후 이 지역에 팔기병이 주둔하면서 도시는 러시아의 남하에 대처하는 군사적 거점기지로 부상하였다. 영고탑은 19세기 중반까지 심양(瀋陽)과 길림(吉林)보다 흥성한 대도시로 성장하였으며, 〈영고탑북정지〉의 기록은 그 절정의 경관을 보여준다. 하지만 1874년 공유재(孔有才)의 난 이후, 세 차례 약탈과 대형화재를 당해 성내 주요 건물과 상가, 민가들이 대부분 다 불타면서 영고탑은 급속도로 쇠락하기 시작하였다. 또한 1904년 동청철로(東淸鐵路)가 개통되면서 창춘, 치치할, 하얼빈은 급속도로 발전한 반면, 영고탑은 변방으로 밀려나고 말았다. 1930년대에는 토문(土門) ↔ 가목사(佳木斯) 간에 철도가 개통되고 목단강시(牧丹江市)가 설립되면서 영고탑은 더욱 침체에 빠져들었다. 영고탑은 현재 흑룡강성 목단강시 영안현의 작은 마을로 남아있다.

〈그림 4〉 영안시의 영고탑 신성 유적

〈그림4〉는 영고탑신성이 자리하였던 영안시의 유적지다. 성곽이나 건물은 불에 타고 파괴되어서 현재 아무 것도 남아 있지 않고, 변화하

였던 옛 경관 또한 흔적을 찾아볼 수 없다. 다만 기념비만 서 있어 예전의 영화롭던 시절을 기억하게 해줄 뿐이다. 김광우는 4월 6일, 성안의 사대부의 운구행렬과 상례를 지켜보고 자세히 기록하기도 하였다.

> ①마침 음악소리가 들려 통사를 시켜 관 밖으로 나가 살피게 하였는데, 예전에 사대부 벼슬을 했던 사람의 운구 행렬이었다. 들어온 것은 몇 천금이나 되는지 알지 못할 정도로 많았고 매단 깃발과 창검은 모두 금으로 장식했다. 일행은 6~7리 이어졌고 깃발은 하늘을 덮었으며 명정(銘旌)과 만시(輓詩)는 모두 금색으로 글씨를 썼다. 각 폭마다 수십 줄의 글을 썼는데 해와 달이 영롱하였다. ②또 제사 지내는 물건을 관찰해보니 보배로운 과일과 화려한 전병이 수백 개의 그릇에 담겨 있을 뿐만 아니라, 양, 돼지 등의 날고기가 수십 마리가 넘었다. 이들을 모두 가마에 싣기도 하고 쌍쌍이 등에 짊어지기도 하여 차례대로 나와서 열과 행을 맞춰 앞으로 가기도 하고 뒤로 가기도 하였다. (중략) ③상을 당한 사람은 집에 있으면서 다만 몇 번 곡을 할 뿐이며, 발인 때에도 한 번 울지를 않았다. 또 옷은 흰 바탕에 색을 칠한 것이 아니고, 다만 흰색 두건을 쓴다고 하였다. 보고 들은 것이 이와 같을 뿐이었다.[141]

①은 엄청난 규모의 운구행렬을 묘사한 것이고, ②는 과일과 전병, 고기 등의 제사물건을 기록한 것이고, ③은 곡하는 것과 상복의 특징을 듣고 보고 기록한 것이다. 이외에도 차사원은 혼춘의 관왕묘, 신관리(新官里)의 칠성신(七星神) 사당, 영고탑 신인공열당(神人供悅堂)의 경관

141 適有何許行樂之聲 故使通事出見館外 乃曾經士夫行柩也. 所入不知其數千金矣 旌旗槍劍 都是金餙也. 一行六七里 旌旗蔽空 銘旌輓詩都是金字也. 各幅數千行 日月玲瓏矣. 又以祭物觀之 珍果華餅不啻數百器 體羊豕腥洽過數十首. 而皆以轎子各各載持雙雙擔負 次第出往行伍進退. (中略) 所謂喪人在家 而只爲數哭 發靷而初無一泣. 且衣非盡素 只用白巾云. 所聞所見如斯而已耳.

과 관현악, 혼례 장면 등에 대해 길고 자세하게 묘사하였다. 모두 북간도 지역의 이국적인 경관과 삶의 모습에 차사원이 깊은 관심을 가졌음을 보여주는 글이다.

3. 차사원 김광우가 간도 유민을 바라보는 시선

도민(逃民)은 요즘 말로 하면, 유민이고 난민(難民)이다. 1871년 국경을 넘어 북간도로 들어간 조선의 도민은 전쟁이 아닌, 기근과 폭정을 피해 청나라로 들어간 난민이다. 김광우는 이들을 어떠한 시선으로 보고 있었을까?

김광우를 책임자로 한 도민영회차사원의 임무 수행 과정에서 눈에 띄는 것은 도민에 관한 '기술내용이 매우 적다는 것'과 도민에 대한 '무관심'이다. 김광우는 3월 6일 두만강을 건너 혼춘에서 20일 영고탑성에 들어가기까지 청 관원들의 접대 문제와 경관 관찰에 몰두하고, 열악한 음식 및 숙소, 죽은 쇄마(刷馬) 보급을 걱정할 뿐, 일기에 한 번도 도민을 언급하지 않았다. 그의 일기에 '도민'이 처음 등장한 것은 탑성에 도착한 지 3일 만인 3월 22일에서다. 그것도 '유민이 돌아갈 때 필요한 식량을 어떻게 채울 것인지'를 청 관원들과 지루하게 문답하는 실무적인 내용이었다. 차사원은 영고탑성 관리들과 문답한 뒤, 연미(碾米: 맷돌에 간 쌀) 20석과 약간의 쌀을 구매할 수 있도록 채무를 허락받았다는 내용을 썼다. 3월 24~25일자 일기에는 청인들이 단속해놓은 유민 숫자가 이미 510명인데, 데리고 가는 사람이 단단히 수를 정하여 날마다 엄히

단속하고, 대출받은 쌀을 잘 관리해야 한다고 썼다. 4월 10일 일기에는 "3월 22일부터 각 점포에 도민들을 나누어 두고 하루에 두 번 음식을 제공하기 시작했는데, 전후 도민 수가 적지 않았다(自三月二十二日 爲始分授各店 兩時供饋 前後逃民數 甚不少)"고 하여, 유민들을 임시 거류소에 분산해 억류해 놓았으며, 많은 수의 도민들에게 하루 두 번 음식을 제공하는 것이 보통 일이 아니라고 하였다. 다음은 4월 12일부터 15일까지 몰아 쓴 일기 내용이다.

> 12일에 유민을 점검하고 사열하였다. 13일 오후에 300명을 데리고 출발하였는데, 늙은이는 부축하고 여자들은 끌어당기며 길을 갔다. 그런데 몰래 계획을 세워 성 밖으로 도망한 자가 수십 명이 넘었다. 할 수 없이 다시 수색하여 숫자를 채워 넣었다. 14일에는 반예(伴隷)를 추송(追送)하였다. 앞으로 일이 지연될 것을 생각하니 이번 행차에 있어 객회(客懷)를 억제하기 어렵다.[142]

김광우는 4월 12일에 유민들을 점검하고 사열하여, 13일 오후에 300명을 데리고 출발하도록 했는데, 도망한 사람이 몇십 명이 넘어 다시 수색하여 숫자를 채워 넣었으며, 14일에는 일정이 늦어지는 것을 걱정하며 "객회를 억제하기 어렵다"고 기술하였다. 김광우는 유민송환 업무가 지연될 때마다 '객회(客懷)'를 억누르기 어렵다고 했는데, 격심한 업무 '스트레스'를 이같이 표현한 것이 인상적이다.

그 뒤에는 순병영(巡兵營)에 보낸, "먼저 조사한 300명을 병영군관

142 自十二日點閱流民. 十三日午後發行三百名 而叟或見携 女亦見引 暗暗相連 逃避城底者 洽過數十名矣. 自此更搜充數. 十四日伴隷追送 而第念追後畢領遲延 此行客懷難抑.

황계현과 회령통사 최인검 등을 시켜 우선 데려가게 했다."는 내용의 보고서를 기록하였다. 또한 보고서에는 유민을 송환하는 데 필요한 비용으로, 은 133량을 길림장군에게 빌린 내용을 상세히 기록하였는데, 이는 청의 자료 〈점급유회조선도민천자(墊給遺回朝鮮逃民川資)〉[143]의 내용과 정확히 일치한다. 이 자료에서 눈에 띄는 또 다른 내용은 "조선 도민이 이미 몰래 우리 경계로 들어와 걸식하고 있다.(該國逃民, 既經逃入我境乞食)"는 내용이다. 그런데 자국에 대기근이 들어 백성 수백 명이 남의 나라에 들어와 걸식하고 있다는데, 김광우는 이에 대해 한 줄도 언급하지 않았다.

이러한 태도에서는 자국 백성에 대한 연민이나 관심은 도무지 찾아볼 수 없다. 이를 4월 6일과 11일에 사대부 운구행렬과 결혼행렬을 관찰한 뒤 흥미진진한 태도로 매우 길고 자세하게 관찰·기록한 것과 대비해 보면, 차사원 김광우가 유민들에 대해 얼마나 무관심한지를 알 수 있다. 차사원은 4월 13일 탑성에 머물면서 순병영에 쓴 보고서에도 '청 관아에서 300명을 먼저 인도받고 수레를 세내며, 쌀을 무역하는 일의 어려움'만을 보고하고, 조선 백성들이 처한 어려운 상황에 대해서는 한 줄도 쓰지 않았다.

4월 19일자 일기에는 비와 우박 내린 것을 기록하며, 오륙일 사이에 유민 압송한 것이 불과 십수 명뿐이라며 우울하다고 하였다. 이후의 기록에도, "도망가는 자가 많아 남아 있는 유민들이 거의 없다"(4월 22일~27일)며 한탄하는 내용이 이어진다. 차사원들은 청 관원들의 도움을

143 『淸季中日韓關係史料』 第2卷, 臺北: 中央研究院 近代史研究所, 1972. 동북아역사넷: http://contents.nahf.or.kr/directory/item.do?levelId=cj_001m_0020_0030_0390)

받으며 유민들을 데리고 돌아왔는데, 이들이 도중에 허다하게 도망하여 5월 18일에는 150명 정도밖에 남지 않은 점을 고통스러워했다. 게다가 남은 자들도 늙은이와 병든 자, 고아, 걷지 못하는 자가 많아 날자가 지연되고 비용이 많이 들어 객지에서의 고통이 더욱 심했다. 6월 6일 마침내 임무를 끝낼 때에는 "아무 탈 없이 강을 건너니 근심걱정이 저절로 씻어지고 기쁨이 용솟음친다."고 하였다. 이처럼 도민영회차사원들은 자신들이 맡은 임무만을 강조하여 오로지 청조에서 체포해놓은 유민들을 무탈하게 압송하는 일만을 걱정하고 있다. 일찍이 조위한은 도민의 발생이 조선 관리들의 부패와 학정에 기인한 것이라는 비판적 시각을 〈최척전〉에서 언급한 바 있다.

> 나 또한 본래는 삭주의 토병이었소. 그런데 부사가 한없이 포학을 부리기 때문에 그 고통을 견딜 수가 없어서 온 가족을 이끌고 호인(胡人)들의 땅으로 이주하였던 것이오. 그게 벌써 십년 전 일이라오. 호인들은 성질이 곧고 또한 이곳에는 가혹한 정치가 없소.[144]

1619년 후금 허투알라 옥사에서 조선 병사들을 지키던 호병은 자신이 삭주 토병으로서, 10년 전 고국의 가혹한 정치를 견디다 못해 어쩔 수 없이 떠날 수밖에 없었음을 고백하였다. 이 대목을 인용한 것은 도민의 발생이 거듭된 흉년뿐 아니라, 가혹한 세금과 지방 수령관들의 폭정에 있음을 보기 위함이다. 1871년의 유민들이 처한 상황도 이와 같지 않았을까? 하지만 서북 백성들의 사정을 누구보다 잘 알고 있었

144 "我亦朔州土兵. 以府使侵虐無厭 不胜其苦 擧家入胡 已經十年 胡人性直 且無苛政." 〈崔陟傳〉, 박희병 표점 · 교주, 『한국한문소설 교합구해』, 소명출판, 2005, 440쪽.

을 김광우는 철저히 자신의 식사와 숙박, 쇄마, 임무의 무사완수 문제로 전전긍긍할 뿐, 도민들의 월경 원인 및 현재의 삶에 대해 전혀 관심을 갖지 않았다. 차사원 김광우의 무심한 시선은 육진의 관리가 백성들을 대하는 태도가 이토록 무심해서야 변방 백성들이 어떻게 국가를 의지하여 삶을 영위할 수 있을까를 생각하게 한다.

한편, 김광우가 영고탑의 수장 부도통 양우(楊烏)에 대해 묘사한 내용도 인상적이다.

> 부도통 양우(楊烏)는 사람이 본디 성품이 너그럽고, 창고의 재물 수천 금을 출연하여 도민(逃民) 450명과 하인 및 마필 20여 마리를 한결같이 먹이기를 거의 3개월 가까이 하였다. 전후에 폐를 끼친 것이 백 가지도 넘었으나, 이중 한 가지도 보고하기가 어려웠다.[145]

1666년 이후 영고탑성은 부도통이 관할하고 있었고, 영고탑장군은 길림에 주둔하면서 부도통의 업무를 보고받고 주관하였다. 차사원이 접촉한 부도통 양우(楊烏)는 성품이 관후하여 관청의 재물 수천 금을 내어 조선의 도민 450명과 하인과 말 20필까지 식량을 댔다고 하니, 믿을 수 없을 정도로 조선인들에게 호의적 인물이다. 차사원 김광우는 이 점을 매우 감사하게 여겨 강조하였고, 약간의 선물과 글로써 감사 표시하였음을 4월 19일자 일기에 기록하였다. 그런데 이 날의 기록을 읽다 보면 청 정부의 재산과 세금을 철저하게 다루는 영고탑부도통이 왜 이렇게 무명의 조선 도민 수백 명과 차사원들에게 물심양면으로 호의를 베

145 副都統楊烏 人本寬厚 捐廩散千金 逃民四百五十名 下人與馬疋二十餘級 一向饋飼幾至三朔 前後貽弊 百難一報矣.

풀었는지 그 저의가 의심스러울 수밖에 없다. 부도통의 이러한 일처리는 차사원이 무한 감사해 할 만큼 그 의도가 단순한 것은 아니었다.

청 정부는 1689년 네르친스크 조약과 1860년 베이징 조약으로 연해주를 러시아에 넘겨준 청 정부는 러시아의 침략에 대처하기 위해 영고탑과 혼춘 지방에 조선 개간민을 입주시켜 황무지 개간을 장려하였고, 1878년에는 230년 동안 봉금령으로 묶여 있던 지역을 해제하였다.[146] 하지만 이와 동시에 이미 간도에 건너와 농경지를 개간하고 정착한 조선인들을 핍박하기 시작하면서, 간도 조선인들을 소환해가도록 조선 조정에 통첩하였다. 이에 조선정부에서는 1882년 8월 11일 1년 내에 송환해가겠다고 부득이 약속했다.[147] 그런데 이보다 앞서 1871년에 이미 영고탑장군이 영고탑부도통을 통하여 조선 도민의 쇄환을 요구한 것은 잘 알려지지 않은 사실인 듯하다. 조선 유민들을 강압적인 방식으로 처벌하거나 추방하지 않고, 양국 정부간 교섭을 통해 해결하고자 했던 청국 정부의 태도는 일견 신중하고 인도적인 것으로 보인다.

〈영고탑북정지〉는 영고탑부도통과 조선의 특명관리가 공조해 유민들을 데리고 가는 내용을 기록한 것이지만, 1870년을 전후한 시기에 조선 유민들의 북간도 지역 이주 양상과 쇄환 문제를 두고 조선과 청국, 양국 정부가 보인 태도를 살펴볼 수 있다는 점에서 흥미롭다. 1869년의 대기근 때 조선인들은 당시 간도 지역에서 가장 번화한 영고탑성 관할 구역으로 많이 이주를 하였는데, 〈영고탑북정지〉의 기록에 의하면, 그중 얼마간의 인원은 영고탑 관원들이 색출하고 조선 차사원들이

---

146 현주환, 『한국유이민사』 상, 어문각, 1967, 139쪽.

147 육락현, 앞의 책, 139-140쪽.

인수받음으로써 다시 조선으로 되돌려 보냈음을 알 수 있다.

청국의 자료 〈점급유회조선유민천자(墊給遺回朝鮮逃民川資)〉의 기록에 의하면, 조선 유민들은 청국으로 흘러 들어와 걸식을 하고 있었다. 얼마간의 백성은 불법벌목을 하고 땅을 개간하여 농사를 지었을 것이다. 걸식하던 백성들이라도 떠나왔던 기근과 폭정의 땅, 고향으로 되돌아가는 것은 어떠한 위안이 될 수 없었을 것이다. 하물며, 정착을 하였던 조선 유민이라면, 몇 년 동안 이뤄놓은 땅과 생활도구, 터전을 그대로 놓고 쫓겨나는 것이니만큼, 필사적으로 도망치려고 했을 것이다. 조선 조정 관료들은 이러한 배경에 대해서는 전혀 인지하지 못한 것 같고, 차사원도 그런 사정을 전혀 고려하지 않고 임무수행에만 몰두해, 어떻게든지 도망친 수를 채우려고만 했던 것으로 보인다.

김광우 일행이 귀국한 후 북병사 김기석은 김광우와 황계현이 유민들을 놓친 일에 대해 대죄하도록 하고 조정에 장계를 올렸다. 이때 고종은 "비류(匪類)들이 틈을 엿보아 도로 도망친 것은 일의 형세로 참작해 볼 때 오로지 차사원에게만 책임을 돌릴 수 없다. 두 차사원에 대한 논죄는 우선은 하지 말도록 하고…"[148] 하여 그들을 면죄해 주었다.[149] 주목할 내용은 중도에 도망친 도민을 고종이, 또는 조정에서 '비류'로 호칭하였다는 점이다. 적어도 이 시점에 고종과 조정 관료들에서부터 북병사와 차사원 실무 관원에 이르기까지 이들은 모두 북방 유민들을 탈법하고 월경한 '도둑'으로 보고 있음을 알 수 있다.

---

148 『승정원일기』 고종8년 신미(1871) 7월 19일(정미).

149 『승정원일기』의 그 뒤 기록을 보면, 김광우는 '金光鉉'으로 개명을 하고, 승진을 거듭하여 훈련원 주부, 오위장(五衛將), 의금부도사(고종21년, 1884) 등의 벼슬을 역임한다.

간도 이주민에 대한 고종과 조선 정부의 초기 인식 및 대응을 여실히 보여준다는 점에서 〈영고탑북정지〉는 흥미로운 자료다. 이상에서 보았지만, 〈영고탑북정지〉에서 유민들을 바라보는 차사원 김광우의 시각은 독특하다. 그는 조정에서 특별임명 받은 관리로서 자신의 업무수행에 철저한 면모를 보였다. 하지만 그는 기근과 폭정으로 인해 어쩔 수 없이 국경을 넘어야 했던 수많은 백성들이 처한 상황에 대해서는 철저히 무심한 시선을 보인다. 자국 유민에 대한 이러한 부정적 시각은 대민의식 없는 조선 말기 하급관리의 한계이다. 이러한 특임 관리가 수행한 대민외교 활동에서 어떠한 국익을, 어떠한 백성들의 이익을 기대할 수 있을까?

4. 〈강북일기〉에 그려진 서간도이주민 형상과 중앙정부의 시선

1872년 후창군에서 파견한 정탐자 3인이 보고서로 작성한 〈강북일기〉에는 후창군의 압록강 맞은 편 중국 지역에 조선인이 어떻게 이민을 와서 정착하였는지를 알려준다. 정탐자 3인은 보고서에, 삼수군에서 후창군까지의 압록강 대안에는 18개 촌락에 조선인 193호, 1,673명이 정착하였고, 후창군의 대안에는 조선인 277호, 1,465명이 정착하여 농사를 지으며 살고 있다고 기록하였다. 3천 명이 넘는 인원이 이미 정착하여 살고 있으니, 북간도 이주민과는 규모와 사정이 다름을 알 수 있다. 또한 압록강과 가까운 곳은 조선인들의 숫자가 많고 마을을 이루고 살지만, 내륙으로 들어갈수록 일정한 거처도 없이 청나라 사람들에게 고용되어 노예와 같은 생활을 하고 있다고 기록하였다. 그리고 조선인 중에는 함경도 무산 출신이 많은데, 이는 1867년(고종 4)에 무산부사로 부임한 마행일(馬行逸)의 가렴주구를 피해 압록강 너머로 도망친 때문이라고 하였다. 그 중에는 백성들이 〈정감록(鄭鑑錄)〉에 있는 이상향과 진인설(眞人說)에 빠져 많이 이주했다가 실상과 달라 고생하고 있다는 얘기도 있다. 이는 〈영고탑북정지〉에 기록된 유민들의 일과 매한가지로, 폭정과 기근 때문에 이주할 수밖에 없었던 서간도 이주민들의 사정을 들려준다.[150]

간도 이주민에 대한 조정의 시선은 몇 년이 지나면서 바뀌는 것을 볼 수 있다. 아래 인용문은 1876년의『승정원일기』의 기록이다.

> 상이 이르기를, "육진(六鎭)의 백성들이 친척을 떠나고 조상의 분묘를 버린 채 기꺼이 몰래 국경을 넘으니, 만약 뼈에 사무치는 폐해가 없다면 어찌 차마 이렇게 하겠느냐. 이는 오로지 수령의 탐학에 연유한 것이니, 옛말에 '가혹한 정치가 사나운 범보다 무섭다.'고 한 것이 들어맞는 경우이다." 하니, 김유연(金有淵)이 아뢰기를, "아무리 먼 변방의 어리석은 백성이라도 어찌 타고난 본성이 없겠습니까마는, 이렇게 불법적으로 남의 나라 국경을 넘어 들어가는 자는 그 죄를 따지자면 크지만, 그 실정을 돌아보면 슬픕니다." 하였다.(후략)[151]

---

150 이 점에 대해서는 이동진, 「1872년 '江北'의 조선인 사회: 『강북일기』에 나타나는 민족, 국가, 지역」(『동북아역사논총』 8, 동북아역사재단, 2005, 47-96쪽.)에 자세하다. 유승주는 「조선후기 서간도이주민에 대한 일고찰」(『아세아연구』 21-1, 고려대 아세아문제연구소, 1978, 297-316쪽.)에서〈 강북일기〉를 해제하였고, 허경진은 〈강북일기〉에 기록된 중국조선족문학 최초의 작품과 그 창작배경에 대해 보고하였다(허경진, 「중국조선족문학 최초의 작품과 그 창작 배경에 대하여」, 『한문학보』 18, 우리한문학회, 2005, 1311-1337쪽).

151 『승정원일기』 고종 13년 병자(1876) 8월 10일(무술). "上曰 六鎭之民 離親戚棄墳

불과 5년 전, 간도 이주민들을 '비류'라 일갈했던 고종이 관북지방 안무사(按撫使) 김유연(金有淵)을 대면하면서, 그들을 '수령의 탐학에 못 이겨 국경을 넘은 백성'이라고 부르고 있다. 그리고 환곡(還穀)과 상납(上納)이 백성들에게 더 이상 폐가 되지 않도록 바로잡고, 영고탑과 러시아 연해주로 빠져나간 유민들이 조선으로 다시 돌아올 수 있도록 조처하라고 명하였다. 이러한 인식의 변화에는 변방 지역의 백성들이 급속도로 월경을 하고, 국제정세가 갑작스럽게 변화한 것이 직접적인 영향을 끼쳤을 것으로 여겨진다.

19세기 말, 간도 이주민을 둘러싸고 청국과 조선 정부는 갈등과 교섭을 거듭하고 있었는데, 논의의 초점에는 양국 간 북방경계선을 정하는 문제와 이주민의 귀화 여부, 세금징수 등이 놓여 있었다. 조선 조정에서는 이 문제의 심각성을 뒤늦게 깨닫고 조처 방안을 강구하기 시작하였다. 1876년 『승정원일기』에 기록된 고종과 김유연의 대화도 그러한 인식의 변화를 보여주는 예이다. 고종은 1883년 서북경략사(西北經略使) 어윤중(魚允中)으로 하여금 압록강, 두만강 연안과 간도 지역 조선인 생활상과 소환에 대한 대비책을 강구해 보라고 지시했다. 어윤중은 간도 지역에 살고 있는 조선족들의 삶의 터전에 대한 해결책을 찾기 위해 행정기관에서 간도 영토 문제와 조선족 삶의 터전에 대한 진상조사에 착수하여 강역 문제를 처음으로 파악하게 되었다.[152] 하지만 문제의

墓 甘心潛越 若無切骨之瘼 則豈忍爲是? 此專由於守令之貪虐 古語所云 苛政甚於猛虎者也. 有淵曰 雖遐陬愚氓 豈無秉彝之心 而如是犯越者 論其罪則大矣 顧其情則慼矣.(中略) 上曰 還穀與上納之爲民弊者 一一矯捄 而寧古塔 · 俄羅斯之與我國相距地形 詳細探來 我民之越彼者 期於還定安集也."

152 육락현, 앞의 책, 140쪽.

핵심인 백성들에 대한 보호와 세금 징수는 해결되지 않았고, 어윤중이 돌아와 제출한 20개조로 된 과감한 정부기구개혁안도 채택되지 않았다.[153]

1900년 민용호(閔龍鎬, 1869~1922)가 기록한 〈강북일기〉에는, 도공사원(都公事員)으로 파견된 민용호가 서간도에 정착한 수만 명 한인 이주민들을 조사해, 호적에 수록함으로써 대한제국이 그들을 보호하고 관할권을 행사하려 했음을 알 수 있다.[154] 하지만 민용호는 간도 이주민들의 마음을 얻는 데 실패했고, 주민관할도, 세금징수 문제도 성공하지 못한다.

〈영고탑북정지〉는 1870년을 전후한 시기에 조선 유민들의 북간도 지역 이주 양상과 쇄환문제에 대한 조정의 시선을 보여주며, 1872년과 1900년에 기록된 두 편의 〈강북일지〉는 폭정과 기근 때문에 이주할 수밖에 없었던 서간도 이주민들의 사정과 쇄환 및 세금징수 등에 대한 조정의 시선을 보여준다. 간도의 유민, 또는 이주민들은 "비류(匪類)"라는 말로 표현되듯, 특임관리와 지방관료는 물론, 고종은 이들을 아주 부정적으로 인식했다. 〈영고탑북정지〉, 〈강북일지〉를 통해 19세기 말 간도에 조선유민이 유입되는 과정을 볼 수 있으며, 한편으로 민생에 대해 지식도, 관심도 없는 조선 말기 정부와 관료들의 협량함을, 서북 백성들이 처했던 민생의 고단함을, 기울어가는 국운의 징조를 본다.

---

153 '어윤중', 『한국민족문화백과대사전』, 한국학중앙연구원.

154 이동진, 앞의 논문, 47-96쪽.

제4장
『조선환여승람』과 영암의 로컬리티

1. 근대지리지 『조선환여승람』의 출판명분과 상업적 유통

『조선환여승람(朝鮮寰輿勝覽)』은 충남 공주 출신의 유학자 이병연(李秉延, 1894~1977)이 일제 시기 전국의 유림들과 협력하고 지역마다 보고원을 위촉하여 편찬한 129개 군의 인문지리서이다.[155] 『조선환여승람』은 129개 군을 각각 독립하여 한 권의 책으로 엮었으며, 군세의 차이에 따라 작은 군은 100여 쪽, 큰 군은 300여 쪽의 분량으로 편찬하였다. 이병연은 조선의 대표적 지리서 『신증동국여지승람(新增東國輿地勝覽)』과 『대동지지(大東地志)』를 바탕으로 『조선환여승람』을 편찬했는데, 다른 지리지에 비해 보다 상세한 50여 개 항목으로 각 군의 현황을 보다

155 허경진 · 강혜종, 「〈조선환여승람(朝鮮寰輿勝覽)〉의 상업적 출판과 전통적 가치 계승 문제」, 『열상고전 연구』 35, 열상고전연구회, 2012, 237쪽.

자세하게 설명하였다.

책은 총설과 지리부 · 인물부로 세분화되어 지역의 고유 명칭, 위치, 경계 등과 군명의 유래와 지역의 명산, 사찰 등이 기록되어 있으며, 지역별 유명한 인물들이 대폭 확장 · 서술되어 있다. 각 권의 권두에는 공통적으로 서문과 「조선지리총설」이 수록되어 있다. 「조선지리총설」은 조선 명의, 조선 위치, 조선 경계, 조선 광무, 조선 연혁, 조선 인종, 조선 방언 등의 세부 항목으로 구성되었다. 다음에 각도별 지리 총설이 이어지고, 이후에 각 군별 인문 지리 현황이 소개되어 있다.

50여 개의 항목은 건치 연혁, 신구 속현, 산천, 군세, 교량, 명승, 형세, 고적, 원사(院祠), 단사(檀社), 사찰, 학교, 수비(竪碑), 부조묘(不祧廟), 정려, 석총, 명묘, 누정, 제영, 선정, 유현, 학생, 유일(遺逸), 유행, 문행, 원종훈(原從勳), 명신, 명환, 명관, 청백, 문원, 선시, 선필, 행의(行誼), 진목, 충신, 절의, 효자, 효부, 효녀, 정열, 여행(女行), 문과, 사마, 무과, 음사, 수직, 증직, 명석 등으로 지리 · 인문 관련 내용을 총망라하고 있다.[156]

이 책들은 1929~1940년 사이에 주로 출판되었고, 일부는 해방 이후에도 출판된 것으로 보인다. 이병연은 이 책의 내용이 『동국여지승람(東國輿地勝覽)』의 구성과 체재를 계승하면서도 내용 면에서 근 · 현대적 성격을 띤다는 의미에서 제목을 '환여승람(寰輿勝覽)'이라고 하였다. 허경진 · 강혜종은 『조선환여승람』이 그 체재와 구성 면에서 전통시기 승람류(勝覽類)의 편찬의식을 표방하며 『동국여지승람』과 같은 관찬서

156 『향토문화전자대전』, 한국학중앙연구원. grandculture.net.

의 역사적 전통성을 계승하고자 하는 면모를 보였으나, 다른 한편으로는 재지사족 등이 주도했던 사찬(私撰) 읍지의 성격이 있다고 평가하였다. 『조선환여승람』은 일제강점기에 간행되었지만, 조선시대에 편찬된 『동국여지승람』을 계승하였다는 점에서 근대시기 다른 지리서와 구분된다.

이러한 특징은 지역 유림들에게 매력적 요소였다. 유림들은 전통시기 관찬지리지의 명분을 잇는 『조선환여승람』을 자신들의 조상과 가문의 위상을 높이는 매체로 인식하였다. 이병연은 이 점을 이 책의 상업적 출판과 유통에 이용한 것으로 파악된다.[157] 또한 『조선환여승람』은 지역별로 개별 편집 · 출판되었는데, 이 과정에서 이병연은 전통시기 관찬서의 편찬 명분을 살리면서 군의 정보 및 지역 유림들의 가문 및 조상들에 관한 내용을 지리지에 수록하였다. 이런 점에서 허경진 · 강혜종은 『조선환여승람』을 주요 구매층의 요구에 부응하고자 한 상업출판물로 규정하였다.[158] 곧, 각 지역의 유림 인사들은 자기 가문의 선조들의 이름을 군지에 올리고, 이병연에게 일정한 출판 비용을 대거나 사후 책을 구매하는 방식으로 군지 출판 및 유통에 기여했다는 것이다. 요컨대, 『조선환여승람』은 관찬지리지의 형식을 취하면서도 지역의 요구를 반영하는 새로운 방식으로 각 지역의 향토문화와 지역인물을 대거 수용하였다.

20세기 전반기에 전국적으로 이뤄진 지리지 출판 및 이를 통해 수용된 각 지역의 '로컬리티'는 이후 20세기 문화관광 지형에 크고 작은

157 허경진 · 강혜종, 앞의 논문, 237-239쪽.

158 같은 논문, 235-257쪽.

영향을 끼친 것으로 파악된다. 이 장에서는 전라남도 『영암군편』을 편찬하면서 드러나는 로컬리티(locality), 곧 지역성의 내용과 성격에 대해 살펴본다. 문학지리학은 문학작품 및 문헌기록에서 장소성, 지역성을 발견하여 개발 · 활용하는 데 적지 않은 영향력을 미칠 수 있다는 점을 『영암군편』에서 확인하게 된다.

2. 『조선환여승람』 『영암군편』의 향토문화와 향촌인물 수용

『조선환여승람』 『영암군편』은 1937년 7월 10일에 간행되었고, 영암문화원에 의해 2007년 국역본이 간행되었다.[159] 『영암군편』은 지지편(地誌編), 인물편(人物編), 삼강오륜편(三綱五倫編), 과환편(科宦編), 4부로 구성되어 있다. 이러한 구성을 통해 영암군의 향토문화와 지역인물이 대거 수용되고, 기록내용도 크게 늘어났다.

전라남도 남서부에 위치한 영암군은 인구 53,966명(2020년 12월 20일 기준, 영암군 홈페이지)에, 농업을 주산업으로 하는 지역이다. 역사적으로는 영암군을 비롯한 전라남도 지역은 마한(馬韓)의 땅이었고, 660년 나당 연합군에 의해 멸망당한 뒤에는 통일신라의 땅이었다. 백제 때에는 월내군(月奈郡)이라 하였으나 신라 때에는 영암(靈巖)이라 고쳤으며, 고려 성종 14년에 낭주(朗州)로 고쳐 안동도호부를 두었다가, 현종 9년에 다시 영암군으로 강등하여 조선조까지 이어졌다.[160]

159 『국역본 조선환여승람 영암군편』, 영암문화원, 2007.

160 '지지편', 위의 책, 52-53쪽.

『영암군편』에는 일본에 유학을 전했다고 알려진 백제인 왕인의 탄생지가 성기동(聖基洞)이라고 하는 내용이 처음으로 발견된다. '성기동'은 도선국사와 왕인(王人) 박사가 태어난 곳이라 하여 붙여진 동네의 명칭이다. 이 기록은 이전의 지지에는 나타나지 않았던 것이라 주목된다. 왕인의 영암 출생 여부는 영암군의 왕인 유적지조성사업과 관련해 현재적 관심사가 되고 있다. 이 문제는 4절에서 다시 살펴볼 것이다. 도선국사(道詵國師, 827~898)는 통일신라의 승려로, 음양풍수설과 고려 왕건(王建)의 송도(松都) 천도 예언으로 유명한 인물이다. '지지편'의 최씨원, 국사암, 도선암, 도선국사비, 도갑사 등의 항목에 도선의 출생에 관한 전설이 여러 차례 반복되어 기술되어 있다. 고려 말에는 왜구의 침입으로 많은 피해를 입었으며, 조선시대 임진왜란 중에 의병 전몽성(全夢星) 등이 활약한 지역으로 알려져 있다. 영암의 자연환경으로는 영산강과 월출산이 유명하며, 최근에는 왕인박사유적지, 목포시와 영암군 삼호면을 잇는 영산강 하구 둑이 관광명소로 등장하면서 많은 관심을 끌고 있다.[161]

『영암군편』 인물편, 삼강오륜, 과환편에는 근대시기의 지역 인물을 포함해서 수백 명의 인물이 소개되어 있다. 또한 이전과 달리, 인물 관련 항목이 대폭 늘어났고 인물 수도 그렇다. 『조선환여승람』 이전에 편찬된 군지의 인물편 항목은 인물 · 선생안(先生案) · 과환(科宦) · 명환(名宦) · 열녀 등이 전부였다. 이에 비해, 『조선환여승람』 영암군편에서는 인물을 성격에 따라 33분야로 세분해 대거 386명을 수록하였다. 이는

161 이상은 『한국민족문화대백과사전』 및 『다음백과사전』 「영암군」 편을 참조해 기술한 내용이다.

전통 승람서에 비해 인물 항목을 세분화하고, 각 가문의 족보에나 나올 만한 향촌인물들을 대거 올렸기에 가능한 일이었다. 그 내용을 보면, 첫째, 유학자 중에서 정치인으로 나갔거나 재야에 묻혀 학문에만 정진했던 인물들을 학행(學行)·유일(遺逸)·유행(儒行)·문행(文行)·훈신(勳臣)·원종훈(原從勳)·공신(功臣)·명신(名臣)·명환(名宦)·명관(名官)·청백리(淸白吏) 등으로 세분하였다. 둘째, 유학자 중에서 글에 뛰어난 인물을 문장(文章)·문원(文苑)·선문(善文)·선시(善詩)·필원(筆苑)·선필(善筆) 등으로 별도로 구분하였다. 셋째, 인간의 됨됨이를 따져 별도로 묶었다. 행의(行誼)·명망(名望)·선행(善行)·진목(賑睦)·충신(忠臣)·절의(節義)·효자(孝子)·효부(孝婦)·정열(貞烈) 등이라 할 것이다. 넷째, 과거시험에 합격했지만 관직에 나가지 않았거나, 음서(蔭敍)로 관직을 받은 인물들을 구분하였다. 삼강오륜 편에는 효자 53명, 효부 4명, 정렬부인 24명 등의 이름이 기록되어 있다. 효부 여성들은 시부모 봉양, 간병, 양자를 세워 가문을 이은 행위 등으로 정려를 받거나 향리에서 칭송을 받았다. 『조선환여승람』『영암군편』은 이렇게 유학자, 글, 성품, 관직 등 다양한 종류의 덕목으로 남녀를 포함하였기에 이전의 어떤 지리지보다 많이 영암의 향촌인물을 수록할 수 있었다.

『영암군편』의 발문에는 이병연과 더불어 영암지역 출신 경제인 현준호의 이름이 실려 있다. 이는 『조선환여승람』『영암군편』 편찬 과정에서 현준호의 영향력이 작동되었음을 떠오르게 한다. 그는 영암군의 세거가문인 연주 현씨의 유력 인물이자, 호남을 대표하는 경제인이다.

3. 연주현씨(延州玄氏) 가문의 대거수록과 현준호

『조선환여승람』『영암군편』에 등장하는 영암 세거 대표 성씨로는 거창(居昌) 신씨(辛氏), 전주(全州) 최씨(崔氏), 탐진(耽津) 최씨(崔氏), 창녕(昌寧) 조씨(曺氏), 경주(慶州) 이씨(李氏), 함양(咸陽) 박씨(朴氏), 연주(延州) 현씨(玄氏) 등이 있다. 영암 지역에는 16세기 중엽 이래로 남평 문씨, 거창 신씨, 전주 최씨, 천안 전씨, 경주 이씨, 밀양 박씨, 김해 김씨, 연주 현씨 등 대표 사족들이 영암 향교를 중심으로 1674년(현종 15)에 작성된 영암 향약의 주체로 활동하였다.

그런데, 이중에 연주 현씨는 지지편, 인물편, 삼강오륜, 과환편에 걸쳐 골고루 발견되며, 서술 분량도 다른 어떤 가문들보다 많다. 연주 현씨 가문의 인물들이 대거 수용된 점은『조선환여승람』『영암군편』출판의 한 특징을 잘 보여준다.『영암군편』에는 연주 현씨의 시조 현담윤, 그리고 7대손 현옥량부터 26대손 현용호에 이르기까지 20대에 걸쳐 40명의 이름이 등재되어 있다. 명단은 다음과 같다.

〈표 2〉『조선환여승람』『영암군편』에 기록된 연주 현씨 명단

시조 현담윤 – 7대 현옥량 – 8대 현용무 – 9대 현규 – 10대 현득리(전주판관공파 분파) – 11대 현분 – 12대 현윤명 – 13대 현구 – 14대 현덕형 – 15대 현건 – 16대 현유후 · 유준 – 17대 현징 – 18대 현약호 – 19대 현수중 – 20대 현명직 · 명덕 – 21대 현진택, 진한 – 22대 현부행 · 부해 · 부철 · 부원 – 23대 현상요 · 상순 · 상직 · 상학 · 상설 · 상봉 · 상영 – 24대 현계묵 · 인묵 · 주묵 · 지묵 · 열묵 – 25대 현재승 · 기동 · 기봉 · 기은 – 26대 현용호

기록에 의하면, 연주(延州) 현씨(玄氏)는 조선시대 영암에 입향한 세거 사족으로, 조선 전기 영암군 군서면 구림리로 입향한 현윤명(玄允明) 및 그 후손들이 향촌 활동에 활발히 참여하며 지역에서 영향력을 행사

하였다. 현윤명의 증손 현건(玄健)은 구림(鳩林)에서 동족 기반을 다지는 데 노력하였으며, 구림 대동계 중수에 참여하고 회사정(會社亭) 건립을 주도했다. 현건의 손자 현징(玄徵)은 1660년(현종1)에 사마시에 급제하여 참봉까지 지내고 고향으로 돌아와 죽림정(竹林亭)을 짓고 선비들을 가르쳤다. '지지편'에 기록된 연주 현씨와 관련된 고적, 묘, 누정 등은 다음과 같다.

〈표 3〉 '지지편'의 연주 현씨 행적

분류		이름	활동내용
지지편	고적(古蹟)	향약(鄕約)	1634년 이후백, 백광훈, 현건(15대) 등이 남전 여씨 향약을 본받아 명첩을 만듦
	명묘(名墓)	현징(玄徵)	17대. 묘는 덕진면 금강리 구입석리 신좌의 언덕에 있음. 현씨 일가의 내력과 현징의 생애가 소상히 기술됨. 진사합격, 문과실패, 광릉참봉 제수와 사직, 공의 효제와 충의, 풍류가 기록됨
		현명직(玄命直)	20대. 묘는 학산면 용산리 안골 부춘산 간좌에 있음. 효성과 우애, 학문에 대해 기록됨
	누정(樓亭)	회사정(會社亭)	군서면 구림리에 있으며, 현건, 조행립, 박성오 등이 향약을 세워 매년 춘추 곗날에 회합하는 곳임
		죽림정(竹林亭)	현징(17대)이 지었음
		삼벽당(三碧堂)	군서면 구림리에 있고, 현약호(18대)가 건립하고 소나무와 대나무를 심고 이름을 삼벽이라 하고, 우암 송시열이 제액(題額)하였음
		호연재(浩然齋)	덕진면 금강리 구입석 지내동에 있으며, 참봉 현징의 모재각(慕齋閣)임

영암에서 연주 현씨와 연관된 최초의 흔적은 1634년 현건 등이 남전 여씨의 향약을 본받아 명첩을 만들었다는 향약에 관한 기록이다. 해당 항목에는 청련(靑蓮) 이후백(李後白), 옥봉(玉峯) 백광훈(白光勳), 현건(玄健), 첨추(僉樞) 조행립(曺行立), 목사(牧舍) 임구령(林九齡), 감사(監司) 신희남(愼喜男) 등이 함께 결성했다는 내용이 기록되어 있다. 이 향약은 회사정(會社亭)에서 매년 춘추계 날에 모여 강신(講信)하였다고 한다.[162]

162 『국역본 조선환여승람 영암군편』, '지지편', 71-72쪽.

다른 기록에는, 회사정이 "구림 대동계의 집회소로 박성오 · 조행립 · 현건 등에 의해 1646년부터 8년여에 걸쳐 완공되었다."[163]고 기술되어 있다. 오늘날 영암군에서 축제를 기획한다면, 남전 여씨의 향약을 본받아 만들었다는 향약의 내용을 되새겨보고, 회사정에서의 회합행차를 재현하고 구림(鳩林) 마을 공동체의 역사와 의미를 되새겨보는 것도 흥미로울 것이다.

여기 기록된 인물들의 선후관계에는 다소 착오가 보인다. 이후백(1520~1578), 백광훈(1537~1582), 신희남(1517~1591)은 현건(1572~1656)과 나이 차가 있고, 1634년은 위 세 사람이 이미 세상을 뜬 뒤의 일이라 기록내용이 정확하지 않음을 알 수 있다. 이중 현건과 연배가 맞는 사람은 조행립(1580~1663) 정도이다. 이는 착오이거나, 아니면 이전에 이후백, 백광훈 등이 이미 동계를 만들었는데, 현건 등이 뒤에 동계를 준수하면서 기록이 뒤섞였을 가능성이 있으므로 따져보아야 한다. 명묘(名墓)로는 현징과 현명직의 묘가 기록되었고, 누정으로는 회사정을 비롯해 현징, 현약호 등이 건립한 죽림정, 삼벽당, 호연재에 관한 내용이 기록되어 있다.

연주 현씨 중 벼슬을 한 사람들은 누구일까?『조선환여승람』『영암군편』'과환편'에 오른 연주 현씨 인물은 다음과 같다.

163『구림(鳩林)』, 사단법인 향토문화진흥원, 1992, 144쪽.

〈표 4〉 '과환편'의 연주 현씨 인물 행적

분류		이름	관계	활동내용
과환편 (13)	문과 (文科) (3)	현옥량 (玄玉亮)		7대. 태조조에 문과에 등과하여 예조판서에 이름
		현규 (玄圭)	현옥량의 손자	9대. 자는 규옥(圭玉). 세종조에 문과에 등과, 교리에서 이조정랑에 승계함. 옥당에 현규가 올린 교서나 유문(遺文)이 칭송받았으며, 학식이 고명함. 이조참의 추증
		현득리 (玄得利)	현규의 아들	10대. 세조조에 문과 등과하여 대사성을 역임하고 이조참의에 오름
	사마 (司馬) (5)	현유후 (玄裕後)	현건의 아들	16대. 인조조에 생원을 함
		현징 (玄徵)	현유후의 조카	17대. 현종조에 진사를 함
		현약호 (玄若昊)	현징의 아들	18대. 숙종조에 생원을 함
		현명덕 (玄命德)	현약호의 손자	20대. 영조조에 진사를 함
		현기봉 (玄基奉)	현상직의 손자	25대. 고종조에 생원을 함. 세상이 혼탁함을 분개하여 오래 동안 세상과 의절함
	음사 (蔭仕) (5)	현용무 (玄用武)	현옥량의 아들	8대. 태종조에 은둔하며 영달을 끊음
		현분 (玄賁)	현득리의 아들	11대. 성종조에 사헌부 감찰, 송화현감 지냄
		현윤명 (玄允明)	현분의 아들	12대. 명종조에 영광군수와 부사직 역임. 광성부원군 이극감의 외손이며, 감사 난포 박지번의 외척임. 천안에서 영암으로 내려와 살았음. 문정공 윤두수와 문정공 윤근수, 충렬공 이범, 이책, 충장공 이수, 문강공 안방준 등이 다 그의 외손임
		현구 (玄球)	현윤명의 아들	13대. 선조조 중림찰방, 태인현감 역임
		현덕형 (玄德亨)	현구의 아들	14대. 선조조 종사랑 역임

『영암군편』 '과환편'에 기록된 현씨 가문의 문과급제자는 7대 현옥량(태조조 이조판서), 9대 현규(세종조 교리와 이조정랑), 10대 현득리(세조조 대사성, 이조참의), 세 명이다. 음사로 벼슬을 한 이는 총 다섯 명으로, 11대 현분(성종조 사헌부 감찰, 송화현감), 12대 현윤명(명종조 영광군수, 부사),

13대 현구(선조조 중림찰방, 태인현감), 14대 현덕형(선조조 종사랑) 등이 있다. 그 외에 벼슬은 아니지만, 사마(司馬)로서 16대 현유후(인조조 생원), 17대 현징(참봉), 18대 현약호(숙종조 생원), 20대 현명덕(영조조 진사), 25대 현기봉(고종조 생원) 등 5명의 이름이 발견된다. 무과 벼슬자는 없다. 이렇듯 영암의 연주 현씨 가문에서 벼슬을 한 이는 조선 전기의 인물 8명이 전부일 정도로 적다.

『영암군편』에 연주 현씨 가문은 원종훈(原從勳), 학행(學行), 유행(儒行), 문행(文行), 유일(遺逸), 명신(名臣), 명환(名宦), 필원(筆苑), 선필(善筆), 충신(忠臣), 효자(孝子) 등 항목에서 20대에 걸쳐 대대손손 40명의 행적이 기록되었다. 이 기록을 통해서만 보면, 연주 현씨는 영암 지역의 명망 있는 가문이다.

〈표 5〉 '인물편'과 '삼강오륜편'의 연주 현씨 인물 행적

분류		이름	관계	활동내용
인물편(31)	유일(遺逸)(8)	현건(玄健)	현구의 손자	15대. 자는 여강(汝强), 호는 재간재(在澗齋). 학문이 깊고 박식해 선조조에 감역(監役)을 제수하여 주부(主簿)에 다섯 번이나 불렀으나 나아가지 않음. 충무공 이순신과 절친해, 기밀한 일이 있으면 반드시 의론하였음
		현유후(玄裕後)	현건의 아들	16대. 자는 차경(次慶), 호는 취음정(就陰亭). 인조 때 생원을 하고 참봉을 제수했으나 나아가지 아니함
		현징(玄徵)	현건의 손자	17대. 자는 사후(士休), 호는 중림정(中林亭), 감역 건의 손자. 현종 대 진사에서 참봉에 천배되었으나 버리고 돌아옴
		현약호(玄若昊)	현징의 아들	18대. 자는 흠보(欽甫), 호는 삼벽당(三碧堂). 우암 송시열의 문인. 숙종조에 생원이었으나, 사화를 비판하고 벼슬을 물러남. 뜻이 높고 지조가 있어 영조조에 사허부 지평을 증함
		현수중(玄守中)	현약호의 아들	19대. 자는 신중(信仲), 호는 불능와(不能窩). 농암의 문인으로 의지가 강하고 청렴함. 영조 때 이건명이 사신으로 갈 때 백의로 종사함
		현명직(玄命直)	현약호의 손자	20대. 자는 자경(子敬), 호는 심초재(尋初齋). 이도임의 문인으로 박식하고 덕행이 높았음. 미호 김원행, 옥곡 이봉상, 겸산 유숙기와 종유함

인물편(31)		현진택(玄鎭澤)	현명직의 아들	21대. 자는 동섭(東燮), 호는 대소헌(大小軒). 미호 김원행의 문인으로 청빈하고 학문이 정도를 하여 스승의 유지를 잘 받듦
		현부행(玄溥行)	현진택의 아들	22대. 자는 도원)道源, 호는 차군헌(此君軒). 송성담의 문인으로 덕과 학문이 높았음
	유행(儒行)(12)	현진한(玄鎭漢)	현명직의 아들	21대. 자는 동미(東美), 호는 유방재(悠匚齋). 근엄하고 효우가 돈독하며, 산천에 사는 것을 즐겁게 여겼음
		현부해(玄溥海)	현진한의 조카	22대. 자는 호원(灝源), 호는 성경재(誠敬齋). 행동을 바르게 하여 세상에 모범이 됨. 伯兄 부행과 우애가 돈독하고 같이 수학함
		현부철(玄溥澈)	현부해의 아우	22대. 자는 학원(學源), 호는 수와(遂窩). 문학과 덕행이 뛰어남
		현부원(玄溥遠)	현부철의 아우	22대. 자는 대원(大源), 호는 진재(眞齋). 효우와 지식이 많았음
		현상요(玄相堯)	현부행의 아들	23대. 자는 성필(聖弼), 호는 심원재(尋源齋). 순박하고 선조의 유지를 잘 받들었음
		현상순(玄相舜)	현상요의 아우	23대. 자는 성우(聖佑), 호는 망북헌(望北軒). 효도와 우애가 뛰어나고, 언행을 바르게 하였음
		현상직(玄相稷)	현부해의 아들	23대. 자는 성익(聖益), 호는 자이당(自怡堂). 효도와 우애를 근본으로 형제가 늙도록 돈독하여 향리에서 흠복함
		현상익(玄相翊)	현부철의 아들	23대. 자는 성태(聖泰), 호는 기천당(己千堂). 학문을 일찍이 성취하여 경학이 깊었음
		현상영(玄相英)	현부원의 아들	23대. 자는 성화(聖華), 호는 삼낙와(三樂窩). 천성이 바르고 엄정하며 덕행이 뛰어나 향리에서 자랑하였음
		현계묵(玄啓默)	현상요의 아들	24대. 자는 옥여(沃汝), 호는 극복재(克復齋). 준엄하고 규범대로 행동하며 진실하였음. 송근수, 이성렬과 종유함. 유고가 있음
		현주묵(玄周默)	현상직의 아들	24대. 자는 함일(涵一), 호는 월계(月溪). 자질이 도인에 가깝고 효도와 우애, 문장으로 소문남. 유고가 있음
		현재승(玄在升)	현계묵의 아들	25대. 자는 사명(四明), 호는 존재(存齋). 송연재의 문인으로, 천재의 자질이 있으며, 윤용구, 최영조 등과 종유함. 유고가 있음
	문행(文行)(3)	현상학(玄相鶴)	현상직의 아우	23대. 자는 성천(聖天), 호는 자락원(自樂園). 문학에 능하고 효우가 지극함
		현상봉(玄相鳳)	현상익의 아우	23대. 자는 성의(聖儀), 호는 죽하(竹下). 가문의 전통을 준수하고 학문에 열중하며 행동이 의로움
		현용호(玄龍鎬)	현기동의 아들	26대. 자는 자행(子行), 호는 학재(鶴齋). 송연재의 문인으로, 성품이 엄하고 선대의 유훈을 지극히 섬기며, 효우와 문장이 모범이 됨
	원종훈(原從勳)	현득리(玄得利)	현규의 아들	10대. 자는 견룡(見龍). 세조조에 문과 등과, 이조참의, 전주판관 퇴임. 이시애의 난에 순절. 이조판서 추증

인물편(31	명신(名臣)	현옥량(玄玉亮)	현담윤의 後	7대. 자는 채상(采相), 호는 사월(沙月). 태조조에 문과 등과, 예조판서. 귀향 후 후진양성. 학문이 출중함
	명환(名宦)	현득리(玄得利)	현규의 아들	10대. 세조조에 문과 등과, 대사성, 이조참의를 하고 전주판관으로 퇴임하였다가 이시애의 난에 순절. 예조판서, 이조판서, 대제학 추증
	필원(筆苑)	현구(玄球)	현윤명의 아들	13대. 자는 명서(鳴敍). 선조조에 현감을 하고 필법이 뛰어나고, 호탕하며 인품이 뛰어남. 고향에 돌아와 서호(西湖)에 배를 띄워 소요하니 서호주인이라 칭함
	선필(善筆)	현열묵(玄烈默)	현상봉의 아들	24대. 자는 영숙(英淑), 호는 계사(鷄舍). 근면검소, 가정이 빈곤하여 돌을 연마하여 십여 개를 닳도록 학문에 전념하여 문장으로 이름남
	행의(行誼)(3)	현인묵(玄麟默)	현상직의 아들	24대. 자는 인서(仁瑞), 호는 다포(茶圃). 성격이 단호하고 효우가 독실하며, 가풍을 엄중히 세움
		현기동(玄基東)	현인묵의 아들	25대. 자는 정기(正氣), 호는 송은(松隱). 준엄한 성격에 가정을 규점으로 다스리고, 사람을 진실로 상대함
		현기봉(玄基奉)	현인묵 아들 · 현기동 아우	25대. 자는 치도(致道), 호는 학파(鶴坡). 고종조에 생원. 효우 돈독하고 귀천을 가리지 않고 사귐. 어려운 사람을 도우며, 흉년에 수백 가구를 구휼함
삼강오륜편(5)	충신(忠臣)	현득리(玄得利)	현규의 아들	10대. 세조 때 문과 등과. 이조참의, 이시애의 난 때 순절. 출전할 때 손가락을 베어 부인 권씨에게 맡긴 일화 소개. 권씨도 종순(從殉)함
	효자(孝子)(4)	현상설(玄相卨)	현상직의 아우	23대. 자는 성운(聖韻), 호는 성약당(聾若堂). 효성 지극. 부모상에 3년 시묘살이함
		현지묵(玄知默)	현상설의 아들	24대. 자는 덕선(德善), 호는 취루재(炊累齋). 가난했으나 효성이 지극하였음
		현주묵(玄周默)	현상직의 아들	24대. 효성 지극, 부모님이 위독할 때 단지(斷指)하여 구하고, 3년간 시묘를 함
		현기은(玄基殷)	현지묵의 아들	25대. 자는 백원(栢苑), 호는 학산(鶴山). 가난했으나 정성으로 봉양하고, 모친의 병환에 자신의 허벅지살을 구워드려 3년 이상 연명함

위 '인물편'과 '삼강오륜편'에 기록된 36명은 대개 충신, 효행, 독서, 성리학 방면에서 비범한 인물로 평가받았다. 14세손 현덕형이 선조대 종사랑을 한 이후로 벼슬을 했던 인물이 없음에도 불구하고, 연주 현씨가 영암의 세거 가문으로 명망을 이어온 이유, 또는 비결은 무엇일까?

위 기록들을 종합적으로 볼 때, 이들은 충효, 독서, 학문, 문인들과의 종유(從遊), 구휼활동 등으로 신망을 얻고, 사대부가로서의 돈독한 행실을 이어온 때문인 것으로 파악된다. 그리고 그 바탕에는 이들이 생원, 진사 등의 벼슬을 한 재지사족으로서, 토지와 노비 등 적지 않은 재산을 소유하며 학문과 덕행으로 지역에서 영향력을 유지해 왔을 것으로 추정한다. 『조선환여승람』『영암군편』에는 연주 현씨 재산 관련 기록이 많지 않지만, 그 중 흥미로운 내용은 25세손 현기봉(玄基奉, 1855~1924)이 "흉년에는 창고 문을 열어 수백 가구를 구휼하여 도청 관리의 보고로 조정에까지 알게 되었다."(171쪽)는 부분이다.

손정연에 의하면, 현기봉은 영암군에서 대지주의 아들로 태어나 조부 인묵(麟默)이 물려준 3천 섬 농지를 두 배가 넘는 7천 섬으로 증가시킬 정도로 이재(理財)에 탁월한 능력을 발휘했다. 1888년에 대기근이 들자, 그는 구휼활동에 나서서 수백 명의 백성을 구제하였다고 한다.[164] 이 기사에서 조부 현인묵이 3천 섬 농지를 소유한 대지주이며, 현기봉은 이재에 밝아 재산을 증식하고 대기근 때 구휼활동을 한 점을 알 수 있다. 현기봉 한 사람의 기록이지만 추정해 보건데, 이러한 지주로서의 경제적 기반이 없었다면 연주 현씨 가문이 200여 년간 별다른 관직 없이 영암군에서 명망을 이어올 수 없었을 것이다.

또 다른 이유로는 『조선환여승람』이 상업적 출판물이라는 점을 고려할 때, 『영암군편』의 편찬과정에서 20세기 초 호남거부로 통하던 26세손 현준호(玄俊鎬)가 출판경비를 후원하면서 조상들의 이름을 미담과 함께 대거 올렸을 가능성이 있다. 이는 그가 편집인 이병연과 함께 『영암군편』 발문에 이름을 올린 것에서도 그 영향력을 짐작할 수 있다.

현준호에 대해 조사해보면, 그가 한국 현대사에 여러 번 언급된,

---

164 손정연, 『무송(撫松) 현준호』, 전남매일신문사, 1977, 50쪽, 155쪽.

꽤나 비중 있는 인물이라는 점이 발견된다. 한국민족문화백과대사전에 의하면, 현준호는 1889년 8월 29일 전라도 영암에서 출생했으며, 호는 무송(撫松)이다. 부친 현기봉은 조선총독부 중추원 참의를 지냈으며, 본인은 일제강점기에 전라남도 도평의회원, 호남은행 은행장, 중추원 참의 등을 지냈다. 그는 친일행적 논란이 있어 광복 후 반민특위로부터 조사를 받았지만 기소유예 불기소처분을 받았다. 1950년 9월 조선인민군에게 사살 당했다. 그의 3남 고 현영원(1927~2006)은 현대상선 대표이사이고, 손녀 현정은(1955~)은 현 현대그룹 회장이다.

현준호는 어릴 때 한학을 수학하였고, 1912년 1월 휘문의숙을 졸업한 뒤 1912년부터 1917년까지 일본 메이지대학에서 공부한 뒤 귀국했다. 1919년부터 호남은행 운영, 동아일보 창립, 전라남도 육영회 이사장, 학파농장 사장, 경성방직 전무 등 굵직한 경제활동을 역임하였다. 또한, 그는 육영사업 면에서 1921년 재단법인 보성전문학교 감사가 되고, 1926년에 전남육영회(全南育英會)를 조직하고, 지역 유지들과 협력하여 1927년 5월 광주공립여자고등보통학교 설립에 참여하였으며, 전남의대의 전신인 '광주의학전문학교'를 세울 때 거액을 내놓는 등, 교육사업에도 적극적으로 투자하였다. 현준호는 친일행적 논란이 있음에도 불구하고, 한국 근대 금융 · 언론 · 기업활동 · 육영사업 등의 분야에서의 공적은 인정받고 있다. 『영암군편』에서 발견한 현준호의 흔적은 뜻밖의 수확이다.

『조선환여승람』『영암군편』이 출판되던 1937년 즈음, 현준호는 학파농장 사장, 동아일보 이사, 경성방직주식회사 이사직 등을 수행하고 있을 때였다. 그는 『조선환여승람』『영암군편』 출판을 영암군의 문화적 위상 및 연주 현씨 가문의 위상을 높이는 기회로 삼아 적극 후원하는 한편, 조상들의 이름을 대거 수록했을 것이다.

4. 왕인 박사의 영암출생설과 유적지 조성사업

『조선환여승람』『영암군편』에는 백제에 관한 기록이 많지 않은데, 그중 눈에 띄는 것은 백제인 왕인(王仁) 박사의 행적에 관한 기록이다. 일본에『논어』와『천자문』을 전했다는 백제인 왕인에 대한 기사는 일본 문헌『고사기(古事記)』,『일본서기(日本書紀)』,『속일본기(續日本記)』에 나온다. 이 기사를 바탕으로 현재 왕인은 한일 양국에서 일본에 한반도의 선진문물을 전수한 백제인으로 평가받고 있다. 왕인은『영암군편』 명환(名宦) 편에 한 번 기록되어 있다. 해당 내용은 다음과 같다.

> 백제 고이왕(古爾王) 때 (왕인) 박사관은 오묘한 뜻에 정통하고, (고이왕) 52년에 일본에 사신으로 갔다. (이 때에) 야공(冶工) 및 양조(釀造) 기술자 및 오복사(吳服師) 등을 데리고 갔으며, 응신천황(應神天皇)에게『천자문』과『논어』를 바치고 전수하였다. (일본의) 경전과 유학과 기타 제도가 여기에서 비롯되었다. (왕인의) 묘는 일본 大阪府 北河內郡 枚方에 있는데, 그 아래에 사당이 건립되어 있다.[165]

위 내용에 의하면, 왕인은 백제의 제8대 왕인 고이왕(古爾王) 52년

165 "百濟古爾王時 博士官精通奧意 五十二年使日本. 冶工及釀造人吳服師等率往 傳習進千字文論語於應神天皇. 經傳儒學其他制度始此. 墓在日本大阪府北河內郡枚方 其下建祠."『朝鮮寰輿勝覽』「靈巖郡」'名宦 王仁'.

인 285년에 일본에 사신으로 파견되어 응신천황(應神天皇)에게 경전과 유학 등을 전했다. 왕인에 관한 기록은 그간 다른 고문헌에서는 발견되지 않았고, 일본 고문헌인 『고사기』(712년 저술)에 가장 먼저 나온다. 그 후의 기록인 『일본서기』, 또는 『속일본기』 등에는 왕인에 관한 기록이 자주 나타난다. 『고사기』(중권 응신조)에 의하면, “백제국왕 照古王(近肖古王)이 阿知吉師(아지기시)란 사람을 시켜 수말과 암말 각 한 필과 칼과 거울을 보내왔다”고 하였으며, “일본의 왕은 백제국에 현인이 있으면 보내 달라고 청하였다. 백제에서는 和邇吉師(와니기시)란 사람이 『논어』 10권, 『천자문』 1권, 모두 11권을 가지고 와서 전하였으며, 또 수공인과 양공 및 직조공을 일본에 보내었다”고 하였다.

『일본서기』에는 “응신천황 15년 추8월 壬戊朔 丁卯日에 백제왕이 아직기(阿直岐)를 보내어 양마(良馬) 2필을 가져왔다고 하고, 응신천황 16년 춘2월 왕인이 일본에 와서 태자 菟道稚郎子의 스승이 되어 전적을 가르치어 통달치 않은 것이 없게 하였다”고 하였다.[166] 응신천황 16년을 285년으로 보는 견해도 있지만, 『일본서기』 응신천황 16년에 “이 해에 백제 阿華王이 돌아가니 천황이 直支王을 불러서 ‘네가 나라에 돌아가 왕위를 계승하라’ 하고 보내주었다”고 한 문장을 근거로, 왕인이 일본에 건너간 해가 아화왕이 죽은 405년으로 보는 견해가 우세하다.[167]

166 류승국, 「백제박사 왕인 내동(渡東)에 관한 문헌적 고증과 그 의의」, 『학술원논문집: 인문 · 사회과학편』 50-1, 2011, 5쪽.

167 류승국, 위의 논문, 11-12쪽; 최영희, 「백제 왕인박사에 대한 문헌고찰」, 『문화사학』 5, 한국문화사학회, 1996, 19-22쪽.

〈그림 5〉 일본 오사카부 히라카타시의 왕인묘 (Maechan0360/ja.wikipedia. (2006년 7월 30일)

왕인은 일본을 방문한 남용익, 신유한, 조엄, 원중거 등의 조선후기 통신사행원들이 17~18세기에 걸쳐 사행록에 왕인에 대해 기록하면서 조선에 알려지게 되었다. 18세기 이후로 실학자 이덕무, 한치윤, 김정희, 이규경 등은 왕인에 대해 좀 더 체계적으로 연구하였다. 이들에 의해 체계화된 왕인에 관한 기술과 인식은 후대로 계승되었고, 오늘날 왕인 도일설은 일반적으로 확고한 역사적 사실로 받아들여지고 있다. 근대 이후 일본에서는 내선일체(內鮮一體), 일선동조론(日鮮同祖論)의 상징으로 왕인박사를 이용하려는 정치적 의도로 왜곡되기도 하였다.[168]

왕인의 이름은 일찍이 우리나라의 지리지에서는 볼 수 없었는데, 이병연 선생이 『조선환여승람』『영암군편』에서 처음으로 왕인을 영암 출신 인물이라고 기록하였다. 이 내용이 들어간 것에도 현준호가 관여

168 하우봉, 「조선시대 왕인에 대한 인식의 전개와 그 의미」, 『전북사학』 47, 전북사학회, 2015, 77-110쪽.

했으리라 추정되고 있다. 오늘날 영암군에서 이뤄지고 있는 왕인 유적지 조성사업 및 관광사업은 『조선환여승람』『영암군편』 명환편에 기록되어 있는 이 한 문단의 내용에 의거해 진행되고 있다. 이렇듯 지역 지리지는 오늘날 지역의 관광지 조성사업에 근거가 된다는 점에서 영향력이 크다.

그런데, 이러한 기록이 어떤 문헌에 근거한 것인지 밝혀져 있지 않아 논란이 이어지고 있다. 현재 왕인의 묘는 일본 오사카부(大阪府) 히라카타시(枚方市)에 있다. 『조선환여승람』에 기록된 왕인의 도일(渡日) 시기가 정확하지 않음에도 불구하고, 왕인의 묘와 사당이 일본 오사카부(大坂府) 기타카와치군(北河內郡) 히라카타(枚方)에 있다고 적시한 것은 『조선환여승람』의 기록이 1920~30년대 당시 일본에서 확인된 지식과 견문에 바탕한 것임을 추정케 한다.

일본의 유적과 기록에는 왕인이 영암군 출신이라는 내용이 없다. 그렇다면 이병인, 또는 현준호가 왕인을 영암군의 인물로 기록한 것은 당시 영암군 일대에 전하는 전설 및 잡지 등에 근거하였을 가능성이 크다. 다만, 역사학계에서는 역사적 사료가 명확하지 않다는 점 때문에 왕인의 출생지가 영암군이라는 근거가 약하다고 보기도 한다.[169]

현재 영암군 군서면 구림마을 동쪽 문필봉 기슭에는 왕인박사 유적지가 조성되어 있다. 이 유적지는 『조선환여승람』의 '왕인' 항목에 있는 내용과 지역 전설에 바탕하여 조성되었다. 현재 유적지에는 성기동

169 스나구찌 다이스케, 「확인되지 않은 과거에 대한 현대인들의 기억 만들기: 한일 양국의 왕인현창 사례를 중심으로」, 연세대학교 석사논문, 2008; 도진순, 「왕인 현창의 양면: 민족주의와 식민주의, 연계와 변주」, 『역사학보』 226, 역사학회, 2015, 187-225쪽.

(聖基洞)을 왕인 박사의 탄생지로 하여, 왕인이 마셨다고 전해 오는 성천(聖泉), 유허비(遺墟碑)가 있고, 월출산 중턱에는 박사가 공부했다고 전해 오는 책굴(册堀)과 문산재(文山齋), 양사재(養士齋) 등이 조성되어 있다. 서구림(西鳩林) 돌정 고개는 왕인 박사가 일본으로 떠날 때 작별을 아쉬워하면서 뒤돌아보았다 하여 '돌정고개'라는 이름이 지어졌다고 한다. 또한 상대포(上臺浦)는 박사가 일본으로 떠날 때 배를 탔던 곳이라 하여, 여기에 포구와 정자가 조성되었다.[170]

삼국시대에 백제의 영암 지역이 지식인들의 문화역량이 축적된 지역이며, 상대포를 포함한 영암군이 삼국시대에 중국과 일본을 잇는 해상교통의 요충지였다는 점은 왕인과 영암의 관계를 연결 짓는 데 의외로 중요한 배경이 된다.[171] 영암군의 문안식, 박광순 또한 상대포가 왕인의 영암 구림지역 출생설의 주요 근거가 된다고 하였다.[172] 필자 또한 상대포의 존재가 왕인 출생설의 유력한 근거가 된다고 생각한다. 이을호는 왕인의 출생지가 백제 영역 내에 있을 것이라는 상정 아래, 문헌상으로나 구비전설, 지역적 특수성을 고려할 때 영암이 가장 유력한 곳이며, 이를 제외하고는 왕인 탄생지로 비정될 만한 곳은 한 군데도 없다고 하였다.[173]

한편, 『동국여지승람』의 『영암군』 '월출산조'에는 고려 명종조 김극

170 『영암왕인유적의 현황』, 왕인문화연구소 · 전라남도 영암군, 1986.

171 최몽룡, 「월출산지구의 문화유적」, 위의 책, 20쪽;

172 문안식, 「왕인의 도왜(渡倭)와 상대포의 해양교류사적 위상」, 『한국고대사연구』 31, 한국고대사학회, 2003, 149-178쪽; 박광순, 「왕인박사의 도일시기와 경로」, 박광순 · 임영진 · 정성일 편저, 『왕인박사연구』, 주류성, 2013, 283-284쪽.

173 이을호, 「왕인문화의 역사적 배경」, 위의 책, 11-13쪽.

기(金克己)가 남긴 시가 있는데, 이를 근거로 왕인이 영암 출신의 인물이라고 하는 주장도 있다. 시를 보면 다음과 같다.

상사께서 가시고 어디에 머무시는지 묘연한데	相師化去杳安住
표표한 유풍은 천고의 세월 동안 남아 있네	颯爽遺風千古吹
상사께서 지난날 홀로 머무를 뜻이 있어	相師平昔獨往意
소나무 아래 석문에서 날로 거처하셨네	松下石闉日棲遲
(中略)	
이옹(邇翁)이 머뭇머뭇 홀연히 나를 찾아왔는데	邇翁貿貿忽訪我
늙은 백발에 쭈글쭈글한 노인이로다	滿領鶴髮身鷄皮

류승국은 이 시구에서 '상사(相師)'의 주인공이나, '이옹(邇翁)'은 다름 아닌 '와니사(和邇師)'이며, 이는 곧 왕인의 이명동인(異名同人)이라고 하고, 이 시를 통해 영암에 왕인의 자취와 기억이 남아 있음을 알 수 있다고 하였다.[174]

다만, 영암이 왕인의 탄생지라는 유력한 근거로 활용될 수 있는 것이 관련 설화인데, 아직까지 왕인 관련 설화연구가 제대로 이뤄지지 않은 점은 의아스럽다. 어쩌면 오랜 세월이 지난 지금, 왕인에 관한 설화, 또는 전설을 현장에서 찾는 것이 불가능할지도 모른다. 필자는 「왕인과 성기동」[175]이라는 전설이 있어 찾아보았는데, 그것은 왕인 전설을 채록해 실은 것이 아니라 관련 연구를 소개한 내용이었다. 이것이 왕인설화 연구의 어려움을 보여주는 단면이다.

현재 왕인 박사의 영암 출생설의 1차 근거는 『조선환여승람』『영암

174 류승국, 앞의 논문, 6-7쪽.

175 영암문화원 편, 『영암의 전설집』, 영암문화원, 2002, 110-111쪽.

군편』의 왕인 관련 기록이다. 이것이 『조선환여승람』 및 이병연, 현준호 등의 영향력이다. 그리고 학술연구를 통해, 상대포를 포함한 영암군이 삼국시대에 중국과 일본을 잇는 해상교통의 요충지였다는 점이 밝혀지며 이를 뒷받침하는 유력한 근거가 되고 있다. 현재 영암군에서 펼치고 있는 왕인 박사의 유적지 조성사업 및 스토리텔링, 학술연구사업이 균형을 잡으며 진행되기를 기대한다.

제3부
전란서사와 동아시아 문학공간

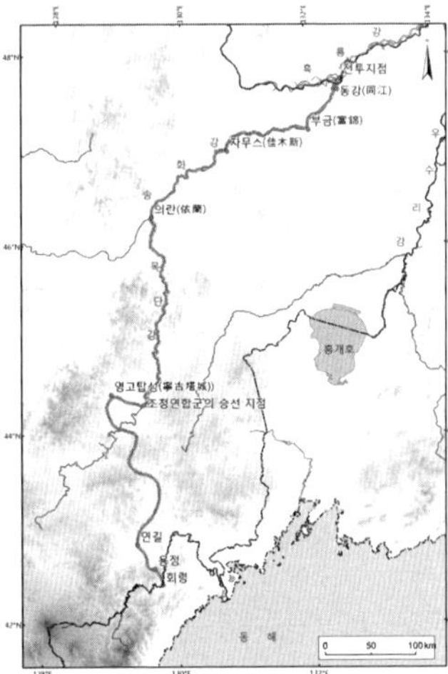

〈1658년 제2차 흑룡강원정의 공간과 노정〉

조선후기 전란을 제재로 한 실기문학 및 소설에 그려진 일본 · 베트남 · 바다의 이미지, 흑룡강원정의 노정과 경관, 동아시아 북방의 이역, 북부지방의 표상에 대해 살펴본다.

제1장
〈조완벽전〉의 포로서사와 일본 · 베트남 · 바다

1. 정유재란 민간인포로가 전하는 해외견문

〈조완벽전〉은 정유재란 때 일본에 포로로 잡혀갔던 진주 선비 조완벽(趙完璧)이 일본과 베트남에서 겪은 일을 기록한 작품이다. 임란 포로실기문학이 여럿 있지만, 그중에서 〈조완벽전〉이 주목받는 이유를 꼽는다면, 그것은 이 작품에 주인공의 일본 포로생활과 일본의 상선을 타고 베트남을 여행한 희귀 기록이 담겨 있기 때문이다.

진주 선비 조완벽은 1597년 약관의 나이에 일본군에게 잡혀 교토에 끌려가 1607년 조선 사절단에 의해 귀국하기까지 10년을 일본에서 체재하였다. 한문을 잘하였던 그는, 선단을 이끌고 남방무역을 하던 일본인 선주의 눈에 띄어 무역선에서 일 년 동안 문서작성 업무를 해주면 풀어주겠다는 계약을 맺고 1604년 안남을 다녀왔다. 하지만 선주는 그를 풀어주지 않고 두 번을 더 배에 타게 했다. 이로 인해 조완벽은 1604년부터 1606년까지 매년 무역선을 타고 세 차례나 동남아시아 바다를 항해하고 류큐(琉球), 베트남[安南], 필리핀[呂宋] 등지를 방문하는 특이한 경험을 하였다. 1607년 그는 조선의 쇄환사 여우길(呂祐吉)을 따라 귀국해 고향 진주로 돌아왔다. 조완벽은 당시 진주지역에서 벼슬을 하던 김윤안(金允安, 1562~1620)과 만나 자신의 이국체험을 전하였고, 정사신(鄭士信, 1558~1619)과 이준(李埈, 1560~1635)은 1611년 봄 한양에 올라온 김윤안에게서 이야기를 전해 듣고 각각 〈조완벽전〉과 〈기조완벽견문(記趙完璧見聞)〉을 지었다. 이수광(李睟光, 1563~1629)은 정사신과 이준의 글을 보았고, 또 조완벽을 만나 좀 더 자세한 정보를 얻어듣고 1611~1614년 사이에 〈조완벽전〉을 지었다.[176]

〈조완벽전〉은 한국의 역사학계와 국문학계, 일본의 학계에서 공히 관심을 받아 연구된 작품이다. 덕분에 조완벽의 생애, 일본으로 포로로 잡혀간 뒤의 행적, 일본의 상선을 타고 베트남을 다녀온 일 등이 비교적 상세하게 파악된다. 조완벽의 왜주(倭主)는 교토의 거상으로 주인선(朱印船)[177] 무역에 종사하던 스미노쿠라 료이(角倉了以)인데, 그가 소유한 주인선(朱印船)은 1604년부터 1612년까지 아홉 차례에 걸쳐 매

176 권혁래, 「〈조완벽전〉의 텍스트와 문학적 의미 연구」, 『어문학』 100, 한국어문학회, 2008, 207-211쪽.

177 주인선(朱印船)이란 일본의 통치자가 발급한 무역허가증인 주인장(朱印狀)을 받아 해외무역업무를 담당한 선박을 말한다. 도쿠가와 이에야스(德川家康)는 1601년 안남, 스페인령 마닐라, 캄보디아, 시암 등 동남아시아 국가에 사신을 파견하여 외교 관계를 수립하고, 1604년에 주인선 제도를 실시하였다. 그 이후 1635년까지 350척 이상의 일본 선박이 주인장을 얻어 해외로 나갔다. 주인장에는 상세한 항해 목적지와 날짜가 적혀 있고 붉은 도장이 찍혀 있다. (朱印船, 일본 위키피디아)

년 안남국 예안성 흥옌(興元)에 있는 항구를 통해 통킹(東京; 지금의 하노이)으로 들어갔다. 조완벽은 스미노쿠라의 주인선을 타고 1604년부터 1606년까지 3년간 문서작성업무를 수행하였다.[178] 조완벽은 본관이 임천(林川)이며, 연산군에게 화를 입은 지족당(知足堂) 조지서(趙之瑞, 1454~1504)의 종손으로, 남명 조식의 집안과 연결된 진주세거 양반의 일원이었다. 그의 집안은 당시 진주의 명문세족들과 지속적으로 통혼관계를 맺고 있었다. 조완벽은 1577년 전후로 출생하여, 1597년 정유재란 때 약관의 나이로 일본으로 잡혀가 10년 뒤 1607년 조선으로 귀환하였다. 이후 1642년까지 고향 진주에서 생존했음이 확인되므로, 사망한 해는 1642년 이후로 추정할 수 있다. 즉, 조완벽은 65세 이상 생존했음을 확인할 수 있다.[179]

2. 〈조완벽전〉의 텍스트 분석

조완벽은 최초로 안남을 다녀온 조선인이므로, 그의 항해 경험과 안남 견문은 조선에서 대단한 화제가 되었다. 특히 안남에서 지봉 이수광의 시가 널리 읽히고 있다는 그의 보고는 문인들 사이에 매우 큰 반향을 불러일으켰다.

조완벽에 대한 기사는 경섬(慶暹)의 『해사록(海槎錄)』, 정사신(鄭士信)

178 岩生成一, 「安南國渡航 朝鮮人 趙完璧傳」について」, 『朝鮮學報』 6, 奈良: 朝鮮學會, 1954, 1-12쪽.

179 남미혜, 「정유재란기 피로인 조완벽의 가계와 삶」, 『이화사학연구』 50, 이화사학연구소, 2015, 235-266쪽.

의 『매창선생집』, 이수광(李睟光)의 『지봉선생집』과 『지봉유설』, 이규경(李圭景)의 『오주연문장전산고(五洲衍文長箋散稿)』, 이덕무(李德懋)의 『청정관전서(靑莊館全書)』, 안정복(安鼎福)의 『목천현지』, 이지항(李志恒)의 『표주록(漂舟錄)』 등에 두루 전한다. 이중에서 본격적 의미의 전이라고 할 수 있는 것은 정사신과 이수광, 안정복이 지은 〈조완벽전〉이다.

정사신은 김윤안에게 조완벽의 이야기를 전해 듣고 1611년 〈조완벽전〉을 지었다. 이수광은 정사신과 이준의 글을 보았고, 또 조완벽을 통하여 좀 더 자세한 정보를 얻어듣고 1611~14년 사이에 〈조완벽전〉을 지었다. 정사신의 〈조완벽전〉은 1,125자, 이수광의 〈조완벽전〉은 주석을 포함해 1,613자, 안정복(1712~1791)의 『목천현지(木川縣志)』에 수록된 〈조완벽전〉은 1,561자 가량의 분량이다. 안정복의 〈조완벽전〉은 이수광의 전과 부분적으로 자구의 출입이 있으나, 이수광의 전을 대부분 그대로 옮겨쓴 것으로 파악된다.[180]

정사신의 〈조완벽전〉은 이수광의 〈조완벽전〉보다 약 500자 가량 적을 뿐만 아니라, 성격의 차이도 분명하다. 이수광의 〈조완벽전〉은 1611년에서 『지봉유설』이 출간된 1614년 이전 사이에 지어졌을 것이다. 그런데 이수광의 전에는 정사신의 전이나 이준의 기에서는 확인할 수 없는 당시 안남의 세태와 풍물에 관한 생생한 정보와 조완벽만의 개인적 이야기가 적지 않게 수록되어 있다. 예를 들어 조완벽이 방문한 곳을 안남국 흥옌이라고 명시한 점, 조완벽을 초대한 대신을 문리후 정

180 이 장에서 안정복의 『목천현지』는 岩生成一의 「安南國渡航 朝鮮人 趙完璧傳」について」(10~12쪽)에 수록된 것을 텍스트로 하였다. 이 텍스트는 안정복의 친필을 바탕으로 경성제대의 藤田亮策 교수가 등사한 것을 岩生成一이 활자화하여 자신의 논문 뒷부분에 수록한 것이다.

초라고 정확히 거명한 점, 안남의 세태와 풍물을 자세히 기록한 점 등은 이수광이 조완벽을 대면하지 않고서는 얻을 수 없는 정보들이다.[181] 따라서 이수광은 정사신, 이준의 글을 읽고, 다시 조완벽을 만나 새로운 정보들을 얻어듣고 입전하였다는 추론이 가능하다. 이중 정사신과 이수광이 지은 전의 내용을 살펴보겠다.

정사신의 〈조완벽전〉

『매창선생집』 권4에 수록된 이 작품은 크게 여섯 개의 서사단락으로 구성되어 있다.

〈1〉 진주인 조완벽이 정유재란 때 일본으로 끌려가 종노릇하다.
〈2〉 일본인 상인이 안남 무역을 하고자 완벽과 계약을 맺다.
〈3〉 안남 가는 항해 여정
　①후풍인(候風人)의 바람, 바닷길 헤아리는 법
　②바다에서 귀신, 괴물(고래) 만난 이야기
〈4〉 안남에서의 견문
　①풍속, 땅, 재상의 처첩들과 그들의 상행위
　②이수광의 시를 암송하는 문인들의 모습
　③문풍(文風)이 성한 모습
　④안남에 머물러 있다가 조선으로 돌아가라는 제안을 받았으나 거절하다.
〈5〉 일본인 주인이 계약을 어겨 완벽이 두 차례 더 안남을 다녀오다.

---

181 김태준은 안남에서 이수광의 시집을 베껴쓰기도 한 조완벽이 고국에 돌아와서 이렇게 외국에까지 널리 알려진 시인을 찾아 교류하였을 것임은 의심할 여지도 없다고 하였다(김태준, 「정유년 포로 조완벽과 기리시탄」, 『임진란과 조선문화의 동점』, 한국연구원, 1977, 290쪽).

〈6〉 완벽이 자유를 얻어 본국으로 돌아오다.

분량이나 내용으로 볼 때 정사신의 전에서 가장 큰 비중을 차지하는 것은 〈3〉과 〈4〉단락이다. 전체 54행 가운데, 〈3〉단락은 21행, 〈4〉단락은 20행으로, 전체 분량에서 각각 39%, 37%를 차지한다. 〈1〉단락은 2행, 〈2〉단락은 6행, 〈5〉·〈6〉단락은 합하여 6행의 분량이다. 그만큼 정사신의 〈조완벽전〉은 안남 가는 항해 여정, 그리고 완벽이 안남에서 견문한 내용이 중심이 된다.

〈1〉에서는 포로생활의 고달픔을 한 줄 남짓으로, "정유재란 때 왜적에게 붙잡혀 일본으로 끌려가 사환으로 일했으니, 우리나라의 노비 같은 신세였다(丁酉之變 爲倭所搶 以歸于日本 服役使喚 如我國之奴屬焉)"와 같이 간략히 언급하였다. 〈2〉에서는, 조완벽의 왜주가 안남(安南)과 장사를 하던 상인으로, 이 왜주는 해로와 바람을 잘 아는 중국 절강성 출신의 사람을 고용한 뒤, 문자를 아는 조완벽에게 안남에 다녀오면 아주 풀어주겠다고 약속한 내용을 서술하였다. 완벽이 노예인 상태에서 왜주와 계약을 맺었다는 점이 특징적이다.

〈3〉에서는 항해 중에 후풍인(候風人)이 바람과 별, 바다 밑에서 끌어올린 흙을 가지고 해로를 정하는 이야기를 길게 서술하였고, 가는 도중 파도 속에서 여자 귀신, 대룡(大龍), 청룡(靑龍), 큰 고래 등을 만났고, 괴물을 만나면 산 닭 5,60마리를 불태워 연기를 내어 쫓은 일을 자세히 서술하였다.

〈4〉에서는 안남까지 가는 데 50여 일이 걸렸으며, 땅이 오로지 연한 흰 모래로 되어 있으며, 그 풍속을 보니 사람들이 머리를 풀어헤치고 맨발로 다니고 있으며, 남자들이 처첩(妻妾)을 많이 두고 여인들에게 장사를 하여 돈을 벌게 한다는 내용 등을 서술하였다. 최병욱은 이 부분을 안남의 여인들이 고관대작의 부인들일지라도 교역 활동에 적극적으로 참여했다는 근거로 삼고, 이를 통해 전통시대에 베트남 여성들의 사회적 지위와 영향력이 상당하였음을 주장하였다.[182] 정사신은 또한, 가는 곳마다 사람들이 이수광의 시를 읊고 있다는 점을 특기하고, 시의 잘못 전해진 부분을 상술하였다. 이는 정사신이 가장 강조하고 싶었던 사건이 아니었을까 싶다.

〈5〉·〈6〉에서는 왜주가 계약을 지키지 않아서 세 번씩이나 안남을 다녀와야 했던 사정, 결국 이웃 왜인들의 물의(物議)가 비등해서 왜주가 방면해 주었다는 점을 서술하였다. 이수광의 전과 비교해, 결말 부분이 고국으로 돌아왔다는 사실을 언급한 것만으로 끝맺음된 것도 특징이다.

이수광의 〈조완벽전〉

『지봉선생집』 권23 '잡저(雜著)'에 수록된 이 작품은 크게 일곱 개의 서사단락으로 구성되어 있다.

〈1〉 완벽이 일본에 포로로 끌려가 상선에 타다.
〈2〉 배를 타고 안남 흥옌현(興元縣)에 도착하다.
〈3〉 문리후 정초에게 초대받다.
　①정초와 유생들로부터 이수광의 시에 대해 질문 받다.

182 최병욱, 「전통시대 베트남 여성의 교역활동」, 『동양사학연구』 96, 동양사학회, 2006, 161-163쪽.

②고국에 돌아가도록 안남에 머무르라는 제안을 받았으나 거절하다.

〈4〉 안남의 세태와 풍속에 대한 견문

①노인들의 외모, 아동의 공부 모습

②농산물과 음식, 길쌈

③각종 동물들

〈5〉 조완벽의 외국 체험 및 해양 경험

①유구국, 이송 다녀온 이야기

②일본에서 안남가는 여정, 거리

③바다에서 용 만난 이야기

〈6〉 회답사를 통해 고국에 돌아오다

〈7〉 조완벽에 대한 논평

분량이나 내용으로 볼 때 이수광의 전에서 가장 큰 비중을 차지하는 것은 〈3〉, 〈4〉, 〈5〉단락이다. 전체 80행 가운데, 〈3〉단락이 20행, 〈4〉단락이 22행, 〈5〉단락이 23행으로, 각각 25%, 28%, 29%의 분량을 차지한다. 나머지 〈1〉단락이 5행, 〈2〉단락이 3행, 〈6〉단락이 2행, 〈7〉단락이 5행이다. 작품의 강조점은 정사신의 전과 유사하지만, 안남에서 견문한 내용과 해양 여정에서 경험한 내용이 좀 더 풍부하고 다양해진 점이 특징이다.

〈1〉에서는 정유재란 때 경도로 끌려갔다가 해상무역을 하는 주인을 만나 배를 타게 된 사연을, 〈2〉에서는 안남 흥옌(興元)까지 가는 여정과 안남의 정세를 각각 간략히 서술하였다. 〈3〉에서는 문리후(文理侯) 정초(鄭勦)가 완벽을 초대하여 음식을 대접하면서 이수광의 시에 대해 물어본 것을 기록하였다. 문리후와 함께 한 유생들이 내민 이수광의 시집은 주묵(朱墨)으로 비점(批點)을 친 것이 가득하였고, 유생들은 모두 이를 베껴서 외우고 있다고 하였다. 이수광 본인의 시가 관심의 대상이므로 작가가 이를 가장 우선적으로 서술한 것이라 할 수 있다. 문리후가 안남에 머물렀다가 중국을 통해 조선으로 돌아갈 수 있다고 하였지만, 믿을 수 없다고 하였다.

〈4〉에서는 안남의 세태와 풍속을 자세하게 고찰하였다. 머리를 늘어뜨리고 맨발을 하고 이빨을 검게 물들인 사람들, 농산물과 귤과 여자(荔子), 빈랑(檳榔), 소주와 침향과 같은 음식, 길쌈과 뽕나무, 물소, 코끼리, 공작, 앵무, 흰 꿩 등의 동물 등을 자세하게 서술하며 박물학적인 관심을 보여주었다. 〈5〉에서는 조완벽이 배를 타고 다니며 보고 들고 경험한 다양한 사건을 서술하였다. 유구국(琉球國), 여송국(呂宋國:필리핀 루손 섬) 다녀온 이야기, 일본에서 안남 가는 여정을 후반부에 와서야 자세하게 소개하고, 창룡(蒼龍)을 만났을 때 산 닭을 불태워 그 연기로 쫓아낸 일 등을 서술하였다. 〈6〉·〈7〉에서는 완벽이 회답사를 통해 고국에 돌아온 이야기를 전하고 논평을 하였다. 1607년 회답사 여우길을 만나 본국으로 돌아왔는데, 노모와 처가 모두 무사하니 기이한 일이라고 하였다. 이수광은 작품 말미에서 다음과 같이 논평하였다.

> 무릇 안남과 우리나라는 수만 리나 떨어져 있어 옛날부터 통행이 없었는데, 하물며 바닷길로는 얼마나 멀겠는가? 생이 동쪽 끝에서 남쪽으로 바람과 파도가 험난함을 무릅쓰고 오랑캐의 지방까지 갔다가 만사일생으로 무사히 돌아왔으니 이는 과거에 일찍이 없던 일이다. 공자께서, "충신(忠信)을 말하고 독경(篤敬)을 행하면 오랑캐 땅이라도 다닐 것이다."라고 말씀하셨는데, 진실로 생은 이 말씀에 거의 가까운 자라고 할 것이다. 또 생의 이름이 완벽(完璧)이니,

어찌 그 이름을 저버린 자라고 할 수 있겠는가?[183]

이수광은 수만 리 해로를 왕복한 조완벽의 인생을 입전하면서, 조완벽이 온갖 고난을 이겨내고 무사히 돌아온 것을 말과 행동을 진실하고 공손히 한 덕분이라며 치하한다. 〈조완벽전〉의 두 텍스트를 대비하여 볼 때, 두 작품은 기본적으로 조완벽의 포로생활, 안남 견문 및 항해 여정에 강조점을 두고 서술했다는 점에서 공통적이다. 하지만 구성방식이나 세부적 내용 및 정보의 양 등의 면에서는 적지 않은 차이가 발견된다. 작가의 관심사 및 기록 목적이 어디에 있느냐에 따라 같은 인물을 두고도 서술 방향이 달라지기 때문이다.

내용 면에서는 전체적으로 이수광의 전이 정사신의 전보다 풍부하다. 이수광의 전에서는 특히 안남의 풍속에 대한 이야기가 상세하다. 이수광은 완벽을 만나기 이전에 이미 세 차례의 중국 사행을 통해 안남 및 동남아시아 국가에 대해 상당한 지식을 갖고 있었다. 그런 그가 완벽에게서 안남의 견문 내용을 듣고 박물학적인 관심에서 풍속 및 안남에 대한 지식을 좀 더 상세하게 기록하였음을 알 수 있는 대목이다. 또한 흥옌과 안남의 정세, 문리후 정초와 회답사 여우길 등 실제 사실과 인명을 명시하여 서술한 것도 이수광 전만의 특징이며, 논평을 붙인 점, 유구국 및 여송 다녀온 것을 소개한 것도 이수광의 전에서만 나타나는 점이다.[184] 요컨대, 이수광의 〈조완벽전〉은 동아시아 세계에 대한

183 夫安南 去我國累萬里 自古不通 況海道之夐遠乎? 生由東極抵交南 歷風濤之險 行蠻貊之鄉 冒萬死得一生 以至全還. 乃前古所未有者也. 孔子曰 "言忠信行篤敬 雖蠻貊之邦行矣" 若生者庶幾近之矣. 且生名爲完璧 抑可謂不負其名者歟. 『芝峰先生集』, 卷23, 〈趙完璧傳〉

184 이는 정사신의 전이나 이준의 기에서는 찾아볼 수 없는, 이수광의 전에서만 나

관심을 갖고 있던 작가가 정치 · 외교 · 풍속적 측면에서 사실을 좀 더 구체적으로 기술하였다는 점이 특징이다.

이에 비해, 완벽이 왜주와 맺은 관계 및 계약 내용, 안남 여성들의 모습을 상세하게 서술한 것은 정사신의 전에서만 보이는 특징적인 면이다. 또한 정사신은 이수광의 시가 잘못 전해진 내용을 세세하게 살폈다. 안남까지의 항해 여정, 항해 도중에 출현한 여자귀신 및 괴물(고래)에 얽힌 전설도 상세하게 소개하였다. 그런데 이수광의 전에 등장하는 문리후 정초 이야기는 없고, 대신 사인(士人)으로만 소개된다. 이수광의 전과 비교하여 정사신은 정치 · 외교적인 구체적 사실보다는 흥미로운 사건을 위주로 하여 내용을 서술하였다는 점이 특징이다.

장르 면에서도 두 작품은 비교적 뚜렷한 성격 차이를 보여준다. 정사신의 전은 서사적 성격이 강하고, 조완벽을 중심을 두고 시간의 흐름에 따라 서술하였다. 이에 비해 이수광의 전은 정보 제시를 중시하는 수필적 성격이 강하며, 안남까지의 자세한 항해 여정을 작품의 뒤편에 붙인 것에서도 알 수 있듯이, 반드시 순차적 구성을 취한 것은 아니다. 그리고 말미에 논평을 붙여 전의 형식을 유지하려 한 점도 이 작품의 특징이다.

타나는 것으로, 작가가 조완벽을 대면하지 않고는 얻어내기 힘든 정보들이다.

3. 조완벽의 해외체험과 해양체험

베트남 체험

전(傳)은 어떤 인물의 행적과 품성을 사실에 바탕해 논하는 문학양식이다. 전은 인물의 포폄에 목적을 두기에 충신, 효자, 열부, 일사 등 제한된 계층을 대상으로 공적인 기술 태도를 유지하며 교훈성을 지향한다. 그런데 임란을 배경으로 하여 쓰여진 전은 대부분 전쟁이 끝난 후, 실제로 전쟁을 경험했던 인물을 대상으로 입전되었다.[185] 〈조완벽전〉 역시 피로인 조완벽을 입전하면서 작품의 성격 역시 전의 전형성에서 많이 벗어나 있다. 작가는 인물의 포폄보다는 피로인 조완벽이 경험했던 새로운 세계 안남의 풍속세태와 항해 여정 동안 목격하였던 놀라운 사건들을 서술하는 데 중심을 두었다.

〈조완벽전〉을 이끄는 활력소는 단연 3만7천 리 바깥의 안남, 아무도 가보지 않은 세계를 다녀온 주인공의 이국 체험이다. 정사신과 이수광의 〈조완벽전〉은 17세기 초 안남의 모습을 보여주는 생생한 자료이다.[186] 안남은 일본에서 해로로 37,000리를 가는데, 완벽은 일본의 사쯔마 주(薩摩州)를 출발하여 중국의 장주(漳州), 광동(廣東)을 거쳐 안남

---

185 임란을 배경으로 한 전의 특성에 대해서는, 이채연의 『임진왜란 포로실기 연구』(박이정, 1995, 154-155쪽)를 참조할 것.

186 현재까지의 기록으로만 본다면 조완벽은 아마도 조선인으로서는 안남에 처음으로 발을 디딘 인물이 될 것이다. 고려 때 안남 리(李) 왕조의 왕족이 간혹 고려로 귀화해온 적은 있었다. 반면 고려 사람으로서 안남에 들어갔다는 기록은 없다. 따라서 조완벽의 안남 도착은 현재의 시점에서 볼 때 한국 · 베트남 관계사에서 새 장을 연 셈이라고 할 수 있다.

흥옌에 도착하고, 80리를 더 가 통킹(東京, 지금의 하노이)까지 다녀왔다. 우리는 〈조완벽전〉을 통해서 안남의 정세 및 통킹에 자리잡은 레(黎) 왕조의 조정 내부상을 살필 수가 있다. 당시 안남에는 막씨(莫氏)가 멸망하고 레 왕조가 재건되었는데, 그 지위는 어디까지나 의례적이었다. 대신 북쪽에는 찐(鄭) 씨가, 남쪽에는 응우옌(阮) 씨가 실권을 잡고 남북으로 대립하고 있었다.[187] 이러한 사실은 이수광의 전에도 "나라가 둘로 나뉘어 하나는 안남국이고, 다른 하나는 교지국인데, 서로 싸워 아직 승부가 나지 않았다(國內中分爲二 一安南國一交趾國 相互戰爭 未決勝負)."와 같이 정확히 기술되어 있다. 한편 문리후(文理侯)[188] 정초(鄭勦)는 찐씨 가문 사람으로 북쪽의 실권자 중 한 명이었다. 정초는 나이 80에, 매우 사치스러운 기와집에서 풍족한 삶을 즐기고 있었다. 조완벽은 어느 날 정초의 집에 초청을 받아 갔는데, 고관 수십 명이 열을 지어 앉아 있었다. 그들은 완벽이 조선인이라는 말을 듣고 후대하고 술과 음식을 접대하였고, 포로가 된 것을 알고는 측은히 여겼다.

조선의 문인들 사이에서 〈조완벽전〉이 큰 화제가 되었던 것은 무엇보다 안남이라는 낯선 나라에 조선 선비 이수광의 시가 크게 유행한다는 사실이었을 것이다.[189] 또 일본인들은 조선 서적을 아주 귀중하게

---

187 레 왕조 재건 이후의 안남 조정의 분위기와 남북 대립상황에 대해선 유인선의 『베트남의 역사』(이산, 2002, 205-208쪽)를 참조할 것.

188 문리후는 조완벽이 도착한 예안성(乂安城) 흥원부(興元府)의 장감(掌監)을 담당한 관직명이다(岩成生一, 앞의 글, 4쪽).

189 이수광은 1590년 성절사(聖節使)의 서장관으로 뽑혀 처음 북경을 다녀왔다. 그리고 조완벽이 일본으로 피랍되던 1597년 성균관 대사성으로 있으면서 진위사(陳慰使)로 두 번째 북경을 방문했다. 그는 옥하관(玉河館)에서 50여 일을 머물면서 안남국의 사신 풍극관(馮克寬, 1528~1613)과 창수하고 필담을 나누었다. 또 풍극관의 요청에 따라 이수광은 그의 만수성절경하시집(萬壽聖節慶賀詩集)의

여겨 보물처럼 간직하였고, 안남인들도 많은 돈을 주고 구하려 한다고 하였다. 이러한 사실들은 조선의 문인들에게 자국의 문화수준에 대해 자부심을 갖게 해주었을 것이다. 완벽이 문리후의 초청을 받아 그 집에 갔을 때, 문리후는 이수광의 시집 한 권을 보여주면서 이지봉(李芝峰)을 아느냐고 물었고, 완벽이 나이 어려 포로로 잡혀갔던 터라 잘 모른다고 하니 오히려 의아하게 여겼다고 했다. 며칠 뒤 유생들은 다시 완벽을 초대한 자리에서 한 책을 보여주면서 "이것은 귀국의 재상 이지봉의 작품입니다. 우리나라 선비들은 모두 초록하여 외우고 있지요. 당신도 읽어보시지요." 하였다. 그 뒤 학교를 찾아 학생들을 보아도 그 책을 가지고 다니는 자들이 많았다고 하였다. 후에 이러한 사실들을 알게 된 조선의 선비들은 큰 감명을 받았을 것이다. 이는 또한 조선의 선비들이 안남을 교린국으로 여기고 친근하게 생각하는 계기가 되었을 것이다.

한편 〈조완벽전〉은 안남의 세태풍속에 대해 폭넓게 기록하였다. 두 작품 모두 안남의 이국적인 풍속과 물산에 대해 서술자의 강한 호기심이 느껴진다. 조완벽은 안남의 남녀들이 모두 머리를 산발하고 맨발로 다니며, 노인들은 이빨을 검게 물들이며, 사람들이 독서를 숭상하여 공부한다고 보고하였다. 이 시기 안남인들은 16,7세가 되면 남녀 모두 치아를 검게 염색했다. 이들은 하얀 치아를 부정하게 여겼고, 하얀 치아 소유자를 비웃었다. 여인들에게 검은 치아는 아름다움의 기준이 되었다. 따라서 아무리 얼굴이 아름답더라도 치아가 검게 윤이 나지 않으

서문을 써주었다. 이때의 시와 시집의 서문이 안남에 소개되었고, 그것이 지식인 사회에 널리 퍼졌던 것이다. 『지봉선생집』 권8, 〈안남사신창화문답록(安南使臣唱和問答錄)〉에 그 내용이 실려 있다.

면 그 아름다움은 감소되었다. 그 때문에 염색 이후 그 색깔을 유지하기 위하여 씨어(xia)라는 약을 사용했다. 이 풍습은 근래까지 이어져 왔다고 한다.[190]

정사신의 전 가운데에는 고관대작의 처첩들이 활발히 교역활동에 참여한다는 이야기가 자세히 서술되어 있다. 그 밖의 견문 내용은 이수광의 전에 자세하다. 이수광은 안남의 기후풍토가 좋아 농사를 지어 사계절 수확한다고 했고, 귤과 여자(荔子), 빈랑, 소주, 침향, 사탕수수 등의 과일과 음식을 소개하였고, 비단이 넉넉하여 귀천 구분 없이 입고 다닌 점을 기록하였다. 또 동물에 대해서는 가축으로 키우는 물소, 코끼리에 대해 자세히 소개하였다.

항해와 해양체험

다음으로 조완벽의 항해와 해양체험에 대해 살펴보자. 이수광이 〈조완벽전〉의 앞부분에 기술한 내용은 다음과 같다.

> ㉠진주 선비 조완벽이 약관에 1597년 적에게 붙잡혀 교토로 끌려갔다.
> ㉡그는 포로 신세가 몹시 괴로워 고향으로 도망쳐 돌아갈 뜻이 있었다.
> ㉢당시 왜인들은 배를 타고 남방 지역으로 진출해 활발히 활동하였다.
> ㉣왜인 선주가 조생이 한문을 잘하는 것을 알고 무역선에 태우

190 조재현 · 송정남, 『베트남 들여다 보기』(수정판), 한국외국어대학교 출판부, 2005, 327쪽 참조.

고 다녔다.

ⓜ조생이 1604년부터 3년 간 세 번 안남국까지 항해하였다.

여기까지가 진주 선비 조완벽이 20세의 나이에 일본으로 잡혀가 무역선에 타게 되었다는 내용이다. 무역선에 오른 조완벽은 피로인이나 서기(書記)라기보다는, 무역선원의 일원인 모습이 부각된다. 이는 이수광이 피로인의 모습보다는 원양항해 및 안남견문에 초점을 맞춰 기술하였기 때문일 것이다. 이 뒤로는 일본에서 안남까지의 항해노정 및 항해 도중 겪은 특이한 일들이 주로 기술되어 있다.

①안남 땅이 일본에서 바닷길로 3만7천 리다. 살마주(薩摩州 사츠마주)에서 출항하면 중국의 장주(漳州), 광동(廣東)을 거쳐 안남의 흥옌현(興元縣)에 당도한다. 이곳은 그 나라의 통킹(東京, 하노이)에서 80리 거리로, 그 나라 수도이다. 나라가 둘로 나뉘어 하나는 안남국(安南國)이고 다른 하나는 교지국(交趾國)인데, 서로 싸워 아직 승부가 나지 않은 상태였다.

(밑줄 표시는 인용자 강조. 이하 동일)

②일본에서 주야로 40일 혹은 50, 60일을 항해해야만 비로소 안남 땅에 닿을 수 있다. 돌아올 때는 물의 흐름을 따라서 항해하기 때문에 밤낮으로 15일이면 일본 땅에 닿을 수 있다. 큰 바다에서 항해를 하자면 바람을 이용하여 매년 3, 4, 5월이라야 갈 수 있고, 6월 이후에는 갈 수 없다.

③배 또한 왜선은 작아서 큰 바다로 운행하기 어렵기에 백금(白金) 80냥으로 당선(唐船)을 구입하는데, 이 배에는 180여 명이 탈 수가 있다. 당인(唐人)으로 바닷길에 익숙한 자를 선주로 삼아서 지남침을 이용해 동서의 방향을 잡고, 밧줄을 아래로 드

리워 바다 밑의 흙을 끌어올려서 흙 색깔을 보아 방위와 원근을 분별하곤 하였다. (258쪽)

임형택은 ①에 밑줄친 부분을 "살마주에서 출항하면"으로 번역했는데[191], 원문의 "유살마주개양(由薩摩州開洋)"는 "살마주(일본 규슈의 최남단 가고시마)에서부터 큰 바다로 접어들어…"로 해석하는 것이 맞다. 사츠마 주에도 전 시대에 밀무역에 주로 쓰이던 보노츠(坊津)라는 항이 있으니 배가 여기서 출항해도 안 될 것은 없지만, 1601년부터 동남아 지역과의 무역에 쓰인 주인선(朱印船)은 반드시 나가사키에서 출발하였기 때문에 "살마주에서 출항하였다"는 번역은 옳지 않다. 곧, 주인선이 나가사키 항에서 출항하여 남으로 사츠마 주까지는 연안항해를 하고, 사츠마 주에서부터 명나라로 향하는 큰 바다로 접어든다는 의미가 맞는 것이다.

살마주, 장주, 광동, 흥옌현이라는 지명은 정사신의 전에는 없고, 이수광의 전에만 등장한다. 이러한 지리정보는 다른 곳에서 들을 수 있는 것이 아니므로, 이수광이 조완벽을 직접 만나 듣고 기록하였을 가능성이 매우 크다. 특히, 안남에 입항한 곳이 수도 통킹과 가까운 흥옌(興元)이라고 기록한 점은 흥미롭다. 조완벽은 자신이 3년 동안 항해했던 일본 나가사키부터 사츠마, 중국, 동남아시아의 원양, 안남의 국제무역항 흥옌, 필리핀 등지까지의 항해노정과 바다체험, 흥옌에서 물건을 사고판 행위까지 자세히 말했을 것이다. 정사신은 김윤안으로부터 이에 대한 이야기를 듣지 못했거나, 들었더라도 노정에 대해서는 관심이 적

191 임형택 역, 『한문서사의 영토』 1, 태학사, 2012.

어 이에 대해선 기술하지 않고 "여자들이 남편에게 받은 금과 은으로 그해가 다 갈 때까지 사고파는 행위를 일상으로 했다"며 여성들의 경제 활동 참여 내용을 부각했다.

이수광은 안남까지의 항해노정 중 주요 지명과 여송, 유구에 대해, 항해노정에 대해 기록하였다. 원양항해기법에 대해 정사신과 이수광은 후풍인이 지남침(指南針), 철추(鐵鎚), 오량선(五緉扇), 일영대(日影臺) 같은 기구를 이용해 바람의 방향을 잡고, 해당지역을 파악했음을 기록하였다. 이러한 내용을 통해 조완벽과 김윤안, 정사신, 이수광 등이 모두 일본 주인선의 원양항해술에 관심을 가져 기록했음을 알 수 있다.

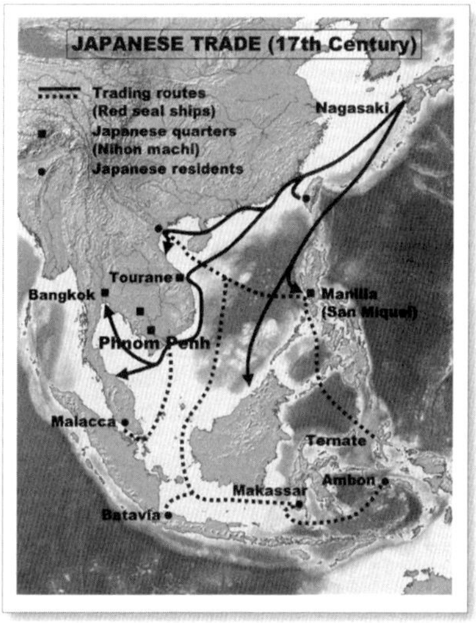

〈그림 6〉 17세기 일본 주인선의 동남아 운행항로

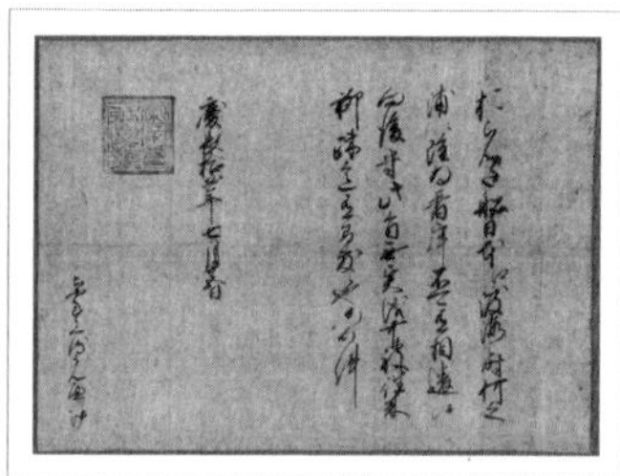

〈그림 7〉 도쿠가와가 발부한 주인장(朱印状). 네덜란드 국립공문서관 소장본

〈그림 6〉은 일본에서 작성한(출처: 일본 위키피디아) '17세기 일본 주인선의 동남아 운행항로'인데, 스미노쿠라(角倉)의 주인선은 지도 맨 위쪽에 그려진 항로로 운항하였다. 〈그림 7〉은 도쿠가와 막부에서 발부

한 주인장(朱印狀)으로, 이것이 없으면 일본의 해외무역업자들은 일체의 해외활동을 할 수 없었다.

인용문②에서는 항해일이 일본에서 출발할 때는 40~60일이 걸리고, 안남에서 출발할 때는 15일이 걸린다고 했는데, 이는 17세기에 일본과 동남아시아를 왕래하던 배들이 거의 모두 몬순 계절풍과 쿠로시오 해류(黑潮)를 타고 운항하였음을 말한다. 실제 기록에 의하면, 조완벽이 탔던 주인선은 1605년에는 3월에, 1606년에는 4월 18일에 안남국 응에안성(乂安省) 흥옌현(興元縣)에 입항하였다. 주인선은 조완벽이 조선으로 귀국한 뒤에도 운항을 계속하였는데, 1609년에는 6월 11일경 통상(通商)을 마치고 귀국 도중 난파를 당하기도 하였고, 1610년에는 5월 13일에 흥옌의 항구에 입항하였다.[192] 이처럼 주인선은 3~5월 동안 안남 흥옌현 항구에서 정박해 있다가, 6월경 출항해 나가사키로 돌아왔다.

〈그림 8〉 末次船復元模型

〈그림 9〉 朱印船(末次船、寬永年間)

192 岩生成一, 앞의 논문, pp.4-5; 남미혜, 「17세기 피로인 조완벽의 안남 체험」, 『한국학논총』 45, 국민대 한국학연구소, 2016, 207쪽.

인용문 ③에서는 스미노쿠라의 주인선이 중국에서 구입한, 180여 명이나 탈 수 있는 대양함선이라는 점이 주목된다. 조완벽은 〈그림 8〉(복원모형)과 〈그림 9〉와 같은 형태의 배에서 180명 이상의 선원들과 수개월 동안 기거하였을 것이다. 선주는 원양항해를 해본 적 있는 명나라 사람을 선장(또는 항해사)으로 고용하여 방향과 원근을 분별한다고 하였다. 그러고 보면 조완벽이 승선한 주인선은 일본인 선주[角倉了以]가 발주해서 중국에서 건조한 대형무역선이며, 중국인 항해사[候風人]와 조선인 서기[趙完璧], 백수십 명의 일본인 및 동남아 선원 등 다국적 인물들이 승선해 각자의 임무를 수행하며 3만7천리의 해양을 운행한 국제무역선임을 알 수 있다.[193] 조완벽은 안남의 흥옌항에 도착해서는 그 일대에 몇 개월 동안 머물면서 문리후, 선비들이 베푼 잔치에 초청을 받고 교유하였으며, 안남의 정세, 문화, 풍속, 소산물 등을 관찰하였다.[194]

이수광의 전에서는 이외에도 완벽이 발견한 유구국과 여송국(필리핀 루손 섬)의 지리와 사람들에 대해서도 언급하였다. 〈조완벽전〉은 일본에 잡혀간 민간인포로의 삶을 그린 것이되, 항해를 통해 발견한 안남을 비롯한 동아시아 세계를 서술하고, 흥미로운 해로 여정과 바다에서 일어난 기괴한 사건을 서사화하면서 오는 열띤 감흥이 있다. 요컨내, 조완벽은 대형무역선을 타고 일본, 중국인 및 다른 동남아 선원들과 함

193 안남의 지리와 무역상선의 선주 스미노쿠라 료이(角倉了以)에 관해서는 林屋辰三郎의 『角倉了以とその子』, 星野書店, 1994; 岩生成一(1954), 남미혜(2016)의 논문에 자세히 고증되어 있다.

194 조완벽이 안남체류 기간 동안 견문한 내용에 대해서는 권혁래(2008), 남미혜(2016) 등의 논문을 참고할 것.

께 3년이나 동남아해로를 오가며 해외체험을 한 무역선원인 것이다.

조완벽의 해양체험 중 흥미로운 대목은 "바닷물은 서쪽이 높고 동쪽은 낮다.(海水西高東下)"는 '해류'에 관한 기록이다. 이 부분은 이수광의 전에만 있다. 해당 본문은 다음과 같다.

> ①조생은 이런 말을 하기도 했다. 바닷물은 서쪽은 높고 동쪽은 낮다. 광동에서 70리 거리에 있는 바다에 계룡산이 있는데, 산은 아주 높고 험하며 땅은 온통 나지막하다. 계룡산 동쪽으로 물이 꺾여 흐르기 때문에 배로 가기에 매우 위험하다. 반드시 계룡산 안쪽으로 통과해야 하며, 그렇지 않으면 쓸려가서 동쪽 바다까지 가야 멈출 수 있다. 대개 물의 형세가 이처럼 사납고 급한 것이다.[195]
>
> (밑줄 표시는 인용자 강조)

위 인용문은 광동성에서 70리 거리에 있는 계룡산이 있는 섬 주위의 '해류(海流)'에 대해 설명한 내용으로 보인다. 계룡산이란 '높은 산이 있는 섬'을 말하는 것으로 보이는데, 그것이 어떤 섬인지는 확인하기 힘들다. 아무튼 계룡산이 있는 섬에서는 서쪽에서 동쪽으로 흐르는 해류가 갑자기 방향이 바뀌며 거세진다는 것이다. 배가 그 해류에 휘말리면 휩쓸려가서 동쪽바다에까지 가서야 멈추는데, 그 까닭을 "서쪽 바다가 높고 동쪽은 낮기"(海水西高東下) 때문이라고 하였다. 오늘날 과학지식으로 보면 서쪽 바다의 수위가 높고 동쪽이 낮아 해류가 동쪽으로 거세게 흐르는 일은 당연히 없을 것이다. 해류에 관한 이러한 기술은 백과사전적 저술에 힘쓰던 이수광이 다른 자연과학적 지식이 없는 상태

195 生又言, 海水西高東下. 距廣東七十里, 海中有鷄龍山, 山極高峻, 地皆淺灘. 鷄龍山之東, 水折而東走, 舟行甚艱, 必由山內以過, 不然則漂流, 至東海乃止, 蓋水勢悍急如此.

에서 당시 뱃사람들의 생각을 특이하게 여겨 기록한 것이 아닐까 한다.

조완벽의 해양체험 중 또 한 가지의 흥미로운 기록은 '유룡(游龍)', 곧 '승천하는 용'에 대한 것이다. 내용은 다음과 같다.

〈그림 10〉 플로리다 주 키스 군도 인근의 바다에서 나타난 용오름. (사진: Joseph Golden, NOAA)

②갑자기 파도 위에서 부인의 형상 같은 것이 보였다. 후풍자(候風者)가 크게 놀라 즉시 제사를 올리고 기도를 하니 괴물이 곧 사라져 근심을 벗어날 수 있었다. 옛날 전설에 의하면, 이것은 한나라 때 표류하다 빠져 죽은 귀신이라고 한다. 거대한 고래가 바다를 가로질러 물을 내뿜어 하늘을 가리면 즉시 닻을 내려 배를 멈추었다가 (고래가) 그친 뒤에야 배를 움직였다. (중략) 용이 올 때는 반드시 물을 한 길이나 내뿜어 선원들이 매번 크게 놀라 혼비백산하였다. 대개 남해에는 늘 안개와 비가 많았는데, 바다에는 큰 용이 많았다. 용이 바다에 있으면 반드시 어떤 물건 위에 몸을 걸치고 뒤에 구름을 얻은 뒤에 변화하여 승천하는 것이 상례이다. 용이 배 위에 몸을 걸치면 반드시 배는 뒤집어진다. 그러므로 선원들은 용이 오는 것을 보면 놀라고 실색하여 산 닭 5,60마리를 불태워 냄새를 피우고 찢어 뱃머리에서 파도 속에 던져 넣으면 용이 이내 물속으로 숨어 도망치니 근심을 없앨 수 있었다. 그러므로 배에는 늘 닭을 수백 마

리씩 키우며 다녔다.[196]

③기괴한 일을 본 것이 매우 많았다. 바다에서 노는 용이 심심치 않게 출몰하는 것을 보는데, 하루는 수십 보 바깥에서 창룡(蒼龍)이 다가오는 것을 보고 선원들이 기겁을 하였다. 갑자기 검은 안개가 하늘을 가리고, 오색 무지개가 뒤집어지더니, 비와 우박이 번갈아 오고, 파도가 물 끓듯 솟아올라 배가 아래위로 몇 차례 진동하였다. 이와 같이 하기를 서너 차례 하였다. ④이는 대개 용이 하늘로 날아오르다가 실패한 까닭이라고 한다. 선원들은 매번 용을 만나면 유황과 닭털을 불태웠는데, 용이 그 냄새를 고약하게 여겨 피했기 때문이다. 이날 갑자기 수십 마리 산 닭을 취하여 불로 태웠다. 그래도 용이 또한 배를 향해 오니, 선원들도 어쩔 줄 몰라 하다가 총포 수십 문으로 일제히 발사하니, 용이 홀연히 물속으로 사라졌다.[197]

정사신과 이수광은 안남까지 가는 항해 도중에 괴물을 만나고 그들을 물리치는 이야기를 한 편의 괴물 퇴치담으로 서사화한다. 인용문 ②에서 정사신은, 전설 속의 여자 귀신이 나타났을 때 선원들이 제사와 기도를 드려 퇴치하고, 거대한 고래가 나타났을 때에는 배를 멈추고 고

196 忽見波上似有婦人形作恠之狀. 候風者大驚 卽致祭祈禱 則恠物卽因忽不見 得免患焉. 自古相傳 此是漢時漂溺之鬼云. 見橫海長鯨噴波漲天 則卽下碇住船 以竢其止然後乃過. (中略) 如見龍來則噴水約一丈許 而舟人每驚惶褫魄. 蓋南海常多霧雨海中多大龍. 龍之在海中者 必靠某物上掛其身 然後得雲變化升天 其例也. 龍掛着船上 船必覆沒. 故舟人見龍之來 則錯愕失色 其禳法必以生雞五六十首 炮焬出臭磔投船頭海波然後 龍乃潛遁無患. 故舟中常畜雞數百首以行. 『梅窓先生集』 卷4, 〈趙完璧傳〉

197 其所見奇恠之事甚多. 而海中見游龍 尋常出沒 一日數十步外 有蒼龍奄至 舟人失色. 俄而黑霧漲空 有五色虹覆之 雨雹交下 波濤騰湧如沸 舟上下震蕩幾覆 如是者三四. 盖龍奮迅欲升空而未能故也. 舟人每遇龍則輒爇硫黃及鷄毛 龍惡其臭避去. 是日倉卒 取數十活鷄投火燒之. 龍又將逼舟 舟人計沒奈何 以銃砲數十 一時齊發 龍忽沒水去. 『芝峰先生集』, 卷23, 〈趙完璧傳〉

래가 지나가기를 기다렸다고 서술하였다. 다음 부분에서는 고래가 아닌 괴물, 전설 속의 용을 등장시켜 그 용이 배를 뒤엎으려 하기 때문에 선원들이 닭을 태우며 용과 투쟁하여 내쫓는 사건을 흥미진진하게 서술하였다. ③을 보면, 이수광은 이에 더하여 용이 올 때는 천지가 조화를 부리는 점, 그리고 용이 다가올 때 유황과 닭털을 불태우고, 총포를 쏘아 물리치는 장면을 서사화하였다. 아마도 큰 고래가 출몰하거나 특이한 자연현상이 생겨 일어난 소동을 그린 듯한데, 마치 용이 실재하여 선원들이 이에 맞서 투쟁한 것처럼 생생하게 묘사하였다.

정사신과 이수광의 기록에서 발견되는 용은 안개와 비가 많은 바다에서 출현한다고 했는데, 아마도 이는 '용오름' 현상을 이르는 것으로 보인다. '용오름'(waterspout) 현상은 주로 태풍과 관련이 있는 것으로, 물에서 발생하는 토네이도이다. 일반적으로 토네이도가 육지에서 먼지나 잔해물을 빨아들인다. 이와 달리 용오름은 〈그림 10〉처럼, 물을 빨아들이지만 용 깔대기형 구름을 눈으로 볼 수 있다. 용오름은 비록 육지에서 발생하는 토네이도에 비하면 세기가 약하지만 인명 피해를 일으키고, 작은 배를 부수며 큰 배에도 피해를 입힌다.[198] ④에서 보듯, 뱃사람들은 용오름 현상을 살아 있는 용의 조화로 보고 유황과 닭털을 태우고, 총을 쏘아 용을 물리치곤 했음을 알 수 있다. 조완벽이 표현한 용 이야기는 스미노쿠라 무역선에 승선한 뱃사람들이 용오름 현상, 곧 토네이도에 대해 갖고 있는 인식을 보여주는 것으로 보인다. 이를 기술한 정사신이나 이수광도 바다의 토네이도를 본 적이 없으므로 비사실적인

198 '용오름', 다음백과. http://100.daum.net/encyclopedia/view/39XXXXX00463. 2018. 12. 20.

이야기를 그대로 옮겨 쓴 것으로 보인다.

민간인포로의 삶

〈조완벽전〉에는 일본에 잡혀간 민간인포로에 대한 내용은 비교적 간략히 서술되어 있다. 강항의 『간양록』이나 노인의 『금계일기』, 정희득의 『월봉해상록』 등에는 일본에 포로로 끌려갔던 사람들이 불법적으로 살해당하거나 강제노역 당하는 모습이 자세히 그려져 있다. 이에 비하면 조완벽은 잠시 종노릇을 하다가 한문을 읽을 줄 안다는 이유로 무역상인에게 팔려 상선을 탄 피고용자의 처지였기 때문에 다른 민간인들과는 좀 다른 경험을 하였다. 정사신의 〈조완벽전〉의 해당 부분을 보면 다음과 같다.

> ①정유재란 때 왜적에게 끌려가 일본으로 가서 사환으로 복역하니, 아국에서 종노릇하는 것과 같았다. (중략) 조완벽은 평소 진주에서 글을 배운 자이기 때문에 거칠게나마 문리를 깨우쳤으므로 왜주가 완벽이 같이 가기를 원했다. 이에 글로 계약을 분명히 하여 안남을 왕래한 후에 네가 가고 싶은 곳으로 영원히 놓아주겠다고 하였다. 완벽이 고국으로 돌아가기를 간절히 원했으므로 죽음을 피하지 않고 따랐다.[199]

> ②완벽이 일본으로 돌아오자 그 왜주가 계약을 어기어 놓아주지 않고 또 안남을 다시 다녀오라고 하여 다시 계약서를 만들었다.

---

199 丁酉之變 爲倭所搶 以歸于日本 服役使喚 如我國之奴屬焉. (中略) 完璧素於晉州學文者也 粗解文理 主倭要與完璧行. 爲盟文以約曰往來安南之後 則永放汝任其所之云. 完璧志切返國 不避死乃從之. 『梅窓先生集』 卷4, 〈趙完璧傳〉

완벽이 부득이 다시 다녀왔으나, 돌아오니 또 놓아주지 않았다. 이에 이웃 왜인들이 그의 신의 없음을 좋지 않게 여겨 물의가 비등하니, 왜주가 할 수 없이 놓아주었다. 이리하여 완벽이 자유로운 몸이 되어 편안히 은냥을 모아 본국향토로 돌아올 수 있었다.[200]

일본 측 기록에 의하면, 조완벽을 고용했던 일본인 주인은 교토(京都)의 대부호였던 스미노쿠라 료이(角倉了以)였다. 그는 주인선을 이끌고 동남아시아 각국을 다니며 무역 활동을 하였는데, 안남은 1604년부터 1610년까지 여섯 차례 왕래하였다.[201] 조완벽은 문자를 해독한다는 이유로 고용되어 1604년부터 1606년까지 스미노쿠라 선(角倉船)에 세 차례 동선했다. 정사신의 〈조완벽전〉에서 흥미로운 점은 ①에서 볼 수 있는 것처럼, 완벽이 안남으로 가는 상선에 타기 전 일본 상인과 계약을 맺는 내용이 서술되어 있다는 점이다. 문자를 알았기 때문에 단순한 고역이 아닌, "안남을 다녀온 뒤엔 풀어준다"는 내용의 계약서를 쓰고 피고용자의 신분으로 교역활동에 종사하게 되었던 것이다. 물론 그것은 완벽으로서는 죽음을 무릅쓴 위험한 활동이었다.

하지만 ②에서 보는 것처럼, 완벽은 1604년 안남을 다녀왔지만 주인은 풀어주지 않았고, 두 차례나 더 안남을 왕복해야 했다. 그러고서도 주인이 계약 내용을 지키지 않자 수위의 다른 왜인들이 이를 좋지 않게 여겨 비난하였고, 1607년 스미노쿠라(角倉)는 마침내 완벽을 자유의 몸으로 풀어주었다.

200 完璧旣回日本 其主倭者背盟不放 又要再往安南 更成盟文爲約. 完璧不得已再往及還又不肯放去. 隣之倭 以其再失信不祥 物議騰沸 主倭不得已放之. 以故完璧得自由鳩聚銀兩 圖回本國鄕土. 『梅窓先生集』 卷4, 〈趙完璧傳〉

201 岩生成一, 앞의 글, 4-5쪽.

이상에서 보듯, 정사신은 조완벽의 초기 포로 생활에 대해서는 간략히 기술하였고, 피고용자로서 상선을 타고 안남을 왕래한 점, 그리고 왜주가 계약을 어기고 부당하게 완벽을 혹사한 점에 강조점을 두어 포로 생활을 기술하였다. 이수광의 〈조완벽전〉의 해당 부분은 다음과 같다.

> ③조생 완벽은 진주 사람이다. 약관(弱冠)에 정유왜변을 당하여 일본 경도(京都)로 포로로 끌려갔으니, 경도는 왜황이 사는 곳이었다. 생은 왜에게 복역하는 것이 매우 고통스럽고 고향을 그리워하여 늘 고국으로 도망할 뜻이 있었다. 왜놈들은 목숨을 가벼이 여기고 이익을 중하게 여겨, 상업을 주업으로 삼고 배의 노를 말안장으로 삼으니, 해외 남번(南番)의 나라들은 아무리 멀어도 이르지 않는 곳이 없었다. 생이 문자를 잘 알아 왜인들이 거느리고 배를 탔다. 갑진(甲辰)년부터 연이어 삼 년 동안 안남국을 왕래하였다.[202]

> ④조생이 정미년에 회답사(回答使) 여우길 등이 오고갈 때, 왜국 주인에게 애걸하여 본국으로 돌아왔다.[203]

인용문 ③에서는 완벽이 약관의 나이에 일본 경도로 끌려가 고생했다는 사실을 간략히 언급하고, 1604년부터 3년간 왜인의 배를 타고 안남을 왕래한 사실을 기록하였다. ④는 작품의 말미에 있는 내용인데, 외교적 협상과정을 통해서, 곧 회답사(回答使) 여우길이 포로 송환 협상을 벌일 때 주인에게 애걸하여 본국으로 송환될 수 있었던 사정을 전하

202 趙生完璧者 晉州士人也. 弱冠値丁酉倭變 被擄入日本京都 卽倭皇所居. 爲倭服役甚苦 思戀鄕土 常有逃還之志. 倭奴輕生重利 以商販爲農 以舟楫爲鞍馬 海外南番諸國 無遠不到. 以生曉解文字 挈而登舟. 自甲辰年歲三往安南國. 『芝峰先生集』, 卷23, 〈趙完璧傳〉

203 生至丁未年回答使呂祐吉等入往時 哀告主倭 得還本土. 『芝峰先生集』, 卷23, 〈趙完璧傳〉

고 있다. 이보다 자세한 사실은 경섬(慶暹, 1562~1620)의 〈해사록(海槎錄)〉에 전하는데, 여기에는 조완벽이 여우길을 도와 전쟁포로들을 모으는 데 공을 세운 사실이 기록되어 있다.

> ⑤윤6월 1일. 큰비. 왜경(倭京-京都를 말함)에 머물렀다. 일로(一路)에서 쇄환된 남녀가 1백여 명이나 되는데, 모두 맨손으로 따라 나와서 우리 일행의 지공한 나머지 쌀로서 날짜를 계산하여 양식을 주었다. <u>포로 진주 선비 조완벽은 영리하여 믿을 만한 사람이었다. 유문(諭文) 1통을 주어 초유하여 쇄환하게 하였다.</u>[204]

(밑줄 표시는 인용자 강조)

경섬은 1차 쇄환사의 통신부사(通信副使)로서, 일본에서 있었던 일들을 그날 그날 〈해사록〉에 일기체로 기록하였다. ⑤에 등장한 조완벽은 쇄환사의 예조유문과 사절유문을 받아 일본에 끌려간 사람들을 모으는 역할을 하였다. 그가 자신의 구명에만 그치지 않고, 다른 포로들을 찾아내 함께 송환될 수 있도록 적극적 역할을 했음을 알 수 있다.

임진왜란 때 일본으로 끌려간 조선인들의 숫자는 자료가 미비하여 정확히 파악할 수는 없지만, 적어도 5만여 명이 넘는다고 한다.[205] 조선 정부에서는 포로를 송환시키기 위해 1607년 첫 번째 통신사, 곧 회답사 겸 쇄환사 여우길(呂祐吉, 1567~1632)[206]을 파견하는데, 같은 해 7월

---

204 경섬, 〈해사록〉 하, 국역『해행총재』Ⅱ권, 한국고전번역원, 1974, 314쪽.

205 임란 때의 피로인 수는 연구자마다 집계결과가 2~3만에서 10만여 명까지 달리 나타나는데, 이채연은 각 연구결과를 바탕으로 적어도 최소 5만여 명은 넘을 것으로 추정하였다. 이채연, 앞의 책, 33-34쪽.

206 여우길은 명종-인조 조의 문신으로, 1603년 밀양부사를 거쳐 첨지중추부사(僉知中樞府事)를 지냈는데, 임진왜란이 끝난 다음 전쟁을 마무리 짓는 사신으로 일본에 내왕하면서 포로의 쇄환 등에 공이 많았다.

3일 1,418명이 조선으로 귀환을 하게 되며, 조완벽도 가까스로 여기에 포함되어 10년 만에 귀환하게 된다. 쇄환사는 1625년까지 세 번 파견되어 약 1,900명의 조선인 포로들을 송환시킨다.[207] 우리는 이수광의 〈조완벽전〉을 통하여 이와 같이 조완벽의 남다른 포로생활 및 외교적 수단을 통한 포로 송환 과정의 일면을 파악할 수 있다.

4. 소설 〈최척전〉의 문학공간에 끼친 영향

조완벽의 포로 · 베트남 체험을 제재로 한 〈최척전〉

〈최척전〉은 조위한(趙緯韓, 1567~1649)이 1621년에 지은 한문소설로, 16~17세기 임진왜란, 심하전투 등의 전란 속에서 최척 부부의 사랑과 가족의 이산 · 재회를 그린 작품이다. 조위한은 사실과 허구, 현실과 꿈을 교묘하게 교직하여 작품을 창작하였다.[208] 소설의 주인공 옥영이 임진왜란 때 일본에 잡혀간 '민간인포로'요, 최척은 '망명자'이자 심하전투의 '전쟁포로'라는 점을 생각할 때, 〈최척전〉은 '(민간인·전쟁) 포로의 고통과 귀환'을 형상화한 서사라 할 수 있다.

207 內藤雋輔는 3차에 걸친 송환인의 수를 7,500명으로 추산하였는데 과장된 것으로 보인다(內藤雋輔, 「壬辰 · 丁酉役における被擄朝鮮人の刷還問題」(上), 『朝鮮學報』 29집, 朝鮮學會, 1963, 77-80쪽).

208 이에 대해서는 박희병의 「최척전-16 · 17세기 동아시아의 전란과 가족이산」(『한국고전소설작품론』, 집문당, 1990), 민영대의 『조위한의 삶과 문학』(아세아문화사, 1993), 양승민의 「〈최척전〉의 창작동인과 소통과정」(『고소설연구』 9, 한국고소설학회, 2000) 등에 자세히 고찰되어 있다.

〈최척전〉의 문학공간은 흥미로운 점이 많다. 특히 작품의 서사 화폭에 그려진 동아시아의 다양한 공간은 이전의 서사작품에서는 볼 수 없었던, 매우 새롭고 독창적인 것이었다. 조위한은 주인공 최척의 유랑 및 옥영의 포로생활을 통해서 일본의 낭고사(狼姑射), 명나라 절강성의 소흥 · 항주, 베트남의 어느 항구 등 동아시아의 다양한 지역을 문학공간으로 설정하였다. 이렇게 확장된 문학공간은 어떻게 발견된 것일까? 필자는 이것을 조위한이 이수광의 〈조완벽전〉에 그려진 일본의 나가사키, 주인선, 바다, 베트남의 흥옌 등의 장소, 최부(崔溥, 1454~1504)의 『표해록(漂海錄)』 등에 보고된 표류, 중국의 영파, 소흥, 항주, 운하 등의 장소를 소설의 화폭에 넣어 상상력을 펼친 결과라고 본다. 특히 옥영의 일본피로 및 원양항해, 최척 · 옥영 부부가 베트남의 어느 항구에서 극적으로 해후한다는 대담한 상상력은 〈조완벽전〉의 독서경험이 전제되지 않으면 설명하기 힘들다.

작가들의 연배를 보아도 조완벽(1577?~1642?)의 포로실기를 지은 정사신(1558~1619), 이준(1560~1635), 김윤안(1562~1620), 이수광(1563~1628) 등의 인물과 조위한(1567~1649)은 모두 10년 터울의 동시대 인물이다. 〈조완벽전〉이 지어진 1611년을 전후한 시기에 조위한은 1609년(광해 1) 43세에 증광시 문과에 급세하여 관계에 진출한 뒤, 성균관전적, 좌랑겸춘추관 기사관, 예조정랑, 지제교, 예부랑중, 사은사 서장관, 북청판관 등을 역임했으며, 1613년(광해5) 계축옥사에 연루되어 파직 당한다.[209] 그로부터 5년 뒤 그는 52세 되던 1618년(광해10) 2월,

209 민영대, 「〈최척전〉 연구」, 경남대 박사논문, 1991, 31쪽.

가족을 이끌고 남원으로 이주하고, 1621년 〈최척전〉을 지었다.

김윤안은 1607년 고향 진주로 돌아온 조완벽에게서 이야기를 들었으며, 1611년 한양으로 올라왔다. 그렇기에 정사신, 이준, 이수광 등이 김윤안으로부터 조완벽의 일을 전해 듣고 전을 지은 해는 1611~1614년 사이가 될 것이다. 이 시기는 조위한이 대과에 급제해서 한창 중앙 관료생활을 하던 기간(1609~1613년)과 대개 일치한다. 조위한은 이 기간 동안에 〈조완벽전〉을 읽거나 조완벽의 피로 및 베트남체험에 대해 이야기를 들었을 가능성이 매우 크다. 물론 〈조완벽전〉 독서가 조위한이 파직된 1613년부터 남원으로 이주하는 1618년 2월 사이에, 또는 남원으로 이주한 이후에 이뤄졌다 해도 아무런 문제가 되지 않는다.

조위한은 임진왜란(1592~1599)의 사건과 일본으로 잡혀간 조선인들의 귀환, 사르후전투 · 심하전투(1619)의 사건과 이후 전쟁포로들의 귀환 등의 역사적 사건을 주요 제재로 하여 〈최척전〉을 창작하였다. 소설의 문면을 자세히 읽어보면, 조위한은 전란의 전말을 자세히 서술하거나 사평(史評)을 쓰는 방식이 아니라, 철저하게 주인공 최척과 옥영의 인생사에 초점을 맞춰 작품을 구성하고 그들이 개입된 전란의 한 장면을 끌어오는 방식을 취한다.

소설에서 이 두 사람의 인생을 가장 잘 설명할 수 있는 말은 '민간인 포로'와 '망명자' 및 '전쟁포로'다. 옥영은 정유재란 중 일본으로 잡혀간 민간인 포로이며, 최척은 정유재란 때 가족을 잃고 중국으로 간 망명자요, 사르후전투 때 명나라 군인으로 참전하였다가 후금군에 잡힌 전쟁포로이다. 옥영의 삶에 한정해 본다면, 민간인 포로 옥영은 일본에서 어떻게 살았을까? 그녀는 뒤에 베트남으로 갔다가 일본주인에게서 자유를 얻어 남편 최척과 함께 중국 절강성 항주에 가서 살게 된다. 여기서 관건은 옥영이 어떻게 일본주인으로부터 풀려날 수 있었는가 하는 점이다. 이를 〈조완벽전〉과 대비하여 살펴볼 필요가 있다.

나가사키 상인의 항해와 서사무대로서의 베트남 항구

최척의 아내 옥영은 1597년 지리산 계곡에서 왜군에게 포로가 되어 일본 낭고사로 잡혀간다. 조위한이 '낭고사'라는 지명을 떠올린 배경은 무엇이었을까? 필자는 〈최척전〉에 표기된 '낭고사(狼姑射)'라는 도시 이름이 나가사키[長崎]를 음차한 것임을 논증한 바 있다.[210] 일본에 붙잡혀간 주인공이 낭고사[나가사키]라는 도시에서 무역선을 타고 베트남으로 항해한다는 〈최척전〉의 포로서사는 〈조완벽전〉의 그것과 흡사하다. 필자는 조위한이 '나가사키'-〈조완벽전〉을 읽었거나, 일본에서 귀국한 민간인 포로들에게서 들었을지도 모르는-라는 도시의 장소성, 곧, 나가사키가 조선 포로들을 사고파는 노예시장이 열리며, 주인선의 출발지라는 점을 인식하고, 옥영이 선원으로서 나가사키에서 돈우의 '상선'을 타고 '베트남'으로 이동하는 서사를 기획하였을 것이라고 해석한다.

소설 〈최척전〉에서 남장을 하고 있던 옥영은 나가사키에서 3년 동안 살았다. 사랑하는 남편과 갓난 아들의 생사도 모른 채 일본에 잡혀온 옥영은 진주 선비 조완벽보다 더욱 절망에 빠졌는지도 모른다. 낙담한 옥영이 살 뜻을 잃고 목숨을 버리려고 했을 때, 돈우라는 일본 선

210 권혁래, 「〈최척전〉의 문학지리학적 해석과 소설교육」, 『새국어교육』 81, 한국국어교육학회, 2009, 28-29쪽.

주(船主)는 그녀의 목숨을 구해줬을 뿐 아니라, 그녀의 몸이 허약한 점을 불쌍히 여겨 집안일을 돕게 했다. 뒤에는 자신의 배에 태워 주방 일을 돕게 하고 복건성과 절강성 일대와 베트남을 다니며 물건을 팔았다. 소설에는 돈우와 배에 대해서 언급한 것이 많지 않지만, 현실에 대비해 보면, 돈우의 배는 일본 막부로부터 주인장을 발급받아 명나라, 베트남 등지로 원양항해를 하는 무역선임이 분명하다. 물론 돈우는 주인선의 선주이고, 옥영은 주인선의 주방 일을 맡은 선원이다.

〈최척전〉에서 옥영의 무역선 항해에 관한 서술은, "돈우는 옥영을 더욱 불쌍히 여겨 잘 보살펴 주고, 그녀에게 '사간(沙干)'[이본에 따라서는, 사우(沙于)]이라는 새 이름을 지어 주었다. 돈우는 중국의 복건성과 절강성 일대를 항해하면서 물건을 팔았는데, 옥영에게는 뱃일을 돕게 하였다."는 내용이 전부일 정도로 소략하다. 〈조완벽전〉에 기술된 항해체험과 해류, 기이한 일에 대한 기록은 〈최척전〉에서 거의 발견할 수 없다. 180여 명이 승선한 〈조완벽전〉의 대형무역선은 〈최척전〉에서는 마치 돈우와 옥영, 둘만 탄 것 같은 '작은 배'처럼 그려졌다. 이보다 중요한 차이는, 〈조완벽전〉의 왜주가 계약을 어기면서까지 조완벽에게 3년 동안 고된 뱃일을 시키지만, 〈최척전〉의 왜주 돈우는 불심이 돈독하며 옥영을 측은히 여겨 배려하는 인자한 인물로 그려진다는 점이다.

〈최척전〉에서 가장 흥미로운 지점은 베트남 항구에서 이뤄진 최척·옥영 부부의 '만남의 서사'이다. 1600년 봄, 옥영이 탄 상선은 다른 일본상선 10여 척과 함께 베트남의 어느 항구에 입항해 있었는데, 그날 밤 최척이 탄 중국 무역선이 같은 항구에 정박하면서 극적인 상황이 그려진다.

> 경자년(1600) 봄, 척은 주우를 따라 같은 마을의 장사꾼들과 함께 배를 타고 안남으로 장사하러 갔다. 이때 일본배 십여 척도 같은 포구에 정박해 있었다. 10여 일을 머물러 4월 초이튿날이 되었다. 하늘은 구름 한 점 없이 맑고, 바다는 비단결같이 고왔고 바람도 불지 않아 잔잔하였다. 사방에 소리 하나 없고 그림자 하나 보이지 않으니 뱃사람들은 깊이 잠들고 물새만 이따금 울고 있었다. (중략) 그때 일본 배에서 염불하는 소리가 뚝 그치더니, 이윽고 조선말로 칠언절구 읊는 소리가 들려왔다. (중략) 두 사람은 서로 보고 놀라 껴안고 모래사장을 떼굴떼굴 굴렀다. 기가 막혀 말이 나오지 않고, 눈물이 다하여 피가 흘러내렸으며, 아무 것도 볼 수 없었다.[211]

차를 팔기 위해 중국의 상선을 타고 베트남의 '어느 항구'에 입항한 최척은 1600년 4월 2일 밤, 포구에 정박해 있던 일본선박에서 누군가 조선말로 한시 읊는 소리를 듣는데, 그 한시는 그의 아내 옥영이 예전에 지은 것이었다. 최척은 노심초사하다가 날이 새자마자 일본선박들이 정박한 곳으로 달려가 소리쳐 오매불망하던 아내를 만난다.

한쪽에 일본선박이 10여 척 정박해 있고, 다른 한쪽에 중국선박이 입항한 베트남의 이 항구는 국제무역항임이 분명하다. 베트남에 대한 지식이 거의 없었을 조위한은 베트남의 국제무역항을 어떻게 알고 주인공들의 재회 무대로 설정하게 된 것일까? 1597년 정유재란 이후 생사를 모른 채 서로 다른 나라에서 살고 있던 부부가 제3국의 항구에서 해후한다는 것은 너무나 극적이어서 두 사람의 시간과 공간이 합치되

211 歲庚子春 陟隨佑 與同里商船 往賈於安南. 時有日本船十餘艘 亦泊于浦口. 留十餘日 因値四月旁死魄 天無寸雲 水光如練 風息波恬 聲沈影絕 舟人牢睡 渚禽時鳴 (中略) 二人相見 驚呼抱持 宛轉沙中 聲絕氣塞 口不能言 淚盡繼血 目無所覩.(박희병 표점 · 교석, 〈최척전〉, 『한국한문소설 교합구해』, 소명출판, 2005, 434–436쪽)

지 않으면 결코 이뤄질 수 없는 꿈이다.

현실적 제재를 소설화하면서 미지의 장소를 소설의 주요 무대로 설정하는 것은 개연성이 없고 감흥이 없다. 조위한은 이수광의 〈조완벽전〉에서 조완벽이 동승한 일본의 주인선이 베트남의 흥옌 항에 기착한 것을 보았을 것이다. 또한 그곳에서 문리후 정초와 선비들이 민간인 포로 조완벽을 환대한 장면이나, 베트남의 순후한 풍속, 풍부한 토산물, 이수광이 시집이 읽히고 학동들이 독서하는 풍습을 인상 깊게 보았을 것이다. 이러한 독서경험을 바탕으로 그는 소설에서 베트남의 흥옌을 최척 · 옥영 부부가 극적으로 상봉한 무대로 활용한 것은 아닐까?

기록된 것만 보자면, 조선인 중에 베트남을 직접 가본 사람은 조완벽이 처음일 것이다. 이 '이름 없는' 베트남 "항구"의 모델에 대해 필자는 17세기 전반 베트남에 둘밖에 없었던 국제무역항, 곧, 북부의 흥옌과 중부의 호이안이 모델이 된다고 한 적이 있다.[212] 조위한이 〈조완벽전〉에 서술된 '흥옌'의 경관을 보고 부부상봉의 무대로 베트남 포구를 설정하였으리라는 추정은 매우 자연스럽다. 하지만 호이안이 17세기 당시 베트남에서 가장 유명한 국제무역항으로 기능하였던 정황을 생각하면, 호이안이 부부상봉의 무대가 된 항구라고 해도 전혀 문제될 것이 없다.

조위한은 최척과 옥영의 재회를 그리면서 바다와 배, 베트남의 항구를 서사무대로 활용하였지만, 나가사키에서 베트남까지의 이동과정에서 지리정보와 해양체험, 일본의 나가사키와 베트남의 어느 항구에

212 권혁래, 앞의 논문(2008), 226-229쪽.

대한 공간 · 지리 정보와 묘사 부분은 매우 미미하다. 대신, 최척과 옥영을 둘러싼 인물들의 역할은 강화되었다. 특히, 일본인 돈우, 중국인 주우, 베트남 항구에 와 있는 외국인 선원들은 친절한 성격에, 최척과 옥영을 적극적으로 도와주는 우호적인 인물들로 그려졌다.[213] 이는 조위한이 베트남 장면에서 공간의 새로움과 해양체험의 묘사가 아닌, 부부의 재회 및 망명자 · 민간인포로의 귀환이라는 주제를 실현하기 위한 장치를 마련하는 데 초점을 두었기 때문이다.

213 "돈우, 주우, 외국인 선원, 늙은 호병 같은 우호적 인물들의 '인간애'와 '동아시아인의 연대의식'이 있어 옥영과 최척은 베트남 포구에서 상봉하고, 20년 뒤 마침내 고국으로 귀환할 수 있었다"고 해석한 김현양의 분석은 탁월하다. 김현양, 「〈최척전〉, '희망(希望)'과 '연대(連帶)'의 서사-'불교적 요소'와 '인간애'의 의미층위에 대한 주제적 해석」, 『열상고전연구』 24, 열상고전연구회, 2006, 83-96쪽.

제2장

『북정록』을 통해 보는 흑룡강원정의 노정과 경관

1. 『북정록』과 흑룡강원정의 현장

1658년 신류가 지휘한 조선군의 흑룡강원정[나선정벌]은 역사적으로나 문학적으로나 매우 중요하고 흥미로운 사건이다. 필자는 신류의 진중일기 『북정록』을 연구하면서 '지리 공간 및 길'의 의미를 중요하게 생각하고, 흑룡강원정의 일부 구간인 함경북도 회령 – 흑룡강성 목단강시 구간의 노정을 대상으로 『북정록』에 기록되어 있는 흑룡강원정의 현장을 따라 답사하며 행군 여정 및 지리 · 경관을 조사한 결과를 이 장에 기술하였다.

『북정록(北征錄)』은 신류(申瀏, 1619~1680)가 친필로 쓴 제2차 흑룡강원정 진중일기이다. 신류가 지휘한 이 전투는 그간 조선조 문헌기록에서 사용된 '나선(羅禪:러시아의 음역) 정벌'로 불렸으나, 최근 계승범 교수가 이 용어에 문제가 있음을 제기하였다. 그는 우선 '정벌'이라는 용어가 21세기 역사학에 어울리지 않으며, 당시 조선에서 '나선'이 누구인지도 잘 모르고 이 용어를 썼다는 점을 지적하고, 조선군의 두 차례 원정 모두 흑룡강까지 진격한 점을 중시하여, '흑룡강원정(나선정벌)'으로 부르자고 제안하였다.[214] 필자는 이 제안을 수용해 '흑룡강원정'으로 부른다.

『북정록』 및 이를 허구화한 〈북정일기〉, 〈배시황전〉 등에 대해서는 稻葉 岩吉의 논문이 최초의 연구로 각종 외교 자료와 국내외 자료를 동원하여 〈북정일록〉의 내용이 허구임을 말하고, 실제 흑룡강 출정의 전말을 실증적으로 고찰하였다.[215] 박태근은 자신이 1977년 발굴한 신류의 원본 『북정록』을 정밀하게 해제, 역주하면서 17세기 국제정세 속에서 나선출병 및 승리의 역사적 의의를 심도있게 조명하고 『북정록』의 이본들에 대해서도 소개하였다.[216] 박태근의 역주본 『국역 북정일기』는 신류의 원작을 발굴, 소개하였다는 점에서도 의미가 있지만, 한 · 중 · 러의 각종 문헌 자료들을 대비하며 작업한 번역 · 주석에도 큰 공이 있다. 국문학연구자들은 실기문학보다는 소설에 관심을 두어 〈배시황전〉에 좀 더 관심을 모아 왔다. 〈배시황전〉의 문학적 성격에 대해서는 김기동, 이경선, 김용범, 김장동 등이 문예성이 부족하며, 전쟁소설의 성

---

214 계승범, 「러시아 자료로 본 1650년대 흑룡강원정(나선정벌)」, 『열상고전연구』 65, 열상고전연구회, 2018, 141쪽.

215 稻葉岩吉, 「朝鮮孝宗朝に於ける兩次の滿洲出兵について」上 · 下, 『青丘學叢』 15 · 16호, 1934.

216 박태근 역주, 『국역 북정일기』, 한국학중앙연구원, 1980.

격을 지녔다는 점, 민족의식을 의미화했다는 점을 평가하였다.[217] 필자는 흑룡강원정 소재 소설을 계열화하고, 〈배시황전〉이 가공의 인물을 내세우고 군담을 강화하여 대중적 역사소설을 꾀하는 한편 모화적 세계관의 위기와 약소국 신민으로서의 고뇌를 담아 독자들과 교호하려 한 점을 평가하였다.[218] 송하준은 『북정록』의 소설화 과정과 이본의 변이양상을 살핀 뒤, 뛰어난 구성력, 인물의 형상화, 군담 형상화의 섬세한 필치, 강한 반청의식이 돋보이는 신륵의 〈북정일기〉가 가장 소설적 성취도가 높다고 평가하였다.[219] 역사학계에서는 흑룡강원정[나선정벌]의 국제적 정세, 과정과 주체, 영고탑성의 정황 등에 대해 연구를 진행하였다.[220]

흑룡강원정은 회령부터 영고탑까지가 600리, 영고탑에서 송화강 입구까지가 다시 600리, 송화강구에서 흑룡강 입구까지가 750-800리, 왕복 거리 4,000리나 되는, 조선으로서는 최장거리 출병이었다. 그 노정의 대부분은 조선인들이 한 번도 가보지 않았고, 지식도 거의 없는 낯선 길이었다. 그런데 지금까지의 연구 중에서 흑룡강원정의 현장과 노정을 실제 조사한 경우는 찾아보기 어려웠다. 길에서 태어난 문학의

217 김기동, 「배시황전에 대한 일고찰」, 『어문학』 8, 1962; 이경선, 「배시황전 연구」, 『한양대논문집』 1, 1964; 김장동, 「배시황전」, 『조선조소설의 작품론고』, 형설출판사, 1986.

218 권혁래, 「배시황전 연구」, 『고소설연구』 3, 한국고소설학회, 1997.

219 송하준, 「『북정록』의 소설화 과정과 그 성취」, 『고소설연구』 12, 한국고소설학회, 2001.

220 반윤홍, 「비변사의 나선정벌 주획에 대하여-효종조 영고탑 파병절목을 중심으로-」, 『한국사학보』 11, 고려사학회, 2001; 김동철, 「17세기 조선 · 청 · 러시아의 관계와 '나선정벌' : 나선정벌의 성격과 의의를 중심으로」, 중앙대 석사논문, 2002 ; 계승범, 「나선정벌과 신유의 『북정록』」, 『군사사연구총서』 5, 군사편찬연구소, 2008.

탄생 공간을 찾아보지 않고 작품에 대한 심층적 연구를 진행할 수 있을까?

『북정록』은 흑룡강원정의 현장에서 태어난 작품이고, 〈북정일기〉, 〈배시황전〉 등은 이에서 파생된 작품이다. 신류는 『북정록』의 대부분을 매일의 날씨와 이동한 길의 기록에 할애하고, 행군 중 군사들의 고충 및 감회, 군량미 등의 문제로 인한 청국 장수와의 갈등에 대해 간간이 언급하고 있다. 흑룡강 유역에서 벌어진 전투에 관한 기록은 불과 며칠 분량의 일기에서만 나타난다. 따라서 일기 내용의 대부분을 차지하는 '지리 공간 및 길'에 대한 인식과 감회가 없다면 타인들에게 그 기록들은 건조한 노정 기록으로 그치기 십상이다.

필자는 『북정록』에 그려진 '지리공간 및 길'을 원천 자료로 삼아 문학지도(literary map)를 작성하였다. 문학지도란 문학 텍스트에 구현된 공간 배경의 역사 · 지리적 정보, 인물의 이동 경로, 해당 공간에서 인물의 활동사항, 지명의 변천, 지역의 경관 및 풍속 등 특정 지역의 문학적 정보를 알 수 있도록 표시한 지도를 말한다. 이 지도제작을 위해 『북정록』에 기록되어 있는 흑룡강원정의 현장을 답사하며 행군 여정 및 지리 · 경관을 관찰 · 조사하였다.

『북정록』에 기록된 지명들은 지금은 대부분 사라진 고 지명이라 현재 그곳이 어느 위치인지 비정하는 것은 어려운 일이다. 박태근은 그의 저서 『국역 북정일기』에 역사 자료 및 지도, 러시아 측 자료, 각종 고문헌들을 참고하여 신류 『북정록』에 기록된 지명에 대해 상세하게 주석을 달아 놓았다. 그러나 이것도 현장을 찾아보지 못한 상태에서 문헌만을 참조한 것이기에 현지 노정을 확인하는 데에는 한계가 많다. 필자를 포함하여 이승수, 이성형, 강동우, 신춘호, 임문성, 고 김성욱 선생(목단강대학) 등은 2013년 1월 3일부터 10일까지 회령에서부터 목단강 유역까지의 흑룡강원정 노정을 1차 답사하였다.

노정 답사에서 확인한 결과와 『북정록』 텍스트를 분석해 필자는 두 가지 작업을 하였다. 첫째, 흑룡강원정의 노정 중에서 1차로 함경북도 회령에서부터 흑룡강성 목단강시 구간의 노정을 답사하여 실제 지명과 이동 경로를 확인 · 비정한 결과를 기술하였다. 『북정록』에 기록된 지명은 1658년도의 고 지명으로, 대부분 현재 확인하기 어렵다. 하지만 산야 지역의 길은 자연지리적으로 형성되는 것이어서 고속도로나 댐, 신작로 건설과 같은 크고 작은 영향에도 불구하고, 변화의 형태가 크지 않다. 촌로들의 고증을 참고한다면 옛길을 확인할 수 있다. 따라서 문헌 자료와 답사를 통해서 현 지명과 이동 경로를 확인하고 비정할 것이다. 확인한 지명과 노정은 GPS 좌표기록 작업을 하여 지도로 나타낼 것이다. 이 지도가 이 연구의 일차 결과물이다.

필자는 흑룡강원정서사의 현장을 답사하면서 영상 및 문화콘텐츠 전공자인 신춘호 선생님을 만나 문학지리의 시각적 표현에 눈을 뜨고 영감을 받았다. 이 글에 쓰인 전자지도, 구글 지도 위에 표현 · 제작한 문학지도, GPS 좌표는 신춘호 선생님으로부터 제공받았다. 흑룡강원정 노정을 처음 답사한 2013년 시점은 문학연구에서 문학공간을 지도와 사진, 좌표기록 등의 시각 · 공간적 방법으로 표현하는 것이 아직 시도되기 전이었던 것으로 기억한다. 필자가 그 무렵부터 문학지리학의 개념을 익히며, 아이디어를 내고 얻고 시각적 표현 등의 방식으로 논문을 작성하는 과정에서 신춘호 선생님을 비롯해 여러 선생님들께 도움을 받았는데, 그러한 점을 충분히 밝히지 못하고 공을 나누지 못한 것을 송구스럽게 생각한다.

둘째, 옛길을 따라 이동하면서 공간 배경의 분위기를 이해하고, 길과 주변 공간이 신류의 인식과 감회와 어떠한 연관 관계를 지니는지 고찰하였다. 이는 자연 지리공간이 어떻게 문학적으로 형상화되는지 살피는 작업이 될 것이다.

2. 흑룡강원정의 일정과 노정

『북정록』의 '행중기사'에는 신류가 1658년 4월 초에 조정의 명령을 받고 군사를 모으기 시작하여 5월 2일 도강하여 8월 27일 귀국하기까지 140여 일 간의 일정이 기록되어 있다. 주요 내용은 다음과 같다.

4월 초. 흑룡강 유역의 왈가 지방이 러시아 수군에 의해 약탈당하므로 청국이 조선에 원병을 요청하여 신류가 304명의 군사를 뽑아 출동 대기하다.

4월 30일. 청국 통사가 와 신류에게 두만강 도강을 재촉하다.

5월 2일. 아침 일찍 두만강을 건너 고라이령(古羅耳嶺)을 넘어 법순(法順) 땅에서 묵다.

5월 3일. 자혜(者兮)에서 아침을 먹고, 풍계(豊溪; 分界江, 海蘭河)와 건가토강(件可吐江; 회령 서쪽 185리 지점, 부르하통하(布爾哈通江)를 건너 건가토 강가에서 묵다.

5월 4일. 일래비라(一來非羅)에서 아침을 먹고, 궁긋동(弓仇叱洞)에서 묵다.

5월 5일. 아침에 고개를 넘어 승거평(承巨坪)에서 밥을 지어 먹고, 저녁 나절 뿐지령(分叱之嶺)을 넘어 호지강(胡之江; 和集河, 虎子河) 가에서 묵다.

5월 6일. 아미단(阿彌壇)에서 아침을 먹고, 나한령(羅汗嶺)을 넘어 술가도군(戌可道君)에서 유숙하다.

5월 7일. 아침을 백자령(柏子嶺) 아래에서 먹고 한낮에 고개를 넘어 노전동(蘆田洞)에서 묵다.

5월 8일. 말고리(末古里; 馬兒虎力河, 馬爾胡里河) 입구에서 아침을 먹고, 점심에 홀가강(胡乙可江; 牧丹江. 忽汗水, 呼里改水, 忽爾哈河)에 이르니 마상선 5척이 대기하다[이곳 도강처가 현재 영안시의 '석암진(石巖鎭)'이라 여겨짐]. 도강 이후 인마가 다니기 힘든 흙탕길로 이동하다.

5월 9일. 오후에 도강을 마치고, 해질 무렵에 영고탑성(寧古塔城, 현 해림시)에 도착. 성 북문 밖 들에서 영고탑성장군의 영접을 받다.

5월 10일. 빗속을 30여 리 행군한 후 조반을 지어 먹고 오후에 전문(箭門)에 도착하다.

5월 11일. 전문에 머물며 군사를 배속시키고 물자를 배에 옮겨 싣다.

5월 12일. 새벽에 드디어 목단강에서 선단이 출항하여, 송가라강구(송화강)에서 20여 일간 정박하다.

6월 5일. 송화강구를 출항, 6월 10일에 흑룡강구를 지나 20여 리

지점에서 전투를 벌여 큰 승리를 거두다. 조선군 8인이 전사하다.

6월 13일. 흑룡강구에서 유숙, 6월 24일 송가라 강구에서 유숙, 6월 29일 홀가비라를 떠나 서응기가선에 도착하여 머물다. 7월23일 떠나 배의 정박지에 도착하다. 8월 4일까지 배의 정박지에 머물다가 8월 4일 선소 출발하여 12일에 목단강가에 상륙, 전문에 도착하다.

8월 13일. 영고탑 도착(저녁), 성 서문 밖 강가에서 머물다.

8월 18일. 영고탑을 출발하여 홀가강(胡乙可江)에 이르러 묵다.

8월 19일. 백자령 기슭 노전동에서 묵다.

8월 20일. 백자령을 넘어 술가도군 10리 못 미친 곳에서 묵다.

8월 21일. 아미단(阿彌壇)에서 묵다.

8월 22일. 호지강(胡之江; 和集河, 虎子河)에서 아침을 먹고, 낮에는 所乙可江에서 쉬다가 밤에는 승거평에서 묵다.

8월 23일. 천가토강(舛可吐江) 가에서 묵다.

8월 24일. 천가토강 가에서 머물다.

8월 25일. 40리를 행군하여 자혜(者惠)에서 묵다.

8월 26일. 저녁에 두만강 가에 도착하여 70여 명이 건너다.

8월 27일. 아침에 도강을 끝내고, 저녁에 행영으로 개선하다.

위 노정을 현 지명으로 보면, 함경북도 회령에서 두만강을 건너 길림성의 용정시(龍井市), 연길시(延吉市), 왕청현(汪清縣), 흑룡강성의 영안시(寧安市), 해림시(海林市. 영고탑성), 목단강 수로(홀가강), 목단강과 송화강의 합류처(현 依蘭市), 송화강과 흑룡강의 합류처(현 同江市), 흑룡강 전투처 등에 걸쳐 있다. 회령부터 영고탑성 전문(箭門)까지는 육로를 통한 이동경로이고, 영고탑성 전문에서부터 흑룡강 전투처까지는 해랑강, 목단강, 송화강, 흑룡강 등 수로를 통한 이동경로이다. 돌아오는 길은 간 길과 대부분 같지만, 송화강–목단강의 일부 수로 구간에서는 부대원들이 육로와 수로로 나눠 이동하였다.

3. '회령–목단강' 구간의 문학지리와 경관

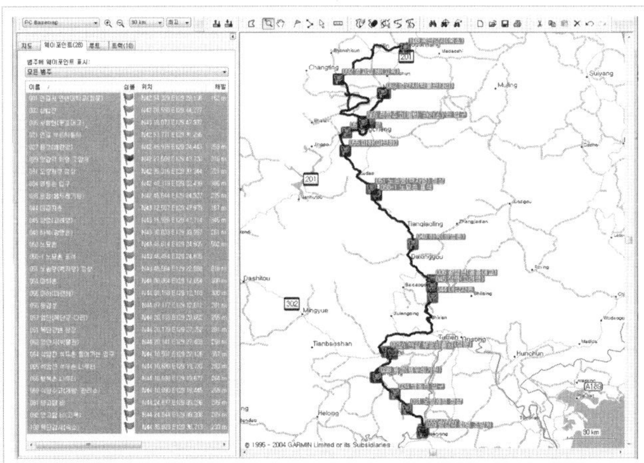

〈그림 11〉 전자지도 상의 흑룡강원정 조선군 노정의 주요 지점과 경로도

신류 부대의 영고탑 도착 기한은 청국 측에서 5월 6일로 지정하였으나, 청군의 통사가 예정보다 늦게 도착하는 바람에 처음부터 늦어질 수밖에 없었다. 신류 부대는 회령에서 두만강을 건너 강행군을 거듭하였으나, 예정보다 3일 늦은 5월 9일에야 영고탑성에 도착했다. 식량과

군수물자를 실은 수레를 끌고 흙탕길로 600리 지역을 하루 평균 80리씩 8일 동안 행군한 것이다. 신류는 5월 10일 다시 부대를 움직여 먼저 출동하였던 청군과 합류하였고, 5월 12일 목단강 선착장에서 조청 연합군이 승선한 선단은 드디어 흑룡강 유역을 향하여 출발하였다.

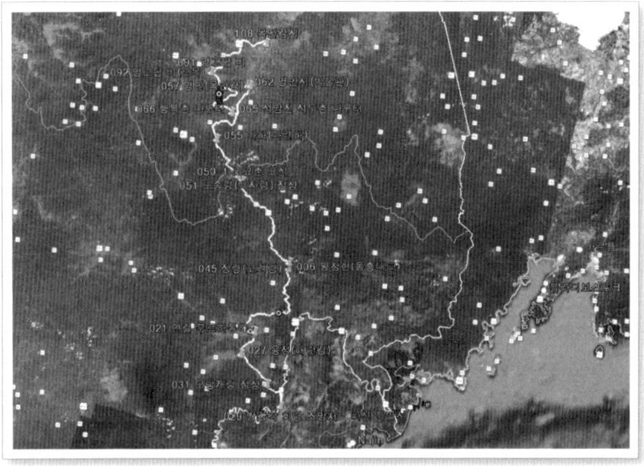

〈그림 12〉 구글 지도 상의 흑룡강원정 조선군의 주요 노정과 경로도(흰색 굵은 선)

〈그림 11〉과 〈그림 12〉에는 흑룡강원정 조선군이 행군했던 함경북도 회령에서부터 두만강, 해관령, 명동촌, 용정시, 연길시 부르하통하(布爾哈通江), 왕청현 대감자촌, 동흥대교, 노묘촌, 노송령(백자령), 마하(마련하), 행복촌, 영고탑성, 목단강시까지의 수요 지명 빛 GPS 좌표를 기록하고 이동 경로를 표시하였다. 전자지도(〈그림 11〉) 상에 흑룡강원정 노정의 GPS 실측 좌표들을 기록 · 보고한 것은 최초일 것이다. 전자지도에는 현지 지명이 영문으로 표기되어 있으며, 같은 내용이라도 구글 지도(〈그림 12〉 등)로 보면 자연지리를 좀 더 선명하고 입체적으로 파악할 수 있다.

제1구간 '회령 – 연길': 1658년 5월 2~3일 노정

〈그림 13〉에 세부 경로를 표시한 제1구간은 1658년 5월 2일부터 3일까지의 노정이다. 이 구간의 주요 노정은 다음과 같다.

회령 – 삼합 – 승적(勝績) – 승지(勝地) –비전(菲田) – 북흥(北興) – 천불지산(天佛指山) – 해관령(海關嶺) – 지신(智新) – 명동촌 – 장재촌 – 용정 – 해란강 – 모화산 – 부르하통하(布爾哈通江) – 연길

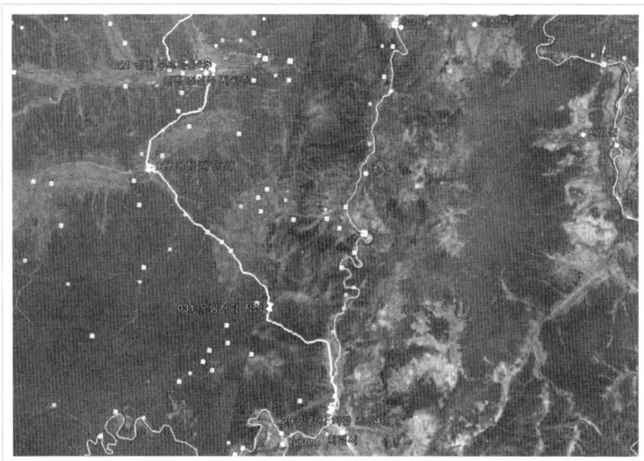

〈그림 13〉 흑룡강원정 조선군 노정의 제1구간(회령–용정–연길) 세부 경로도

〈그림 14〉의 회령(會寧)은 함경북도 소재 도시이며, 10리 거리에 고령진(高嶺鎭)이 있다. 회령에서 두만강을 건너면 중국 길림성 용정시(龍井市) 삼합진(三合鎭)이다. 현재 삼합진은 조선족 자치지역으로, 주민들은 대부분 회령에서 넘어온 사람들이라고 한다. 삼합에서 강을 따라 10리 정도 내려가면 〈그림 15〉의 승지(勝地)인데, 두만강 건너 맞은 편이 바로 '고령'이다. 삼합과 승지가 조선군의 중국 노정 출발지인 것이다. 삼합의 GPS 좌표는 N42 28.550 E129 44.277이다.

〈그림 14〉 연길시 삼합 망강각(望江閣)에서 촬영한 회령, 두만강 유역

신류는 4월 30일 고령진에서 조선군대를 안내할 청국 통관이 회령으로 통과하였다는 급보를 받고 곧바로 회령으로 출발하였다. 통관은 조선군의 도착일자가 촉박하므로 하루 안에 출발하여 두만강을 도강하라고 재촉하였다. 이에 군량미의 절반을 4월 30일에 두만강 너머로 운반해 놓았다. 이어 5월 1일에는 군사들로 하여금 먼저 두만강을 건너

〈그림 15〉 승지(勝地) 마을 뒤편으로 보이는 천불지산(天佛指山)

강변에서 야영하게 하고, 신류 자신은 통관들과 함께 5월 2일에 아침 일찍 도강하였다.

〈그림 16〉 천불지산 사이로 고라이령으로 추정되는 해관령이 이어짐

삼합에서부터 노정은 승적(勝績)–승지(勝地)–비전(非田)–북흥(北興)으로 이어진다. 북흥에서부터 천불지산(天佛指山)이 중첩되어 있으며, 그 사이의 고개 해관령(海關嶺)을 넘으면 내리막길이 길게 이어지며, 명동촌이 나온다. 이 길은 옛길이며, 천불지산은 산세가 험해 삼합에서 넘으려면 이 길밖에 없었을 것이다. 신류 부대가 5월 2일 넘은 '고라이령(古羅耳嶺)'이 바로 이 '해관령'(〈그림 16〉)일 것이다. 조선인들은 해관령을 오랑캐령이라고도 했는데, 이 곳을 '고라이령'으로 비정한다. 현재 해관령 정상은 해발 721m, GPS 좌표 N42 35.316, E129 37.344이다. 고라이령은 1588년도 당시 여진 부락 35호가 있었으며, 만주 땅에서 회령으로 들어오는 가장 중요한 길목이었다. 박태근은 『제승방략(制勝方略)』 권1 〈열진방어(列鎭防禦)〉에 의거, 고라이령(古羅耳嶺)을 회령부 고령진(高嶺鎭) 대안(對岸)에서 7리 지점에 위치한 고개로 비정하였다

(『국역 북정일기』, 각주 17번).

해관령을 넘어서면 지신 – 명동촌 – 장재촌 – 용정 – 해란강 – 모화산 – 부르하통하 – 연길시 등으로 노정이 이어진다. 신류의 조선군이 고라이령을 넘은 다음 유숙한 법순(法順)을 박태근은 고령진 대안(對岸) 북쪽 60리 지점인 벗승부락(伐叱崇部落)으로 비정하였다.(『국역 북정일기』, 각주 18번) 문헌 상의 伐叱崇部落이 현재 어디 위치하는지는 알기 어려우나, 해관령 너머 첫 번째 있는 마을 지신(智新)이나 명동촌 즈음이 첫날 숙박지 법순이 아닐까 한다. 명동촌의 GPS 좌표는 N42 40.319, E129 32.439이다.

〈그림 17〉 용정시 해란강(海蘭江)

5월 3일 신류 부대는 자혜(者兮)에서 아침을 먹고 풍계(豊溪)와 건가토(件可吐) 두 강을 건너 건가토강 가에서 묵었다. 박태근의 주석(19번)에 의하면, 풍계는 일명 분계강(分界江), 해란하(海蘭河)라고도 하는데, 이 강은 현재 용정시의 해란강(海蘭江)(〈그림 17〉)을 말한다. 건가토강은 연길시의 부르하통하(布爾哈通江)를 말한다. 두 강은 큰 강은 아니나, 군수물자를 잔뜩 실은 부대가 이 강을 어떻게 건넜는지 신류는 기록해 놓지 않았다. 배가 준비되어 있지는 않았을 것이고, 다리가 설치되어 있지 않았다면 신류 부대가 하루 만에 해란강과 부르하통하를 지나 연길까지 빠르게 행군할 수 없지 않았을까 추정한다. 해란강의 GPS 좌표는 N42 45.915 E129 24.443이고, 부르하통하의 GPS 좌표는 N42 53.771 E129 31.296이다.

제2구간 '연길 – 마하[말고리]': 1658년 5월 4~7일 노정

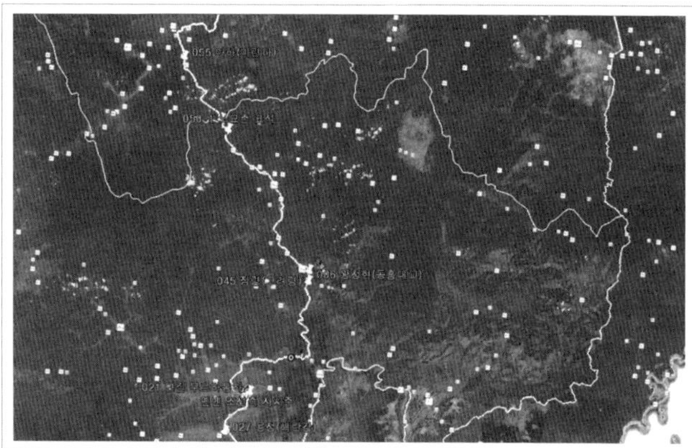

〈그림 18〉 흑룡강원정 조선군 노정의 제2구간(연길–마하) 세부 경로도

〈그림 18〉에 세부 경로를 표시한 제2구간은 5월 4일부터 7일까지의 노정이다. 현재 연길시에서 고속도로를 타고 출발하여 도문 톨게이트를 빠져나오면 왕청까지 60km 남았다는 이정표가 보인다. 이 구간의 주요 노정은 다음과 같다.

연길 – 三道洵村 – 龍北村 – 大坎子村(영고탑–혼춘 간 제7역참인 大坎子站이 있던 곳) – 북풍리촌 – 新興 – 長嶺 – 長嶺村 – 동흥대교 – 汪清 – 大仙 –春化(제6역참인 哈順站이 있던 곳) – 半城 – 묘령(제5역참인 瑚珠領站이 있던 곳) – 천교령(여기가 나한령이었을 것) – 말리구 – 천교령진 – 천산 – 하대두천 – 중대두촌 – 춘양 – 노묘 – 노송령(제3역참인 老松嶺站이 있던 곳) – 오봉루 – 馬河(마련하, 말고리, 마리고리하)

『북정록』의 5월 4일 기록에 의하면, 조선군은 일래비라(一來非羅)에서 아침을 먹고 궁궃동(弓仇叱洞)에서 묵었으며, 5월 5일에는 아침에 고개를 넘어 승거평(承巨坪)에서 밥을 지어 먹고, 저녁 나절 뿐지령(分叱之嶺)을 넘어 호지강(胡之江) 가에서 묵었다. 5월 6일에는 아미단(阿彌壇)에서 아침을 먹고, 나한령(羅汗嶺)을 넘어 술가도군(戌可道君)에서 유숙하였다. 5월 7일에는 아침을 백자령(柏子嶺) 아래에서 먹고 한낮에 고개를 넘어 노전동(蘆田洞)에서 묵었으며, 5월 8일에는 말고리(末古里) 입구에서 아침을 먹고 점심 때 홀가강에 이르러 도강을 시작했다.

① 왕청현의 대김자침의 표석(영고탑–혼춘 간의 제7참인 大坎子站이 있던 곳)

② 왕청현이 묘령촌 표석(영고탑–혼춘 간의 제5참인 薩奇庫站이 있던 곳)

〈그림 19〉 대감자촌, 묘령촌 – 주요지점(공간) 기록사진 –

위 고 지명들은 지금은 대부분 확인하기 힘든데, 큰 고개인 나한령과 백자령은 실제 지리와 거리로 계산해본 결과, 각각 천교령과 노송령임을 확인하였다. 이 두 곳은 흑룡강원정 노정의 중요한 이정표이다. 5월 6일 아미단(阿彌壇)에서 아침을 먹고 나한령을 넘어 행군하는 도중

"노상에서 영고탑에서 후춘(厚春)으로 돌아가는 오랑캐를 만났다"는 기록이 있는데, 후춘은 혼춘(琿春)을 말한다. 혼춘은 조선의 회령과 정기 무역을 하던 청국 측의 개시(開市)로서, 예부터 조선과 접촉이 잦았다. 연길에서 왕청현, 영고탑까지의 노정을 지나면서 옛 역참이 있던 곳을 확인하였는데, 대감자촌(〈그림 19-①〉), 묘령촌(〈그림 19-②〉), 노송령촌 등 서너 곳에 표석이 세워져 있었다. 이 역참들은 청말 영고탑과 혼춘(琿春) 간에 설치된 10개의 역참[221] 중 일부이다. 이 역참들의 지명 및 위치는 흑룡강원정 노정 및 지명을 확인 · 비정하는 주요 참고자료가 된다.

〈그림 20-①〉, 〈그림 20-②〉는 『북정록』 속의 백자령(柏子嶺)으로 비정한 노송령(老松嶺) 사진이다. 노송령 정상은 해발 818m이며, GPS

① 백자령(현 노송령)

② 왕백자령의 백화나무(자작나무)

〈그림 20〉 백자령 풍경 – 주요지점(공간) 기록사진 –

221 아래 표는 영고탑–琿春간 역참의 이름과 위치이다.

영고탑–琿春 간 역참	역참 이름	현 위치
제10참	琿春城台	현 吉林省琿春市 소재
제9참	密占站	현 吉林省琿春市密江幺密江村
제8참	穆克德和站	현 吉林省圖們市凉水鎭南大村, 舊稱南大洞
제7참	大坎子站	현 吉林省汪清縣東光鎭大坎子村
제6참	哈順站	현 吉林省汪清縣汪清鎭春和村
제5참	瑚珠領站	현 吉林省汪清縣大興淘鎭廟嶺村
제4참	薩奇庫站	현 吉林省汪清縣春陽鎭石頭河子村
제3참	老松嶺站	현 黑龍江省寧安市爲河幺老松嶺村
제2참	瑪尔瑚哩站	老松嶺을 넘어 馬蓮河, 三道河, 五道河 근처에 있음
제1참	新官地站	현 黑龍江省寧安市石巖鎭에 위치

좌표 N43 48.564, E129 22.868이다. 5월 7일의 기록에는 아침을 백자령 아래에서 먹고 한낮에 고개를 넘었는데, 고갯길은 60여 리에 걸쳐 빽빽한 잣나무와 전나무숲이 하늘을 가리어 종일 행군해도 해를 볼 수 없을 정도라고 했다. 60리가 넘는 높은 긴 고갯길임에도 불구하고 부대가 한나절 만에 이동을 완료했다는 기록을 보면, 기한이 촉박하여 부대가 쉴 틈 없이 힘겹게 이동했음을 알 수 있다. 현재에도 노송령에는 소나무와 자작나무가 즐비하다. 백자령의 '柏'은 '백화나무'인데, 나무껍질이 얇고 흰 자작나무를 말한다. 노송령 정상에서 길림성과 흑룡강성의 경계가 나뉘는데, 노송령을 넘으면 영안시가 시작된다. 신류 부대가 고개를 넘어 숙박하였던 노전동(蘆田洞)은 현재의 '녹도(鹿道)'로 보인다. 노송령에는 현재의 자동차 도로 외에 산속으로 옛길이 남아 있고 사람도 다니고 있음을 확인하였다.

〈그림 21〉은 개천 규모의 말고리(末古里) 사진이다. 신류 부대는 5월 8일에 말고리에서 아침을 먹고 점심 때 호을가강(胡乙可江)을 건넜다

〈그림 21〉 말고리(현 마련하)

고 했다. 호을가강은 목단강(牧丹江)의 옛 지명이며, 말고리의 또다른 옛 지명은 馬兒虎力河, 馬爾胡里河 등이며, 현 지명은 마련하(馬蓮河)이다. 마련하는 해발 300m, GPS 좌표 N44 01.168 E129 12.103이다. 마련하는 청대 말 영고탑과 혼춘 간의 제2역참인 마이호리참(瑪尓瑚哩站)으로 비정된다. 여기에서 300여 군사들이 아침을 지어먹고 씻었을 것이다. 여기서 하류로 20키로쯤 내려가면 배를 타고 영고탑성으로 건넌 지점인 석암진(石巖鎭)이 발견된다.

제3구간 '마하 – 영고탑성': 1658년 5월 8~9일 노정

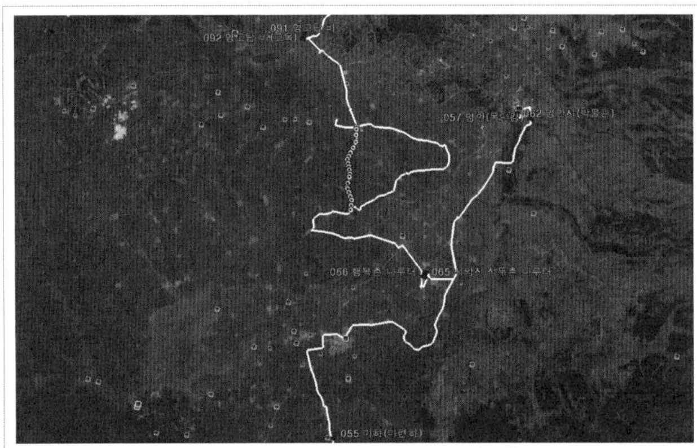

〈그림 22〉 흑룡강원정 조선군 노정의 제3구간(마하–영고탑성) 세부 경로도

〈그림 22〉에 세부 경로를 표시한 제3구간은 5월 8일부터 9일까지의 노정이다. 이 구간의 주요 지역은 다음과 같다.

마하(말고리)– 석암진 석두참(石頭站) – 목단강 – 행복촌 – 평안촌 – 건설촌 – 동화촌 – 입지촌 – 흥화촌 – 홍기촌 – 남기촌 – 고가촌 – 해랑진 – 복가촌(卜家村) – 영고탑장군지 유적지

〈그림 23〉 석암진의 석두촌. 홀가강(목단강 상류) 건너편은 행복촌

〈그림 24〉 행복촌의 나루터

이번 답사에서 노송령과 함께 석암진(石巖鎭)을 발견하고 비정한 것은 중요한 성과다. 신류의 조선군이 말고리에서 아침을 먹은 후 호을가강(목단강 상류)을 건넌 지점이 어디인가 탐색하였는데, 촌로들에게 탐문한 결과, 석암진의 석두촌(〈그림 23〉)과 강 건너편의 행복촌(〈그림 24〉)

을 발견할 수 있었다. 이곳은 영고탑성과 직선거리로 가장 가까운 곳이다. 석암진 석두촌의 나루터는 해발 263m, GPS 좌표 N44 10.689 E129 19.733이다. 행복촌의 나루터는 해발 264m, GPS 좌표 N44 10.698 E129 19.577이다. 〈그림 23〉·〈그림 24〉는 신류의 조선군이 어렵게 건너갔을 도강처의 경관이다. 석암진과 행복촌은 지금도 수백 호의 오래된 집들이 남아 있다. 석암진에서 몇 백 미터 위에 댐이 건설되어 있었고, 강폭은 100미터 안팎이며 나룻배가 다니고 있었다.

이번 답사 팀은 행복촌에서부터 영고탑성까지 옛길이 사라져 포장도로를 따라 우회하였지만, 신류의 조선군은 위 지도에 표시한 것처럼 직선상으로 이동하였을 것이다. 목단강을 건너 행복촌에서부터 영고탑까지는 90리의 거리였다고 한다. 신류는 일기에 고라이령을 넘은 후로는 길이 인마가 다닐 수 없는 흙탕길이라고 했는데, 이 거리를 하루 만에 가기 위해 많은 고생을 하였을 것이다. 아마도 5월 8일 점심부터 먼저 포수 등 주요 병력들이 도강하여 곧바로 영고탑성으로 향하지 않았을까 추정해보았다. 그렇게 하지 않았으면 그 흙탕길을 5월 9일 오후에 도강한 후 저녁 무렵 영고탑성까지 도착하기는 어려웠을 것이다.

〈그림 25〉는 영안시 소재 석암진과 목단강, 행복촌의 항공사진에 이동 경로를 표시한 것이다. 2013년 당시 63세의 李印凱 씨는 50년 동안 행복촌에 살았는데, 자기가 어렸을 때부터 행복촌과 맞은편의 석암진은 아주 오래되고 큰 나루터였다고 증언해 주었다. 『북정록』에서 홀가강이라 한 것은 목단강 상류이다. 신류의 조선군은 5월 8일 점심에 석암진에 도착하여 작은 통나무배 5척으로 이튿날 오후까지 도강 작업을 하였다. 하지만 배가 너무 작고 좁아 도강 작업에 많은 시간이 걸렸

다. 조선군의 인원 편성을 알아보니, 장교 7명(신류, 초관2, 군관2, 통사2), 포수 210명, 부속부대 77명(군속38, 마부39), 도합 304명이다. 이 인원과 말, 군량을 합쳐 작은 배로 도강하는 작업은 매우 힘들어 신류는 온종일 실어 날라도 절반도 옮기지 못했다. 그리하여 다음날인 9일 오후에야 도강을 마칠 수 있었다. 당시의 길은 인마가 다닐 수 없는 흙탕길이어서 신류는, "사람은 지치고 말은 병들어 문자 그대로 백신천고의 길"이라고 탄식하였다. 5월 8일에는 단천에서 징발된 쇄마 한 필이 쓰러져 숨을 거두었을 정도로 행군노정은 멀고 고되었다.

〈그림 25〉 항공 사진으로 본 흑룡강원정 조선군의 석암진 도강처(석두촌–행복촌) 경로도

제4구간 '영고탑성 – 목단강': 1658년 5월 9~12일 노정

제4구간은 5월 9일부터 12일까지의 노정으로, 주요 지역은 다음과 같다.

영고탑성 – 평산촌(平山村) – 밀남촌(密南村) – 서덕가촌(西德家村) – 신립촌(新立村) – 석동촌(石東村) – 영안촌(永安村) – 진가촌(秦家村) – 신촌(新村) – 해랑강(海浪江) – 목단강시

전자지도에 위 노정의 세부 경로를 입력하면 〈그림 26〉과 같다.

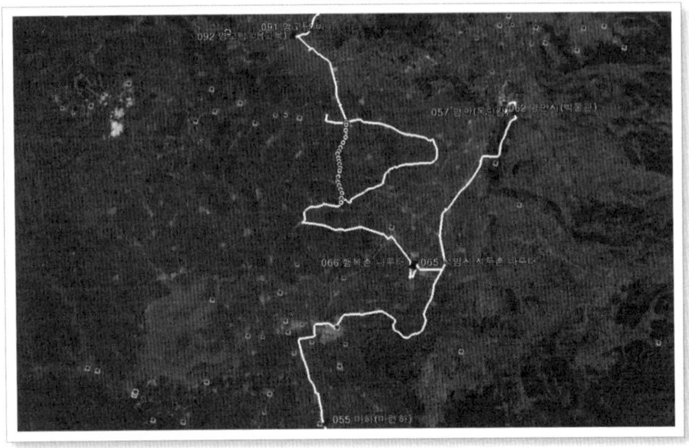

〈그림 26〉 흑룡강원정 조선군의 노정 제4구간(구 영고탑–해림–목단강시) 세부 경로도

영고탑성이 원래 있던 곳은 흑룡강성(원래는 길림성) 해림시(海林市) 장정진(長汀鎭) 구고탑촌(舊古塔村)인데, 현재 영고탑성 유적지 비석(〈그림 27〉)과 토담 형태의 북벽이 약간 남아 있고, 주위엔 옥수수밭만이 가득하다. 영고탑성의 위치는 해발 289m, GPS 좌표 N44 24.837 E129 09.296이다.

〈그림 27〉 영고탑성 유적지(현 해림시)

영고탑성은 당시 주위에 해랑강(海浪江), 이도하(二道河), 삼도하(三道河) 등 하천이 삼중으로 흐르고, 성은 석성과 토성의 이중 성벽을 두르고 있었다. 영고탑성은 사르후다(沙爾虎達), 파해(巴海) 부자

가 지키고 있었는데, 조선군은 성문 안으로 들어가지도 못하고 외성 북문밖 들에서 청국측의 영접을 받았다. 7박8일의 강행군을 한 조선군은 지금의 옥수수밭인 성문밖 들에서 야영을 하였을 것이다. 청국의 대통관 이몽선과 차통관 이기영 등은 사르후다 대장이 출동한 지 오래되어 더 지체할 수 없다며 빨리 군량을 수레에 옮겨 실으라고 하였다. 그리고 성중에서 여는 환영연에 참석하라고 하였다. 이 부분은 좀 더 상세하게 기록되었으므로 인용하기로 한다.

> 이른바 성주라는 자는 나를 뜰 한 가운데로 안내하여 고두례(叩頭禮)를 시킨 다음 술과 고기를 내왔다. 술 석 잔을 마시고 처소로 돌아오니 날은 이미 칠흑처럼 어두웠다. 이때부터 날이 샐 때까지 군량미를 달아 싣느라고 눈 한 번 붙일 수가 없었고, 또 여러 날 행군한 몸인지라 그 피로와 곤경은 이루 말할 수가 없었다.[222]

위 내용은 5월 9일자 일기의 한 부분인데, 명이 아닌 청국 천자를 향해 3두9배의 예를 올리고, 칠흑 같은 밤에 돌아와 군사들과 함께 밤새도록 군량미를 달아 싣는 신류의 고단한 모습이 연상된다. 신류는 여정이든 군사 관련 일이든 개인적인 감정을 드러내는 일이 좀처럼 없는데, 여기서는 강행군과 군수물자 운반으로 인한 극심한 피곤함을 토로하였다.

『북정록』의 말미 '행중약기견문(行中畧記見聞)'에 신류는 출병 중에 보고 들은 몇 가지를 기록하여 놓았는데, 영고탑의 장수의 인상, 영고탑성 안팎의 인문지리에 대해 관찰한 것이 대부분이다. 신류는 영고탑

222 박태근 역주, 『국역 북정일기』 66쪽

오랑캐의 두목은 할호대(下乙胡大; 사르후다(沙爾虎達)를 말함)이며, 부두목은 이가리(離可里), 햇태(害叱太) 두 명이라고 하였다. 오랑캐 두목은 영악한 인상이며, 이 자가 해마다 군사를 일으켜 태반을 잃으니 영고탑 오랑캐들 중에서 원망하지 않는 자가 없다고 하였다. 영고탑 성 안팎은 인가 1천 호 가까이나 되며 모두 큰 집이라 살림이 부요하다고 하였다. 이외에도 땅이 비옥하여 밭에 심은 참깨, 콩, 수수, 조 등의 수확이 극히 풍성하다는 점, 밥과 반찬 등 식생활 풍속을 기록하였다.

5월 10일 이른 아침, 신류는 청국 장졸들과 함께 성을 출발하여 빗속을 30여 리 행군한 다음 조반을 지어 먹고, 오후에 전문(箭門)에 도착하였다. 현재 전문의 위치는 확인할 길이 없다. 신류는 통관들과 함께 사르후다 대장의 막사를 찾아가 상견례를 하고 차 대접을 받았다. 5월 11일에는 조선 포수 2백 명을 청군 부대에 각각 배속시키고, 군량미 등을 배에 옮겨 싣게 하였다. 그리고 5월 12일 이른 새벽 조청 연합군이 탄 선단은 목단강을 타고 드디어 흑룡강을 향해 출항하였다.

현재 해림시의 구 영고탑성에서 목단강까지의 길은 영고탑성 - 평산촌(平山村) - 밀남촌(密南村) - 서덕가촌(西德家村) - 신립촌(新立村) - 석동촌(石東村) - 영안촌(永安村) - 진가촌(秦家村) - 신촌(新村) - 해랑강 - 목단강시 등으로 이어지는데, 신작로가 난 곳이 많아 옛길을 온전하게 확인하기는 힘들다. 목단강시는 해발 239m, GPS 좌표 N44 35.023 E 129 36.713이다.

해림시의 해랑강(〈그림 28-①〉)은 목단강에 합류된다. 현재 목단강시를 관통하는 목단강(〈그림 28-②〉)에는 댐이 건축되어 있어 강폭이 4-500미터에 달할 만큼 넓었다. 목단강시 위로 30분 거리에 있는 활인

시에 가보니 목단강의 폭이 100미터가 못 되어 보였다. 조청 연합군이 탄 선단도 강폭 100미터가 못 되는 목단강을 타고 송화강을 향해 나아갔을 것이다.

① 영고탑성 주위의 해랑강(海浪江)

② 목단강 시내를 관통하는 목단강(牧丹江)

〈그림 28〉 해랑강과 목단강 – 주요지점(공간) 기록사진 –

신류의 『북정록』은 신류 개인의 감회를 자유롭게 표현한 사적 일기라기보다는, 객관적 사실과 임무 수행에 관련된 일을 기록한 전쟁 수행 일기에 가깝다. 특히 두만강 도강부터 흑룡강 전투가 벌어지는 6월 10일 이전의 일기는 전투지로 가는 과정 위주로 기록한 것이기 때문에 내용이 단조로운 편이다. 이 구간의 일기에서는 자연 지리공간과 길에 대한 형상화가 약하고, 길과 주변 공간에 대한 신류의 인식이 충분히 표현되지 않았다. 다만, 울창한 백자령 숲에 대한 감회나 석암진 도강처에서의 상황과 힘겨움, 영고탑 성문 밖에서 느끼는 고뇌와 피곤함, 영고탑성의 장수, 정세, 토지풍속 등에 대한 감회가 절제된 가운데 표현되었다.

이러한 지리 공간에 대한 연구결과를 바탕으로, 『북정록』과 허구적 개작이 이뤄진 〈북정일기〉, 〈배시황전〉, 〈북행일록〉 등의 작품을 비교 연구하는 것도 흥미로울 것이다. 예컨대, 〈배시황전〉에서는 작가가 일인칭 관찰자 시점에서 중국 공간·노정에 대한 견문과 감회를 10회 이상 서술하였다. 가보지도 않고, 알지도 못하는 공간에 대해서 말이다. 행군 노정 중에는 '몽고'가 들어가 있다. 3월 1일 5천여 명의 군사가 두만강을 건너 3월 19일에 영고탑성에 도착한 것으로 군대 규모가 커지고 일정이 확대되어 있고, '배시황'이라는 가공 인물이 신류의 부장으로 설정되어 활약한다. 이러한 변이양상 및 의미에 대해 다음 장에서 고찰해 보기로 한다.

중국 길림성 용정시 윤동주 생가 앞, 신류의 제2차 흑룡강원정 노정답사 현장 (2013년 7월, 김일환 촬영)

제3장
흑룡강원정서사와 이역인식

1. 1658년 흑룡강원정과 『북정록』

1650년경 흑룡강 유역에 러시아 수군이 진출하면서 청나라와 러시아 간에 영토분쟁이 일어났다. 청의 원병 요청을 받은 조선에서는 1654년 1차에 이어 1658년 제2차 파병을 하였고, 신류 장군 휘하 300명의 부대는 군사적 승리를 거두고 돌아왔다. 신류는 진중일기 『북정록』에 제2차 흑룡강원정[나선정벌]의 전말과 자신의 소회를 기록하였고, 이에서 〈차한일기〉,[223] 〈북정일록〉,[224] 〈배시황전〉, 『북정일기』[225] 등의 흑

223 이익이 쓴 〈차한일기(車漢日記)〉는 『성호사설유선(星湖僿說類選)』 권9下에 전문이 전한다.

224 〈북정일록〉은 이규경의 『오주연문장전산고(五洲衍文長箋散稿)』 권60, 〈나선변증설(羅禪辨證說)〉에 전한다. 이 책은 1860년대 초에 편찬된 것으로 알려졌다. 이익의 〈차한일기(車漢日記)〉에 〈북정일록〉의 내용이 이미 인용된 것을 보면,

룡강원정서사가 파생되었다. 문학연구자들이 『북정록』에서 파생된 작품들을 주목하는 것은 흑룡강원정 실기의 내용이 허구화되면서 북방지역의 산하에 대한 묘사, 러시아 수군, 만주 변방의 부족민들에 대한 인식과 묘사, 서술자의 정서적 반응이 다양하게 변주되기 때문이다.

17세기 중반 1 · 2차 흑룡강원정을 통해 조선에 전파된 '나선'(러시아)의 이미지는 그동안 조선인들이 한 번도 들어보지 못한, 중화질서 너머의 이질적이고 두려운 국가였다. 청 · 러 국경분쟁의 원인이 되기도 했던 만주 변방의 부족민들에 대해서도 신류와 조선의 지식인들은 관심을 갖기 시작하였다. 신류 장군과 후대의 사람들은 흑룡강원정서사를 통해 미지의 러시아와 만주 변방의 부족민, 북방의 산하에 대한 인식과 이미지를 전하고 소통하였다.

필자는 이 장에서 신류 장군의 진중일기 『북정록』을 주 텍스트로 하여 신류가 인식한 이역(異域), 곧, 낯선 지역 및 그곳에서 활동하는 집단에 대한 서술자들의 인식과 정서적 반응을 고찰할 것이다. 이와 함께 『북정록』에서 파생된 텍스트 이익의 〈차한일기〉, 신륵의 『북정일기』, 이규경의 〈북정일록〉, 국문소설 〈배시황전〉[226]에서 이역에 대한 인식

이미 18세기 전반기에 나선정벌 전공담이 허구화되어 항간에 유포된 것을 알 수 있다.

225 신류의 증손 신륵이 1760년에 『북정록』의 일부 내용을 고쳐 기록한 책이다.

226 〈배시황전〉은 학초본과 송신용본이 전한다. 학초본은 이경선 소장본으로 1940년대에 필사본을 보고 잉크로 쓴 것으로, 〈八道邑誌歌〉와 같이 한 책에 묶여 있다. 책 말미에 "同治六年上元學蕉戲藁"라고 씌어 있어 同治6년, 곧 1867년에 필사된 것임을 알 수 있다. 송신용본도 1940년에 필사되었다. 필자는 배시황을 주인공으로 하는 허구적 내용의 흑룡강원정서사인 〈배시황전〉 및 〈북정일록〉의 원본이 1670년 이전에 지어졌다고 추정하였다. 이에 대해서는, 권혁래, 「배시황전 연구」(『조선후기 역사소설의 탐구』, 월인, 2001, 106-110쪽)을 참조할 것.

과 묘사가 어떻게 변주되었는지를 고찰할 것이다. 이 글에서 말하는 '이역'이란 일차적으로 지리적 의미의 '지역'의 경관, 소산물, 노정 및 거리를 중심으로 하며, 이에 더하여, 지역을 관리하는 국가 및 통치집단, 지역에 거주하는 '사람' 및 사람에 부속된 것들을 포함한다.

박혜민은 '이역(異域)'이란 용어가 동아시아의 정치적 공간, 곧 화이 관계에서 형성된, 주변에 위치한 공간을 이르는 개념이라고 하였다.[227] 그런 점에서 흑룡강 유역의 부족민들이 거주하는 공간은 '천자의 교화가 미치는 범위'에 속하는 전통적인 이역인데, '러시아'라는 미지의 국가, 러시아수군이 온 '북쪽 바닷가'가 이역의 범위 안에 포함되는지는 명확하지 않다. 이익은 이에 대해 '절역(絕域)'이라는 개념을 사용하였는데, 이는 청을 중심에 놓고 보면 '새로운 이역'이 될 것이다.[228] 아울러, 신류가 흑룡강원정을 통해 접한 '청의 북방산하'를 이역의 범주에 넣어 살핀 것은 거의 처음으로 접한 북방의 '낯선 공간'에 대한 조선인들의 인식을 고찰하기 위한 까닭이다. 요컨대, 이 장에서 고찰하는 이역의 대상은 첫째, 러시아 및 러시아 수군이 출몰한 흑룡강 유역, 둘째, 부족민들이 거주하는 만주 변경, 셋째, 흑룡강원정을 통해 접한 청의 북방 산하이다.

그동안 문학, 역사학, 지리학연구자들은 실증적 역사연구, 문헌학적 · 서사적 분석, 문학지리학적 연구를 통해 17세기 중후반의 러시아의 동진, 송화강 · 흑룡강 유역의 부족민 및 청나라의 국경관리, 1 · 2차

227 박혜민, 「조선후기 이역인식 연구」, 연세대 박사논문, 2018, 10쪽.

228 '절역'이란 '새로운 이역'이라고 할 수 있는 유럽에 대한 서술이 추가되면서 그동안 야만적인 곳으로 여겨지던 지역을 일컫기 위해 만든 개념이다. 위의 논문, 60쪽.

흑룡강원정의 군사 · 외교 · 정치적 의미, 흑룡강원정서사 및 서사지리의 분석, 영고탑성 등 북방산하의 장소성 및 이미지에 대해 심도 있는 연구를 해 왔다. 필자는 이 장에서 『북정록』의 텍스트 분석을 통해 조선의 원정대장 신류가 주도면밀한 태도로 이역을 인식해가는 과정을 고찰할 것이다. 이익의 〈차한일기〉, 신륵의 『북정일기』, 이규경의 〈북정일록〉, 국문소설 〈배시황전〉의 텍스트 분석을 통해서는 이역의 허구적 묘사, 인식의 통속화 양상을 분석할 것이다. 노정과 견문 속에 갑자기 등장한 '몽골'의 존재는 작은 수수께끼처럼 여겨진다. 흑룡강원정서사에 그려진 노정 중에 왜 갑자기 '몽골'이 등장하였는지에 대해서 생각해 본다면 흥미롭지 않을까 한다.

『북정록』에 원정대장 신류의 차분한 인식과 감회가 표출되었다면, 〈차한일기〉 · 『북정일기』 · 〈북정일록〉 · 〈배시황전〉에는 '배시황'이란 가공인물을 앞세워 전투담을 강화하는 양상이 일관되게 나타나는데, 이 과정에서 이역에 대한 호기심과 무지, 민족적 감회가 새롭게 파악된다. 신륵은 증조부의 진중일기 『북정록』을 의도적으로 개작하여 원본이라고 세상에 공표하였다. 신륵의 『북정일기』에 이역에 대한 인식이 어떻게 개변되는지 살피는 것도 흥미로울 것이다. 1658년 제2차흑룡강원정의 전체공간과 노정을 지도에 표현하면 〈그림 29〉와 같다.

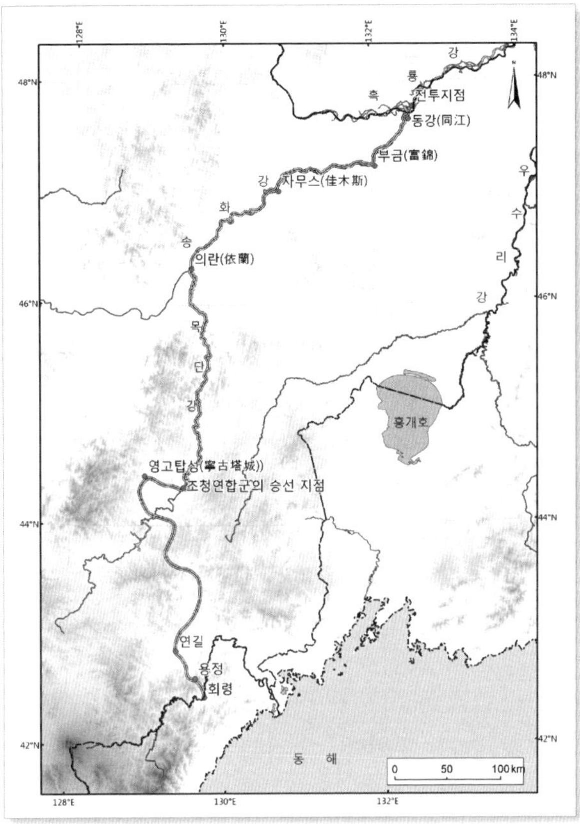

〈그림 29〉 1658년 제2차 흑룡강원정의 공간과 노정

2. 새로운 이역, 북해변 러시아군에 대한 인식과 묘사

신류가 인식한 러시아군

신류는 원정기간 내내, 뒤에 『북정록』이라 이름붙인 진중일기를 쓰면서 시간의 순서를 따라 러시아군에 대한 자신의 인식과 견문한 내용

을 기술하였다. 『북정록』의 서두는 다음과 같이 시작된다.

> 북쪽 바닷가에 오랑캐 도적 떼[奴賊]가 있는데, 그 소굴이 어느 곳에 있는지 모른다. 그들은 배를 집 삼아 흑룡강 상 · 하류를 오르내리면서 왈가 지방을 노략질하고 있었다. 청나라 사람들이 여러 차례 싸웠으나 모조리 패했다. 갑오년(1654, 효종 5)에 처음으로 우리나라에 와서 구해달라고 요청했으며, 최근 다시 도와달라고 요청했다. 조정에서는 어쩔 수 없이 북우후로 하여금 병사를 거느리고 출정하도록 특명을 내렸다. (행중기사, 무술년(1658) 4월에 시작하다)[229]

1658년 당시 흑룡강에 출현한 러시아 수군은 스테파노프(Stepanov)가 대장이며, 대형선박 11척에 500명의 병력을 갖추고 있었다.[230] 『북정록』과 후대 기록들에서는 이들을 차한적, 나선군, 북해변 노적 등으로 호칭하였다. 『북정록』에서 신류가 러시아수군을 부른 호칭은 '奴賊'으로, 도적, 오랑캐라는 뜻이다. 이 뒤로도 신류는 이들의 이름을 정확히 부르지 않고, 대개 '적'이라고 불렀다. 서두에 신류는 북쪽 바닷가에 사는 도적[奴賊]', '오랑캐'가 배를 타고 와르카 지방 사람들을 약탈하는 행위를 하였음을 기술하였다. 출정명령을 받은 신류는 이런 정도의 지식을 안고 1658년 3월에 부대편성을 마치고 출동을 대기하고 있었다. 신류는 5월 2일 두만강을 건너, 9일 영고탑성에 도착한다.

5월 20일의 일기에는 '노추(虜酋)'라는 호칭이 등장한다. 신류는 청

229 계승범 역, 『북정록』, 서해문집, 2018, 23쪽. 이하 『북정록』의 번역문 인용은 계승범의 책으로 한다.

230 박태근 역주 『국역 북정일기』, 한국학중앙연구원, 1980, 16-19쪽. 17세기 중반 러시아 수군의 동진에 대해서는 계승범의 「러시아 자료로 본 1650년대 흑룡강원정(나선정벌)」(『열상고전연구』 65, 2018, 139-168쪽)에 상세히 보고하였다.

인들이 러시아인을 '노추'라고 부른다는 것을 기록하였다. 러시아인을 '노추'라고 부른 것은 『북정록』이 처음이며, 18세기 전반에 제작된 《서북피아양계만리일람지도(西北彼我兩界萬里一覽之圖)》(국립중앙도서관 소장, 1746년 제작)와 《영고탑총람도(寧古塔總覽圖)》(국립중앙도서관 소장, 1741년 제작)에서도 발견된다.[231] '4. 파생 텍스트에 묘사된 청의 북방산하'에 있는 〈그림 31〉 《영고탑총람도》에는 만주 정북방 방향 흑룡강 북안에 '노추'라고 표기하고, 그 동쪽은 '허전(虛全)'[혁철족], 서쪽 및 지도의 맨위 북방 지역은 '몽고(蒙古)'로 표기했다.

『북정록』에 러시아군에 대한 기록이 다시 나타나는 것은 5월 27일이다. 송화강 입구에 머물면서 육로로 염탐나간 오랑캐 2명이 돌아와 보고한 내용은 "적들은 지금 견부락 지방에 머물며 노략질을 하면서 10여 명을 죽였다"는 내용이다. 6월 6일자 일기에는 적에게 사로잡혔다가 풀려난 왈가족 여인이 보고한, "적선은 13-14척이나 되는데, 모두 새로 만든 육중한 큰 배들이며, 배 위에는 판옥을 만들어…"라는 내용의 러시아 배에 대한 정보가 기록되어 있다. 전투는 6월 10일 하루 동안 일어났고, 연합군은 치열한 전투 끝에 대승을 거두었다. 신류는 이날 일기에 러시아군과 전투상황에 대해 상세히 기록하였고, 6월 12일에는 러시아의 판옥선의 구조에 대해 상세히 기록하고, 러시아인들에 생김새에 대해 다음과 같이 묘사하였다.

> 적병의 얼굴 생김새와 머리카락은 남만인과 아주 닮았는데, 얼굴 생김새는 남만인보다 모질고 사나왔다. 남만인이 아니라고 할지

231 이는 박태근의 앞의 책, 72-73쪽의 각주 35번에 기술되어 있다.

라도 반드시 남만과 가까운 이웃의 오랑캐(醜)일 터다. 대통관 이몽선은 이들이 바로 오로소(吳老素), 차한국인(車漢國人: 러시아 차르의 신민이라는 뜻)이라고 말했지만, '차한'은 이전에 들은 적이 없는 나라이기에 그게 맞는지 모르겠다.(6월 12일)[232]

신류는 자신이 직접 본 도적이 남만인이거나 그 이웃 오랑캐가 분명하다고 하며, 대통관을 통해 오랑캐들이 '오로소', '차한'국의 사람이라는 것을 들으나 이를 의심쩍어 한다. 6월 14일에는 적들에게 포로가 되었던 왈가족 여인들의 증언을 통해 들은 내용을 다음과 같이 기록하였다.

적선은 바다 어귀로부터 올라온 것이 아니다. 흑룡강 상류에서 배를 타고 내려왔으니, 그 나라가 흑룡강 상류에 있는지 아니면, 아니면 육지로 나와 흑룡강에 도착해 배를 탔는지 알 수 없다. 흑룡강 상류는 몽골 지방에서 발원한다고 하니, 그 나라가 상류에 있지는 않은 듯하다. 이 적들이 침략해 온지 이미 10년이 지났으니, 본디 근거지로 돌아갈 날은 사라졌다.(6월 14일)[233]

이와 같이 신류는 왈가족 여인의 증언으로부터 러시아 수군의 출몰방향, 행동 등을 탐지하며 치밀하게 정보를 파악하는 태도를 취하고 있다. 신류는 한 번도 들어본 적 없는, 흑룡강의 상류가 몽골 지방이며, 흑룡강의 하류인 오츠크해 쪽에서 적선이 온 것은 아니라는 탐문 내용을 기록하였다. 러시아라는 나라가 어디에 있는지는 알 수 없지만 러시아군의 근거지가 되는 지역을 바다쪽이 아닌 흑룡강 상류라고 인식한 점은 정확하며, 그래서 중요하다, 이외에도 청군과 포로들로부터 들은

232 계승범, 앞의 책, 59쪽.

233 위의 책, 60쪽.

정보를 바탕으로 적들의 행방을 추적하고(7월 9일), 포로들이 말한 '오을소(吳乙素)'와 대통관이 말한 '오로소(吳老素)'가 같은 나라임을 짐작한다.(6월 27일) 7월 28일 일기에는 사르후다 대장이 보내온 적의 총포 한 자루를 살피며, 적의 총포는 조선의 총포와 달리 화승(심지)을 사용하지 않는 대신, 안쪽 가장자리에는 화철을 끼우고 바깥 가장자리에는 방하철을 부싯돌에 끼워 내리면, 돌과 쇠붙이가 서로 부딪쳐 불꽃이 일어난다는 것을 기록하였다.

이상이 신류가 파악한 러시아군에 대한 정보이다. 신류는 러시아군에 대해 아주 막연한 정보만을 알고 출발하여 청나라 군인들, 대통관, 대장 사르후다, 적의 포로가 되었던 왈가족 여인 등 여러 경로를 통해 다양한 정보를 얻어듣고, 또 자신이 직접 보고 들으면서 적의 거주지 및 실체를 구체적으로 파악하였다. 그가 기록한 것은 흑룡강 유역을 침범한 오랑캐가 10년 전에 자기나라를 떠나 흑룡강 상류에서 배를 타고 내려왔으며, 진보된 총포를 사용하고 있으며, 육중하고 큰 판옥선을 건조했다는 것, 이제는 흑룡강 상류로 완전히 패퇴했다는 사실이었다. 이를 통해 신류가 처음 두만강을 건널 때보다 러시아의 실체에 대해 정확하고 비중 있는 정보를 파악했음을 알 수 있다. 그는 청군 대장 사르후다로부터 어렵게 얻은 적의 총포 한 자루를 가지고 8월 27일 두만강을 건너 귀국한다.

파생 텍스트에 묘사된 러시아군

신류의 『북정록』은 민간에 널리 알려지지 않았다. 대신, 17세기 말

무렵에는 이를 허구화한 내용의 텍스트가 민간에 유통되기 시작하였다. 그 원본은 알 수 없지만, 그것은 신류의 동향 사람이라고 하는 '배시황'을 중심인물로 삼아 러시아 수군과의 전투담을 확대 · 부연한 역사군담소설의 형태를 띠었다. 성호(星湖) 이익(李瀷, 1681~1763)은 『북정록』의 내용을 축약하고 일정 및 군담을 확대하여 〈차한일기(車漢日記)〉라는 제목의 글을 썼는데, 이는 『성호사설』에 실려 전하고 있다.[234] 흥미로운 사실은 어떤 까닭에서인지 이익이나 박지원 등의 실학자들이 배시황을 실존인물이라고 알고 있었다는 점이다. 신류의 증손 신륵(申肋, 1728~?)은 증조부의 공적이 세상에 제대로 알려지지 않은 점을 불만스럽게 여기고, 그 공적의 내용을 세상에 널리 알리기 위해 『북정록』을 저본으로 하여 1760년 『북정일기(北征日記)』를 새로 집필하였다. 그는 증조부의 『북정록』 내용을 존중하였지만, 사람들의 흥미를 끌고 신류의 공적을 선양하기 위해 작품의 주요 사건을 고쳐 썼는데, 그것은 신류가 청군 대장에게 환대받았으며, 5,000명의 조선군이 출정해 수십만의 적병을 물리쳤다는 등의 내용이다.[235] 이규경(李圭景, 1788~1856)은 〈차한일기〉와 전체적으로 비슷하지만, 조선군의 규모를 5,000명으로 키워 전투담을 확대한 내용을 〈북정일록(北征日錄)〉이라는 제목으로 썼다. 20세기 초에 필사된 것으로 파악되는 한글본 〈비시황젼〉은 〈북정일록〉이나 그 저본을 번역 · 부연한 것이다.

234 『성호사설(星湖僿說)』 8권. 『성호사설』은 이익이 40세 전후부터 기록하기 시작하였고 80세 무렵에 묶인 책이니, 〈차한일기〉는 1720~1760년 사이에 기록된 내용이다.

235 권혁래, 「나선정벌기의 허구화 과정에서 『북정일기』의 소설적 성취」, 『고소설연구』 37, 2014, 235-265쪽.

이익은 〈차한일기〉[236]에 러시아군에 대해 다음과 같이 기록하였다.

①효종9년(1658)에 청국이 차한(車漢)을 공략하기 위해 우리나라에 원군을 요청했다. 차한은 나선(羅禪)이다.[237]

②5월 15일, 송가라강에 당도했다. 송가라강은 흑룡강과 합류하게 되니 차한이 왕래하여 충돌을 일으키는 지역이다. 차한은 선척으로 집을 삼아 농사를 짓지 않고 길쌈도 하지 않고, 오직 약탈하는 것으로 업을 삼는 무리다. 그러니 수전(水戰)을 벌이지 않고는 제압할 수 없는 형편이었다.[238]

③차한 사람은 신장이 10척에 눈이 길고 깊고, 붉은 머리털이 해초처럼 헝클어져 어깨에 드리워졌다. 차한은 거란이 정복한 황두실위(黃頭室韋)가 아닌가 한다. 저들의 병기는 화포와 장총이다. 총은 화승을 쓰지 않고, 만호석을 화문에 단단히 장착한다. 그리고 용두(龍頭) 위에 금수(金燧)를 붙여 놓아 용두가 떨어지면 쇠와 돌이 부딪쳐서 불이 일어나 점화가 된다. 점화되면 그 기운으로 총알이 발사되는 것이다. 선박제도는 목판을 덮거나 서까래를 설치하고 자작나무를 덮는데, 그 위를 자작나무 껍질로 두껍게 씌웠다. 그리고 선체에 구멍을 많이 내서 총을 쏠 수 있도록 했다.[239]

(밑줄 표시는 인용자 강조. 이하 동일)

④7월 10일에 승선의 보고를 올리고 전함을 돌렸다. 쇠닻을 드

---

236 〈차한일기〉가 수록된 『성호사설(星湖僿說)』은 이익이 40세 전후부터 기록하기 시작하였고, 그의 나이 80세가 되었을 때 집안 조카들이 정리한 책이다. 그러므로 〈차한일기〉는 1720~1760년 사이에 기록된 내용이다.

237 〈차한일기〉, 임형택 역, 『한문서사의 영토』 1, 태학사, 2012, 299쪽. 이하 〈차한일기〉의 번역문은 이 책에서 인용한다.

238 위의 책, 300-301쪽.

239 같은 책, 303-304쪽.

> 는데 열 명의 힘으로도 올릴 수 없는 무게였다. 차한의 병졸로 포로된 자가 대번에 그것을 들어 올리는 것이었다. 마치 지푸라기를 드는 것 같으니, 그 완력은 실로 굉장했다.[240]

①에서는 러시아 수군을 차한(車漢)이라고 하고, 다시 나선(羅禪)이라고 풀이하였다. 차한이란 러시아 황제 '짜르'를, 나선은 '러시아'를 음차한 것이다. 5월 15일의 기록에는 차한이 흑룡강을 오르내리며 배에서 살며, 노략질을 일삼는다고 하여 실체를 정확히 파악하였음을 보여준다. ②에서는 차한족의 외모를 10척[2미터]이나 되는 큰 키에, 눈이 길고 깊으며, 붉은 머리털과 수염을 길게 드리웠다고 하였고, 차한족의 실체를 "거란이 정복한 황두실위(黃頭室韋)"라고 적시하였다. '황두실위'라는 지명은 『오대사(五代史)』〈사이부록(四夷附錄)〉에 남쪽으로는 거란, 북쪽으로는 구국(狗國)과 인접한 '실위(室韋)'라는 지역의 한 부분이다.[241]

마테오리치의 『곤여만국전도(坤輿萬國全圖)』에도 '구국(狗國)', '황두실위(黃頭室韋)' 등의 지명이 표기되어 있다. 이규경은 〈나선변증설(羅禪辨證說)〉에서 이익 역시 장황(章潢)의 『도서편(圖書編)』을 인용하여 러시아를 '황두실위'로 추정하였다고 밝혔다.[242] 임형택은 『거란국지(契丹國志)』 권 26 〈제국기(帝國記)〉를 인용하여 '황두실위'가 '황두 여진'과 '실위국'을 말하거나, 아니면 황두 여진의 오기인 것으로 보이며, 황두 여진은 인종이 호전적이며, "머리털이 노랗고 눈동자는 녹색이 많고 황색에

240 같은 책, 304쪽.

241 동북아 역사넷(http://contents.nahf.or.kr/), 정사외국전 DB.

242 "李瀷云, 恐是契丹所征黃頭室韋, 而以章潢圖書編考證, 則女眞之種. 其在開元北近松花江者曰山夷. 又北抵黑龍江曰江夷, 則生女眞江夷爲强.", 李圭景, 『五洲衍文長箋散稿』, 〈羅禪辨證說〉.

백색을 띤 자도 많다."고 했다.[243] 이러한 내용은 〈차한일기〉에만 등장하는 것으로, 이익이 별도의 문헌기록을 통해 러시아군의 정보를 구하려 했음을 알 수 있다. 또한 총포와 선박에 대해 자세히 기록하고, ③에서는 포로 된 적이 홀로 쇠닻을 들어 올릴 만큼 완력이 대단하다고 하였다.

이규경의 〈북정일록〉에서도 러시아 수군은 '차한적'이라고 기록되었다. 신류가 전쟁에서 승리한 뒤 6월 25일의 기록에는 외모와 무기, 선박, 괴력 등에 대해 다음과 같이 기술되어 있다.

> ①적의 형태와 외모는 키가 10여 척이오 낯의 크기가 1척이며 눈은 길고 깊고 눈알은 희고 검으며, 붉은 머리털과 흩어진 수염은 해초와 같이 어깨까지 드리우고 있으며, 의복은 다른 오랑캐와 많이 다르다. 그들은 죽어서도 사납고 추하니 살아 있을 때야 어떻겠는가? 무기는 대포와 장창을 쓰고, 총은 화승총이 아니고 수문호(水瑚瑚)로 불을 붙이는데, 이를 화문(火門)에 움직이지 않게 장치하고 화철(火鐵)을 길고철(桔槹鐵)에 매어 놓고 길고를 아래위로 움직이면 금속과 돌이 서로 부딪쳐서 불이 일어나게 한 것이다. 배는 전부 나무로 만들었으며, 복판(腹板)은 길고 넓으며, 혹은 긴 널판으로 위를 덮기도 하고, 혹은 지도리를 묶어 판에 붙이고 자작나무 껍질로 덮기도 한다. 안에 방 두 칸을 두고 있다.[244]
>
> ②열 사람의 군사가 무거워서 끌어올리지 못하던 쇠닻을 한 사

243 임형택 역, 앞의 책, 303쪽, 각주 10번.

244 賊之形貌 身長十餘尺 面大一尺 目長而深 白而黑 赤髮蓬糊如海毛 垂在肩根 衣服與諸夷頗異. 死而獰醜 而況生乎. 軍器則大砲長槍 銃制則無火繩引焰 以水瑞瑚置于火門 堅固不動 以火鐵繫于桔槹鐵 上下桔槹 則金石相薄而生火. 船制全木造腹板 長廣宏闊 或以長板蓋上 或結棍附板 覆以樺皮. 內置房二間. 〈北征日錄〉, 『五洲衍文長箋散稿)』 권60, 〈羅禪辨證說〉

람의 적의 힘만으로 거뜬히 들어올렸다.(7월 10일)[245]

③원수의 저택을 방문하니 원수가 기쁘게 맞이했는데, 그 저택과 차림이 극히 크고 아름다웠다. (원수의) 세 부인들이 말하기를, "차한적은 서쪽 오랑캐(西戎) 중에서도 가장 교활한 자들로서 지금까지 맹장경졸들이 여러 번 정벌하였으나 계속해서 분패하였습니다. 이제야 흉악한 적들이 소탕되고 후환이 영구히 끊어져 우리 원수께서 개선가를 부르고 돌아오신 것은 조선 장사의 공덕이 아님이 없습니다."라고 말하고 세 여인이 절하였다.(10월 17일)[246]

①에서 외모에 대한 기록은 이익의 〈차한일기〉와 내용이 비슷하나, 얼굴이 크고 눈알이 검다고 한 점, 의복에 대한 기록은 다른 점이 있다. 총포와 선박에 대한 기록과 ②의 포로의 괴력에 대한 내용은 〈차한일기〉의 내용과 유사하다. ③의 배시황이 원수의 저택을 방문하였다는 내용은 〈북정일록〉과 〈배시황전〉에만 나타나는데, 부인들의 입을 통해 차한적을 "서쪽 오랑캐[西戎] 중에서도 가장 교활한 자"라고 묘사하였다. 이규경이 러시아를 '서융(西戎)'이라 한 것은 중앙아시아의 특정 지역을 가리키는 것이 아니라 '서쪽 오랑캐'의 의미로 사용한 것으로 보인다. 이규경이 러시아를 변증하면서 명백히 허구인 이 일화를 사실인 것처럼 인용한 것은 이른바 '배시황수기(裵是晃手記)'라는 기록을 사실로 받아들였기 때문일 것이다.

신륵이 지은 『북정일기』의 서두에는 왈개, 개부락, 퍅개가 청에 조공을 하지 않는 이유에 대해 말하며 차한국에 대해 다음과 같이 기록하

245 十軍引鐵碇 重不可擧 使賊一人致之 一擧手而上.

246 造其家 元帥欣然 家舍鋪陳 極其宏麗 (중략) 三女曰, "車漢賊西戎巨猾 猛將勁卒相繼僨敗.今者凶醜已盡 邊患永絕 使我元帥奏凱而還 莫非朝鮮將士之功也." 三女拜.

였다.

"감히 딴 마음이 있어서가 아닙니다. 이른바 차한국이라 하는 자가 어느 곳에 있는지는 확실히 모르나 배를 타고 바다를 뒤덮어 몰려와서 침포, 노략하는 것이 거의 빠지는 달이 없는 지가 이미 3년이나 되었습니다…"[247](4월 6일)

위 발언은 영고탑 부용국(附庸國)들의 입을 빌어 하는 말로, 차한국이 어느 곳에 있는지는 확실히 모르나 배를 타고 와서 3년간 자기들을 침략하였다는 내용이다. 신류는 이로써 추측해 볼 때 "차한은 천하의 강적일 것"이라고 하였다. 이 뒤로는 차한에 대한 기록이 거의 발견되지 않는다. 청나라인들이 러시아인을 '노추'라고 부른다고 기록한 내용(5월 20일자 일기)도 빠져 있다.

『북정록』을 내용을 개작한 신륵의 『북정일기』에서 주로 표현되는 것은 왈개, 개부락, 퍅개의 이국적인 풍경, 북방산하와 소산물에 대한 감탄이며, 러시아수군과의 허구적인 군담, 특히 『삼국지연의』에서 제갈공명이 썼던 연환계 전술로 러시아수군의 배를 불태우는 전투담이다. 신륵이 원작에 있던 전란을 촉발하였던 미지의 적군에 대한 경계와 탐색 부분을 대부분 누락시킨 점은 분명 문제적 지점이다. 신륵은 시중에 〈배시황전〉 류가 떠돌고 증조부의 공적이 잘 알려지지 않는 것을 불만스럽게 여겨 『북정록』을 개작해 세상에 선보였지만, 결과적으로 『북정일기』는 원작 『북정록』에서 팽팽하게 유지되던 시대적 긴장감은 사라지

247 "非敢有異心也. 所謂車漢國爲名者 不知的在於何地 而乘舟蔽海而來 侵暴虜掠 殆無虛月者 已三年."『北征日記』,『統相公實紀全』

고 통속적 군담소설로 변개되고 말았다.

〈배시황전〉에서 러시아수군을 지칭하는 이름은 '나선오랑캐'이다. 이 작품의 시작은 "아조 효묘 9년 무술에 배시황이란 자가 신류를 좇아 나선오랑캐 토멸하던 사적이라."는 문장이다. 이 문장을 이어 '퍅개, 왈개, 개부라 하는 나라를 나선이 막아 청나라에 조공길이 끊어지고, 청나라와 변급을 주장으로 한 조선군이 나선군에 대패'했음을 기술하였다. 이 작품은 『북정일기』 못지않게 러시아수군에 대한 인식이 낮고 묘사한 분량도 적다. 이 뒤에 이어지는 나선에 대한 서술은 다음과 같다.

> ①청인이 가로되, "나선이 이 강에 왕래하여 사람의 재물을 침략하여 산업을 삼아 스스로 한 부락을 이루었으니, 수전이 아니면 이기기 어려운지라." (5월 15일)
>
> ②나선이 물을 땅으로 삼고 배를 집으로 삼아 불경부직하고, 다만 겁탈로 산업을 한다 하더라.(6월 3일)
>
> ③원수 군졸을 영하여 섬으로 들어가 전망한 주검을 돌려오고 남은 적을 뒤져 잡아 무찌르니라. 적의 신장이 10척이오, 두면의 크기가 마면(馬面)같고, 흰 눈에 검은 안정이요, 털이 붉고 짜르며, 의복은 청흑색이요 군대는 대소 화포, 장창이요, 궁시는 없고 총을 놓으매, 화승 아니 쓰고, 수 만 호 조각을 화문에 동여 방아쇠 튕겨 발하니 심히 편리한지라. 배는 청전선(淸戰船)보다 장광고가 사요분에 일이분 더하고, 선내에 화피(樺皮) 입히고, 매 선에 큰 방 두 칸씩 꾸미고 나물밭과 짐승 우리와 기틀 방아와 바퀴를 꾸며 절로 도는 매등속이 다 갖추었으니, 3개국인이 자세히 전하더라.

①은 5월 15일 송가라강에 도착했을 때, 청인의 입을 빌어 나선군이 송가라강을 왕래하며 부족민들로부터 재물을 침략하고 있음을 말한 것이다. ②는 러시아 수군이 배를 집 삼아 살면서 약탈한다는 것이고,

③은 전투에서 승리한 뒤 6월 25일경 죽은 러시아 수군을 보고 키가 크고, 의복과 총포가 신식이며, 배의 형태가 어떠한지를 말한 것이다. 이러한 내용들은 앞에서 〈차한일기〉, 〈북정일록〉의 내용과 거의 일치하는데, 다만 러시아 배에 나물밭, 짐승우리, 방앗간을 설치했다는 식으로 러시아 수군의 배를 더욱 과장되게 서술한 것이 눈에 띈다. 이로 볼 때, 국문소설 〈배시황전〉은 〈차한일기〉, 〈북정일록〉의 내용을 바탕으로 확대 · 부연한 것임을 알 수 있다.

3. 만주 변방 부족민에 대한 인식과 묘사

신류가 인식한 만주 변방의 부족민들

신류 장군이 이끄는 조선군이 영고탑을 출발하여 경유한 목단강 하류와 송화강 하류, 송화강과 흑룡강의 합류지역 일대는 당시 후르카(hūrka), 인다훈 타쿠라라 골로(indahūn takūrara golo), 개를 부리는 부족(使犬部), 피야카(fiyaka) 등 다양한 부족민이 거주하고 있었다. 이들은 청에 모피 조공을 바치고 거주하는 소수민족이었다.[248] 신류 장군은 이들 부족민들을 각각 왈가(曰可), 견부락(犬部落) 혹은 개부락(介部落), 퍅개(愎介)라고 표현하였다. 이들은 현재 통칭하여 혁철족(赫哲族, 허저족)이라

248 이훈, 「17세기 중엽 청-러시아의 충돌과 흑룡강 유역의 부족민」, 『열상고전연구』 65, 열상고전연구회, 2018, 169-205쪽.

불린다.[249] 텍스트에는 이들의 생김새, 풍속, 거주지, 나선군에 핍박받는 상황 등이 그려져 있다. 신류는 목단강에서 선단에 오른 뒤 지속적으로 왈가와 견부락에 대해 탐문하고 그들의 사정과 소식에 대해 틈틈이 기록하였다. 주요한 내용은 다음과 같다.

> ①배는 매우 가볍고 날렵하게 만들었는데, 왈가 오랑캐(曰可之醜)는 노 젓기에 능해 하루에 대략 200여 리를 간다고 한다. 배는 모두 왈가의 배이고, 노 젓는 군사도 왈가 사람들이라고 한다. 전문 아래 지역은 죄다 왈가 지방이라고 한다.(5월 12일)[250]

> ②왈가 오랑캐들은 견부락 사람들과 비교하면 동일한 종자다. 자기 나이도 모르고, 날짜가 몇 해, 몇 달, 며칠인지도 모른다. 성질은 매우 포악해 조금만 불만이 있어도 활을 당겨 쏴 버린다. 심지어 부모 형제에게도 손찌검과 칼질을 해대는 자들로서 거침이 없으므로, 청나라 장수도 두려워 대비한다고 한다.(5월 20일)[251]

> ③왈가와 견부락 사람들은 적들의 죽은 시체를 샅샅이 찾아내 조각조각 베고 뼈마디를 끊어버렸다.(6월 13일)[252]

①에서는 왈가인들이 목단강 일대에 살며 배를 잘 다룬다는 것을 말하였고, ②에서는 그들이 자신의 나이도 모르고, 책력도, 부모형제도 모르는 야만적 족속이라는 점을 특기하였다. 신륵의 『북정일기』에는 이

249 흑룡강원정서사에 등장하는 혁철족에 대해서는 문상명의 「나선정벌 신류 장군의 『북정록 北征錄』에 담긴 허저주(赫哲族)의 삶과 문화－헤이룽장성 자무쓰시 아오치춘(佳木斯市 敖其村) 허저주를 중심으로－」(『열상고전연구』 65, 2018, 103-138쪽)에 자세히 보고되어 있다.

250 계승범, 앞의 책 37쪽.

251 위의 책, 41-42쪽.

252 같은 책, 60쪽.

와 같은 내용이 5월 21일자 일기에 기록되어 있다. ③은 왈가인들이 러시아 수군들에게 원한이 맺혔음을 보여준다. 이훈에 의하면, 왈가는 후르카인을 말하는데, 이들은 17세기 전반부터 청국에 귀속되어 협조하고 있었고, 청국도 이들을 호의적으로 대하고 있었다.[253]

신류는 견부락, 곧 혁철족에 대해서는 좀 더 상세히 기록하였다.

> ①견부락이란 바로 왈가 지방과 이어지는 가장 먼 곳이다. 그 땅의 끝머리를 따라 말한다면 바닷가로 점차 나아간다고 한다. 이곳에서 몇 달을 가도 모자란 거리다. 그 땅 사람들은 농사지을 줄은 모르고 물고기만 잡아먹는다. 적들이 오가는 첫머리에 있기 때문에, 적들이 쳐들어오면 적에게 붙고 적이 물러가면 청나라에 붙으니, 따르고 등지는 일이 항상 바뀐다. 이들 가운데 청나라 군대에 귀의한 자도 많지만, 귀순하지 않은 사람도 상당하다고 한다.(5월 20일)[254]

> ②견부락 사람 40여 명이 세 척의 배에 나눠 타고 진영 앞에 정박했는데, 대장은 그들을 막사로 불러들이지 않았다. (중략) 이 사람들은 이전에 적에게 빌붙은 자들이어서 그들의 말을 곧이들을 수 없다.(5월 25일)[255]

> ③견부락 사람들이 말했다. "적들이 배 한 척을 골간인(骨間人)에게 빼앗겼으며, 선발대로 열한 척이 올라오면서 노략질해 견부락 사람 아홉 명을 죽였습니다. 열한 척은 후발대로 올라오고 있는데, 그 배의 무게로 따져 보면 5일 노정이면 머지않아 가까운 지역까지 당도할 것입니다." 또 이르기를, "적은 여러 해 동안 교전하면서 사

253 이훈, 앞의 논문.

254 계승범, 앞의 책, 41쪽.

255 위의 책, 44쪽.

상자를 내었을 뿐만 아니라 식량이 모자라기 때문에, 이번에는 항복하기로 결정하였습니다."라고 전했다. 골간이 어느 지방인지 모르겠으나, 항복하려 든다는 이야기가 교전하기도 전에 갑자기 튀어나왔으니 옳을 까닭이 없는 듯하다.(5월 26일)[256]

④견부락 사람들은 머리는 깎지 않고 댕기처럼 귀 밑으로 모나게 땋아 내리기도 하며, 한데 묶어 뒤로 넘기는 모습이 마치 우리나라 총각들과 비슷하다. 옷은 왈가 사람들과 같으나, 말은 왈가 사람들을 시켜 통역한다 하니, 참으로 별난 놈들이다.(5월 27일)[257]

견부락은 혁철족(赫哲族, 허저족), 곧 피야카인을 말하는데, 신류는 여러 견문을 통해 이상과 같이 혁철족에 대해 다양한 정보를 기술하였다. 신류는 ①~③에서 혁철족이 거주하는 지역과 물고기로만 먹고 사는 습성을 말하고, 그들이 러시아와 청 사이에서 간사하게 행동하며, 믿을 수 없는 족속이라고 기술하고, ④에서는 그들의 외모와 머리 땋는 것이 조선 총각들과 비슷하다는 점도 기록하였다. 신류는 놀랍게도 견부락인들의 정보, 청국 장수들의 정보, 청국 대장의 동향 및 판단에 대한 정보 등 다양한 경로로 정보를 수집하며 견부락인들을 예의주시하고 있으며, 이에 의거하여 그들이 믿을 만한 족속인지 판단하는 신중한 모습을 보인다. 혁철족에 대한 이러한 기록은 다른 곳에서 찾아볼 수 없다.

256 같은 책, 45쪽.

257 같은 책, 46쪽.

파생 텍스트에서 묘사한 만주 변방의 부족민

만주 변방의 부족민에 대해 이익은 〈차한일기〉의 서두에 다음과 같이 기록하였다.

> 전에 청국은 왈개와 개부락, 퍅개, 이 세 나라에 대해 조공을 하지 않는다 하여 문책하자 세 나라의 보고가 한결같았다.
>
> "저희 나라가 차한의 침략을 당해서 막아내기 어려운 형편에 놓였습니다. 무슨 다른 뜻이 있겠습니까? 대국이 만약 위력을 보여서 저들을 정벌해 주시면 이는 대국이 저희 소국을 구제하는 은혜가 될 것이요, 소국은 사대의 성의를 다할 것입니다."[258] (밑줄 표시는 인용자 강조)

위 내용은 왈개, 개부락, 퍅개 삼국이 차한적에게 핍박당해 조공을 바치지 못하고 있으므로, 청나라가 마땅히 자신들을 보호해주어야 자신들도 사대(事大)할 수 있음을 말하고 있다. 모피 수입을 얻기 위해 러시아가 흑룡강 유역을 침략한 것에 대해, 조선 사대부들이 청나라를 중심으로 한 '사대질서 회복' 차원에서 왈개 등 세 나라의 보호를 논한 점은 흥미롭다. 이러한 내용은 〈북정일록〉과 거의 일치한다. 신류의 증손 신륵도 이 내용을 그대로 따와『북정일기』의 서두를 시작하였다.

이익은 〈차한일기〉에서 4월 19일 가리강을 건너 금천강을 이르고, 퍅개국을 지나는데 그 나라 풍속이 남녀가 같은 옷을 입기 때문에 수염의 유무로 남녀를 구별한다는 점을 서술하였다. 퍅개국에 대한 흔치 않은 서술인데, 남녀 간의 풍습에 대해 기록한 점이 눈에 띈다.

이규경의 〈북정일록〉에서 부족민에 대한 내용은 전투를 승리한

258 임형택 역, 앞의 책, 299쪽.

뒤, 영고탑으로 돌아오는 길의 7월 22일의 내용에 기술되어 있다.

①흑룡강을 다시 건넜다. 강 동쪽은 왈개, 개부락, 퍅개 3개국이 잇달아 있는데, 나라 풍속이 부자 간에 서로 은의를 모르고 지낸다고 한다. 그래서 자식이 애비를 죽이더라도 대벽(大辟)에 처하지 않고 자식을 3일 동안 쫓아낼 뿐이라고 한다.[259]

②부모상을 당하면 염습과 치관(治棺)은 다른 나라와 다를 바 없으나 뜰 섬돌 알[庭除]에 상을 차려 그 위에 관을 올려놓고 비단 포장으로 사방을 가리되, 비가 오면 포장을 벗기고 유지(油紙)로 덮는다. 그래서 3년이 지나면 널을 화장한다.[260]

③가축이 크게 번식하고 개가 능히 서 말 곡식을 운반한다. 3국의 여색이 대단히 아름다우나, 다만 납충(蠟虫)이란 벌레를 먹기 때문에 불결하다. 왜 벌레를 먹느냐고 물었더니, 이는 우리 혈기가 변화해서 생긴 것이니 어찌 버릴 수가 있느냐고 하였다.[261]

①의 내용은 신류의 『북정록』 5월 20일자 일기에서 왈가인들의 풍습이 야만적임을 서술한 것과 비슷하다. ②는 부모 상례(喪禮)에 대한 것인데, 다른 곳에서는 찾아볼 수 없는 내용이다. ③은 왈개, 개부락, 퍅개 3개국의 풍속에 대한 서술인데, 개가 운반을 맡은 풍속을 기록하였고, 삼국의 여자들이 미인이란 말을 전하며 납충이란 벌레를 먹는 에피소드를 기록하였다.

259 還渡黑龍江. 江以東卽日介、介夫落、愎介相連爲國 國俗皆不識父子之恩. 以子弑父不爲大辟 黜其子三日而已.

260 父母之喪 斂襲治棺 一如他國 設牀庭除置棺其上 以錦帳圍其四方 兩則去之 覆以油帳. 過三年投柩火中.

261 六畜繁殖 犬能運三斗穀. 三國女色絶美 而但食蟣蝨爲不潔. 問何食蝨, 日, 是我血氣所化 何忍棄之.

〈배시황전〉에서는 부족민에 대한 서술을 거의 찾아볼 수 없다. 다만 4월 19일의 내용에 "퍅개부에 이르니, 남녀가 다 단정하고 미려하여 수염 유무로 사내와 계집을 분별하더라."라는 내용이 있을 뿐이다. 이 내용은 〈차한일기〉, 〈북정일록〉에서도 발견되는데, 왈가부와 견부락 이야기는 아주 없다.

신류 장군은 러시아 수군과 싸우러 가면서 끊임없이 적들의 동향과 정보를 탐문하여 기록하였고, 자신들이 지나가고 함께 하는 사람들인 왈가인과 개부락인들에 대해서도 진지하게 기록하였다. 이에 비해 〈차한일기〉, 『북정일기』, 〈북정일록〉, 〈배시황전〉 등의 파생 텍스트에서는 만주 변경의 부족민들에 대한 기록의 양이 현저하게 적고, 그 내용은 상례(喪禮) 풍속, 여색 등에 관한 것으로 한정되어 있다. 이 점에서 『북정록』과 파생 텍스트 간의 큰 차이를 알 수 있다.

4. 청의 북방산하에 대한 인식과 묘사

신류가 『북정록』에 기록한 청의 북방 산하

신류 장군은 1658년 4월에 함경북도 회령에 머물면서 출정준비를 하다가 5월 2일 두만강을 건너 현 지명으로 보면, 길림성 용정시, 연길시, 왕청현, 흑룡강성의 영안시를 거쳐 5월 9일 현 해림시에 있는 영고탑성에 도착하여 숙박한다. 이후 목단강[忽可江]에서 승선하여, 목단강과 송화강의 합류처(현 依蘭市), 자무스(佳木斯), 서응기가선[현 富錦市]

을 거쳐, 송화강과 흑룡강의 합류처[현 同江市]에 도착하여, 6월 10일 단 하루 동안 흑룡강구 20리 지점(전투처)에서 러시아 수군과 전면전을 벌여 승리를 거둔다. 그리고 8월 13일 영고탑성으로 다시 돌아와 8월 27일 두만강을 건너 귀국한다.

신류 장군은 5월 2일 회령에서 두만강을 건너 아주 급하게 출발했고, 7일 내로 영고탑성에 이르기 위해 행군을 재촉하였다. 이 기간 동안의 『북정록』을 보면 신류는 자신이 생전 처음 보는 청의 지역, 물과 산에 대해 특별한 감회도 표현할 겨를이 없이, 다만 자신이 지나온 장소, 숙영지 등만을 간략히 기록하였다. 5월 7일 백자령을 넘으면서는 60여 리에 걸쳐 잣나무과 전나무숲이 빽빽하다며 행군의 고됨을 표현하였다. 5월 8일과 9일에는 홀가강을 다섯 척의 작은 통나무배로 전군이 건너야 하고 진흙탕길을 걷는 힘겨움을 이야기했고, 9일 오후 늦게 영고탑성에 도착해서는 다음날 새벽이 되기까지 군량미를 달아 싣는 것에 대한 피곤함을 이야기했을 뿐이다. 그는 힘겨운 일정에 피곤한 나머지, 처음 보는 청나라 변방의 이색적 풍경에 대해서 거의 한 마디도 표현하지 않았다. 이 기간 동안 그의 일기에서는 장수로서 진 무거운 책임감과 무심한 듯한 정서를 느낄 수 있을 뿐이다.

영고탑성을 떠나 5월 12일 배를 타고 목단강, 송화강, 흑룡강에 이르기까지의 일기를 보면, 매일매일 이동한 거리와 도착한 장소, 비가 적어 강물이 줄어드는 것에 대한 걱정(5월 30일), 적들에 침략 당해 폐허가 된 강가의 마을들에 대해 기록하였고(6월 7일), 지독한 가뭄에도 불구하고 보리, 밀, 기장, 조 등이 시들지 않는 것을 보고 토지가 비옥함을 기록하였다.(6월 29일) 전쟁을 승리로 이끌고 8월 13일 영고탑성으로 되돌아오고, 8월 18일 귀국길에 오를 때에도 신류는 일기에 북방산하의 경치와 감회에 대해 거의 한 줄을 표현하지 않았다. 이 중에서 몇 가지 자세하거나 흥미로운 내용은 다음과 같다.

①우리나라 사람들은 흔히 백두산에서 흘러나온 한 줄기 물이 북쪽으로 흘러 흑룡강을 이룬다고 하는데, 이 말은 잘못이다. 흑룡강 상류는 몽골 지방에서 발원되는데, 송가라강이 바로 백두산에서 북쪽으로 흐르는 물줄기라고 한다.(6월 14일)[262]

②이날은 대장이 불러 만나 보았다. 그의 막사에 가 보니, 길이는 두 줌 가량, 크기는 두 아름 가량 되는 이름 모를 큰 물고기가 막사 앞에 놓여 있었다. 나를 보고, "이 물고기를 구경하러 오라고 했소, 구경한 다음에는 돌아가 쉬어도 좋소"라고 말해, 곧바로 알리고 막사를 나왔다.(5월 16일)[263]

③청나라의 차사가 열목어 세 마리를 보내왔다. 전날 밤에 시냇물을 막아 잡았다고 한다.(8월 20일)[264]

④영고탑 성 안팎의 인가는 대충 1,000호인데, 거의 대부분이 큰 집이라 살림이 넉넉함을 알 수 있다. 종전에는 인삼, 진주, 담비 가죽 등의 물건을 바치기만 했는데, 적선이 한 번 지방을 침범해 해를 끼친 후부터 비로소 갑병을 배출하기 시작했다고 한다.(〈출병 중에 보고들은 것〉)[265]

⑤영고탑에는 논만 없을 뿐이다. 참깨를 많이 심으며, 콩, 팥, 기장, 조 등의 밭농사는 매우 잘된다. 올해 여름에는 비 오는 날이 하루도 없었는데도 한 해 농사가 이와 같으니, 토지가 비옥함을 볼

262 계승범, 앞의 책, 60-61쪽.
263 위의 책, 39쪽.
264 같은 책, 97쪽.
265 같은 책, 100쪽.

수 있다.(〈출병 중에 보고들은 것〉)[266]

①에서는 흑룡강이 몽골에서 발원하며, 백두산에서 발원하는 강은 흑룡강이 아니라 '송가라강'이라는 것을 듣고 기록하였다. 강의 발원지에 대해 새로운 지식을 얻고 국토산하에 대한 관심을 표현한 것으로 보인다. ②와 ③은 송화강에서 잡은 대어, 청나라 사신이 보내온 열목어에 대한 기록인데, 이국에서 처음으로 본 물고기에 대해 신기하다는 감회 한 줄 표현하지 않았다. ④에서는 영고탑성에 인가가 많고 살림이 넉넉함을 기록하였고, ⑤에서는 영고탑의 소산물이 많고, 토지가 비옥함을 기록하였다.

파생 텍스트에 그려진 청의 북방산하

이익의 〈차한일기〉와 이규경의 〈북정일록〉에는 조선군의 일정과 노정이 거의 동일하게 서술된다. 흥미로운 것은 『북정록』에 기록된 것도 아니고, 실제 지명에서도 확인할 수 없는 강 이름이 두 텍스트에 적지 않게 나타난다는 점이다. 두 작품에 기록된 노정을 보면, 신류의 조선군은 3월 1일 출발, 어재강, 모단강을 건너 3월 19일 영고탑에 도착하고, 다시 후통강을 건너 10여 일 만에 몽고국에 도착하며, 4월 19일 가리강을 건너 금천강에 도착하고, 5월 5일 왈개국을 거쳐, 15일 송가라강에 도착한다. 6월 10일 흑룡강 전투를 시작하고, 9월 27일 영고탑으로 돌아오고, 11월 18일 영고탑을 출발해 12월 15일에 두만강 가에

266 같은 책, 같은 곳.

도착한다. 두 작품은 다만, 흑룡강에 도착한 날, 전투가 끝난 날 등에서 약간의 차이가 있다. 두 작품 모두 일정과 노정, 전투장면이 『북정록』에 기록된 실제의 일정, 노정, 전투장면과 차이가 크다.

노정 중에 나타난 강은 어재강을 시작으로 모단강, 후통강, 가리강, 금천강, 송가라강을 거쳐 흑룡강으로 이어진다. 실제 지리에서 영고탑성을 지나 북쪽으로 흐르는 강은 해랑하, 목단강, 송화강, 흑룡강이다. '모단강'이 목단강, '송가라강'이 송화강을 말한다고 할 때, 나머지 '어재강, 후통강, 가리강, 금천강'은 어떤 강을 말하는 것인지 알 수 없다. 조선후기에 제작된 조선전도나 북계지도에서도 이 강들은 확인되지 않는다. 적어도 지도를 보고 적어 넣은 강 이름은 아니라는 말이다.

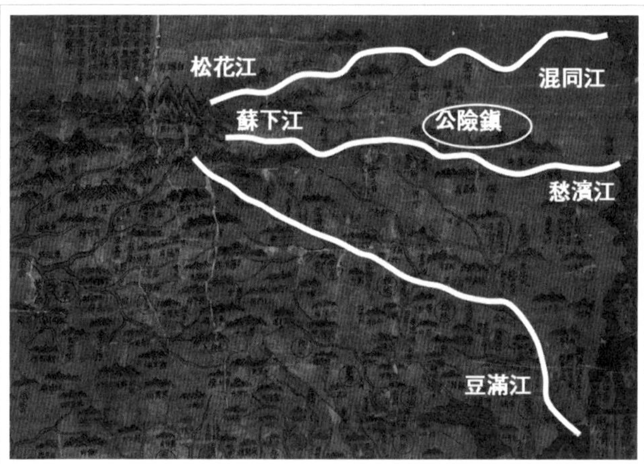

〈그림 30〉《조선팔로지도》와 송화강, 혼동강 등의 강하(문상명, 2012, 87쪽)

후통강(厚通江)의 경우, 『통문관지(通文館志)』 숙종 5년 갑오 기사에 1차 흑룡강원정 대장 변급(邊岌)이 영고탑에 가서 러시아 수군과 격전 후 이동한 강으로 등장하는데, 이를 송화강으로 보는 견해가 많다. 『신증동국여지승람』에는 백두산 천지에서 발원하여 북쪽으로 흐르는 강으로 송화강과 혼동강(混同江)이 있다고 하였다.[267] 혼동강을 후통강이라고 하는 견해가 있는데, 이 경우 문상명이 수식한 〈그림 30〉《조선팔로지도(朝鮮八路地圖)》(1767년 제작) 및 설명에 따르면, 지도 상단 두만강 북쪽에 송화강과 혼동강이 있음을 알 수 있다. 이는 송화강의 하류로 혼동강을 지칭했음을 보여준다. 그 밑으로는 『신증동국여지승람』의 기술대로, 속평강인 소하강 · 수빈강이 백두산에서 동북류[268]하여 과거 선춘령 공험진 부근을 지나 바다로 유입된다.[269] 분명한 것은 《조선팔로지도》나 『신증동국여지승람』에 기술된 북방산하의 강명에서는 '가리강', 어재강', '금천강' 등은 찾아볼 수 없다는 것이다. 따라서 이익이나 이규경이 〈차한일기〉, 〈북정일록〉에 기술한 강명이 조선 후기에 제작되고 유통된 지도나 지리지와는 무관하다는 것을 알 수 있다.

〈차한일기〉, 〈북정일록〉, 〈배시황전〉 등에 기술된 노정에서 더욱 특이한 것은 조 · 청 연합군의 선단이 몽고국을 거쳐 간다는 점이다. 해당 내용을 보면 다음과 같다.

> ①후통강은 강폭이 10여 리가 되었다. 계속 10여 일을 행군하여 몽고국을 거쳐 4월 19일에 가리강을 건너 금천강에 도착했다.(〈차한일기〉 3월)[270]

267 "백두산 꼭대기에 못이 있는데 둘레가 80리이다. 남으로 흐르는 것은 압록강, 북쪽으로 흐르는 것은 송화강과 혼동강, 동북으로 흐르는 것은 소하강과 속평강, 동쪽으로 흐르는 것은 두만강이다."(『신증동국여지승람』, 회령도호부 백두산)

268 지도상에서 백두산의 동쪽을 두만강으로 보았을 때, 속평강은 동북쪽으로 흐르고 있다.

269 문상명, 「고지도에 나타난 백두산 및 백두산 동북부 하천」, 성신여대 지리학과 박사논문, 2012, 86-88쪽.

270 임형택 역, 앞의 책, 300쪽.

②강 이름은 후통인데, 강폭이 10여 리가 되었다. 병선이 수천 척 강 어귀에 정박해 있었다. 강을 건너 10여 일을 가면 몽고 땅에 이르는데, 몽고사람들은 몸이 작고 목이 짧고 영악하며 여자는 대개 절색이다.(〈북정일록〉 3월)[271]

③십여 일 만에 몽고에 이르니, 48부동진두(四十八部東盡頭)라 하더라. 몽고 사람이 다 웅위한 얼굴이요, 계집은 무비절색이라. (〈배시황전〉 3월)

〈차한일기〉, 〈북정일록〉, 〈배시황전〉은 공통적으로, 영고탑성을 출발해 후통강을 건너 10여 일 뒤에 '몽고'에 도착하는 일정이 기술되었다. 전혀 사실적이지 않을 것 같은 노정 중, 갑자기 몽고국이 등장하는 이유는 무엇일까? 흑룡강원정서사에서 몽골 제재의 등장은 18세기 이후 조선 지식인들에게 '몽고'에 대한 관심의 정도와 정보의 양이 증가했음을 보여주는 단서이다. 조선에서는 숙종대(1674~1720)에 청을 위협하는 러시아와 몽고에 관한 지식과 정보가 증대되었다고 한다. 스테파노프가 이끄는 흑룡강의 수군이 1658년 패퇴한 뒤, 강희제는 러시아의 알바진까지 공략하도록 했다. 하지만, 청군이 물러간 뒤 러시아 이주민들은 다시 돌아왔고, 흑룡강, 나아가 시베리아로의 진출을 멈추지 않았다.[272] 게다가 서북 몽고에서 발흥한 준가르제국의 칸 갈단(噶爾丹, 1644~1697) 세력이 청나라 강희제에게 도전하면서 그 교전정보가 조선 사대부들에게 전해지기 시작했다고 한다.[273] 갈단은 1672년 준가르제국

271 江名後通 其廣十餘里. 兵船數千泊江口. 渡軍行十餘日至蒙古 蒙古之人 體小頂短而獰 女子皆絕色.

272 백양, 『백양 중국사』, 역사의 아침, 2014, 248쪽.

273 김우진, 「숙종대 몽고·러시아에 대한 지식·정보 분석-청과 몽고·러시아 간의 교전 정보를 중심으로」, 『인문학연구』 37, 경희대 인문학연구원, 2018, 68-99쪽.

의 초대 대칸으로 즉위하여, 1684년까지 중앙아시아의 주변국들을 평정하고 1688년 외몽골로 진공하여 강희제의 청군과 막북의 패권을 놓고 10년 간 치열하게 사투를 벌였다. 하지만 갈단의 준가르군은 1690년 강희제의 청군에 대패하고, 1696년 올란보당에서 결정적 패배를 당한 뒤 1697년 스스로 목숨을 끊었다. 17세기 말, 이러한 일련의 사건을 접하면서 조선 지식인들은 러시아와 몽고에 의해 청이 멸망하리라는 기대감을 갖기도 했다. 그리고 북경을 왕래하는 사신들은 '갈단'을 포함해서 부단히 몽고와 러시아에 대한 정보를 수집하였다.[274] 갈단에 대한 기록은 연암 박지원의『열하일기』에서도 발견된다.

> 아로덕(阿魯德) 추장의 평정(에 대한 것을 기록한) 어제헌괵비(御製獻馘碑) 하나가 있는데, 강희 43년(1704)에 세운 것이다.[275]

위 기록에 등장하는 아로덕(阿魯德)은 오이라트(Oyirad)의 음역이며, 추장은 갈단을 가리킨다. 연암이 연행여정 중 갈단의 존재와 역사를 인지하고 청과의 전투, 강희제의 갈단 평정 사건에 대해 간략하면서도 정확하게 기술한 점은 주목할 만하다.[276] 이러한 기록들을 통해 적지 않은 조선인들이 몽고에 대해 관심을 갖고 있었음을 알 수 있다.

옛 지도를 통해서도 조선인들의 몽고에 대한 관심을 살필 수 있다. 앞서 언급한《서북피아양계만리일람지도》와《영고탑총람도》를 보면,

---

274 김우진, 앞의 논문, 97-98쪽.

275『열하일기』「謁聖退述」歷代碑條 : (太學)平阿魯德猷, 御製獻馘碑一通, 康熙四十三年立.

276 박원길,『조선과 몽골-최덕중 · 박지원 · 서호수의 여행기에 나타난 몽골 인식』, 소나무, 2010, 212-237쪽.

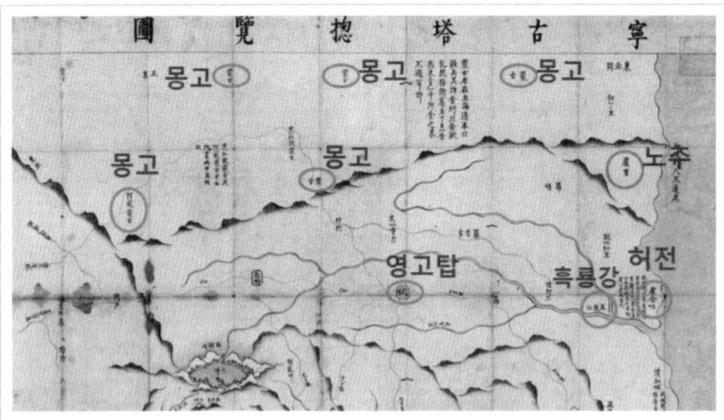

〈그림 31〉《영고탑총람도》의 주요 지점: 영고탑–흑룡강–몽고–허전–노추

영고탑성 서쪽 및 상단 북쪽에 '몽고(蒙古)'라고 쓰여 있다.

〈그림31〉《영고탑총람도》에는 영고탑성 동쪽으로 흑룡강과 허전(혁철족 거주지)이 있고, 그 동북쪽 해변에 노추, 곧 러시아가 있다. 그리고 동북쪽 해변부터 서북에 이르기까지 세상의 북쪽 끝은 모두 몽고로 인식되고 있음을 알 수 있다. 18세기 전반에 제작된 북계지도의 북방 한계선에 온통 몽고가 자리 잡고 있다는 사실은 국제정치와 지리인식 면에서 몽고의 영향력이 작지 않음을 반영한다. 하지만, 이 지도와 대비할 때, 〈차한일기〉, 〈북정일록〉 등에 기술된, '영고탑 ⇒ 후통강 ⇒ 몽고국 ⇒ 가리강⇒ 금천강 ⇒ 왈개국(허전) ⇒ 송가라강 ⇒ 흑룡강' 순의 노정 역시 옛 지도와는 전혀 상관없는 것임을 알 수 있다.

②·③에서는 몽고인들의 외모를 언급하였는데, 〈북정일록〉에서는 몽고인들이 "몸이 작고 목이 짧으며 영악"하다고 한 반면, 〈배시황전〉에서는 "웅위한 얼굴"이라고 하였으니 내용이 대비된다. 몽고의 여인들은 ②·③에서 모두 "절색"이라고 하였으니 이 말을 어디서 들은 것인지 알 수 없다. 박원길은 조선 초부터 말기까지 작성된 71종의 여

행기를 살펴본 결과, 전체 54%에 이르는 39편에 몽골 관계 기록이 단편적이거나, 꽤 심도 있게 기술되었다고 분석하였다.[277] 그중에서 몽골에 관한 상세한 내용이 발견되는 최덕중의 『연행록』(1712년), 박지원의 『열하일기』(1780년), 서호수의 『연행일기』(1790년)에는 몽골 사람과 지명, 습속에 대한 기록이 적지 않게 발견되는데, 그 어디에서도 몽골 여인들을 '절색'이라고 한 기록은 발견되지 않는다. 이로 볼 때, 『북정록』의 파생 텍스트들에 나타난 몽고의 지리인식이나 몽고사람들에 대한 인식과 표현은 거의 다 사실과 부합하지 않는, 허구적 내용이라고 할 수 있다.

한편으로 〈북정일록〉에는 북방산하의 경관과 물고기, 동물에 대한 묘사가 풍부하게 이뤄져 있다. 3월 1일 내용을 보면, 어제강(漁濟江) 강변에서 묵었는데, 강에는 석 자가 넘는 우어지어(于於只魚), 두 자나 되는 열목어(列目魚), 10여 자나 되는 적어(赤魚) 등이 가득하다고 하였다. 이승수는 〈북정일록〉 등에서 이와 같이 낯선 강들과 신기한 물고기가 등장하는 것에 대해, 북방 공간이 강이 많고 어족과 물산이 풍요로운 지역으로 상상되었기 때문이라고 하였다.[278]

16일에는 황무지에 갈대가 우거지고, 고라니와 사슴이 떼를 지어 다니는 모습을 그리고, 병사들이 총으로 80여 마리의 사슴을 잡아먹도록 했다고 기록하였다. 이 내용은 〈차한일기〉의 내용과 유사하나, 물고기의 종류를 다양하고 구체적으로 기록하였고, 사슴을 80여 마리나 잡아먹도록 한 부분이 달라졌다. 이 작품들에 그려진 소산물과 짐승을

277 위의 책, 23-26쪽.

278 이승수, 「1658년 나선정벌 관련 기록의 서사지리」, 『고전문학연구』 45, 한국고전문학회, 2014, 193-194쪽.

먹는 것, 풍경에 대한 감회는 『북정록』에 그려진 원정대장 신류의 급박한 마음과는 전혀 다른, '여행자'의 낭만적 정서를 보여준다.

소결

이상의 논의를 요약해본다면, 전체적으로 신류는 흑룡강원정대장의 관점에서 주도면밀한 태도로 러시아 · 부족민 · 송화강 · 흑룡강 · 영고탑성 등의 이역을 관찰 · 견문하고 정보를 분석해 『북정록』에 사실 위주로 간략히 기록하였다. 이에 비해 이익의 〈차한일기〉, 신륵의 『북정일기』, 이규경의 〈북정일록〉, 국문소설 〈배시황전〉 등에서는 여행자의 시선, 이역의 허구적 묘사, 인식의 통속화 양상이 서승(書承)된 점이 파악된다.

문제는 어떠한 지식의 메커니즘에서 허구적이고 통속적인 내용으로 변개된 흑룡강원정서사가 유학자, 특히 실학자들 사이에서 사실로 승인되고 전승되었는가 하는 것이다. 이익과 같은 실학자가 '배시황수기'라는 책의 허구적 내용을 수용한 것, 연암 박지원이 『열하일기』에서 배시황을 실존인물이라고 말한 부분도 수수께끼와 같은 부분이다. 러시아, 몽골, 만주 변방의 부족민들에 대한 풍문 같은 이야기들은 어디서 온 것일까?

『북정록』의 미덕은 저자 신류가 직접 겪은 일과 보고 들은 지식을 바탕으로 북방의 정세와 지리 · 풍속에 관해 기록한 이역 보고서라는 점이다. 하지만 이역에 가 볼 수 없고 제대로 된 정보도 없는 국내 선비들이 아무리 나선(羅禪)과 이역(異域)에 대해 변증한들, 실체를 잡기는 어려운 노릇이다. 『북정록』 대신 〈배시황전〉 류가 300년 간 흑룡강원정 서사의 주인 자리를 차지해온 것은 우물 안 개구리 같은 조선지식사의 맹점을 보여준 사례이다. 이는 또한 통속적 흥미를 추구하는 소설이 사실과 진실의 지식을 능가하는 영향력을 갖고 있었음을 보여주는 또 하나의 증거가 될 것이다. 새로운 이역 러시아에 대한 정보와 묘사가 후대의 텍스트에 어떻게 나타나는지에 대해서는 따로 연구할 필요가 있다.

제4장

조선후기 전쟁소설과 북부지방의 표상

1. 전란과 북부지방의 표상화

이 장에서는 조선후기 전쟁소설에 그려진 한반도 북부지방의 주요 장소를 파악하고, 장소의 경관과 인물의 활동을 중심으로 해당 지역의 표상화 양상을 고찰할 것이다. 주지하다시피, 조선후기 소설은 가정소설, 영웅소설, 가문소설처럼 중국이나 허구적 공간을 배경으로 한 작품이 많고, 조선을 배경으로 한 작품은 특정한 시기의 역사적 사건이나 지역의 인물 및 전설을 제재로 한 경우에 한정적으로 나타난다. 그 중에서도 현 북한 지역을 배경으로 한 작품은 더 적다.[279]

279 이복규는 김기동이 밝힌 225종의 고소설 중에서 우리나라 지역을 사건의 배경지로 뚜렷이 한 작품은 20종이며, 그중에서 북부지방을 배경으로 한 작품으로는 〈이생규장전〉, 〈취유부벽정기〉, 〈부용상사곡〉, 〈장화홍련전〉, 〈김인향전〉, 〈오유란전〉, 〈심청전〉, 6종이 있다고 하였다.(이복규, 『우리고소설연구』, 역락,

문학작품에 그려진 북부지방에 관한 그간의 연구에서 이승수, 박일용, 김수연은 〈취유부벽정기〉를 중심으로 평양 공간의 형상화 방식을 여러 각도에서 고찰하였다.[280] 황혜진은 '평양'을 배경으로 한 〈옥단춘전〉, 〈부용상사록〉, 〈채봉감별곡〉, 〈이진사전〉, 〈이춘풍전〉 등에 형상화된 평양의 지역성을 심도 있게 고찰하여 지역공간에 대한 다양한 고찰방식의 필요성을 제기하였다.[281] 탁원정은 범위를 넓혀 '관서-관북 지방'을 배경으로 한 〈최척전〉, 〈김영철전〉, 〈강로전〉, 〈정생기우기〉, 〈장화홍련전〉, 〈김인향전〉 등 15종 소설을 대상으로 지역별 빈도수를 제시하고, 지역의 형상화를 기녀 이야기를 중심으로 한 '문화적 형상화', 전쟁 서사를 통한 '정치적 형상화', 평양의 역사적 내력과 인물의 소회를 통한 '역사적 형상화'로 분류하여 파악하였다.[282] 필자는 탁원정이 분류한 세 가지 형상화 중에서, 전쟁서사를 바탕으로 한 작품들을 좀 더 구체적으로 고찰할 필요가 있다고 생각한다. 이 유형의 작품들은 문학공간에 깃든 지리적 특성 및 장소의 표상화를 심층적으로 연구할 수 있을 것으로 기대된다.

필자는 전쟁소설 중에서 북부지방이 주요하게 형상화된 작품으로

2004, 292-293쪽.) 연구가 진행될수록 이보다 작품이 많다는 점이 밝혀지고 있다.

280 이승수, 「한국문학의 공간탐색1 평양 - 김시습의 〈취유부벽정기〉와 이태준의 〈패강랭〉을 중심으로」, 『한국학논집』 33, 한양대 한국학연구소, 1999; 박일용, 「〈취유부벽정기〉의 형상화 방식과 그 의미: 〈등목취유취경원기〉, 〈감호야범기〉와의 대비를 중심으로」, 『고소설연구』 14, 한국고소설학회, 2002; 김수연, 「〈취유부벽정기〉의 경계성에 대하여」, 『한국고전연구』 19, 한국고전연구학회, 2009.

281 황혜진, 「문학을 통한 인문지리적 사고력 교육의 가능성 탐색-평양을 배경으로 한 고전소설을 배경으로」, 『고전문학과 교육』 13, 한국고전문학교육학회, 2007.

282 탁원정, 「고소설 속 관서-관북 지역의 형상화와 그 의미」, 『조선후기 고전소설의 공간 미학』, 보고사, 2013, 303-326쪽.

〈임진록〉, 〈임경업전〉, 〈박씨전〉, 〈김영철전〉, 〈신미록〉을 주 연구대상으로 선정하였다. 이 작품들의 주요 정보는 다음과 같다.

〈표 6〉 전쟁소설에 표현된 시공간 배경과 인물/서사 정보

연번	작품	시공간적 배경	주요 인물	서사
1	〈임진록〉	1592년 임진왜란 발발. 황해도, 평안도, 함경도, 강원도	선조, 유성룡, 이항복, 정문부, 김응서 등	선조의 의주 피란, 이북지역 의병장들의 활약과 이여송 파견. 김응서의 평양성 습격 사건
2	〈임경업전〉	병자호란 전후한 시기 한양, 의주, 중국	소현세자, 봉림대군, 임경업 등	소현세자,봉림대군이 볼모로 끌려감, 임경업의 의주 방어.
3	〈박씨전〉	병자호란 전후한 시기 한양, 평양, 의주	박씨, 이시백, 박 처사 등	이시백의 평안감사 행적. 호국 침략 때 임경업 의주성 방어.
4	〈김영철전〉	1618-1680년 경, 평안도 영유현, 창성, 평양 석다산, 자모산성	김영철, 강홍립, 청태종, 임경업 등	김영철의 심하전투 참전과 포로 생활, 조선으로의 귀환.
5	〈신미록〉	1811-12년 평안북도 가산, 박천, 정주 등	홍경래, 우군칙, 허항, 김견신 등	1811년 홍경래가 민란을 일으켰다가 정주성에서 패배함.

〈임진록〉, 〈임경업전〉, 〈박씨전〉, 〈김영철전〉은 임진왜란, 심하전투, 병자호란 등 16 · 17세기 국내외 전란을 제재로 하여 17세기 초~18세기 초에 지어진 작품들이며, 〈신미록〉은 1811년의 홍경래난을 제재로 1861년에 지어진 작품이다. 위 작품들에는 한반도 북부지방, 그리고 이 지역과 관련된 사건과 인물의 활동이 좀 더 구체적으로 형상화되었다.

문학지리학의 관점에 의하면, 문학에서 공간은 인간의 삶을 이해하고 표현하는 원초적인 기준으로 작용한다. 문학연구자들은 작가가 작품을 창작할 때 경험했거나 영향을 준 공간, 또는 문학작품에 그려진 공간 · 이미지를 주목하며, 이를 '공간', '심상(+공간, 지리)', '이미지', '표상'[283] 등의 개념을 사용하여 분석하고 있다. '이미지' 또는 '대상에 대한

283 '표상'의 사전적 의미는 "추상적인 사물이나 개념에 상대하여 그것을 상기시키

주관적인 지각 반응’을 의미하는 ‘표상’에 대응하여 지리학계에서는 ‘장소’ 또는 ‘경관’, ‘장소성’ 등의 개념을 사용한다.

에드워드 렐프에 의하면, ‘경관’이란 “모든 장소가 지닌 물리적이고 시각적인 형태”[284]로 ‘외관’이란 개념으로도 이해된다. 렐프는 장소의 혼은 그 경관 속에 있으며, 장소는 경관으로 이해되고 경험되며, 외관은 모든 장소들의 중요한 특성이라고 하였다.[285] 그는 ‘장소(場所, place)’를 인간에 의해 의미 부여된 지표의 일부라고 하며, “장소는 행위와 의도의 중심이며, 우리가 실존의 의미 있는 사건들을 경험하게 되는 초점”이라고 하였다. 또한, 그는 “사건과 행위는 장소의 맥락에서만 의미 있으며 사건과 행위가 장소의 성격에 영향을 주지만, 장소의 성격에 의해 사건과 행위가 윤색되고 영향을 받기도 한다.”[286]며, ‘장소’의 개념과 영향력을 적극적으로 해석하였다. 필자는 이 ‘경관’, ‘장소’라는 개념이 문학작품 및 작가의식을 새롭게 해석하는 데 유용할 것이라 생각하며, 가능한 대로 문학작품 해석에 이 개념을 적용하고자 한다. 렐프의 지리학 개념과 정의에는 당연하게도 (소설)문학에서 강조하는 ‘인물’이 빠져 있다. 소설문학연구자의 시각에서 볼 때, 특정 지역의 문학적 표상은 장소의 경관에 ‘인물’의 활동이 결합되어 형성된다.

거나 연상시키는 구체적인 사물로 나타내는 일”(『고려대 한국어대사전』, 고려대학교 민족문화연구원, 2009), “감각에 의하여 획득한 현상이 마음속에서 재생된 것”(국립국어원, 『표준국어대사전』, 2008)으로 ‘대상에 대한 주관적인 지각 반응’을 의미한다고 볼 수 있다.

284 에드워드 렐프 저, 김덕현 · 김현주 · 심승희 역, 『장소와 장소상실』, 논형, 2005, 79쪽.

285 위의 책, 80–81쪽.

286 같은 책, 102쪽.

필자는 이 장에서 위 다섯 종의 전란 제재 작품들을 대상으로 두 가지 작업을 할 것이다. 첫째, 현상적으로 한반도 북부지방의 어느 지역이 소설의 주요한 장소로 부각되었는지 파악하고, 장소의 경관과 인물의 활동을 중심으로 해당 지역의 표상화 양상을 고찰할 것이다. 둘째, 문학 속의 주요 장소와 인물들의 동선을 고지도 위에 '시각적으로' 표현할 것이다. 필자는 이 시각자료를 '문학지도'라 부르는데, 이 지도는 일차적으로 문학의 주요 장소 및 서사 정보가 표현된 시각자료로서 의미 있으며, 이차적으로는 문학작품의 지리적 사실성 및 지리 · 공간 왜곡 의도를 분석하는 도구로써도 활용될 것이다.[287]

2. 의주 피란노정과 관서 · 관북인들의 호국정신: 〈임진록〉

〈임진록〉은 조선후기 소설에서 북부지방의 장소와 인물이 가장 많이 노출된 작품이다. 경판본 〈임진록〉[288]에 그려진 주요 장소 및 인물의 동선을 지도에 표현하면 다음과 같다.

〈그림 32〉는 규장각 소장 《팔도총도(八道總圖)》에 경판본 〈임진록〉에 그려진 선조의 의주 피란 노정과 소설의 주요 장소를 표현한 것이다. 지도를 보면, 황해도와 평안도의 관서지방이 가장 빽빽하게 나타나

287 고지도 데이터를 제공하고 시각적 표현에 도움을 주신 성신여대 문상명 선생님께 감사드린다.

288 〈임진록〉은 역사적 성격이 강한 계열과 설화적 성격이 강한 계열 등 60종 이상이 이본이 전하는데, 역사적 성격이 강한 경판본 〈임진록〉을 텍스트로 선정하였다.

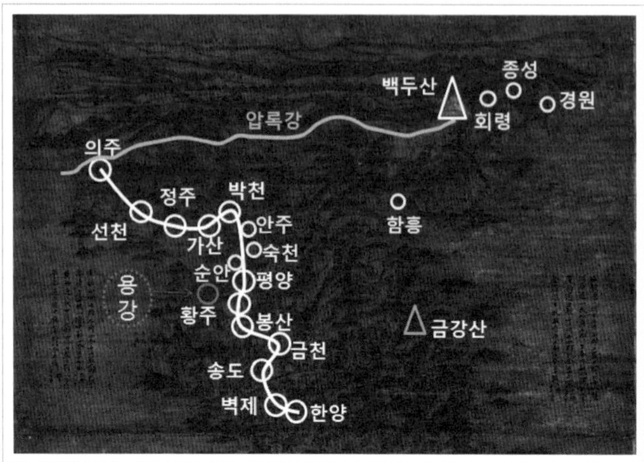

〈그림 32〉 경판본 〈임진록〉의 주요 장소와 선조의 의주피란 노정. 서울대 규장각 소장 《八道總圖》

고, 함경도는 네 곳, 강원도는 금강산 한 곳만 나타난다는 것을 알 수 있다. 선조의 대가(大駕)가 통과한 경기도 벽제관, 황해도의 송도, 황주, 평안도의 평양, 박천, 가산, 정주, 선천, 의주 등의 장소들은 한강 이북의 주요 교통로이자 군사적 요지로, 사행로이자 의주대로(義州大路)의 노정과 정확히 일치한다. 평안남도 안주, 숙천 등지는 유성룡 등이 명의 구원병을 기다리며 조선군이 태세를 갖춘 장소이고, 그 밑의 용강은 김응서 장군의 출생지이다. 의주의 압록강 대안(對岸)은 중국 봉황성이다. 함경도의 종성, 경흥, 회령은 북병사 한극함이 군사를 조발하여 청정과 싸우다가 패배한 장소이지만, 함흥은 이북 지역의 전직 무장들이 의병 2만 명을 모아 청정 군에게 승리한 곳으로 그려졌다.

경판본 〈임진록〉에 그려진 북부지방의 표상을 장소와 인물로 나눠 고찰하면 다음과 같다.

첫째, 임란 초기의 서사가 진행되는 경판본 〈임진록〉의 주요 장소는 선조의 의주 피란노정, 조 · 명 연합군과 왜군이 결전을 벌였던 평양성 등이다. 경판본 〈임진록〉의 작가는 임금이 왜군의 북진 소식을 듣고는 급히 한양성을 비우고 무기력하게 북쪽으로, 북쪽으로 피란하는 모습을 그린다. 선조의 대가는 군사적 요지를 따라 후퇴하면서 전세를 가다듬으려 했지만 관군들이 연패하며 평양성을 내주었고, 결국은 명과 국경을 맞댄 의주까지 가서 명 조정에 망명과 원병 파병을 요청했다.

경판본 〈임진록〉의 작가는 선조의 피란 과정에서 주요 숙소의 지명을 노출시키며 이동경로를 보여주고, 상황의 급박함을 묘사하였다. 선조의 대가 행렬은 1592년 5월 초 벽제역을 지나, 송도(松都)에 유숙하고, 송도를 떠나 금천역(金川驛)에 숙소하고, 부상역, 봉산군(鳳山郡)을 지나 황주군(黃州郡)에 숙소하고,[289] 7일에 평양에 도착한다.[290] 전세가 위급해지자 선조는 평양성을 빠져나와 박천(博川), 가산(嘉山), 정주(定州), 선천(宣川)을 거쳐 명나라를 마주한 의주(義州)에 이른다. 작가는 선조가 압록강 대안의 봉황성장에게 편지를 부쳐 명나라에 망명하여 신민이 되고자 하는 뜻이 있었음을 보여준다.

둘째, 임란 초기 북부지방에서 주목되는 인물군은 평안도 지역에서 적극적으로 군사적 대처를 하는 유성룡과 장수들, 변방의 백성들이다. 무기력한 임금의 모습과 대조적으로, 작가는 유성룡의 충직한 모습과 평안도 지역민들이 헌신적으로 왜적과 싸우는 모습을 그렸다. 선조

289 황주를 비롯한 금천, 봉산은 현재 북한 행정체제 상 황해북도에 속한다. 이중환은 『택리지』에서 "황주의 남쪽으로 岊嶺을 넘어가면 鳳山, 瑞興, 平山, 金川 네 고을을 지나 개성에 이르는데, 이 길이 남북으로 통하는 직로(이중환, 『택리지』, 이익성 옮김, 을유문화사, 2004, 52쪽)라고 하여 교통의 요지임을 말한 바 있다.

290 경판본 〈임진록〉, 소재영 · 장경남 역주, 『한국고전문학전집』 4권, 고려대 민족문화연구원, 1993, 55쪽.

의 피란과 군사적 대처 과정에서 유성룡은 가장 적극적 역할을 한 대신으로 부각된다. 의주에 머물면서 유성룡은 명에 원병 요청을 하고, 정주, 곽산, 선천 등지에 전령하여 군사를 모으며 양식을 준비시키고, 압록강에 부교를 놓아 명의 원병이 건너게 하고, 이원익으로 병사 이번을 데리고 순안을 지키고, 김명원으로 숙천을 지키게 하고, 유성룡 자신은 안주를 지켜 명나라 구원병을 맞이할 준비를 하였다. 북병사 한극함은 함경도 경흥, 경원, 회령, 종성 등에서 군마를 조발하여 창천 들에서 청정의 군사와 맞서 싸웠으나, 패하여 마천령에 올랐다가 회령으로 달아났다. 평양성 전투에서 패한 이원익은 평안남도 용강 출신의 김응서를 찾아 군사로 삼았는데, 김응서는 평양성에 들어가 왜장 종일의 목을 베어 오겠다고 한다. 김응서는 평양성에 들어가 기생의 도움을 받아 왜장 종일의 목을 벨 수 있었다. 경판본에서는 기생의 이름이 알려지지 않았지만, 다른 이본과 설화에서 기생은 "계월향"이라는 이름으로 알려졌다.[291] 이러한 과정에서 평안도 변방의 백성들은 조정의 소집 명령에 부응하여 군사가 되어 각 지역을 지키는 충직하고 애국적인 모습을 보였다.

셋째, 평안도에서 주로 활동한 정규군과는 별도로, 작가는 함경도와 강원도, 황해도 등지에서 일어난 의병장들의 활동과 호국정신을 적극적으로 묘사하였다. 정문부, 회계첨사 고경인 등의 함경도에서의 의

291 이에 대해선 다음의 논문을 참고할 것. 이동월, 「'계월향 이야기'와 '죽음'의 변주」, 『한국고전여성문학연구』 16, 한국고전여성문학회, 2008; 정지영, 「'논개와 계월향'의 죽음을 다시 기억하기」, 『한국여성학』 23-3, 한국여성학회, 2007; 임철호, 「〈흑룡일기〉 연구(3)-개별 이야기 단락의 의미와 변이」, 『한국언어문학』 59, 한국언어문학회, 2006; 임철호, 「계월향 이야기의 변이와 의미」, 『무악어문학』 1, 전주대 국어국문학회, 1986.

병 활동,[292] 금강산 유점사에 기거한 유정의 승병 기병,[293] 황해도에서 왜군 수만 명을 무찌른 김덕령의 활약이 대표적이다. 함경도 북병사였던 정문부는 함경도에서 군기를 수습하여 의병을 일으켜 회령으로 들어가 왜장 경감로를 죽이고 회령[294]을 회복하였다. 회계첨사 고경인, 갑산부사 이유익도 군사를 모아 정문부와 합류하였다. 비록 전쟁 초기에 정규군은 패했지만, 전직 무장들이 함경도 변방에서 2만 명이나 되는 의병을 모아 청정의 군대를 함흥에서 몰아낸 것은 이순신의 해전 승리만큼이나 당당하고 뜻깊은 전승이었다. 과장된 것일 수도 있지만, 함경도 지역에서 일어난 의병 숫자가 '2만'이라는 것은 대단한 것이다. 강원도 금강산 유점사에 있던 유정은 중들에게, "우리 비록 중이나 조선 신민의 자손이라, 내 당당히 국은을 사하려 하나니, 여등이 만일 내 말을 좇지 아니하며 마땅히 베리라." 하며 의병을 일으켰고, 각 절에 전령하여 천여 명의 승군을 모아 평양성으로 진격하였다. 유정의 말은 숭고미를 불러일으키는 힘이 느껴진다.

한편 의병장 김덕령은 나라에 공을 세웠지만, 모함을 받아 억울하게 죽었다.[295] 〈임진록〉의 작가는 김덕령의 원사(冤死) 장면을 극적으로 묘사하여 임금과 중앙 정부가 민중 영웅을 억울하게 희생시켰음을 부

292 경판본 〈임진록〉, 95 · 97 · 99쪽.

293 위의 책, 99 · 101 · 103쪽.

294 두만강변에 위치한 국경도시 회령은 1658년의 흑룡강원정을 서술한 신류의 『북정록』, 이를 소설화한 〈배시황전〉에도 언급되어 있다. 조선은 청나라의 요청으로 흑룡강 유역에 진치고 있던 러시아 수군을 토벌하기 위해 1654년, 1658년 두 차례에 걸쳐 출전한다. 『북정록』에는 1658년 5월 2일 신류 장군은 조선군 300명을 이끌고 회령을 출발, 두만강을 건너 중국 땅으로 들어가 같은 해 8월 27일 회령으로 돌아온 사실이 기록되어 있다.

295 경판본 〈임진록〉, 227쪽.

각시켰다. 여기선 약술하지만, 작가는 조선에 구원장으로 파견된 이여송은 유성룡 및 장수들의 군사적 대비와 이 지역 의병들의 활약에 힘입어 평양성 전투를 승리로 이끌 수 있었음을 놓치지 않고 기술하였다.

이상 경판본 〈임진록〉에 그려진 북부지방의 표상을 검토한 결과, 선조의 의주 피란 노정을 따라 개성, 평양, 의주 등 한양에서 황해도, 평안도 지역을 통과하는 의주대로가 북방 지역의 교통 요지이자 군사적 요충지임이 확인되고 부각되었다. 또한 북부지방에서는 국가가 위기에 처했을 때 몸을 던져 국가의 위기를 구하는 장수와 각 지역에서 조발된 병사들, 의병장, 승병들, 이여송과 명 군대의 활약이 부각되었다. 경판본 〈임진록〉의 작가는 관서, 관북 지역에 거주하는 변방민들의 활약으로 인해 평양성을 수복하고 육지전투에서 반격의 기세를 잡았고, 명군과 힘을 합쳐 한양성을 수복할 수 있었음을 말하였다.

평양성은 전쟁 초기 조·명 연합군이 왜군과 결전을 벌인 곳으로서, 경판 〈임진록〉에서 가장 비중 있는 전장 중 한 곳으로 부각되었다. 강원도 금강산의 유점사는 유정과 일천 명 승병들의 숭고한 모습으로 인해 '호국의 산사(山寺)'로 표상화되었다. 함경도와 평안도는 종래 유배지 및 변경 도시로 알려진 곳인데, 임란 초기 지역민 및 의병들이 헌신적으로 왜적과 싸워 패퇴시킨 덕분에 '국가수호 최후의 보루'로 표상화되었다.

3. 호란의 기억과 적막한 북방 경관: 〈김영철전〉·〈임경업전〉·〈박씨전〉

〈김영철전〉은 1619년 심하전투를 제재로 하여 무관 김영철의 참전, 포로생활, 귀환담 등을 그린 소설이다. 〈임경업전〉은 병자호란을 배경으로 임경업의 일생을 허구적으로 그린 군담소설, 역사소설이다. 〈박씨전〉은 병자호란을 배경으로 박씨 부인의 활약을 그린, 〈임경업전〉의 자매편이라고 불리는 소설이다. 이 작품들에 그려진 호란의 기억과 주요 장소, 인물은 다음과 같다.

〈김영철전〉에는 영철이 출생하고 자란 평안도 영유현, 몇 개월간 출전을 대기하던 창성 지역, 영철의 부친이 정묘호란(1627년) 때 전사한 안주성, 영철이 1631년 4월 사행선을 타고 들어온 평양 석다산(石多山), 병자호란 뒤 퇴락한 영철의 고향 마을 경관, 영철 모친의 고향 소호리의 가난한 풍경, 영철 일가족이 군역을 감당하며 기거했던 자모산성의 경관이 그려졌다.

1618년 가을 강홍립의 군에 소집된 영철은 1619년 2월 19일 창성에서 압록강을 건너 현 중국의 랴오닝 성 신빈현 부찰 마을에서 후금군과 싸우다 포로가 되어 허투알라 및 건주에서 5년 간 생활하다가 영원성 방향으로 탈출하였다. 그는 영원성에서 명군에게 체포되어 북경으로 압송되어 조사를 받고, 1626년 봄 산동성 등주에 도착하여 결혼하여 5년 동안 정착해 살다가, 1631년 4월 조선의 사행선을 얻어 타고 13년 만에 고국으로 귀국하였다.

영철의 고향 영유현(永柔縣)은 현 평안남도 평원군의 옛 지명으로

〈김영철전〉을 통해 처음으로 문학의 공간으로 등장하였다. 소설에는 영철의 친구 이연생의 고향인 영유현 부가포(富家浦), 영철이 1631년 등주에서 귀국한 뒤의 적막한 고향과 영철의 어머니가 기거한 소호리(蘇湖里)[296] 친정의 풍경이 묘사되어 있다. 이 장면을 인용해서 보면 다음과 같다.

> 사신이 육지에 내린 뒤, 연생은 사신에게 사직 인사를 올리고 다시 배를 타고 영철과 함께 고향으로 향했다. 영철은 연생의 집에서 하룻밤을 묵고, ①이튿날 날이 밝자마자 고향 마을을 찾아갔다. 마을은 적막하고 산과 개울의 풍경도 변하였으니 모두 예전의 모습이 아니었다. 이웃집 사람이 영철을 쳐다보았으나 미처 알아보지 못하였다. 영철이 무너진 집 앞에서 통곡하고 식구들의 안부를 물으니, 그 답한 것이 연생이 알려준 것과 같았다. 곧이어 영철의 소식을 들은 마을 사람들이 모여들어 영철을 보고 서로 끌어안고 울더니, 영철의 할아버지는 안녕하시며 어머니는 친정에 가 있다는 소식을 다투어 전해주었다.
>
> 영철은 당숙 이룡(二龍)의 집을 찾아갔다. 그 조부가 마침 문을 나서려고 지팡이를 짚고 남쪽을 향해 섰다가 한 사람이 황급히 오는 것을 보았다. 누구냐고 묻기도 전에 영철이 급히 다가와서는 땅에 엎드러져 크게 울며 말하였다.
>
> "할아버지, 할아버지, 영철이가 죽지 않고 돌아왔습니다!"
>
> 그 조부가 황홀하여 말을 할 겨를도 없이 영철을 끌어안고 통곡하였다. 집안의 늙은이와 아이들 할 것 없이 다 나와서 보고 우니, 우는 소리가 하늘을 울렸다. (중략) ②다음날, 조부는 영철과 함께 소호리(蘇湖里)로 찾아가서 급히 며느리를 불렀다.
>
> "얘야, 얘야, 영철이가 왔다."

296 '소호리'는 평안도 영유현(永柔縣)의 고을 이름이다.

소리를 듣고 영철의 모친이 엎어지며 뛰어 나와 보니, 과연 영철이었다. 세 사람이 옷을 끌어당기고 목을 부여안고 일시에 통곡하였다.[297] (밑줄 표시는 인용자 강조. 이하 동일)

위 인용문에는 1619년 심하전투에 출전한 지 13년 만에 돌아온 영철의 눈을 통해 병자호란 뒤 퇴락한 영철의 고향 마을 풍경(①), 영철 모친의 고향인 소호리 풍경(②), 영철 가족들의 가난한 삶과 격정적 해후 장면이 그려져 있다. 박재연본 〈김영철전〉에는 영철이 1630년 산동성 등주에서 살고 있을 때, 등주항에서 조선의 사행선을 타고 온 동향 친구 이연생을 만나는데, 그의 고향이 '영유현 부가포(富家浦)'라고 적시되었다. '부가포'라는 지명에 대한 자료를 더 확인하지는 못하였지만, '소호리(踈湖里)'와 함께 영유현의 구체적 지명이 기술된 것은 의미 있다.

창성(昌城)은 현 평안북도 창성군으로, 압록강 중류에 있는 국경도시다. 강홍립 휘하 1만 2천 병사들이 1618년 10월부터 1619년 2월 19일까지 집결해 있던 곳이다. 조선군은 1619년 2월 19일 창성 묘동을 출발하여 압록강을 건너 명군과 합류하였다. 이 노정은 〈최척전〉에서 명군으로 참전해 후금의 포로가 되었던 최척이 1619년 후금군의 감옥을 탈출하여 귀국한 경로이기도 하다.

안주성(安州城)은 현 평안남도 서북부에 있는 도시다. 소설에서는 영철의 동향 친구 이연생의 전언을 통해 김영철의 부친 여관(汝寬)이 정묘호란 때 이곳 안주성 전투에서 전사하였음을 말하였다.[298] 후금

297 박재연본 〈김영철전〉 41–42면. 필자 번역문. 원문 생략. 이하 동일.

298 영철이 집안 소식을 물으니, 연생이 말하였다. "아, 영철이, 어찌 차마 말을 하겠는가. 정유년 난리 때, 네 아버지는 안주에서 전사하셨네. 뒤에 집안사람들이 그 시신을 찾았으나 끝내 찾지 못했네." (박재연본 〈김영철전〉 33면)

의 태종은 1627년 1월 16일 3만 명의 병력으로 조선을 침공하여 의주성을 돌파하고, 1월 21일 청천강의 남안 거점인 안주성을 공격하여 대승리를 거두었다. 당시 조선군의 지휘관은 평안도 병사 남이흥(南以興, 1576~1627)이었는데, 그는 3천 명의 병사를 이끌고 청군에 대항해 맞섰으나 무기가 떨어지고 성이 함락될 위기에 처하자 성에 불을 지르고 자결하였다.[299] 김영철의 개인사를 통해서 안주성 전투의 기억을 소설에 내장하는 방식은 흥미롭다. 뒤에 귀국한 영철은 모친과 함께 안주성을 찾아 아버지의 혼을 위로하였다.[300] 안주성 전투의 패배는 〈강로전〉에 자세히 서술되어 있다.[301]

석다산은 현 평안남도 강서군에 위치한 지역으로, 고구려 을지문덕 장군의 고향으로도 알려진 곳이다. 명 · 청 교체기인 17세기 전반 청나라에 의해 육로 사행길이 막히자 조선에서는 1621년부터 1637년까지 해로로 명나라 등주, 또는 각화도로 사행선을 운행하였는데, 석다산은 그 출발 장소였다. 김영철이 1631년 4월 등주항에 정박한 사행선에 잠입하여 귀환하였다는 스토리는 매우 개연성이 높다.[302]

---

299 〈안주성 전투〉, 위키 백과

300 소설에서 이 부분은 다음과 같이 서술되어 있다. "영철이 삼일을 머문 다음, 부친이 전사한 곳을 가서 안주성 안팎을 다니며 울었다. 그 유골이라도 찾으려 했으나 세월이 오래 지나고, 강과 벌판도 이미 변모해서 끝내 찾지 못하였다. 이에 모친은 감추어 둔 남편의 옷을 가져와 남편의 혼을 불러 저 세상으로 돌려보냈다."(박재연본 〈김영철전〉 43면)

301 "병사들을 몰아 동북쪽 모서리에서 곧장 공격하여 함락시키니, 남이흥은 목사 김준과 함께 군루에 앉아 분신자결했다.(후략)" (권칙, 〈강로전〉, 신해진 역, 『권칙과 한문소설』, 보고사, 2008, 189쪽.)

302 1630년 10월 정두원(鄭斗源, 1581~ ?)을 정사로 한 사행선이 등주에 입항하여 북경을 다녀와, 이듬해 4월 등주를 출발해 석다산 항으로 귀항한 사실은 당시 해로사행록을 통해 확인된다. 권혁래, 「〈김영철전〉과 해로사행의 수용양상」, 『우리

자모산성(慈母山城)은 옛 고구려의 수도 평양성을 지키던 위성들 가운데에 하나로, 지금은 평안남도 평성시 자모산 일대에 위치해 있다. 이 성은 둘레가 약 5㎞에 달하고, 높이는 4m이며, 지금은 북한의 국보문화유물 제38호로 지정되었다. 자모산성은 주봉(主峰)에서부터 북쪽 산봉우리까지는 내성(內城)을 쌓은 나성(羅城) 형태이다. 이 성은 황해도와 경기도 일대를 횡행하며 탐관오리를 징계한 명종 때의 협도(俠盜) 임꺽정(林巨正)이 거점으로 삼아 활동한 곳으로도 전해지고 있다. 또한, 1636년(인조 14)의 병자호란 때에는 인근 읍민 수만 명이 이곳으로 피란하여 목숨을 구했다는 기록도 있다.[303] 〈김영철전〉의 작가는 1659년 영철이 가족을 이끌고 자모산성으로 들어가는 모습을 다음과 같이 기술하였다.

> 기해년(己亥年, 1659), 조정에서 자모산성을 서로(西路) 관문의 땅으로 삼고자 하였는데, 정착민이 적어서 군역을 면제해 주는 조건으로 거주할 백성들을 모았다. 영철이 어려서부터 종군의 괴로움을 쓰라리게 겪었기 때문에 세 아들의 군역을 덜어주기 위해 마침내 집안 식구들을 이끌고 자모산성으로 들어갔다.[304]

〈김영철전〉의 작가는 영철이 1659년 61세의 나이에 세 아들의 군역을 덜어주기 위해 고향 영유현을 떠나 낯선 자모산성에 들어간 모습을 간략하게 서술하였다. 이 장면은 병자호란 뒤 조정에서 북방 방어를 위해 자모산성을 축성(修築)한 경과와, 이 때문에 관서지방 백성들이 겪

어문연구』 31, 우리어문학회, 2008, 91-119쪽.

303 〈자모산성〉, 온라인 『한국민족문화백과대사전』, 한국학중앙연구원.

304 박재연본 〈김영철전〉 68면.

어야 했던 군역의 수고로움을 잘 보여준다. 심하전투와, 이어진 명청 간에 벌어진 개주, 금주 전투에 참전했던 역전의 용사 김영철이 1659년 조정에서 이 성을 수축하고 수졸(守卒)을 모을 때 가족을 이끌고 들어가 20여 년간 성을 지키다 죽었다는 소설의 이야기는 군사 요충지로서의 자모산성의 표상에 일가족이 겪은 고된 군역의 에피소드를 추가해준다. 이러한 영철 일가의 가난하고 힘겨운 삶과 함께 영유현과 자모산성은 전란 후 황폐하고 고된 삶의 터전으로 표상화되었다.

〈임경업전〉의 주인공 임경업은 갑자년(1624) 남경 천자에게 사신으로 갔다가 호국을 위해 공을 세우자, 호국 왕은 그에게 '만세불방비'를 세워주며 은혜를 칭송하였다. 1631년 호국이 은혜를 잊고 조선의 국경을 자주 넘보므로 조정에서는 경업을 의주부윤 겸 방어사로 임명하였다.[305] 임경업은 의주 및 백마산성을 굳게 지키며, 호국이 군사를 움직이는 기미를 보이자 한밤중에 단신으로 압록강을 건너 호국의 군사들을 몰살하기도 하였다.

병자호란 때 청나라가 한양성과 남한산성을 함락하고 인조의 항복을 받은 뒤, 1637년 7월, 용골대가 세자, 대군을 앞세우고 회군한다. 이때 〈임경업전〉의 작가는 세자 · 대군의 노정을 일일이 기술하고 산수의 형세를 노래하며 패배의 수치와 아픔을 표현하였다.

용골대가 세자 · 대군을 앞세우고 모화관으로부터 홍제원을 지

305 이러한 내용은 〈박씨전〉의 이본 〈명월부인전〉에도 같은 내용으로 기술되었다. "북방 호국이 점점 강성하여 도리어 조선을 엿보는지라. 전하께서 크게 근심하시고 바로 임경업으로 의주부윤을 제수하시니 자주 침범치 못하더라."(〈명월부인전〉, 김기현 역주, 『한국고전문학전집』 15, 85쪽)

나 고양, 파주, 임진강을 건너니 강수가 흐느끼는 듯하고, 개성부 청석고개에 이르니 산세가 험준한지라 봉산 동선령에 다다르니 수목이 총잡한데, 영상에 동선관을 지어 관액을 삼아 있고, 황주 월파루를 지나 평양에 이르니, 이곳은 해동제일강산이라. 대동 일면에 대동강이 띠를 두른 듯하고, 20리 장림에 춘색이 가려한데, 부벽루와 연광정은 강수에 임하였으니 촉처감창이라 세자 · 대군이 군친을 사모하고 타국으로 향하는 심사가 가장 슬프더라. 이때는 정축년(1637) 3월이라.[306]

작가는 단순히 노정을 기술하는 데 그치지 않고, "강수가 흐느끼는 듯하고", "산세가 험준한지라", "수목이 총잡한데", "세자 · 대군이 군친을 사모하고 타국으로 향하는 심사가 가장 슬프더라."는 표현과 같이 소현세자와 봉림대군의 시선에서 각 지역의 경관을 묘사하고, 처연한 감회를 표현하였다.

〈임경업전〉에 그려진 세자 · 대군의 볼모 노정을 지도에 표현하면 〈그림 33〉과 같다.

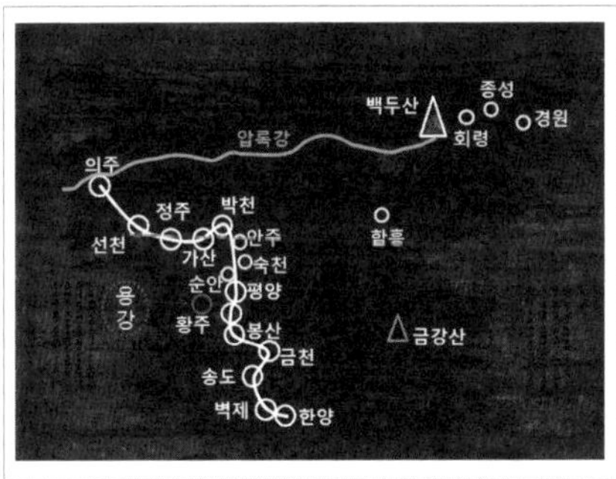

〈그림 33〉 〈임경업전〉에 그려진 세자 · 대군의 볼모 노정.
서울대학교 규장각 소장 《八道總圖》

306 〈임장군전〉, 김기현 역주, 『한국고전문학전집』 15, 고려대 민족문화연구소, 1995, 251쪽.

〈그림 33〉은 규장각 소장 《팔도총도》 위에 〈임경업전〉에 그려진 소현세자 · 봉림대군의 볼모 노정을 표현한 것이다. 노정은 '모화관 출발 – 홍제원 – 고양 – 파주 – 임진강 도강 – 개성부 청석고개(청석령) – 봉산 동선령 – 황주 월파루 – 평양 – 의주' 순이다. 작가는 볼모로 잡혀가는 두 왕자의 시선으로 그들이 지나갔던 지역 이름을 일일이 기록하였다. 위 노정은 몇몇 빠진 것이 있지만, 〈임진록〉에 그려진 선조의 의주 피란 노정과 일치한다.

〈임경업전〉에 주요하게 형상화된 장소는 임경업이 지켰던 목숨을 걸고 굳게 수비했던 '의주'와 '백마산성'이다. 의주는 〈임진록〉이나 〈박씨전〉,[307] 〈신미록〉[308]에서도 '호국의 도시'로 부각된 바 있다. 의주는 압록강을 사이에 두고 중국과 국경을 마주한 군사적 요지로, 임경업으로 인해 청나라를 경계하는 일차 관문이라는 이미지가 부각되었다. 하지만 병자호란 때 호국 왕은 백마산성을 우회하여 군사를 이동시켰기에, 인조가 남한산성에서 항복하기까지 임경업은 아무 것도 몰랐다.

한편, 〈박씨전〉에는 평양이라는 도시의 정치지형이 개괄적으로 묘사되었다. 한양 성내에 사는 이득춘에게는 아들 이시백이 있었는데, 어느 날 금강산에 거처하는 박 처사가 찾아와 자기 딸과 시백의 혼례를 주청한다. 뒤에 추녀의 탈을 벗은 박씨 부인은 이시백과 사이좋게 지낸다. 어느 날 이시백은 평안감사를 제수 받아 평양 감영으로 간다. 이시백이 평양 감영에 부임한 뒤의 상황은 다음과 같이 묘사되었다.

307 "이때에 호적이 강성하여 자주 침범하거늘, 임경업이 백전백승하여 물리치고 북방을 굳게 살피더라."(김기현 역주, 위의 책, 85쪽)

308 〈신미록〉에서는 허항, 김견신 등의 의병장들이 홍경래 군에 맞서 싸우는 충절의 고장으로 형상화되었다.

각설, 이때 시백이 여러 날 만에 평양감영에 득달하니, 도내 별읍 관장은 준민고택하고 하졸배는 출몰민가(出沒民家)하여 작폐가 무쌍한지라. 시고로 양민이 도탄 중에 들어 민심이 소요하더라. 이 감사가 도임한 후 그 폐단을 일일이 살피사 각읍 수령의 선불선을 가리어, 불치 수령은 우선 계파하며, 선치 수령은 승직도 시키며 백성을 인의로 다스리니, 한두 달 사이에 도내 열읍이 무위이화하여 백성이 서로 즐겨하며…[309]

위 인용문은 〈박씨전〉의 이본 〈명월부인전〉의 한 장면인데, 작가는 평안도 각읍 수령들과 아전 등이 백성들을 가혹하게 수탈하여 민심이 요동하고 있음을 기술하였다. 이시백이 각읍 수령들을 신상필벌하여 선정을 하자 백성들은 선정비를 세우고 '격양가'를 일삼았다고 했다. 위 내용은 이시백의 선정을 부각하기 위한 의례적 서술일 수 있지만, 평안도 지역에 지방관리들의 사치와 백성들에 대한 수탈이 심하였던 현실을 일정하게 보여준다.

〈최척전〉에서는 조선 삭주에서 귀화한 후금 병사의 입을 통하여 삭주 지방의 정세를 간접적으로 묘사하고 있다. 1619년 심하 전투에 패해 감옥에 갇혀 있는 최척 부자에게 후금 간수는 "당신들은 나를 두려워 마시오. 나는 본래 삭주(朔州)의 토병(土兵)이었는데, 목사의 학정을 견디지 못해 가족을 데리고 오랑캐 땅으로 들어왔소. 여기 온 지 이미 20년이나 되었지요. 오랑캐 사람들은 성격이 진솔하며 가혹하게 수탈하는 일도 없소."라고 한다.[310] 삭주는 압록강을 접변하고, 의주와 창성군 사이에 있는 평안북도 서북부의 국경도시다. 20년 전이라면 임진

309 김기현 역주, 〈명월부인전〉, 앞의 책, 81쪽.

310 〈최척전〉, 이상구 역주, 『17세기 애정전기소설』, 월인, 1999, 217쪽.

왜란이 끝난 직후다. 삭주 토병 출신의 후금 병사의 말을 통해, 임란 직후 삭주가 백성들이 살 수 없을 만큼 중앙정부 관리의 학정이 심하였음이 증언되고 있다. 앞서 〈임진록〉을 분석하면서 임란 초기 관서 · 관북의 지역민 및 의병들이 헌신적으로 왜적과 싸워 패퇴시켰다고 했지만, 백성들은 여전히 중앙정부 및 지방관리들에 의해 살 수 없을 만큼 수탈당하고 있음을 알 수 있다.

이상에서 고찰한 것을 요약하면 다음과 같다. 후금 및 청나라와의 전쟁을 주요 제재로 한 〈김영철전〉, 〈임경업전〉, 〈박씨전〉, 〈최척전〉 등에서 북부지방은 평양과 의주가 주요 장소로 부각되며, 영유현, 창성, 석다산, 자모산성, 안주, 삭주 등의 장소가 그려졌다. 볼모로 잡혀가던 소현세자와 봉림대군의 눈을 통해 임진강, 청석령, 동선령, 황주, 평양에 이르는 길과 주변 산천의 풍경이 경관화된 것은 독특하다. 또한 주인공들의 시선과 말을 통해 호란을 겪은 북방 지역의 적막한 풍경과 관리들의 탐학이 자행되는 평양, 삭주의 모습을 발견할 수 있었다.

4. 정주성 전투 장면과 변방의 반란: 〈신미록〉

〈신미록〉은 1811~1812년 간 평안북도 정주성 일대에서 일어난 홍경래의 난을 소재로 하여 홍경래 난의 전말과 체제 도전 세력의 위험성을 서사화한 소설이다.[311] 홍경래의 난은 1861년에 처음으로 방각본(경판본 〈신미록〉)으로 간행되었고, 20세기 초에는 〈홍경래실기〉, 〈홍경래전〉 등으로 간행되었다. 〈신미록〉이 관군 중심의 시각에서 쓰였다는 것은 그간의 연구에서 공통적으로 파악되었다. 그럼에도 불구하고 19세기 중엽에 불과 50년 전에 평안도에서 일어났던 홍경래의 난을 한양의 작가가 매우 구체적으로 서사화했다는 점에서 〈신미록〉은 흥미로운 작품이다.

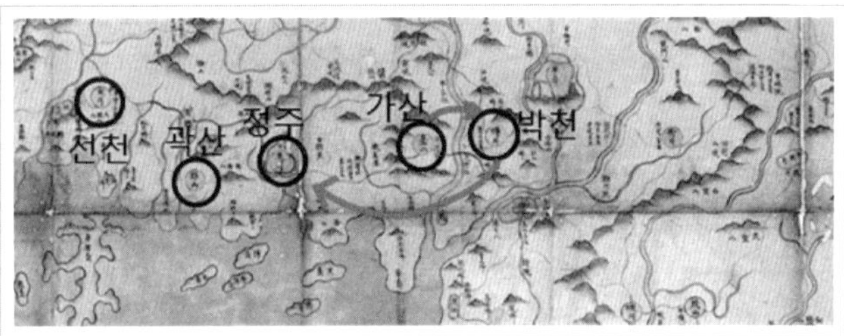

〈그림 34〉 〈신미록〉에 그려진 주요 장소와 홍경래 군의 이동경로. 국립중앙도서관 소장 《西關總覽之圖》

〈그림 34〉는 국립중앙도서관 소장 《서로총람지도(西關總覽之圖)》 위에 〈신미록〉에 그려진 주요 장소와 홍경래 군의 이동경로를 표현한 것이다. 이 지도에 표시된 평안북도 선천, 곽산, 정주, 가산, 박천 등은 1811년 12월 중에 홍경래 군이 함락한 성읍이다. 〈신미록〉에 기록된

311 권혁래, 「조선후기 역사소설 연구」, 연세대 박사논문, 1999, 77-78쪽.

이 성읍들의 이름은 기억될 만하다. 소설 작품에서 이 지역들의 이름은 〈신미록〉과 〈임진록〉 외에서는 좀처럼 찾기 힘들다. 홍경래 군은 1811년 12월 18일 거사를 일으켜 가산, 곽산을 함락한다. 12월 19일 정주성을 함락하고, 이어 20일부터 24일 간에 박천, 선천, 철산, 용전, 태천을 비롯하여 청북 8개 읍을 함락한다. 〈임진록〉에서 평안도, 함경도의 변방민들이 의병에 동참한 것이 '변방의 충절'로 인식되었다면, 〈신미록〉에 그려진 가산, 박천, 정주 등지의 민란은 '변방의 반란'으로 인식되었다.

〈신미록〉은 다음과 같이 시작된다.

> 이때 평안남도 청북이 누년 겸세를 만나 사민이 생업을 이루지 못하는지라. 황야 우민이 성명하신 덕택을 알지 못하고 외람히 천의를 거스르니 어찌 차홉지 아니하리요.[312]

이 봉기의 원인은 평안도 지방에 여러 해 거듭된 흉년이다. 거듭된 흉년에도 불구하고 중앙정부와 지방 수령들이 백성들의 생업에 어떠한 도움도 주지 못하였기에 민란이 발생한 것인데, 작가는 홍군의 봉기를 '임금의 명덕을 알지 못하고 하늘의 뜻을 거역'했으며, 은광(銀鑛)을 열어 무뢰배들을 조직한 것이라고 했다.

초반 10여 일 승전고를 울렸던 홍경래 군은 12월 29일, 송림리 전투에서 패배하면서부터 수세에 몰리게 되고, 이 날 정주성으로 후퇴한 홍경래군은 이듬해 4월까지 네 차례에 걸친 대공방전을 거듭하다, 4월 19일 정주성이 함락되면서 4개월에 거친 홍경래의 난은 마침내 종

312 〈신미록〉, 장덕순, 최진원 교주, 『홍길동전 외』, 교문사, 1978, 431쪽. 이하 인용문의 출처는 이 책의 면수로 밝힘.

결된다.[313]

〈신미록〉의 절반은 12월 29일부터 이듬해 4월 19일까지 110일 간의 정주성 전투를 묘사하는 데 할애되었다. 그전까지 평안북도 8개 읍을 순식간에 점령하며 평안도 전체에 위세를 떨치던 홍경래군은 안주성 근처의 송림리 전투 패배를 기점으로 그 세력이 약해지며, 그 후 정주성에 고립되어 장기 농성전을 펼친다. 〈신미록〉의 작가는 정주성 성곽의 형세, 성문의 위치, 장대(將臺), 주위 산악과 하천, 주위 지명을 구체적으로 묘사하며 정부군과 홍군 간의 공방전을 서술하였다. 〈신미록〉에 그려진 정주성 전투 장면을 구체적 지역을 중심으로 고찰하면 다음과 같다.

> ①서령관(西嶺關)에 이르러 군병을 쉬이고 정주성에 이르니 도적이 이미 성을 웅거하고 성문을 굳게 닫았더라. 정주성 동문 밖 십 리 허(許)에 '<u>신안원(新安院)</u>'이란 둔덕에 산을 등지며 강을 임하여 寨柵을 세운 후 군사를 안둔하고 도적의 형세를 살피더라. (중략) 순무중군(巡撫中軍)이 하직숙배(下直肅拜)하고 행군한 지 8일 만에 정주성에 득달하니, 안주 대진이 <u>신안원</u>에 집결하였더라.(455-459쪽)
>
> ②이때 의병장 김견신이 '<u>북장대(北將臺)</u>'에 나아가 군사로 하여금 화전(火箭)을 놓아 '북장대'를 불지르고 성을 넘고자 하더니, 문득 성상에서 시석(矢石)이 비 오듯 하니 마침내 성을 넘지 못하니라. 이때는 이월 초순이라.(469쪽)
>
> ③이때 정주성 남 십 리 허(許)에 '<u>장군대(將軍臺)</u>' 있으니, 예로부터 승전한 곳이라. 순무영에서 제장(諸將)으로 치제(致祭)할새,

313 최근 연구에 의하면, 〈신미록〉의 서사는 『순조실록』에 수록된 역사기록과 큰 차이가 없으나, 서사의 순서에 다소간 변화를 주면서 의미의 변이를 꾀하려 했음이 밝혀졌다. 성아사, 「홍경래난을 소재로 한 상업출판물 연구: 방각본 〈신미록〉을 중심으로」, 연세대 석사논문, 2011, 9-16쪽.

초헌관(初獻官)에 순중군이요, 아헌관(亞獻官)에는 정주 목사요, 종헌관(終獻官)에는 숙천 부사더라. 이때는 임신 2월 19일이라. 도적이 그윽이 남문으로 나오되 검은 옷 입고 병기를 가져 비각에 매복하고, 또 철갑 입은 도적은 백마를 타고 백의 입은 군사를 거느려 후응(後應)이 되어 나오고 (중략) 순천 진영이 정히 위급하였더라. (469-471쪽)

④이날 적장 경래 군을 거느려 '남문(南門)'으로 나와 주필각(駐蹕閣)에 매복한 후에 총을 놓아 왕래하는 길을 막고, 또 도적 백여 명이 대진 당보막을 불지르니 군사가 불에 상하며 창 맞아 죽은 자가 십여 인이라.(485쪽)

⑤이때 의주 의병장 최신엽과 강계 송지렴과 김계묵 등이 '북문(北門)'으로 짓쳐 들어가 적병을 풀 베듯 하니 주검이 산 같고 피 흘러 내가 되었더라.(487쪽)

〈그림 35〉〈신미록〉에 그려진 정주성의 주요 장소. 서울대학교 규장각 소장 《1872년 지방지도 평안도 定州》

위 인용문에 보이는 몇몇 지소와 성문을 고지도에 표현한 것이 〈그림 35〉이다. 〈그림 35〉는 서울대 규장각 소장 《1872년 지방지도》의 정주 지도인데, 〈신미록〉에 기술된 지명, 성문 등이 대부분 확인된다는 점이 흥미롭다. 정주성 전투담에 등장한 성문, 지명은 남문, 서문, 서소문, 장군대, 북장대, 남문 밖 주필각, 동문 밖 신안문 등인데, 선조의 비석을 모신 주필각 외에는 지도에 다 보인다. 인용문 ①의 신안원(新安院)은 지도 좌상변에 있고, ②의 북장대(北將臺)는 지도 상변 정중앙에 있고, ③의 장군대(將軍臺)는 지도 좌하변에, ④번의 '남문'은 지도 하변 정중앙에, ⑤번은 '북문'은 지도 좌상변에 있다. 정주성 전투담을 지도에서 찾아본 것은 지도에 의거하여 시각적으로 전투담을 이해할 수 있으며, 또 전투담이 실제 지리와 부합한다는 증거를 제시하기 위한 것이다.

인용문 ①은 홍군의 정주성 점거 초기 때 순무중군(巡撫中軍)이 정주성으로 모여들고 있는 상황을 기술한 것이다. 〈신미록〉에서 신안원은 정부군의 초기 집결지로 묘사되었다. 지도에는 신안원이 동문 30리 밖에 있다고 기술했는데 〈신미록〉에서는 동문 밖 10리쯤에 있다고 했다. 20리의 거리 차이가 무엇을 의미하는지는 좀 더 생각해봐야 할 것이다.

인용문 ②에서는 의주 의병장 김견신의 분투 장면이 그려진다. 의주의 선전관이던 김견신은 지역 군민들로 민병대를 구성하여 홍경래군에 대항하였다. 2월 초순, 김견신의 의병은 성벽을 넘기 위해 북면 성벽에 있는 북장대를 불지르려고 했지만, 홍군 또한 성 위에서 화살을 쏘고 돌을 던지며 맹렬하게 수성전을 펼쳐 그들을 막았다.

인용문 ③은 2월 19일, 정주성 남면 십 리쯤에 있는 '장군대'에서 모셨던 제사에 관련된 에피소드다. 옛날부터 싸움에 이긴 곳이었던 '장군대'는 관군 측에게 상징적이고 의미심장한 장소로 부각되었다. 순무중군의 활약이 신통치 않고 전쟁이 지지부진해지자 정부군의 모든 장수들은 장군대에 올라 승전을 기원하며 제사를 올렸다. 초헌관에 순중군, 아헌관에 정주 목사, 종헌관에는 숙천 부사가 섰다고 했으니 꽤 엄숙한 분위기였음을 알 수 있다.

인용문 ④는 4월 경, 홍경래가 직접 군사를 이끌고 '남문'으로 나와 정부군을 공격한 이야기를 기술한 것이다. 정주성 남문 쪽은 홍군이 여러 번 즐겨 사용했던 공격 루트였다. 홍경래는 수성전을 지휘하는 한편, 성 밖으로 나와 적극적으로 정부군을 공격하였음을 알 수 있다.

인용문 ⑤는 4월 19일, 성벽 밑에 매설된 화약으로 정주성벽이 폭파된 후, 의주 의병장 최신엽과 강계의 송지렴과 김계묵 등이 '북문'으로 들어가 홍경래군을 척살한 이야기를 기술한 것이다. 정부군은 4월 5일부터 정주성 밑에 땅굴을 파고 화약 매설하는 작업을 했는데, 4월 19일 화약을 폭발시켜 마침내 성문과 성벽을 헐고 총공격하여 마침내 홍경래의 난이 종결되었다.

정주성 함락에는 정부군의 활약도 있었지만, 작가는 허항 · 김견신 같은 의주 출신 의병장들의 공이 컸음을 강조하며 그들을 "충의의 영웅"이라고 표상화하였다. 의주는 정주와 지역 충돌의 양상을 보였으며, 의주의 사족 허항과 김견신은 의주 지역민들로 의병을 조직하여 정부군 못지않은 활약을 하여 관직을 제수 받기도 하였다.[314] 정주성이 함락된 뒤 성에 있던 백성들은 남녀노소를 불구하고 가차 없이 처형당하였는데, 그 수가 1,900명에 이르렀다.

〈신미록〉의 결말을 보면, 승리한 관군이 한양으로 개선할 때 한양의 "만성인민이 기뻐하지 않은 이가 없었다."고 하였다. 〈신미록〉에서 대립되었던 것은 홍경래 군이 내걸었던 최소한의 '생존조건'과, 의병 및 순무중군이 표방한 충절과 같은 '이념적 가치'였다. 홍경래의 난은 연이은 기근으로 인해 최소한의 생존 조건을 박탈당한 홍경래와 서북 백성들이 죽음을 불사하고 부조리한 왕조 체제에 항거한 것이었다.

〈신미록〉의 작가는 관군의 시각에서 이들이 얼마나 불온하고 저돌적이었는지를 구체적으로 기술함으로써 정주성을 비롯한 서북 지역을 '반역의 성읍'으로 표상화하였다.[315] 반면, 의주는 김견신, 허항과 같은 의병장들의 발언과 활약을 부각시킴으로써 '호국의 도시'로 표상화하였다. 1861년 〈신미록〉이 출간되었을 때, 한양의 사족뿐 아니라 하층민들, 서북 지역의 대부분의 사람들도 이러한 인식을 공유하였을 것이다.[316]

왕조 체제 하에서 민란은 어느 곳 할 것 없이 가차 없이 진압되었고, 한번 지역에 찍힌 낙인은 좀처럼 지워지지 않았다. 일부 백성들은

314 김견신은 홍경래 난 진압 후 당상선전관(堂上宣傳官) 직을 받고, 공충도병마절도사(公忠道兵馬節度使)를 제수했다. 허항은 반군과 싸우다 전사하였다. 조정에서는 사후 허항에게 삼도수군통제사(三道水軍統制使)의 직을 내렸다.

315 정주목(定州牧)은 난 후 정원현(定原縣)으로 강등되었다.

316 권혁래, 「〈신미록〉의 문학적 상상력과 역사의식」, 『동양고전연구』 7, 동양고전학회, 1996, 172-177쪽.

홍경래가 죽지 않았다며 홍경래의 최후를 신비화하기도 하였으나,[317] 문학 작품에서 홍경래 난에 대한 인식이 달라지는 것은 1910년대 후반에 와서야 확인된다. 1917년 출간된 『홍경래실기』의 찬자(撰者) 최남선은 홍경래를 "시세를 만나지 못한 영웅"이라며 이전과는 다른 평가를 처음으로 선보였다.[318] 현상윤은 1931년 『동아일보』에 연재한 〈홍경래전〉[319]에서 홍경래를 "풍운아", "혁명남아"라고 불렀고, 서북지방을 민중적 에너지가 폭발한 고장으로 그렸다. 『홍경래실기』와 〈홍경래전〉을 각각 출간한 최남선과 현상윤은 〈신미록〉에 비해, 홍경래를 영웅적 인물로 묘사하고 역량을 결집하는 과정을 나름대로 설득력 있게 제시하면서,[320] '홍경래'와 '정주'에 새로운 표상을 부여하고자 변화를 시도

---

317 '홍경래 불사설'은 역모 혐의로 붙들린 죄인들의 입에서 몇 차례 언급된 바 있다. 『순조실록』 17년(1817) 3월 16일(기미); 『순조실록』 26년(1826) 5월 3일(갑신).

318 성아사는 최남선이 『홍경래실기』를 출간한 까닭을 '尙武 정신을 재발견한 시대적 요구에 부응한 것'으로 보았다.(성아사, 앞의 논문, 38–39쪽.)

319 현상윤은 1931년 7월 12일부터 8월 20일까지 24회에 걸쳐 『동아일보』에 〈홍경래전〉을 연재했다. 이 작품은 국한문 혼용으로 표기되었는데, 이 작품의 저본으로 추정되는 한문본 〈홍경래〉의 저작 연대에 대해선 논란이 있다. 이우성 · 임형택은 이 작품을 애국계몽기에 쓰인 정교의 작품이라 하였는데,(이우성 · 임형택 공역, 『이조한문단편집』 하권, 일조각 1978, 119쪽의 해제), 윤재근은 1931년도에 〈동아일보〉에 연재된 현상윤의 작품으로 보는 것이 합리적이라고 하였다.(윤재근, 「조선시대 저항적 인물전승 연구」, 고려대 박사논문, 1989.)

320 홍경래 난에 관한 후대 문학 작품에 대한 최근 연구는 송하준의 「홍경래란의 기억과 문학적 형상화」(『서강인문논총』 50, 서강대 인문과학연구소, 2017)을 참조하였다. 송하준은 이 연구에서 홍경래 난 당시 사족들의 기록으로 백경해의 「창상일기(滄桑日記)」, 이용현의 「서행일록(西行日錄)」, 현인복의 『진중일기(陣中日記)』 등의 자료를 소개하고, 사족들의 글쓰기가 홍경래 난과 관련한 자신들의 행위를 합리화하고 사회적 지위를 유지하기 위한 목적에서 이뤄진 것임을 말하였다. 근대 이후의 문학작품으로는 『홍경래실기』, 〈홍경래전〉과 함께 김소월의 시 〈물마름〉(『조선문단』 7, 1924.4.), 백석의 시 〈정주성〉(『조선일보』 1935.8.30; 송준 편, 『백석시전집』, 학영사, 1995)을 들어 홍경래 반군에 대한 지식인들의 인식이 변모하였음을 평가하였다. 하지만 작품을 새롭게 서술할 만한 자료수집에 한계가 있어 『홍경래실기』와 〈홍경래전〉의 내용이 〈신미록〉에 비해 크게 변모하

하였다.

소결

이상에서 전란을 제재로 한 조선후기 소설들에 그려진 북부지방 표상을 문학지리학의 시각에서 분석하였다. 전란의 전개 자체에 초점을 맞춰 기술한 〈임진록〉과 〈신미록〉은 한 지역의 인물들이 대개 동일한 지향을 갖고 행동하므로 한 지역 전체가 단일한 이미지, 표상으로 귀결된다. 〈임진록〉에 그려진 관서 · 관북 지방은 '국가수호 최후의 보루'로, 〈신미록〉에 그려진 정주성을 비롯한 서북 지역은 '반역의 성읍'으로, 의주는 '호국의 도시'라는 이름으로 표상화가 되었다. 임진란 때 온 지역민들이 헌신하여 왜적을 몰아내어 〈임진록〉에서 '국가수호 최후의 보루'로 표상화되었던 관서 지방이 1861년 〈신미록〉에 와서 '반역의 성읍'으로 변모하였다는 것은 문학지리학적 면에서 의미심장한 발견이다.

나머지 세 작품은 지역의 표상이 개별화된다. 〈김영철전〉의 영유현과 자모산성은 '전란 후 황폐하고 고된 삶의 터전'으로, 〈임경업전〉의 의주는 여전한 '호국의 도시'로, 〈박씨전〉의 평양과 〈최척전〉의 삭주는 '학정과 수탈의 도시'로 표상화된다.

지는 않았다고 평가하였다.

제4부
조선후기 역사소설의 문학지리학적 해석

〈17세기 베트남 호이안의 중국인 거리와 일본인 거리를 이어주는 다리〉

〈김영철전〉, 〈최척전〉 등 조선후기 역사소설에 그려진 전쟁서사, 포로서사, 귀환의 서사, 망명서사와 공간적 상상력이 결합하는 방식에 대해 생각해본다

제1장

문학지리학으로 본 심하전투서사의 해석[321]

1. 공간의 발견과 심하전투서사

심하전투(深河戰鬪)는 1619년 2월부터 3월 5일까지 강홍립 휘하 1만 3천 명의 조선병사들이 유정이 이끄는 명 동로군(東路軍) 1만 명과 연합하여 현 중국 요녕성(遼寧省) 본계시(本溪市) 환인현(桓仁縣) 부산촌(釜山村) 등지에서 누르하치(努爾哈赤)가 이끄는 후금 군과 싸운 전투를 말한다. 중국에서 호칭하는 '사르후전투[薩爾滸之戰]'는 이보다 범위가 넓어 1619년 명군과 조선군, 여진족까지 포함한 연합군 10만 명이 요녕성(遼寧省) 무순시(撫順市) 철배산(鐵背山) 일대와 신빈현(新宾縣), 본계

321 이 장은 「심하전투서사의 문학지리학적 고찰」, 『우리어문연구』 51(우리어문학회, 2015)을 수정 · 보완하였다. 이 글을 실을 수 있도록 양해해주신 공동저자 경북대 김재웅, 방송대 신춘호 선생님께 감사드린다.

시(本溪市) 환인현(桓仁縣) 등지에서 후금군 3만 명과 싸운 전투를 말한다. 명군의 총대장인 요동경략(遼東經略) 양호(楊鎬)는 1619년 2월 요양성(遼陽城)에서 출정식을 가지고 10만 대군을 4개부대로 나눠 당시 후금 도성 허투알라(赫圖阿拉)를 향해 진격시켰다.

이 전투에서 명 토벌군은 후금의 누르하치가 이끄는 신속한 기동작전에 크게 패하여 5만 명 가까운 군사를 잃었다. 1618년 무순성(撫順城)과 청하성(淸河城)을 함락한 후금이 사르후 전투까지 승리하게 됨으로써 누르하치는 중원을 도모하는 기점을 마련하였다. 조선군 부대는 3월 4일 하루의 전투에서 8천여 명을 잃었고, 강홍립은 남은 5천 명을 이끌고 투항함으로써 전투가 종결되었다. 심하전투에 종사관으로 참전한 이민환은 전투의 전후사를 진중일기 『책중일록』에 기록하였고, 임진왜란과 심하전투를 플롯과 배경으로 하여 조위한은 1621년 〈최척전〉[322]을, 권칙은 1630년 〈강로전〉[323]을 지었다. 17세기 말~18세기 초에는 심하전투 전쟁포로의 탈출과 귀환을 소설화한 〈김영철전〉[324]이 창작되었다.

---

322 서울대본, 고려대본, 천리대본을 텍스트로 삼아 내용을 살핀다.

323 이 작품은 1630년 권칙(權侙, 1599~1667)에 의해 지어졌으며, 곧 국문으로 번역되어 민간에 전파되었다. 이건(李健, 1614~1662)은 이 국문본을 다시 한문으로 번역하였다. (박희병, 「17세기 초의 숭명배호론과 부정적 소설 주인공의 등장」, 간행위 편, 『한국고전소설과 서사문학』 상편, 집문당, 1998, 36쪽.) 국사편찬위원회 소장본 말미에는 저자 권칙의 후기가 붙어 있는데 그것에 의하면, 권칙이 묘향산으로 여행을 갔다가 그 곳의 승려로부터 강홍립의 이야기를 자세히 듣고 이 작품을 지었다고 했다. 그러나 단순히 무명의 승려로부터 들은 것으로만은 쓸 수 없는 지명, 인명, 역사적 사건의 전말 등이 상세한 것으로 보아 이는 가탁으로 여겨지며, 당대의 여러 기록을 참조하여 서술한 것으로 여겨진다. 이 장에서는 일본 천리대 소장 『동사잡록』 수록본을 텍스트로 삼아 내용을 살폈다.

324 홍세태본과 박재연본을 텍스트로 삼아 내용을 살핀다.

필자는 이러한 심하전투를 서사화한 작품들을 문학지리학의 연구 방법을 적용해 공간과 서사를 연계해 분석하였다. 문학지리학은 '텍스트'를 넘어 문학의 '탄생 공간' 및 '배경 공간'을 주목하면서 문학작품을 공간 중심으로 사고하고 시각적 재현 위주로 탐구하는 연구방법이다. 이 장에서는 심하전투의 실제 배경인 공간의 경관 및 이동 노정을 관찰 · 분석한 결과를 〈최척전〉, 〈강로전〉, 〈김영철전〉 등의 작품의 서사와 연계해 해석하고, 지도와 사진, GPS 좌표 등의 이미지 자료와 지리정보를 활용하여 분석결과를 시각적으로 재현할 것이다.

문학공간은 행위를 통해 시간적으로 움직이는 인물, 인물과 인물의 행동들이 결합된 플롯과 함께, 인물과 플롯에 현실감과 공간 좌표를 제공하는 소설 구성의 한 요소다. 필자는 〈김영철전〉, 〈최척전〉, 〈강로전〉, 『책중일록』 등에 그려진 심하전투의 서사와 공간배경을 원천자료로 삼아 '심하전투 문학지도(the literary map of Simha Battle)'를 제작하였다. 문학지도란 문학 텍스트에 구현된 공간 배경의 역사 · 지리적 정보, 인물의 이동경로, 해당 공간에서 인물의 활동사항, 지명의 변천, 지역의 경관 및 풍속 등 특정 지역의 문학적 정보를 바탕지도 위에 구현한 것을 말한다. 이 문학지도를 중심으로 사진 기록과 이미지, 좌표 기록, 텍스트 서술의 방법을 활용하여 두 가지 작업을 할 것이다.

첫째, 문학 텍스트 및 지도 분석과 현장답사를 통하여 심하전투 노정에 나타난 현 지명과 이동 경로를 확인하고 비정할 것이다.[325] 〈김영철전〉과 〈최척전〉, 〈강로전〉에는 1619년의 심하전투에 참여했던 주인

325 이때의 답사는 이전에 2014년 2월에 실시되었다.

공들의 활약 및 이동경로를 중심으로 심하전투의 개략적 양상이 그려져 있다. 전투에 종사관으로 직접 참여했던 이민환의 진중일기 『책중일록』에서는 좀 더 자세한 심하전투의 기록을 살펴볼 수 있다. 이 텍스트들을 참고하고, 심하전투의 현장을 답사한 결과를 바탕으로 실제 이동경로와 지명을 확인 · 비정할 것이다. 확인한 지명[326]과 노정은 GPS 좌표 기록 작업을 하여 문학지도의 결과물로 제시하고자 한다. 이 문학지도와 GPS 좌표 기록, 기록사진이 이 연구의 일차 결과물이다.

둘째, 『책중일록』에 서술된 심하전투 노정을 따라 이동하면서 공간배경의 분위기를 이해하고, 이러한 공간 배경이 〈김영철전〉, 〈최척전〉, 〈강로전〉의 서사와 어떻게 결합하는지 고찰할 것이다. 소설은 허구의 문학이다. 위 작품들은 심하전투를 소재로, 배경으로 한 작품들인데, 문학지도와 도표, 사진, 이미지 작업 결과를 활용하여 소설에서 심하전투 사건을 어떻게 허구화하였는지, 의미화되는 지점이 무엇인지 고찰할 것이다. 이는 17세기 역사소설 작품의 서사를 좀 더 심도 있게 이해하는 데 기여할 것이다.

2. 심하전투서사의 공간정보와 문학지도

이 절에서는 이민환(李民寏, 1573~1649)의 『책중일록』에 서술된 당시 지명과 거리를 바탕으로 심하전투의 공간과 노정을 지도와 도표, 경관

326 중국의 지명은 현재 중국어 지명을 일관되게 표기하기 곤란하여 원칙적으로 한자를 노출시켜 표기하였다. 다른 한자어는 '한글(한자)'의 방식으로 표기하였다.

사진으로 표현할 것이다. 또한 〈김영철전〉, 〈최척전〉, 〈강로전〉의 심하 관련 서사를 공간적 특성과 연관하여 서술할 것이다.

〈그림 36〉은 심하전투의 전체 경역과 조 · 명 연합군의 진군로와 후금군과의 전투 상황을 보여주는 지도다. 『책중일록』에 의하면, 1618년(광해10) 10월에 이미 도원수 강홍립은 창성에 가서 머물렀다. 당시 제독 유정은 관전에 진을 치고 있었다. 관전은 창성에서 80리 거리에 있다. 1619년(광해11) 정월, 누르하치의 침략에 경략 양호는 양마전에 진을 쳤다가 물러났다. 2월 21일, 양호가 요동에서 회의를 열어 서로군

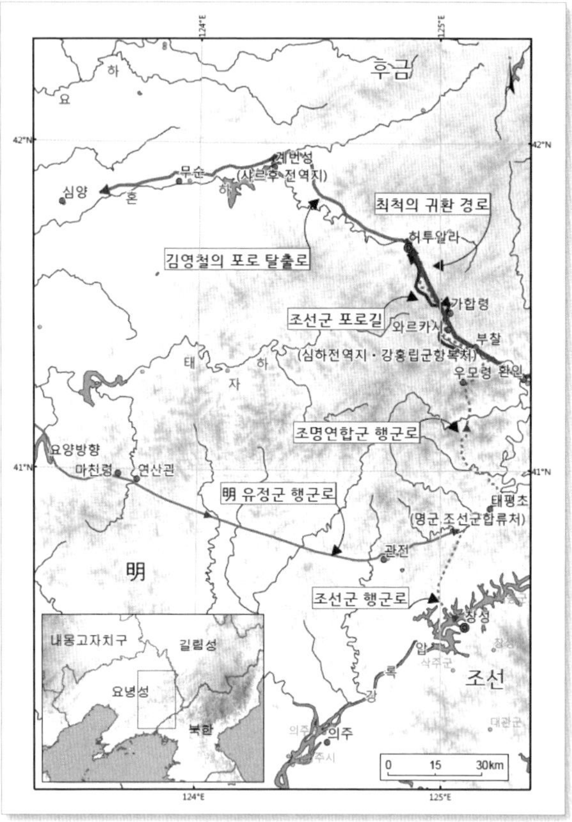

〈그림 36〉 심하전투 전체 지도

은 두송과 마림이, 중로군은 이여백이, 동로군은 유정이 지휘를 맡기로 하고, 3월 1일 허투알라성에서 집결하기로 하였다. 조선군은 도원수 강홍립, 우영장 김경서, 좌영장 김응하 휘하의 1만 3천 명으로 구성되었는데, 1618년 10월 창성에 집결, 1619년 2월 18일 창성 묘동을 출발하여 압록강을 건너기 시작한다. 조선군은 2월 28일 우모령을 넘어 3월 1일 마가채에 주둔하고, 3월 4일 부찰(富察) 들판에서 김응하의 좌영과 김경서의 우영은 후금군의 급습을 받고 전멸을 당한다. 산 위에 올라 있던 강홍립과 중영 군사들은 3월 5일 후금군에 투항하고 포로가 되어

〈그림 37〉 시간적 순서에 따른 조선군과 명군의 이동 경로

와르카시, 가합령(家哈嶺)을 넘어 3월 6일 허투알라성에 도착, 분산 · 수감된다. 뒤에 포로가 된 조선군 병사들은 귀국 시 파제강(婆提江) → 만차령(萬遮嶺) → 구랑합곡(九郎哈谷) → 만포(萬浦) 길을 이용하였다. 〈최척전〉의 주인공 최척도 이 길을 이용하였을 것이다. 이상 조선군과 명군의 이동경로 및 전투지역을 시간의 순서에 따라 그린 것이 〈그림 37〉이다.

다음으로, 주요 공간의 정보를 도표화하면 〈표 7〉과 같다.

〈표 7〉 심하전투의 주요 장소 정보

고지명	현재 지명	GPS 좌표	조선군 이동일시	노정과 현재 위치, 장소의 의미
昌城 廟洞		미확인 지점	2. 18.	
咧咧泊		미확인 지점	2. 23.	昌城에서 25리. 압록강 수몰 지구
鴦兒溝		미확인 지점	2. 24.	咧咧泊에서 20리. 요녕성 지역. 이하 동일.
湌水嶺		미확인 지점	2. 25.	
亮馬佃	太平哨鎮	N40 52.293 E125 09.806	2. 25.	鴦兒溝에서 50리. 丹東市 宽甸县 太平哨鎮 부근
榛子頭		미확인 지점	2. 26.	亮馬佃에서 20리. 太平哨 서북쪽의 부락
拜東葛嶺	砍川岭 정상	N41 05.500 E125 06.022	2. 27.	榛子頭에서 50리. 宽甸縣과 桓仁縣 경계. 本溪市 桓仁滿族自治縣 普樂堡鎮 大青沟村 小國子
牛毛嶺	牛毛大山 옛길	N41 15.462 E125 09.871	2. 28.	本溪市 桓仁滿族自治縣 普樂堡鎮 冰湖沟村과 大甸子村 사이의 산. 해발 1,320m
牛毛寨	牛毛大甸子村	N41 19.134 E125 09.913	2.28-29.	拜東葛嶺에서 80리. 本溪市 桓仁滿族自治縣 普樂堡鎮 大甸子村
馬家寨	大元村 (추정)	N41 20.068 E125 10.778	3. 1.	牛毛寨에서 40리. 本溪市 桓仁滿族自治縣 桓仁鎮 四道河子鄉 大元村
馬鞍山	鬱狼山 (추정)	N41 20.686 E125 12.182		
深河	六道河	N41 21.718 E125 09.063	3. 2-3.	馬家寨에서 20리. 本溪市 桓仁滿族自治縣 桓仁鎮 六道河子村
富察 언덕	釜山村	N41 22.478 E125 05.662	3. 4.	강홍립 중군 주둔처. 해발 411m. 本溪市 桓仁滿族自治縣 華來鎮 二戸來鄉 釜山村
富察 들판		N41 22.757 E125 05.577	3. 4.	조선군 좌영, 우영군 궤멸 장소. 해발 345m. 本溪市 桓仁滿族自治縣 華來鎮 二戸來鄉 釜山村

牛截溝	牛截溝 戰場遺蹟地	N41 24.174 E125 03.021	3. 5.	명 동로군 절강병 전몰지. 本溪市 桓仁滿族自治縣 華來鎭 紅塘石村
日可時	洼子沟, 또는 瓦爾喀什로도 표기	N41 26.264 E125 02.280	3. 5.	富察에서 20리. 유정의 동로군 주력 부대 궤멸 장소. 本溪市 桓仁滿族自治縣 華來鎭 洼子沟村
家哈嶺	嘉哈嶺	N41 28.528 E125 03.353	3. 6.	日可時에서 40리. 포로길. 해발 628m. 撫順市 新宾滿族自治縣 紅廟子鄕 査家村
赫图阿拉城	赫图阿拉故城 北門	N41 42.177 E124 51.384	3. 6.	(興京)奴城이라고도 함. 撫順市 新宾滿族自治縣 永陵鎭 赫图阿拉故城
薩爾滸	大伙房水庫	N41 56.002 E124 15.315	3. 1.	명 두송의 서로군 패배지. 撫順市 大伙房水庫 안에 수몰.
界蕃城	大伙房水庫		8. 11~	鐵背山 중턱 위치. 강홍립 등 포로 이감 장소. 현재 撫順市 大伙房水庫 안에 수몰.

〈표 7〉은 현장 답사하면서 채록하고 정리한 심하전투 주요 공간의 정보를 표로 정리한 것이다. 고 지명과 현 지명, GPS 좌표, 각 장소 간 거리와 현재 위치, 이동일시, 장소의 의미 등의 정보를 표에 넣었다. 각 장소 간 거리는 이민환의 『책중일록』 기록에 의거하였다. 각 장소의 GPS 좌표는 이후 답사나 영상 기록, 지리학적 활용에 긴요할 것으로 생각한다.

3. 도강과 진군 노정: 양마전 개활지와 연합군의 숙영

강홍립의 조선군은 1619년 2월 19일 창성 묘동을 출발하여 압록강을 건너기 시작한다. 〈그림 38〉에서 흰 원 안에 있는 곳은 창성, 묘동, 그리고 그 맞은 편 팔렬박(叭哵泊)이다. 묘동과 팔렬박은 지금은 댐 수몰지역이 되어 확인할 수가 없다. 2월 22일에야 좌영, 우영, 중영, 삼영의 모두 1만3천 병사가 모두 강을 건넜다.

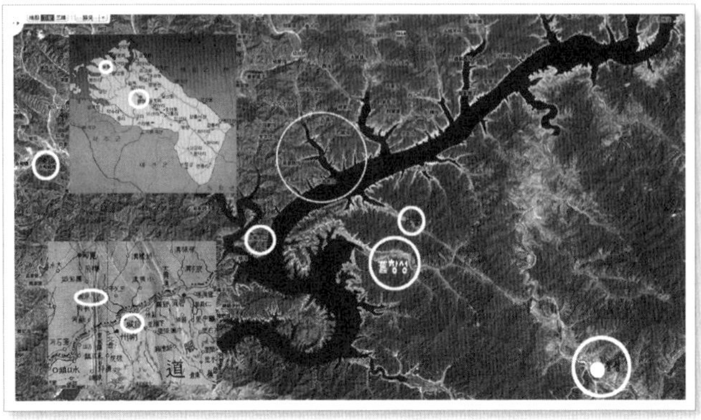

〈그림 38〉 함경북도 창성 묘동 – 압록강 맞은 편(팔렬박 추정지)

2월 26일 제독 유정이 이끄는 동로군은 관전에서 양마전을 거쳐 진자두(榛子頭)에 이르렀다. 이날 조선군 삼영(三營)은 양마전에서 20리 떨어진 곳에 연합 진을 쳤다. 양마전은 지금의 태평초진(太平哨鎭)으로 비정되는 곳이다. 강홍립이 진자두(榛子頭)의 유정에게 가서 군량미 오기를 기다렸다가 떠나려 한다고 보고하였으나, 유정은 일정을 서두르라고 독촉하였다.

태평초(太平哨) 가는 길은 지금도 지형이 몹시 험하다. 태평초진에 도착하여 촌로에게 탐문하니 관도구(官道泃)를 이용하여 창성까지 다녀온 사람이 있다고 하였다. 반납강(半拉江)을 건너 조어대촌(釣魚臺村)에 가서 창성 가는 옛길을 다시 확인하였는데, 그 곳의 촌로 역시 관도구를 통한 그 길이 조선으로 가는 길이라고 하였다. 압록강 건너 태평초진까지 이르는 길을 현재 지명으로 보면 다음과 같다.

압록강변(鴨綠江邊) – 관도구(官道泃) – 요령자(腰岭子) – 삼송(杉松) – 남적(南吊) – 화평(和平) – 조어대(釣魚臺) – 태평초(太平哨)

〈그림 39〉 태평초진 원경

촌로는 이 코스로 걸어서 하루면 창성 가까이까지 갈 수 있다며, 자신이 젊을 적 놀러갔다가 온 적이 있다고 말해주었다. 〈그림 39〉의 사진에는 멀리 태평초진의 넓은 개활지가 보인다. [1]의 장소는 엄수령을 넘어 들어오는 길이며, [3]의 장소는 평정산, 배동갈령으로 진군하는 방향이다. [2]의 장소는 조선군이 숙영한 곳으로 추정되는 곳이다. 여기서 조선군 1만 3천 명, 유정군 1만 명, 도합 2만 3천 명이 이틀 동안 묵고, 반납강에서 밥을 지어 먹었을 것이다.

4. 전투의 현장으로 가는 길: 험난한 우모령과 굶주린 군사들

2월 27일 명군은 먼저 평정산 아래 도착해 진을 쳤다. 조선군은 배동갈령을 넘어 10리쯤 지난 아래에 주둔하였는데, 50리 떨어진 곳에 명군이 주둔하였다. 이때 이미 삼영에 휴대한 군량미가 떨어졌으나 보급식량이 아직 도착하지 않아, 병사들이 심히 굶주리고 지쳐 있었다.

현재 태평초를 출발하면 영안령을 넘어 소아하(小雅河, 雅儿河)를 지나 배동갈령으로 올라간다. 조선군은 그곳 골짜기로 올라 산 입구에서 투숙하였고, 명군은 좀 더 가서 묵었다. 배동갈령 밑은 개울이 흐르고 개활지가 있다. 이곳의 현 지명은 "보락보진(普樂堡鎭) 대청구촌(大靑泃村) 소국자(小國子)"이다.

2월 28일 새벽, 강홍립은 말을 달려 평정산에 가서 유 제독을 만난 뒤, 삼영을 재촉하여 아침 8시 경부터 우모령을 넘는데, 지척을 분간할 수 없을 정도로 수목이 짙게 우거졌고, 적들은 큰 나무를 베어 길을 막아 놓아 산을 넘는데 무진 애를 먹었을 것이다. 우모산 정상의 높이는 현재 해발 1,320미터로, 그 부근에서는 가장 높은 산이다. 군량미를 제때 지급받지 못하여 굶주림에 시달린 조선 병사들이 산을 넘느라 얼마나 수고로웠을지 실제 우모산을 넘으며 절절이 체감할 수 있었다. 병사들은 날이 저물어서야 우모채에 이르렀고, 그 곳에서 명군과 연합하여 이틀을 주둔하였다.

현재 와방촌(臥坊村)에서 한참을 들어가면 우모령 남쪽 진입로가 나타난다. 현재 우모산에는 풍력발전소가 설치되어 있어 차로가 닦여 있으나 내려가는 길은 험하기 그지없다. 우모산 입구에서부터 산 중간쯤에서 등산로를 타면 건너편 출구까지 사람에 따라 3시간 또는 4시간 정도 걸린다고 하나, 실제로는 6~7시간 걸린다. 우모산을 북쪽 출구로 통해 빠져나오면 첫 번째 나타나는 마을이 "우모대전자촌(牛毛大甸子村)", 또는 "대전자촌(大甸子村)"으로 불리는 곳이다. 이곳이 우모채로 추정되는 곳이다.

이민환은 환인진(桓仁鎭) 육도하(六度河) 상류의 '깊은 물'을 다만 '심하'라고 불렀다. 이민환은 이쪽 지리에 대한 지식이 없었으며, 강 명칭을 자문할 사람도 구할 수 없어 '심하'라고 한 것이다. 왕종안은 이 지역의 깊은 물이 육도하밖에 없으므로 '육도하'를 '심하'라 비정하였다.[327] 조선군들은 심하에서 후금군과 소규모 전투를 벌였고, 부찰(富察)에 가서 다 전멸당하거나 포로가 되었다.

현장을 답사하며 노정을 따라간 결과, 현 대원촌(大元村)이 마가채(馬家寨)로 추정되는 곳임을 알 수 있었다. 조선군은 현재의 우모대전자촌(牛毛大甸子村;牛毛寨)에서 대원촌(大元村;馬家寨)를 거쳐 심하로 갔다. 『책중일록』에는 평안도에서 군사를 모집할 때, 면천(노비), 허통(서얼), 면역(평민)의 조건을 걸었다고 했는데, 이를 삼통(三通)이라고도 한다. 이러한 삼통의 조건으로 모집된 군사들이기에 이들은 제대로 훈련된 병사들이 아니었을 것이다. 명군 약 1만 명, 조선군 1만3천 명, 총2만 3천여 명이 우모령을 넘어 심하까지 좁은 산길을 행군해왔을 것이다.

후금의 도발과 조명 연합군의 출병 부분에 대해선 〈강로전〉의 서사가 자세하다. 〈강로전〉은 요동출병 패배의 유감과 패장 강홍립의 소인배스러움을 서사화한 작품이다. 이 작품은 요동출병과 후금에서의 억류 생활, 정묘호란에 이르는 역사 공간을 배경으로 주인공 강홍립이 전쟁에 소극적으로 임하다가 투항하고 마침내 변절해버리는 과정을 중심적으로 그리면서, 그와 한편이 되는 호왕 및 한윤과의 유착 과정, 그와 대립되는 김응하 등의 충절형 장수와의 갈등 관계를 그리고 있다. 동사잡록본[328] 〈강로전〉의 초반부에는 심하전투가 다음과 같이 서사화

327 王從安, 「桓仁滿族自治縣境內最大的古戰場-世說薩爾滸大戰的東線之戰」(http://tieba.baidu.com/f?kz=114461515)

328 〈강로전〉의 텍스트는 신해진의 『권칙과 한문소설』(보고사, 2008, 109-199쪽)에 실려 있는 동사잡록본의 번역본으로 하였다.

되어 있다.

> ①1618년 후금 오랑캐가 군사를 일으켜 요양의 여러 진을 함락시키니 명 황제가 양호를 경략으로 삼아 군사를 내고, 명 황제의 요청을 받고 조선에서 강홍립을 원수로 하여 2만 명의 군사를 뽑아 요양으로 보내다.
>
> ②1618년 8월 강홍립이 모친 정씨에게 하직 인사를 올리다.
>
> ③강홍립이 대동강을 건너 관서지방으로 가면서 술판을 벌이고 군무를 돌보지 않아 이민환이 간(諫)하다. 강홍립이 밀지(密旨)를 이야기하며 회피하고, 김응하에게 5천 명을 주어 좌영이라 하고, 선봉으로 삼다. 이일원은 우영장, 강홍립과 김경서는 중영을 맡고 의주로 나아가 주둔하다.
>
> ④1619년, 양호 경략이 격문을 보내어 2월 25일 경마전(暻馬田)에서 합류하라고 통보하다. 홍립이 통군정에서 군사들을 지휘하고, 경마전에 김응하가 먼저 가 유정 도독을 만나다. 홍립은 군사들이 굶주려 있다며 전진하기를 꺼리니, 유정이 홍립을 소인배로 보고 김응하를 영웅으로 보다.

①은 후금의 군사적 도발에 대응해 명의 양호와 조선의 강홍립이 주장이 되어 군사를 일으킨 사실을 기술한 것인데, 조선 병력을 실제보다 많은 2만 명이라 하였다. ②는 소설 주인공 강홍립의 가족사를 풀어가는 이야기다. ③은 강홍립이 출정 전부터 군무를 돌보지 않고 술판을 벌이니 서기 이민환이 그에게 잘못된 처사를 그만두도록 간(諫)해, 강홍립이 장수의 자질을 갖추지 못했음을 말했다. ④는 유정이 강홍립을 소인배로, 김응하를 영웅으로 평가하였다는 기사를 소개함으로써 강홍립을 부정적으로 형상화하였다. ③과 ④는 그 근거를 찾기 힘든 기사로서, 작가가 강홍립에 패전의 책임이 있다는 혐의를 두고 그를 부정적으

로 바라보는 시선을 느낄 수 있다.

5. 전투의 현장: 부산 · 부찰 들판의 경관과 강홍립 · 김응하의 형상화

3월 4일, 이민환은 『책중일록』에 이날 심하전투의 현장을 소상히 기록하였는데, 대강의 내용을 기록하면 다음과 같다.

> 원수가 종사관 이경남으로 유태섬을 대신하여 군사를 거느리고 가 군량을 맞아오게 했다. 진시에 군대가 출발하다. 명 장수[강응건]이 먼저 떠나고 조선군은 좌영, 중영, 우영이 이어서 나아갔다. 길은 평탄한데, 산골짝이 이어져 있어 복병을 염려하다. 수십 리를 가서 부차에 이르다. 적의 본거지[허투알라성]로부터 60리 떨어진 곳이다. 대포 소리가 잇달아 세 번 들리니, 원수가 길 왼쪽 높은 언덕으로 달려 올라가다. 갑자기 회오리바람이 일어나 연기와 먼지가 하늘에 자욱하니 적의 징조다. 즉시 좌영을 앞쪽 높은 언덕에 진 치고, 중영은 원수가 오른 언덕[여기가 지금의 釜山이다]에 진을 치며, 우영은 남쪽 언덕에 진치도록 하다. 원수는 별장 박난영으로 하여금 좌영으로 달려가 높은 언덕으로 옮기게 했지만, 적의 기병이 진 앞에 닥쳐와 진을 옮기기가 어려웠다.

위 내용을 보면 3월 4일 진시(아침 7시)에 심하(현 六道河子村)를 출발한 조선군은 강을 건너지 않고 남쪽으로 이동하여 부산(釜山)과 부찰(富察) 들판을 좌영, 중영, 우영 순으로 통과하고 있었다. 그곳에서 적의 급습을 보고 받은 강홍립은 급히 삼영의 장수들에게 각각 가까운 언덕에 올라 피하도록 했으나, 중영만이 부산(釜山) 언덕에 올랐다. 나머지 두 영은 미처 피할 틈이 없어 비등하와 육도하가 만나는 지점의 평지에서 적을 맞이하였다. 이때가 3월 4일 오후다.

〈그림 40〉 후금군의 이동경로와 전투지점

〈그림 40〉처럼 후금군은 3월 1일 사르후 전투에서 두송이 이끄는 서로군을, 3월 2일에는 상간하다 전투에서 마림이 이끄는 북로군을 몰살하였고, 3월 3일에는 밤새 가합령(嘉哈嶺)을 넘어 달려와 3월 4일 아침에 와르카시와 반재구(半截溝)에서 유정이 이끄는 동로군 전부(前部)를 몰살하였고, 오후에는 부찰 들판에서 명의 강응건과 조선군 좌영,

우영을 패퇴시켰다.

〈그림 41〉을 보면 3월 4일 오전과 오후에 대패륵 대선군(代善軍)을 비롯하여 이패륵 아민군(阿敏軍), 사패륵 황태극군(黃太極軍), 호이한군이 공격하는 경로와 조명 연합군의 이동 동선과, 전투 현장인 부산(釜山)과 부찰 들판, 반재구(半截溝) 유적지, 와르카시 등의 지점이 표시되어 있다.

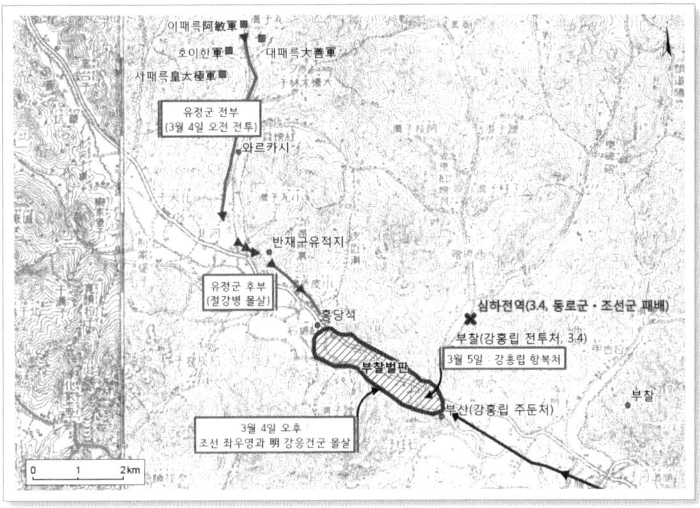

〈그림 41〉 심하전투의 현장 지도

조선군의 좌우영이 공격받고 있을 때 잠시 후 교유격 등이 단기로 도착하였다. 이들은 명군이 몰살당하였으며, 제독 유정도 전사했다는 소식을 전해 왔다. 명군은 가합령(嘉哈嶺) 너머는 걱정할 것이 없다는 정탐의 말을 믿고 수십 리를 먼저 가 민가의 양식을 수색 · 약탈하느라 대오를 갖추지 못했다. 이때 귀영가가 3만여 기병을 이끌고 서쪽으로부터 밤새 달려와 새벽에 가합령을 지나 와르카시 골짜기에 숨어 있다가 갑자기 나타나 대오의 앞뒤를 끊어 버린 것이다. 유정의 군대는 아포달리 언덕에 진 치려고 했으나, 이미 후금 대선(代善)이 이끄는 부대가 먼저 차지해 내리막길로 쳐내려오니 몰살당할 수밖에 없었다.

『책중일록』에서 강홍립은 조선 진영에 온 교일기에게 활과 화살, 칼을 주며 함께 하기로 약속하였다. 또한 전투의 와중에 좌영의 군관이 달려 와서 고립된 상황을 보고하니 강홍립은 우영을 보내 구원케 하고, 군사들을 독려하여 좌영과 연합진을 펼치게 하였다. 이러한 기록은 〈강로전〉, 〈김장군전〉의 서술과는 차이를 보이는 까닭에 이민환이 강홍립과 자신에게 유리하도록 기록한 결과로 이해할 수도 있다는 점을 인식할 필요가 있다.

〈그림 42〉 강홍립의 중군이 3월 4일 숙영한 것으로 추정되는 부산(釜山) 전경

〈그림 42〉는 강홍립의 중군이 3월 4일 숙영하였던 것으로 추정되는 부산 전경이다.[329] 부산과 부찰 들판의 실제 위치를 비정하고 보고한 것은 본 답사 팀이 처음이었다. 3의 장소는 강홍립이 부찰 들판에서 천 걸음 떨어진 곳에서 내려다 본 곳으로 추정되는 지점이고, 2의 장소는 중영군 5천 명이 오글거리며 밤새 숙영한 곳이었으며, 1의 장소

329 청나라에서는 강홍립군의 중영이 있던 산봉우리를 '굴라쿠 gulaku'라고 부르고 있다. 고려대 민족문화연구원 만주학센터 만주실록역주회 역, 『만주실록 역주』, 소명출판, 2014, 265쪽.

는 유격 장군 교일기가 절벽에서 떨어져 자살하였다고 추정되는 곳이다. [3]의 고도는 해발 411m (GPS 고도계 기준. 이하 동일)이고, 부찰 들판의 고도는 해발 345m다. 높이 60m밖에 안 되는 언덕 정도의 산이 부산이다. 그러나 이 언덕이 있어 중영군 5천 명은 목숨을 부지할 수 있었다.

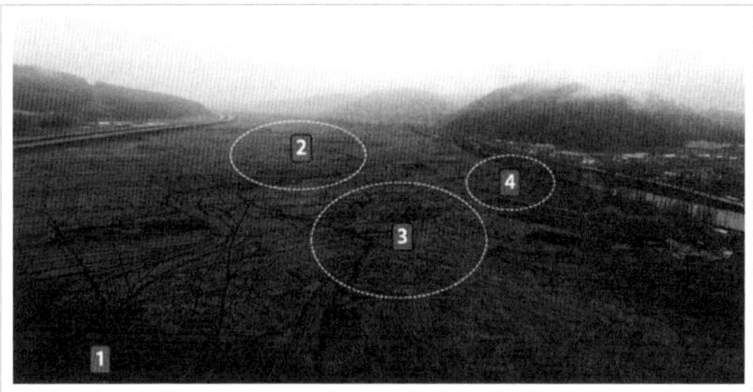

〈그림 43〉 부산(釜山)의 오른쪽 정상에서 내려다 본 부찰(富察) 들판의 경관

〈그림 43〉은 부산의 오른쪽 정상에서 내려다 본 부찰 들판의 원경이다. '부찰', '부차' 등으로 표기되는 이 벌판은 현재 화첨자진(鏵尖子鎮) 동보촌(東堡村)에서 홍당석촌(紅塘石村)을 거쳐 다시 이호래진(二戸來鎮) 부산촌(釜山村) 머리에 이르는 넓은 개활지다. 장소 [1]은 강홍립과 장졸들이 부찰 벌판을 내려다 본 지점의 바로 밑이며, 장소 [2]와 [3]은 좌영군과 우영군 8천여 명이 몰살당한 곳이다. 장소 [4]의 지점쯤에서 이튿날 강홍립이 귀영가에게 투항하였을 것이다.

『책중일록』의 3월 4일자 기록을 보면, 적기 3만 명이 일제히 돌진하는데, 좌영의 군사들이 대포와 총을 한번 발사한 뒤 다시 장전하지 못하는 틈에 적진이 들이쳤다. 중영도 나가 싸우려 했지만, 순식간에 좌우영이 무너졌다. 이렇게 김응하 등 좌우영 8천 병사들이 몰살당하였다.[330] 부산 위에 진을 치고 있던 중영에서 부찰 벌판의 좌우영은 천 걸음도 되지 않은 거리였지만, 일이 창졸간에 벌어져 구해줄 겨를이 없었다고 이민환은 기록하였다. 〈그림 42〉에서도 볼 수 있듯이, 부산은 부찰 부근의 넓은 개활지에 달랑 솟은 언덕이다. 그리 높고 크지 않은 산이어서 좁기가 그지없었고, 사람과 말은 한 데 엉겨 비비적거렸다. 이민환은 우영장 이일원이 전장에서 달아나 부산의 중영으로 왔고, 강홍립과 중영의 장졸들은 적들이 유린하는 모습을 천 걸음 밖에서 보는데, 혼백이 달아나서 무기를 버리고 앉아서 꼼짝 않는 자들도 있었으며, 장수들은 화약 상자를 두고 자폭하려고 하였다고 기록하였다.

이때 적기가 조선의 통사를 부르니 강홍립은 통사 황연해를 보내어 응답하였다. 호장은 조선군과 후금이 원한 없음을 확인하고 강홍립을 만나 화해를 논의하자고 하였다. 강홍립이 마침내 다음날 화의를 논의하기로 하니, 조선의 장졸들은 화의 논의에 매우 기뻐하였다. 이때 중영에는 교일기와 함께 절강성 병사 7,8명이 와 있었는데, 군졸들이 소리를 지르며 쫓아내려고 하였다. 강홍립은 교유격에게 조선의 의복과 전립을 주어 갈아입도록 하였다. 하지만 교일기는 끝내 이곳 부산(釜山)의 왼쪽 절벽에서 떨어져 죽고 말았다.[331]

필자는 답사팀과 함께 2014년 3월 말, 부찰(富察) 들판 끄트머리에 외롭게 솟아 있는 부산에 올라 지형을 확인하였다. 부산(釜山)은 솥처럼

330 『황청개국방략(皇淸開國方略)』 6권 기사에선 명의 2만 군대가 섬멸되고, 강응건이 달아났다고 기술하였다.

331 만주실록역주회 역, 앞의 책, 266쪽. 교일기의 죽음에 대해 『만주실록』은 "대명의 유격 교일기는 목을 매 죽었다."라고 기록하고 있어 당시의 전황에 대한 기록물들이 다소 차이를 보이고 있다.

생겼다 하여 붙은 명칭인데, 조선군들은 산 가운데 움푹한 분지에서 밤새 추위에 떨면서 밤을 새고, 이튿날 땅을 파고 화살과 칼, 무기들을 묻어 두고 이튿날 후금 군에 투항하였다. 그 유물들이 350년 뒤에 출토되어 지역 박물관에 소장되어 있다. 부산 바로 밑에 사는 주전명(朱全明, 66세) 씨는 자신이 여덟, 아홉 살 때 부산 중간 지점에서 조선군의 화살촉과 칼 등의 유물들이 출토된 것을 보았다고 증언하였다.

조명연합군이 부찰 지역에서 후금군에 완패한 이유는 무엇일까? 여러 가지 이유가 있겠지만, 가장 명확한 것은 조명 연합군이 해발 1,320m의 우모령을 힘겹게 넘은 뒤 굶주린 상태에 있었고, 후금군의 정황을 전혀 모르는 상태에서 평지를 이동하다가 후금군의 갑작스런 기동 · 기습 작전에 속수무책으로 당했다는 점이다. 사르후전투 전체적으로 보면, 후금 장졸들은 누르하치의 리더십 아래 빼어난 전략과 빠르고 일사불란한 기동력 및 전투수행능력을 발휘하여 승리한 반면, 명군 수뇌부들(양호, 유정, 교일기 등)은 서로를 의심하며 책임을 미루는 부정적 리더십을 보였다. 그리고 명군은 오합지졸인데다가, 멀리 절강성, 사천성 등지로부터 수천 리 행군을 한 병사들이 적지 않아 이미 요양을 출발할 때부터 많이 지쳐 있었던 상태였다.[332] 명과 조선의 병사들은 군량미가 없어 굶주리다가 무기를 버리고 행군할 정도였으며, 민가가 보이자 땅을 파고 식량을 찾느라 대오를 잃을 정도로 지리멸렬했다. 이민환은 압록강을 넘은 지 사흘 뒤부터 군량미가 보급되지 않아 병사들이 진군할 수 없을 정도로 굶주렸다고 매일같이 기록하였다.

332 명군의 상황에 대해선 한명기의 앞의 책, 261-263쪽에 자세하게 분석되어 있다.

조선군은 화기병이 5천 명이나 되었는데, 이들이 지녔던 총은 구식 화승총이라 총을 쏘고 다시 화약을 장전하는 데 일정한 시간을 필요로 하였다. 부찰 들판에서 조선 화기병들은 갑자기 앞에서 나타난 적을 향해 일차 총을 쏜 다음에 총을 장전하는데, 그 사이에 적들이 밀고 들어와서는 일거에 몰살시킨 것으로 보인다. 이런 점을 생각한다면, 강홍립이 좌영장 김응하를 일부러 구원하지 못하게 했다든지, 미리 광해군의 밀지를 내세워 전투를 기피했다는 말은 심하 전장의 상황과 공간적 특징을 전혀 모르는 상태에서 지어낸 말임이 분명하다. 설사 중영의 지휘부에서 결전을 치르자고 결정했더라도 이미 눈앞에서 두 영이 무너지는 참상을 목도한 데다, 굶주림에 지쳐 전의를 잃은 병사들을 거느리고 적들의 포위망을 뚫기란 현실적으로 불가능했을 것이다.

한편 〈김영철전〉에는 심하전투의 장면이 다음과 같이 서술되어 있다.

> ①김응하가 강홍립에게 원병을 요청하였으나, 강홍립은 산 위에서 지켜만 보다. 김경서가 홀로 싸우다 돌아와 구원을 요청하나, 강홍립이 밀지를 내보이며 거절하다.
>
> ②귀영가가 조선군을 삼면으로 공격해 김응하가 전사하고, 조선군은 참패하다. 영철은 부상당해 밤에 산기슭을 타고 도원수 군중으로 귀환하다.
>
> ③강홍립이 역관 하서도를 보내 후금에 화친을 요청하고 항복하다. 조선군 좌영 5천 명 중 100여 명만 생환하다.

위 이야기에서 흥미로운 것은 '밀지' 건과 전투장면의 형상화 양상이다. 이른바 '광해군의 친서' 건은 심하전투 관련 기록 중 〈강로전〉, 〈김영철전〉에서 발견된다. 〈강로전〉에선 밀지를 거론하는 상황 자체가 강홍립에게 악의적으로 설정되어 있다. 〈김영철전〉에서는 ①에서, 김경서가 김응하의 좌영을 돕자고 할 때 강홍립은 광해군의 친서를 내밀며 거부한다. 이 부분은 허구일 가능성이 크다. 전장의 상황을 고려하면 더욱 그러하다.

②와 ③은 사실적 기록에 바탕한 서술인데, ②에서는 심하전투의 패배라는 사실적 기록 위에 소설의 주인공 '영철의 생환'이라는 개인사가 끼어든 것이 절묘하다. 김응하의 절사 사건에서 김응하는 영웅화되고, 강홍립은 소인배로 그려진다. 심하전투 당시 영철은 김응하의 좌영에 속해 있었는데, 좌영 5천 명 중 생환자는 100여 명뿐이었다. 작가는 영철을 그 100명 중 한 명으로 귀환했다고 서사화하였다. 이러한 서사 장치 덕분에 영철이 좌영에서 싸우다가 부상을 입고 살아 돌아왔다는 서술은 사실적으로 느껴진다.

〈최척전〉에 그려진 심하전투 관련 서사는 다음과 같다.

> ①1618년 누르하치가 후금국을 세우고 무순과 청하를 공격하여 함락시키자 명나라가 군사를 일으키고, 항주에 거주하던 최척은 교유격 휘하 오세영의 서기가 되어 출전하다.
> ②최척이 배속된 명군이 요양에 이르다.
> ③수백 리를 더 가 조선군대와 합류하여 우모령에 진을 치다.
> ④명군이 후금군에 몰살당하고, 유격 장군 교일기와 함께 최척이 탈출하여 강홍립 휘하의 조선군에 합류하다.

최척은 임란 후 명나라로 망명해 항주에 살던 중 상선을 타고 베트남으로 차를 팔러 갔다가 어느 항구에서 옥영과 극적으로 재회한다. 최척·옥영 부부는 1600년 봄 항주에 정착하여 20년 가까이 살았다.

1618년 누르하치가 군사를 일으키자, 최척은 군대로 소환되어 오세영의 서기로 명 토벌군의 일원이 되어 사르후 전투에 출전하였다. 유정의 동로군에는 절강병(浙江兵) 4천 명이 배속되어 있었다고 했는데, 최척은 이들 중 하나였다. 절강병들은 3월 4일과 5일 전투에서 괴멸 당하다시피 하였는데, 조위한은 최척이 3월 4일 밤 교유격과 함께 탈출하여 조선군진으로 오고, 거기서 조선군 행세를 하고 조선옷으로 갈아입었기에 살아남을 수 있었다고 서술하였다.

이 부분은『책중일록』에서 3월 4일 교일기와 명군 병사 7, 8명이 살아남아 조선군 중영에 들어온 것, 그 명군들이 조선 옷으로 갈아입었다는 기록, 이튿날 절강병 병사 수천 명이 반재구(半截溝)에서 몰살당했다는 내용의 기록과 절묘하게 맞아 떨어진다. 〈최척전〉의 작가 조위한은 최척이 바로 명군 1만 명이 몰살당한 와중에 용케 살아남은 몇 명 안 되는 절강병 중 한 명이었으며, 그가 조선군영에서 조선옷을 얻어 입고 목숨을 건졌다고 소설화하였다.

〈최척전〉의 내용에서 흥미로운 점은 교유격이 조선 진중으로 와 조선 병사의 옷을 달라고 요청했을 때, 강홍립과 이민환의 상반된 반응이다. 조위한은 강홍립이 교일기에게 조선옷을 주어 죽음을 면하게 하려 했으나, 종사관 이민환은 누르하치의 뜻을 거슬렀다가 훗날 문제가 될 것이 두려워 그 옷을 빼앗고 명나라 병사들을 붙잡아 적진으로 보냈다고 서술하였다. 〈김영철전〉과 〈강로전〉의 작가들은 강홍립을 '밀지' 사건과 더불어 부정적으로 묘사했다.

작가는 '밀지'의 존재는 거론하지 않았지만, 특이하게도 교일기의 죽음과 관련해서 강홍립이 아닌, 이민환을 부정적으로 서술하였다. 후금에서 포로생활을 하던 이민환이 조선으로 돌아온 시기는 1620년 7월 17일이다. 그때 이민환은 화친을 종용하는 누르하치의 외교문서를 지참하였는데, 이 때문인지 귀국 후 평양감사 박엽(朴燁)의 무고로 4년 동안 관서 지방에서 숨어 지냈다고 한다. 화친을 종용하는 누르하치의 문서를 지참하고 왔다는 이유로, 박엽이 이민환을 부정적으로 인식하였다는 추정이 가능한 대목이다. 조위한이 〈최척전〉을 지은 해는 1621년이다. 경과를 생각해보면, 남원에 우거하고 있던 조위한이 서북지방에 있는 이민환으로부터 후금의 이야기를 직접 들었으리라고는 생각하기 어렵다. 기록을 보면, 1619년 3월 4일의 전투경과는 3월 12일 평안감사 박엽의 치계(馳啓)에 의해 처음 조정에 알려졌다. 조위한이 이민환에 대한 부정적 정보를 얻었다면, 그것은 아마도 박엽의 치계가 가장 유력한 정보원이 아닐까 추정해본다. 이민환이 교일기에게서 조선옷을 빼앗았다는 이 서술로 말미암아 뒤에 이민환의 형 이민성(李民宬, 1570~1629)은 〈제최척전후(題崔陟傳後)〉라는 시를 지어 이 소설이 황탄하다고 혹독하게 비난했다.[333]

〈강로전〉의 해당 부분을 보면, 다음과 같다.

> ①조선군이 행군한 지 3일째 우모령에 도착하다. 강홍립이 유정에게 군량미가 도착하지 않아 병사들이 굶주리고 떨고 있다고 하며

333 "괴이하구나! 〈최척전〉이여, 누가 지었는지도 모르겠구나. (중략) 교 유격을 결박해 넘겼다고 내 동생을 연루시켰는데, 최척이 생환하여 증언했다고 말을 퍼뜨렸네. (중략) 〈최척전〉의 의도를 살펴보면, 바로 부처에게 아첨하기 위한 것이네. 부처를 믿을 수 있다면 (저자는) 마땅히 무간지옥에 떨어지리."(怪哉崔陟傳不知誰所作…中略…其中縛喬段 牽連因敍及 以陟之生還 立證爲駕說…中略…觀其立傳意 乃在於佞佛 佛果如可信 應墮 無間獄. 李民宬, 『敬亭集』;『영인표점 한국문집총간』 76, 한국고전번역원, 1991, 252쪽.)

유진(留陣)을 청하니, 교유격은 강홍립이 군량미를 핑계로 행군을 지체한다며 비난하다.

②홍립이 여진 통역관 하서국을 불러 봉서를 주며 누르하치의 장남 귀영가에게 강화의 뜻을 전하다. 귀영가가 봉서를 받고, 명군의 네 길 공격 중에서 조선군이 근심스러웠는데 안도하다. 누르하치가 귀영가에게 철기병 3만을 주고 명나라 군대를 먼저 물리치고, 그 후에 조선군의 항복을 받으라고 명령하다.

③강홍립이 마가채에서 오랑캐 기병을 만나자 호병을 죽이지 못하도록 하다. 마가채에서 심하까지의 4,50리 길에 좌영군은 호병들을 만나 몰살하나, 중영, 우영군은 관망만 하다.

④3월 4일, 교유격, 강부총, 조참군이 선두에 서고, 유 도독, 장 독사가 뒤를 이어 행군하다. 20리를 행군하여 부차(富車)에 도착, 산기슭에 촌락이 보이니 명군은 부락을 약탈하느라 대오를 잃다. 이때 귀영가의 3만 철기병이 산골짜기에서 나타나 급습하자 명군이 일시에 붕괴되다. 김응하는 진을 치고 기다리고 홍립의 구원을 기다리나, 홍립은 김응하를 꾸짖고 중군, 우영군을 산꼭대기에 올라 진 치게 하고 관망하도록 하다. 잠시 후 교유격이 패잔병 10여 명을 이끌고 중군에 들어와 패전 소식을 전하다.

⑤귀영가가 호병을 이끌고 좌영을 공격, 김응하가 장렬하게 싸우다 죽다.(묘사가 자세함)

⑥귀영가가 산기슭으로 진영을 옮기고 기병을 보내 통사를 불러 동맹을 맺자고 하다.

①과 ④, ⑥의 서술은 『책중일록』의 기록과 유사하다. ②, ③은 허구적 내용이거나 근거를 확인할 수 없는 부분이다. ⑤의 김응하 절사 장면은 『책중일록』 기록보다 묘사와 정보가 상세하다. 해당 원문을 인용하면 다음과 같다.

그리고 오랑캐의 대규모 군대가 곧장 좌영으로 달려들자, 응하가 군사들을 격려하며 오랑캐들을 맞아 혈전을 벌이는 것이 보였다. (중략) 마치 위세의 진동함은 곤양성이 공격당하던 날과 같았고, 공로의 기이함은 손권이 화공전을 할 때와 같았다. 오랑캐의 선봉은 좌영군의 탄환과 화살에 맞아서 쓰러진 시체가 마치 즐비하게 쓰러진 삼대와 같았다. 우리 좌영의 군사력이 부족하여 진영의 최전방이 이미 무너지니 칼에 베이고 창에 찔려 죽을 수밖에 없었지만 어느 한 사람 흩어져 달아나는 자가 없었고, 어느 한 사람 헛되이 죽은 자가 없었다. (중략) 응하는 전세가 이미 기울었음을 알고도 버드나무 밑에 기대어 서서 화살을 뽑아 쏘니, 활시위를 놓을 때마다 오랑캐가 고꾸라졌다. 영가의 동생까지 화살을 맞고 쓰러지자, 오랑캐들은 모두 기세가 꺾여 감히 달려들지를 못했다. 한낮부터 싸워서 해가 저물 무렵, 응하는 300여 개의 화살이 모두 떨어지자 맨주먹을 불끈 쥐며 소리소리 질렀다. 이에 오랑캐의 화살이 비 쏟아지듯 그의 몸에 박히니, 하늘과 땅이 무너진 듯 장사는 엎어져 죽었다. 죽어서도 왼손에는 창을 쥐고 오른손에는 칼을 잡은 채 산 사람처럼 눈을 부릅뜨고 있으니, 한참 동안 오랑캐들은 감히 접근하지 못했다.[334]

위 인용문에서 죽기 직전까지 치열하게 싸우는 김응하의 모습은 매우 영웅적이며, 감동을 준다. 마지막에는 버드나무에 기대어 화살 300여 개를 다 쏜 뒤 적들의 화살을 온몸에 맞은 채 엎어져 죽었다. 이 부분은 김응하의 전투 장면을 묘사한 여러 기록들 중에 가장 영웅적인 장면일 것이다. 작가 권칙은 시종일관 강홍립을 폄하하고 김응하를 영웅화하는 시각을 취하였는데, 그중에서도 이 장면이 가장 압권이다. 김응하의 영웅적 행적은 그의 죽음 직후 〈김장군전〉(1619), 〈충렬록〉(1621)

334 신해진 저, 앞의 책, 120-121쪽.

등으로 입전되어 널리 읽혔다. 〈강로전〉에 그려진 김응하의 활약에 대한 서술은 〈김장군전〉과 〈충렬록〉의 내용과 대부분 일치한다. 이러한 작품들의 형성은 권력의 통제를 받는 문학의 모습을 보여주는 것으로, 단순히 김응하 일 개인에 대한 기림을 넘어, 조선정부의 대내외적인 숭명반청 의식의 발현과정으로 이해된다.[335]

이에 반해, 강홍립은 명에 대한 의리라고는 전혀 없는 부정적 인물로 그려진다. 물론 두 인물의 이러한 모습은 실상과는 거리가 멀다. 두 인물에 대한 윤색과 조작은 당시 사대부들의 존명의식(尊明意識)과 오랑캐에 대한 멸시감으로 인해 이루어졌다.[336]

작가 권칙은 강홍립이 광해군의 밀지(密旨)를 핑계로 군대를 움직이지 않고, 심지어 좌영 5천 명의 죽음조차도 개의치 않았다며, 강홍립의 형상을 사실과 다르게 서술하였다. 〈강로전〉이 인조와 서인 정권이 존명사대(尊明事大)와 척화론(斥和論)의 깃발을 내건 시대적 분위기에서 창작되었다는 점을 고려할 때,[337] 이러한 강홍립 상은 소설을 통해 광해군과 대북 세력의 실용주의 또는 현실주의적 외교노선을 비판하고 대명의리론(對明義理論)의 시대이념을 설파하려는 작가의식의 표현이다.

335 김응하의 영웅화 과정에 대해서는 이승수의 「심하 전역과 김장군전」(『한국문학연구』 26집, 동국대 한국문학연구소, 2003, 27-43쪽)을 참조할 것.

336 박희병, 「17세기 초의 숭명배호론(崇明排胡論)과 부정적 소설주인공의 등장」, 이상택 편, 『한국 고전소설과 서사문학(上)』, 집문당, 1998, 50쪽.

337 위의 논문, 같은 곳.

6. 포로길과 탈출로 : 허투알라성의 경관과 포로서사

〈그림 44〉 가합령부터 허투알라성까지의 포로길

〈그림 44〉와 가합령(嘉哈嶺)을 넘어 허투알라성까지 이어지는 포로길을 지도 위에 그린 것이다. 좀 더 구체적으로 현 홍당석 3거리에서 우측으로 가서 반재구(半截溝), 와르카시(瓦爾喀什)를 거쳐 가합령(嘉哈嶺)을 넘어 대청구촌(大青溝村), 사가촌(查家村), 두령임장(陡岺林場), 허투알라성에 이르는 길은 3월 5일 부찰 들판에서 투항한 조선군 5,000명의 포로길이다. 옛길의 흔적이 남아 있는 두령임장(陡岺林場) 길은 지금도 꽤 고즈넉하다.

3월 5일 조선군 포로들은 부잘에서 길을 떠나면서, 전날 패주한 절강병사 수천 명이 산 위에 진을 치고 있다가 후금 군에 의해 남김없이 학살당하는 참혹한 장면을 지켜보았다. 그곳이 현재의 반재구(半截溝)다. 이를 지나서 와르카시라고 불리는 지역에서는 전날 유정과 명군 주력 부대가 몰살당했다. 길가에 쌓인 명군의 수많은 시신들을 보면서 조선군 포로들은 허투알라성을 향해 길을 떠났다.

와르카시의 현 지명은 와자구(洼子沟)인데, 마을 초입 이정표에는 '와르카시(瓦爾喀什)'로 표기되어 있다. 瓦爾喀什가 중국어로 '와얼커시, 또는 왈커스'로 발음되기 때문에 왈가시(曰可時)로도 표기한 것으로 생각된다. 와르카시는 남북으로 길게 15리 뻗은 골짜기로, 가장 넓은 곳은 3리에 이르며, 그 안에 10여 개의 크고 작은 갈림길이 있다. 와르카시 이후로 가합령까지 길이 이어지며, 고개를 넘어 내리막길이 대청구촌, 사가촌까지 길고 완만하게 이어진다.

① 嘉哈嶺 너머 마도구 옛길

② 査家村 삼거리 옛길

③ 비아라성(만족 첫 흥기처) 초입 표석

④ 허투알라성 남변 옛길(포로이동로 추정)

⑤ 허투알라성 남문 옛터

⑥ 허투알라성 서쪽 성벽

⑦ 허투알라성 북문 옛터

⑧ 허투알라성 조감도

⑨ 허투알라성내 엣 감옥(西獄) 터

⑩ 소자하에서 말 먹이는 농부

〈그림 45〉 포로길의 주요지점(공간) 기록사진

〈그림 45〉는 포로길의 주요 지점을 기록 사진 형식으로 모은 것이다. 〈45-①〉, 〈45-②〉는 가합령을 넘어와 마도구 옛길을 거쳐 사가촌 삼거리에서 허투알라(赫图阿拉) 성으로 가는 옛길을 보여준다. 여기서 왼쪽 허투알라 방향으로 가다보면 〈45-③〉의 비아라 성터가 발견되는데, 이곳은 누르하치가 첫 번째로 도읍을 정한 성이다. 강홍립과 김경서는 허투알라성 남문으로 들어가 누르하치를 만나 투항하였다. 〈45-④〉, 〈45-⑤〉 사진을 보면, 허투알라성 남문 옛터와, 남쪽 멀리 와르카시에서 가합령을 넘어 왔을 조선군의 포로 길이 보인다. 김영철과 최척도 강홍립과 함께 그 길을 넘어 왔을 것이다. 〈45-⑥〉 사진은 높게 쌓인 성 서벽 아래로 달구지를 모는 촌로의 모습이다. 남문에서 서쪽 성벽을 끼고 돌아 북쪽으로 향하면, 〈45-⑦〉의 북문이 나온다. 〈45-

⑧〉은 허투알라성의 복원조감도이다. 〈45-⑨〉는 성내의 옛 감옥이 있던 자리로, 복원되기 이전의 옛터가 그대로 남아있다. 강홍립과 김경서 등이 한때 수감된 것으로 추정되는 장소이다.

3월 6일 조선군 포로들은 한낮에 허투알라성 10리 지점에 도착했다. 누르하치는 도원수 강홍립과 부원수 김경서만을 성 안으로 불러들였다. 〈그림 46〉에 그린 것처럼, 누르하치는 강홍립과 이민환 등에게는 내성 밖 가까운 곳에 거처를 마련해 주었고, 거기에 부하 장수들과 노복들이 함께 거주하였다. 나머지 5,000명의 조선군 포로들은 허투알라성 주변의 농가에 분산 감금되었다.[338] 『광해군일기』 광해군11년 7월 8일.

허투알라성 뒤로 동에서 서로 흐르는 소자하 강은 뒷날 후금 장수 아라나의 가노가 된 김영철이 말을 기르며 세월을 보내던 그 강이다.

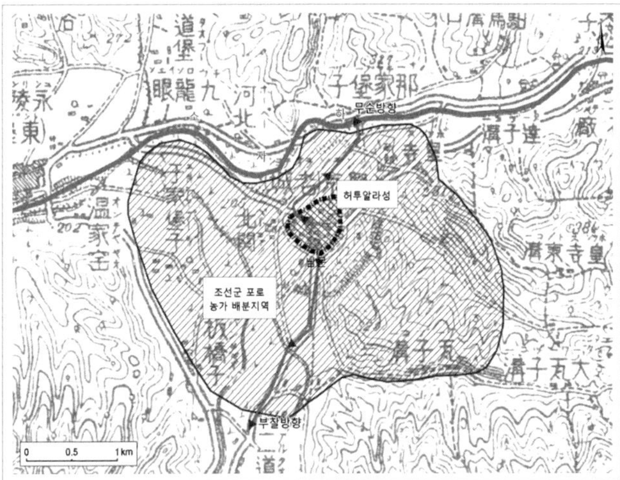

〈그림 46〉 허투알라성 주위의 조선군 포로 배분 지역

338 『광해군일기』 광해군11년 7월 8일.

〈45-⑩〉 사진은 그 소자하에서 촌로가 소와 말을 키우고 있는 현재의 모습을 보여준다.

포로가 된 이후 강홍립 일행과 조선병사들이 한가한 생활을 보낸 건 결코 아니다. 강홍립과 김경서, 이민환 등은 조선 정부와 후금 정부 사이에서 끊임없이 강화 교섭, 포로 귀환 협상을 해야 했다. 얼마 뒤, 성 밖 민가에서 묵고 있던 조선군 포로들이 탈출하면서 주인집 여자를 살해하였고, 호녀를 강간한 자가 있었고, 몇몇 양반들은 자루에 호인의 수급 세 개를 감춰둔 것이 들통났다. 누르하치는 이 소식을 듣고 3월 23일 양반 출신을 다 죽이라고 명령하였는데, 귀영가가 다소 무마시킨 결과 이날 양반들 4,5백 명이 죽었다고 했다.

〈김영철전〉과 〈강로전〉에서는 이 날의 사건을 상세하게 묘사하였는데, 조선 양반 학살이 300여 항왜인들의 반란 시도에서부터 시작되었음을 말하였다. 이 부분은 『책중일록』에서는 전혀 거론된 바 없는 것이라서 그 진위와 경위에 대해 궁금증을 유발시킨다. 또 〈김영철전〉에서는 양반들이 죽음을 당할 때 호장 아라나가 김영철의 목숨을 구해주는 방식으로 소설 주인공의 인생사를 풀어나갔다. 이후에도 강홍립 등의 조선군 수뇌부들은 허투알라성에 수용되어 있으면서 어려운 외교 교섭을 해야 했고, 그 와중에 군사들이 몇 차례 달아나면서 감시가 삼엄해졌다.

8월 11일 누르하치의 명령에 의해 강홍립과 수십 명 일행은 한밤중에 계번성(界蕃城)[339]으로 이감된다. 후금군들은 포로 일행의 처소 둘

339 이민환은 이를 자편성(者片城)이라 기록하였다.

레에 목책을 꽂고 밤낮으로 지켰다. '책중일록(柵中日錄)'의 '책(柵)'은 바로 여기서 나온 것이다. 『책중일록』의 기록들을 보면, 누르하치는 강홍립 일행들을 끊임없이 의심하고 감시하며 적대적 태도를 보였다. 중간에 그들을 나름 보호해 준 인물은 부찰에서 조선군을 급습한 장수 귀영가(貴盈哥)였다. 1620년 7월 4일 누르하치는 일곱 명의 포로를 송환해 주기로 결정하고 제비뽑도록 한다. 그 결과, 이민환과 문희성 등 장수 셋과 군관 넷이 뽑혔다. 이들은 7월 11일 통사와 함께 허투알라성을 거쳐, 15일 파제강(婆提江)[340]을 건너 3식(息: 90리)[341] 거리를 가 만차령(萬遮嶺) 아래에서 노숙했다. 16일 만차령을 넘어 70리를 가 구랑합곡(九郎哈谷)[342]에서 노숙하고, 17일 거기서 50리 거리인 황성(皇城)을 지나 압록

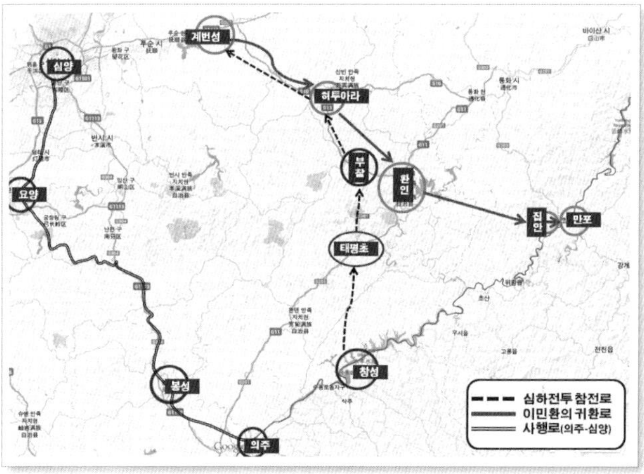

〈그림 47〉 이민환의 귀환로

340 심하전역 구간을 현장 답사한 이승수는 이 강을 혼강(渾江), 또는 통가강(佟佳江)으로 추정하였는데, 정확한 위치는 알 수 없다. 이승수, 「심하전역의 현장 답사 연구」, 앞의 책, 356쪽.

341 1식은 30리 거리로서, 3식이면 90리를 의미한다.

342 이승수는 만차령을 넘어 이어지는 구간을 현 환인(桓仁)과 집안(集安)으로 추정하였다. 위의 논문, 354쪽.

강을 건너, 드디어 만포(萬浦)에 도착했다. 이 노정을 표시한 것이 〈그림 47〉이다. 이민환 일행이 떠난 뒤 계번성 목책 처소에 있던 조선인들은 강홍립, 김경서, 오신남, 박난영, 통사, 노복 다섯, 이렇게 모두 열 명이었다. 이들은 이후 6년 넘게 후금 진영에 머물다가 1627년 정월, 정묘호란 때에야 후금의 군대와 함께 들어올 수 있었다.

이민환의 『건주문견록(建州聞見錄)』을 보면, 창성에서 허투알라성까지는 4백여 리지만, 그 사이의 배동갈령과 우모령은 매우 험준하면서도 길었다. 반면, 만포에서 허투알라성까지는 440여 리지만, 만포에서 오른쪽에 있는 별도의 길을 따라 첫 부락에 이르면, 만차령을 넘지 않으며 길이 평탄하다고 했다.[343] 이렇게 만포길이 평탄하였기에 많은 포로들이 이 길을 이용하였을 것으로 보인다. 파제강, 만차령, 구랑합곡 등의 현 위치를 정확히 알 수 없어 환인부터 집안까지 대강의 귀환로만 추정할 뿐이다.

〈최척전〉의 주인공 최척은 농가의 감옥에 수감되어 있다가 조선에 두고 온 첫째 아들 몽석을 만났고, 조선 출신 후금 간수의 도움으로 조선으로 탈주하였다. 그들도 이민환과 수천여 조선병사들이 탈출했을 그 길을 동일하게 이용하였을 것이다.

3월 6일 이후의 포로 생활에 대해선 〈김영철전〉, 〈최척전〉, 〈강로전〉 등에 자세히 묘사되어 있다. 〈김영철전〉에서는 항왜 300명의 도발 시도와 처형 장면, 김영철의 종살이를 서사화하였다. 조선군 중의 항왜

343 이민환, 〈建州聞見錄〉. 自昌城至奴城四百餘里 其間拜東葛嶺 牛毛嶺 極高峻阻長. 自滿浦至奴城四百四十餘里 其間有萬遮嶺 婆提江 聞自滿浦由率右別路 抵初部落 則不踰萬遮 道里平坦云.

300명은 허투알라성 포로살이 때 누르하치 암살을 시도했다가 죽고, 조선 군중에서 청병의 목이 발각되어 조선군 양반장교들이 처형될 때 영철의 종조, 영화도 죽었다. 이때 호장 아라나는 자신의 죽은 동생과 닮았다는 이유로 영철을 살려주고, 영철은 한인 5명과 함께 아라나의 노비가 되어 건주에서 살았다. 영철은 마구간에서 말을 키우며 생활하였으나, 고국을 그리워하여 두 번이나 탈출을 감행하였다. 그때마다 붙잡혀 오고 벌을 받는다. 뒤에 건주 여인과 결혼하여 아들 둘을 낳고 정착할 수 있었으나, 그는 끝내 건주를 탈출한다.

허투알라성 밖에 무순성 방향으로는 1619년 3월 1일 명의 서로군이 패배한 사르후 지역이 있다. 현재 이 길은 고속도로로 이어지는데, 허투알라성에서 무순, 심양 쪽으로 향하여 달려가다가 남사목 출구로 나가면 철배산(鐵背山)이 나타난다. 철배산 밑으로 계번성이 있고, 그 밑으로 사르후 전장이 보인다. 현재 계번성과 사르후 전투 지역은 무순시(撫順市) 대화방수고(大伙房水庫) 호수 밑에 잠겨 있다. 이 지역에서 두송의 서로군이 몰살당했다.

〈그림 48〉 사르후 전투 지역(대화방수고) 전경

〈그림 48〉의 장면은 현재 대화방수고 호수의 전경으로, 이곳에서 1619년 3월 1일 후금군과 두송이 이끄는 서로군이 맞서 싸웠다.

사르후에서 무순, 심양으로 가는 길은 김영철의 탈출로다. 이 길의 반대 방향은 당 태종이 고구려를 치기 위해 군대를 몰고 왔던 옛길이기도 하다. 작품에 의하면, 영철은 1625년 8월경 명군 출신 10명과 함께 남쪽을 향해 탈출을 감행하는데, 허투알라를 출발하여 무순, 심양을 거쳐 금주, 영원성까지 가서 명나라 군에 투항했고, 거기서 산해관을 거쳐 북경으로 조사받기 위해 호송되었다. 그리고 조사를 받은 후 이듬해 북경을 출발해 제주, 청주, 내주 등의 길을 거쳐 등주에 왔을 것이다. 북경에서 등주에 이르는 길은 조선 해로사행단의 육로에 해당된다. 그리고 보면 김영철의 탈출로는 사행로와 대부분 일치한다.

이민환은 자신이 조선에 다시 돌아온 날, 다음과 같이 기록하며 진중일기를 끝맺는다.

> 17일. 50리를 가서 황성을 지나 압록강을 건너 만포에 도착했다. 처음에는 사로잡힌 군졸이 4천 명이었는데, 두 차례에 걸쳐 죽임을 당한 군사가 5,6백 명이다. 지금 들으니 그 사이 도망쳐 나온 자의 수가 2,700명이라고 한다. 주회인(走回人)들의 말을 들으면, 지나는 산골마다 그때 굶주려 죽은 사람들의 수를 헤아릴 수 없다고 한다.[344]

인용문의 주회인(走回人)이란 후금의 포로공간을 벗어나 조선으로

344 十七日. 行五十里. 過皇城渡鴨綠. 到滿浦. 當初被陷軍卒. 幾至四千名. 再次屠殺可五六百名. 今聞前後走回者二千七百餘名. 聞走回人之說. 則所經山谷間. 我國人餓殍者. 不可勝數云云.

'도망쳐 돌아온 전쟁포로'를 이른다. 위 기록에 의하면, 많은 군졸들이 후금의 감시가 소홀해진 틈을 타 탈출하였는데, 이민환이 돌아온 1620년 7월까지 탈출하여 돌아온 포로, 이른바 '주회인'은 2,700여 명에 달하였다. 그들의 탈출경로에는 달아나다가 굶주려 죽은 조선군 시신이 즐비했으며, 포로로 잡혀 있다가 죽은 병사도 5-6백 명에 달했다고 한다. 1,000~1,500명은 끝내 돌아오지 못하고 가노나 농노가 되어 목마(牧馬)와 농업 등의 일에 종사하였다고 한다. 김영철, 최척과 같은 전쟁포로들의 목숨을 건 탈출기와 이국 체험은 다양한 기록과 문학 작품으로 남아 오늘날 우리에게 전쟁과 포로, 가족애, 나아가 인간 삶의 문제를 심각하게 제기하고 있다.

〈강로전〉은 심하전투가 시작되기 전부터 강홍립이 후금군과 내통해 투항하려 했다고 서술하였다. 그리고 3월 4일 전투에서 패하자, 강홍립은 이튿날 호진으로 가 동맹을 맺는다. 조선진에서 교유격을 호진에 보내라고 하자, 교유격은 편지를 집에 보내고 칼 위에 엎어져 죽는다. 허투알라성에서 누르하치를 만나자 홍립은 그의 앞으로 기어가 목숨을 구걸하고, 귀영가는 그를 일으켜 세운다. 홍립은 누르하치에게 네 번 절하고, 누르하치가 홍립을 꾸짖고 홍립은 화친이 옳음을 말한다. 홍립은 그뒤로 조정에 서신을 보내 화친을 주장하지만 일이 성사되지 않았다.

작가 권칙은 강홍립과 김경서 등의 포로 생활을 길게 서사화한다. 누르하치는 이후 홍립을 신뢰하여 매사 자문을 구하고 집을 하사하고 재물을 풍성하게 주며 대우한다. 그 뒤에 항왜인 300명이 반란을 일으켜 누르하치를 암살하려다가 사전에 발각돼 모두 참수 당한다. 이를 빌미로 조선군의 양반 출신 400명도 함께 처단되는데, 강홍립은 이를 묵인하였다. 강홍립은 요동성 함락에도 나서고, 함락 후에는 소학사의 딸을 아내로 삼아 즐거움을 누리다가 정묘호란 때 주동이 되어 조선으로 들어와 많은 살생을 저지른다. 나중에 자신의 잘못을 뉘우치고 조선에 남아 쓸쓸히 죽는 장면까지 그려진다.

앞서 『책중일록』에서 누르하치가 조선정부와의 외교문서 교환 문제로 끊임없이 신경을 쓰고, 조선군에 무슨 문제가 생길 때마다 강홍립을 핍박했던 기록들, 그리고 1619년 8월 11일 밤 누르하치의 명으로 계번성으로 이감된 이후로 목책 안에서 매우 한정된 생활을 한 것을 보면, 〈강로전〉에서 누르하치가 강홍립을 심히 후대하고, 소학사의 딸을 아내로 맞아 쾌락을 즐겼다는 등의 이야기는 허무맹랑하게 느껴진다.

1619년 3월 4일의 전투경과는 3월 12일 평안감사 박엽(朴燁)이 올린 보고서에 의해 조정에 알려졌다. 이 보고서에 좌영장 김응하의 영웅적인 활약과 죽음이 소개되었고, 이해관계가 일치한 광해군 및 신료들은 서둘러 김응하 추모사업을 진행하였다.[345] 당시 조정에서는 심하전투의 전말이 알려지기 시작하자마자 김응하를 영웅화하였고, 얼마 지나지 않아 강홍립은 숭명반청론에 반하는 인물로 평가하였다. 권칙은 강홍립이 귀국하고 정묘호란을 겪은 직후인 1630년, 〈강로전〉을 집필하여, 강홍립을 청군보다 더 잔인하게 동족을 살육한 것으로 그려 강홍립의 부정적 형상을 유포하였다.

소설이 인생과 세계의 진실을 표현한다고들 하지만, 그 반대로 그

345 이승수, 앞의 논문, 351쪽.

릇된 신념과 거짓을 표현하는 경우도 엄연히 존재한다. 특히 숭명반청, 존명의리론 관념이 조정과 사대부들의 뇌리를 장악하기 시작하는 17, 18세기의 경우, 역사와 시대의식의 문제를 형상화하는 문학 작품들은 의리와 명분, 또는 정파적 시각에 휩쓸려 사실과 진실을 멀리하는 사례가 허다하였다. 필자는 심하전투서사를 문학지리학적 관점에 의해 고찰한 결과, 각각의 텍스트가 각기 다른 방식과 양상으로 문학적 진실, 또는 왜곡된 신념을 표현하였음을 발견할 수 있었다.

전투현장의 일상사를 매일같이 글로 옮긴 『책중일록』은 심하전투의 실상을 알리는 데 가장 큰 기여를 했으나 저자 자신이 관찰할 수 있는 범위가 한정된다. 또한 저자의 주관적 시각에 의해 사실이 변주될 수 있으며, 자신을 변호하기 위한 부분이 있다는 점이 발견된다. 권칙은 김응하를 영웅화하는 반면, 강홍립은 노골적으로 폄하했다. 〈최척전〉과 〈김영철전〉은 역사적 사실 및 공간에 바탕하여 주인공의 인생사를 자유롭게 재구하는 방향을 취했다. 흥미로운 것은 두 작품 모두 역사적 사실 및 공간을 비교적 충실하게 재현한 바탕 위에서 주인공의 인생사를 현실감 있게 재현하였다는 점이다. 이로 말미암아 전란 중 '유랑'과 '가족애'(〈최척전〉), '생존'과 '국가의 보상'(〈김영철전〉)과 같은 시대진실을 형상화하고 또 문제제기하는 성과를 거두었다.

제2장

심하전쟁포로 김영철의 귀환서사와 상상된 문학공간

1. 상상된 문학공간

〈김영철전〉은 심하전투의 전쟁포로 출신 김영철의 일생을 그린 작품이다. 김영철이 실존 인물인지, 허구적 인물인지에 대해서는 상이한 시각이 존재하고 있다. 〈김영철전〉은 원본 텍스트의 문제, 작가, 사실성과 허구성, 문체와 주제, 장르 성격 등 다양한 측면에서 연구되어 왔다. 필자는 김영철이 실존 인물이며, 영철이 노년에 자모산성에서 성지기를 하고 있을 때 동향 영유현 선비 김응원(金應元)이 영철로부터 인생사를 듣고 최초로 생애담을 기록했으며, 그의 기록을 바탕으로 뒤에 어떤 소설가가 역사기록을 참조하며 장면을 부연해 소설 〈김영철전〉을

창작한 것으로 보았다.[346]

필자는 처음에 〈김영철전〉 서사가 대체로 사실에 근거한 것으로 보는 시각에서 소설의 문장이 역사현실의 어떠한 측면을 반영하고 있으며, 서사의 의미는 어떤 것인지를 연구하기 시작했다. 그런데 소설의 문학공간 중 건주 탈출노정과 북경-등주의 노정과 등주를 현지답사하면서 소설의 공간묘사가 소략한 곳이 많고, 서사의 중요한 부분에서 실제 지리 · 경관에 부합하지 않는 곳들이 있다는 것을 발견하였다. 어느 순간, '사실에 근거한 작품이라도 주인공이 가보지 않은 곳, 알지 못하는 장소가 문학공간으로 설정될 수 있구나!' 하는 깨달음이 왔다. 문학공간의 설정 및 묘사는 서사의 진실성과 개연성을 확보하는 데 큰 영향을 미친다. 〈김영철전〉이 실존 인물의 인생사를 바탕으로 지어진 소설임을 전제로 할 때, 김영철이 가보지 않은 곳, 상상된 문학공간 위에서 서사가 전개된다면, 그것의 의미는 무엇일까?

필자는 김영철이 1625년 8월 중순 건주를 탈출해 1626년 2월 산동성 등주에 도착하고, 거기서 결혼을 하고 행복하게 잘 살다가 1631년 봄, 등주항에 정박한 조선의 사행선에 숨어들어 마침내 고향으로 돌아가기까지의 건주 탈출과 귀환의 서사에 대해 살펴볼 것이다. 또한 '건주탈출 – 등주정착 – 등주탈출'의 서사에서 노정 및 경관의 묘사 양상이 어떠한지 고찰하고, 문학공간의 형상화가 서사의 진실성에 어떤 영향을 미치는지 살펴볼 것이다.

346 권혁래, 「나손본 〈김철전〉의 사실성과 여성적 시각의 면모」, 『고전문학연구』 15, 한국고전문학회, 1999; 「〈김영철전〉의 작가와 작가의식」, 『고소설연구』 22, 한국고소설학회, 2006.

영철의 탈출과 귀환 서사는 구체적으로 김영철이 1625년 8월 건주를 탈출하여 1626년 2월 등주까지 오는 과정, 등주에 정착해 1630년 10월까지 전씨 부인과 결혼해 행복하게 살던 시절, 1630년 10월 조선의 사행선 도착이 발단이 되어 이듬해 봄 등주를 탈출하기까지의 장면으로 구분된다. 탈출과 귀환 서사는 영철의 동선을 따라 '건주– 영원성 – 북경 – 등주 – 평양 석다산'에 이르는 긴 노정 및 주변 경관이 묘사되고, 전투공간으로서의 영원성 및 일상공간으로서의 등주가 좀 더 긴 시간 노출된다. 필자는 영철과 동반 인물들이 활동한 공간과 서사를 연계해 이해하고, 이를 시각적으로 표현할 것이다. 텍스트로는 〈김영철전〉의 이본 중 원작에 가깝고 디테일이 풍부한 박재연본, 조원경본을 활용해 해당 부분을 볼 것이다.

2. 건주탈출 노정과 영원성전투

1619년 3월 4일 조명 연합군은 현 중국 요녕성 본계시 환인현 부찰들판에서 후금에 완패하고, 수천의 조선 병사들이 후금의 포로가 되었다. 영철은 건주 지역에서 후금의 장군 아라나의 가노로 살다가 얼마 뒤 후금의 여인과 결혼하여 아들을 둘 낳고 살고 있었다. 그러던 그가 전유년 및 9명의 한족 출신 포로들로부터 회유와 협박을 받고, 1625년 8월 15일 탈출을 감행한다. 당시 심하전투에서 잡힌 수천 명의 조선포로들은 허투알라와 계번성 쪽에 수감되어 있다가 동남쪽으로 탈출, 만포를 통해 귀국하였는데, 그는 유독 특이하게도 반대 방향을 향하였다.

영철은 일차적으로는 한족 포로들의 협박도 있었지만, 등주로 가면 고향으로 갈 수 있다는 기대가 있어 탈출에 동참하였다. 등주 출신의 전유년은 영철이 자신과 함께 고향으로 가면 여동생과 결혼시켜줄 것이며, 누이들이 둘 다 결혼했다면 산동성 등주에 오는 조선 선박에 태워주겠다고 약속했다. 영철과 전유년 등 10명은 5일치 식량을 준비해 말에 올라 밤에는 달리고 낮에는 잤다. 그들은 어느 길로 갔을까? 이 부분의 해당 본문을 인용하면 다음과 같다.

> 이에 10인이 모두 5일치 식량을 준비하고 일시에 말에 올랐다. 때는 밤이 깊어 달빛이 낮처럼 밝고, 강의 물고기들이 물속에서 튀어 오르기도 하였다. 얕은 여울을 건너 북쪽을 향하여 말을 달리니 동이 틀 무렵 한 곳에 이르자, 앞에 여울이 나타났다. 처음 만난 강이라 그 깊이를 알지 못하여 앞을 다투어 뛰어들어 건너자, 지키는 자들이 깨어 소리를 지르며 쫓아왔다. 이에 일행들이 크게 놀라 방향을 잡지 못하고 물속에 뛰어들었는데, 물이 깊어 사람과 말들이 모두 빠져 여섯 기만이 건너편으로 빠져나오고, 세 기는 사람과 말이 모두 물에 빠져 죽고, 한 기는 사람은 죽고 말만이 홀로 땅에 올라 말들을 따라왔다.
>
> 이에 여섯 기가 백여 리를 달리니 달이 서쪽 하늘에 떨어지고 해가 동쪽 봉우리에서 올라왔다. 높은 곳에 올라 멀리 보니 들판에는 부락이 많고 길에는 행인들이 있었다. 급히 숲속으로 피신하여 말에서 내려 말들에게 풀을 뜯게 하였다. 앞서 강에서 밥 짓는 솥을 버리고 양식도 잃어버린 것이 또한 많으니, 6인이 서로 붙들고 울며 죽은 이들을 슬퍼하였다. 또한 스스로 생각하기를 살 길이 없으니, 모두 꿇어앉아 하늘에 기도하기를, "하늘이시여, 우리를 살리소서." 하였다.
>
> 배고픔이 심하여 마른 쌀을 씹어 먹고 물을 마시며 종일 서로

울 뿐이었다. 달이 뜨기를 기다려 또 수백 리를 달렸다. 다음날 아침 보니 사막만 보이고, 사람은 찾아볼 수 없었다. 마음이 조금 불안해졌으나, 배고픔과 피곤함이 극심하여 더 이상 말을 달릴 수가 없어 말을 의지하여 천천이 움직였다.

점심쯤 되자 옛 전쟁터에 이르니 거기서 깨진 솥을 주우니 6인이 크게 기뻐 불을 피워 밥을 배불리 해먹었다. 유년이 말하였다. "오늘 이 솥을 얻어 밥을 해먹었으니, 이는 하늘이 우리를 살리시려는 것이다." 그러나 남은 양식이 몇 되밖에 되지 않아 모두들 근심하자 "걱정하지 말라. 일이 생기면 천천히 너희들과 함께 계책을 세울 것이다."라며 유년이 말하였다.

또 하루 낮밤을 꼬박 달리니 날이 밝아왔다. 유년이 멀리 바라보고 무리를 보고 말하였다. "이미 요양과 심양을 벗어났으니, 서남쪽을 향하여 달릴 것이다." 무리들이 유년에게 물었다."이제 남은 양식이 한 끼 먹을 것뿐이니, 어제 자네가 무슨 일이 있으면 의논한다고 말한 것은 무엇을 말함인가?" 유년이 말하였다. "말 한 마리가 우리를 쫓아 여기까지 왔으니, 애처롭긴 하지만 이렇게 위급한 때를 당해 말을 아껴 사람이 굶어 죽을 수는 없지 않겠는가?" 다섯 사람이 그렇게 하자고 승낙하였다. 이에 말을 잡아 먼저 하늘에 제사 지내고 삶아 고기를 나눠 먹고 말 뒤에 각기 묶었다. 유년이 말하였다. "이제 한 줌 쌀과 말고기를 먹으면 허기는 면할 수 있다. 다만 오랑캐 땅에서 죽지 않기를 기약한다면 변경에 도착할 수 있을 것이다." 또 이틀 밤을 달렸다. 유년이 멀리 불빛을 보고 "영원성이 저기에 있다."고 말하니, 오인이 모두 감복하여 "과연 유년의 계략은 틀림이 없구나." 하였다.

(조원경본 9~11면, 필자번역) (밑줄 강조 표시는 필자)

인용문이 좀 길지만, 건주에서 영원성까지의 노정과 주변 경관을 살피기 위해 해당 부분의 번역문을 모두 인용하였다. 건주에서 영원성까지는 1천 리 거리인데, 8월 15일 밤에 출발해 8월 20일 밤에 영원성 근처에 도착했다고 했다. 탈출기의 일정 및 노정을 정리하면 다음과 같다.

1625년 8월 15일 밤, 5일치 식량을 준비해 10명이 건주 지역에서 **북쪽**으로 말을 달림 – 깊은 물을 건너다 네 명 사망. 다시 1백 리 달림

8월 16일 아침, 높은 봉우리에 오르니 들판의 부락이 보임 – 휴식 후 저녁에 수백 리 달림

8월 17일 아침, 사막에 도착 – 점심에 옛 전쟁터에 도착 후 휴식 – 하루 낮밤을 말을 달림

8월 18일 아침 휴식. 요양, 심양을 벗어났음을 인지 – **서남쪽**을 향해 이틀 밤을 달림

8월 20일 밤. 출발한 지 5일째 되는 날 밤, 영원성 근처에 도착

영철의 건주 탈출노정을 지도 위에 그리면 〈그림 49〉와 같다.

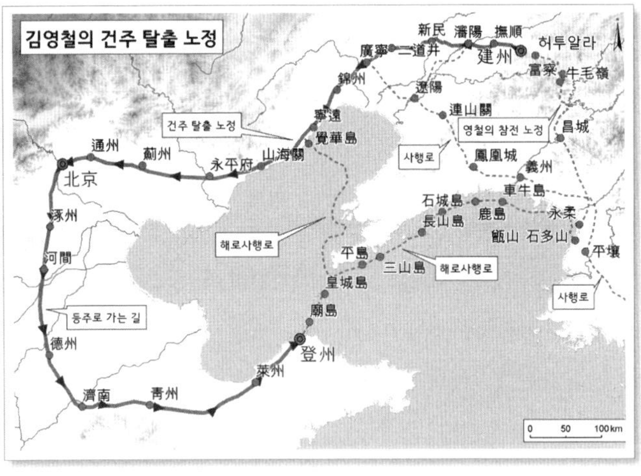

〈그림 49〉 김영철의 건주 탈출노정, 북경에서 등주 노정, 등주에서 조선으로의 귀환노정

영철과 유년 일행 10명은 5일치 식량을 준비하고 건주를 출발하여 처음에는 북쪽으로 갔다가, 3일째 밤부터 서남쪽으로 이틀간 말을 달려 5일째 되는 날 밤에 영원성을 발견하였다. 탈출 당시 영철은 소자하가 흐르는 건주 강변에서 말을 먹이고 있었다. 그곳에서 영원성으로 가려면 무순, 심양을 거쳐야 하는데, 지도로 보면 북쪽이 아닌, 거의 정서(正西) 쪽으로 가는 것이 맞다. 전유년은 3일째 되는 날, "요양과 심양을 벗어났으니 서남쪽을 향하여 달릴 것"이라고 하였다. 탈출기에는 지명이 거의 나타나지 않는데, 영철 일행의 건주 탈출경로를 어떻게 설명할 수 있을까?

가장 유력한 것은 당시 사행노정을 따라 추정해보는 방식이다. 〈그림 49〉을 보면 서남향의 지점은 지리적으로 이도정(二道井)이나 광녕성(廣寧城)에 해당한다. 전체적으로 본다면, '건주(建州) → 무순(撫順) → 심양(瀋陽) → 신민(新民) → 이도정(二道井) → 광녕(廣寧) → 금주(錦州) → 무순(寧遠)' 으로 이어질 것이다. 이 경로에 심양은 있지만, 요양은 없다. 요양은 방향이 아예 달라 경로에 들어올 수가 없는 것이다. 실제로 건주를 탈출해 영원성에 도착한 사람이라면 이러한 방향과 경유 도시의 오류를 저지르지 않을 것이다. 이는 조선의 사행노정에서 의주에서 압록강을 지난 지점을 출발지로 삼아, 요양과 심양을 거쳐 광녕, 금주로 이어지는 경로를 생각하면 설명이 가능하다.

이 구간에는 소자하(蘇子河), 혼하(渾河), 요하(遼河), 대릉하(大凌河), 소릉하(小凌河) 등과 함께 크고 작은 강이 흐르는데, 출발하는 날 일행 네 명이 빠져 죽은 강이라면 심양 근처의 혼하일 가능성이 크다. 요서평야(遼西平野)는 황량한 벌판이 끝없이 이어지고 산도 별로 없는데, 그

중에서 북진(北鎭)의 의무려산(醫巫閭山), 금주(錦州)의 십삼산(十三山) 정도가 높은 산이다.

영철 일행은 감시를 피해야 했으니 큰 길을 벗어나서 밤마다 벌판을 달렸을 것이다. 중국 동북3성의 역사학술 가이드 임문성 선생은 이 지역에 사막은 없다 하였는데, 실제 그렇다. 그렇다면 작중 '사막'에 대한 서술은 실상에 맞지 않거나, 굳이 맞춘다면, 요서평야의 황량한 벌판을 지칭한 정도일 것이다. 전쟁 유적지의 위치도 모호하게 서술해 놓아 어디인지 알 수 없다. 요컨대, 실제 건주를 탈출한 사람이라면 저런 방향으로 자신의 경로를 말하지는 않는다는 것이다.

〈그림50〉 영원성 원경

〈그림51〉 영원성 동문

유년 일행은 건주를 탈출한 지 5일째 되는 날 영원성 부근에 도착하였다. 〈그림 50〉과 〈그림 51〉은 현재의 영원성 경관이다. 〈그림 50〉을 보면, 영원성은 멀리 벌판 중에 있는 평지성이다. 이 성은 성벽의 높이가 10.2m, 성벽의 두께는 밑바닥이 약 9.6m, 상단이 약 7.7m이나 되는 매우 위용 있는 성이었다. 〈그림 51〉의 성벽과 성문을 보아도 영원성은 예전의 위용을 잃지 않고 있다. 당시 영원성은 후금의 공격을 대비해 경계를 삼엄하게 하고 있었다. 영철과 유년 일행은 영원성 앞으로 가 귀순 의사를 밝혔으나 영원성을 지키는 명의 병사들이 후금 군인

줄 알아 거의 죽임을 당할 뻔했다. 다행히 영철 일행 중 한 명이 영원성 병사 중에서 자신의 형을 발견하여 가까스로 죽음을 면할 수 있었다.

1625년 8월 21일, 영원성에 도착한 전유년과 영철 일행은 영원성에 억류되어 조사를 받으며 주장(主將)에게 후금 군의 형세에 대하여 자세히 알렸다. 주장은 적들이 가을에서 겨울 사이에 변경을 침략할 뜻이 분명히 있음을 알고, 천자에게 보고해 전유년과 김영철 일행을 수비대에 편입시켜 성을 지키도록 했다. 그해 겨울 적들이 성을 공격해왔지만, 명군이 단단히 대비한 것을 보고 감히 범접하지 못하고 봄이 되자 포위를 풀고 돌아갔다고 했다.

작품에는 이름이 나타나 있지 않지만, 역사기록을 찾아보면 당시 영원성을 지키던 장수는 원숭환(袁崇煥, 1584~1630)이다. 실제 역사에서 1626년 1월 23일 누르하치가 13만 대군을 이끌고 영원성을 포위 공격했을 때, 영원성을 지키던 장수가 원숭환이었다. 당시 원숭환은 2만 명이 안 되는 병력만으로도 성을 견고히 지키고, 포르투갈로부터 들여온 홍이포(紅夷砲)라는 신무기로 후금 진영을 공격해 큰 피해를 주고 대승을 거두었다.

〈김영철전〉에는 실제 전투의 양상과는 좀 달리, 영원성의 명군이 대비를 잘해 후금 군이 공격도 하지 못하고 2~3개월 포위만 하고 있다가 돌아간 것으로 기술하였다, 1619년 3월 심하전투에 조 · 명 연합군의 일원으로 참전해 김응하 밑에서 후금 군과 전투를 벌였던 영철은 근 7년 만에 영원성에 나타나 원숭환 장군에게 후금 군의 공격 계획을 미리 알려주어 대비책을 세우도록 함으로써 승리에 기여한 것으로 그려졌다. 봄이 되자 전유년 일행은 성의 장군에게 고향으로 돌아갈 수 있게 해 달라고 탄원하였다.

영원성은 영철이 1625년 8월 말부터 약 7개월을 머물렀고, 주장 원숭환 밑에서 누르하치와 전투를 치른 곳이다. 그런데도 작가는 영원성에서의 일을 간략히 기록하였고, 영철을 보호해준 원숭환의 이름을 기록하지도 않았다. 영철이 영원성전투에 참여한 것이 사실이라면, 작가는 영철로부터 당연히 성주 원숭환의 이름을 들었을 것이고, 책이나 전문(傳聞)을 통해서도 익히 알고 있었을 것이다. 하지만 그는 원숭환이나 누르하치의 이름을 한 번 거론하지 않고도 역사의 한 장면을 그리는 필력을 보여주었다.

전유년, 김영철 등 6인은 명 조정에서 조사를 받기 위해 1626년 봄에 북경으로 호송되었는데, 영원성에서 북경까지는 1천 리가 넘는 먼 길이었다. 〈그림 49〉에 노정을 표시했듯이, 영원성에서 북경까지의 노정은 '영원(寧遠) → 산해관(山海關) → 영평부(永平府) → 계주(薊州) → 통주(通州) → 북경(北京)'으로 이어지는데, 이는 사행 노정이며, 영철 일행도 이 길을 이용했을 것이다. 작품에는 이 노정에 대해서는 아무런 언급도 하지 않았다. 영원성전투 서사를 통해 작가가 중국의 지명과 노정, 역사적 사건 및 인물들에 대해서도 정보를 분명하게 제시하지 않는 서술방식의 특징을 인식할 수 있다.

영철 일행이 북경의 명나라 조정에서 조사받는 장면은 다음과 같이 서술되었다.

> 조정에서는 주장으로 하여금 여섯 사람을 경사로 압송케 하여, 오랑캐의 동정을 물어 살피고 부모의 성명을 물어보았다. 그리고 그들의 고향으로 돌아가게 하면서 그들이 지나가는 읍마다 명을 내

려 양식을 제공토록 하고, 또 본 읍에 공문을 보내 그들의 호역(戶役)을 면제하고 그들의 부역을 면해 주었다. 그런데 오직 영철만은 조선 사람으로서 이미 부모가 없고 고향도 없으므로 조정에서는 그가 가고자 하는 곳을 물었다.

영철이 아뢰었다. "소인은 다섯 사람들과 생사를 함께 하기로 약속하여 정이 골육과 같습니다. 그 중에서도 전유년은 일찍이 건주에 있을 때부터 한 집에서 같이 살며 결의하여 형제가 되었으니, 유년과 함께 돌아가기를 원합니다."

조정의 여러 장관들이 이 말을 듣자 낯빛이 변하여 말했다. "이 사람은 참으로 의사(義士)로다! 이 곳은 조선이 아닌데도 처자를 버리고 다섯 사람들과 함께 몸을 빼내 도망쳐 올 수 있었으니, 어육(魚肉)을 버리고 웅장(熊掌) 취하는 것을 모른다면 어찌 이와 같이 의롭게 할 수 있었겠는가? 『서경』을 보면, 임금에게 녹을 받아먹고 사는 사람으로서 임금을 잊어버리고 오랑캐에게 항복하는 자들이 예로부터 많았는데, 그들이 이 사람을 본다면 어찌 부끄럽지 않겠는가?" 그리하여 영철로 하여금 유년을 따라가도록 했다.(박재연본 20면)

인용문을 보면, 조사 장면은 의외로 간략하다. 명 조정은 북경에서 이들을 조사한 뒤 혐의가 없다는 것을 확인한 뒤 곧바로 고향으로 돌아가도록 허락해 주었는데, 영철은 가까이 지낸 전유년과 함께 등주로 내려가도록 하였다. 조정의 관리들은 영철이 만주족 처자를 버리고 명으로 탈출한 행위를 "물고기를 버리고 곰발바닥을 취한 것"[347]에 비유하며 사생취의(捨生取義)를 칭찬하였다. 오랑캐 땅의 처자를 버리고 조선이 아닌, 대국 명나라 친구를 따라온 것을 충의(忠義)의 행위로 여긴 것이

347 孟子曰 魚我所欲也 熊掌亦我所欲也 二者不可得兼 舍魚而取熊掌者也 生亦我所欲也 義亦我所欲也 二者不可得兼 舍生而取義者也(『孟子』, 〈告子〉 上)

다. 조정에서는 영철을 명나라 백성으로 받아들일 뿐 아니라, 많은 정착금을 주어 영철이 양가집 여인과 혼인하도록 하였다.

영철과 유년은 북경에서 등주로 가면서 지나가는 곳마다 양식을 얻고 사람들로부터 칭찬을 받았다. 당시 영철과 유년은 〈그림 49〉에 표현했듯, 북경에서부터 탁주(涿州), 하간(河間), 덕주(德州), 제남(濟南), 청주(青州), 내주(萊州)를 거쳐 등주(登州)에 이르는 공로(公路)를 통해 이동했을 것이다. 1천9백 리[348]나 되는 이 길은 해로를 통해 등주에 도착한 조선의 사행사들이 육로로 한 달이나 걸려 북경으로 올라오는 길이기도 했다. 박재연본의 작가는 이 길의 노정과 시간에 대한 서술을 모두 생략하고, "(조정에서는) 영철이 등주로 내려갈 때, 군현(郡縣)이 인력과 말을 평소보다 두 배 많이 제공하도록 하였다. 사람들이 나와 길과 거리를 가득 메우고 영철 일행을 구경하며 칭찬을 그치지 않았다."(仍使所經郡縣 供饋人馬 倍加於常例. 道路觀者 塡街盈巷 莫不嘖嘖稱歎)며, 사람들이 영철을 칭송하는 내용으로 대체하였다.

영철의 건주 탈출기에는 지명 정보가 거의 없지만, '6일'이라는 시간 동안 겪어야 했던 공포와 고통, 급박한 마음이 표현되고 있고, 말을 달리며 본 산과 강, 벌판, 전쟁터를 묘사한 부분이 있어 탈출과정의 긴박한 순간이 표현된 듯하다. 하지만 영원성에서 북경까지, 북경에서 등주까지의 노정은 더욱 소략하거나 생략되어 있다.

〈그림 49〉에 표현한 영원성 ⇒ 북경 ⇒ 등주까지의 노정은 조선 사행사들이 왕래하던 공식 노정이다. 이렇게 몇 천리나 되는 먼 길의 노

348 항해노정, 〈사대(事大)〉 상, 『통문관지』 권3, 35장.

정기를 아무 것도 아닌 냥 생략하거나 소략하게 기술한 이유는 세 가지로 추정해 볼 수 있다. 첫째, 뒤에 노쇠한 영철이 김응원 앞에서 40여 년 전 자신의 젊은 날 건주를 탈출해 영원성, 북경을 거쳐 등주로 오는 과정을 말로 풀어놓을 때, 지명이나 노정에 대한 기억과 지식이 분명하지 못하여 그랬을 가능성이 크다. 둘째, 영철의 구술이 김응원과 다른 소설가의 문장 속에서 재구성되었기 때문일 수도 있다. 셋째, 마지막 가능성은 영철이 가보지 않은 길을 작가가 상상해 그려 넣었기 때문일 수도 있다.

상식적으로는 첫째 이유일 가능성이 크다. 영철이나 작가 김응원에게 지명 및 노정에 대한 정보와 이해가 부족했기 때문에 그러했을 것이라고 추정한다. 두 번째 이유일 경우를 생각하기란 쉽지 않다. 영철이 구술한 건주 탈출기, 영원성 전투담은 당시 사람들이 듣기 힘든 매우 새롭고 놀라운 내용인데, 기록자나 작가가 이를 하찮게 여겨 잘라냈다고는 생각하기 어렵다. 만약에 세 번째 이유일 경우는 〈김영철전〉 서사의 일정 부분이 허구이거나, 작품 전체가 허구일 수 있다는 것을 의미한다. 그렇다면 〈김영철전〉에 대한 이해도 많이 달라질 것이다. 또한 영철이 건주 탈출 방향을 조선 국경이 아닌, 머나먼 등주 쪽으로 잡은 이유에 대해 생각해야 할 것이다.

3. 영철의 등주정착과 혼인서사

격식 있는 혼례와 유복한 결혼생활

영철이 등주에 도착한 것은 1626년 2월 무렵이다. 이 부분은 시간이 맞지 않는다. 영철이 영원성에서 북경으로 올라간 것이 1626년 봄이라고 했으니, 최소 3-4개월의 착오가 생긴다. 서사에서 '시간'은 공간 문제 못지않게 서사의 개연성에 중요한 영향을 미치는 요소다.

영철의 등주 서사에서 눈에 띄는 것은 영철의 '정착금'과 '결혼'에 관한 서술 비중이 무척 높다는 것이다. 정착금, 곧 정부의 재정 지원 건에 대해 작가는 매우 관심을 기울여 구체적으로 기술한다. 조정에서는 등주태수에게 명을 내려 의복과 양식, 돈과 비단을 많이 지급하도록 하고, 양가집 여자를 골라 장가가도록 하였다. 등주태수는 조정의 명령을 받들어 때에 맞춰 옷과 양식을 지급하고, 은자 백 냥을 내리며 그 돈으로 집을 사고 양가집 여인과 혼인을 추진하도록 했다. 또 처를 구하면 즉시 관에 알리라고 하였다. 뒤에 서술하겠지만, 은자 백 냥은 집 한 채를 사고도 남을 큰돈이다. 명 조정에서 조선인 전쟁포로 출신인 영철에게 이렇게 많은 정착금을 지불했다는 것은 영철의 충의를 기리고 보상했다는 의미일 것이다.

영철은 때를 기다려서 조선으로 탈출하려는 목적으로 등주에 왔지만, 등주에 도착한 뒤로는 고국으로 돌아갈 수 있다는 희망을 잊고 외로움에 빠졌다. 그리고 전유년에게 건주에서의 약속을 상기시키며 누이와의 결혼을 부탁하였다. 이 부분은 묘한 대목이다. 영철의 등주 시절에서 무엇보다 부각된 것은 '혼인'이었다. 작가는 영철의 혼사를 꽤나 진지한 태도로 서술하였다.

"내 누이는 규중에서 자라나 마땅히 높은 가문에 시집가서 육례를 갖추어 시부모에게 인사드리는 것을 바랄 것이니, 이는 여인의 평생에 가장 큰 일일세. 이는 누이뿐 아니라 부모의 마음도 마찬가지일세. 자네는 이국인으로서 정처 없이 떠돌다 여기에 이르렀네. 나이도 적지 않고 외모는 초췌하고, 일가도 자네 외에는 아무도 없어 정말 딱한 처지네. 만약 내 누이가 죽기를 작정하고 끝내 허락하지 않는다면 부모형제라도 그 뜻을 꺾기는 어려울 걸세. 자네에게는 관에서 받은 백금(百金)이 있고, 타고 온 호마는 천리마이니 여기 군중에서도 소문이 나서 백금을 받을 수 있을 걸세. 이 말을 팔면 마을에서 중인 재산은 될 걸세. 먼저 백금(百金)으로 집을 사고, 노비와 기물을 갖추고, 관복을 차려 입도록 하게. 또 나머지 백금으로 빙폐를 갖추면 마을 사람들이 서로 칭찬하고 자네를 존경할 것이니, 누이 또한 자네의 처가 되는 것을 부끄러워하지 않을 걸세."

(조원경본 13면)

유년의 집은 등주에서 큰 가문을 이루고 있었는데, 영철은 이방인인데다가 혈혈단신이었다. 그런 만큼 혼인은 꽤나 신중하게 논의되었다. 영철과 유년은 1626년 3월 15일 성대한 잔치를 열어 전유년 일가를 초대한다. 그 자리에서 전유년은 부모에게 영철과 맺은 맹세를 상기하며 여동생과의 결혼을 허락해주기를 요청하였다. 부모가 그 뜻을 허락하고 딸에게 뜻을 물으니, 그녀는 영철이 조선으로 돌아갈 뜻이 있을지 우려한다. 영철과 전씨 여인의 혼사는 매우 신중하게 준비되었고, 격식 있게 치러졌다. 영철은 전유년의 충고를 얻어 관에서 받은 백금(百金)으로 집과 노비, 기물, 옷 등을 사서 갖춘다. 또 영철은 호마(胡馬)를 팔아 백금을 만들고, 그 돈으로 비단 자수와 보석 등의 납폐물(納幣物)을 보내 전씨 여인과 그 부모를 기쁘게 했다. 영철은 적어도 중인의 수준은 넘는, 꽤 격식 있는 혼사를 준비한 것이다.

전씨 부인은 결혼과 함께 등주에서 가장 유명한 화공을 불러 몇 개월에 걸쳐 시부모의 화상을 그리도록 하고, 그 그림을 동쪽 벽에 걸어 놓고 출입할 때마다 예를 다하여 절하였다. 이는 효를 다하지 못한 영철의 마음을 달래려는 의미도 있겠지만, 한편으론 전씨 부인의 유가적 혼인관념이 매우 강고한 것임을 보여준다. 영철이 건주에서 가노 생활을 하던 중 경황없이 후금의 여인과 올린 혼례에 비해, 전씨 여인과의 혼인은 경제적으로 필요한 것을 다 갖추고, 육례를 갖춘 격식 있는 혼인으로 그려졌다. 영철은 전씨 부인에게서 1627년 첫째 아들을, 1630년 둘째 아들을 얻었다.

영철의 등주 시절에서 눈에 띄는 대목은 영철이 등주에서 5년 남짓 살았다고 하는데, 그의 거주공간이나 한번쯤은 가보았을 등주의 명승지, 건물, 경관, 산과 강, 지명 등이 거의 묘사되지 않았다는 점이다. 고려 말 정몽주, 권근이 사신으로 방문했을 때 보았던 봉래각이나 등주 수성에 대해서도 한 마디 언급이 없다. 다만, 조선 사행선이 들어왔을 때, 등주 해구에서 영철의 집이 10여 리 떨어진 곳에 있다는 내용만 기술되어 있다.

영철은 등주에서 어떻게 살았을까? 영철이 살던 등주의 풍경은 어땠을까? 텍스트에는 이런 질문에 답할 수 있는 문장이 없으니, 방식을 바꿔, 등주에 관한 자료 및 현재의 등주 풍경을 관찰하며 1620년대에 영철이 살았던 거주지 풍경과 등주의 경관을 상상해보기로 한다. 필자는 이를 '서사에 기반한 공간의 스토리텔링'이라고 한다.

〈그림 52〉는 1678년 중국에서 작성된 『산동통지(山東通志)』의 「등주부도」다. 위 지도 가운데 상단을 보면 등주수성이 있고, 그 아래로 등

〈그림 52〉「등주부도」(『山東通志』 64권, 1678)

〈그림 53〉 등주고성 및 수문의 주요 건물 위치도(등주박물관 소장)

주성이 있다. 영철이 살던 등주성 안의 상세한 모습은 〈그림 53〉과 같다. 〈그림 53〉은 펑라이 시 등주박물관에 전시된 '등주고성 및 수문' 모형 전시물을 촬영한 사진이다. 사진의 오른쪽은 당시 등주 군문과 등주항이고, 그 왼쪽에 등주성이 있다. 등주성에는 네 개의 성문이 있고, 성황당, 관제묘, 문묘, 학교 등이 있다. 왼쪽 상단 중앙에는 등주아문 관청이 자리잡고 있고, 하단부에는 등주현부 터가 있다. 그 위로 종루(鐘

樓)와 고루(鼓樓)가 있다. 오른쪽 하단부에는 주로 관공서와 사당, 절 등이 위치하고 있다. 왼쪽 상단부에는 민간부락이 자리잡고 있다. 이쪽이 성안 백성들의 주요 거주지다. 나중에 등주항에 조선 사행선이 들어왔을 때 영철의 집은 항구로부터 십여 리 거리에 있다고 하였으니, 아마도 영철은 이 부근에 살지 않았을까?

이 거주지는 현재 척계광고리(戚繼光古里)로 불린다. 척계광(戚繼光, 1528~1588)은 명대 인물로, 등주를 대표하는 인물이다. 척계광은 누구인가? 그는 자가 원경(元敬)이고, 호가 남당(南塘), 맹제(孟諸)이다. 대대로 등주의 지휘첨사를 지낸 가문에서 태어난 척계광은 1549년에 무거시(武擧試)에 합격해 등주의 지휘첨사를 지냈으며, 1553년에는 서도지휘첨사가 되어 북쪽의 타타르족을 막는 임무를 맡았다. 그는 1555년 절강도사첨사가 되어 영파, 소흥, 대주 등을 총괄하는 사령관이 되었다. 1556년에는 참장으로 승진했으며, 1559년에 금화현, 의오현 등에서 4천명을 모집해 척가군을 조직했다. 이 사람이 등주에서 얼마나 대단한 사람으로 숭배되어 왔는지 조금만 풀어보자.

척계광은 원앙진을 고안했고 1561년에 왜구가 대주에 상륙하자 원앙진으로 대항해 한 달 넘게 싸워서 5천 명 이상을 죽였고, 1562년에는 온주, 대주를 공격하자 2년을 싸운 끝에 격파했으며, 왜구가 남하해서 여러 지역을 노략질하자 추격해 횡서에서 2,600명을 죽이고 60여개의 진지를 초토화시켰다. 1563년에는 평해위에서 유현, 유대유 등과 함께 왜구의 주력군을 토벌하고 그 공으로 총사령관이 되었으며, 1564년에는 광동 지역에서 왜구의 잔당까지 토벌해 왜구의 자취를 감추게 했다. 왜구가 토벌된 후에는 1568년에 계주로 부임해 타타르족에 대한 대비로 10년에 걸쳐 장성을 건설했다. 이로 인해 알탄 칸이 입조해서 공물을 바치게 되었으며, 척계광은 장거정에게 중용받았다. 1582년에 장거정이 죽은 뒤 척계광은 참소를 당해 광동으로 좌천되었다가 사임하였으며, 1588년에 등주에서 사망했다.[349] 그는 1560년대에 왜구 토벌에 큰 공을 세웠다. 지금 펑라이시의 등주 옛거리는 척계광고리를 중심으로 패루(牌樓), 척부(戚府), 고가(古家), 고루(鼓樓) 등이 형성되어 있다. 이 부근은 명대의 민가들이 위치해 있던 곳이다. 김영철의 주거지를 찾는다면, 이 곳이 가장 유력하다.

〈그림 54〉는 항공지도 위에 등주성의 주요 건물 및 수성의 자리를 표시한 것이다. 사진에서도 볼 수 있듯이 등주항은 등주성 바로 옆에 위치해 있다. 등주항은 〈김영철전〉에서 해문(海門), 또는 해구(海口)로 불렸는데, 수성(水城)의 항구에 문이 달려 있어 그렇게 불렸을 것이다. 정두원의 『조천기지도』에 의하면, 수성은 송나라 경력(慶曆, 1041~1048) 연간에 연못을 파서 바닷물을 끌어들이고 목책을 설치해 북쪽 오랑캐에 대비한 것이다.[350] 명나라 때는 왜구의

〈그림 54〉 등주성과 항구 위치도

349 위키백과. https://ko.wikipedia.org/wiki/척계광

350 鄭斗源, 「登州府圖」, 『朝天記地圖』. "水城在府城北. 宋慶曆間 濬池引海水 置寨以

침략에 대처하기 위해 수성을 대대적으로 정비하고 3,000명의 수군을 주둔시키기도 했다. 항구는 소설에서 많은 사연을 안고 있는 장소다. 이 항구에 1630년 가을 조선의 사행선이 들어왔고, 영철이 이듬해 이 배를 몰래 타고 조선으로 귀국하였다. 이 자리에서 전씨 부인은 떠나는 배를 하염없이 울며 지켜봐야만 했다.

〈그림 55〉 등주항의 현재 모습

〈그림 56〉 등주항의 현재 모습

〈그림 55〉와 〈그림 56〉은 현재 등주항의 모습이다. 현재 등주수성은 인접한 봉래각과 함께 해안의 절경을 조망하는 관광지로 부상하

備北虜 皇明環以磚城 置師府. 今摠兵張可大住于此.”

① 등주성 고루(鼓樓)

② 펑라이시 시장 모습

③ 펑라이시 시가지

⑤ 등주성 고거리

④ 등주성 고루 거리

⑥ 척부–척계광고리

⑦ 척계광의 패루

〈그림 57〉 등주성의 현재 모습 – 주요지점(공간) 기록사진 –

고 있다. 〈그림 57〉의 기록사진표는 등주성의 현재 모습을 촬영한 것이다. 사진 57-①과 57-④는 등주성 고루이며, 57-⑤는 등주성의 고택이 남아 있는 거리이며, 57-⑥과 57-⑦은 척계광의 유적지이다. 57-②와 57-③은 등주성 내의 현재 모습이다. 소설에서는 당시 전씨가 등주의 부유한 집안이었다고 했는데, 혹시나 하는 마음에 펑라이 시 주민들에게 전씨 가문 유무 여부에 대해 확인을 해보았다. 척계광고리의 고택에 사는 한 주민은 현재 전씨 가문 사람들은 주로 농촌에 흩어져 살고 있다며 인터뷰에 응해 주었다. 소설 내용이 사실이라면, 펑라이는 김영철이 전씨 부인에게서 낳은 아들들의 후손들이 살고 있는 곳이다. 소설 주인공의 후손을 현지에서 수소문한다는 게 우스운 일일 수 있으나, 〈김영철전〉은 그런 마음을 들게 하는 작품이다.

가무공연자 김영철

영철이 등주에 정착한 기간은 1626년 2월부터 1631년 4월까지, 5년 남짓한 기간이다. 그가 결혼한 해가 1626년 6~7월경인데, 그 뒤로 그는 어떻게 생활을 하였을까? 영철의 수입과 직업에 대한 질문이다. 등주 시절, 영철은 가무공연을 직업으로 하였다. 결혼할 때, 영철은 중인 신분에 어울리는 저택과 기물, 노비를 갖추었고, 결혼한 뒤로는 관에서 돈을 받는 한편, 가무공연을 하면서 얻은 수입으로 생활을 하였다. 영철은 결혼 후 성내에서 열리는 잔치자리마다 불려다니며 만주족의 가무를 공연하였고, 또 조선의 가무도 공연하였다. 등주 사람들은 만주족의 음악이라고 배척하지 않았고 호기심을 보였다. 조선의 가무는 레파토리가 더 다양했고 사람들은 열띤 반응을 보였다. 그가 공연할 때마다 사람들이 구름같이 모여들었고, 부녀들은 발을 치고 감상하였으며, 공연 뒤에는 따로 예물을 주었다. 영철의 가무공연이 훌륭했다는 얘기다. 작품에는 이와 연관하여 한 가지 흥미로운 사건이 소개된다.

> 하루는 마을사람들이 잔치에 많이 모였다. 두 사람이 함께 걸어왔는데, 의관이 훌륭하고 풍의가 아주 준수하여 장자인(長子人)이라는 것을 알 수 있었다. 사람들이 일어나 맞이하자 윗자리에 앉았는데, 누구도 어떻게 오게 되었는지 이유를 물을 수 없었다. 그 사람이 말하였다.
>
> "최근 조선 사람이 여기에 머물면서 조선의 춤과 노래를 잘 한다고 들었는데, 우리들도 한 번 보러 왔소." 영철이 앞에 나아가 무릎을 꿇어 예를 표하자, 두 사람이 말하였다.
>
> "그대는 사해가 모두 형제라는 말을 듣지 못했소? 나라는 크고 작음이 있으나 사람은 같고, 땅은 안팎으로 나뉘어 있으나 하늘은 하나이오. 나라가 다르다고 해서 그대와 나의 형편이 어찌 달라지겠소? 그대가 혼자 여기 사는 것을 딱하게 생각해 위로하러 왔소. 그대는 조선의 노래와 춤을 보여주어 우리 두 노인을 즐겁게 해주지 아니하겠소?" 영철이 감히 사양하지 못하고, "예" 하였다.[351]
>
> (밑줄 표시는 인용자 강조)

위 인용문에서는 등주의 장자인(長子人)이 영철을 찾아와 조선의 춤과 노래를 청하면서 나타내는 우호적인 태도를 볼 수 있다. '장자인'은

351 一日, 鄕人大會宴飮. 有兩人聯步而至, 衣冠甚偉, 風儀極俊, 可知其長子人也. 衆人起而迎之, 坐於上座, 不敢問其來到之由矣. 其人曰, "近聞朝鮮之人來寓於此地, 善爲東國歌舞云. 吾輩欲一見而來矣." 英哲進前跪禮, 兩人曰, "君不聞四海皆吾兄弟之語乎? 國有大小, 而人則同也, 地分內外, 而天則一也. 何必物色於爾我, 異同於華夷? 是以憐君流落, 特來相慰. 君未可爲我以貴國歌舞娛我兩老人乎?" 英哲不敢辭, "唯唯!"(박재연본 〈김영철전〉, 31면)

등주의 유력한 권력자나 높은 지위에 있는 사람을 말한다. 그런 그가 음악에 관한 한, 명과 조선이 다를 바 없다는 것을 말하면서 전개하는 사해동포주의(四海同胞主義)의 논리가 흥미롭다. 그는 나라는 크고 작음이 있으나 사람은 같고, 땅은 안팎으로 나뉘어 있으나 하늘은 하나라고 하였다. 사해의 백성들이 모두 하나의 백성이니, 음악이라고 해서 명과 조선이 다를 것이 없다고 하였다. 이 사해동포주의에 대한 언술이 실제 등주 장자인의 말일지, 아니면 소설가가 만들어낸 말일지 궁금해진다. 다음 인용문을 보고 좀 더 추론해보기로 하자.

> 물러나 무릎을 꿇고 노래를 부르고, 일어나 춤을 추었다. 두 사람이 말하였다. "춤의 절차가 가히 볼 만하오. 노래는 비록 소리를 들으나, 뜻을 알 수 없으니, 당신은 나를 위해 뜻을 번역해 주게." 영철이 이에 중국어로 번역하여 말하니, 두 사람이 붓을 들어 종이에 적고, 읊조리기를 세 번 반복하며 감상하였다. 또 말하기를, "단가는 이미 들었으니, 장가를 사양하지 말고 한 번 불러주시오." 영철이 명을 받들어 관동별곡, 관서 등의 별곡 및 목동사를 불렀다. 두 사람이 중국어로 번역하여 베끼고, 크게 칭찬하여 말하였다. "세상 가곡이 이와 같은 것이 많으나, 격렬호방한 것은 조선의 가사만한 것이 없도다. 무곡은 또한 조용하나, 중국보다 뛰어나다. 이 사람은 조선의 일개 전사인데 이와 같다면, 가무를 직업으로 삼는 사람들의 공연이야 보지 않아도 그 수준을 알 만하다."[352]

352 退, 跪而謌, 起而舞, 兩人曰, "舞節次誠可觀也. 謌則雖聞其聲, 不知其意, 君須飜譯而言之." 英哲乃以華語釋而告之, 兩人拈筆, 寫於紙一面, 吟咏三復歎賞, 且曰, "短歌旣聞之矣. 長謌須無讓一唱也." 英哲受命, 卽唱關東·關西等別曲及牧童詞. 兩人又以華語飜寫, 大加稱歎曰, "世上歌曲若此者多矣. 激烈豪放, 無如東國之歌詞者, 舞曲亦從容, 遠勝於中國. 此人卽朝鮮一戰士也, 猶尙如此, 其以歌舞爲事者, 不見而可知矣."(같은 책, 31-32면)

위 인용문에서는 조선 음악의 구체적인 예가 등장한다. 영철은 먼저 단가(短歌), 곧 시조를 부르고 이에 맞춰 춤을 추었다. 그러자 장자인은 춤의 절차를 칭찬하였고, 단가의 내용을 중국어로 번역하여 들었다. 또 그들은 장가(長歌)를 요청하였다. 영철이 부른 것은 가사 〈관동별곡(關東別曲)〉, 〈관서별곡(關西別曲)〉 등과 〈목동사(牧童詞)〉였다. 두 사람은 또한 이를 중국어로 번역하여 베끼고 칭찬하였으니, 조선의 가사(歌詞)는 격렬호방(激烈豪放)하며, 무곡(舞曲)은 조용하나 중국보다 뛰어나다고 하였다. 이방(異邦) 등주에서 백광홍(白光弘, 1522~1556)의 〈관서별곡〉, 정철(鄭澈, 1536~1593)의 〈관동별곡〉, 임유후(任有後, 1601~1673)의 〈목동사〉 등이 거명되고, 영철이 이를 춤추며 노래 불렀다는 것과, 등주의 유력자가 그것을 중국어로 번역해서 듣고, 또 자신의 입으로 조선 가사를 품평했다는 대목은 흥미롭다.

〈관서별곡〉은 조선 명종 때의 문신 백광홍이 지은 기행가사로, 그가 평안도 병마병사에 부임하여 그 지방의 뛰어난 경관과 견문을 읊은 것이다. 〈관동별곡〉은 조선 선조 때의 문신 정철이 지은 기행가사로, 1580년 강원도 관찰사로 부임하면서 관동팔경과 내금강 · 외금강 · 해금강을 유람하고 이 작품을 지었다. 정철은 박력 있고 화려한 문체로 자신의 풍류와 애국심을 유감없이 발휘하였다. 서포 김만중은 이 가사를 '동방의 이소(離騷)'라고 할 만큼 높이 평가하였다. 〈목동사〉는 정식 명칭이 〈목동문답가(牧童問答歌)〉로, 임유후가 젊은 시절에, 안분지족(安分知足)과 공명무상(功名無想)을 읊은 작품으로 평가된다.[353]

353 육민수, 「〈목동문답가〉 창작시기 및 이본의 실현 양상」, 『반교어문』 26집, 반교어문학회, 2009, 227쪽.

이 내용은 두 가지의 가능성을 지니고 있다. 첫째, 실제 있었던 일로, 등주의 유력자가 실제로 가무공연을 보고 조선의 가사와 춤을 높게 평가했을 가능성이다. 실제 중국 내에서 조선의 가곡을 직접 들은 사람은 거의 없었으리라는 점을 생각한다면, 이는 조선의 가무에 대한 중국인들의 호의적 반응을 살필 수 있는 매우 흥미로운 자료이다.

둘째, 허구의 일로, 〈김영철전〉 속의 평어(評語)를 실제 중국인의 평어가 아니라, 작가의 소설적 담화로 보는 견해다. 말하자면, 소설가가 가사에 대한 당시의 일반적인 인식을 대변했다고 보는 것이다. 이는 소설이라는 장르의 특성상, 작가가 소설의 한 부분에 문장을 지어 넣어 조선의 문학 및 무곡(舞曲)에 대한 자부심을 드러낸 것으로 보는 것이다. 그렇다 하더라도 이 서술은 넓게 봐서 17–18세기 전반에 유행하던 조선 가곡의 상황을 이해하는 방증 자료가 된다.

위 인용문과 연관하여 홍만종(洪萬宗, 1643~1725)이 말한 것을 들어볼 필요가 있다. 그는 『순오지(旬五志)』에서 조선의 가곡과 중국의 가곡을 비교하면서, 조선의 가곡이 우리말 그대로 악보에 옮겼기 때문에 감상과 흥치가 뛰어나 읊조리고, 춤추고 뛰어놀게 된다고 하였다.[354] 이는

354 "우리나라 사람이 지은 가곡은 오로지 방언(方言)만 사용하고 간혹 문자를 섞었으나, 대개가 언문으로 된 것이 세상에 전하고 있다. 대개 방언을 사용하는 것은 그 나라 풍속에 있어서 그렇지 않을 수가 없기 때문이다. 그러니 그 가곡이 중국의 것과 비등하지는 못할지라도 또한 볼 만하고 들을 만한 것이 전혀 없지도 않다. 『상촌집』에 보면 지봉(芝峰)의 〈조천록가사〉에 대해서 쓴 것이 있다. 거기에 말하기를, '중국의 가사는 옛 악부와 및 그 시대의 소리로서 관현에 이것을 올려놓았지만, 우리나라에서는 지방의 소리 그대로를 문자에만 맞추어 놓은 것이다. 이것이 비록 중국과 다르긴 하지만 그 감상과 흥치에 있어서는 자연히 이것을 읊게 되고, 춤추게 되고, 뛰놀게 되니 그 귀추를 말한다면 일반이다.' 하였으니 이 말이야말로 믿음직한 말이 아닌가? 내가 우리나라 가곡 중에서 제일 좋다는 것만 몇 편 뽑아서 여기에서 평가해보기로 한다."(홍만종 저, 이민수 역, 『순오지』, 을유문화사, 1971,

홍만종이 상촌(象村) 신흠(申欽, 1566~1628)의 한 · 중 가사에 대한 비평을 근거로 조선 장가의 음악성을 높이 평가한 대목이다. 홍만종은 이어서 〈면앙정가(俛仰亭歌)〉 · 〈관서별곡〉 · 〈관동별곡〉 · 〈사미인곡(思美人曲)〉 · 〈강촌별곡(江村別曲)〉 · 〈목동가(牧童歌)〉에 이르기까지 우리말로 표현된 장가 14편에 대해 평가를 하면서 중국의 악보와 견주어도 손색이 없다고 하여, 우리 문학에 대한 당당한 긍지를 나타내었다.

이 내용을 근거로 추론해본다면, 조선 가무에 관련한 〈김영철전〉의 인용 부분은 실제 등주 유력자의 평어가 아니라, 허구화된 장면임이 분명하다. 이것은 박재연본 〈김영철전〉 작가가 영철이 노래 부르는 장면을 서사화하다가 조선 장가의 흥취를 표현하려는 의도에서 부가한 것으로 보인다. 어쩌면 후대의 이름 모를 개작자가 18세기 전반 조선 장가의 긍지와 자부심을 평한 『순오지』의 한 대목을 공유하여 〈김영철전〉의 등주 장면을 부연한 것일 수도 있다. 사해동포주의 발언도 이와 같은 맥락에서 이해할 수 있을 것이다.

여하튼, 소설 속의 영철은 등주에 머무는 동안 조선의 가무를 공연하면서 생계를 이어나갔다. 작가는 이 점에 흥미와 자부심을 느꼈고, 꽤나 자세히 기록하였다. 이러한 가무 장면의 스토리텔링을 통해 작가는 음악으로 중국과 조선이 대등하게 교류할 수 있으며, 조선의 가무에 특별한 흥과 품격이 있다는 점을 말하였다.

264-265쪽.)

4. 신미년(1631)의 사행선과 등주탈출

영철은 사랑하는 아내와 아들 둘과 함께 등주에서 행복하게 살았다. 영철이 행복했던 것은 조선에 돌아갈 꿈을 꾸지 않아서였다. 그러나 경오년, 곧 1630년 가을, 등주 항구에 조선의 사행선이 도착하면서 그에게 큰 변화가 왔다. 배에서 고향 친구 이연생을 만나고, 고향 소식을 전해들은 영철은 이듬해 봄 조선의 사행선에 숨어들어 고국으로 돌아간다. 이것이 영철의 등주 탈출 내용이다.

〈그림 58〉 김영철의 귀국 노정

〈그림 58〉은 정두원의 사행노정을 따라 재구한 영철의 귀국 노정이다. 소설에서는 사행선이 순풍을 받아 1631년 4월 등주항에서 큰 바다[大洋]를 가로질러 평양 석다산까지 3일 만에 갔다고 했다. 1624년의 사행에 참여했던 홍익한은 증산 석다산에서 중국 등주로 갈 때는 20일, 등주에서 조선으로 귀국할 때는 13일 가량 걸렸다고 기록하였다. 실제

사행선은 전복 사고를 우려해 원양해로가 아닌, 연안해로로 항해를 했다. 소설에서 뱃사공은 연안해로가 아닌, 큰 바다[원양해로]로 항해했다고 하지만, 아무리 원양해로를 통해 바다를 가로질러 간다 하더라도 단 3일 만에 도착했다고 한 것은 과장이 아닌가 한다. 소설에 그려진 연행사의 등장 부분을 살펴보면 다음과 같다.

> 이 해 10월 우리나라 진하사가 등주 해구에 정박하니 영철의 집과는 불과 십여 리밖에 되지 않았다. 이에 영철이 해문으로 달려가서 아국 도선주(都船主)를 보니, 영유현 부가포(富家浦)의 이연생이었다. 연생은 본디 동향 사람이라서 정이 깊었다. 영철이 기쁨을 이기지 못하여 크게 소리질러 말하였다. "너는 이연생이 아니냐?"
>
> (박재연본 33면)

인용문 속의 "이 해"는 경오년(1630)으로, 영철이 건주를 탈출하여 등주에 정착한 지 5년째 되는 해였다. 그동안 그는 전유년의 누이동생과 결혼하여 아들 둘을 낳고 화목하게 살고 있었다. 하지만 영철은 늘 고국 부모를 잊지 못하고 있었는데, 1630년 10월 등주 해구에 조선의 진하사 사행선이 정박하였다는 소식을 듣고는 곧장 달려갔다. 그리고 그 배에서 뜻밖에 도선주로 있는 동향 사람 이연생을 만나 부친이 안주 전투에서 돌아가시고 모친은 친정 소초리(踈草里)[355]로 돌아가 외가 형제들에게 의탁하고 있다는 소식을 전해 듣고는 비통해 한다. 영철은 부모님 소식을 듣고 통곡하다가 끝내 기절하고 만다. 이때 사신이 등장한다.

355 홍세태본에는 '蘇湖'(평안도 영유현의 지명)로 되어 있음.

영철이 다 듣지를 못하고 통곡하다가 기절하니, 사람들이 와서 구해주어 깨어났다. 사신이 또한 그 사정을 불쌍히 여겨, 이에 물었다. "너는 과연 고향을 그리는 마음이 있느냐? 내가 돌아갈 때 몰래 태워줄까 하는데, 네 뜻이 어떠하냐?" 영철이 머리를 조아리며 말하였다. "오랑캐 땅에서 여기까지 도망온 것은, 본디 고향으로 돌아가고자 했기 때문입니다. 제가 비록 감히 청할 수는 없으나 진실로 바라는 바입니다." 사신이 말하였다. "그렇다면 너는 집에 돌아가 처자에게 '부모친속이 모두 난리 중에 죽어, 아무도 살아 있는 자가 없다.' 고 말하고, 여기 사람들로 하여금 고국으로 돌아갈 뜻이 없다는 것을 알려라. 그런 뒤에야 네가 갈 수 있을 것이다." 영철이 절하고 감사해하며, "삼가 하교를 받들겠습니다." 하였다. (박재연본 34면)

여기서 주목할 것은 사신의 형상화이다. 소설에서 특징적인 것은 사신이 '적극적으로 발언'한다는 점이다. 사신의 이름은 명시되어 있지 않지만, 그는 자신의 성격을 분명히 나타내고 사람들과의 관계에서 많이 말하고 있다. 사신은 비통해 하고 있는 영철을 불쌍히 여겨 먼저, 돌아갈 때 몰래 배에 태워 데리고 갈 뜻이 있음을 전한다. 그러면서 이 일을 성사시키기 위해 아내 전씨에게 영철이 어떻게 말해야 하는 것까지 일러주는 등 용의주도한 모습을 보인다. 이 사신과 사행선은 시기적으로 볼 때, 당시 등주에 도착한 진하사 정두원 일행의 행적과 일치한다.

정두원이 남긴 『조천기지도(朝天記地圖)』에 의하면, 이때 등주항에 들어온 사행선은 정두원을 정사로 한 진하사의 배 네 척이었다. 정두원의 사행선은 1630년 정확한 날짜는 알 수 없지만 8월 18일 이후 평양 석다산 부근에서 출발하였고, 9월 20일에 등주에 상륙해서 20일 남짓 머물렀다. 이는 일정을 함께 한 고용후가 등래순무(登萊巡撫) 손원화(孫

元化)에게 올린 〈정등주군문장(呈登州軍門狀)〉을 통해 알 수 있다.[356] 정두원은 10월 10일경 등주를 출발하여 육로로 북경을 향해 출발하였다. 등주에서 북경까지의 거리는 육로로 약 1,900리였고, 1624년 사행사로 왔던 이덕형, 홍익한 일행이 등주에서 북경까지 30일이 걸린 것을 생각해볼 때 정두원도 그와 비슷한 일정으로 북경에 도착했을 것이다.

영철은 집에 돌아온 뒤 사행선 소식을 듣고 극도로 불안해하는 아내에게 부모가 모두 돌아가시고, 자신은 이제 고국으로 돌아갈 뜻이 전혀 없다고 거짓말을 하여 아내를 안심시킨다. 이에 아내와 전유년은 상복을 입고 조문하고, 원근 사람들이 모두 흰 옷을 입고 와서 며칠 동안이나 조문하였다고 했다. 작가는 혼례 못지않게 영철의 상례를 극진하게 예를 갖추어 서술하였다. 영철은 매일같이 항구에 나가 배에 왕래하였으나, 아내가 의심할까 해서 뱃사람들에게 한 푼의 돈도 쓰지 않았다. 항구에는 조선 사행선이 6개월 이상 머물고 있었으니, 영철이나 그 가족들의 마음도 결코 평안하지 않았을 것이다.

사행사 일행이 북경에서 돌아온 것은 이듬해인 1631년 봄이었다. 『조천기지도』에는 정두원이 1631년 4월 12일 북경에서 하직하였고, 등주에는 "本月 初五日"에 도착했다고 적혀 있는데, 이는 5월 5일로 보인다. 등주에 도착하면 사신의 임무를 마무리해야 하기 때문에 10여 일 이상 묵는 게 일반적이었다. 흥미로운 것은 이 기간, 이 장소에서 사신과 김영철이 주고받은 말들이다.

신미년(1631) 사신이 황도로부터 일을 마치고 돌아오니, 날을 점

356 고용후, 〈呈登州軍門狀〉, 『晴沙集』

쳐 떠날 날을 정했다. 영철이 몰래 가서 말하니, 사신이 말하였다. "지난 번, 네 사정을 불쌍히 여겨 너를 데리고 돌아가고자 했는데, 천자께서 조서를 내려 너에게 옷과 곡식을 내리고 아내를 얻어 여기 살게 하셨다는 말씀을 들었다. 이제 황제의 조명이 없이는 너를 데리고 갈 수가 없다. 너는 다시는 돌아갈 생각을 말고, 몸을 잘 지켜 편안히 거하라." 하였다. 영철은 억지로 청할 수 없음을 알고 눈물을 머금고 절하였다. 날이 저물어 집으로 돌아왔다.(박재연본 35-36면)

위 인용문에서 사신은 연행사의 책임자로서 조심스런 모습을 보여준다. 사신은 처음에는 전쟁포로 출신의 영철의 처지를 측은히 여겨 몰래 데리고 가고자 했지만, 북경에 다녀온 뒤 황제가 영철에게 조서를 내려 명나라에 살 수 있도록 조처를 내린 것을 알게 된다. 작품의 앞부분에는 영철이 명에 와서 정착하기까지의 과정이 길게 서술되었는데, 특히 조정에 주문(奏文)을 올려 옷과 양식과 돈을 하사받고, 아내를 얻을 수 있도록 조처를 받았다는 내용이 상세하게 기록되어 있다. 그러기에 사신은 조정의 허락 없이는 영철을 데리고 갈 수가 없다고 한 것이다.

하지만 영철은 배가 떠나기 전날 밤 아내와 술을 나눠 마시고, 취해 자고 있는 아내를 뒤로 하고 새벽같이 사행선으로 달려왔고, 연생은 배의 판자를 드러내고 그 안에 그를 깊이 숨겨주었다. 날이 밝아 영철의 처가 배에 달려와 남편을 찾았지만, 사신은 사행선을 출발시키기 위해 영철의 아내 전씨를 간부(姦婦)로 몰아대기까지 하였다. 끝내 남편을 찾지 못한 채 배를 떠나보내는 전씨 부인에 대한 묘사는 매우 극적이다. 마침내 배는 출발하였고, 그제서야 영철은 판자 밑에서 나와 사신을 만난다. 이때 사신의 말이 인상적이다.

다음날 아침 갑자기 사람의 목소리가 들리는데, 갑판 밑에서 들렸다. "살려주시오. 살려주시오." 하는 실낱 같은 소리가 그치지 않고 계속 들려왔다. 사신이 놀라 물었다. "이 무슨 소리인가? 얼른 찾아보아라." 연생이 앞에 나아가 고하였다. "김영철이 어제부터 판자 밑에 숨어 있었습니다." 사신이 경악하여 곧 판자 밑에서 꺼내주게 하니, 과연 영철이었다. 사신이 한동안 말없이 있더니, 연생에게 말하였다. "고국의 사람을 내가 맡았는데, 이제 어찌 차마 죽일 수 있으랴. 하지만 다른 날 이 일이 탄로나면 그 죄를 당하는 것은 또한 어렵다. 그러나 이 일은 반드시 숨기기 어려울 것이고, 시작과 끝이 모두 너로 인하여 일어났고, 유죄든 무죄든 너에게 모든 책임이 있다. 내가 돌아가면 감히 이 일을 조정에 고하지 못할 것이니, 너는 영철과 함께 고향으로 돌아가되, 다만 남들에게 '동향의 친구를 다른 나라에서 만났는데, 차마 그냥 두고 올 수 없어서 사신을 속이고 몰래 태워 왔다.'고 하라. 그리하면 뒤에 비록 탄로가 나더라도 그 죄는 무겁지 않을 것이다." 다른 사람들도 모두 사신의 말대로 하기로 했다. 곧 음식을 주고, 옷을 갈아입혔다. 과연 한 번 분 바람은 삼일 내내 불어 다음날 낮 이미 평양 석다산 밑에 도착하였다.

(박재연본 40-41면)

사신은 사행선에 몰래 탄 김영철을 만났지만, 자신이 공식적으론 그와 어떤 관계도 가질 수 없음을 말하고 있다. 실제 역사에서 정두원은 1631년 6월 24일 석다산(石多山)에 도착하였고,[357] 7월 7일에는 한양에 도착하였다.[358] 김영철이 정두원의 배에 올라 실제 고향으로 돌아온 것이 사실인지 허구인지는 알 수 없지만, 작가는 이 일을 사실처럼 말하고 있다.

357 『인조실록』, 인조9년 6월 24일.

358 『승정원일기』, 인조9년 7월 7일.

김영철이 1630년에야 등주항에 입항한 조선의 사행선을 찾았다는 내용은 상상력을 발휘해 생각해볼 필요가 있다. 박현규의 연구에 의하면, 조선의 사행단이 등주를 출입한 것은 1630년이 처음이 아니라, 그 이전에 1626년 성절사은진주사 남이웅을 비롯하여, 1627년, 1628년, 1629년까지 모두 네 차례나 더 있었다.[359] 등주항으로부터 10리 떨어진 곳에 살고 있었던 영철이 사행선 입항 사실을 모를 리 없었을 것이다. 그런데 그는 왜 1630년에 입항한 사행선에만 관심을 나타냈을까? 서사적으로 본다면 이는 영철이 고향 갈 생각을 잊고 자식을 낳고 일을 하며 전씨 부인과의 혼인에 충실하려 했기에 그런 것으로 이해할 수 있다. 그는 1630년 이전에도 여러 차례 등주항에 정박한 조선 사행선을 먼발치에서 지켜보거나 찾아갔을지도 모른다. 그런데, 1630년에 입항한 사행선에는 자신의 고향친구가 도선주로 있었고, 그는 친구로부터 부모의 소식을 전해 들었다. 부친이 죽고 홀로 된 모친의 소식을 들은 것이 아마도 그의 마음을 움직인 것이 아닐까.

소결

이상에서 보았듯이 소설에 나타난 진하사와 역사 · 문헌 기록 속에 나타난 진위사 정두원의 실제 행적은 대개 일치한다. 정두원이 소설 속 주인공 김영철과 실제 만났는지, 정두원이 사행선을 출발시키기 위해 영철의 아내 전씨를 간부(姦婦)로 몰아댔는지, 또 영철이 사행선을 탄

359 박현규, 「17세기 전반기 대명(對明) 해로사행에 관한 행차 분석」, 『한국실학연구』 21, 한국실학학회, 2011, 122-127쪽.

것을 두고 동선한 사람들에게 치밀하게 입막음 조치를 했는지는 확인할 수 없는 일이다. 다만 개연성으로 보아서는 전혀 문제될 것이 없다. 그리고 사실 여부와 상관없이 그러한 역사적 인물이 이름이나 올리거나 단역으로 출현하는 데 그치지 않고, 개성 있는 인물로 성격화될 수 있다는 점은 우리 소설사의 커다란 수확이다. 도선주 이연생의 인물 형상 또한 흥미롭다. 영철의 동향 사람인 그는 김영철의 귀국 여정에서 주도적 역할을 하였고, 병자년에도 전씨 부인과 영철의 관계를 이어주는 역할을 한다.[360]

실제 현실세계에서 신미년에 사행선을 타지 않았더라면, 영철은 고국으로 돌아갈 수 없었다. 왜냐하면 1631년 정두원의 사행선 이후로 해로사행은 등주가 아닌, 각화도로 해로를 변경했기 때문이다. 그만큼 영철의 귀국에 경오년 해로사행은 반드시 필요한 설정이었다. 물론 허구의 사건이라면 그 이후에 사행선에 타도 문제가 되지 않겠지만, 현실세계에서의 시간과 맞추려고 했다면 1631년의 이 마지막 사행선을 놓치면 안 되는 것이었다. 이처럼 서사와 인물, 공간, 시간을 정확하게 맞춰 영철의 귀환서사를 집필한 장면은 개연성이 크고 서사적 정합도가 높다.

영철의 건주탈출과 등주정착 서사는 공간묘사의 허술함과 시간의 정합도가 떨어진다는 점에서 개연성이 낮은 편이다. 영철의 등주정착

360 〈김영철전〉에서 도선주 이연생은 1636년 가을에도 사행선을 타고 등주로 들어와 전씨 부인을 만났다. 이듬해 봄 전씨 부인은 떠나는 이연생을 통하여 남편에 대한 자신의 애틋한 마음을 전했다. 그런데 이는 현실적으로 성립될 수 없는 일이었다. 이 시기 사행사로 갔던 이는 김육(金堉)이었는데, 그는 등주가 아닌, 각화도를 거쳐 영원위에 도착하여 배를 정박하였다. 그러므로 병자년 사행선에 탄 이연생과 전씨 부인이 등주에서 만나 주고받은 이야기는 전적으로 허구다.

서사에서 혼인담과 가무공연담은 흥미로운데, 항구와 집의 거리가 10리 된다는 내용 외에는 등주의 지리와 경관이 묘사되지 않아 서사의 진실성이 떨어진다. 이에 비해 등주탈출 서사는 사건과 인물, 시간, 공간의 요소가 잘 들어맞아 개연성이 높다. 이는 1630년 정두원을 상사로 한 사행선이 등주에 입항한 사건을 제재로 했기 때문이다. 종합적으로 1631년 심하 전쟁포로 출신의 귀환서사는 실제 사실의 서술 여부는 단언하기 어렵다. 하지만 이 부분이 설사 허구라고 하더라도, 현실과 실제 사실에 바탕해 작품을 기획하고 설계한 작가의 상상력은 교묘하다. 또한 디테일은 좀 떨어지지만 주인공의 인생사와 현실 공간, 역사적 사건을 얽어 서사화한 것은 매우 흥미롭다. 무엇보다 1631년에 귀국하는 사행에 맞춰 영철의 등주 탈출을 설정한 것은 절묘했다. 이 부분이 있어 〈김영철전〉은 애정전기소설을 넘어, 역사소설의 지경을 보여줄 수 있었다.

제3장
공간묘사의 빈틈과 〈김영철전〉 서사의 해석

1. 참전군인의 인생사를 서사화한다는 것

〈김영철전〉은 참전군인 김영철의 행적을 따라 17세기 동아시아 전란 및 역사의 현장을 묘사하고, 무력한 개인이 가야 할 길을 진지하게 질문한 수작이다. 소설가는 조선 광해군 · 인조 조에 심하전투(1619년), 개주전투(1640년), 금주전투(1641년) 등 중국에서 벌어진 명 · 청 간 전쟁에 몇 차례 참전하였던 '김영철'의 파란만장한 삶과 가족에 대한 갈등을 서사화하였다. 소설의 주인공 김영철은 허구적 인물인지 실제 인물인지를 판가름하기 힘들 정도로 사실성과 형상화가 뛰어난 인물이다. 김영철은 20세 즈음에 심하전투에 출전하였다가 후금의 전쟁 포로가 되었고, 뒤에 탈출하여 고국에 돌아왔으며, 고국에 돌아온 뒤에도 명 · 청 간의 전쟁에 여러 번 출전하였다. 또한 그는 청나라, 명나라, 조선, 3국에 각각 처자식을 두었던 특이한 행적을 지녔던 인물이다.

김영철이 실존 인물인지, 허구적 인물인지에 대해서는 상이한 시각이 존재하고 있다. 박희병은 김영철이 실존 인물이고, 실사에 바탕하여 연의가 가미되어 소설의 성격을 띤 〈김영철유사〉가 지어졌으며, 홍세태가 〈김영철유사〉를 읽고 자신이 가졌던 강한 주제의식으로 〈김영철전〉을 창작하였다고 하였다.[361] 필자는 김영철의 동선(動線)을 따라 기록된 역사적 사건과 접촉한 인물들과의 어울림이 놀라울 정도로 구체적이고 사실적이라는 점, 적지 않은 당대인들이 그를 실존 인물로 보았다는 점, 김영철의 족보[362]와 후손들이 실제로 존재한다는 점 등을 근거로 김영철을 실존 인물로 보았다. 그리고 박재연본 〈김영철전〉 말미에 등장한 영유(永柔) 사인(士人) 김응원(金應元)이 최초로 김영철의 이야기를 입전한 인물이며, 이를 바탕으로 어떤 소설가가 역사기록을 참조하며 소설 〈김영철전〉을 창작한 것으로 보았다.[363]

이승수는 홍세태의 〈김영철전〉이 김영철의 실전(實傳)이며, 박재연본이나 국문본은 실전의 토대 위에서 소설의 문법으로 윤색되었을 가능성이 높다고 하였다. 김영철의 실존인물 여부에 대해서는 〈김영철전〉의 내용이 당대와 후대에 사실로 인정되었다는 점, 이동완(李棟完, 1651~1726)의 기록에 김영철의 무덤이 평안도 순안현(順安縣)에 있다는

361 박희병, 「17세기 동아시아의 전란과 민중적 삶」, 김학성 · 최원식 외, 『한국근대문학사의 쟁점』, 창작과비평사, 1990, 45-46쪽.

362 그는 본관이 평안남도 영유(永柔)이며, 동원(同原)인 풍천(豊川) 김씨 족보에 올라 있다.

363 권혁래, 「나손본 〈김철전〉의 사실성과 여성적 시각의 면모」, 『고전문학연구』 15, 한국고전문학회, 1999; 「〈김영철전〉의 작가와 작가의식」, 『고소설연구』 22, 한국고소설학회, 2006.

전언을 밝힌 점을 들어 긍정하였다.[364] 송하준은 새로 발견된 조원경본 〈김영철전〉을 텍스트로 하여 〈김영철전〉의 작자는 김응원이며, 김영철의 무덤이 평안도 순안현에 있다는 점, 김응원이 쓴 것은 단순한 전이 아닌 소설이라는 점, 창작시기는 1688년 이후이며, 이름이 알려지지 않은 사람이 이 원작을 윤색했다는 점을 논증하였다.[365]

이에 반해, 양승민, 엄태식은 〈김영철전〉을 17세기 전기소설의 수법에 따라 쓰인, 완전한 허구로 보았다. 양승민은 박재연이 발굴한 박재연본 〈김영철전〉이 홍세태의 〈김영철전〉의 저본이 되었을 원작 계열의 이본이며, 박희병이 말한 〈김영철유사〉와 흡사할 것이라고 하였다. 홍세태는 소설 〈김영철전〉을 하나의 역사물로 읽었을 것이라며, 〈김영철전〉은 처음부터 완전한 소설의 형태를 취했을 것이라고 하였다.[366] 엄태식 역시 〈김영철전〉이 실제 인물을 주인공으로 한 것이 아니라, 허구적 인물을 사실인 듯 묘사하는 애정전기소설의 형상화 수법에 의해 창작되었다고 주장하였다. 영철이 3국에서 혼인을 열망하는 것이나 전란이 남녀 주인공의 이별의 계기로 작용한 것 등이 애정전기소설의 영향이라 하였다.[367]

〈김영철전〉의 모델 김영철이 실존인물이라는 주장은 그의 무덤,

---

364 이승수, 「〈김영철전〉의 갈래와 독법－홍세태의 작품을 중심으로」, 『정신문화연구』 30－2, 한국학중앙연구원, 2007, 298－299쪽.

365 송하준, 「새로 발견된 한문필사본 〈김영철전〉의 자료적 가치」, 『고소설연구』 35, 한국고소설학회, 2013, 247－253쪽.

366 양승민 · 박재연, 「원작 계열 〈김영철전〉의 발견과 그 자료적 가치」, 『고소설연구』 18, 한국고소설학회, 2004, 97－106쪽.

367 엄태식, 「〈김영철전〉의 서사적 특징과 서술 시각」, 『한국고전연구』 24, 한국고전연구학회, 2011, 528－530쪽.

그를 시조로 한 족보가 존재하며, 홍세태를 비롯한 당대인들의 믿음, 작품 내적인 진실성과 서사의 핍진성을 근거로 한다. 허구라는 주장은 〈김영철전〉의 서사가 너무나 극적이고 우연의 연속이라는 점, 결혼과 전란을 계기로 한 이별의 방식이 애정전기소설의 영향을 보여준다는 것을 근거로 한다. 양승민은 현전 김영철의 족보가 소설의 영향을 받아 후대에 만들어진 것이라고 하였다. 그것이 사실이라면 놀라운 일이지만, 소설로 인해 없던 족보와 후손이 생기는 일이 가능한 일인지 모르겠다.

〈김영철전〉의 서사를 사실적 측면과 허구적 측면에서 해석하는 방식은 각 주장마다 상당한 근거와 논리가 있고, 여전히 논쟁적 성격이 있다. 〈김영철전〉은 애정전기소설적 면모도 있지만, 동아시아 전란과 공간에 대한 구체적 지식과 묘사, 역사적 인물의 캐릭터화, 작가의 정치사회적 문제의식이 분명한 작품이다.

이러한 논점에 대해 필자는 이 장에서 두 가지 방식으로 논증할 것이다. 첫째, 소설가가 명 · 청 교체기의 동아시아 전란의 현장을 어떠한 방식으로 기술하였으며, 그것이 주인공의 인생사 서술과 결합하는 방식에 개연성이 있는지 고찰할 것이다. 둘째, 소설가가 조선과 후금, 명나라에 이르는 광대한 공간과 주인공들의 이동노정을 묘사한 것을 검토하여 소설의 개연성 및 사실성을 평가할 것이다. 이러한 논의에 바탕하여 역사의 기술과 소설 주인공의 인생사 서술이 어떻게 의미화되는지를 고찰할 것이다.

2. 전란기술과 주인공의 인생변곡을 연결시키는 글쓰기

소설에는 심하전투(1618~1619년), 영원성전투(1626년), 정두원의 해로사행(1630~1631년), 모문룡의 피섬 점거(1637년), 개주전투(1640년), 금주전투(1641년) 등 명 · 청 교체기의 주요 전란과 역사적 사건이 비중 있게 서술된다. 흥미로운 것은 이러한 전란 및 사건이 주인공 김영철의 인생사에 결정적인 변곡점으로 작용한다는 점이다. 엄태식은 〈김영철전〉에서 전란이 철저하게 남녀 주인공들의 만남과 이별의 계기로 작용한다고 했는데,[368] 조금만 자세히 보면 그렇지 않다는 점을 알 수 있다. 영철이 건주의 호녀와 결혼하게 된 계기는 그가 아라나의 가노가 된 것이지, 심하전투의 패전이라고 말할 수는 없다. 영철이 건주를 탈출해 등주에 정착해 전씨 부인과 결혼한 것은 전란과 상관이 없다. 영철이 1631년 봄 등주의 전씨 부인과 이별한 것도 정묘호란 뒤 홀로 된 모친에 효를 다하려 사행선에 탄 것 때문이지, 전쟁과는 직접적 상관이 없다. 영원성전투는 물론이고, 개주전투나 금주전투는 영철이 등주와 건주에 있는 처자식에게 안부를 전하는 계기가 되긴 했지만, 남녀 주인공들의 만남 및 이별과는 상관이 없다. 필자는 이보다 포괄적인 범주에서 전란이 시대의 전환 및 주인공의 운명에 끼친 영향에 대해 살핀다.

김영철은 심하전투 참전으로 인해 가족과 이별하고 오랜 시간 타국 생활을 하게 된다. 소설가는 김영철과 조부와의 이별을 '가문의 대가 끊기는 고통'으로 묘사하였다. 심하전투에서 조 · 명 연합군이 패배

---

368 위의 논문, 530쪽.

하면서 영철은 건주에서 포로생활과 후금 여인과의 결혼생활을 경험하게 된다.

1625년 8월, 김영철은 아홉 명의 한인 포로들과 조선 국경 평안도가 아닌, 중국 내륙 쪽으로 탈출을 시도한다. 탈출과정에서 영원성 수비대에 합류한 그는 1626년 1월, 영원성전투에서 누르하치가 이끄는 후금 군을 패퇴시키는 데 기여하였다. 이때 영원성의 주장이었던 원숭환 장군의 도움으로 말미암아 김영철은 북경으로 이송되어 조사받고, 명 조정의 지원금을 받고 산동성 등주에 정착할 수 있었다.

1626년 봄, 등주에 도착한 김영철은 명나라 여인과 결혼하여 살다가, 1630년 10월 등주항에 도착한 조선의 사행선을 찾아가 고향 부모의 소식을 얻어 듣고 조선 귀국을 결심한다. 이 시기 등주에는 실제로 정두원(鄭斗源, 1581~1642)[369]을 상사로 한 조선의 사행선이 입항하였다.[370] 영철은 이듬해 6월 귀국하는 사행선에 잠입하여 고향으로 돌아갔으니, 영철에게 이때의 사행선은 실제 공간에서 고국으로 귀환할 수 있는 유일한 수단이었다.

귀국한 김영철은 뒤에 개주전투, 금주전투에 출전하였다. 1640년 개주전투에서 김영철은 임경업 장군의 통사로 활약하면서 죽을 위험도

369 정두원은 1630년 10월 사신으로 등주에 입항하여 북경으로 가서 화포 · 천리경 · 자명종 등의 현대적 기계와 함께 이마두(利瑪竇)의 천문서와 『서양국풍속기』 등의 서적을 가지고 이듬해 4월 조선으로 돌아왔다(온라인 『한국민족문화대백과사전』, 한국학중앙연구원.

370 조선은 1617년부터 1630년 사이에 청나라의 위협을 피해 산동성 등주까지 뱃길로 사행을 보내 등주에서부터 육로로 북경까지 가서 명 황제를 알현하였다. 1631년부터 1636년까지는 등주가 아닌, 각화도를 통해 입항, 북경까지 육로 사행을 이어갔다.

겪었지만, 이 전투 때문에 명군 진에서 등주 처남 전유년을 만났고 등주에 두고 온 처자 소식을 들을 수 있었다. 1641년에는 유림 장군을 따라 금주전투에 참전하였다가 다시 청나라로 끌려갈 위험에 처하기도 했지만, 진중에서 건주의 장남을 만나 부자의 정을 나누고, 두고 온 아내와 차남에게 선물을 전할 수 있었다.

소설에 설정된 명 · 청 교체기의 여러 전란은 김영철에게 가족과의 기나긴 이별, 포로생활, 청나라의 옛 주인에게 잡혀갈 위기에 처하는 계기 등 인생사의 결정적 변곡점으로 작용하였다. 한편으로는 중국에 두고 온 처자들에게 소식을 전하는 계기도 되었다. 이는 두 가지를 생각하게 한다. 첫째, 소설 밖에서 보면, 영철이 귀국 후 전쟁에 나갈 때마다 후금과 명나라에 두고 온 가족을 만나 안부를 확인하고 선물을 전했다는 것은 너무나도 극적이어서 그야말로 소설이 아니면 믿을 수 없을 만큼 우연이 연속된다. 이는 김영철의 행적 및 동선(動線)의 사실성을 의심할 수 있는 근거가 된다. 둘째, 소설 안에서 보면, 김영철은 전란 때문에 그 누구도 겪어보지 못한 파란만장한 인생을 살았다. 이로 인해 영철은 소설에서 다기한 동아시아 역사 현장의 목격자 및 증언자의 역할을 하였고, 이 주인공이 있어 〈김영철전〉은 역사소설로서의 성격이 발현되었다.

〈김영철전〉은 김영철의 인생을 그린 소설로만 알기 십상이다. 그런데 소설가는 김영철의 동선을 따라 심하전투, 영원성전투, 개주전투, 금주전투 등 명 · 청 교체기의 주요 전란을 묘사하고 서사화하는 데 꽤 공을 들였다. 흥미로운 것은 전란 장면의 기술에 3인칭 주인공 시점이 아닌, 전지적 작가의 시점에서 기술된 부분이 많다는 점이다. 전란의 시말에 관한 한, 작가는 비교적 정확하거나 개괄적인 지식과 정보를 전달하고, 자신의 관심사에 따라 전투 장면과 인물들의 행위를 포착해 선택적으로 묘사하였다. 이 점은 〈김영철전〉 작가의 정체성 및 주제 이해에 중요한 단서를 제공한다. 박재연본 〈김영철전〉의 해당 장면을 인용하면서 전란의 기술방식과 의미를 분석하기로 한다.

심하전투 기술과 김영철의 건주 시절

소설에 기술된 심하전투 장면 전문을 보면 다음과 같다.

> 아군과 대국의 병사가 길을 다투며 깊이 들어가 ①경마전(景麻田)에 도착했다. 주장이 양경략을 만나 협공책을 세우니 경략이 크게 기뻐하였다. 이때 좌영장 선천부사 김응하(金應河)가 5천 명의 군사를 거느리고 선봉이 되었다. 영유현의 병사들은 좌영에 속했으므로 영화와 영철은 함께 김장군의 군중에 있었다.
>
> 3월 3일에 ②우모령(牛毛嶺)에 이르렀고, 4일 새벽에는 호병과 접전하였다. 호주(胡主)가 그의 아들 귀영가(貴榮哥)로 하여금 정병 수만 명을 거느리고 먼저 양경략을 치게 하여 대승을 거두고는 아군의 좌영을 공격해 왔다. 김응하가 도원수 강홍립에게 병사를 이끌고 와서 구원해 줄 것을 요청했으나, 홍립은 산 위에 진치고 유격병을 지휘할 뿐 ③사하(沙河)에 머물러 병력을 움직이지 않고 구원해 주지 않았다. 부원수 김경서가 혼자 말을 타고 빠져 나가 호병의 허실을 정탐하고 돌아와 홍립에게 말하였다.
>
> "호병과 대군이 맞서 싸운 지 이미 오래되었습니다. 저들은 이제 막 천병을 무찌른 터라 마음은 해이하고, 기력은 쇠하여 군진 앞에 누워 쉬기도 하고 말 위에서 곤히 자기도 합니다. 이제 대군을 급히 출동시켜 먼저 좌영을 구원하고 그 예봉을 틈타 곧바로 몰아

붙인다면 호병을 반드시 쳐부술 수 있습니다."

홍립이 대답은 하지 않고, 차고 있던 비단주머니 속에 감추어 두었던 밀지(密旨)를 꺼내 보여주었다. 그것은 홍립이 출병하던 날에 폐주(廢主)가 친히 써서 몰래 주었던 것이다. 밀지에는 다음과 같은 내용이 있었다.

④"우리나라와 북쪽 오랑캐 사이에는 본래 틈이 벌어질 일이 없다. 천병에게 협조하여 오랑캐를 다 멸할 수 있다면 가장 좋겠지만, 불리해진다면 그 뒤에 반드시 해를 끼치게 될 것이니, 일의 형세를 관망하고, 절대로 경솔하게 행동하지 말라."

⑤경서는 다 보고난 뒤 한 마디 말도 감히 꺼내지 못하였다. 종사관 이민환(李民寏)과 여러 장수 등은 예기가 꺾이어 서로 돌아보며 비통해 하고 낙담하였다. ⑥좌영장 김응하가 몸을 떨쳐 힘을 다해 싸웠는데, 좌충우돌하여 아침부터 저녁까지 여기저기서 교전하매 그 소리는 천둥번개가 내리치는 듯하고 그 기세는 천지가 뒤집히는 것 같았다. 호주의 둘째 아들이 크게 소리치며 우리 군진을 향해 돌진하자 응하가 화살을 쏘아 쓰러뜨리니 적병이 조금 뒤로 물러났다. 귀영가가 검을 휘둘러 싸움을 독려하자 적들이 삼면을 에워싸며 급히 공격하였다. 천총 이유길과 고수(高秀) 등이 힘을 다해 싸우다 죽고 사졸 가운데 한 사람도 도망가거나 흩어진 자가 없었으니, 죽을힘을 다해 싸우는 모습을 볼 수 있었다. 그러나 저쪽은 수가 많았고 우리는 수가 적었으며, 병력은 약하고 길은 막혔는데, 적들은 병력을 보태서 기세를 북돋아 포위를 좁히며 일제히 차고 들어왔다. 응하가 적들이 거의 밀어닥친 것을 보고는 다시 어찌해 볼 도리가 없어 마침내 버드나무에 몸을 기대어 화살을 뽑아 마구 쏘아대니, 쏠 때마다 맞지 않는 때가 없었고 맞으면 반드시 즉사했다. 적들이 거의 물러갈 즈음에 불행히도 활은 부러지고 화살은 다하여, 적들이 다시 이 기회를 틈타 에워싸며 공격했다. 적군의 화살이 비 오듯 쏟아져 갑옷을 관통하여 살을 뚫고 들어왔다. 그리

하여 마침내 죽음에 이르렀지만, 우뚝 서서 쓰러지지 않았을 뿐 아니라 의연히 칼을 쥐고 눈을 부릅뜬 채 서 있었다. 아, 장렬하도다! 옛적에 선진(先軫)은 죽었어도 살아 있는 것 같았는데, 이제 장군은 죽었어도 쓰러지지 않았으니, 천지간에 뛰어나고 만고에 빛나 사라지지 않을 것이다. **아**, 위대하도다!

⑦이때 영철은 왼팔에 화살을 맞고 영화는 중상을 입었다가 어두운 밤을 틈타 산기슭을 따라 와서 원수의 군중으로 의탁해 들어갔다. 좌영의 5천 병사 가운데 백여 명만이 살아 돌아왔다.[371]

위 심하전투 장면에는 몇 가지 특징이 있다. 첫째, 이 장면은 전지적 작가 시점에서 기술되었다. 조명 연합군과 후금 군이 격돌한 이 전투의 시말은 일개 병사인 김영철의 위치 및 시선에서 기술할 수 있는 내용이 아니다. 그러므로 이 장면은 작가가 서술한 것인데, 전투의 현장에 대해 기술한 '책'을 참조하지 않으면 알 수 없는 내용과 정보로 채

371 我軍與大國兵, 爭道深入, 至景麻田. 主將見楊經畧, 畫挾擊之策, 經畧大悅之. 時左營將宣川府使金應河, 將五千軍爲前鋒. 永柔之兵, 屬於左營, 故永華·英哲, 俱在於金將軍軍中矣. 三月三日, 抵牛尾嶺, 四日平明, 與胡兵接戰. 胡主使其長子貴榮哥, 將精兵數萬, 先擊楊經畧, 大破之, 仍擊我軍左營. 金應河請都元帥姜弘立率兵來救, 弘立陣於山上, 指揮游兵, 住劄於沙河, 按兵不救. 副元帥金景瑞, 獨挺身馳馬, 來覘胡兵之虛實, 歸言於弘立曰, "胡兵與大軍, 相持已久矣. 新破天兵, 心懈力疲, 或偃息於陣前, 或困眠於馬上. 今若急進大軍, 先救左營, 因勝銳直驅, 則破胡兵, 必矣." 弘立不答, 出所佩錦囊中所藏密旨, 而示之, 蓋弘立出兵之日, 廢主親書密給者也. 有曰, 我國與北胡, 本無釁隙, 若協助天兵, 盡滅之則大善, 若不利則後必貽害, 觀其事勢, 切勿輕動也云云. 景瑞見畢, 不敢出一言. 從使官李民寏及諸將等, 銳氣頓挫, 相顧慘沮而已. 左營將金應河, 奮身力戰, 左右衝突, 自朝至晡, 轉鬪交鋒, 聲如電擊雷吼, 勢若天飜地掀. 胡主次子, 大呼突陣, 應河以矢射殪之, 賊兵小却. 貴榮哥揮劍督戰, 匝三面急攻. 千摠李惟吉·高秀等, 力戟死之, 士卒無一逃散者, 可見其得死力也. 然彼衆我寡, 兵單路窮, 賊添兵助勢, 逼圍齊蹴. 應河見危蹙, 不可復爲, 遂依柳樹, 抽矢亂射, 射無不中, 中必立死. 賊幾欲退去之際, 不幸弓折矢盡, 賊復乘機, 環圍而攻之. 賊箭如雨, 穿札洞膚, 終至於死, 而屹立不僵, 猶握劍瞋目而立. 嗚乎, 偉哉! 時英哲中矢於左臂, 永華亦重傷, 乘黑夜緣麓而來,

워져 있다. 둘째, 지명과 일정, 인명 기술은 구체적인 편이지만 부정확하거나 모호한 점이 많다. 인용문의 ①경마전(景麻田), ②우모령(牛毛嶺), ③사하(沙河)는 심하전투 진군로에 있는 지명들인데, 심하전투에 참전한 이민환의 진중일기 『책중일록(柵中日錄)』에 의하면, ①조 · 명 연합군이 합류한 지점은 경마전이 아닌, '양마전(亮馬佃)이며, 전투처의 정확한 지명은 ③사하(沙河)가 아닌, 부찰(富察) 또는 부차(富車)이다. ②우모령(牛毛嶺)은 전투지인 부찰 들판에 이르기 전에 있는 1,320미터의 높은 산이다. 소설가는 3월 3일 우모령을 넘어 3월 4일 호병과 접전하였다고 했는데, 『책중일록』에 의하면 조명 연합군은 2월 28일 우모령을 넘어 3월 4일 부차(富車)에서 후금 군의 습격을 당해 궤멸되었다. 여기 기술된 강홍립, 김응하, 김경서, 귀영가 등의 인명은 정확한 편이다. 책을 보고 쓴 내용이겠지만, 정확하지 않은 부분이 있음을 알 수 있고, 그 책이 『책중일록』이 아니라는 점은 분명하다.[372]

④와 ⑤는 광해군이 강홍립에게 주었다는 밀지에 관한 내용인데, 소설가는 이 장면에서 강홍립이 관망만 하다가 투항한 것처럼 부정적 시각에서 기술하였다.

⑥은 소설가가 심하전투 장면을 기술하면서 가장 공들여 쓴 부분이다. ⑥에서 소설가는 좌영장 김응하가 얼마나 영웅적으로 싸우다 비장하게 죽었는지를 묘사하여 김응하를 치하하였다. 특히, 끝에 있는 "아, 위대하도다.(嗚乎, 偉哉!)"라는 영탄을 통해 소설가는 '김응하의 절사와 명에 대한 의리'를 높이 기리었다. 김응하의 전사는 김영철의 행

372 이에 대해서는 권혁래 · 김재웅 · 신춘호, 「심하전투서사의 문학지리학적 고찰」, 『우리어문연구』 51(우리어문학회, 2015) 및 이 책의 4부 1장 내용을 참조할 것.

적과 일정한 관련이 있지만, 이 정도의 묘사는 과도하고, 전체 맥락에서는 불필요하기까지 하다. 이는 소설가의 관심이 김영철의 행적이 아니라, 김응하의 행위를 '숭명배청(崇明背淸)'이라는 시대이념과 관련하여 기리는 것에 있음을 보여준다. 김응하의 영웅적 행적은 그의 죽음 직후 〈김장군전〉(1619), 〈충렬록〉(1621) 등으로 입전되어 널리 읽혔다. 〈김영철전〉에 그려진 김응하의 활약에 대한 서술은 〈김장군전〉과 〈충렬록〉 내용과 대부분 일치한다.[373] 이 점은 〈김영철전〉의 창작기법, 또는 창작과정을 이해하는 데 중요한 단서를 제공한다. 바로 〈김영철전〉의 심하 전투 장면은 주인공 김영철의 자기서사가 아니라, 1620년을 전후해 입전된 〈김장군전〉과 〈충렬록〉의 시각과 내용에 의해 기술되었다는 점이다.

⑦은 역사의 현장을 전체적으로 기술한 뒤에 영철을 역사의 현장에 개입시키는 방식의 소설 기법을 보여준다. 소설가는 영철과 그의 작은 할아버지 영화가 중상을 입고 김응하 장군이 이끌던 좌영군 100여 명과 살아 돌아와 강홍립의 진중에 합류하였음을 서술하였다. 그리고 이 뒤로 강홍립이 투항 장면과 영철의 포로생활 및 건주의 결혼생활이 기술된다. 영철의 포로생활 및 건주 결혼생활 서술이 소설가의 주 관심사였다면, 그 앞에 김응하의 전사 장면을 그렇게 길게 서술할 필요가 없었다.

373 이러한 작품들의 형성은 권력의 통제를 받는 문학의 모습을 보여주는 것으로, 단순히 김응하 일 개인에 대한 기림을 넘어, 조선정부의 대내외적인 숭명반청 의식의 발현과정으로 이해된다. 김응하의 영웅화 과정에 대해서는 이승수의 「심하 전역과 『김장군전』」, 『한국문학연구』 26(동국대 한국문학연구소, 2003, 27-43쪽)을 참조할 것.

그리하여 마침내 그 아우와 유년 등 여러 사람을 데리고 가서 주장(主將)에게 고하였다. 주장은 적중 형세에 대하여 자세히 듣고, 적들이 가을에서 겨울 사이에 변경을 침략할 뜻이 분명히 있음을 알게 되었다. 여섯 사람이 도망쳐 왔기 때문에 적병이 반드시 올 것이므로, 조정에 이를 아뢰었다. "이 여섯 사람은 오랑캐 조정에 오랫동안 붙잡혀 있었으므로, 적의 사정을 다 알고 있습니다. 집으로 돌려보내지 말고 잠시 군중에 두어 변경의 정세를 묻고자 합니다."

천자가 허락하였다. 이에 ①주장은 여섯 사람을 항오에 편입시켜 군장을 갖추어 주고 옷과 식량을 후하게 주었다. ②그해[1625년] 겨울, 호병이 과연 영원위를 습격하였으나, 성중에서 대비하여 호인들이 감히 침범하지 못하고 봄이 되어서야 진을 풀고 돌아갔다. 6인이 날마다 주장에게 호소하여 말하였다.

"저희들이 오랑캐에게 잡혀간 지 오래되어 고향이 그리워 견딜 수가 없습니다. 만 번 죽을 지경을 무릅쓰면서 돌아온 것은 진실로 부모와 처자를 한 번이라도 보고서 죽고자 하였기 때문입니다. 그런데 도리어 변방을 지키는 군졸이 되어 이곳에 머무르며 골육과 서로 떨어져 있다면, 저 오랑캐 땅에 있었던 날들과 무엇이 다르겠습니까? 바라옵건대 주장은 우리들의 위급한 형편을 굽어 살피시어 돌아가 부모님을 뵐 수 있도록 허락하여 주십시오."

주장이 불쌍히 여기어 이 뜻을 조정에 아뢰었다.[374]

374 遂挈其弟及有年等諸人, 告於主將. 主將細聞賊中形勢, 以知秋冬之交, 必有犯境之意. 以六人之逃歸, 賊兵之必至, 奏聞于朝日 此六人久陷虜庭, 備諳賊情, 勿遣歸其家, 姑置軍中, 以詢邊機. 天子許之. 於是, 主將以六人, 編之行伍, 備給軍裝, 厚賚衣粮. 其年冬, 胡兵果襲寧遠衛, 而城中有備, 胡人不敢犯, 至春乃解歸. 六人日日泣訴於主將日, "我等之陷於虜中, 已久矣, 不堪懷鄉之情. 冒萬死而歸者, 誠欲一見父母及妻子而死矣. 不自意反爲屯戍之卒, 淹滯於此, 與骨肉相阻, 何異於在彼之日乎? 惟願主將, 俯憐我等危迫之情, 許令歸覲." 主將憐之, 以此意奏聞于

김영철과 전유년 일행은 1625년 8월 15일 밤 건주를 탈출하여 5일째 되는 날 밤, 영원성 부근에 도착하였다. 영원성은 당시 후금의 공격에 대비, 경계가 삼엄했고, 전유년과 김영철 일행 6명은 영원성을 지키는 명의 병사들로부터 후금의 첩자로 의심받아 거의 죽을 뻔했으나, 일행 중 한 명이 병사 중에서 형을 발견하여 가까스로 죽음을 면할 수 있었다.

작품에는 ①"主將"으로만 기록되었는데, 당시 영원성을 지키던 장수는 원숭환(袁崇煥, 1584~1630)이었다. 역사에서 누르하치는 1626년 1월 14일 13만 대군을 직접 이끌고 심양을 출발, 1월 23일 영원성에 도착하여 맹공격하였으나, 원숭환 장군의 반격에 많은 피해를 입고 결국 얼마 안 있어 퇴각해야 했다. 이때 패배한 이후 누르하치는 1626년 8월 11일, 68세로 세상을 떴다.[375]

소설가는 영원성전투에 대해, 1625년 8월 20일에 영원성에 도착한 전유년과 영철 일행이 영원성 수비대에 편입되어 함께 후금군의 공격에 대비하였고, ②에서처럼 그해 겨울 후금군이 성을 포위했지만, 수비가 견고해서 1626년 3월에는 포위를 풀고 돌아갔다고 했다. 영원성전투 장면에는 특징적인 점이 있는데, 심하전투 못지않게 크고 비중 있는 이 전투를 작가가 서술할 때 몇 개월의 시간착오를 드러냈으며, 전투의 전말을 간략하고 모호하게 서술했다는 점이다.

대신, 영원성전투 서사에 영철 일행이 관련된 두 가지 이야기를 연결시킨다. 첫 번째 이야기는 영철과 전유년 일행이 건주를 탈출해 영원

朝.(박재연본 19-20면).

375 장한식, 『오랑캐 홍타이지 천하를 얻다』, 산수야, 2015, 98쪽.

성으로 왔을 때, 영철이 후금의 군대의 공격 정보를 주장에게 알려줌으로써 영철이 영원성 수비에 기여했다는 점을 말한다. 두 번째, 영원성 전투 이후 북경으로 호송된 영철이 명나라 조정의 조사를 받은 후 정착금 및 결혼 장려금을 받는 이야기이다.

영원성은 영철이 1625년 8월 말부터 이듬해 봄까지 약 7개월을 머물렀고, 원숭환 장군이 천하의 누르하치를 패퇴시킨 곳이다. 작가는 원숭환이나 누르하치의 이름을 한 차례 언급하지 않고도 이 전투와 영철의 인생사를 극적으로 결합시켜 서사를 진행하였다.

개주전투의 임경업 장면과 김영철-등주 처남의 해후

> ①정축년[1637] 이후로 청병은 날마다 중원을 얻고자 하여 침략하지 않는 해가 없었다. 清主[청 태종]는 이에 아국에 군대를 내게 하니, 우리나라가 임경업을 주장으로 하고, 이완을 부장으로 삼아 수군 오천을 이끌고 청병을 도왔다. 임경업은 영철이 중국말과 청나라말을 다 할 줄 안다는 것을 듣고, 크게 기뻐하여 불러 보고, 같이 가게 하였다. 아군이 4월에 배를 출발하여 6월에 개주위에 도착하였다. 삼국 전함이 바다 가운데 늘어서서 서로 바라보았다. 어느 날 밤, 임경업은 영철과 장관 이수남을 시켜 작은 배를 타고 중국 진중으로 가서 주장을 만나게 하여, "내일 싸움에서 우리 군대는 총에서 탄환을 뺄 것이니, 중국 병사들은 화살에서 촉을 빼십시오. 서로 싸울 때 우리 군대가 거짓 패하여 항복할 것이니, 이것으로써 우리나라가 천조의 의를 배신하지 않았다는 것을 나타내고자 합니다."라고 약속을 전한다. 천장이 크게 기뻐하여 답서를 써 주고, 백금 30냥과 청포 30필을 상으로 두 사람에게 주었다.

②영철 등이 절을 하고 나와 배에 오르려고 하는데, 불빛 중에 문득 한 사람이 뛰어나오더니, 영철의 손을 잡고, "자네는 어디에서 오는 길인가?"라고 말하였다. 영철이 놀라 바라보니 바로 전유년이었다. 두 사람이 서로 보고 너무 기뻐 말을 하지 못하였다. 한참 뒤에 유년이 말하였다.

"정축년 봄, 이연생을 통해서 자네가 무사히 돌아갔다는 소식을 들었네. 하지만 땅이 만 리나 떨어져 있고, 바다는 동서로 나누어서 다시 보기를 기약하지 못하였더니 오늘 다시 보게 될 줄은 생각도 못하였네."

영철이 처자의 안부를 겨우 물어보고 얻은 청포 30필을 유년에게 주며, "이것을 처자에게 전해주게. 갈 길이 너무 급하여 더 말을 못하겠네."하였다. 영철이 곧바로 군중으로 돌아오니 이미 날이 밝았다.

③임경업은 답서를 보고 매우 기뻐하였다. 답서를 다 보기도 전에 갑자기 두 명의 호인이 급히 작은 배를 급히 저으며 빠르게 와서 배 안으로 뛰어들었다. 경업이 크게 놀라, 시자에게 눈짓을 하여 그 답서를 감추었다. 호인이 경업을 붙들고 옷과 신을 벗긴 뒤 온몸을 뒤지며, "좀 전에 막 작은 배가 중국 진중에서 이리로 급하게 왔으니, 반드시 문서가 있을 것이다."라고 말했다. 이에 배와 배에 탔던 사람들의 옷을 다 뒤졌으나 끝내 아무 것도 찾아내지 못하였다. (중략)

이날 오시(午時)에 중국 전함 20여 척이 깃발을 올리고 징과 북을 울리며 곧바로 조선 군중으로 향하였다. 경업은 진중에 은밀히 명을 내렸다.

④"아군의 오늘 전투는 부득이한 것이다. 황명(皇明)의 옛 은혜는 결코 저버릴 수 없다. 총을 가진 군사들은 모두 탄환을 제거하고 쏘아라."

명령이 떨어진 후 배를 저어 나아가매, 중국 병사들도 살촉이 없는 화살을 쏘아대니, 양군이 교전하였으나 모두 다친 자가 없었다. 천병이 전진하여 아군을 포위한 뒤 쇠갈고리를 이용하여 우리 배를 끌어당기니, 아군 중에 크게 겁먹은 자가 있어 장군의 명령을 따르지 않고 총에 몰래 탄환을 넣어 두었다가 일제히 난사하니, 천병 가운데 죽은 자가 매우 많았다. 이에 크게 놀라 쇠북을 치니 포위를 풀고 떠나갔다.[376]

개주전투 장면에서 소설가는 개주에서 임경업이 후금 장수의 지휘를 받으며 명군과 전투를 벌이는 과정을 상세히 기술하면서, 임경업이 조선 수군들에게 화살촉을 빼고 화살을 쏘게 하는 식으로 명군과의 전투를 회피했다는 점을 소상하게 서술하였다. 〈김영철전〉에서 임경업이 출병했을 때 김영철이 명 진을 왕래하다 청군에게 발각되었으나 임경업과 기고관 김덕중의 기지로 위기를 모면하는 장면은 〈김영철전〉의 작가가 이선(李選, 1632~1692)의 〈임장군전〉에 있는 일화를 변용한 것임

376 自丁丑以後, 淸兵日益覬覦中原, 無歲不侵. 淸主乃徵兵於我國, 我國以林慶業爲上將, 以李浣爲副將, 領水軍五千, 往助淸兵. 林慶業聞英哲能解華夷語音, 召見大悅, 仍帶去. 我軍四月發船, 六月至嘉州衛. 三國戰艦, 列於海中, 而彼此皆相望矣. 一日夜, 林慶業遣英哲及將官李秀男, 乘小船, 往中國陣中, 見主將, 相約日, “明日之戰, 我軍去丸於銃, 中國之兵, 拔鏃於箭. 與之爭戰, 我軍爲佯敗而降, 以表小邦不背天朝之義.” 天將大喜, 答書. 以白金三十兩 · 靑布三十疋, 各賞二人. 英哲等拜謝而出, 方欲登船之際, 火光中忽有一人突出, 執英哲之手日, “君從何處而來乎?” 英哲驚顧視之, 乃田有年也. 兩人相見, 喜極無言. 久而後, 有年日, “丁丑之春, 因李連生聞君無事東還, 而地隔萬里, 海分東西, 會面無期, 今日重逢, 曾是不意.” 英哲僅問其妻子安否, 因以所得靑布三十疋, 給有年日, “以此遺妻子. 行色甚迫, 更未吐語耳.” 卽還到軍中, 已平明矣. 林慶業見答書, 甚喜. 未及盡見, 忽有兩胡急掉小船, 疾馳而來, 躍入舟中. 慶業大驚駭, 目侍者, 藏其答書. 胡人拉慶業, 脫其衣靴, 遍身搜索日, “俄者, 小船自中國陣中閃來于此, 必有文書.” 仍探船中及船上諸人衣服, 而終無所得. (中略) 是日午時, 中國戰船廿餘隻, 大張旗幟, 吹鑼鳴鼓, 直向朝鮮軍中. 慶業密令於陣中日, “我軍今日之役, 不獲已也. 皇明舊恩, 決不可孤也. 銃軍皆丸而放之.” 令旣布, 乃棹船而進, 中國兵亦以無鏃之矢射之, 兩軍交戰, 皆無所傷者. 天兵進圍我軍, 以鐵鉤, 鉤引我船而去, 我軍便生大恸, 不從將令, 潛藏鐵丸於銃中, 一齊亂發, 天兵之中死者甚衆. 大驚擊金, 解圍而去. (박재연본 51-54면).

이 송하준에 의해 밝혀졌다. 송하준은 〈김영철전〉의 작가가 이선이 지은 〈임장군전〉에서 거짓으로 행형(行刑)하는 장면과 명군에게 포로로 잡혔던 군졸들이 밀서를 가져온 장면의 순서를 바꾸고, 두 군졸[二卒]을 김영철 · 이수남으로 교체했으며, 우연히 벌어진 일을 마치 계획했던 양 바꾸고, 그 일을 김영철이 도맡았다는 식으로 변개했다는 점을 밝혔다. 이선의 〈임장군전〉은 1688년 9월에 지어졌는데, 송하준은 이를 근거로 김응원이 〈김영철전〉을 지은 것은 1688년 이후일 가능성이 높다고 하였다.[377]

아주 구체적인 부분에서 〈김영철전〉의 작가가 선행하는 텍스트를 참고하여 고쳐 썼다는 송하준의 발견은 매우 흥미롭다. 이 발견은 '개주전투 때 김영철의 활약', '영철과 등주 처남의 만남'이 허구라는 것을 보여주는 명확한 근거이다.

소설가는 1640년의 개주전투 장면의 ①과 ③에서 전지적 작가 시점으로 서술한 뒤, ②에서는 김영철의 개인사를 끼워 넣어 영철이 등주의 처자들에게 미안한 마음과 사랑을 전하게 하였다. ④의 "아군의 오늘 전투는 부득이한 것이다. 황명(皇明)의 옛 은혜는 결코 저버릴 수 없

377 송하준, 앞의 논문, 252쪽. 아래 원문은 송하준의 논문 각주 34)번에서 재인용하였음. 軍潛令船工, 到處破船, 而所載 幣米軍糧及軍丁, 則皆免沈溺. 淸疑之, 責軍, 軍卽佯怒, 捽 致船工, 貫耳徇示, 命出斬之, 懸于高竿[所懸, 實非人首, 乃豕頭塗灰也, 虜人不知也. 淸大驚曰: "船破於風浪, 人何罪焉?" 蓋自安州至南汎口, 凡破三十五 船. 到石城島使三船佯若風而入登州, 持淸陰, 以告都督洪承疇, 又林某等, 雖 在淸營, 終不忍倍明天子也. 次蓋州衛二十里外, 明兵相遇, 佯爲相戰, 互相放砲, 聲 震海中, 而潛令礮, 不鉛而發, 明兵亦誡, 不滿而發, 以故兩軍無一人死傷. 又 佯破二十九船, 方其戰時, 我人被擒於明二卒, 自明營乘船[乃後營所乘而移擒於 漢人也-원주]來, 傳明之書. 其書曰, '爲相報, 殊甚可嘉, 若擒賊而來, 則當有 重賞.' 軍恐事泄, 立焚其書. (이선, 「임장군전」, 『芝湖集』 권13).

다. 총을 가진 군사들을 모두 탄환을 제거하고 쏘아라."라는 임경업의 발언은 작가가 개주전투를 기술한 의미가 될 것이다. 우발적으로 조선과 명 수군 간에 사상자가 발생하긴 하였지만, 임경업이 '명에 대한 의리'를 지키려 했음을 힘써 강조하였다.

요컨대, 개주전투 장면에 대한 기술에서 두 가지의 흥미로운 점이 발견되는데, 그것은 첫째, 소설가가 명청 간 전쟁에 개입된 임경업이 명에 대한 의리를 지키기 위해 무진 애를 썼음을 기술한 점이다. 둘째, 소설가가 이선의 〈임장군전〉을 개작 · 인용하여 전장의 그 긴급한 와중에 영철이 등주 처남을 만나 소식을 전하고, 자신이 받은 상을 처자에게 선물로 주어 보낸 행위를 힘써 서술하였다는 점이다.

금주전투 – 청 태종의 위엄과 영철이 받은 상

신사년[1641년], 조정은 또 청주(淸主)가 징병을 하자 유림(柳琳)을 상장으로 삼고 영유현령 전단(田檀;申檀)을 좌영장으로 삼아 대군을 거느리고 가서 안주(安州)에 주둔하였다. 유림이 명을 전하여 영철을 부르니, 영철은 다시 유림의 군대를 따라가게 되었다.

청주는 금주위를 누차 공격하였으나 빼앗지 못했다. 그래서 기필코 금주위를 취하고자 몸소 대군을 거느리고 갔으며, 팔고산(八高山)으로 하여금 각기 철기를 거느리고 밤낮으로 금주위를 공격하게 했다. 금주위가 포위당한 지 오래되었으나 승부가 결정나지 않고 군수물자는 거의 바닥나 상황이 위급하였다. ①영남지방의 군사로서 첨방군(添防軍)을 하던 이들이 금주전투에 동원되었는데, "명 황제의 은혜는 저버릴 수 없다. 오늘 전투에서 아군은 마땅히 화살에서 살촉을 뽑고 총에서 탄환을 제거하여 임진년 우리를 구해 주신 은혜를 갚자!"고 외쳤다. 그러자 여러 군사들이 일제히 응하였다. 이에 교전할 때 총과 화살을 난사하였으나, 천병(天兵) 가운데 한 명도 쓰러지는 자가 없었다.

호인들이 이를 의심하여 호병 두 명을 시켜 아군 한 명을 감금케 하였다. 이에 어쩔 수 없이 총에 탄환을 넣고 화살에 살촉을 달아 쏘아대니, 천병 중에 화살과 탄환에 맞아 쓰러지는 자가 매우 많았다. 천병이 물러나 성 안으로 들어가 성 위에 한 장 청기(靑旗)를 세우고 조선 장졸들에게 소리 높여 말했다.

"신종황제(神宗皇帝)의 은혜를 너희 나라 백성들이 두루 입었는데, 어찌 우리를 향해 총과 화살을 쏘느냐?"

이 말을 듣자, ②<u>우리나라 장졸들이 기운을 잃고 참담해하였으며, 영남의 군사들은 소리내 울었다.</u> 이 전투에서 여러 고산들은 전투에 임할 때마다 반드시 우리나라 군중에 사자를 보내 군무를 상의하였고, 주장은 항상 영철을 보내 회보하였다.[378] (중략)

③이때 중국이 수십만 군사로 금주위를 구원하니, 청병이 날마다 중국 군대와 싸웠다. 청병이 십삼산(十三山) 아래에 진을 펼치니, 정기(旌旗)는 하늘을 뒤덮고 창검은 햇빛을 받아 번쩍였다. 청주는 팔고산(八高山)으로 하여금, 철기 수천을 뽑아 호령을 기다리게 하고, 먼저 만기(萬騎)로 산 아래 들판에 진을 벌이게 했다. 또 만기(萬騎)는 입에 재갈을 물리고 십삼산 좌우에 매복시켰다가 중국의 군

378 辛巳, 朝廷又因淸主徵兵, 以柳琳爲上將, 以永柔令田檀爲左營將, 領大軍屯於安州. 柳琳傳令召英哲, 英哲又從柳琳之軍. 淸主頻攻錦州衛, 不得拔, 必欲取之, 自領大兵而行, 使八高山各率鐵騎, 日夜攻錦州衛. 錦州衛被圍旣久, 互有勝負, 而軍資且盡, 危在朝夕矣. 前後錦州之役, 嶺南軍士, 以添防軍, 偕赴是役者, 倡言曰, "皇明之恩, 不可負. 今日之戰, 我軍固當矢拔其簇, 銃其去丸, 以表壬辰再造之鴻恩, 可乎!" 諸軍齊應曰, "諾." 乃戰交鋒, 銃矢亂發, 天兵無一中仆者. 胡人疑之, 乃使胡兵二人, 監押我軍一人. 不得已, 銃納丸矢存簇, 以放以射, 天兵應弦而倒, 中丸而仆者, 甚衆. 天兵退入城中, 竪一面大靑旗於城上, 高聲呼朝鮮將士, 而告之曰, "神宗皇帝之德澤, 普洽於爾國人民, 而忍向我軍發此銃矢乎?" 及聞此言, 我國將士, 無不喪氣慘惔, 而嶺軍至有發聲號泣矣. 是役也, 諸高山每臨戰, 必送使於我國軍中, 相議軍務, 主將輒使英哲回報矣. (박재연본, 55~57면).

진으로 돌격하니, 싸우는 소리가 밤새도록 그치지 않았으며 불화살이 공중에서 번쩍거려 마치 뭇 별들이 빛을 내는 것 같았다.

날이 밝자 양국의 진이 모두 물러났다. 중국 진중에 불 때는 연기가 어지럽게 일어났으니, 아침밥을 짓기 위해 불을 피우는 것이었다. ④청주는 이때를 틈타 대군을 몰아 곧장 차고 들어가고, 좌우의 복병 및 팔고산의 철기가 일시에 충돌하니, 마치 무인지경에 들어가는 듯하였다. 종횡무진 마구 죽이고 여기저기서 치고 때리니, 중국 병사들은 앞을 다투어 달아나 미처 손쓸 겨를조차 없었다. 말발굽 아래서 죽임을 당하지 않으면 동해에 빠졌으니, 죽음을 면할 수 있는 자가 없었다.

청 태종이 장수로 하여금 아국 진영에 전령을 보내어 말하기를, "조선의 장수들은 다 와서 우리가 승리한 곳을 보라." 하였다. 장수들이 고산 등을 따라 전장으로 가서 보니, 시체가 들에 가득하였고, 피는 흘러 강을 이루고, 군장은 성처럼 높이 쌓여서 그 수를 헤아릴 수 없었다. ⑤장수들이 고산 등을 향하여 치하하자, 청주가 웃으며 말했다.

"저 중국의 일만 병사가 하루아침에 전몰하였으니 이 성을 함락하는 것이 목전에 있다."

⑥영철이 주장의 명으로 청병의 대진(大陣) 안으로 들어가 청주(清主)에게 전승을 하례하니, 청주가 매우 기뻐하였다. ⑦영철이 물러나오려 할 때 아라나가 청주의 앞에 서 있다가 청주에게 나아가 아뢰었다.

"이 놈은 기미년(己未年)에 조선 항졸(降卒)로서 신의 가노로 있던 자입니다." (후략)[379]

379 時中國數十萬兵, 來救錦州衛, 清兵日與天將對戰. 清兵開陣於十三山下, 旌旗蔽天, 戈戟耀日. 清主令八高山, 抄鐵騎數千, 以待號令, 先以萬騎, 列陣於山下野中. 又以萬騎含枚, 埋伏於十三山左右, 突擊中國之陣, 戰鬪之聲, 達夜不絕, 火箭閃□於空中, 若列宿之流芒. 天明, 兩陣俱退, 中國陣中, 炊烟亂生, 蓋朝爨也. 清主乘機, 駈大陣直蹴, 左右伏兵及八高山鐵騎, 一時衝突, 如入無人之境矣. 縱橫厮殺, 出入撞擊, 中國之兵, 奔波潰散, 不及措手, 不死於馬蹄之下, 則入於東海, 無得免

금주전투 장면에서 작가는 영남 출신의 첨방군이 명에 대한 의리를 지키려 했다는 것과 청나라의 기세가 압도적임을 서술하였다. ①·②에 등장하는 첨방군은 본디 임진왜란 때 수군 수가 부족해 남해안을 지키는 임무를 띠고 동원되었던 민간인 출신의 군사들인데, 1640년대에 이르기까지 존속되었던 것으로 보인다. 이들은 용맹성이 돋보이기 때문에 정부에서는 계속 군대에 잡아두고 있었던 것 같은데, 청나라의 거듭된 파병 요청을 받고 이들을 유림 장군 밑으로 배속해 명군과의 전쟁에 동원한 것으로 보인다. 첨방군들은 몰락하고 있는 명나라를 기억하고 임진년 조선을 구원해준 의리를 지키고자 했지만, ③·④에서는 청나라의 위세가 하늘을 찌를 듯 높았고, 청주(청 태종)는 군사를 이끌어 명군을 학살하다시피 공격했음을 서술하였다. ⑤에서는 "청주(淸主)", 곧 청 태종을 등장시켜 위세 있는 모습을 드러내었다.

⑥에서는 금주전투가 끝난 뒤, 김영철이 우연하게 청 태종과 만나는 장면을 보여준다. 이러한 인물의 등장 방식은 소설가의 일관되고 낯익은 기법이다. ⑦에서 아라나 장군은 영철이 자신의 도망친 노비라며 청 태종에게 벌주기를 청한다. 이 뒤로는 영철의 사연을 들은 청 태종이 김영철을 칭찬하고 그에게 후한 상을 주는 장면이 이어진다.[380] 청

者矣. 淸將使將送令箭於我國陣中, 傳令日, 朝鮮諸將, 亟來觀我戰勝之處. 諸將隨高山等, 往見戰場, 則積屍滿野, 流血成川, 軍裝堆成高阜者, 不知其數. 諸將向高山等而賀之. 淸將笑日, "彼中國之萬兵, 一朝盡沒, 拔此城, 在目前矣." 英哲以主將之令, 入淸兵大陣中, 賀戰勝於淸主, 淸主甚喜之. 英哲方辭退去, 阿羅那立於淸主之前, 進告於淸主日, "此人, 曾在己未年, 以朝鮮降卒, 爲臣家奴子矣 (後略)" (박재연본, 60-61면).

380 淸主南望中原, 良久乃言日, "英哲本以朝鮮之人, 爲我民者六年, 爲中原民者又六年, 今復爲朝鮮之民. 朝鮮之人, 卽我民也. 昔者冒死逃歸之人, 今日能爲兩國通事, 來現於我, 此非偶非也. 且渠之長子, 方在我軍中, 小子在我建州, 此英哲父子,

태종은 영철을 용서하였을 뿐 아니라, 비단 열 필과 말 두 마리라는 큰 상을 내린다. 명나라와 조선을 청나라와 단절된 것으로 보지 않으며, '세 나라에 가족을 둔 김영철은 천하를 얻는 상서로운 징조'라고 여기는 청 태종의 호방한 모습은 꽤나 인상적이다. 작가는 이를 통해 청 태종을 천하를 경영할 만한 도량을 갖춘 대국의 군주의 형상으로 그려낸다. 김영철과 청 태종의 만남 장면이 실제의 사실을 옮긴 것이라면 소설가의 문장이 탁월함을 인정해야겠고, 허구를 기술한 것이라면 소설가의 상상력과 능숙한 구성능력에 박수를 칠 수밖에 없다.

이 와중에 소설가는 영철이 전투에서 만난 건주 첫째 아들에게 자신이 상으로 받은 말을 건네주고, 또 건주에 두고 온 아내와 둘째 아들에게도 선물을 전해주는 장면을 기술한다. 이런 장면들은 이 시대에, 귀하고 소중하게 여기는 사람들에게 돈과 귀한 물건으로 상이나 선물을 주어 각별한 마음을 표현하는 관습이 있었다는 것을 알게 해준다. 그런데, 유독 영철의 상관[임경업, 유림, 조선 조정대신]들은 그렇지 않았다.

소설가는 심하전투의 김응하, 개주전투의 임경업에 이어, 금주전투에서는 영남 첨방군(添防軍)들이 명에 대한 의리를 지키려 했음을 나타냈다. 소설가는 이런 방식으로 명·청 간 전투장면에서 명에 의리를 지킨 조선의 인물을 칭송하였다.

하지만 여기까지다. 이후로 소설가는 명군이 속수무책으로 무너지며, 조선의 선비와 장수들이 명에 대한 의리를 지키려는 모습이 무상함

皆爲我赤子也. 彼中州兩子, 亦不得爲我民乎? 以此言之, 則我之得天下, 不遠矣. 此人何可罪也?" (박재연본, 62-63면).

을 표현한다. 소설가는 명군의 지리멸렬한 모습과 대비해, 하늘을 찌를 듯 사기가 높은 청군의 모습을 그림으로써 청국이 천하를 통일할 만한 기세를 지녔음을 보여준다. 또한 이 모든 전투를 지휘한 이가 청 태종이며, 그가 김영철을 용서할 뿐만 아니라 큰 상을 주는 관후한 인물이라는 점을 그렸다. 사실 여부와 상관없이 병자호란을 주동하며 우리 민족에 큰 고통을 주었던 청 태종이 우리 고소설에 이처럼 관후한 모습으로 그려진 것은 뜻밖의 일이며, 사실 놀랍다. 17세기 후반에 조선의 소설가가 어떻게 청군의 위엄과 기세를 이렇게 사실적으로 표현하며, 청 태종의 위엄과 관후한 면을 이렇게 문장으로 표현할 수 있었을까?

명 · 청 간 역전된 이러한 시각은 이제 조선 내부로 향하여 사지에서 목숨을 걸고 공을 세운 영철에게 아무런 상도 주지 않고 오히려 나랏돈을 갚으라고 한 조선의 장군과 조정에 대해 비판의 날을 세우는 것으로 이어진다. 청 태종을 높이는 기술이 있었기에 조정에서 '전공자(김영철)에 대해 아무런 보상을 하지 않은 것', 관서지방의 백성들에 대한 학정과 수탈이 심한 현실에서 '전공자(김영철)와 그 가족이 삶을 유지할 수 없었던 현실'이 인식된다. 이는 조정에 대한 비판의식으로 이어진다. 이것이 소설가가 동아시아 전란을 기술한 문장에서 파악되는 기술태도의 변화요 통찰력이며, 김영철의 인생사에 대한 문제의식이다.

3. 노정서술과 경관묘사의 빈 틈

소설에 기술 · 묘사된 노정과 공간은 〈김영철전〉의 사실성과 핍진

성을 이해하는 새로운 시각을 제공한다. 소설에는 김영철의 고향인 평안도 영유현을 시작점으로 하여, 창성, 압록강을 건너 심하전투의 현장으로 이어지는 노정에서 경마전, 우모령, 사하, 건주의 지명이 나타나고, 건주에서부터 영원성까지의 탈출노정, 영원성에서부터 북경까지의 노정, 북경에서부터 등주까지의 노정, 등주에서부터 석다산까지의 뱃길, 석다산에서부터 영철의 고향 영유현까지의 노정 등, 주요 도시와 몇 천 리 노정이 그려져 있다. 그런데 몇 천리에 걸친 노정에서 구체적 지명이 나타나는 경우가 별로 없고, 한 지역의 경관에 대한 사실적인 묘사와 서술을 찾아보기 힘들다. 노정에 대한 서술과 지역 경관에 대한 묘사가 너무 간략하게 끝난 점, 노정 중에 있는 지명이나 방향에 대해 거의 기술이 없는 것에 대해서는 의심이 필요하다. 영철이 포로생활을 했던 허투알라, 5년여 간 가노 및 결혼생활을 했던 건주의 경관, 지명들에 대해서도 구체적인 것을 거의 찾아볼 수 없다. 가령, 건주에서 영원성까지의 탈출노정에 대한 본문 내용을 보자.

> ①이 강을 건너 서북쪽으로 가서 수백 리를 지나면, 이미 심양의 배후로 돌아 나오게 되지. 다시 서남쪽을 향해 가면 백 리도 안 되어 영원위(寧遠衛) 지경이네. 여기에 들어간 후로 수십 리를 못 가 영원(寧遠)에 도착할 수 있으니 (중략) ②새벽이 되어 한 곳에 이르니 앞에 큰 강이 있는데 그 깊이가 얼마나 되는지 알 수 없었다. 앞을 다투어 강을 건너다가 수병(守兵)에게 발각되었다. 수병이 크게 소리치며 쫓아오자 사람과 말이 함께 가장 깊은 곳으로 빠졌는데, 여섯 명은 겨우 헤엄쳐 나왔으나 세 사람과 두 마리 말은 모두 익사하였으며 (중략) ③달이 뜨자 다시 수백 리를 말달려 갔다. 하늘이 밝을 무렵 살펴보니, 곧 사막이었다. 갈대는 하늘에 닿을 듯 높이

뻗어 있었으며 인가의 연기는 아득하여 마음이 조금 안정되었으나, 굶주림과 피곤함이 극심하여 말머리를 나란히 하고 천천히 나아갔다. 한낮에 옛 전장에 이르러 깨진 놋쇠 솥을 얻었다. 또 한 사람의 주머니 속에 약간의 남은 식량이 있었으므로, 여러 사람들이 서로 치하하며 말했다.[381]

①은 탈출하기 전 전유년이 '건주 → 심양 → 영원위'로 이어지는 탈출노정을 설명한다. 유년은 건주 서북쪽으로 수백 리를 가서 심양 배후를 돌아 서남쪽으로 백 리를 가면 영원위가 나온다고 했다. ②의 실제 탈출노정에는 두 개의 장소가 나오는데, 큰 강과 사막이다. 지도나 실제 노정에서 가장 먼저 나오는 지명은 강과 산 이름이다. 출발하는 날 네 명이 빠져죽을 정도로 깊은 강이라면 누구나 아는 강일 텐데, 소설의 주인공이나 작가는 강 이름을 말하지 못했다. 그리고 위 지도를 보면 알겠지만, 건주에서 심양은 서북쪽으로 수백 리 가는 곳이 아니다. 또 그 사이에는 '사막'이 없다.[382] 심양과 영원위는 100리도 안 되는 곳이 아니라, 수백 리가 넘는다. 김영철 일행이 설명한 방향이라면, 그 출발지는 건주가 아니라 '요양(遼陽)'에 가깝고, 이는 육로사행 노정에 근거하여 설명한 게 아닌가 싶다.

---

381 且曾按地圖, 黙運心上, 沙漠形勢, 皆在吾目中矣. 涉此江河, 西北而行, 過數百里, 則已繞出瀋陽背後矣. 又向西南而行, 則不百里已繞出寧遠衛地界. 入界之後, 則不數十里, 可到寧遠 (中略) 曉到一處, 前有大江, 而莫知其淺深, 爭先渡涉, 爲守者所覺. 大呼逐之, 人與馬俱陷於最深處, 六人僅得泅出, 三人及兩馬皆溺死 (中略) 至月出, 又馳數百里, 及天明, 見之, 乃沙漠也. 蘆葦接天, 人烟渺然, 心雖少安, 而飢困正甚, 騈馬緩行矣. 亭午至古戰場, 得破鍮鬲一部, 且一人橐中, 有若干餘粮.(박재연본, 14~17면).

382 심하전투의 현장과 허투알라, 무순, 심양, 영원성까지 이어지는 노정과 지형, 강과 사막 등은 필자가 현지답사를 하면서 확인한 바 있다. 책이나 지도, 현장에서 사막은 발견되지 않으며, 이 점에 대해서는 현지 가이드도 확인해 주었다.

영철이 5년 간 거주하며 결혼생활을 했던 등주에는 다음과 같은 지역 묘사 장면이 있다.

> 이해 10월, 우리나라의 진하사가 등주의 해구(海口)에 도착하여 정박했는데, 영철이 살고있는 집에서 겨우 10여 리 되는 곳이었다. 이에 영철이 해문(海門)으로 달려가 우리나라 도선주(都船主)를 보니…[383]

등주는 현 산동성의 펑라이 시(蓬萊市)다. 위 인용문에서 등주항에 조선 사행선이 들어왔을 때 영철의 집은 항구로부터 십여 리 거리에 있다고 하였고, 또 전유년의 집이 등주에서 부가(富家)라고 하였으니, 등주성 내에 있었을 것이다. 앞의 4부 2장에서 보았듯, 당시 성내 민간인들의 주거지 지역은 지금은 척계광고리(戚繼光古里)로 불리고 있다. 척계광(戚繼光, 1528~1588)은 명대 장군으로, 등주를 대표하는 인물이다. 지금 등주의 옛 거리는 척계광고리를 중심으로 패루(牌樓), 척부(戚府), 고가(古家), 고루(鼓樓) 등으로 형성되어 있는데, 이 부근이 명대의 민가들이 위치해 있던 곳이다. 김영철의 주거지를 찾는다면, 이곳이 가장 유력하다.

등주항은 등주성 바로 옆에 위치해 있다. 등주항은 〈김영철전〉에서 해문(海門), 또는 해구(海口)로 불렸는데, 수성(水城)의 항구에 문이 달려 있어 그렇게 불렸을 것이다. 현재 척계광고리에서 등주수성의 해문까지의 거리는 실제로 4km가 채 되지 않는다. 적어도 〈김영철전〉의 등

383 是年十月, 我國陳賀使, 到泊於登州海口, 距英哲家, 才十餘里矣. 於是, 英哲走往海門, 見我國都船主者… (박재연본, 33면).

주성과 해구의 위치, 거리는 사실과 어긋나지 않음을 알 수 있다. 하지만 이것뿐이다. 이외에는 어떤 곳에도 등주의 구체적인 지명, 위치, 건물명, 방향 등이 나타나지 않는다. 등주에서 가장 유명한 경관을 자랑하는 봉래각(蓬萊閣)도 거론되지 않았다. 그나마 등주성과 등주항의 거리 및 항구에 대한 설명이 비교적 정확한 것은 사행록을 독서한 것 때문일지도 모른다.

귀국 해로일정에 대한 내용도 흥미롭다.

> 사월(沙月)이 사신에게 고하였다. "바람의 기운을 보니, 반드시 며칠 동안 불 것입니다. 어찌 하늘이 도우시는 것이 아니겠습니까? 이 순풍을 타면 곧바로 큰 바다(大洋)로 나가 2~3일이 넘지 않아 우리나라로 도달할 수 있을 것입니다."
> 사신이 말하였다. "하늘에서 부는 바람이 동으로 불기도 하고 서쪽으로 불기도 하며, 갑자기 일었다가 그치기도 하는데, 어찌 억측해 믿는가?" 사월이 말하였다. "소인들이 배를 집 삼아 오랫동안 바다에 있어 사방 바람 기운에 대해 모르는 것이 없습니다." (중략) 과연 한 번 분 바람은 삼일 내내 불어 다음날 낮 이미 평양 석다산 밑에 도착하였다.(40-41면)

산동성 등주에서 평양 석다산까지 돌아가는 뱃길은 최소 10일 이상 걸린다. 그런데, 뱃사공 사월은 사신에게 지금 순풍이 불고 있으니 연안해로로 가지 않고 큰 바다(大洋)로 나가 최단거리 항해를 하면 2~3일이면 갈 수 있다고 한다. 그리고 실제로 3일 만에 도착했다고 했다.

당시 조선시대 사행선들은 사고 위험성 때문에 모두 연안항행(沿岸航行)을 하고 있었다. 외양항로(外洋航路)는 항해일정을 단축시켜 많은 경제적 이익을 가져다주지만, 풍랑으로 인한 전복사고 위험이 크기 때문에 실시되지 않고 있었다. 당시 정두원이 탄 사행선은 등주에서 출발해 〈그림 59〉의 연안해로를 통해 10여 일 항행을 해 1631년 6월 24일 석다산(石多山)에 도착하였다.[384]

소설에서 사행선이 외양항행을 해서 3일 만에 평양 석다산에 도착한 장면은 작가가 사실 여부와 상관없이 자유롭게 상상력을 발동해 서술한 결과이거나, 또는 소설의 주인공이 실제 경험하지 않은 해로귀환을 작가가 핍진하게 재현하지 못한 결과이다. 작가가 책이나 견문에 의거하여 역사적 사건의 전말을 기록할 수는 있겠지만, 실제 공간을 체험해보지 않으면 장소와 노정, 경관은 디테일하게 묘사할 수 없다. 〈김영철전〉에 그려진 해외 공간과 노정을 주인공이 체험하거나 주인공의 시선으로 구체적으로 표현한 곳은 건주에서 탈출하여 영원성에 이르는 노정이 유일한데, 여기에도 주관적인 경관 묘사는 있지만 정확한 방향이나 구체적 지명은 보이지 않는다. 중국의 지역 경관과 노정은 작가가 육로사행로, 해로사행로에 관한 지식에 근거하여 몇몇 지명을 쓸 수 있고 대략적으로 묘사할 수는 있지만, 실제 인물이나 작가가 가보지 않은 곳이라면 구체적으로 서술 및 묘사를 할 수 없었을 것이다. 이것은 김영철의 실존인물 여부와 김영철 해외체험의 진실성을 판단하는 데에도 영향을 끼친다.

필자는 2011년부터 〈김영철전〉에 그려진 중국 지역을 몇 차례에 걸쳐 답사한 적이 있다. 조선의 국경 의주 건너편 중국 단동에서 출발하여 우모령을 넘어 전투의 현장 심하(深河) – 부산(釜山)과 부찰(富察)

384 『인조실록』, 인조9년(1631) 6월 24일.

벌판– 까지 가보기도 하고, 다시 거기서 허투알라까지의 포로길, 영철이 말을 먹이던 건주 강변, 건주에서 영원성까지의 탈출로를 답사하고, 북경에서 등주에 이르는 길 등을 답사하였다. 압록강을 건너 우모령을 넘어 심하까지 오는 경로는 소설이나 다른 책에도 지명과 경관이 비교적 구체적으로 기록되었기에 당시의 현장을 살피듯 진지하게 답사하였다. 부산과 부찰 벌판이 있는 곳을 찾고, 마침내 부산에 올라 전투현장으로 보이는 부찰 벌판을 볼 때는 1619년 3월 4일의 전투현장을 보듯 숙연한 감정이 들었다. 그런데, 건주 탈출노정과 등주 지역을 답사하면서 느낀 것은 소설에 묘사된 노정, 지역 · 경관이 '상상된 공간'에 가깝다는 것이었다.

소설에 기록된 중국의 주요 장소는 우모령과 전투현장인 부찰 벌판, 건주 강가, 건주에서 영원성까지의 탈출노정 중에 나온 깊은 강, 사막, 영원성, 그리고 영원성에서 북경까지의 길, 북경에서 등주로 내려오는 길 정도다. 그런데 소설에는 주인공 김영철이 실제로 가봤다면 충분히 기록되었을 중국의 도시와 벌판, 강, 노정, 바닷길 등에 대해 지명을 언급하거나 경관을 구체적으로 묘사한 장면은 찾아볼 수 없다. 어쩌면 심하전투의 현장을 제외한 대부분의 중국공간은 작가가 책이나 견문한 내용에 바탕해 '상상해낸 공간'에 가까울지도 모른이다. '상상된(역사, 전란) 공간'에서 전개된 영철의 서사는 무슨 의미를 지니는 걸까?

4. 참전군인의 고단한 삶과 보상에 대한 문제제기

〈김영철전〉의 작가는 어떤 책을 참고하여 심하전투에 대해 기술하면서 김응하의 절사와 의리를 보여주고 기리고 싶었던 듯하다. 개주전투와 금주전투에 대한 서술에서는 임경업과 영남 첨방군들이 지켰던 명에 대한 의리를 나타내려 하였다. 소설가는 그것을 김영철의 인생사를 서술하면서 말하였다. 하지만 점차 변화하는 국제정세를 인식한 듯, 소설가는 금주전투 이후로는 명군의 지리멸렬한 모습과 청군의 위세있는 모습을 대비하여 서술하고, 청 태종의 포용력과 관후함을 표현하였다. 김영철의 인생에 대해서는 영원성전투 이후 북경에 가서 의롭다고 칭송받고 거액의 정착금을 받았으며, 금주전투 뒤에는 청 태종으로부터 말 두 마리를 상으로 받은 것을 기술하였다. 이에 비해 유림 장군과 호조의 관리는 김영철에게 상은커녕 말 값을 청구함으로써 영철의 노년이 말할 수 없이 궁핍해졌음을 기술하였다.

현전 〈김영철전〉에서 전란에 대해 서술된 내용은 주인공 김영철이 자신의 체험을 구술한 것을 김응원이 옮겨 적고 정리하는 수준을 훨씬 넘어선다. 특히나 전란의 시말과 전투 장면에 대한 정보나 지식은 역사서나 실기류를 독서하지 않고는 서술할 수 없는 부분이다. 또한 김응하, 임경업, 영남 첨방군이 명에 대한 의리를 지킨 점을 치하한 문장은 김영철의 인생사와는 아무런 관련 없는, 소설가의 감회이자 시대의식의 표현임을 알 수 있었다. 이러한 점들은 〈김영철전〉을 '김영철의 자전적 이야기'가 아니라, 소설가가 꾸며낸 '역사와 인생에 대한 이야기'로 봐야 한다는 생각을 갖게 한다. 이 점에서 〈김영철전〉은 역사소설의 면모를 드러낸다.

필자는 김영철이 실존 인물이라고 생각한다. 앞서 말한 영철의 무덤, 그를 시조로 한 족보와 후손의 존재, 김응원, 홍세태를 비롯한 당대인들의 믿음과 증언이 그 직접적 증거가 된다. 허구의 인물이라고 하기에는 이 건(件)들의 증거력이 너무 크다. 이에 근거하여 김영철이 1600년 경 출생해서 1684년 경 죽었다는 점, 심하전투에 출전하여 포로가 되었다가 조선으로 귀환했다는 큰 얼개 정도는 사실에 기초한 게 아닐까 한다. 하지만 중국에서 겪은 수많은 일들, 예컨대, 후금 여인 및 등주 여인과 두 차례에 걸쳐 결혼하고, 건주를 탈출해 영원성, 북경을 경유해 등주에 정착한 이야기, 1631년 정두원의 사행선에 숨어 타고 조선으로 귀환했다는 점, 그 뒤 몇 차례 전쟁에 다시 출전해 중국에 두고 온 식구들과 연락을 하고 청 태종으로부터 상을 받은 일 등은 사실 여부를 알 수 없다. 그것을 따지기도 어렵거니와, 굳이 그렇게 할 필요도 없다.

몇 장면에서는 명확히 허구가 개입되었다는 점이 확인되었다. 이 장의 2절, 3절에서 검토한 것처럼, 소설가가 이선의 『임장군전』의 본문을 가져와 김영철이 개주전투에 참여하고 등주 처남을 만난 것처럼 개작한 점, 김영철의 동선에서 노정에 대한 정보나 지역 및 장소에 대한 사실적이거나 구체적인 묘사를 거의 찾아볼 수 없다는 점 등이 그러하다. 이는 소설가가 시대의 진실을 탐색하기 위해 사실적 서술법칙에 얽매이지 않고 개연성 및 허구의 서사법칙을 활용했으며, 역사소설가의 자의식을 지녔다는 점을 보여주는 것으로도 이해할 수 있다.

소설가가 소설의 무대를 광대한 중국지역 및 전쟁의 현장으로 넓히고, 김영철의 인생사를 동아시아 전란의 현장과 얽히도록 설계한 의

도는 무엇일까? 2절에서도 검토하였듯이, 소설가에게는 기본적으로 일련의 동아시아 전란에 대해 참전자들을 통한 전문(傳聞)이나 책을 통해 얻은 지식이 있고, 문제의식이 있었다. 소설가는 김영철의 삼국행(三國行)을 구상하면서 조선인들의 명에 대한 의리를 표현하기도 하고, 청이 중국의 새 주인으로 자리 잡는 과정을 기술하였다. 하지만 〈김영철전〉 집필의 근간은 심하전투 및 금주전투 등 17세기 동아시아 전란 참전군인들의 고단한 삶을 이야기로 풀어내는 데 있었다고 보인다.

소설가는 심하전투 참전군인 김영철이 명 · 청 교체기 동아시아 전란의 현장에 지속적으로 접촉하는 서사를 통해 전쟁의 명분 및 진실을 찾았으며, 조선 · 명 · 후금 등 동아시아인들의 삶이 연결되어 있다는 의식을 보여주었다. 다른 한편으로는, 참전군인의 애환과 그 가족들이 겪었던 고난을 형상화했으며, 결말 부분에서는 청 태종의 후한 상과 조선 조정의 박한 대접을 대비하여 참전군인들의 처우 개선 및 보상을 촉구하는 문제의식을 드러내었다.

제4장

〈최척전〉의 이산–귀환서사와 문학지리[385]

1. 〈최척전〉의 문학공간과 16 · 17세기 동아시아 공간

고전소설은 조선조 사람들의 다양한 삶의 모습, 꿈과 열망이 담겨 있는 소중한 문학 유산이다. 이러한 고전소설의 독서 및 현재적 소통을 활성화하기 위해서는 학내외 공간에서 청소년, 대학생들에게 좀 더 다양한 방식으로 고전소설의 독서 기회를 제공하여 고전소설에 대한 이해를 심화시키는 것이 시급하다. 대학생들에 한정하여 본다면, 이들이 전공 지식을 심화하거나, 고전문학에 대한 소양을 풍부히 하고 다양한 시각에서 해석할 수 있도록 돕기 위해서는 좀 더 현재와의 접점이 분명

385 이 장은 김재웅 · 권혁래, 「〈최척전〉 국내공간의 문학지리학적 연구」(『온지논총』 42, 온지학회, 2015)의 내용을 바탕으로 수정 · 보완해 집필하였다. 이 글의 내용을 편집해 실을 수 있도록 양해해주신 공동저자 김재웅 선생님께 감사드린다.

한 작품들을 발굴하여 문학 지도를 하는 것이 바람직하다. 특히 지식인 작가의 지성소설 및 역사적 함의가 강조된 작품을 통하여 우리 고전소설의 수준 높은 지성미를 체험토록 할 필요가 있다. 이러한 관심사에서 필자는 임진왜란을 배경으로 남녀의 사랑 및 가족의 이산과 재회를 감동적으로 그린 〈최척전〉을 통한 문학이해, 나아가 삶의 이해 방안을 모색하고자 한다.

〈최척전〉은 1621년 조위한(趙緯韓, 1567~1649)이 지은 한문소설로, 16~17세기 임진왜란, 정유재란, 요동의 심하전투 등으로 이어지는 동아시아 전란 속에서 최척과 옥영, 그 일가가 겪은 파란만장한 일생과 그들을 둘러싼 동아시아 민중들의 삶 및 역사 현장을 소설화한 작품이다. 이 작품은 그동안, 불교소설, 피로문학, 전란소설, 애정소설, 전기소설, 애정전기소설, 사실계 소설, 역사소설 등으로 분류될 만큼 다양한 관점에서 주목받아왔으며, 17세기 소설사의 문제적 작품으로 꼽히고 있다. 근래에 와서는 수능 모의고사 문제에 〈최척전〉이 등장하면서 작품의 대중적 인지도가 갑자기 높아지고, 어린이와 청소년 독자를 대상으로 한 번역서까지 연이어 출판되면서 차츰 독서층이 넓어지고 있다.

이렇게 독자층을 넓힐 수 있었던 저변에는 무엇보다 〈최척전〉이 개성 있고 잘 짜인 애정소설이라는 점에 그 원동력이 있을 것이다. 〈최척전〉은 조선조의 대표적인 애정소설 〈춘향전〉과 견줄 수 있을 만큼 밀도 있는 애정소설의 면모를 보여준다. 진실한 사랑을 추구하는 주인공들의 모습과 작품의 극적 구성은 오늘의 독자들에게도 큰 흡인력이 있다. 또한 〈최척전〉은 평범한 사람들을 주인공으로 하여 전란 속에서 그들의 가족사를 치밀하게 엮어낸 역사소설이라는 점에서, 영웅적 인물들의 활약상을 낭만적으로 그린 〈임진록〉, 〈임경업전〉, 〈박씨부인전〉 등의 작품들과 대비된다. 작가 조위한은 자신의 굴곡 많은 개인사 및 동아시아 전란을 배경으로 교묘하게 사실과 허구, 현실과 꿈을 교직하여 작품을 창작하였다.[386] 이러한 애정소설 및 역사소설의 측면에서 〈최척전〉은 고전으로서의 내재적 가치 및 현재의 독자와도 소통될 수 있는 자질을 훌륭히 갖추고 있다.

〈최척전〉의 문학공간은 흥미로운 점이 많다. 특히 작품의 서사 화폭에 그려진 동아시아의 다양한 공간은 이전 작품에서는 볼 수 없었던 매우 새로운 것이었다. 〈최척전〉은 주인공들이 살던 남원을 중심으로, 한양, 나주, 순천, 섬진강, 은진 등의 다양한 국내 공간을 보여주며, 일본, 명, 후금, 베트남 등 동아시아 각국의 공간을 열거하며 정보를 제공한다. 우리는 주인공 최척과 옥영의 유랑 및 포로생활을 통해서 일본의 낭고사, 명 절강성의 소흥, 호남성 등지의 유람 공간, 베트남의 어느 항구, 절강성 항주에서 조선 순천에 이르는 해상 이동경로 등 조위한이 포착한 16 · 17세기 동아시아 주요 도시 공간을 발견할 수 있다.

공간 중심의 문학이해는 사회학적 상상력과 함께, 지리학적 상상력, 곧 장소와 공간에 대한 감수성을 자극하여 사회와 인간을 이해하는 새로운 시각을 제공한다. 조위한이 〈최척전〉에서 문학공간을 만드는 방식은 흥미롭다. 우리 고전소설에 동아시아의 여러 도시가 등장하고 실체로 묘사되는 것은 〈최척전〉이 최초이다. 조위한이 어떻게 동아시아 주

386 이에 대해서는 민영대의 『조위한의 삶과 문학』(아세아문화사, 1993), 양승민의 「〈최척전의 창작동인과 소통과정」(『고소설연구』 9, 한국고소설학회, 2000) 등에 자세히 고찰되어 있다.

요 도시를 문학공간으로 끌어들이고, 인물과 사건의 배경으로 활용하는지에 대해 구체적으로 분석할 필요가 있다. 미리 얘기하자면, 〈최척전〉의 공간 설정에서 특징적인 점은 작가가 부정확한 지명을 사용하고, 각 지역에 대해 매우 소략한 정보밖에 가지고 있지 않았음을 보여준다는 점이다. 단적인 예로, 옥영이 끌려간 일본의 지역을 어딘지 확인할 수 없는 '낭고사(狼姑射)'라고 명명한 것, 최척과 옥영이 해후한 베트남의 지역을 막연하게 베트남의 '어느 항구'로 사용한 것이 그러하다.

이 장에서는 먼저, 남원, 한양, 나주, 순천 등 〈최척전〉의 국내공간 및 주인공들의 피난길, 포로길, 망명길, 귀환로 등을 주목하여 문학지리학의 시각에서 해석하고 표현할 것이다. 〈최척전〉에는 전라도 남원과 지리산 일대가 작품의 주요 공간배경 및 창작공간으로 등장한다. 또한 최척의 중국 망명길, 옥영이 왜병의 포로로 끌려간 포로길, 최척이 허투알라성에서 탈출하여 조선으로 돌아오는 귀환길, 옥영이 중국 항주에서 순천에 도착, 남원으로 귀국하는 해로귀환길도 살펴볼 수 있다.

둘째, 동아시아 지역공간이 구체적으로 어떻게 이미지화 · 의미화되는지 살펴볼 것이다. 〈최척전〉에 그려진 일본, 명, 후금, 베트남 등의 동아시아 공간은 당시 사람들이 거의 대부분 가보지 못한 곳이다. 조위한은 임진왜란 중 김덕령 밑에서 의병활동을 하던 중에 명나라 군사들과 교류한 것[387]과 1610년 사은사(謝恩使) 서장관으로 명나라에 다녀온 것이 외국체험의 전부다. 조위한은 이러한 자신의 명 체험과 독서

387 조위한은 임진왜란으로 인해 부모처자를 잃고 상심하여 중국의 명승지인 소주와 항주를 여행하고자 명나라 군사와 약속하고 떠나려다 형의 만류로 포기하였다.(민영대, 『조위한의 삶과 문학』, 국학자료원, 2000, 51쪽.)

경험, 얻어들은 지식 등을 바탕으로 문학공간을 설정하였다. 소설 속의 동아시아 공간은 독자들에게 소흥, 항주, 낭고사, 베트남 등 특정 지역 및 장소에 대한 이미지를 형성하는 데 영향을 미쳤을 것이다.

필자는 〈최척전〉에 그려진 공간과 길을 고지도, 사진, 문학지도 등의 시각적 표현방식으로 재구할 것이다. 이를 위해 고지도와 문헌자료를 분석하고, 현장답사[388]를 통해 파악한 자료를 통해 문학공간의 위치를 실제 지리공간에서 확인하고자 한다. 이러한 작업의 결과를 〈최척전〉[389]에 등장하는 주요 공간과 인물들의 이동경로를 문학지도로 표현할 것이다.

2. 작가의 공간, 조위한과 남원부성

소설의 작가는 작품을 생산하는 모태로서, 작가의 지식과 경험은 작품을 창작하는 데 절대적 영향을 미친다. 작가의 생애와 문학창작의 공간은 작품세계를 이해하는 데 큰 도움을 준다. 〈최척전〉의 작가 조위한 역시 작품을 창작할 때 자신의 경험과 지식을 바탕으로 사실과 상상

388 필자는 신춘호, 김재웅, 문상명 선생님과 함께 2014년 7월 11일부터 13일까지 2박3일 동안 〈최척전〉의 창작공간, 국내 배경공간 및 이동경로를 답사하였고, 2015년 1월에는 〈최척전〉에 그려진 절강성 소흥, 항주를 답사하였다.

389 〈최척전〉의 이본으로는 서울대 규장각본, 고려대 소장본, 천리대 소장본, 연세대 소장본, 김영 소장본 등이 있는데, 이 논문에서 주 텍스트로 삼은 것은 서울대 규장각 소장본 〈최척전〉이다. 규장각본의 원문은 박희병의『한국한문소설 교합구해』(박희병 표점 · 교석, 소명출판, 2005), 천리대본의 원문은 이상구의『17세기 애정전기소설』(이상구 역주, 월인, 1999)에 활자화된 글을 사용하였다.

력을 결합하여 스토리와 공간을 설정하였을 것이다. 작품에 나타난 만복사, 금교, 구례 연곡사로의 피란길, 섬진강을 타고 끌려간 옥영의 피란길 등의 배경공간 및 노정, 최척의 의병활동 등의 스토리는 작가 조위한의 남원생활과 밀접하게 연관된 것으로 파악된다. 가탁 논란이 있긴 하지만, 조위한은 전라도 남원 주포방에 낙향하여 있을 때 최척이 때때로 찾아와 자신의 이야기를 기록해달라고 요청하여 〈최척전〉을 지었다고 한다.

조위한은 임진왜란 때 처음 남원으로 내려왔다. 임진왜란이 일어난 1592년, 26세였던 조위한은 경기도 연천과 토산으로 피란했다가, 그해 겨울 모친의 친정인 남원으로 피란했다. 남원에 도착한 조위한은 기아로 딸과 모친을 잃는 슬픔을 겪었다. 그는 남원에 피란하였을 때 김덕령 장군의 휘하에서 의병활동에 참가했다. 조위한의 남원 체험은 한순간에 끝난 것이 아니라 오랫동안 지속되었다. 이러한 경험을 바탕으로 조위한이 최척의 의병활동과 남원성 전투 및 가족 이산 등의 서사를 형상화할 수 있었던 것으로 보인다.

〈그림 59〉는 〈최척전〉의 작가 조위한의 낙향지와 작품의 배경인 남원부를 보여준다. 조위한은 52세 되던 1618년 2월, 가족과 함께 남원에 낙향하여 주포방[390]의 요천 위쪽에 집을 짓고 1623년 8월까지 5년 7개월을 기거하였다. 서울에서 남원으로 내려올 때 당시의 정치세태를 난세로 규정하며 자연에 귀의하겠다는 뜻을 담은 〈차귀거래사(次歸去來辭)〉와 세금으로 핍박을 당하는 백성들의 삶과 정치의 부패상을 담은

390 『동국여지승람』에는 주포가 남원부의 남쪽 15리에 있고, 『남원지』에는 옛 행정구역의 이름이 주포방으로 기록되어 있다.

〈그림 59〉 작가의 낙향지 및 남원 일대의 서사공간

우리말 가사 〈유민탄(流民歎)〉을 지었다. 이런 점에서 작가는 세상의 번잡함을 벗어나 남원부 주포방에서 조용히 지내고 싶었던 것으로 보인다. 인조반정이 일어나자 그는 온 가족을 이끌고 다시 한양으로 돌아갔다. 조위한이 낙향한 남원부 주포방은 현재 남원시 주생면 제천리이다. 제천리는 남원부에서 가까울 뿐만 아니라 요천 상류에 자리하고 있다.

2014년 7월, 주생면 제천리를 답사하였지만, 현재 그곳에서 조위한의 흔적을 찾기는 힘들었다. 마을 입구에는 큰 반석 위에 도림정이라는 정자가 있고 그 옆에 아름드리 느티나무가 있어 옛 분위기를 느끼게 해줄 뿐이었다. 이병채 전 남원문화원장과 함께 제천리를 방문하여 마을 이장과 촌로들에게 조위한과 관련된 질문을 했지만 그의 행적을 아는 주민들은 아무도 없었다. 조위한이 머문 5년 7개월이 짧지 않은 시간이었지만, 정치적 이유로 낙향하여 조용히 은거하였기 때문일까. 비록 조위한의 흔적을 찾지는 못했지만, 조위한의 주거지 주포방과 남원 만복사 동쪽의 최척 생가가 멀지 않은 거리에 있었다는 사실을 확인할 수 있었다.

조위한은 남원에 거주하고 있었기 때문에 〈최척전〉의 배경공간과 주인공의 이동경로를 잘 알고 있었을 것이다. 〈최척전〉에는 남원부성을 중심으로 한 공간이 작품의 핵심적 배경으로 등장한다. 조위한은 남원 주포방에 기거하였는데, 그곳에서 15리 지점인 남원부성 서문 밖 만복사 동쪽을 최척의 집으로, 성 남쪽을 옥영이 기거한 정상사 집으로 설정하였다. 최척이 글을 배웠던 정상사의 집은 서울에서 남원으로 피란 온 옥영과 만나서 결혼하는 서사 공간으로 매우 중요하다. 작품에서 1597년 8월 16일 남원성이 함락되자 최척 · 옥영 일가는 지리산 연곡사 일대로 피란하고, 옥영은 왜병에게 잡혀 섬진강 상류에서 배를 타고 일본으로 끌려가고, 1620년 경 중국 항주에 머물던 옥영 일행이 순천을 통해 남원으로 돌아오는데, 조위한은 작품의 주요 공간을 모두 남원과 전라도 일대로 설정하였다.

3. 국내공간의 문학지리와 만남-이산의 서사

조위한은 최척과 옥영의 만남과 결혼, 가족의 이합과 상봉을 〈최척전〉의 주 스토리 라인으로 다루고 있다. 임진왜란 중 정상사의 집에서 첫 만남을 시작한 최척과 옥영은 난관을 헤치고 결혼하였다. 하지만 정유재란이 일어나 1597년 8월 16일 남원성이 함락되자 최척 가족은 지리산 연곡사로 피신하게 된다. 그럼에도 최척 가족에게 안전한 은신처는 그 어디에도 없었다. 왜병의 습격을 받고, 최척 일가는 서로의 생사를 알지 못한 상태에서 이별하게 되었다. 최척은 가족을 잃고 남원에 돌아와 명나라 군사를 따라 중국으로 망명하고, 옥영은 왜병의 포로가 되어 대마도를 거쳐 일본 나가사키로 끌려간다. 최척의 부친과 옥영의 모친은 연곡사 승방에서 손주 몽석을 찾아 다시 남원으로 돌아온다.

남원성 서쪽과 남쪽 마을: 최척 생가와 옥영의 거주지

작중 주인공 최척은 "어려서 어머니를 여의고 아버지 숙과 함께 남원부 서문 밖에 있는 만복사 동쪽에서 외롭게 살고 있었다."고 기록되어 있다.[391] 그가 친구들과 어울려 놀기만 좋아하는 것을 걱정한 부친은 성문 남쪽의 정상사 집으로 글공부를 다니게 한다. 당시 옥영 모녀는 친척인 정상사 집에 머물고 있었다. 전쟁이 발발하자 최척은 남원의 유생으로 의병장 변사정의 휘하에서 종군하는 것으로 나타난다. 실제로 변사정의 『도탄집』에는 남원의 유생 최척의 이름이 등장한다. 최척은 1592년 9월부터 1594년 5월까지 의병장 변사정의 막하에서 서기로 활동했다. 그런데 〈최척전〉에는 최척이 종군한 시기를 1593년으로 설정하고 있어서 약간의 차이는 있지만, 최척이 전라도 남원부의 향촌사족으로 문재가 출중한 실제 인물인 것은 분명하다.

최척이 실존 인물이든, 허구의 인물이든 작품에는 그의 거주처가 제시되어 있다. 그렇다면 그 실제 공간을 찾을 수 있을까? 최척 생가의 위치를 확인하기 위해서는 작품에 등장하는 정보를 세밀하게 살펴

391 崔陟 字伯昇 南原人也. 早喪母 獨與其父淑 居于府西門外萬福寺之東. 규장각본 〈최척전〉.

볼 필요가 있다. 〈최척전〉에는 주인공이 살았던 남원부에 대한 대략적인 위치와 공간적 배경이 등장하기 때문이다. 남원부성의 서문 밖과 만복사 동쪽마을의 위치를 확인하기 위해서는 고지도와 현장조사가 필요하다. 작품에 등장하는 최척 생가는 "남원부 서문 밖에 있는 만복사 동쪽" 마을에 있다.

조선시대 남원부의 고지도에는 만복사의 동쪽마을이 표시되어 있다. 『여지도서』에는 최척이 살았던 남원부의 기린산 만복사 동쪽마을은 서봉방 부근이다.[392] 서봉방은 남원부 관아의 서쪽과 부성의 안팎에 있는 지역이다. 이러한 남원부 고지도의 정보를 토대로 현장조사를 실시하면 최척이 살았던 고향집의 위치를 좀 더 정확하게 파악할 수 있을 것이다. 남원부성의 서문을 확인하고 현장조사를 통해 만복사의 동쪽마을을 답사한 결과, 최척의 생가는 현재 남원시 '왕정동'으로 추정된다.

〈그림 60〉은 당시 최척이 살았던 고향집의 지리적 위치를 보여준다. 남원읍성의 서쪽을 흘러가는 광지천을 중심으로 오른쪽의 아파트 단지가 들어선 곳이 바로 최척의 생가 위치다. 남원성의 서문 밖으로 나오면 광지천이 흘러간다. 〈최척전〉에는 광지천에 대한 구체적 언급

〈그림 60〉 오른쪽 원: 소설 속 최척 생가 위치. 가운데 원: 만복사지, 왼쪽 원: 금교가 있던 자리

392 변주승 역주, 『여지도서 전라도 보유』 1권, 흐름, 2009, 240쪽.

이 없지만, 금교에서 말을 씻어주는 장면에 냇가가 등장한다. 당시 남원성의 관아 자리에는 현재 남원시의회 건물이 들어서 있다. 남원성은 동서보다 남북이 긴 직사각형으로 축성된 석성이고 주변에는 해자도 있었다. 정유재란의 최대 격전지인 남원성은 현재 북쪽의 일부 석축만 복원되어 있다.

〈그림 60〉에서 왼쪽 원은 만복사지로 연결되는 다리로, 당시의 '금교(金橋)'가 있었던 곳으로 추정된다. 최척의 집 앞에는 금교가 있었다. 금교는 남원의 서남쪽에 있는 금석교(金石橋)를 말한다. 작품에 등장하는 금교의 위치를 정확하게 비정하기는 어렵지만, 남원읍성에서 만복사로 가는 길에 건설된 다리인 것은 분명하기에, 현재의 다리 위치와 크게 다르지 않을 것이다.

〈그림 60〉의 가운데 원은 만복사지를 가리킨다. 고려시대에 창건된 만복사는 남원부의 관아 서쪽 기린산에 자리한 웅장한 절집이다. 옛 모습은 확인할 수 없지만, 〈그림 61〉에서 보듯 현재 당간지주와 부처의 좌대, 5층 석탑 등의 유물이 남아있어 옛날 웅대한 흔적을 그려볼 수 있다. 5층 석탑은 매월당 김시습의『금오신화』속 〈만복사저포기〉에 등장하는 공간이다. 정유재란 때 남원성 전투에서 왜병들은 남원 백성들의 사기를 떨어뜨리기 위해 만복사의 사천왕상을 수레에 실어서 끌고 다녔다고 한다. 그때 만복사가 소실되고 부처는 어디론가 사라진 것으로 보인다.

〈그림 61〉은 남원 만복사의 옛터다. 작품에서 만복사는 최척 부부의 기자치성 공간이며, 그의 집에서 아주 가까운 거리에 있었다. 슬하에 아기가 없는 최척 부부는 매달 초하루 만복사에 올라가서 기도했다.

〈그림 61〉 만복사지 전경

〈그림 62〉 부처의 좌대

최척 부부는 1594년 정월 초하루에 다시 만복사에 가서 아기를 낳게 해달라고 기도했다. 그날 밤에 장륙불이 옥영의 꿈에 나타나 "나는 만복사의 부처이다. 너희가 정성으로 기도하는 것이 기특하여 기이한 사내아기를 주겠노라. 아기가 태어나면 몸에 반드시 특이한 흔적이 있을 것이다."라고 예언했다.[393] 그 덕분에 최척 부부는 아들을 낳았는데 이름을 몽석이라고 지었다.

〈그림 62〉는 만복사 부처가 앉았던 좌대다. 만복사 동쪽 마을에 살았던 최척은 절집을 찾을 때마다 이곳 부처님께도 기도했을 것이다. 현재 남아 있는 만복사의 좌대 크기로 보아 그 위에는 4-5미터가 넘는 장륙불상이 있었던 곳으로 추정된다. 장륙불상은 미래불인 용화세계에서 중생 교화를 상징하는 미륵불이다. 다시 말해 장륙존상은 미륵신앙과 연관된 부처이다. 장륙불상의 영험 덕분에 최척 부부는 아들 몽석을 낳았다. 그뿐만 아니라 이별한 부부가 다시 만나게 되는 것도 부처의 음덕으로 나타난다. 따라서 만복사는 최척 부부의 기자치성과 이별한 부부의 만남을 예언하는 역할을 하고 있다.

〈그림 63〉의 그림 63-1~4는 〈최척전〉에 등장하는 남원읍성의 성

393 "我萬福寺之佛也. 我嘉爾誠 錫以奇男子 生必有異相", 규장각본 〈최척전〉.

벽과 만복사지, 교룡산성과 금교이다. 남원성은 작품의 핵심적 공간일 뿐만 아니라 최척 생가를 비정하는 데 중요한 지리적 기능을 담당한다. 만복사지도 최척의 생가를 확인하는 데 중요한 지리적 정보다. 이러한 지리적 정보와 고지도를 통해서 당시의 서사에 등장하는 최척 생가 위치를 비정할 수 있었다.

① 만복사지

② 옛 남원성

③ 교룡산성

④ 금교(금석교)

〈그림 63〉 남원의 주요 공간 사진 – 주요지점(공간) 기록사진 –

서울에서 남원으로의 노정: 옥영의 정착길

최척은 전라도 남원부성의 남쪽에 살고 있던 정상사에게 글을 배우러 다녔다. 마침 정상사의 집에는 서울에서 전란을 피해 내려온 이옥영 모녀가 더부살이를 하고 있었다. 옥영은 한양에 살았는데 임진왜란이 발생하자 한양에서 배를 타고 강화도를 거쳐 서해안을 배를 타고 내려온 다음 영산강을 거슬러 올라와 나주 회진으로 피신했다가, 가을에 다시 남원으로 이주했다. 이러한 옥영의 이동경로는 왜적이 급속하게 한양을 침범하여 좀 더 안전한 전라도 남원을 선택한 것이다. 또한 남원에는 친척이 살고 있어서 부녀가 의탁하기에 유리한 조건으로 작용했다. 작품에는 이러한 이동경로를 간략히 언급했는데, 이를 좀 더 구체적으로 살펴보자.

규장각본, 천리대본 〈최척전〉에 의하면, 옥영이 강화도에 도착한 경로는 '한양의 숭례문 밖 청파리 → 한강의 수로 → 강화도'로 확인된다.[394] 당시 숭례문 밖 청파리는 현재 용산구 청파동 일대다. 조선시대 한강에는 여러 나루터가 운영되었는데, 옥영 일행은 고향집과 가까운 용산 나루와 한강진 나루를 이용했을 가능성이 높다.

강화도에 도착한 옥영 일행은 '강화도→ 서남해안 해로→ 영산강→ 나주 회진'으로 이동한다. 강화도는 전국의 세곡선이 모여드는 길목이다. 옥영 일행은 강화도의 월곶진 또는 갑곶진에서 배를 타고 서남해안 해로를 따라 이동했을 것이다. 이 해로는 강화도에서 서남해안 항포구를 연결하는 세곡선과 조운선의 경로와 일치한다. 서남해안 해로를 따라 내려온 옥영은 영산강을 거슬러 올라가 나주 회진에 도착했다. 옥영은 나주 회진에 한동안 머물다가 가을에 다시 육로를 통해서 남원으로 들어갔다.

〈그림 64〉는 국립중앙도서관 소장 강도지도인데, 강화도의 포구로

394 "우리는 지난해 배를 타고 강화도로 피란을 갔다가 다시 나주 땅 회진에 와서 머물러 있는데, 가을에 다시 회진에서 이곳으로 굴러 들어오게 되었습니다."(上年避難泛舟于江華 來泊于羅州地會津 至秋自會津轉到于此, 천리대본 〈최척전〉)

〈그림 64〉 강도지도, 국립중앙도서관

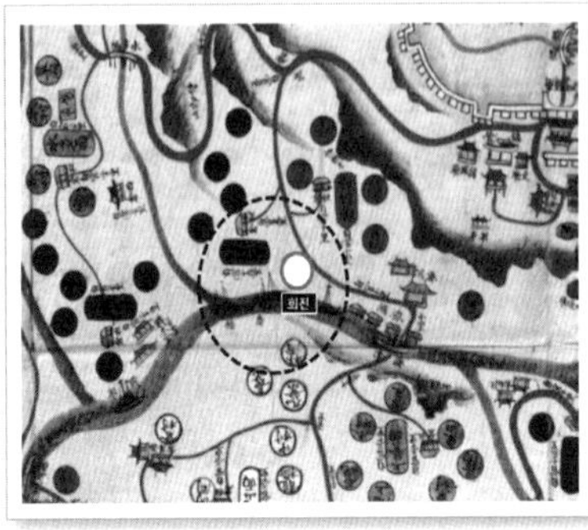

〈그림 65〉 나주부 회진, 1872년 지방도

월곶진과 갑곶진이 있음을 보여준다. 이중 월곶진은 삼남지방과 평안도 황해도의 물산과 세금으로 걷은 곡식을 서울로 나르는 조운선이 정박하는 곳이다. 옥영 일행은 강화도의 월곶진에서 배를 타고 서남해안으로 내려온 다음 영산강을 거슬러 올라 나주의 회진에 도착했을 것이다. 〈그림 65〉에는 영산강의 회진에 정박한 배들이 그려져 있다. 당시 회진은 영산강의 포구로 세곡선과 조운선이 드나들었던 곳이다. 예전의 커다란 포구였던 회진은 현재 나주시 다시면 회진리에 해당한다. 작품에 등장하는 회진은 현재 영모정이 있는 회진리가 분명하다.[395] 옥영은 회진에 정착하지 않고 가을 또는 겨울에 다시 남원으로 이동하였을 것이다. 아마도 영산강에 왜병이 출몰하여 안전을 보장할 수 없을 뿐 아니라, 남원에는 먼 친척인 정상사가 있었기 때문이었을 것이다.

〈그림 66〉은 『대동여지도』에서 나주 회진에서 남원으로 들어가는

395 회진리에는 귀래공 임붕을 추모하기 위해 후손들이 영산강이 내려다보이는 언덕에 영모정을 지어놓았다. 영모정은 명종 11년(1556)에 창건되었지만, 정유재란(1597) 때 소실되었다. 영모정도 왜병에 의해서 파괴된 것이 아닌가 한다.

길을 보여준다. 당시 옥영 일행은 나주에서 광주를 거쳐 담양, 순창을 지나 남원으로 들어갔을 것이다. 남원 정상사 집에 정착한 옥영 일행은 전란의 위험에서 벗어나고, 옥영은 정상사의 집에서 글을 배우는 최척의 모습에 반해 우여곡절 끝에 결혼할 수 있었다.

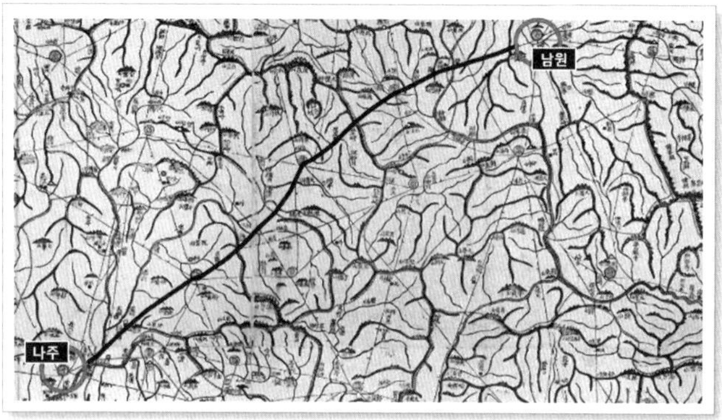

〈그림 66〉『대동여지도』 18첩 4면과 19면 5첩, 규장각 한국학연구원

지리산 연곡사: 최척 가족의 피란처

임진왜란 기간 동안 전라도는 왜적의 침략을 받지 않았다. 그러다 1597년 정유재란이 발생하면서 남원은 전략적 요충지로 부상했다. 남원은 전라도로 진격하려는 왜병과 이를 방어해야 하는 조·명 연합군이 충돌하는 격전지로 변했기 때문이다. 명나라 부총병 양원은 요동병사 3천 명을 통솔해 조선에 침략한 왜적을 방어했다. 그해 5월에 왜병이 전라도로 진격하려고 하자 중군 이신방이 먼저 2천 명의 군사를 이끌고 접반사 정기원과 함께 남원에 도착했다. 6월 13일 전주에서 군대를 이끌고 남원에 도착한 양원은 전라도 순찰사에게 명하여 여러 고을에서 군사를 모으도록 하고 남원읍성에서 적을 맞기로 한다. 남원읍성

은 평지성으로 왜병이 대군으로 공성을 하면 수성하기가 쉽지 않았다. 만약 산성인 교룡산성에서 수성전(守成戰)을 펼쳤더라면 남원성 전투는 양상을 달리했을지도 모른다.

남원에는 새로운 전운이 감돌기 시작했다. 정유재란 때 발생한 남원성 전투의 실상을 좀 더 살펴보기로 한다. 왜적은 1597년 8월 7일에 구례에 도착한 다음 선봉이 남원 경내로 들어와 노략질을 자행했다. 8월 13일에는 남원읍성 아래로 진격한 왜적이 세 방향으로 성을 포위한다. 당시 조 · 명 연합군은 양원과 이신방이 동문을, 장표가 남문을, 모승선이 서문을, 전라병사 이복남이 북문 등을 각각 방어하고 있었다. 8월 14일에는 왜적이 숙성령, 원천, 만산 등에서 내려와 읍성을 견고하게 포위했다. 그 당시 서문에 있던 왜적이 만복사의 불상을 수레에 싣고 돌면서 읍성의 주민들에게 보여주니 많은 군사들이 놀랐다고 한다.

1597년 8월 15일 밤에 왜병이 남원성을 총공격하여, 16일에 마침내 성이 함락되었다. 왜병들은 남원성 안팎의 관아 건물과 개인 집을 모조리 불태웠다. 정유재란의 남원성 전투에서 왜병의 칼에 죽은 남원부민이 5천명이 넘었다고 한다.[396] 최척의 가족은 남원성이 함락된 후 남원을 빠져나와 지리산 연곡사로 피신했다. 지리산 연곡사는 높은 산이 사방을 둘러싸고 있을 뿐 아니라 계곡이 깊어 최척의 가족이 은신하기에 적당했기 때문이다. 작품에 등장하는 지리산 연곡은 현재 피아골로 불리는 연곡사[397] 부근이다.

---

396 변주승 역주, 앞의 책, 255-260쪽.

397 연곡사는 신라시대에 연기조사가 창건한 다음 신라 말과 고려 초기에 선도량으로 유명했다.

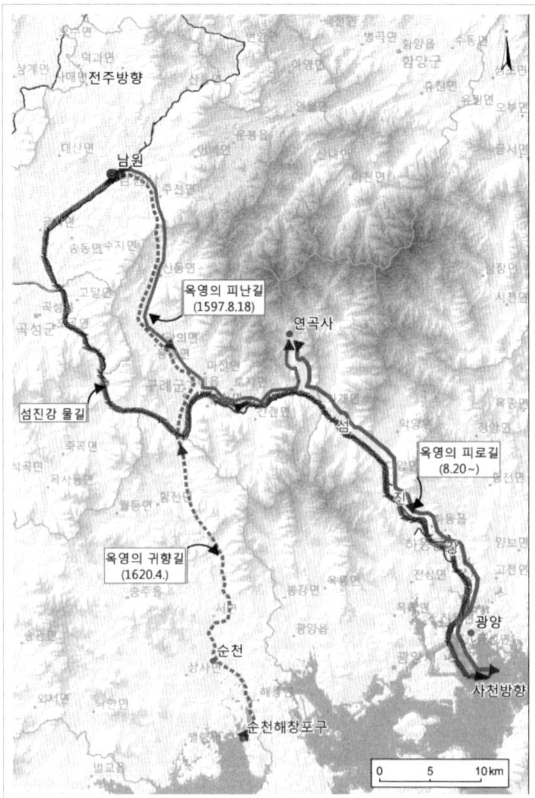

〈그림 67〉 옥영의 피란길과 포로길

〈그림 67〉은 최척 가족의 피란길을 보여준다. 최척 가족은 지도에 표시된 것처럼, 남원에서 구례로 가는 옛길을 선택했던 것으로 보인다.[398] 최척이 부친과 장모, 아내와 어린 아들로 구성된 가족을 이끌고 험준한 지리산을 넘었을 가능성은 매우 낮기 때문이다.

지리산 연곡사에 피란온 지 며칠 만에 최척의 가족은 양식이 떨어

398 물론, 당시 대로를 통해서 이동하면 왜적에게 발각될 수도 있었기 때문에 가족을 이끌고 남원의 운봉에서 험준한 지리산을 넘어 연곡사로 피신했을 가능성도 배제할 수 없다.

졌다. 최척은 양식을 구하고 왜적의 동태를 살펴볼 겸 연곡사를 빠져나왔다. 그때 왜병은 인근 마을을 약탈하고 피신한 백성들을 포로로 잡아가려고 혈안이 되어 있었다. 최척은 구례로 가는 길에 왜적을 만났지만, 다행히 바위 골짜기로 피신하여 간신히 목숨을 건질 수 있었다. 그런데 왜적이 지리산 연곡사에 들어와 산과 골짜기를 뒤져 모든 것을 약탈해갔다.[399] 그때 연곡사도 왜병에 의해서 소실되었다.

왜적이 물러간 뒤에 최척이 다시 연곡사로 돌아오니 길가에 시체더미가 쌓여 피가 냇물처럼 흘렀다고 한다. 그 당시 가족을 잃은 최척은 너무도 절망할 수밖에 없었다. 살아남은 백성들은 "왜적이 어제 섬진강으로 물러갔는데 식구들을 찾으려면 강 쪽으로 가보시오."라고 최척에게 말해주었다.

그는 섬진강변에서 죽어가는 시비 춘생을 만났으나 가족의 소식은 알 수 없었다. 왜병에 의해 가족을 잃은 최척은 섬진강 상류에서 가족을 찾았지만 아무런 단서도 발견하지 못한다. 섬진강을 따라 가족을 찾던 최척은 허탈한 심정으로 발길을 돌려 다시 남원의 고향집으로 돌아왔다.

낙심한 최척은 집 근처의 금교 옆에 주저앉았다. 최척이 섬진강에서 남원으로 돌아올 때 도착한 금교는 남원 서남쪽에 있던 금석교를 말한다.[400] 금석교는 남원읍성에서 만복사로 가는 광지천에 설치된 다리이다. 최척의 부친과 장모는 왜적에게 잡혀 섬진강으로 끌려갔으나 경

399 연곡사는 정유재란 때 소실된 이후에도 한말의 의병활동과 한국전쟁 때문에 다시 폐허로 방치되었다. 연곡사에는 동부도탑과 비석받침돌, 서부도탑과 비석받침돌이 유명하다.

400 변주승 역주, 위의 책, 252쪽에는 금석교가 관아의 서쪽 5리에 있다.

비가 허술한 틈을 타서 도망쳤다. 그들은 먹을 것이 없어 구걸하면서 가족이 피란했던 지리산 연곡사로 되돌아왔다. 그곳에서 손자 몽석을 만나서 다시 남원의 고향집으로 돌아왔다.

〈그림 68〉은 최척 가족의 피란길과 옥영의 포로길의 주변경관을 보여준다. 〈그림 68-①〉은 최척 가족이 피신한 지리산 연곡사이다. 〈그림 68-②〉는 연곡사 주변의 넓은 계곡인데, 수량이 풍부하면서도 골이 깊어 최척 가족이 은신하기에 적당한 공간임을 보여준다. 〈그림 68-③〉, 〈68-④〉는 옥영의 포로길을 보여주는 섬진강 풍경이다. 섬진강 상류는 물이 적지만, 〈그림 68-③〉에서 보듯 피아골 연곡사 계곡과 섬진강이 합류하면서 수량이 많아진다. 〈그림 68-④〉는 섬진강 하류의 모습이다. 옥영과 수많은 포로들을 태운 왜선은 하동과 현 광양만을 지나 남해안으로 나와 순천왜성이나 사천왜성을 향하였을 것이다. 이

① 지리산 연곡사

② 연곡사의 계곡

③ 섬진강 중류의 전경

④ 섬진강 하류의 하동

〈그림 68〉 연곡사와 옥영의 포로길 – 주요지점(공간) 기록사진 –

렇게 왜성에 모인 조선인 포로들은 부산과 대마도를 거쳐 일본으로 끌려갔다.

남원에서 의주로의 노정: 최척의 명나라 망명길

최척은 가족을 잃고 남원으로 돌아와 금교[401]에 주저앉아 며칠 동안 아무 것도 먹지 않고 미친 듯이 돌아다녔다. 전쟁으로 인해 가족을 잃은 최척은 절망에 빠져 있었다. 그때 최척에게 도움의 손을 내밀어 준 이가 명군의 오총병 밑에서 근무하고 있던 천총 여유문이다. 절강성 소흥 출신의 여유문은 금교 밑에서 말을 씻기고 있다가 마침 절망에 빠져 있는 최척을 발견하고 도와준다. 의병생활을 하며 얼마간의 중국어를 익힌 바 있던 최척은 명군의 막사에서 업무를 도우며 살았다.

정유재란이 끝나고 여유문이 귀국하게 되었을 때, 전쟁에서 죽거나 실종된 명나라 군사들의 장부 정리 업무를 담당하던 최척은 명군을 따라 국경의 관문을 넘어 명나라로 들어갔다. 아내와 양가 부모, 아들까지 모든 가족을 잃은 최척은 더 이상 삶의 희망을 갖지 못한 채 망명의 삶을 선택했던 것으로 보인다.

사실 이 부분에서 서사의 개연성은 확 떨어진다. 연곡사에서 최척의 부친과 옥영의 모친은 손주 몽석을 찾아 곧 남원 집으로 돌아왔다. 그런데 2년이 넘는 기간 동안 남원성에 머물면서 명군의 일을 돕던 최척이, 집으로 돌아온 부친, 장모 등의 소식을 못 들었을 리 없다. 이는

401 남원의 서남쪽에 있는 다리로 금석교라고도 한다.

작가 조위한이 서사전개의 개연성을 무시하고, 척을 고독한 망명자로 설정했기 때문에 생긴 일이다.

명나라 군대의 철군 시기가 언제인지 정확하지는 않지만, 대체로 1599년쯤이 아닌가 한다. 명군과 최척은 당시 남원에서 한양을 거쳐 의주로 연결되는 삼남대로와 의주대로를 이용해서 명으로 들어갔을 것이다.

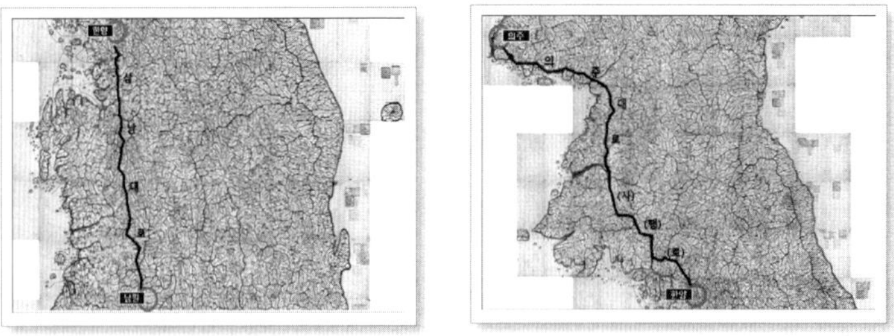

〈그림 69〉 대동여지도 12첩-18첩, 7첩-12첩, 규장각 한국학연구원

조선시대의 교통로는 도성이 있는 한양을 중심으로 방사형으로 펼쳐져 있었다. 그 중에서도 삼남대로는 〈그림 69〉와 같이 한양 숭례문에서 동작진과 노량진을 건너 과천, 유천(수원), 진위현의 청호역, 갈원 등을 거쳐 공주, 은진, 전주, 남원을 거쳐 통영까지 연결된, 전체 986리의 교통로이다. 삼남대로는 김정호의 『대동여지도』, 『대동지지』를 비롯하여 조선시대 여러 지도 및 지리지에도 자세하게 소개되고 있다.

삼남대로는 임진왜란과 정유재란 때와 조선후기 1860년에 세책점에서 유행한 〈춘향전〉에 등장하는 암행어사의 노정에도 상세히 서술되어 있다.[402] 예나 지금이나 전라도로 내려가는 길은 광주로 갈 때는 지

402 이윤석, 『남원고사 원전비평』, 보고사, 2009, 266-268쪽. 세책 〈춘향전〉의 대표 이본 〈남원고사〉의 해당 부분을 보면 다음과 같다. "칠패, 팔패, 이문동, 도

금의 1번 국도와 같았던 호남로(제주로)를, 전주와 남원으로 내려갈 때는 삼남대로를 따라가야 했다. 〈춘향전〉의 이몽룡도 삼남대로의 출발점인 숭례문 앞에서 암행어사 밀명 교지를 전해 받고 남원으로 길을 잡았다.

한양 이후부터는 의주대로를 이용했을 것이다. 당시 조선과 명나

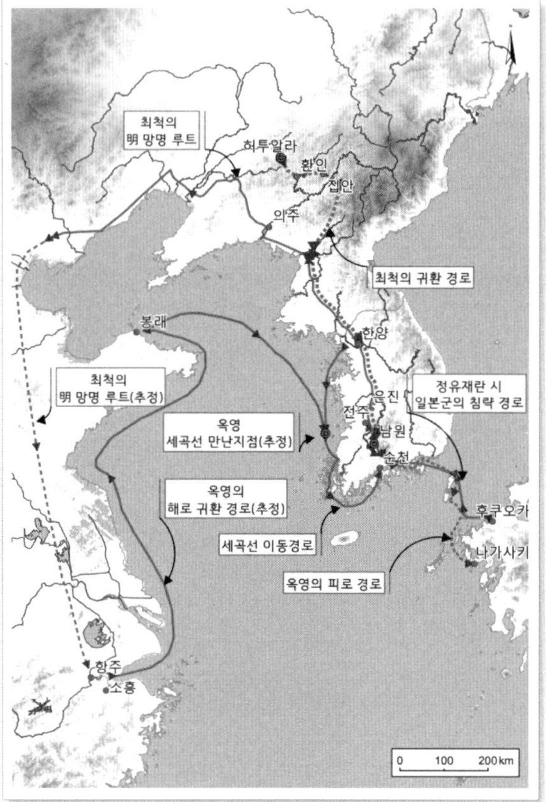

〈그림 70〉 최척의 망명길과 옥영의 포로길

적골, 쪽다리 지나 청파, 배다리, 돌모로, 동작이 바삐 건너 승방들, 남태령, 인덕원, 과천, 갈뫼, 사른평, 군포내, 미륵당 지난 후에 오봉산 바라보고 지지대 올라서 참나무정 얼른 지나 교구정 돌아들어 장안문 들이달아 팔달문 내달아 상류천, 하류천 즌개골, 떡전거리, 중밋, 음의, 진위, 칠원, 소사, 비트리, 천안삼거리, 진계역 지나 덕평원, 진숙원, 새숫막 번뜻 지나 공주 금강을 휘끈 지나 은진 닭다리, 능기울, 삼례 지나 여산 고산에 전주가 여기로다."

라의 국경 관문은 의주였다. 최척은 남원에서 한양으로, 한양에서 의주 대로를 따라 평안도를 지나 의주에서 국경을 넘었을 것이다.

1620년 건주의 감옥을 탈출한 최척 부자는 중국의 환인과 집안을 거쳐 만포를 통해서 조선에 들어왔을 것이다. 심하전투의 종사관으로 출전한 이민환의 『책중일록』을 보면 만포를 통해서 귀국했던 것으로 보인다. 심하전투에 참전한 최척은 만포에서 평양을 거쳐 한양으로, 한양에서 다시 남원으로 길을 떠났을 것이다. 다만 최척의 귀국 경로에는 은진이 등장한다. 은진은 충청남도 논산에 있는 옛 읍의 이름이다. 이를 〈그림 70〉에 표현하였다.

4. 해외공간의 문학지리와 유랑-귀환의 서사

옥영의 피로(被虜)와 일본 낭고사(狼姑射)

정유재란 때 남원에서 포로로 끌려간 옥영은 남장을 하고 있었기에 돈우(頓于)란 일본인 주인 밑에서 상선을 탈 수 있었다. 돈우가 살던 곳은 낭고사(狼姑射)라고 하였다. 그런데 고 지명이나 현재 지명에서 검색해본 결과, 낭고사란 지명은 찾을 수 없었다. 이는 일본 지리에 밝지 못한 조위한이 다소 막연하게 공간배경을 설정한 까닭으로 보인다. 이에 대해 학계에서는 '낭고사'의 일본식 발음을 가지고 고려한 결과, 일본의 중부 지방 아이치현(愛知縣)에 위치한 나고야(名古屋)[403]라고 추정하

403 박희병 표점 · 교석, 〈최척전〉, 각주 105번, 433쪽. 대부분의 연구에서 박희병의

여 왔다. 그런데 낭고사에 대해 이왕 추정할 것이라면, 애매한 발음 기준만이 아니라 당시 역사적인 상황이나 지리적 여건을 고려하는 것이 작품을 역사지리적으로 해석하는 데 도움이 된다. 이런 기준으로 볼 때 낭고사의 실제 공간은 나가사키(長岐)라고 보는 것이 더 타당하다. 그 까닭은 17세기 일본에서 국제 무역항으로 가장 활발하게 쓰였던 항구는 나고야(名古屋)가 아니라 규슈(九州) 지방의 나가사키(長岐)이기 때문이다. 돈우가 중국 복건성 및 베트남을 다니며 무역행위를 하기에는 지정학적으로 나고야가 너무 외지고, 또한 17세기에 무역항으로 기능하였다는 기록을 찾아볼 수 없다. 또한 낭고사의 독음이 나가사키의 발음과 과히 어긋나지 않다는 점도 참고가 될 것이다.

나가사키는 1571년 포르투갈과 무역을 시작함으로써 무역항이 되었다. 뒤이어 이곳에 그리스도교가 뿌리를 내리고 영국 · 네덜란드와도 교역을 하게 되었고, 1641년 그리스도교 금교(禁敎)와 쇄국정책으로 인해 외국 무역이 금지되기 전까지 중국 및 동남아시아, 유럽 각국과의 거래를 위한 무역선 왕래가 활발하였다. 뿐만 아니라 이곳에서는 임진왜란 발발 이후 포르투갈 노예상들과 일본인들이 조선에서 끌고온 수만 명의 조선인들을 노예로 사고 파는 일이 빈번하게 이루어졌다.[404] 낭고사가 '나가사키'라는 점을 전제로 할 때, 옥영이 낭고사에 살았다는 것은 바로 수많은 조선인들이 노예로 팔리는 그러한 살벌한 환경에 적나라하게 노출되었음을 의미한다.

이러한 견해를 따르고 있다.

404 민덕기, 「임진왜란 중의 납치된 조선인 문제」, 한일관계사연구논집 편찬위원회 편, 『임진왜란과 한일관계』, 경인문화사, 2005, 390-392쪽.

하지만 돈우는 옥영을 가족과 같이 아껴주고 보호해주었다. 그리고 자신이 타는 상선의 항해장으로 삼아 함께 일을 하였으며, 몸이 약한 것을 알고는 힘든 일은 시키지 않았다. 옥영은 나가사키에서 3년 간 거주하면서 뱃일을 하였다. 이렇듯 〈최척전〉에서 나가사키는 인정 있는 일본인 주인 돈우와 그 가족이 살던 항구도시, 옥영이 3년간 거주한 공간, 전후 평범한 일본인의 인간적 면모가 그려진 도시로 이미지화된다.

최척의 망명과 중국의 유랑공간

최척은 1597년 정유재란이 일어나자 왜적을 피해 지리산 연곡사 계곡에 숨어 있었다. 그런데 식량을 구하러 잠시 밖으로 나간 사이 온 가족이 왜적의 침입을 받았고, 돌아온 최척은 일가족이 모두 일본으로 끌려가거나 죽은 줄 알았다. 절망한 그는 명나라 군사 여유문을 따라 중국으로 망명한다. 그가 정착한 곳은 명나라 절강성(浙江省) 소흥(紹興)이다. 여유문의 고향은 이본에 따라 '요흥(姚興)'(규장각본, 고려대본, 박희병 교합본) 또는 '소흥(紹興)'(간호윤본, 천리대본)으로 달리 표기되었다. '요흥'은 현재 확인할 수 없는 지명으로, 절강성 '소흥'의 오자라고 보는 것이 타당할 것이다. 교합본에서조차 지명을 '소흥'이 아닌, '요흥'을 쓴 것은 적절하지 않은 것으로 보인다. 그런데 작품에서 소흥이 등장한 곳은 "未幾 摠兵撤歸 以陟隷戰亡軍薄 而過關至姚興居焉.(432쪽)" "是時 陟在姚興 與余公結爲兄弟.(433쪽)"가 전부일 만큼, 이 공간은 매우 소략하게 묘사되었다. 전란으로 인해 가족을 잃고 세상에 뜻을 잃은 최척이 친구요 은인인 여유문을 의지하여 잠시 머문 곳, 그것이 〈최척전〉을 통해 그려지는 소흥의 이미지다.

중국의 남동부 해안에 위치한 절강성은 예전부터 아름다운 경치로 유명하다. 소흥은 절강성 항주만 남안, 회계산 북쪽 산기슭, 영소평원의 서부에 위치해 있으며, 주위에 수로, 강, 운하가 마치 거미줄같이 교차하면서 일찍부터 수로 교통이 매우 발달한 운하의 도시이다. 하지만 척에게 소흥은 여유문이 있기에 의미 있는 장소이었을 뿐이다. 그곳에서 척은 여유문을 의지하여 잠시 동안 전쟁의 상처를 잊고 새로운 삶을 준비하였다. 하지만 여유문의 갑작스런 병사(病死)와 함께 '소흥'은 척에게 더 이상 의미 있는 공간이 될 수 없었다. 척은 소흥을 떠나 다시 방황하며 명승지를 유람한다.

> 그러나 그해 겨울, 여유문이 병들어 죽었다. 또다시 의탁할 곳이 막막하게 된 척은 낙담하여 장강(長江)과 회수(淮水)를 떠돌며 두루 명승지를 유람하였다. 용문(龍門)과 우혈(禹穴)을 찾아보고, 원강(沅江)과 상강(湘江)에까지 이르렀고, 배를 타고 동정호(洞庭湖)를 건너 악양루(岳陽樓)에 올랐으며 고소대(姑蘇臺)에도 올라보고, 호산(湖山) 위에서 시와 노래를 읊조리고, 구름과 물 사이를 배회하다 보니 척에게는 어느덧 속세를 떠난 듯한 풍모가 생겼다.[405]

위에서 작가는 주인공 최척이 장강과 회수를 타고 용문, 우혈, 동정호, 악양루, 고소대, 호산 등을 유람했다고 했다. 이게 조위한의 해외 공간 묘사방식이다. 마치 오늘날 관광버스 타고 1주일 간 투어 한 것처럼 소개된 이 명승지들은 어떤 곳일까?

405 其冬 余公病死 陟尤無所歸 落拓江淮 周遊名勝. 窺龍門 探禹穴 窮沅湘 航洞庭 上岳陽 登姑蘇 嘯咏於湖山之上 婆娑於雲水之間 有飄飄遺世之志.(433-434쪽)

장강(長江)은 중국 서부에서 발원하여 12개의 성과 지역을 가로질러 황해로 흘러들어가는, 길이 6,300km의, 중국에서 가장 긴 강이다. 회하(淮河)는 하남성(河南省) 동백산(桐柏山)에서 발원하여 동쪽으로 흘러 안휘성(安徽省)으로 흘러들고, 강소성(江蘇省)을 거쳐 황해로 흘러드는, 총 길이 1,100km나 되는 큰 강이다. 황하와 양자강 사이에 있는 화북(華北) 평원의 물이 이 강으로 흘러든다. 용문(龍門)은 산서성(山西省) 황하의 상류로, 폭포를 이루고 있다. 우혈(禹穴)은 절강성 소흥현의 완위산(宛委山)에 있다는 우 임금의 유적지이다. 원강(沅江)은 호남성(湖南省)에 있는 큰 강이고, 상강(湘江)은 광서성(廣西省) 흥안현(興安縣)에서 동정호로 흘러드는 강이다. 동정호(洞庭湖)는 호남성 악양현에 있는 호수이며, 악양루(岳陽樓)는 호남성 악양현 동정호의 동안(東岸)에 있는 누각으로 주변 경치가 아름답기로 유명하다. 고소대(姑蘇臺)는 강소성 소주부(蘇州府)에 있는 누대 이름이고, 호산(湖山)은 강소성 강녕현(江寧縣) 남쪽 삼십 리에 있는 산으로, 산 위에 호수가 있다고 한다.

이상의 장소들은 황해 쪽 강소성부터 중국 내륙 호남성에 이르기까지 수천 리 광대한 공간에 걸쳐 위치한 유적지요 명승지이다. 사마천은 젊은 시절, 용문, 회수, 우혈, 양자강, 상강, 원강 등을 여행한 적 있는데,[406] 최척이 여행한 명승지들은 사마천의 여행경로와 대체로 일치한다. 위 명승지들은 『사기』를 읽은 조선의 선비라면 누구나 한번쯤 가보고 싶어 했으며, 실제로 조위한 자신도 가보고 싶었던 곳이다.

위 인용문에 의하면 최척은 대운하와 장강, 회하와 원강, 상강 등 수로를 통해 이동한 것이 틀림없는데, 〈그림 71〉에서 보듯, 소설가는

406 사마천 저 김원중 역, 「태사공자서」, 『사기열전』2, 민음사, 2007, 874쪽.

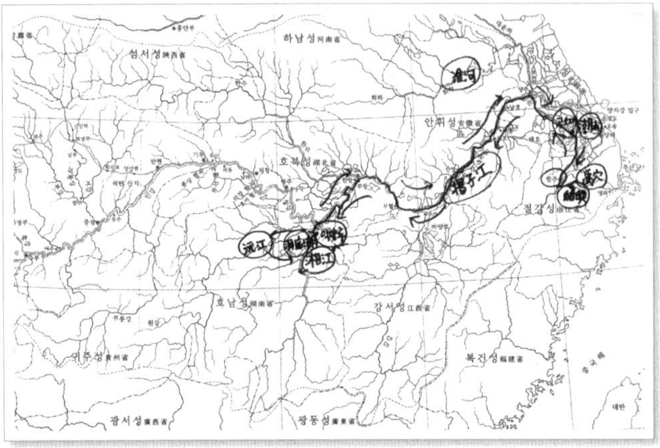

〈그림 71〉 최척의 여행 경로

최척이 이 엄청난 거리를 그저 스쳐지나가듯 단번에 여행한 것처럼 묘사하였다. 조선의 수많은 선비들이 책을 읽고 시를 읊으며 이 지역들의 아름다움을 흠모했지만, 이곳을 실제 한두 군데라도 다녀와 본 사람은 거의 없을 것이다. 소설의 주인공 최척이 실존 인물을 모델로 했다는 주장을 수용하더라도, 실존 인물 최척이 실제 이 광대한 지역을 모두 여행했을 리는 없다.

필자는 2008년 한국고소설학회 주관, 중국 호남성 호남사범대학에서 열린 학술대회에 참가했을 때 몇몇 중국 학자들에게 최척의 여행 코스를 지도로 보여주며 1년이면 여행할 수 있는지 물어본 적이 있다. 그랬더니 그들은 명나라 때 이 넓은 지역을 실제 여행하기란 불가능할 것 같다고 답해주었다. 조위한은 풍문과 중국서적 독서경험을 바탕으로 지리적 상상력을 발휘하여 중국에서 가장 아름다운 명승지를 거명하는 방식으로 주인공이 방랑한 편폭을 묘사한 것이리라.[407]

407 권혁래, 앞의 논문, 213쪽.

항주(杭州)는 최척이 오랫동안 정착한 공간이다. 척은 긴 여행을 마치고도 마음이 안정되지 않아 신선술을 배우려 사천성(四川省)으로 가고자 했다. 그 때 항주 사람 주우(朱祐, 규장각본에는 '宋佑')[408]의 권유에 힘입어 척은 신선 되기를 포기하고 그와 함께 상선을 타게 된다. 그리고 상선을 타고 베트남에 갔다가 옥영을 만난 뒤 함께 돌아와 정착한 곳이 또한 항주이다. 그곳에서 둘째 아들 몽선을 낳고, 임진왜란 때 조선으로 출전한 진위경이라는 사람의 딸 홍도를 며느리를 맞이하고, 그렇게 19년을 살았다. 1619년 후금 정벌을 위한 사르후전투에 최척이 참전하지만 않았더라도, 척과 옥영은 그곳에서 여생을 마쳤을 것이다.

항주는 절강성의 성도(省都)로, 예로부터 역사와 빼어난 경치를 자랑한다. 그리고 수로 교통이 발달되어 운하와 수로를 통해 양자강, 소흥, 영파(寧波) 등지와 연결된다. 또한 견직업과 벼농사가 발달하고, 수많은 문인과 화가가 배출된 산업, 문화의 중심지로도 유명하다.[409] 그런데 작품에는 항주에 대해 구체적으로 묘사되어 있는 부분이 많지 않다. 하지만 주우–최척 · 옥영의 관계를 통하여, 항주는 척에게 우정과 호의를 베풀어 준 주우가 산 공간, 옥영이 전쟁의 시름을 잊고 서로 사랑하며 새로운 가족을 이루어 살던 평화로운 도시로 이미지화 된다. 임진왜란 중 부모처자를 잃고 실의한 조위한이 명나라 군사와 함께 가보고 싶어했던 항주는 작품에서 이렇듯 소략하지만 아름다운 공간으로 묘사되었다.

408 규장각본에는 '宋佑'로 되어 있으나, 고려대본, 천리대본 등 대부분의 이본에는 '朱祐'로 되어 있어 이를 따른다.

409 〈항저우(杭州)〉,『브리태니커 세계 대백과사전』24, 1994, 한국브리태니커, 614쪽.

재회의 장소, 베트남의 항구

최척은 명나라 절강성 항주에서 주우를 따라 무역선을 타다가, 옥영은 일본에서 상인 돈우를 따라 무역선을 타다가 1600년 봄에 베트남의 어느 항구에서 해후하게 된다. 〈최척전〉에는 옥영과 최척이 상봉하는 공간으로 베트남의 어느 항구가 설정된다. 다음의 본문을 보자.

> 경자년(1600년) 봄, 척은 주우를 따라 같은 마을의 장사꾼들과 함께 배를 타고 안남으로 장사를 하러 갔다. 이때 일본배 십여 척도 같은 포구에 정박해 있었다. 10여 일을 머물러 4월 초이튿날이 되었다. 하늘은 구름 한 점 없이 맑고, 바다는 비단결같이 고왔고 바람도 불지 않아 잔잔하였다. 사방에 소리 하나 없고 그림자 하나 보이지 않으니 뱃사람들은 깊이 잠들고 물새만 이따금 울고 있었다. 다만 일본 배에서 염불하는 소리가 들리는데, 그 소리가 매우 슬프고 한탄하는 듯하였다. (중략) 두 사람은 서로 보고 놀라 껴안고 모래사장을 떼굴떼굴 굴렀다. 기가 막혀 말이 나오지 않고, 눈물이 다하여 피가 흘러내렸으며, 아무 것도 볼 수 없었다.[410]
>
> (밑줄 표시는 인용자 강조)

최척이 주우를 따라 무역선을 타고 베트남의 어느 항구에 정박하고 있다가 일본 배에서 들리는 염불 소리를 듣고 이튿날 옥영을 만나는 감격적인 장면이다. 여기서 잠시 척과 옥영이 만난 베트남의 어느 항구에 대해 생각해보자. 베트남의 어느 항구란 어디일까? 〈최척전〉에서는

410 歲庚子春 陟隨佑 與同里商船 往賈於安南. 時有日本船十餘艘 亦泊于浦口. 留十餘日 因値四月旁死魄 天無寸雲 水光如練 風息波恬 聲沈影絕 舟人牢睡 渚禽時鳴 但聞日本船中念佛之聲 聲甚悽惋 (中略) 二人相見 驚呼抱持 宛轉沙中 聲絕氣塞 口不能言 淚盡繼血 目無所覩.(434−436쪽)

최척이 탄 중국 상선과 옥영이 탄 일본 상선이 정박한 항구가 어디인지 명시하지 않았다. 다만 밑줄친 부분처럼 포구에 일본 상선 10여 척도 정박하고 있다는 것으로 보아 그곳이 국제 교역항임을 알 수 있다. 베트남에서는 17세기에 국제 교역이 크게 발전했는데, 당시 중요한 두 무역항은 북부의 흥옌(興元)과 중부의 호이안(會安)이었다.[411] 그러므로 최척과 옥영이 탄 중국 상선과 일본 상선이 정박한 항구의 실제 모델을 찾는다면, 분명 이 두 도시 중 하나였으리라.

첫 번째 가능성은 흥옌이다. 흥옌은 이수광(李睟光)이 1611~14년 사이에 지은 〈조완벽전(趙完璧傳)〉에 처음 등장한다.[412] 〈조완벽전〉은 일본에 포로로 끌려갔다가 베트남을 왕래하고 돌아온 최초의 조선인 조완벽의 기사를 입전한 작품이다. 흥옌은 "安南去日本海路三萬七千里 由薩摩州開洋 歷中朝漳州 廣東等界 抵安南興元縣 縣距其國東京八十里."[413]라는 서술에 한 차례 언급된다. 인용 문장에서 알 수 있듯이, 베트남은 일본에서 해로로 3만7천 리 떨어진 곳인데, 조완벽이 베트남 흥옌을 거쳐 수도 통킹(東京)으로 들어갔음을 알 수 있다. 흥옌은 통킹에서 80리 떨어진 항구라고 하였다. 그런데 1611년 정사신(鄭士信)이 입전한 〈조완벽전〉에는 "乃達安南國界"[414]과 같이 흥옌이라는 지명이 없이, 조완벽이 다만 베트남 경계에 도달하였음을 말하고 있다. 곧 흥옌

411 최병욱, 「17세기 제주도민들이 본 호이 안과 그 주변」, 『베트남 연구』 2, 한국베트남학회, 2001, 189쪽.

412 권혁래, 「〈조완벽전의 텍스트와 문학적 의미 연구〉」, 『어문학』 100, 한국어문학회, 2008, 211쪽.

413 이수광, 〈조완벽전(趙完璧傳)〉, 『지봉선생집(芝峯先生集)』 권23.

414 정사신, 〈조완벽전(趙完璧傳)〉, 『매창선생집(梅窓先生集)』 권4.

은 이수광의 전에만 언급되었다는 사실을 알 수 있다. 만약 조위한이 〈조완벽전〉, 그중에서도 이수광의 전을 보거나 참고하여 베트남에서의 재회 장면을 구상하였다면 〈최척전〉에 언급된 베트남의 포구는 명시되지는 않았지만 '흥옌'과 매우 가깝다고 할 것이다.[415]

두 번째 경우는 호이안(會安)일 가능성이다. 조위한이 이수광의 〈조완벽전〉에서 흥옌의 존재를 인지하였든 그렇지 못하였든 간에 상관없이, 정황상 17세기 국제무역의 상황에서는 호이안이 더 합당하기 때문이다. 호이안은 베트남 중부 지역의 남중국해에 접해 비스듬히 중국 쪽을 바라보는 항구 도시이다. 당시 호이안은 베트남에서 가장 유명한 국제 무역항으로, 중국과 일본, 네덜란드의 배가 드나드는 항구였다. 1618년부터 1622년까지 남부 베트남에 머물면서 선교활동을 했던 이탈리아인 크리스토퍼 보리는 그의 책에서 호이안을 다음과 같이 묘사하고 있다.

> 이 도시를 (서양인들은) '파이포(Faifo)'라고 부른다. 이 큰 도시를 사람들은 두 개의 거리라고 부르는데, 하나는 중국인의 거리를 이름이고, 또 다른 하나는 일본인 거리를 이름이다. 각 거리는 따로 나뉘어져 있으며 각각의 수장들이 있고 각자의 습속을 간직한 채 살고 있다. 중국인들은 자신들의 법규와 풍속이 있고, 일본인들도 마찬가지이다.[416]

415 권혁래, 앞의 논문, 227-278쪽.

416 크리스토퍼 보리, 『코친차이나(Cochin-China)』, 1631; 최병욱, 「16-17세기 호이안과 베트남의 대외무역」, 양승윤 · 최영수 · 이희수 외, 『바다의 실크로드』, 청아출판사, 2003, 103쪽에서 재인용.

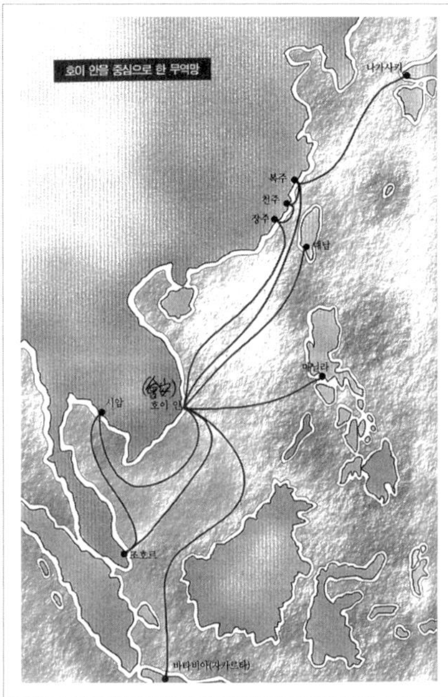

〈그림 72〉 호이안을 중심으로 한 국제무역망

위의 글에서 '파이포(Faifo)'라고 하는 명칭은 서양인들이 부르는 이름으로, "두 거리"란 뜻인데, 중국인 거리와 일본인 거리가 따로 나뉘어져 있었음을 의미한다고 한다. 그리고 '호이안(會安)'은 베트남인들이 부르는 한자식 이름이다. 중국인 거리와 일본인 거리가 따로 형성될 정도로 무역이 활성화된 호이안 항구를 보고, 〈최척전〉에서 최척이 탄 중국 배와 옥영이 탄 일본 배가 정박하였던 베트남의 어느 포구를 연상하게 되는 것은 매우 자연스러운 일이다. 〈그림 72〉[417]에서 보듯, 국제무역망을 보면 일본 나가사키, 중국 복건성이나 절강성 지방과 연계되는 베트남의 항구는 호이안임을 알 수 있다.

〈최척전〉에서 최척과 옥영이 재회한 베트남의 어느 '포구'는 흥옌과 호이안 중에서 어느 곳을 상정한다 해도 사실 문제되지 않는다. 두 곳 다 개연성이 충분하므로 굳이 어느 한 곳으로 한정할 필요는 없기 때문이다.

우리 고전소설에서 17세기 베트남의 최대 무역항 흥옌, 또는 호이

417 위의 책, 98쪽.

안[〈그림 73〉 참조]이 극적 사건의 무대가 된 것은 매우 흥미로운 일이다. 독자들에게 17세기 베트남의 국제무역항 흥옌, 또는 호이안은 전란으로 인해 흩어져 서로의 생사조차 몰랐던 최척과 옥영이 4년 만에 해후한, '재회(再會)의 도시'로 기억될 것이다. 그리고 그들의 만남을 축복하기 위해 흔쾌히 은자와 선물을 제공하였던 주우와 돈우, 각국 선원들의 선량한 마음도 함께 기억될 것이다.

① 옛 호이안항구 풍경1. 2020년 1월 27일 촬영. 이곳은 17세기 베트남에서 가장 큰 국제무역항이었는데, 베트남전쟁을 겪으면서 없어지고 지금은 유람선을 운항하는 내륙항으로만 기능을 하고 있다. 구글 맵으로 위치를 확인할 수 있다. 현재 이름은 "Cảng Du Lịch Cửa Đại-Hội An" (창주리익 끄어 다이 호이안)으로, '호이안 옛 선착장'이라는 뜻이다 이곳이 〈최척전〉의 1601년 최척과 옥영이 만났던 장소로 추정되는 장소 중 하나이다. 선착장에서 만난 주민은 이곳이 예전에는 '깜비엔', 곧 '해항'으로 쓰였다고 하였다.

② 중국인 거리와 일본인 거리를 이어주는 호이안의 다리.

③ 옛 호이안항구 풍경2.

〈그림 73〉 옛 호이안항구의 풍경과 다리 - 주요지점(공간) 기록사진

옥영의 귀국과 해상이동경로

옥영은 최척이 1618년 후금과의 전투를 위해 명나라 군대에 서기로 차출되어 북쪽으로 간 뒤 패전한 소식을 듣자, 남편이 살아 있다면 국경을 넘어 조선으로 귀국했을 것이라고 생각한다. 그리고 자신도 귀국을 결심하고, 아들 부부와 함께 선박을 준비한다.

> 경신년(1620) 2월 초하루에 배를 띄웠다. 옥영이 몽선에게 말했다. "조선은 동남쪽에 있으니 반드시 서북풍이 불기를 기다려야 한다. 너는 견고하게 앉아 노를 잡고 내가 지시하는 말을 잘 듣도록 해라." 옥영은 깃대에 깃털을 매달고 나침반을 뱃머리에 설치하였다. 배 안을 점검해 보니 모든 것이 빠짐없이 갖추어져 있었다. 이윽고 복어가 뛰어올라 놀고, 깃대에 매단 깃털은 계속 동남쪽을 향하였다. 세 사람이 힘을 다하여 돛을 올리자 배는 밤낮을 가리지 않고 바다를 가로질러 미친 듯이 달렸다. 벼락이 물결을 때리고 우레가 바다를 치듯 순식간에 등주와 내주를 지나고 다시 잠깐 사이에 청주와 제주를 지나쳤다.[418]

위 인용문에는 옥영의 귀국 항해경로가 나타나 있는데, 지리적 면과 당시 항해경로에 얼마나 부합하는지 검토해보기로 한다. 먼저 항주에 있는 옥영은 조선이 그곳에서 동남쪽에 있으며, 서북풍이 불기를 기다려야 한다고 하였다. 그런데 항주는 조선(한양 또는 남부지방)보다 아래쪽에 있기 때문에 서북풍이 아니라, 서남풍이 불기를 기다려야 맞다.

418 以庚申二月朔發船. 玉英謂夢仙曰, "朝鮮當在東南 必待西北風. 汝堅坐執櫓 聽吾指揮." 遂懸羽於旗竿 置指南石於前頭 點檢舟中 無一不具. 俄而河豚出戲 旗羽指巽累然 三人齊力擧帆 疾馳橫裁 無分昏晝 劈箭入浪 飛雷攘海 一瞬登萊 半餉靑齊(445쪽)

공간 인식에 착오가 있음을 알 수 있다. 그리고 항주에서 등주까지는 해로로 근 3천 리나 되는 먼 거리이다. 그런데 작품에서는 배가 미친 듯이 달려 "벼락이 물결을 때리고 우레가 바다를 치듯 순식간에" 항주에서 등주에 이르렀다고 했다. 이러한 묘사는 역시 공간에 대한 구체적인 정보와 감각이 부재한 상태에서 작가의 상상력이 발동된 결과이다.

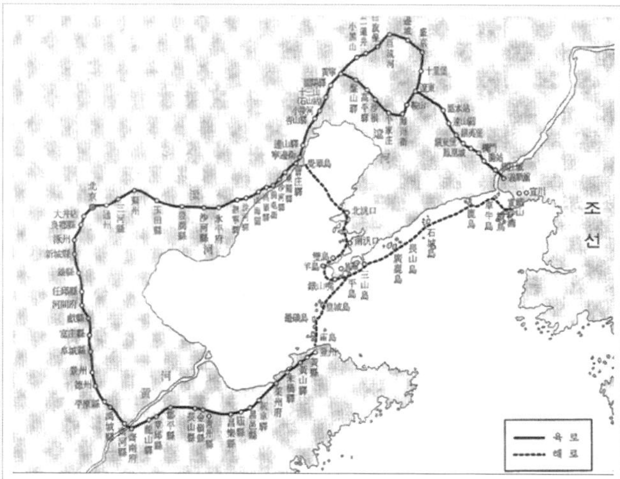

〈그림 74〉 조선시대 사행의 육로와 해로노정도

다음으로 옥영의 항해경로에 대해 살펴보자. 위 인용문에서는 옥영 일행의 배가 항주를 출발한 뒤에는 순식간에 등주(登州)에 닿았고, 내주(萊州), 청주(青州), 제주(齊州)를 거쳐 큰 바다로 나갔다고 하였다. 그런데 이는 지리적으로 문제가 있는 항해경로이다. 〈그림 74〉[419]를 보면 알 수 있듯이, 등주(登州)는 산동성 초입에 있는 항구도시이고, 내주(萊州)는 등주보다 안쪽으로 있는 항구이며, 청주(青州)는 산동성 내륙에

419 임기중, 『연행록 연구』(증보판), 일지사, 2006, 82쪽.

있는 부이며, 제주(齊州)는 제남부(濟南府)[420]의 당나라 대 지명으로, 산동성 내륙 깊숙이 있는 지역이다. 조위한이 제남부가 아닌, 당나라 때의 지명 '제주'를 사용한 것은 명의 지리에 대한 지식에 한계가 있음을 보여주는 한 사례이다. 이러한 항해경로 설정은 옥영의 귀항 경로가 허구이며, 작가가 해로에 대한 지식이 정확하지 못한 상태에서 소설의 공간을 설정한 결과이다.

그렇다면 조위한은 어떻게 이러한 항해경로를 설정하게 되었을까? 이는 당시 대명 사행단의 해로사행 경로를 조사하면 그 경위를 납득할 만하다. 등주–내주–청주–제주 코스는 1617년부터 1630년까지 일시적으로 조선의 대명 사행단이 해로를 통해 등주에 도착한 뒤 육로로 북경으로 가는 경로와 정확히 일치한다. 조선의 해로사행은 1617년부터 시작되어 병자호란으로 대명 외교가 단절된 1637년까지 약 20여 년 동안 총 25차례 행해졌다. 1617년 안경을 정사로 한 사행단은 해로로 곽산 선사포를 출발하여 산동성 등주로 입항하였고, 등주부터는 육로로 이동하였는데, 황현, 황산역, 주교역, 내주부, 회부역, 청주부, 제남부, 덕주 등을 거쳐 북경에 이르렀다.[421]

이러한 해로사행 경로는 사행록이 독서물로 읽히던 관례에 따라 일반인들에게 알려지기도 하였을 것이다. 요컨대, 옥영의 등주–제주 항해 경로는 당시 해로사행을 갔던 조선의 대명 사행단의 북경으로 가

420 제주(齊州)는 수나라 때에는 '제군(齊郡)', 당에선 '제주(齊州)', 송에선 '제남군(濟南郡)'이라고 하였다가 제남부(濟南府)라고 하였고, 명 때도 '제남부(濟南府)'의 명칭이 이어졌다(謝壽昌 외 편, 『中國古今地名大辭典』(제16판), 臺北:臺灣商務印書館, 1982, 144쪽) .

421 임기중, 「수로 연행록과 등주」, 『연행록 연구』(증보판), 일지사, 2006, 469쪽.

는 육로 경로에 대한 지식을 바탕으로 발동된 상상력의 결과였음을 알 수 있다.

이렇듯 옥영의 귀국 항해경로 설정에는 중대한 오류가 발견된다. 이 오류는 조위한이 항주에 있던 옥영을 무리하게라도 귀국시키려고 서사 구도를 짰던 데에서부터 시작된다. 왜냐하면 옥영이 귀국하지 못하면 '가족의 재회'라는 작품의 주제가 완성될 수 없기 때문이다. 하지만 당시 교통 형편에서 항주에 있던 옥영이 개인적으로 조선으로 돌아올 길은 사실상 없었다. 육로로 오려면 명 조정의 허락과 도움 없이는 불가능하였기에 결국 해로를 통해 개인적으로 돌아오도록 설정한 것인데, 작가는 서사의 열망에 비해 명과 조선의 지리에 대한 정보, 이동경로에 대한 정보가 부족하였다. 이 모든 것의 가장 큰 원인은 작가에게 '세계지도'가 없었다는 것이다. 조위한이 적어도 1402년에 만들어진 〈혼일강리역대국도지도(混一疆理歷代國都之圖)〉[422]라도 얻어 보았더라면, 그는 좀 더 그럴싸한 그림을 그릴 수 있지 않았을까? 물론 지도의 중심에는 명나라와 조선이 터무니없이 큰 지면을 차지하고 있지만, 적어도 명나라와 조선의 지형은 대체로 비슷하게 그려져 있어 옥영의 귀국 항해경로를 설정하는 데 유용했을 것이다.

422 〈혼일강리역대국도지도(混一疆理歷代國都之圖)〉는 1402년 조선 태종 2년 김사형(金士衡), 이무(李茂) 등이 만든 우리나라 최초의 세계지도이다. 이 지도는 유럽, 아프리카를 비롯하여 아라비아 반도와 인도 대륙까지 포함하여 세계지도로서의 면모를 유감없이 보여준다.(정두희 · 이경순, 「16세기 최대 전쟁, 임진왜란」, 정두희 · 이경순 엮음, 『임진왜란 동아시아 삼국전쟁』, 휴머니스트, 15쪽.)

순천에서 남원으로의 노정: 옥영의 귀환길

항주에서 배를 띄운 옥영은 연안해로를 따라 산동성 등주까지 와서 서남쪽으로 항해로를 잡아 귀환하다가 해적을 만나 무인도에 표착하고, 천만다행으로 조선의 세곡선을 얻어타고 순천에 도착하였다. 순천에 내린 옥영 일행은 구례를 거쳐 남원으로 오륙일을 걸어 마침내 남원 옛집으로 귀환하였다. 옥영의 해로귀환 자체가 허구일 가능성이 높지만, 소설 속 귀환을 사실을 전제하고 옥영 일행의 귀국길을 재구하면 다음과 같다.

옥영 일행은 1620년 4월 서해안 어느 지점에서 조선 통제사의 무역선을 얻어타고 순천에 도착한다. 옥영의 귀환길은 허구에 가깝지만, 순천에 내렸다는 소설의 설정에 근거하여 그 루트를 찾아보고자 한다. 옥영이 순천에 도착한 것은 분명하지만 도착한 장소에 대해서는 의견이 분분하다. 고지도를 살펴보고 현지 주민들에게 탐문한 결과, 옥영 일행은 대대동의 순천만, 순천왜성이 있는 순천시 해룡면 신성포, 일제강점기까지 세곡선이 다녔던 순천시 해룡면 해창포 중 한 곳에 내렸을 것을 알게 되었다. 이 중에서 세곡선이 운행했던 곳, 곧 해창 포구를 통해 입국할 가능성이 크다고 판단된다.

〈그림 75〉는 순천시 해룡면 해창리에 위치한, 현 해창포구(海倉浦口)의 전경이다. 해창 포구는 고려시대부터 수많은 세곡선이 드나들던 커다란 나루터였다. '해창'은 고려 시대부터 쓰였는데, 순천에서 세금으로 거둬들인 곡식을 저장하는 창고가 있다고 해서 붙은 지명이다. 당시 세곡선이 해창 포구에 도착해 창고에 쌓아놓은 곡식을 운반했다고

〈그림 75〉 순천시 해룡면 해창 포구의 경관

했다. 예전에는 포구에 나루터와 주막이 있었다고 하는데, 지금은 포구 주변에 정자 해진정(海津亭)과 큰 느티나무 두 그루가 있을 뿐이다. 해진정의 기문(記文)에도 옛날 해창 포구가 나룻터임을 밝히고 있다.

〈그림 76〉 1872년 지방도 순천부

옥영 일행은 통제사의 세곡선을 타고 해창 포구에 도착한 다음, 〈그림 76〉의 흰색 경로로 걸어서 구례를 거쳐 남원으로 귀환한 것으로 보인다. 순천에서 남원으로 가는 옛길은 몹시 험난하여 옥영 일행은 길을 떠난 지 오륙일이 되어서야 겨우 남원에 도착했다고 한다.

옥영 일행은 남원에 도착한 뒤 만복사 쪽으로 발길을

옮겼다. 금석교에 이르러 사방을 둘러보니 성곽이나 마을의 집들이 옛 모습 그대로라 했다. 옥영이 금석교에서 손가락으로 집 하나를 가리키면서 아들 몽선에게 "아버지의 옛집"이라며 말하는 장면에서 금석교와 최척 생가가 멀지 않은 거리에 있음을 알 수 있다. 20여 년 만에 옥영 일행이 찾아간 옛집에는 문밖 버드나무 아래 최척이 손님들과 이야기하고 있었다. 남원의 옛집에서 최척 부부, 그리고 며느리 홍도와 그 부친 진위경까지 온 가족이 다시 극적으로 상봉하였다. 최척과 옥영 부부는 가족들과 함께 남원 서문 밖의 옛집에서 행복하게 살았다.

5. 공간중심의 소설이해와 문학공간 활용방안

일반적으로 소설 작품은 대개 인물과 서사 위주로 감상하고 분석한다. 그런데 소설 구성의 3요소 중 하나인 시간 · 공간 배경에 중심을 두고 감상하고 분석한다면 좀 더 색다른 방식의 이해가 가능하다. 앞에서 〈최척전〉의 문학공간을 문학지리학적 해석을 통해 그 특징을 파악해보았다. 구체적으로 작가의 공간, 작품의 국내공간, 해외공간 등을 실제 지리공간과 대조하며 공간과 서사를 해석했는데, 이를 통하여 소설 창작수법의 미묘한 국면을 알 수 있었다.

〈최척전〉의 남원, 지리산, 순창, 이동노정 등의 국내 문학공간은 작가가 경험한 지역이거나 익숙한 공간이기에 사실적이라는 점이 확인되며, 공간 위에서 활동하는 인물의 행동이 자연스럽고, 전개되는 서사의 환경으로도 적절하게 기능하는 것으로 파악된다. 이에 비해 일본,

명나라, 후금, 베트남, 바다 등의 동아시아 공간은 개연성은 있는 것 같으면서도, 부정확하고 모호한 정보에 바탕하여 소략하게 그려지거나, 사실과 어긋나게 설정된 점이 파악된다. 그러면서도 '가족의 재회'라는 주제를 완성하는 데 그러한 공간설정이 꼭 필요했다는 점을 알 수 있다. 이러한 점들을 중심으로 수용자[학습자]들의 소설 이해 및 문학공간의 활용방안을 네 가지로 제시한다.

첫째, 〈최척전〉에 그려진 동아시아 공간배경이 된 곳에 대해서 수용자[학습자]들이 직접 조사해보는 것이다. 작가의 창작공간이자 작중 무대인 남원을 방문해 주인공의 생가 위치, 만복사, 금교, 지리사 연곡사, 순창 포구 등과 이동로를 찾아본다면 작품을 좀 더 생동감 있게 이해할 수 있을 것이다. 소설의 작가 조위한이 정확한 지식이 없어 모호하게 설정한 낭고사나 베트남의 항구에 대해서는 수용자[학습자] 자신이 16 · 17세기 역사 · 지리 상황을 조사 연구하며 상상력을 발휘하면 흥미로울 것이다. 소략하거나 잘못된 정보에 바탕하여 설정된 공간, 곧 명의 소흥, 항주, 유람지, 허투알라성, 그리고 옥영의 귀국 해상이동 경로에 대해서는 전자지도와 지명사전, 백과사전을 놓고 공간을 짚어보고, 공간배경과 인물의 관계를 고찰하는 방식도 소설과 현실의 관련 양상을 이해하는 데 도움이 된다. 조선시대 사행사의 육로 및 해로 경로를 조사하여 옥영의 해상 이동경로와 대비하는 것도 흥미로울 것이다.

둘째, 조위한이 이렇게 부정확한 정보밖에는 갖고 있지 못함에도 불구하고, 동아시아 공간을 형상화하는 데 대해 적극적 관심을 보인 이유가 무엇일까에 대해 작품의 주제 실현과 연관하여 연구자[교사]와 수용자[학습자]들 간에 토의해보는 방식이다. 작품에 그려진 동아시아 공간 및 유랑의 양상은 전란으로 인해 인물들이 입은 상처의 깊이를 보여주는 데 효과적이다. 유랑 공간이 넓고, 유랑 시간이 길수록 인물들이 입은 상처가 쉽게 회복될 수 없다는 사실을 보여준다.

소설의 동아시아 각 도시에는 선량한 사람들이 있어 최척 부부를 도와주었다. 일본 낭고사의 돈우 가족, 중국 소흥의 여유문, 항주의 주우, 베트남 포구에 정박해 있던 동남아 선박들의 선원들, 후금 허투알라성의 늙은 간수, 최척이 귀국할 때 병을 치료해 준 명나라의 전직 군인 등, 이들의 도움은 공간 배경이 인물 설정 및 사건 전개에 어떻게 기여할 수 있는지를 잘 보여준다. 주인공들이 끊임없이 귀향과 재회를 열망하기 때문에 낯설고 멀고 먼 이국땅이라는 공간 배경은 주제의 실현에 더욱 효과적이지 않았을까. 수용자[학습자]들이 이 점을 어떻게 이해하고 있는지 연구자[교사]가 논의의 방향을 열어주는 것도 좋을 것이다.

셋째, 문학지리학의 관점에서 〈최척전〉에 그려진 지역 공간이 어떠한 이미지를 남겼는지 질문을 던지면서 연구자[교사]와 수용자[학습자]가 이해한 바를 상호소통해보는 방식이다. 필자가 분석한 바를 요약해 본다면, 나가사키는 인정 있는 일본인 주인 돈우와 그 가족이 살던 항구도시, 옥영이 3년간 거주한 공간, 전후 평범한 일본인의 인간적 면모가 그려진 도시로 이미지화된다. 소흥은 전란으로 인해 가족을 잃고 세상에 뜻을 잃은 최척이 친구요 은인인 여유문을 의지하여 잠시 머문 곳으로, 아름다운 운하의 도시 항주는 유랑하는 최척에게 우정과 호의를 베풀어 준 주우가 산 공간, 최척 · 옥영 부부가 전쟁의 시름을 잊고 서로 사랑하며 정착해 살던 평화로운 도시로 이미지화 된다. 그리고 중국의 명승지 장강, 회하, 우혈, 동정호, 악양루 등은 실의한 최척이 마음을 달래기 위해 유람한 장소로도 기억될 것이다.

17세기 베트남의 국제 무역항 호이안[또는, 흥옌]은 전란으로 인해 흩어져 서로의 생사조차 몰랐던 최척과 옥영이 4년 만에 해후한, '재회(再會)의 도시'로 기억될 것이다. 또한 그들의 만남을 축복하기 위해 흔쾌히 은자와 선물을 제공하였던 주우와 돈우, 각국의 선원들의 선량한 마음도 함께 기억될 것이다. 인물과 사건, 배경이 어우러지는 지점을 이해할 수 있도록 돕는다면, 수용자[학습자] 또한 동아시아 지역공간에서 새로운 정보와 장소성을 파악하고, 자신의 이미지를 표현할 수 있을 것이다.

넷째, 〈최척전〉에 발견된 지역의 이미지와 동아시아 민중들의 유대를 현재적으로 어떻게 활용할 것인가에 대해 논의해본다. 좀 큰 주제인 듯하지만, '동아시아의 상호이해와 교류'라는 면에서 논의의 방향을 잡을 수 있을 것이다.

〈최척전〉에서 발견한 17세기 조선의 남원, 일본 나가사키, 중국의 항주, 베트남의 호이안 등은 조선과 동아시아 각국이 우호적 유대 관계와 역사적 경험을 공유하였음을 확인하게 하는 문화유산이다. 이 점에서 각 지역의 역사와 현재에 대해 조사해보고, 지역간 이동경로, 이동방법 등을 살펴보는 것도 소설의 문학공간을 활용하는 한 방안이다. 또한 〈최척전〉에 그려진 선량한 동아시아 민중들의 도움과 유대를 오늘날 각국의 도시나 민간단체 간에 교류를 활성화하는 계기로 삼는 것도 한 방안이다. 나아가 〈최척전〉을 소재로 시민 · 학생들을 대상으로 한 '역사문화 기행'을 기획하고 콘텐츠와 시나리오를 제작해보는 것도 좋을 것이다.

제5장

남원선비 최척의 망명서사와 소흥 · 항주 공간의 상상력

1. 중국 강남공간에서 펼치는 안식의 서사

소설에서 공간은 작가의 경험과 삶의 인식이 발현되는 주요 제재다. 작가는 소설의 공간을 설계하고, 그 위에 서사를 구성한다. 작가는 일반적으로 현실 지리공간을 모방하지만, 순전히 상상력으로 공간을 만들기도 한다. 따라서 서사공간의 성격을 심층적으로 파악한 위에서 공간과 인물, 서사 간의 관계를 고찰한다면 서사의 의미를 좀 더 풍부하게 드러낼 수 있을 것이다.

1621년 조위한이 지은 〈최척전〉은 공간무대가 조선조의 어떤 소설보다 넓고, 극적으로 구성되어 있다. 〈최척전〉은 역사적 사건과 남원 중심의 무대 위에서 점차 공간을 확대하면서 주인공들의 삶을 그린 작품으로, 실사(實事)와 허구가 교묘히 교직되어 있다. 작가는 남원 거주 경험을 바탕으로 남원을 소설의 주 공간으로 설계했지만, 가보지 않은 일본, 베트남, 중국의 절강성, 호남성, 요녕성 등지로 소설의 무대를 넓혀 서사를 전개하였다.

〈최척전〉의 공간에 대해서 민영대는 〈최척전〉의 공간을 "현실적인 배경"이라 하고 조위한의 중국 서장관 체험, 임란 중 피란과 의병활동, 명나라 군사와의 교류, 남원 거주 등 작가의 체험이 작품에 반영된 것이라 하였다.[423] 〈최척전〉의 중국 소흥 · 항주 및 유람공간은 작가의 체험과 일정한 연관을 지니긴 하였지만, 독서 및 욕망에서 설정한 상상의 공간이기 때문에 '현실적인 배경'이라고 하기는 곤란하다. 신태수와 김현화는 공간 구성원리를 파악하여 개념화하고, 작품의 주제적 의미와 연관하여 논의를 전개하였다. 신태수는 〈최척전〉에서 '원심적 공간'의 구성원리가 인물들을 원하지 않는 공간으로 밀어내는 역할을 한다며 인물과 공간의 관계를 고찰하였다.[424] 김현화는 〈최척전〉을 방랑과 정착이 반복되는 구조의 '노정형 서사'로 규정하고, 노정 위에서 주인공들이 삶의 갈등과 번민을 해소하는 교화적 공간성이 작품에 형상화되었음을 논하였다.[425] 필자는 앞장에서 〈최척전〉에 모호하게 설정된 일본 낭고사, 안남의 항구, 옥영의 해상이동경로 및 최척의 여행경로 등의 서사공간을 당대 지리와 무역활동에 따른 항해로 등을 검토하여 실

423 민영대, 『조위한의 삶과 문학』, 국학자료원, 2000, 240-248쪽.

424 신태수, 「〈최척전〉에 나타난 공간의 형상」, 『한민족어문학』 51, 한민족어문학회, 2007.

425 김현화, 「〈최척전〉의 노정 공간 연구」, 『어문연구』 70, 어문연구학회, 2011.

증적으로 고찰하고,[426] 〈최척전〉 국내공간의 문학지리를 사진과 지도, 스토리텔링을 통해 시각적으로 표현하였다.[427]

〈최척전〉은 공간설정 및 활용에서 지명이 부정확하거나 노정 및 지역 정보가 소략하다는 점이 특징이다. 작가 조위한은 작품의 서사공간을 넓게 설정했지만, 지명과 경로를 모호하게 처리하고 공간 묘사도 거의 하지 않았다. 이로 말미암아 국외 공간에 위치한 소설 주인공은 환경과 상호영향을 거의 주고받지 않으며, 환경에 의해 성장하지도 않는 것처럼 보인다. 이 점은 특히, 주인공이 20년 간 거주하였던 소흥 · 항주 공간에서 두드러진다. 이에 필자는 〈최척전〉에 소략하게 묘사된 소흥(紹興) · 항주(杭州) 공간의 문학지리를 구체적으로 파악하고, 공간과 시간, 서사와의 관계를 스토리텔링 기법으로 표현하고자 한다. 소흥 · 항주는 '상상의 공간'이고, 이 공간에서 이뤄진 최척의 행동 및 일련의 서사는 허구임이 분명하다. 필자는 이를 실제 사건처럼 규정하고, 실제의 지리공간 위에서 소설 주인공이 움직이고 사고한 것처럼 상상하여, 문장과 지도, 사진을 활용하여 사건과 이야기를 재구하였다. 이는 문학공간 위에서 이뤄진 인물 행동 및 서사를 개연성 있게 해석하며, 조위한의 작가의식을 좀 더 심층적으로 고찰하고, 나아가 작품을 통해 이뤄진 문학공간의 장소성을 환기하려는 의도 때문이다.[428]

---

426 권혁래, 「〈최척전〉의 문학지리학적 고찰과 소설교육」, 『새국어교육』 81, 한국국어교육학회, 2009.

427 김재웅 · 권혁래, 「〈최척전〉 국내공간의 문학지리학적 고찰」, 『온지논총』 42, 온지학회, 2015.

428 이 장에서 텍스트로 삼은 것은 박희병이 서울대 도서관 일사문고본을 저본으로 하여 여러 본을 참고한 교합본(박희병 표점 · 교석, 〈최척전〉, 『한국한문소설 교합구해』 소명출판, 2005, 421-450쪽)이다. 이하 텍스트를 인용할 때에는 이 책

필자는 또한 다양한 공간 정보를 활용하여 문학작품을 해석하고 장소의 의미를 파악하는 문학지리학의 방법론을 활용할 것이다. 이를 위해 소흥 · 항주 현지답사에서 얻은 지형 · 노정 · 운하 · 생활문화에 대한 자료, 고지도와 제작한 문학지도, 사진 자료, 절강대학교 한국학 연구소 학자들과 토론하면서 얻은 자료 등을 활용할 것이다.

2. 옥영의 포로길, 최척의 망명길

1597년 8월 남원성이 왜적에게 함락되자, 최척은 가족과 함께 지리산 연곡사 부근으로 피란을 갔다가 가족을 잃고 홀로 남원으로 돌아온다. 그때 만난 명군이 철군할 때, 그는 그들을 따라 명나라로 망명, 1598년 봄 즈음에 소흥에 정착하게 된다. 그해 겨울 여유문이 병사한 뒤 강호를 유랑하던 척은 1600년 봄 항주에 정착하면서 상선을 타게 되고, 안남의 항구에서 옥영을 만나 항주로 돌아온 뒤, 명군이 누르하치를 토벌하려 군대를 일으키는 1618년까지 항주에 머물러 산다. 이상 최척과 옥영의 공간 이동을 도표화하면 〈표 8〉과 같다.

이상의 이동상황은 앞의 〈그림 70〉에서 지도로 표현하였다. 소흥, 항주는 전통적으로 장강(長江) 삼각주 지역에 해당하는 중국의 강남 지역으로, 조선 문인들에게 '풍류와 동경'의 대상이 되었던 공간이며, 중국 정치 · 경제 · 문화의 중심지라는 상징성을 지닌다.[429] 소흥과 항주는

의 쪽수로 밝힌다.

429 윤주필, 「한국 한문학에서 본 중국 강남의 문학지리학」, 『한국한문학연구』 49, 한

〈표 8〉 〈최척전〉의 공간이동 정보

시간	사건	공간	최척 행적	옥영 행적
1597년 8월	남원성 함락과 피란	남원성, 연곡사	가족 잃고 남원으로 돌아옴	일본으로 잡혀감
1597년 9-10월	명군 철군 최척의 망명	남원 ⇒ 명	국경 넘어 명 입국	일본 나가사키
1598년 봄 -1598년 겨울	소흥 정착 여유문 병사	절강성 소흥	여유문 따라 소흥 정착	일본 나가사키
1599년 봄 -겨울	명승지 유람	호남성 등지	명승지 유람	일본 나가사키
1600년 봄	주우의 상선 승선, 옥영 상봉	안남국 호이안	중국 상선 타고 호이안 입항	일본 상선 타고 호이안 입항
1600년 봄 -1618년 가을	항주 정착	항주	옥영과 재회, 항주 정착	최척과 재회, 항주 정착
1618년 가을 -1619년 봄	심하 전투 참전	항주 ⇒ 요녕성 요양, 허투알라성	심하전투 패배, 포로 탈출	항주 거주
1620년 2-4월	옥영의 귀환	항주 ⇒ 남원	남원 정착	남원으로 귀환

임란 중 가족을 잃고 작가 조위한이 조선을 떠나 유람하려고 했고, 가지 못해 그리워했던 장소다. 조위한은 소흥과 항주의 공간 위에 최척과 옥영, 몽선과 명인(明人) 여유문과 주우, 진홍도 등의 인물을 설정하고 임진왜란 뒤에 펼쳐진 그들의 허허로운 인생사를 그렸다.

조위한에게는 임진왜란 중 김덕령 밑에서 의병활동을 하던 중에 명나라 군사들과 교류한 것과 1610년 사은사(謝恩使) 서장관으로 명나라에 다녀온 것이 외국 체험의 전부다. 조위한은 이러한 자신의 명 체험을 바탕으로 독서 경험, 얻어들은 지식 등을 바탕으로 문학공간을 설정하였을 것이다.[430]

국한문학회, 2012, 271쪽.

430 최척은 남원의 선비로 실존인물이며, 그의 전란 체험이 소설의 주요 내용으로 된 것으로 연구되었다. 이에 대해 양승민은 최척이 실존인물이되 〈최척전〉이 최척 개인의 체험담이 아니며, 조위한 자신의 경험적 사실과 세계관에 입각해 치밀하게 창안된 소설임을 논증하였다.(양승민, 「〈최척전〉의 창작동인과 소통과

3. 피신의 공간, 소흥

망명과 피신

1597년 정유재란이 발생하면서 전라도로 진격하려는 왜병과 이를 방어해야 하는 조명 연합군이 충돌하면서 남원은 격전지로 변했다. 그해 5월 왜병이 전라도로 진격하려고 하자 중군 이신방이 먼저 2천 명의 군사를 이끌고 접반사 정기원과 함께 남원에 도착했다. 6월 13일 명나라 부총병 양원은 요동병사 3천 명을 전주에서 이끌고 남원에 도착하여 군사들을 모아 남원읍성에서 적을 맞기로 한다.

왜적은 1597년 8월 7일에 구례에 도착한 다음 선봉이 남원 경내로 들어와 노략질을 자행했다. 8월 15일 밤에 왜병이 남원성을 총공격하여, 16일에 마침내 성이 함락되었다.[431] 남원성이 함락된 후 최척은 가족들을 이끌고 지리산 연곡사로 피란하였고, 식량을 구하러 밖으로 나갔다가 돌아온 최척은 가족을 잃고 절망하였다. 다시 남원의 고향집으로 돌아온 최척은 금교에 주저앉아 며칠 동안 아무 것도 먹지 않고 미친 듯이 돌아다녔다. 그때 최척에게 도움의 손을 내밀어 준 이가 명군의 오총병 밑에서 근무하고 있던 천총 여유문이다. 절강성 소흥 출신의 여유문은 금교 밑에서 말을 씻기고 있다가 마침 최척을 발견하고 도와

정」, 『고소설연구』 9, 한국고소설학회, 2000, 69-100쪽). 정환국은 작가 조위한이 애정전기의 관습 위에서 전란의 실기적 상황을 〈간양록〉, 〈금계일기〉, 〈정유피란기〉, 〈조완벽전〉 등 당시의 여러 전란실기류와 결합하여 서로의 넘나듦 속에서 〈최척전〉을 소설화하였을 것이라고 하였다.(정환국, 「16-7세기 동아시아 전란과 애정전기」, 『민족문학사연구』 15, 민족문학사학회, 1999, 44-55쪽)

431 변주승 역주, 『여지도서 전라도 보유』 1권, 흐름, 2009, 255-260쪽.

준다. 의병생활을 하며 얼마간의 중국어를 익힌 바 있던 최척은 여유문의 막사에 기거하면서 군무를 도왔다.

정유재란이 끝나고 여유문이 귀국하게 되었을 때, 전쟁에서 죽거나 실종된 명나라 군사들의 장부 정리 업무를 담당하던 최척은 명군을 따라 국경의 관문을 넘어 명나라로 들어갔다. 실제 명군의 철군 시기가 언제인지 정확하지는 않지만, 소설에서는 1597년 9~10월경으로 추정된다.[432] 최척이 중국으로 갈 때 해로를 이용하였는지 육로를 이용하였는지 확실하지 않다. 민영대는 당시 육군이 산해관과 요양 등을 거쳐 압록강을 건너 왔기 때문에, 최척 또한 육로로 통해 중국으로 들어갔을 것이 분명하다고 하였다.[433] 필자가 소흥·항주 현장답사 때 인터뷰한 절강대학교 역사학부 양우뢰(楊雨蕾) 교수는 당시 절강성 병사들이 연안해로보다는 육로를 통해 조선으로 이동했을 가능성이 높을 것이라는 의견을 내주었다.[434] 소설에서 척이 여유문을 따라 소흥에 정착한 시기는 1598년 봄쯤으로 추정된다.

조위한이 소흥과 항주를 소설의 공간으로 설정한 것은 본인이 의병활동을 하면서 교류한 명 병사로부터 들은 정보와 1597년 남원성 전투를 지원한 부총병 양원과 그 병사들의 존재, 자신의 이루지 못한

432 연곡사에서 최척의 부친과 옥영의 모친은 손주 몽석을 찾아 곧 남원 집으로 돌아왔다. 서사적으로 남원성에 머물면서 명군의 일을 돕던 최척이 집으로 돌아온 부친과 장모의 소식을 못 듣고 중국으로 망명할 정도라면, 명군의 철군 일시도 그만큼 빨라야 한다.

433 민영대, 앞의 책, 244쪽.

434 필자는 2015년 1월 소흥-항주 구간을 현지답사하였는데, 1월 9일 절강대학교 역사학부에서 역사지리학을 연구하는 양우뢰 교수를 인터뷰하면서 〈최척전〉의 내용과 절강성 병사들의 임란 출전에 대해 토론하고 조언을 구하였다.

여행 욕망 등에서 영향 받았을 가능성이 크다. 조위한은 1593년부터 1595년까지 의병장 김덕령 수하에서 의병활동을 했는데, 그때 만난 명나라 군사와 중국의 명승지인 강소성, 절강성, 소주와 항주 지방을 여행하고자 떠나려 했으나 형의 만류로 포기하였다.[435]

중국의 남동부 해안에 위치한 절강성(浙江省)은 예전부터 아름다운 경치로 유명하다. 소흥(紹興)은 절강성 항주만(杭州灣) 남안, 회계산 북쪽 산기슭, 영소평원의 서부에 위치해 있으며, 주위에 수로, 강, 운하가 마치 거미줄같이 교차하면서 일찍부터 수로 교통이 매우 발달한 운하의 도시다. 1488년 제주도에서 절강성까지 표류했다가 귀국한 최부는 『표해록』에 소흥에 대해 다음과 같이 기록했다.

> 소흥부는 곧 월왕의 옛도읍으로 秦漢 시대에는 회계군이었는데, 절강의 동쪽 하류에 있었습니다. 府治, 회계 · 산음의 두 현 및 소흥위의 치소와 와룡산은 모두 성안에 있었습니다. 회계산은 성 동쪽 10여 리에 있고, 그밖에 진망산과 같은 높은 산들이 겹겹이 솟아있고, 수많은 바위와 골짜기가 동서남 3방에서 빼어남을 서로 다투고 있었습니다. 북쪽은 큰 바다에 연해서 평탄하고 넓었으며 구릉이 없었습니다…(권2, 1488년 2월 5일)[436]

위 내용은 최부가 영파(寧波)에서 북경을 향해 압송되어 올라가던 중 묘사한 소흥 경관인데, 주로 소흥의 주요 지역과, 산과 강, 자연풍광에 대해 기록되어 있다. 100여 년 뒤 도착한 최척이 본 경관도 이와 별

435 조위한은 임진왜란 중 어린 딸과 어머니, 아내를 차례로 잃고 상심하여 세상에 뜻을 잃고 중국으로 여행을 떠나고자 했다.(위의 책, 50-51쪽.)

436 박원호 역주, 『최부 표해록』, 고려대 출판부, 2006, 132쪽.

반 다르지 않았을 것이다. 조위한이 최부의 『표해록』을 읽거나 그의 표류 · 송환 사실을 전해 들었다면, 위 소흥과 항주 기록은 소설의 공간 이미지 설정에도 영향을 미쳤을 것이다.

〈그림 77〉 〈소흥부경도〉(『籌海圖編』 五卷五, 1562)

〈그림 77〉은 『주해도편(籌海圖編)』에 수록된 〈소흥부경도(紹興府境圖)〉의 일부다. 『주해도편』은 전13권으로, 명 정약증(鄭若曾, 1503~1570)이 찬한 것을 호숭헌(胡崇憲, 1512~1565)이 1562년 판각한 고지도다. 〈최척전〉에는 소흥이라는 도시 이름만 등장하고 구체적인 지명이나 공간 묘사는 전혀 나타나지 않는데, 위 고지도를 통해 최척이 살았을 성과 건물, 거리와 운하를 떠올려 볼 수 있다. 위 원 안쪽을 보면, 소흥부성 내에 소흥위, 회계현, 산음현, 와룡천, 봉래역 등이 위치해 있고, 소흥성 밑으로 우왕묘 등이 표시되어 있다. 최부가 기록한 경관 그대로다. 이곳 소흥에서 살던 여유문은 임란 중 잠시 이곳을 떠났다가 귀환했으며, 최척은 1598년 여유문을 따라 이 성에 들어와 살면서 일을 하고, 골목골목 운하로 연결된 도시를 배를 타고 다니며 마음을 달랬을 것이

다. 우왕묘는 1599년 최척이 강호를 유랑할 때 들렀다는 회계산 우혈(禹穴)로, 현재는 대우릉(大禹陵)으로 불린다.

① 대우릉(大禹陵) 입구의 비석

② 대우릉(大禹陵)의 우왕 조상

〈그림 78〉 회계산 대우릉 풍경 – 주요지점(공간) 기록사진 –

〈그림 78-①〉과 〈78-②〉는 회계산에 자리잡은 대우릉(大禹陵)의 모습이다. 이곳은 현재 국가급 중점 문화재로 지정되어 대대적인 정비가 이루어졌으며, 엄청난 규모와 신령한 분위기를 자랑한다. 1599년 최척은 여유문이 병사한 뒤 이곳을 찾아 마음을 달랬다.

① 소흥 府山거리의 운하와 주택

② 소흥 府山거리의 주택과 골목

〈그림 79〉 현 소흥시 거리 풍경 – 주요지점(공간) 기록사진 –

소흥은 곳곳에 운하가 발달해 있어 사람들은 작은 배를 타고 물고기를 잡고 장사를 하며 살았을 것이다. 소흥에는 현재 성벽 일부와 월성(越城), 작은 운하들과 옛거리들이 남아 있어 예전의 모습을 연상케 한다. 〈그림 79-①〉과 〈그림 79-②〉는 소흥시의 옛거리 모습을 간직하고 있는 부산(府山)거리 풍경인데, 예전에 수로로 기능하였을 하천과 그 옆에 세워진 주택들, 좁은 골목을 사이에 두고 마주보고 있는 주택가 모습을 볼 수 있다. 주택가 옆에는 시장과 식당, 소흥주를 파는 상점 등이 자리잡고 있다.

최척에게 소흥은 '피신'의 공간이었다. 임란 직후의 조선 현실에서 개인이 국경을 넘고 망명한다는 것은 삶의 비상한 각오가 없으면 선택하기 힘든 행동이었다. 여유문은 최척에게 망명의 기회를 제공하였고(실질적으로는 불가능한 것이었지만), 자신을 좇아 온 척에게 자기 집에서 숙식하도록 했을 것이고, 일거리도 제공했을 것이다. 여유문은 척을 동기처럼 여겨 자신의 여동생과 혼인할 것을 제의했지만, 척은 아내와 가족의 생사를 모른다며 거절하였다. 척에게 소흥은 여유문이 있기에 의미 있는 장소였다. 척은 여유문을 의지하여 가족 상실의 고통에서 잠시 벗어날 수 있었고, '정신의 자유'를 획득할 수 있었다. 운하의 도시 소흥은 〈최척전〉을 통해, '여유문이 고독한 망명자 최척에게 우정과 호의를 베푼 도시', 척이 전란의 기억과 상처를 피해 망명한 '피신의 도시'로 이미지화되었다.[437] 하지만 여유문의 갑작스런 죽음으로 인해 그 '피신'과

437 필자는 2015년 1월 9일 절강대학교 한국학연구소를 방문하여 원장 및 연구원들과 토의를 했는데, 그들은 〈최척전〉의 존재에 진지한 관심을 보였고, 〈최척전〉에 그려진 최척과 옥영 부부의 정착, 여유문 및 주우와의 교류 등을 매우 흥미롭게 여겼다.

'정신의 자유'는 한시적일 수밖에 없었다.

유람과 유랑

1598년 겨울, 여유문이 갑자기 병사하자 의탁할 곳이 막막해진 척은 이듬해 봄 소흥을 떠나 강호를 떠돌며 명승지를 유람하였다.

> 그해 겨울, 여유문이 병들어 죽었다. 또다시 의탁할 곳이 막막하게 된 척은 낙담하여 장강(長江)과 회수(淮水)를 떠돌며 두루 명승지를 유람하였다. 용문(龍門)과 우혈(禹穴)을 찾아보고, 원강(沅江)과 상강(湘江)에까지 이르렀고, 배를 타고 동정호(洞庭湖)를 건너 악양루(岳陽樓)에 올랐으며 고소대(姑蘇臺)에도 올라보고, 호산(湖山) 위에서 시와 노래를 읊조리고, 구름과 물 사이를 배회하다 보니 척에게는 어느덧 속세를 떠난 듯한 풍모가 생기게 되었다.[438]

최척의 여행은 명승지 유람이자, 안착하지 못한 자의 유랑이다. 위 명승지 유람 장소 설정 및 이동에는 '의탁할 곳의 상실'이라는 계제와 여행 욕망이 작동하였다. 작가 조위한은 최척의 유람을 통해 자신의 현실초탈 심리를 투영하였다. 위 여행지들은 경항대운하(京杭大運河)와 양자강, 회수 등 수로를 통해 다닐 수 있을 것으로 보이나, 코스라고 하기에는 너무 넓고 유기적이지 않다. 민영대는 이곳들이 구성상 무리가 없을 뿐 아니라 지리적 여건으로 보더라도 합리적이라고 하였는데, 이러한 논의는 시간과 공간 거리를 고려하지 못한 결과가 아닌가 한다. 실

438 其冬 余公病死 陟尤無所歸 落拓江淮 周遊名勝. 窺龍門 探禹穴 窮沅湘 航洞庭 上岳陽 登姑蘇 嘯咏於湖山之上 婆娑於雲水之間 有飄飄遺世之志.(433-434쪽)

증적으로 본다면 위에 서술된 최척의 여정 구성은 합리적이지 않을뿐더러, 수천 리가 넘는 공간들을 1년도 못 되는 시간에 돌아보는 것 또한 사실상 불가능하다.[439]

최척은 산서성 황하 상류에 있는 용문과 소흥 회계산의 우혈, 양자강, 회수, 호남성의 동정호, 악양루, 원강, 상강, 강소성 소주의 고소대, 강소성 강녕현의 호산 등을 유람하였다. 유람(遊覽)이란 말의 사전적 정의는 "아름다운 경치나 이름난 장소를 돌아다니며 구경함"이다. 최척이 유람한 곳들은 『사기(史記)』의 저차 사마천이 젊었을 적 여행했던 경로와 대체로 일치하며, 또한 강남의 대표적 명승지로 알려진 곳들이다. 장소의 혼은 그 경관 속에 있다.[440] 위 장소들은 경치도 좋겠거니와, 유명 인물들의 시문(詩文)과 사연 들이 깃든 곳들이다. 아름다운 경치를 본다는 것은 지리적 장소의 물리적이고 시각적인 형태, 즉 경관을 즐긴다는 것이고, 이름난 장소를 본다는 것은 경관에 깃든 사연을 음미하고 자신을 성찰함을 의미한다. 그렇지만 가족, 특히 아내가 부재한 상태에서 유람은 척은 정착할 공간도, 살아야 할 이유도 제공해 줄 수 없었다. 척은 긴 여행을 마치고 다시 소흥으로 돌아왔지만, 현실에 정착할 수 없었다.

439 이에 대해서는 민영대, 앞의 책, 245쪽; 권혁래, 앞의 논문(2009), 30-32쪽의 논의를 참조할 것.

440 에드워드 렐프 저, 김덕현 · 김현주 · 심승희 역, 『장소와 장소상실』, 논형, 2005, 79-81쪽.

4. 안식의 공간, 항주

항주 정착과 용금문

항주(杭州)는 최척이 1600년부터 1618년까지 무려 18년 간 정착한 장소다. 1599년 겨울, 또는 이듬해 봄 무렵, 유람을 마치고 돌아온 척은 신선술을 배우러 사천성(四川省)으로 가고자 했다. 그때 항주성 용금문 안쪽에 살던 주우(朱祐)[441]라는 사람이 찾아와 "나와 함께 배 타고 오 · 월 땅을 오가면서 비단이나 차를 팔며 남은 생을 즐기는 게 세상사에 통달한 사람의 할 일 아니겠는가?" 하며 동행하기를 청한다. 주우는 한족 학인(學人) 출신인데 벼슬을 하지 않고 저술을 일삼으며, 또 상선을 타고 천하를 주유하면서 비단과 차를 팔며 사는 상인이었다. 주우의 말에 척은 마음이 상쾌해지며 깨달아지는 것이 있었다고 했다. 그것이 무엇일까? 주우는 학식이 있으나 얽매이는 것 없이 여행과 장사를 하며 세상을 관조하는 삶을 살고 있었다. 최척이 깨달은 것은 한 곳에 얽매이지 않으면서도 세상에 섞여 사는 것의 이치가 아니었을까. 척은 주우의 배를 타고 절강성, 광동성, 복건성, 베트남까지 다니며 사람들과 어울려 살았다. 거기서 세상과 인생을 좀 더 넓게 볼 수 있었다.

1600년 봄, 척은 주우를 따라 배를 탔고, 4월 2일 베트남에 도착하여 10여 일간 항구에서 머물렀다. 그 항구가 당시 베트남 중부의 유명

441 규장각본에는 '宋佑'로 되어 있으나, 고려대본, 천리대본 등 대부분의 이본에는 '朱祐'로 되어 있어 이를 따른다.

한 무역항 호이안(會安)이다.[442] 그곳에서 일본 상선을 타고 온 옥영과 3년여 만에 감격적 재회를 한 후, 함께 돌아와 정착한 곳이 또한 항주다. 유랑인 최척이 속세로 귀환한 것이다. 두 사람은 항주에 정착하여 둘째 아들 몽선을 낳고 그뒤 며느리도 맞이하고, 그렇게 19년을 살았다. 최척과 옥영이 해외로 이산해 떠돌고 다시 만나 정착하는 등의 노정을 그린 것이 〈그림 80〉이다.

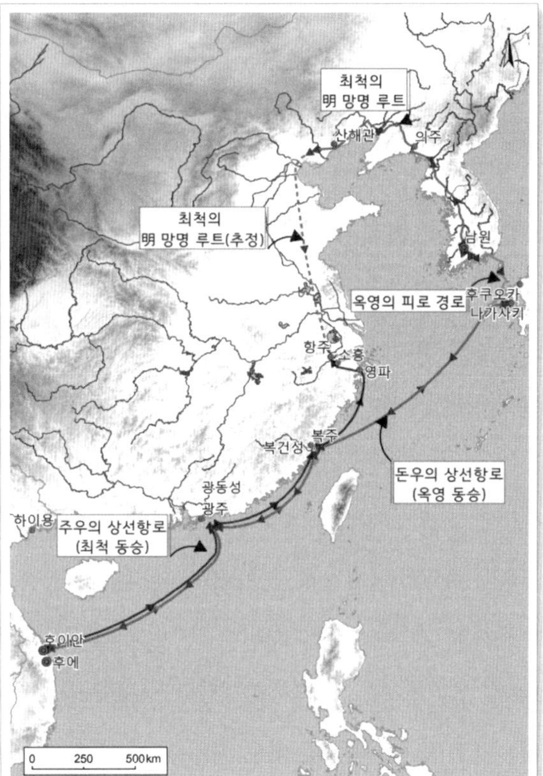

〈그림 80〉 최척-옥영의 해외이산과 만남의 노정

442 권혁래, 앞의 논문, 33-35쪽.

항주에서 구체적으로 언급된 지명은 용금문(涌金門)이 유일하다. 용금문은 항주성의 서성문(西城門)의 하나로, 소설의 주인공들은 모두 이 용금문 안쪽 성내에 살았다. 최척이 옥영과 함께 항주로 돌아온 것은 1600년 5~6월쯤이었을 것이다. 주우는 항주에 돌아와 자신의 집 방을 하나 비워 최척 부부가 살도록 했다. 최척 부부는 주우의 집에서 단칸방 생활을 시작했으니, 척의 거주지도 용금문 안쪽인 것이다. 그 집에서 최척 부부는 일년 뒤인 1601년 가을경 둘째 아들 몽선을 낳았다. 그로부터 몽선이 장성하여 결혼하기까지의 시간에 대해선 아무런 서술이 없다. 몽선의 결혼 시기는 1616~17년경으로 추정된다.

용금문 일대는 최척의 며느리 진홍도와 그의 사돈 진위경의 집이 있는 곳이기도 했다. 최척이 며느리로 삼은 여인은 이웃집에 살던 진홍도다. 진홍도는 1597년경 태어났다고 했으니, 몽선보다 4년 연상이다. 그녀는 태어난 지 몇 개월도 안 돼 아버지를 조선으로 떠나보냈고, 일찍 어머니를 여의고 이모 밑에서 성장하였다. 홍도는 아버지를 그리워해서 혹시나 조선으로 가는 방법을 찾을 수 있을까 하는 마음으로 스무살의 나이로 조선 출신 몽선과 결혼을 결심하였다.

진위경은 1597년 조선으로 출전하여 돌아오지 않은 절강병이다. 진위경은 정유재란이 일어나자 태어난 지 몇 개월도 안 된 딸을 뒤로 하고 조선으로 출정하였다. 그는 제독 유정 부대에 소속되어 조선에 들어와 순천에 진을 쳤다. 하루는 적을 정탐하던 중 유정 장군의 뜻을 어겨 군법으로 다스리려 하자 탈영하였다가 다시는 고국으로 갈 수 없는 몸이 되었다. 1597년 진영을 탈영한 진위경은 20년 넘게 조선 땅을 떠돌다 1619년 허투알라를 탈출해 조선에 돌아온 최척을 만나고 나서야 남원에 정착할 수 있었다.

항주는 절강성의 북쪽에 자리 잡고 있으며, 중국 대운하의 동쪽 끝이다. 항주는 절강성의 성도(省都)로, 예로부터 역사와 빼어난 경치를 자랑한다. 그리고 수로 교통이 발달되어 운하와 수로를 통해 양자강, 소흥, 영파(寧波) 등지와 연결된다. 또한 견직업과 벼농사가 발달하고, 수많은 문인과 화가가 배출된 산업, 문화의 중심지로도 유명하다.[443] 항주에 성벽이 쌓여진 것은 591년 수나라 때다. 10세기에는 남경, 청도와 함께 남송의 문화 중심지가 되었다. 12세기 전반에 북송의 수도인 개봉이 금나라에 의해 함락되자, 남송은 이 지역에 임안부(臨安府)를 두어 실질적인 수도로 삼았다. 항주는 이때부터 1276년 몽골이 침입하기까지 남송의 수도로서, 북쪽의 금나라에 맞서 중국의 정치 · 경제 · 문화의 중심지 역할을 했다. 그때가 항주 역사의 황금기였다. 최척이 항주에 정착했을 당시의 모습은 아래 고지도를 통해 그려볼 수 있다.

〈그림 81〉은 1562년도의 〈항주부경도(杭州府境圖)〉의 일부다. 지

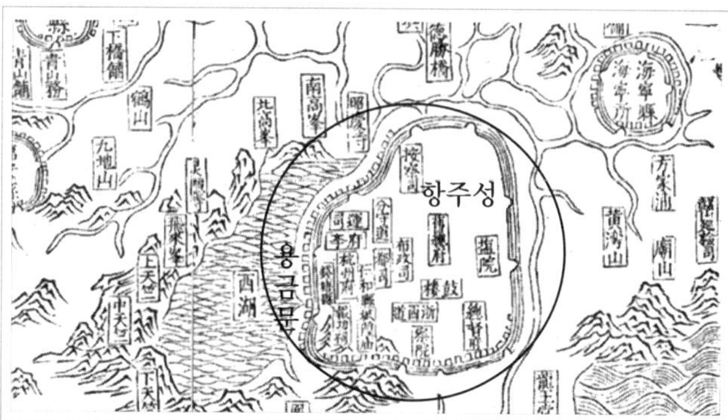

〈그림 81〉 〈항주부경도〉(『籌海圖編』 五卷六, 1562)

443 〈항저우(杭州)〉, 『브리태니커 세계 대백과사전』 24, 1994, 한국브리태니커, 614쪽.

도의 원 안쪽을 보면 항주부성에는 중앙의 고루(鼓樓)와 시정사(市政司), 도사(都司)를 중심으로, 서쪽에는 항주부, 전당현, 용금문이 있고, 동쪽에는 염원(鹽院)이 있고, 남쪽에는 성황묘(城隍廟), 총독부 등이 위치해 있다. 성황묘는 송나라 건축물로서 현재 서호 남쪽 송성(宋城) 언덕에 잘 보존되어 있다. 서호는 먼 옛날 갯벌인 곳을 수재를 막기 위해 소제(蘇提)와 백제(白提) 등 제방을 쌓아 호수로 변모했고, 미관을 위해 섬을 조성하고 물가에 정원을 꾸몄다. 오늘날 이 서호를 무대로 연중 공연되는 창작설화 수상극 〈인상서호(印象西湖)〉는 이제 항주의 명물이 되었다. 최척과 옥영은 항주성의 고루, 송성 등의 건물들과 골목과 시장, 서호, 운하 등을 구석구석 거닐며 19년을 보냈을 것이다. 그렇기에 항주의 장소들은 모두 〈최척전〉의 문학공간이요, 경관으로 들어온다.

최척 가족, 주우, 사돈가인 진위경과 홍도가 살았다는 용금문 일대는 소설에서 특히 중요한 장소다. 용금문은 서호의 동쪽이자 항주부성의 서쪽에 위치한 성문의 하나로, 현재는 항주 서호 동안 남산로에 위치해 있다. 936년 용금지(湧金池)를 파서 서호를 만들고 그 옆에 용금문을 세웠다고 한다. 최부의『표해록』항주 관련 기록에는 '용금문' 기사가 두 차례 등장한다.

> 풍악루는 성 서쪽의 용금문 밖 서호의 언덕에 있으며, 옥련당은 용금문에 있고, 성의 북문 안에 또 용금지가 있습니다.(권2, 1448년 2월 12일)[444]

위 인용문에는 용금문에 대한 해설은 없고, 두 번 모두 다른 건물

444 박원호 역주, 앞의 책, 160쪽.

의 위치를 설명하는 데서 용금문이 거론되었다. 위에서 용금문이 다른 건물의 이정표 역할을 할 정도로 성의 대표적 건물로 인식되고 있었음을 알 수 있다. 1906년 용금문은 파괴되었고, 그 자리에 용금문비가 세워져 있다. 최척 부부가 살던 장소의 대표적 경관 용금문은 사라지고 이제 그 터만 남아 있다.

① 항주성 서쪽 용금문 (1906)

② 구 용금문 터

③ 용금문 바깥의 용금지

④ 현 항주시 복원모형(서호박물관 소장)

〈그림 82〉 용금문 주위 풍경 – 주요지점(공간) 기록사진 –

〈그림 82-①〉은 용금문이 파괴되기 직전 사진으로, 성벽과 성문이 꽤 웅대한 규모였음을 알 수 있다. 〈82-②〉는 구 용금문이 파괴된 뒤 그 자리에 세워진 비석이다. 비석 뒤에는 용금문의 유래가 기록되어 있는데, 〈그림 82-③〉의 용금지 자리에서 금빛 소가 떠올라 용금문이라 했다고 한다. 〈82-④〉는 서호박물관에 소장되어 있는 현 항주시 축소 모형이다. 그림의 왼쪽 하단부인 언덕에 송나라 때 세워진 성황각 건물이 자리잡고 있으며, 오른쪽 하단부가 옛 항주성 자리이며, 서호 아래 원 표시된 부분이 현 용금문 거리다.

〈그림 83〉 성황각에서 본 용금문거리

위 〈그림 83〉은 항주 서호 인근 남쪽 언덕 위 성황각에서 찍은 사진인데, 현재 이곳은 버스 정류장과 지하도로, 큰 도로가 있어 차량들이 꼬리를 물고 달리고 있으며, 상가건물들이 즐비한 가운데 그 안쪽으로 주택가와 골목길이 자리잡고 있는 번화가다. 이곳이 조선의 소설 〈최척전〉에서 17세기 초 주우, 최척과 옥영이 살던 곳으로 형상화된 것을 아는 사람은 몇이나 될까?

조위한이 항주부성 가운데, 유독 이곳 용금문 지역에서 주우, 진위경과 그의 가족, 최척과 그의 가족이 살았음을 특기해 놓은 점은 흥미롭다. 공간과 장소의 의미에 관해 신중하게 고찰한 연구자들의 서술에 의하면, 최척 부부의 거주 장소가 용금문 일대로 설정된 것의 의미는 단순하지 않다. Norberg-Schulz에 의하면, 장소는 행위와 의도의 중심이며, "우리가 실존의 의미있는 사건들을 경험하게 되는 초점이다."[445] 에드워드 렐프는 장소가 인간의 모든 의식과 경험으로 구성된 의도의 구조에 통합되는 것이며, 의도적으로 정의된 사물, 또는 사물이나 사건들의 집합에 대한 맥락이나 배경이라 하였다.[446] 이러한 서술에 의거하여 볼 때, 항주 용금문이라는 장소는 항주 시절의 중심공간으로 자리잡아 인물들이 안착하고 성장하는 배경으로 작용하고 있다. 조위한은 용금문에 관해 전언(傳言)이나 어떤 문서를 통해 정보를 얻었으며 강한 인상을 받아 이 장소를 주인공들의 주거지로 설정한 것이 아니었을까 추정해본다. 지금도 그렇지만, 1600년을 전후한 시기에도 용금문 지역은 사람의 통행과 물자 유통이 가장 활발한 지역이었을 것이다. 작가는 고향에서 유리되어 살던 망명인 최척과 피로인 옥영이, 역사적 명소인 이 번화 장소에서 명나라 사람이 되어 사람들과 섞여 살며 성장한 모습을 보여주고 싶었던 것이 아니었을까?

445 Norberg-Schulz C, *Existence, Space and Architecture*, London: Praeger, 1971, p.19; 에드워드 렐프, 앞의 책, 102쪽에서 재인용.

446 에드워드 렐프, 위의 책, 103쪽.

차 상인 최척

1600년 봄, 최척은 주우의 권유를 받아들여 오 · 월 지역을 오가며 비단과 차를 팔았다고 했다. 옥영과 재결합한 뒤 항주에 살면서 척은 19년 간 무슨 일을 하며 살았을까? 소설에는 이에 대한 언급이 전혀 없으나, 척의 직업이 바뀌었을 것 같지는 않다. 척은 주우와 함께 배를 타고 비단과 차를 사서는 중국 남방과 베트남에 이르는 지역을 다니며 파는 상인 생활을 계속했을 것이다. 거기서 번 돈으로 처자를 부양하고 집도 사고 살림을 불렸을 것이다.

당시 항주는 견직업(絹織業)과 차농사(茶農事)로 유명한 곳이었다. 항주는 특히 차가 대표 특산물이다. 현재 항주의 차는 '서호차(西湖茶)', '용정차(龍井茶)', '서호용정차(西湖龍井茶)' 등으로 불리는데, 용정차로 통칭하기도 한다. 용정차는 발효를 시키지 않는 녹차로 용정촌에서 재배되며, 중국 10대 명차 중 하나로 꼽힌다. 용정차는 당대(唐代)부터 역사가 시작되어 송, 원, 명, 청대에 걸쳐 명차로 인정받아 왔고, 청나라 강희제에 의해 공차(貢茶)로 인정받았다.[447]

소설 본문의 오(吳)나라는 절강성 지역을, 월(越)나라는 절강 · 복건 · 강서 · 광동성 등 중국 동남부에서 베트남 북부에 이르는 지역을 호칭하는 옛 이름이다. 곧 최척은 중국 절강성에서부터 동남부 지역과 베트남 북부에 이르는 넓은 지역을 상선을 타고 다니며 비단과 차를 사고판 국제 무역상이었음을 알 수 있다. 항주는 경항대운하(京杭大運河)가 시작되는 곳이고, 전단강이 흐르고, 양자강과 황해 바다가 인접한

447 王建榮 · 張佳 編, 『西湖茶文化』, 杭州: 杭州出版社, 2013, 6-96쪽.

수로교통의 요지다. 무역상 최척은 주우의 배를 타고 이러한 물들을 헤치고 자유롭게 다니며 세상과 사람들과 어울리면서 국제인의 안목을 갖춰갔을 것이다.

① 明清 시기의 상선 그림

② 唐代 목선 복원 모형

〈그림 84〉 항주시 대운하박물관 소장 목선 그림과 모형

〈그림 84-①〉은 항주시 대운하박물관에 소장되어 있는 명 · 청대 상선 그림이고, 〈84-②〉는 당대(唐代) 목선을 복원한 모형인데, 두 배 모두 중선(中船) 이상 되는 규모다. 주우와 척이 타던 배는 항주의 비단과 차를 싣고 복건성, 광동성, 베트남에 이르기까지 몇 개월에 걸쳐 수천 리, 수만 리 되던 곳을 다니던 배이니만큼 위 그림과 같이 상당한 규모의 무역선이었을 것이다. 위 그림과 모형을 보면서 최척이 배를 타고 수천 리 공간들을 오고갔을 풍경을 떠올려본다.

〈최척전〉에서 '배'는 중요한 기능을 하면서도 상징적 의미를 지닌다. 배는 최척과 옥영, 주우와 일본인 돈우에게 없어서는 안될 생업수단이었고, 운하와 강을 타고 낯선 공간들을 만나게 하며, 옥영과 최척을 재회하게 해준 매개체다. 1600년 봄 수만 리 바다를 넘어 베트남의 한 항구에서 부부가 만나게 된 매개가 명과 일본의 무역선이고, 1620년 옥영이 남편을 요양으로 떠나보내고 절망하고 있을 때 그녀를 고국으로 안내한 구원의 수단이 또한 배다. 또 배는 새로운 삶의 터전을 향해 나아가는 유랑인의 상징이요, 고독한 자아의 상징이기도 하다.[448] 그러므로 배는 때로 정착하고 때로 미지의 세계로 나아가는, 최척을 상징하는 사물이다. 이처럼 〈최척전〉에서 배는 물, 운하와 결합하여 중요한 서사 기능을 담당하며, 작가의 무의식이 투영된 상징으로 인식된다.

생업과 가정에 충실하고, 아들이 장성하여 며느리도 보았던 최척 부부는 최척이 1618년 후금과의 전쟁에 명군의 일원으로 참전, 요녕성 요양을 향해 출전하게 되면서 행복했던 항주 시절을 마감하게 된다. 최부의 『표해록』을 보면서, 최부가 제주도에서 표류하다가 절강성 영파(寧波) 주산열도(舟山列島) 부근에서 해적들에게 당한 것에서 옥영의 해상귀환 모티프를 떠올려본다. 그녀 역시 항주를 출발하여 바다 중간에서 풍랑을 만나 무인도에 표착하고, 해적에게 배를 빼앗기고 간신히 조선 쇄곡선을 얻어타고 순천으로 들어오지 않았던가. 최부가 항주를 출발하여 북경에 이르고 다시 산해관을 거쳐 요양에 이르는 출정 루트를 보면서 최척의 요양 참전 루트를 연상해 본다. 조위한은 〈최척전〉 소흥, 항주 시절의 공간 및 조선으로의 이동경로를 설정할 때 다분히 최부의 『표해록』에서 소재와 영감을 얻었을 가능성이 큰 것으로 보인다.

항주는 망명자 및 민간인포로였던 최척과 옥영이 19년 간 '안식'한 장소였다. 척에게 항주는 주우가 있어 의미 있고, 아내 옥영과 함께 할 수 있어서 완전한 장소였다. 비록 사르후 전투에 출전하면서 척은 다시 항주에 돌아올 수 없었지만, 결과적으로 이로 인해 두 사람은 조선에

448 권혁래, 「〈최척전〉에 그려진 '유랑'의 의미」, 『국어국문학』 150, 국어국문학회, 2008, 214쪽.

서 재회할 수 있었다. 앞서 소흥이 〈최척전〉을 통해, '여유문이 고독한 망명자 최척에게 우정과 호의를 베푼 도시', 최척이 전란의 기억을 피해 망명한 '피신의 장소'로 이미지화되었음을 말하였다. 〈최척전〉을 통해 항주는 '주우가 망명인 척에게 우정과 호의를 베풀어 준 도시', 최척과 옥영이 전쟁의 시름을 잊고 서로 사랑하며 새로운 가족을 이루어 살던 '안식의 장소'로 이미지화되었다. 이것이 〈최척전〉을 통해서 소흥 · 항주에 부여된 장소의 정체성이다.[449]

449 '장소 정체성'이란 장소 경험에 영향을 주고 다른 한편으로는 영향을 받기도 하는 장소 경험의 기본적 측면이다. 장소 정체성을 이루는 핵심 요소는 장소의 이미지다. 장소 이미지는 개인과 집단, 대중 등에 의해 형성되는데(에드워드 렐프, 앞의 책, 107-129쪽), 소설에 의해 형성된 이미지 또한 장소의 정체성을 이루는 새로운 요소가 될 것이다.

제5부
문학공간을 활용한 콘텐츠전략

〈흑룡강원정 조선군 이동경로도(신춘호, 2015)〉

『북정록』, 〈최척전〉 등에 그려진 서사와 문학공간을 활용해 디지털콘텐츠, 지역문화콘텐츠를 제작하는 방안에 대해 생각해본다.

제1장

흑룡강원정서사와 시각화콘텐츠

1. 디지털 공간에서 흑룡강원정서사 재현하기

1658년의 제2차 흑룡강원정은 조선시대뿐 아니라 우리나라 해외 파병사에서 매우 중요한 사건이다. 청나라의 원병 요청으로 신류 장군과 조선군 300여 명은 함경북도 회령을 출발하여, 중국 지린성 영고탑성에서 청군과 합류하여 목단강, 송화강을 거쳐 흑룡강 유역에 이르러 스테파노프가 이끄는 11척의 러시아 함대를 격퇴하는 성과를 거두었다. 이 전투를 조선에서는 흑룡강원정이라고 부른다. 신류 장군은 흑룡강원정의 전말을 매일같이 일기로 기록하여 『북정록』을 저작하였고, 이 진중일기와 허구적 흑룡강원정담이 사람들 입에 오르내리면서 17세기 말을 전후한 시기부터 〈북정일록〉, 〈배시황전〉, 〈북정일기〉 등의 허구적 서사물이 출현하여 20세기 초에 이르기까지 전승되었다.

『북정록』 등의 흑룡강원정서사는 조선인들이 그때까지 한 번도 가보지 못한 북방공간에서 이뤄진 전승담을 그렸을 뿐만 아니라, 청 · 러 간의 국경분쟁, 선박과 무기, 왕복 4천 리에 이르는 북만주의 지리 및 토착민의 언어와 풍습을 소개했다는 측면에서 당대는 물론 후대에도 많은 관심을 끌어왔다. 흑룡강원정서사는 그 동안 문학적, 역사적 측면에서 적지 않은 연구가 이뤄졌다. 최근에는 문학작품과 공간에 대한 문학지리학적 관점에서의 접근이 시도되면서 흑룡강원정의 공간 및 2천 리에 이르는 노정에 대한 관심이 증대되어 왔다. 또한 신류 기념관 건립 및 전자문화지도 구축 등 생활 영역과 온라인 공간에 적용하는 새로운 연구도 시도되고 있다.[450]

필자는 그동안 확보하고 분석한 텍스트 자료, 현장답사를 통해 축적한 사진과 지도 등의 이미지 정보, 지명, 노정, GPS 좌표 등의 공간정보를 디지털 인문학의 관점 및 디지털 정보기술을 활용하여 시각화 콘텐츠로 제작하고, 디지털 매체를 통해 독자들과의 소통을 활성화하고자 한다. 디지털 인문학은 정보기술(Information Technology)의 도움을 받아 새로운 방식으로 수행하는 인문학 연구와 교육, 그리고 이와 관계된 창조적인 저작활동을 일컫는 말이다. 이것은 전통적인 인문학의 주제를 계승하면서 연구방법 면에서 디지털 기술을 활용하는 연구, 그리고 예전에는 가능하지 않았지만 컴퓨터를 사용함으로써 시도할 수 있

450 김재웅은 신류의 전승을 기념하고 흑룡강원정의 관련 기록을 콘텐츠로 만들어 신류 기념관 건립방안을 제시하였고(김재웅, 「흑룡강원정의 영웅 신류 장군 기념관 건립과 전시 콘텐츠 개발 방안」, 『열상고전연구』 47, 2015), 신춘호는 『북정록』을 포함한 17세기 역사소설의 전자문화지도 편찬의 필요성과 구성요소에 대한 시론을 전개하였다.(신춘호, 「'17C 역사소설 공간' 전자문화지도 구축방안 시고」, 『글로벌문화콘텐츠』 20, 2015)

게 된 새로운 성격의 인문학 연구를 포함한다.[451] 이 장의 연구는 흑룡강원정서사를 이해할 수 있는 관련 자료를 디지털 매체에서 독자들에게 서비스하기 위해 위키 방식의 디지털 콘텐츠를 제작하는 것을 최종 목표로 한다. 필자는 한국학중앙연구원에서 인문정보학을 연구하는 김사현 선생과 2016년 공동으로 본 연구를 진행하여 발표하였다. 이 장에서는 다음의 두 가지 구체적 목표를 정하고 연구방법을 채택하였다.[452]

첫째, 흑룡강원정의 공간 및 노정 자료를 데이터로 입력하여 이를 시각화 콘텐츠로 제작한다. 공간 및 노정 값을 데이터화하는 것은 디지털 공간이 아날로그 공간에 비해 지리공간과 장소의 경관, 정확한 이동경로를 시각화하는 데 훨씬 효과적이기 때문이다. 이를 위해 텍스트에 나타나는 지명, 노정, GPS 좌표, 지점의 속성, 이동방법 등 공간/이동 정보를 입력하여 데이터로 만들고, 이를 구글 지도로 표현할 것이다. 각 지점의 공간을 이해하는 데 도움이 되는 사진과 텍스트 등의 자료를 하이퍼링크를 통해 연계하여 흑룡강원정의 공간을 입체적으로 표현하고 정보를 확장할 것이다.

둘째, 흑룡강원정서사의 인물관계를 데이터로 입력하여 이를 시각화 콘텐츠로 제작한다. 흑룡강원정서사의 인물관계를 시각화하는 것은 인물의 관계 및 비중이 변화하는 점을 분명하게 보여줄 수 있기 때문이다. 이를 위해 사건 속에 등장하는 인물 정보, 인물들 간의 관계, 관계

451 이에 대해서는 김현의 「디지털 인문학 – 인문학과 문화콘텐츠의 상생 구도에 관한 구상」(『인문콘텐츠』 29, 2013), 11-12쪽을 참고할 것.

452 본 연구의 시각화 방안을 모색하면서 허경진 · 구지현의 『조선시대 표류노드 시각망 연구일지』(보고사, 2016, 7-58쪽)에서 밝힌 연구방법을 참조하였다.

성격 등의 정보를 추출하여 인물 네트워크를 작성할 것이다.

이 장에서 1차 텍스트로 삼은 것은 신류의 진중일기 『북정록』(1658)이다.[453] 이 텍스트에는 흑룡강원정의 전말, 노정과 장소, 인물과 사건 등에 관한 1차 자료가 집적되어 있으므로, 2장에서는 이 텍스트에서 흑룡강원정서사의 텍스트, 줄거리, 인물 관계, 장소 및 노정 등 주요 시각화 요소를 추출하여 제시할 것이다. 2차 텍스트는 소설 〈배시황전〉, 신류의 증손 신륵이 『북정록』을 개작한 〈북정일기〉[454](1760)다. 이 두 텍스트는 흑룡강원정담을 허구화한 것으로, 흑룡강원정서사의 변이를 살필 수 있는 보조 자료로 활용할 것이다. 3장에서는 흑룡강원정서사의 여러 정보 가운데, 이동경로와 인물 관계를 시각화 콘텐츠로 가공하고 이를 분석할 것이다.

2. 흑룡강원정서사의 시각화 요소 분석

문헌 정보

『북정록』

『북정록』은 1658년 신류가 흑룡강원정의 주장으로 출정했을 때 진중에서 직접 쓴 행중기사(行中記事)다. 문학적 양식으로 말하자면 일기

453 『북정록』, 〈배시황전〉의 텍스트는 박태근 역주, 『국역 북정일기』의 원문 및 번역문을 이용한다.

454 신륵의 〈북정일기〉 텍스트는 신기석 역저, 『북정일기』(탐구당, 1980)의 원문 및 번역문을 이용한다.

문학 형식의 실기(實記)에 해당된다. 1책 26장의 필사정고본(筆寫定稿本)이며, 신류의 자필본이다. 신류는 1658년 4월 초에 조정의 명령을 받고 군사를 모으기 시작하여 5월 2일 도강하여 8월 27일 귀국하기까지 140여 일 간의 일정을 기록하였다. 신류는 일기체의 형식을 취했으나, 개인적 소회 서술은 극히 자제하고 진중 임무에 관련한 최소한의 사실들만 객관적이고 간략하게 기록하는 방식으로 전쟁의 진실을 전하려 했다.

〈배시황전〉

〈배시황전〉은 한글본으로, 한문소설의 번역본으로 추정된다. 17세기 말에 지어진 것으로 추정되는 이 소설의 원본은 사라지고 없고, 현재는 송신용본과 학초본, 2종의 후대 필사본이 전하고 있다. 학초본은 이경선 소장본으로 총 22장에 매면 10행, 매행 19자 안팎의 한글 필사본이다. 송신용본은 국립도서관 소장본으로, 총 19장에 매면 9행, 매형 25자 안팎의 한글 필사본이다.[455] 〈배시황전〉은 신류가 주인공이지만, 실질적 주인공은 가상 인물 배시황이며, 많은 허구가 추가되었다. 흑룡강원정의 일정이 3월부터 12월까지로 길어졌고, 러시아 수군과의 전투도 한 달 동안 치러진 것으로 대폭 확대되었으며, 흑룡강원정의 공간·노정에도 변화가 생겼다.

〈북정일기〉

신류의 증손자 신륵(申肋)은 1760년 신류의 진중 친필본을 보았다며 〈북정일기〉를 세상에 알리고 발문을 남겼다. 이 작품은 뒤에 신류의

455 권혁래, 「〈배시황전〉 연구」, 『고소설연구』 3, 1997, 220-221쪽.

6세손 신호응(申顥應)이 1869년(고종 6) 신류의 일대기인 〈통상신공실기(統相申公實記)〉(2권1책)를 목판본으로 간행할 때 수록되었다. 신륵은 증조부의 공적이 세상에 바로 알려지지 않은 점을 불만스럽게 여기고, 그 공적의 내용과 의미를 세상에 널리 알리기 위한 목적으로 『북정록』을 저본으로 하여 〈북정일기〉를 새롭게 집필하였다. 신륵은 〈북정일기〉를 집필하면서 증조부의 기록을 존중하였지만, 군담의 흥미와 신류의 공적을 선양하기 위해 허구 인물인 '배시황'도 끌어오고 작품의 주요 사건들을 변개하여 서술하였다.[456]

인물 정보

신류와 조선군

조선군은 신류를 주장으로 하여 포수 2백 명을 포함하여 총 304명으로 구성되었다. 신류의 출정 전 직책은 북우후(北虞侯)이다. 신류는 『북정록』에 초관 신성일, 박세웅, 군관 박대영, 유응천, 통사 김명길, 엄애남, 포수 박시길, 김우일, 강응방 등과, 전사자 윤계인, 김대충, 김사림, 정계룡, 배명장, 유복, 이응생, 이충인(총8명), 부상자 서계수, 박춘립, 이두남 등 40여 명의 이름을 기록하였다. 출정을 전후하여 경원부사, 회령부사, 회령판관, 함경북도병마절도사 김시성 등 관리들의 직책과 이름을 기록하였다.

456 이에 대해서는 송하준, 「『북정록』의 소설화 과정과 그 성취」(『고소설연구』 12, 2001); 권혁래, 「나선정벌기의 허구화 과정에서 〈북정일기〉의 소설적 성취」(『고소설연구』 37, 2014)를 참조할 것.

〈배시황전〉에 그려진 조선군은 북도병마우후 신류를 주장으로 비장 배시황, 유응천, 육진 군사 5천 명이다. 실존 인물의 이름은 대부분 기록되지 않았고, 신류와 함께 배시황의 존재와 활약이 전면화된다. 〈북정일기〉에서는 다시 신류가 중심인물로 부상하고, 배시황의 이름은 한 번 등장하는 데 그친다.

사르후다(沙爾虎達)와 청군

흑룡강원정을 주도한 청군 장수는 도원수 사르후다(沙爾虎達)다. 『북정록』에서는 사르후다의 비중이 단연 높으며, 부원수의 비중은 매우 낮다. 통관으로 대통관 이몽선, 김대헌, 차통관 이기영의 이름이 기록되었는데, 이들은 조선군과 청국군 간에 군령을 전달하고 양국 군의 이해관계를 조정하는 역할을 하였다.

〈배시황전〉에서는 도원수의 이름을 용골대, 부원수의 이름은 부골대라 하였는데, 도원수의 비중이 단연 크며, 부원수는 거의 등장하지 않는다. 청의 통관은 김대언, 윤수가 있으나 역할은 거의 그려지지 않았다. 대신 몽고병, 등래주병(登萊州兵)의 존재가 수 차례 부각된다.

〈북정일기〉에서는 부원수가 자주 등장하고, 신류와 청 원수 사이에서 조정자 역할을 하는 등 비중이 크다. 신류는 부원수 및 그의 부관 김한을가와 부단히 소통하였고, 그들의 호의와 도움을 통해서 조선군의 장기주둔을 막을 수 있었다.

스테파노프와 러시아 수군

1658년 당시 흑룡강에 출현한 러시아 수군은 스테파노프(Stepanov)

가 대장이며, 대형선박 11척, 병력은 약 500명이었다.[457] 『북정록』과 후대 기록들에서 스테파노프의 존재는 전혀 알려지지 않았고, 러시아군은 '나선군'이라는 미지의 존재로 그려졌다. 『북정록』에는 나선군이 막강한 병력을 지닌 군대로 묘사되었고, 〈배시황전〉에서는 힘이 센 러시아군 포로의 모습이 그려졌다. 〈북정일기〉에서는 더욱 막강한 힘을 지녀 7만 청나라 병사들을 세 차례에 걸쳐 몰살시키는 괴력과 전략을 갖춘 세력으로 묘사된다.

부족민

신류 장군의 조선군이 영고탑을 출발하여 경유한 목단강 하류와 송화강 하류, 송화강과 흑룡강의 합류지역 일대는 당시 후르카(hūrka), 인다훈 타쿠라라 골로(indahūn takūrara golo, 개를 부리는 부족, 使犬部), 피야카(fiyaka) 등 다양한 부족민이 거주하고 있었다. 이들은 청에 모피 조공을 바치고 거주하는 소수민족이었다. 신류 장군은 이들 부족민들을 각각 왈가(曰可), 견부락(犬部落) 혹은 개부락(介部落), 퍅개(愎介)라고 표현하였다. 이들은 현재 통칭하여 혁철족(赫哲族, 허저족)이라 불린다. 텍스트에는 이들의 생김새, 풍속, 거주지, 나선군에 핍박받는 상황이 그려져 있다.

사건 정보

『북정록』에 기록된 제2차 흑룡강원정의 주요 사건은 다음과 같다.

4월 초. 흑룡강 유역의 왈가 지방이 러시아 수군에게 약탈당하니

457 박태근 역주, 앞의 책, 16-19쪽.

신류가 청국의 요청으로 군사를 조발하다.

5월 2일. 아침 일찍 두만강을 건너 고라이령(古羅耳嶺)을 넘어 법순(法順) 땅에서 묵고, 영고탑을 향해 행군하다.

5월 9일. 오후에 홀가강(胡乙可江;牧丹江) 도강을 마치고, 해질 무렵에 영고탑성(현 해림시)에 도착하다.

5월 10일. 빗속을 30여 리 행군한 후 조반을 지어 먹고 오후에 전문(箭門)에 도착하다.

5월 11일. 전문에 머물며 군사를 배속시키고 물자를 배에 옮겨 싣다.

5월 12일. 새벽에 드디어 목단강에서 선단이 출항하여, 송가라강구(송화강)에서 20여 일간 정박하다.

6월 5일. 송화강구를 출항하다.

6월 10일. 흑룡강구를 지나 20여 리 지점에서 전투를 벌여 큰 승리를 거두다. 조선군 7인이 전사하다.

6월 11일. 전사한 7인을 흑룡강 언덕에 안장하다.

6월 12일. 중상 입은 병사 1인이 죽다.

6월 13일. 전장을 떠나 흑룡강구에서 유숙하다,

6월 14-23일. 흑룡강구를 출항, 송가라강을 항해하다.

8월 12일. 목단강가에 상륙, 전문에 도착하다.

8월 13일. 저녁에 영고탑 도착, 성 서문 밖 강가에서 머물다.

8월 18일. 영고탑을 출발하여 홀가강[胡乙可江]에 이르러 묵다.

8월 26일. 저녁에 두만강 가에 도착하여 70여 명이 건너다.

8월 27일. 아침에 도강을 끝내고, 저녁에 행영으로 개선하다.

조선군은 포수 2백 명을 포함하여 총 304명으로 구성되었다. 신류는 일기체로 매일 날씨를 적고 그날그날 일어난 일들을 일인칭 시점에서 썼다. 별다른 일이 없으면 날씨 및 일정만 간단히 적고 넘어갔다. 기술한 내용 중에는 행군 중 견문한 내용과 감상, 진중에서 느낀 감회를 토로한 부분이 상당량을 차지하며, 나선 오랑캐와의 전투에 직접 관련된 기사는 6월 10일 하루에 그친다. 6월 10일 기사에서 신류는 조선 포수와 사수들의 사격 대응으로 대승을 거두었음을 말하고, 조선군 전사자와 부상자의 이름을 상세히 기술하였다.

6월 11일부터 귀국한 8월 27일까지는 청 원수 사르후다(沙爾虎達)의 재물 욕심에 대한 탄식, 죽은 8명의 병사에 대한 애도, 청 원수와의 원활한 소통을 방해하는 통관에 대한 비판의식, 청 원수의 장기 주둔 요청 및 그에 따른 군량 보급 문제로 인한 근심, 추위에 떠는 병사들에 대한 안타까움, 재차 출병에 대한 우려 등을 기록하였다. 특히 청 원수 사르후다는 노획한 조총이 3-4백 정이나 되는데도 한 자루도 주지 않는 점, 조선군에 군량미 꾸어주기도 꺼리면서 조선에서 막대한 군량을 보급받도록 재촉하여, 뒤에 조기귀국 시 남은 군량을 자신이 가로채려 하는 점을 들어 "도둑심보"를 지닌 자라고 노골적으로 비판하였다. 신류는 청병 받아 온 약소국의 장수라는 자신의 처지를 분명하게 인식하고 있었다.

그러한 관점에서 그는 파병 장수로서 매일같이 부딪히는 군사 · 외교적 문제에 대한 근심과 고민을 지속적으로, 그리고 상당한 분량으로 기술하였다. 『북정록』에서 승전의 기쁨을 기술한 곳을 찾아보기는 힘들다. 이 작품에는 조선인 장교 및 병사 등 총 46명의 이름이 나오는데,

'배시황'이란 이름은 찾을 수 없다.

공간 및 노정 정보

『북정록』에 표기된 지명 정보는 다음과 같다.

> 會寧府, 古羅耳嶺, 法順, 者兮, 豊溪江, 件可吐江, 一來非羅, 弓仇叱洞, 分叱之嶺, 胡之江, 阿彌壇, 羅汗嶺, 戌可道君, 柏子嶺, 蘆田洞, 末古里洞, 胡乙可江, 寧古塔, 宋加羅江, 藥師家善, 列伐, 牨應基, 曰可, 犬部落

위 지명들은 고지명이고, 만주어음을 차용한 것도 있어 현재의 지명 및 노정을 파악하기는 쉽지 않다. 필자는 박태근이 역주한 내용을 바탕으로 중국 길림성(吉林省)과 흑룡강성(黑龍江省)에 걸쳐 있는 위 흑룡강원정 구간을 2012년 1월, 8월, 2013년 8월 세 차례에 걸쳐 현지답사하면서 노정과 지명을 확인 · 비정하고, 장소의 경관과 현재의 모습, 세태 및 생활상에 대한 사진 자료를 확보하였다. 아울러 주요 장소에 대해선 GPS 자료도 확보하였다.

제2차 흑룡강원정의 공간 및 노정은 함경북도 회령에서 5월 2일 두만강을 건너 길림성 용정시, 연길시, 왕청현, 흑룡강성의 영안시, 해림시(영고탑성), 해랑강, 목단강[忽可江], 목단강과 송화강의 합류처(현 依蘭市), 가목사(佳木斯), 서응기가선(현 富錦市), 송화강과 흑룡강의 합류처(현 同江市), 흑룡강구 20리 지점(전투처) 등으로 이어진다.

흑룡강원정의 공간 및 노정을 도표화하면 〈표 9〉와 같다.

〈표 9〉 흑룡강원정 노정(이승수, 2014)

기간	구간	교통로 및 수단	형태
5.1~5.9	두만강 ~ 寧古塔 (海林市)	육로, 도보	단독
5.12~5.15	海浪河 牧丹江 합류처 ~ 牧丹江 松花江 합류처(依蘭縣)	목단강 수로, 日可族 소형 배	연합
5.16~6.4	의란에 체류하며 길림 船廠에서 보내오는 선단 대기	연합	
6.5~6.9	牧丹江 松花江 합류처 ~ 松花江 黑龍江 합류처(同江市)	송화강 수로, 선창 제작 대형 배	연합
6.10	송화강이 흑룡강에 합류하는 지점에서 전투	연합	
6.14~8.3	철수, 牧丹江 松花江 합류처 부근(依蘭縣)에서 63일 체류, 철군 협상	연합	
8.4~8.13	의란 ~ 영고탑	목단강 연안 육로, 도보	단독
8.18~8.27	영고탑 ~ 회령	육로, 도보	단독

흑룡강원정 구간에 대한 지도적 표현은 공간과 서사를 이해하는 데 매우 효과적이므로 지도 자료를 다양하게 확보 · 제작 · 활용할 필요가 있다.

○ 고지도: 〈서북피아양계만리일람도〉(그림 85), 〈황여전람도〉(1760) 등 조선시대의 북방지도, 명청 시대의 고지도의 활용

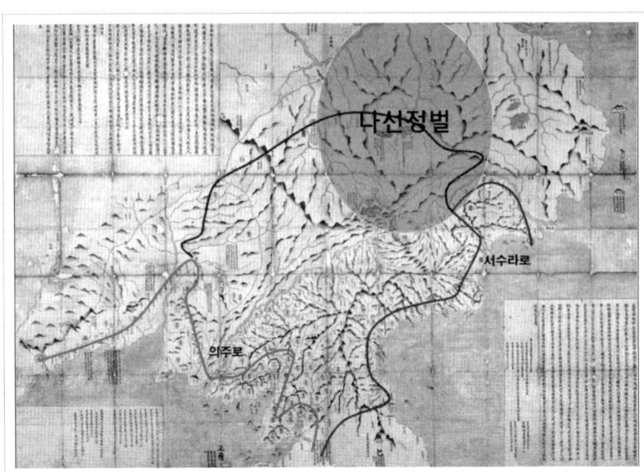

〈그림 85〉 〈서북피아양계만리일람도〉의 연구지역 유역 분류도 (디자인: 문상명)

○ 문학지도의 제작 활용: 문학지도란 문학 텍스트에 구현된 공간 배경의 역사지리적 정보, 인물의 이동경로, 해당 공간에서 인물의 활동 상황, 지명의 변천, 지역의 경관 및 풍속 등 특정 지역의 문학적 정보를 알 수 있도록 표시한 지도를 말한다. 주로 그래픽 작업이나 GIS 프로그램 작업을 통해서 바탕지도 위에, 문학에서 '공간/지리 – 텍스트 – 서사화 및 이미지화 – 의미화'로 이어지는 과정을 지도와 사진, 텍스트 분석을 통해 기술적으로 재현하는 방식이다. 〈배시황전〉처럼 허구의 사건과 공간을 설정한 소설 작품은 전자지도로 표현하기 힘들기 때문에 문학지도를 제작 · 활용하는 것이 효과적이다.

3. 노정 및 인물관계의 시각화

이동경로의 시각화

문학지리학은 '텍스트'를 넘어 문학의 '탄생 공간' 및 '배경 공간'을 주목하면서 문학작품을 공간 중심으로 사고하고, 시각적 재현 위주로 탐구하는 연구방법이다.[458] 이러한 연구방법에 의해 문학작품의 공간을 이해하고, 문학공간의 사진, 지도, GPS 좌표 등의 공간정보를 얻을 수 있다. 필자들은 그동안 축적한 흑룡강원정서사 관련자료들을 아날로그 매체뿐 아니라 디지털 매체를 통해 독자들과 소통하기 위한 시각화 콘

458 권혁래 · 신춘호 · 김재웅 외, 「심하전투서사의 문학지리학적 고찰–문학지도와 경관, 서사 중심으로–」, 『우리문학연구』 51, 2014, 130쪽.

텐츠로 제작하고자 한다. 디지털 매체는 아날로그 매체에 비해 공간, 경관, 그리고 이동경로를 수집된 공간정보를 활용하여 정확하게 시각적으로 표현할 수 있는 장점이 있다.

구체적으로 텍스트에 나타나는 공간/이동 정보의 고증을 통해 만들어진 공간정보를 입력하여 데이터로 만들고, 이를 전자지도에 GPS 좌표값을 입력하면 문학작품의 특정 공간 및 노정을 표시할 수 있다. 여기에 하이퍼링크를 통해 현장답사사진, 지도 그리고 문학작품에 등장하는 인물, 사건 등의 유관 지식정보들을 연계하면, 공간을 중심으로 문학작품을 입체적으로 표현 · 파악할 수 있다. 이를 통해 기존 아날로그 매체보다 활용도 및 이용자 접근성을 높일 수 있다. 또한 웹페이지의 특정 텍스트나 단어를 클릭했을 때 이와 하이퍼링크되어 있는 다른 페이지로 즉시 이동할 수 있어 인터넷 이용자들은 월드와이드웹(www)을 통해 전 세계의 서버 컴퓨터를 넘나들 수 있게 된다

흑룡강원정서사의 이동경로를 시각화하기 위해 먼저 『북정록』에 등장하는 지명(지점)을 추출하고 추출된 지명을 순서대로 연결하여 노정을 표현하였다. 『북정록』에 등장하는 고(古) 지명은 50여 곳인데, 문헌조사 및 현지조사를 거쳐 현재의 위치와 지명을 비정하였다.[459] 그리고 각각의 지점이 흑룡강원정서사에서 어떤 목적으로 사용되었는지를 나타내기 위해 '숙영지/경유지/조식처/전투처' 등 4가지의 속성을 부여하고, 육로/수로 등의 이동방식도 추출하였다.

459 본 좌표값에 대해서는 연구조건(장비, 기상, 위치 등)에 따라 각기 다르게 나타날 수 있음을 밝힌다. 이 값들은 모두 신춘호(방송대) 선생이 채록□제공한 것으로, 일부 값은 「『북정록』과 흑룡강원정 노정 연구: 회령–목단강시 구간」(권혁래, 2013)에 기록되어 있음.

〈표 10〉 흑룡강원정서사의 노정 정보

순번	날짜	지명	현재행정지역	위경도(gps)	속성1	속성2
1	5.1	회령	회령		숙영지	육로
2	5.2	두만강	두만강		경유지	수로
3	5.2	두만강가	지린성 룽징시 삼합	N42 28.550 E129 44.277	경유지	육로
4	5.2	고라이령	해관령	N42 35.316 E129 37.344	경유지	육로
5	5.2	법순	지신		숙영지	육로
6	5.3	자혜	용정		조식처	육로
7	5.3	풍계	해란하		경유지	수로
8	5.3	건가토 강가	연길시 포이합통하	N42 45.915 E129 24.443	숙영지	수로
…						
50	8.27	행영				

흑룡강원정서사의 텍스트인 『북정록』에서 추출한 흑룡강원정서사의 공간정보는 구글 지도를 통해 표현하였다. 전자지도인 구글 지도는 위치표시(Placemarks), 설명(Descriptions), 지면 오버레이(Ground Overlays), 경로(Paths) 및 다각형(polygons) 등을 표현할 수 있으며, 이 가운데 흑룡강원정서사의 이동경로 시각화를 위해 '위치표시'와 '경로 기능'을 사용하여 각각의 지점과 노정을 표현하였다. 흑룡강원정서사의 지점 및 노정은 구글 지도에 적용 가능한 키홀 마크업 언어(KML, Keyhole Markup Language)[460]의 서술 규칙에 따라 제작하였다. 지점 표시는 지점의 이름(name), 지점의 설명(description), 지점의 GPS 좌표(coordinates)를 입력하

460 KML은 구글 어스, 구글 지도 및 기타 응용 프로그램에 쓰이는 XML 기반의 마크업 언어 스키마이다. KML 인코딩을 지원하는 구글 외 회사의 월드 와이드 웹 기반의 2차원 지도나 3차원 지구 지도 브라우저에도 쓰인다. (키홀 마크업 언어, https://ko.wikipedia.org/wiki/%ED%82%A4%ED%99%80_%EB%A7%88%ED%81%AC%EC%97%85_%EC%96%B8%EC%96%B4, 2016년 2월 20일 확인).

였다. 설명에는 지점의 속성, 그리고 이동경로의 정보와 현장답사에서 촬영한 지점사진을 추가할 수 있게 하였다.

〈표 11〉 지점 KML 코드 예시

```
        <Placemark>
        <name>회령</name>
        <description>
 노정 순서: 1 <br/> 북정록지명: 회령 <br/> 날짜: 5.1. <br/> 속성1: 숙영지. 속성2: 육로.
        &lt;a href="http://digerati.aks.ac.kr:97/naseon/01.jpg" tar-
get="_blank"&gt;&lt;img src="http://digerati.aks.ac.kr:97/naseon/01.jpg"
width="500"&gt;&lt;/a&gt;
</description>
        <Point>
        <coordinates>129.741818,42.444860,0</coordinates>
        </Point>
        </Placemark>
```

노정은 노정의 이름(name), 노정의 설명(description), 노정을 위해 필요한 각 지점의 GPS 좌표들(coordinates)을 입력하였다. 지점의 GPS 좌표를 시간 순서에 맞게 입력해야 노정이 올바르게 표기된다.

〈표 12〉 경로 KML 코드 예시

```
lacemark>
        <name>흑룡강원정 노정 : 출정</name>
        <visibility>1</visibility>
        <description>북정록에서 나타난 지명을 유추하여 현재의 지도에 표시하였다.
출정.
        </description>
        <styleUrl>#redLine
        </styleUrl>
        <LineString>
        <tessellate>1</tessellate>
        <coordinates>129.741818,42.444860,0
129.810277777778,42.6194444444444,0
129.712222222222,42.6711111111111,0
129.692222222222,42.6619444444444,0
129.426959,42.766440,0
129.523055555556,43.0041666666667,0
129.523055555556,43.0041666666667,0
129.598888888889,43.0975,0
```

```
129.657330,43.412833,0
129.454289,43.715218,0
129.607777777778,43.9566666666667,0
129.228611111111,44.0633333333333,0
129.520277777778,44.3580555555556,0
129.476944444444,44.3605555555555,0
129.232222222222,44.4241666666667,0
129.798055555556,44.5897222222222,0
129.715,46.4180555555556,0
129.715,46.4180555555556,0
130.240833333333,46.9447222222222,0
132.584166666667,47.6780555555556,0
132.628611111111,47.7227777777778,0
        </coordinates>
        </LineString>
        </Placemark>
```

입력한 전자문서를 구글 지도를 통해 불러오면 〈그림 86〉과 같이 흑룡강원정서사의 지점과 노정이 시각적으로 표현된다. 아이콘으로 표시되는 것은 지점을 나타낸 것이고, 선으로 표시되는 것은 노정을 나타낸다. 각 지점에서 어떤 속성을 가지는지 알아볼 수 있게 하기 위해, 각기 다른 아이콘으로 표시하였다.[461] 각 지점을 클릭하면 새로운 정보를 담고 있는 창이 열리고, 여기에서 노정의 순서, 현재 지명, 숙영 또는 경유한 날짜, 지점 통과의 육로/수로 여부, 그리고 실제 답사를 통해 현장감을 나타낼 수 있는 사진을 부가적으로 볼 수 있다.

이처럼 지도 위 지점과 노정에 사진과 정보, 텍스트를 넣어주면 공간의 장소성을 간명하고도 효과적으로 설명할 수 있다. 부가정보 페이지를 어떻게 설계하고, 사진 · 고지도 · 문학지도 등 어떠한 정보를 넣어줄까 하는 문제가 중요할 것이다. 〈그림 87〉은 바탕지도 위에 흑룡

461 흑룡강원정서사 노정을 나타낸 전자지도는 다음의 주소로 접속을 하면 누구든지 볼 수 있다. https://www.google.com/maps/d/edit?hl=ko&authuser=0&mid=zFHA7A3Z1HNU.k01nBq-bnJb4

〈그림 86〉 흑룡강원정서사의 이동경로 시각화

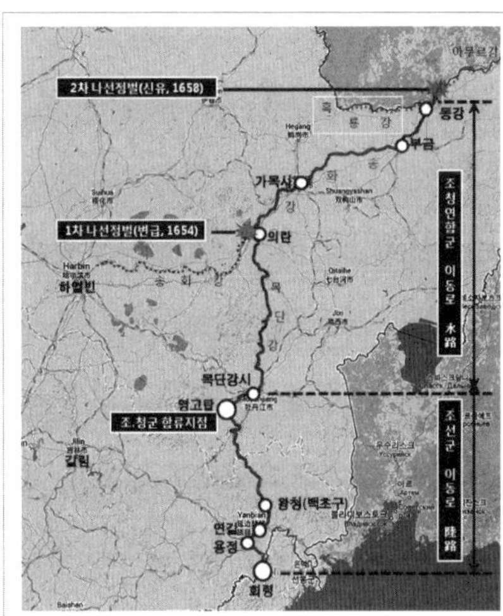

〈그림 87〉 흑룡강원정 조선군 이동경로도(신춘호, 2015)

강원정서사의 정보를 그래픽 처리하여 그린 문학지도의 한 예다.

〈배시황전〉의 노정은 전자지도 위에 아직 표현하지 못했다. 그 이유는 〈배시황전〉의 노정은 허구적 공간, 뒤틀린 노정이 많기 때문이다. 이 소설에서 보이는 노정은 목단강을 지난 뒤 '몽고'를 통과하는 것으로 나타난다. '몽고'가 그려진 것, 미지의 하천이 표현된 것 등 허구적 지점과 노정을 실제 전자지도 위에 나타내는 것은 불가능하다. 그리하여 〈그림 87〉과 같이 문학지도 형식을 통해 허구적 공간을 표현하는 방식이 유용할 것이라 생각한다.

인물관계의 시각화

문학작품에 등장하는 인물들의 관계를 시각적으로 표현한 콘텐츠는 등장하는 인물들의 관계를 한눈에 파악할 수 있게 하여 문학작품의 주된 요소인 인물을 통해 문학작품의 이해를 높일 수 있다. 흑룡강원정서사의 각 텍스트인『북정록』, 〈배시황전〉, 〈북정일기〉에 등장하는 인물들의 관계는 복잡하지는 않지만, 시각화를 통해 인물 관계 및 특정 인물의 비중이 변화하는 점을 분명하게 파악할 수 있으며, 나아가 이를 이용하여 텍스트에 일어난 포인트의 변화를 파악할 수 있는 장점이 있다.

데이터 입력을 위해 흑룡강원정서사에 등장하는 인물 관계를 문헌에 등장하는 대화, 상황 묘사를 근거로 하여 인물, 관계와 관계의 성격(우호/대립)을 부여하였다. 구체적인 방식은 다음과 같다.

[추출 예시 : 우호]

이른 아침 청국 장군은 벌써 출동하여…(중략)…대통관은 이쪽에 장막을 치고, **대장**은 저 건너편에 장막을 치고 있었는데, 통관들과 함께 대장의 막사로 찾아가자 나는 한가운데로 안내되어 상견례를 행한 다

음 **차 대접**을 받았다. (『북정록』 5월 10일)

⇨ 신류(**나**)가 사르후다(**청 대장**)에게 차 대접(**우호**)을 받음.

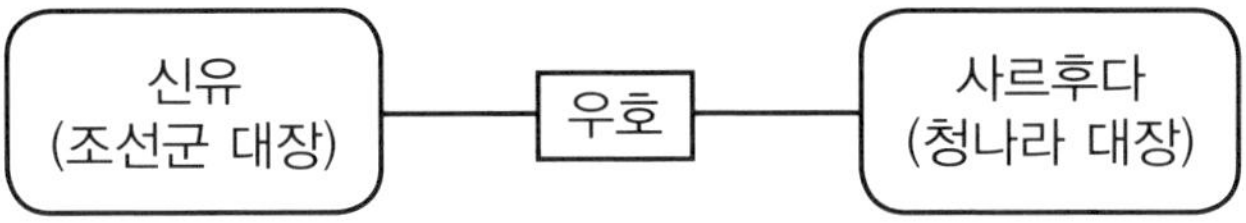

[추출 예시 : 대립]

이른 아침 대통관 이몽선 김대헌 등이 이환을 데리고 다음과 같은 **대장**의 지시를 가지고 왔다. …(중략)… 계속 주둔은 정말 뜻밖이다. 이 말을 듣고 **군량수송이 걱정되어 가슴이 메어지는** 듯하였다. …(중략)… (『북정록』 6월 25일)

⇨ 신류(**나**)가 사르후다(**청 대장**)와 계속해서 주둔하는 것에 대해 의견의 차이(**대립**)을 보임.

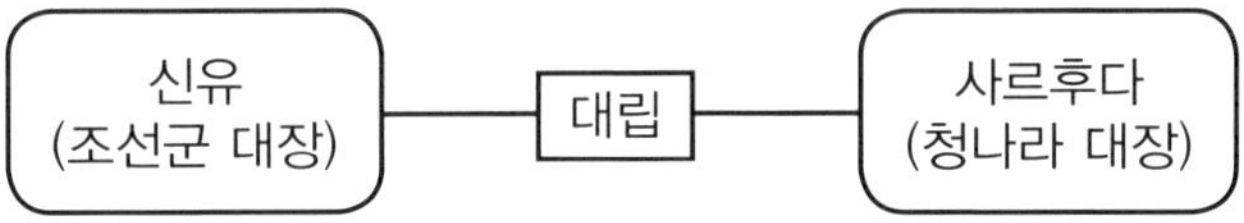

인물들의 관계를 나타내기 위해 네트워크 시각화 프로그램인 Gephi[462]를 활용하였다. 인물 관계를 이용자에게 명확하게 인지시키기 위해 인물의 국적, 우호/대립의 관계는 각기 다른 색을 활용하였고, 해당 인물이 관계를 맺고 있는 다른 인물의 수에 따라 크기에 차등을 두었다. 구체적으로 국적에 따라 '조선: 빨강색', '청: 초록색', '러시아: 파랑색', '기타: 보라색'으로 구분하였다. 관계는 '우호: 초록색', '대립: 빨

462 Gephi는 네트워크 시각화 및 분석을 위한 오픈소스 소프트웨어이다.(Gephi about, https://gephi.org/about, 2016년 2월 20일 확인)

강색'으로 표시하였다.

『북정록』의 인물관계

『북정록』에서 추출한 인물들의 관계는 52건으로, 등장하는 인물은 조선 국적 28명(강응방, 경원부사, 김대헌, 김시성, 김우일, 신류, 이기영, 이몽

〈표 13〉『북정록』에서 추출한 인물들의 관계와 그 속성

source	target	속	source	target	속성
러시아 수군	왈가	대립	신류	강응방	우호
신류	신성일	우호	신류	엄애남	우호
신류	박세웅	우호	신류	박시길	우호
신류	박대영	우호	신류	김우일	우호
신류	유응천	우호	신류	강응방	우호
신류	김명길	우호	신류	김대충	우호
신류	윤계인	우호	신류	김사림	우호
신류	서계수	우호	신류	정계룡	우호
신류	박춘립	우호	신류	유복	우호
신류	이두남	우호	신류	이응생	우호
신류	회령부사	우호	신류	이충인	우호
신류	김대헌	우호	신류	이몽선	대립
청 정부	조선 조정	대립	사르후다	신류	우호
경원부사	신류	우호	사르후다	스테파노 장군	대립
김시성	신류	우호	신류	스테파노 장군	대립
사르후다	러시아 수군	대립	신류	러시아 수군	대립
회령판관	신류	우호	사르후다	신류	우호
신류	김대헌	우호	청 예부상서	신류	우호
이몽선	신류	우호	사르후다	신류	대립
이기영	신류	우호	북경 부원수	신류	우호
사르후다	신류	우호	사르후다	북경 부원수	대립
사르후다	신류	우호	신류	애사마	우호
사르후다	신류	우호	사르후다	신류	대립
사르후다	신류	우호	이몽선	신류	우호
견부락	청 대장	우호	사르후다	신류	우호
신류	김우일	우호	사르후다	신류	우호

선, 조선 조정, 회령판관 등), 청 국적 6명(북경 부원수, 사르후다, 청 대장, 청 예부상서, 청 정부, 애사마, 이몽선, 김대헌, 이기영), 러시아 국적 2명(러시아 수군, 스테파노 장군), 기타(견부락, 왈가)가 있다. 인물들의 관계와 속성을 데이터화하면 〈표 13〉과 같다.

위 데이터로 제작한 시각망이 〈그림 88〉이다. 〈그림 88〉는 『북정록』 인물 네트워크의 중심에 단연 신류가 존재함을 한눈에 보여준다. 신류는 출정 전에는 함경도의 지방관들과, 출정 후에는 병사들과 긴밀한 관계를 맺고 있다. 신류는 6월 10일 전투 후 전사자와 부상자들의 이름을 일일이 거론하며 강한 슬픔과 유감을 드러내었다. 인물 관계의 빈도는 '사르후다와 신류'(10건), '신류와 이몽선', '신류와 김우일', '신류와 김대헌'(2건) 순으로 많았다. 사르후다는 청군 대장이고, 이몽선은 통관으로, 이를 통해서도 신류가 무엇보다 청군 장수와의 소통에 노심초사했음을 알 수 있다. 이러한 인적 네트워크는 『북정록』이 신류의 1

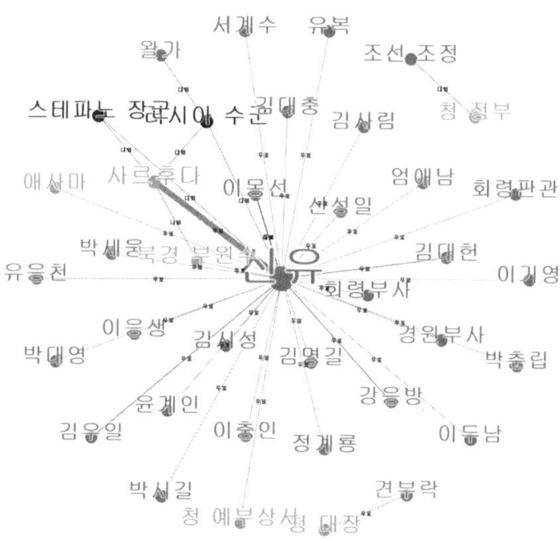

〈그림 88〉 『북정록』의 인물 관계 시각화

인칭 시점에서 쓰인 일기이기 때문에 그렇기도 하거니와, 다른 인물들 간의 관계에 대한 기록, 전문 내용이 현저하게 적다는 것을 의미한다. 북경 부원수는 1회 출현하여 서사에 큰 영향을 주지 않았으며, 신류와도 관계망을 형성하지 못했다. 이 점은 〈북정일기〉와 가장 대별되는 점이다. 〈북정일기〉에서는 북경 부원수의 출현빈도가 높아지고, 신류와 북경 부원수 및 주변 인물들과의 관계망도 두텁다.

〈배시황전〉의 인물관계

〈배시황전〉에서 추출한 인물들의 관계는 61건으로, 등장인물은 조선인 20명(김대언, 김대웅, 김영길, 김중명, 박대영, 박세문, 박세웅, 배시황, 변급, 신명전, 신류, 신청일, 엄애남, 유응천, 윤수, 이기신, 이일백, 조선 병사, 조선 왕, 홍일검), 청 6명(청 병사, 청 원수, 청 원수의 처자 3명, 청 황제), 러시아 수군, 명 영력제, 몽고병, 몽고인, 산동병, 왈개부인, 퍅개부인 등이다.

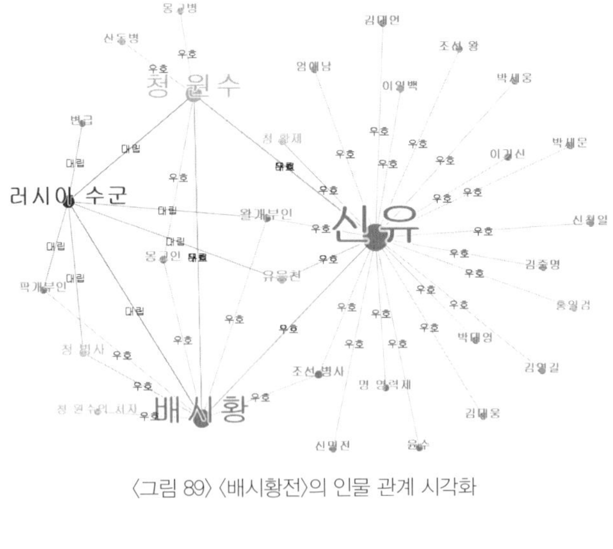

〈그림 89〉 〈배시황전〉의 인물 관계 시각화

〈표 14〉〈배시황전〉에서 추출한 인물들의 관계와 그 속성

source	target	속성	source	target	속성
배시황	신류	우호	배시황	왈개부인	우호
배시황	러시아 수군	대립	청 병사	러시아 수군	대립
러시아 수군	팍개부인	대립	왈개부인	신류	우호
러시아 수군	왈개부인	대립	배시황	청 병사	우호
청 원수	배시황	우호	청 원수	러시아 수군	대립
변급	러시아 수군	대립	신류	배시황	우호
신류	배시황	우호	배시황	러시아 수군	대립
신명전	신류	우호	청 원수	러시아 수군	대립
김대언	신류	우호	배시황	신류	우호
윤수	신류	우호	신류	청 원수	대립
박대영	신류	우호	청 원수	러시아 수군	대립
이일백	신류	우호	신류	배시황	우호
김중명	신류	우호	신류	유응천	우호
유응천	신류	우호	배시황	러시아 수군	대립
신청일	신류	우호	유응천	러시아 수군	대립
박세웅	신류	우호	청 원수	신류	우호
김대웅	신류	우호	청 원수	배시황	우호
박세문	신류	우호	신류	청 황제	우호
홍일검	신류	우호	청 원수	신류	우호
이기신	신류	우호	배시황	청 병사	우호
김영길	신류	우호	신류	청 원수	우호
엄애남	신류	우호	몽고인	청 원수	우호
신류	배시황	우호	청 황제	신류	우호
청 원수	신류	우호	청 원수	신류	우호
배시황	청 원수	대립	청 원수의 처자	배시황	우호
청 원수	배시황	우호	청 원수	신류	우호
몽고병	청 원수	우호	청 원수	배시황	우호
산동병	청 원수	우호	신류	조선 왕	우호
배시황	몽고인	우호	신류	조선 병사	우호
배시황	조선병사	우호	신류	명 영력제	우호
배시황	팍개부인	우호			

이들 인물의 관계와 속성을 데이터화하면 〈표 14〉와 같다.

〈표 14〉의 데이터를 입력하여 그린 인물관계 시각망이 〈그림 89〉이다. 〈그림 89〉를 보면, 주변과의 관계가 많은 인물이 신류, 배시황,

러시아 수군, 청 원수라는 점이 가시화된다. 〈배시황전〉 인물 관계에서 특징적인 점은 배시황의 관계망이 뚜렷이 보인다는 점이다. 배시황은 신류와 우호적 관계를 이루면서도, 때로는 신류와는 독립적인 인물 관계를 형성한다. 배시황은 러시아 수군과는 명확한 대립관계를, 청 원수 측과는 나름대로의 우호 관계를 형성한다.

〈북정일기〉의 인물관계

〈북정일기〉에서 추출한 인물들의 관계는 87건으로, 인물들의 관계와 속성을 데이터화하면 〈표 15〉와 같다.

〈표 15〉 〈북정일기〉에서 추출한 인물들의 관계와 그 속성

source	target	속성	source	target	속성
조선 조정	신류	우호	사르후다	신류	우호
러시아 수군	왈가	대립	사르후다	신류	우호
러시아 수군	개부락	대립	사르후다	신류	대립
러시아 수군	팍개	대립	신류	사르후다	대립
청 정부	청원수	우호	신류	사르후다	대립
청 정부	조선 조정	대립	신류	사르후다	대립
경원부사	신류	우호	사르후다	신류	대립
신명전	신류	우호	신류	유응천	우호
김시성	신류	우호	신류	김명길	우호
회령판관	신류	우호	예사마	유응천	우호
신류	김대헌	우호	예사마	신류	우호
신류	조선군	우호	신류	예사마	우호
이몽선	신류	우호	신류	김한을가	우호
이기영	신류	우호	예사마	청 부원수	우호
신류	사르후다	우호	신류	청 부원수	우호
신류	이몽선	우호	청 부원수	신류	우호
신류	이기영	우호	김한을가	신류	우호
왈가	사르후다	우호	청 부원수	사르후다	대립
사르후다	신류	우호	예사마	신류	우호

청 부원수	신류	우호	김명길	신류	우호
사르후다	신류	우호	예사마	사르후다	우호
사르후다	개부락	대립	예사마	신류	우호
개부락	사르후다	우호	김한을가	신류	우호
신류	유응천	우호	김한을가	신류	우호
청 부원수	신류	우호	청 부원수	신류	우호
청 부원수	김한을가	우호	김한을가	신류	우호
신류	사르후다	대립	청 부원수	신류	우호
청 부원수	신류	우호	김한을가	신류	우호
사르후다	유응천	우호	김한을가	신류	우호
사르후다	배시황	우호	예사마	신류	우호
사르후다	이기영	우호	이몽선	신류	우호
사르후다	신류	우호	사르후다	신류	우호
사르후다	신류	우호	신류	사르후다	우호
사르후다	러시아 수군	대립	신류	청 부원수	우호
신류	러시아 수군	대립	사르후다	러시아 수군	우호
사르후다	청 부원수	우호	사르후다	신류	대립
청 부원수	사르후다	우호	청 부원수	신류	우호
신류	사르후다	우호	사르후다	신류	우호
신류	청 부원수	우호	이기영	신류	우호
신류	유응천	우호	김한을가	신류	우호
유응천	러시아 수군	대립	예사마	신류	우호
신류	유응천	우호	청 묘탕개	신류	우호
신류	김명길	우호	신륵	신류	우호
사르후다	러시아 수군	대립			

〈표 15〉의 데이터를 사용하여 인물관계 시각망을 만든 것이 〈그림 90〉이다. 〈그림 90〉을 보면, 신류, 사르후다, 청 부원수, 러시아 수군을 중심으로 새롭게 인물 관계가 발생한 점이 가시화된다. 인물 관계의 빈도는 신류와 사르후다의 관계 18건, 신류와 청 부원수의 관계 10건의 순으로 많았다. 청 부원수는 이전 텍스트에서는 존재감이 없었던 인물인데, 〈북정일기〉에서는 신류와 사르후다 사이를 중개하며 매우 큰 비중을 차지하였다. 김한을가, 예사마는 청 부원수와 청 원수를 보좌하는 인물들인데 신류의 청탁을 받고 주장을 설득하는 인물로 그려졌다.

'배시황'이라는 이름이 등장하긴 하지만, 한 번만 나왔다는 점도 유의할 만하다. 대신 신류 및 유응천 등의 존재가 부각되었다.

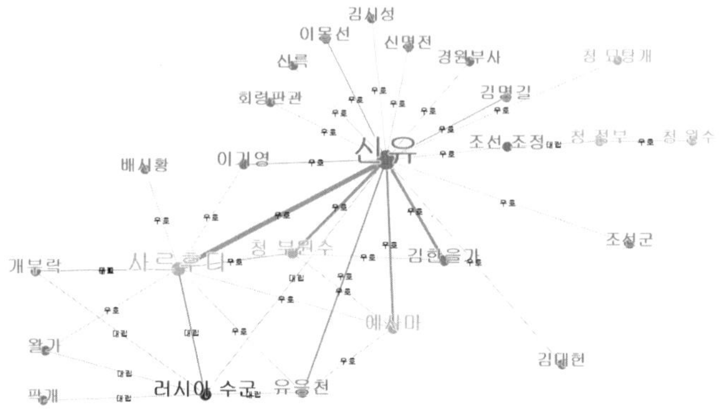

〈그림 90〉〈북정일기〉의 인물 관계 시각화

이상에서 시도한 노정 및 인물관계의 시각화 작업의 성과는 '문학정보의 이미지화' 및 '하이퍼링크' 작업에 초점이 있다. 시각화 작업은 인물 관계 및 특정 인물의 비중이 변화하는 점을 가시적으로 보여주며, 나아가 이를 이용하여 텍스트에 일어난 포인트의 변화를 파악할 수 있는 장점이 있다. '하이퍼링크'는 정보를 연계적으로 이해할 수 있는 점이 장점이다. 이용자가 웹페이지의 특정 텍스트나 단어를 클릭했을 때, 이와 하이퍼링크되어 있는 부가 정보나 다른 페이지로 즉시 이동할 수 있어 인터넷 이용자들은 월드와이드웹(www)을 통해 전 세계의 서버 컴퓨터를 넘나들 수 있게 된다.

필자와 이 장의 공동저자인 김사현 선생은 각기 고전문학, 인문정보학 전공자로서, 공동작업을 하며 그동안 축적된 연구성과와 자료를 정리하여, 디지털 공간에서 활용할 수 있는 데이터로 가공하고 시각적 표현 작업을 진행하였다. 아직 시각화 표현기술과 상상력에 미흡한 점이 있지만, 이러한 시도를 통해 아날로그적 연구와 디지털적 연구의 장점을 결합한 새로운 방법론을 개발하고, 이용자들과 좀 더 활발히 소통할 수 있기를 기대한다. '인물, 사건, 공간'의 요소 중 '사건 정보'의 시각화를 구현하지 못했는데, 이는 적절한 시각화 방법을 마련하지 못해 생긴 문제임을 밝히며 차후 과제로 남긴다.

제2장
〈최척전〉과 지역문화콘텐츠

1. 〈최척전〉과 남원

〈최척전〉은 1621년 조선 중기의 문신 조위한(趙緯韓, 1567~1649)이 남원 주포에 내려와 살고 있을 때 완성한 한문소설이다. 작품은 임진왜란 초 남원 지방을 배경으로 하여 시작되며, 남원 선비 최척과 옥영의 극적인 사랑 이야기가 전개되는 한편, 전쟁으로 인해 부부가 중국, 일본으로 이산하였다가 베트남 항구에서 재회하여 중국에 정착해 살다가 1620년 마침내 온 가족이 고향 남원에 돌아와 재회하는 것으로 끝맺어진다.

〈최척전〉은 극적 구성, '사랑'과 '가족애'라는 보편적 주제, '남원'이라는 지역 배경을 바탕으로 일본 · 명 · 청 · 베트남 등지로 확장된 공간 배경, 주인공의 '디아스포라 생활'과 '귀환 서사'가 결합된 역사 드라마적 성격 등의 특징을 갖고 있어 다양한 문화콘텐츠로 가공할 여지가 많은 작품이다. 하지만 주 독자가 청소년층에 한정되어 왔고, 배경공간을 재현하기 위한 비용이 클 것으로 예상돼 콘텐츠로의 개발에 위험요인이 있다. 따라서 〈최척전〉의 콘텐츠 개발은 독자층을 넓히고, 최소의 비용으로 대중적 호응을 얻을 수 있는 방법을 찾는 것이 핵심요소라고 생각된다.

지금까지 고전소설 〈최척전〉이 대중들에게 알려진 것은 몇 차례 청소년 교양도서로 출판된 사례가 있을 뿐이다. 〈최척전〉은 2000년 이전에는 '한국고전문학전집' 류에서도 발견하기 힘들었던 책인데, 2000년대 이후로는 청소년 교양도서로 자주 출판되었다. 이른바, '고전소설의 다시쓰기' 출판물인데, 현암사에서 '우리가 정말 알아야 할 우리고전' 시리즈로 간행된 『최척전 · 김영철전』(권혁래 글, 2005)을 시작으로, 나라말에서 '국어시간에 고전 읽기' 시리즈로 출판된 『최척전』(황혜진 글, 2006), 창비에서 '재미있다 우리고전 20' 시리즈로 발간된 『최척전』(장철문 글, 2008), 주니어김영사에서 '한국 고전문학 읽기' 시리즈로 간행된 『최척전』(하재영 글, 2013), 한국톨스토이에서 '온고지신 우리고전문학' 시리즈로 간행된 『최척전』(김현화 글, 2014) 등 고전읽기 시리즈 중 하나로 10여 종이 넘는 책들이 간행되었다.

가장 먼저 출판된 현암사 책은 원전을 읽기 쉬운 문장으로 풀어쓴 다시쓰기, 지도와 그림, 정보 페이지를 추가한 점이 특징이다. 나라말 책은 원전의 다시쓰기, 그림 외에 백과사전식 정보 페이지를 강화한 점이 특징이다. 한국헤밍웨이 책 등은 초등학생 문학도서에 맞게 그림의 비중을 높이고 글의 분량을 줄이는 한편, 문장의 난이도를 낮춘 점이 특징이다. 이러한 학습 및 교육용 출판으로 인해 〈최척전〉은 청소년층들에게 의외로 친숙한 텍스트로 자리 잡은 것으로 파악된다.

이 점은 〈최척전〉의 콘텐츠 제작방향에 몇 가지 시사점을 준다. 첫째, 〈최척전〉 콘텐츠 소비의 일차 대상은 청소년층이 될 것이다. 이를 바탕으로 독자층을 넓힐 방안을 찾아야 한다. 둘째, 현재의 교양도서 출판 사례를 바탕으로 지역문화콘텐츠로 기획할 수 있을 것이다. 현재까지 〈최척전〉이 영상이나 공연콘텐츠, 지역문화콘텐츠 등으로 개발된 사례가 한 번도 없다는 점은 콘텐츠 개발에 있어서 위험요인이자 기회요인이 될 것이다.

〈최척전〉의 콘텐츠화 전략에 대한 선행 연구로는 '남원'이라는 지역 요소와 연계하여 〈최척전〉을 개발 · 활용하는 방안을 제시한 이기대의 연구가 있다. 이기대는 남원 지방을 배경으로 한 한문소설 〈만복사저포기〉, 〈홍도전〉, 〈최척전〉의 콘텐츠화 전략을 논의하면서, 남원의 문화적 특질로 불교문화, 약속의 문제를 애정의 양상과 연계시킨 것이라고 파악하고, '반드시 이루어지는 애정'이라는 콘셉트를 제시하였다. 그리고 이를 '만복사'에서 기원하는 행위와 같이 남원의 불교문화 축제의 중요한 행사로 개발하는 것이 필요하다고 하였다.[463] 이 연구는 활용가능성 면에서 기존에 시행되던 지역 축제 콘텐츠를 주목한 것은 의미있지만, 논의가 추상적이거나 단편적 방법을 내세우는 데 그쳐 아쉬움이 있다.

---

463 이기대, 「한문소설에 나타난 남원의 문화적 특질과 콘텐츠화 방안 - 〈만복사저포기〉, 〈홍도전〉, 〈최척전〉을 중심으로」, 『남도문화연구』 30, 순천대 남도문화연구소, 2016, 307-331쪽.

〈최척전〉의 콘텐츠 제작 방향을 논하기에 앞서 고전서사 일반의 콘텐츠 개발 사례 및 향후 방향에 대한 기존 연구성과를 참조할 필요가 있다. 고전서사를 콘텐츠로 개발하는 방향에서 시도된 연구는 2000년대 전반부터 시작되었는데,[464] 이들 연구는 〈춘향전〉, 〈숙영낭자전〉, 〈완월회맹연〉 등의 대하소설, 설화, 야담 등을 검토하면서 보편적인 주제, 대중성, 환상성을 구비한 고전서사가 다양한 문화콘텐츠로 개발될 가능성이 크며, 스토리텔링과 원 소스 멀티 유즈 전략, 시각정보의 제시 등이 필요하다고 주장하였다.

그동안 한국고전소설이 문화콘텐츠로 개발된 주요 사례로는 〈춘향전〉을 영화로 제작한 〈춘향뎐〉(2000), 〈향단전〉(2007), 〈방자전〉(2010), 드라마로 제작한 〈쾌걸춘향〉(2005),[465] 〈홍길동전〉을 코믹 사극으로 드라마화한 〈쾌도 홍길동〉(2008),[466] 〈장화홍련전〉, 〈전우치전〉, 〈흥부전〉의

464 주요 연구성과로는 다음의 논문을 참조할 것. 송성욱, 「고전소설과 TV 드라마-TV드라마의 한국적 아이콘 창출을 위한 시론」, 『국어국문학』 137, 국어국문학회, 2004, 91-108쪽; 조혜란, 「다매체 환경 속에서의 고소설 연구 전략」, 『고소설연구』 17, 한국고소설학회, 2004, 29-52쪽; 양민정, 「디지털콘텐츠 개발을 위한 고전소설의 활용 방안 시론-〈숙영낭자전〉을 중심으로」, 『외국문학연구』 19, 한국외국어대학교 외국문화연구소, 2005, 233-258쪽; 조혜란, 「고전소설과 문화콘텐츠」, 『어문연구』 50, 어문연구학회, 2006, 91-114쪽; 함복희, 「야담의 문화콘텐츠화 방안 연구」, 『우리문학연구』 22, 우리문학회, 2007, 149-181쪽; 이명현, 「문화콘텐츠 스토리텔링 소재로서 고전서사의 가치」, 『우리문학연구』 25, 우리문학회, 2008, 95-124쪽; 이지하, 「대하소설의 문화콘텐츠화에 대한 전망」, 『어문학』 103, 한국어문학회, 2009, 197-220쪽; 정창권, 「대하소설 〈완월회맹연〉을 활용한 문화콘텐츠 개발」, 『어문논집』 59, 민족어문학회, 2009, 85-108쪽.

465 〈춘향전〉은 1923년부터 2010년대까지 총25편의 영화와 드라마로 제작되었다. 2000년 이후로 주목되는 작품은 영화 〈춘향뎐〉(2000), 드라마 〈쾌걸춘향〉(2005), 〈향단전〉(2007), 영화 〈방자전〉(2010) 등이 있다. 이에 대해선 다음의 논문을 참조할 것. 신원선, 「〈춘향전〉의 문화콘텐츠화 연구-2000년 이후 영상화 양상을 중심으로」, 『석당논총』 52, 동아대 석당전통문화연구원, 2012, 1-34쪽.

466 이정섭 연출, 〈쾌도 홍길동〉 24부작, KBS, 2008.

캐릭터와 세계관을 활용해 각각 영화화한 〈장화, 홍련〉(2003), 〈전우치〉(2009), 〈흥부〉(2018), 판소리 〈변강쇠가〉를 창극으로 올린 〈변강쇠 점찍고 옹녀〉(2014–2017)[467] 등이 있다. 〈임진록〉이나 〈충무공전〉, 〈장보고전〉, 〈동명왕〉, 〈구운몽〉 등은 게임의 소재로 활용되었다.[468] 정선희는 잘 알려진 고전을 소재로 하되, 현대인의 취향에 맞게 각색하거나 현대인도 감동할 만한 지고지순한 면을 강조했을 때 인기를 끈다고 하였다.[469]

정혜경은 1920년대 영화 〈춘향전〉부터 2017년까지 고전서사의 콘텐츠 제작사례를 분석 · 도표화한 뒤, 그간 고전서사의 콘텐츠화 동향을 ①고전서사의 주제와 미학을 재현한 콘텐츠, ②고전서사를 소재 차원에서 활용한 콘텐츠, ③고전서사의 주제와 미감을 완전히 다른 형태로 전환한 콘텐츠 등으로 분석하였다.[470] 고전소설 중 〈심청전〉, 〈춘향전〉, 〈세경본풀이〉, 〈홍길동전〉, 〈흥부전〉, 〈변강쇠가〉가 게임, 광고, 드라마, 마당극, 무용극, 뮤지컬 등의 매체에서 지속적으로 문화상품으로 재생산되고 있는 것은 고전이 이색적 매력과 주제의 보편성이 조화를 이루며 현대와 접점을 만들어냈기 때문이라고 하였다.[471] 또한 최근 야담, 설화, 고소설 등의 고전서사가 지역문화산업의 성장과 함께 문

---

467 고선웅 극본 연출, 〈변강쇠 점찍고 옹녀〉, 국립창극단 공연, 2014–2017.

468 신선희, 「고전 서사문학과 게임 시나리오」, 『고소설연구』 17, 한국고소설학회, 2004.

469 정선희, 「문화콘텐츠 원천소재로서의 고전서사문학: 『삼국유사』와 한문소설 활용을 중심으로」, 『우리말글』 60, 우리말글학회, 2014, 197쪽.

470 정혜경, 「고전서사를 활용한 콘텐츠 동향과 기획」, 『우리문학연구』 57, 우리문학회, 2018, 119–159쪽.

471 위의 논문, 135쪽.

화자원으로 각광받고 있다고 하면서, 고전서사를 바탕으로 지역축제와 공연을 기획하고, 모바일 콘텐츠로 개발해야 한다고 주장하였다.[472]

정창권은 고전 스토리텔링의 과정과 방법에 대해, ①테마선정→②자료수집→③시놉시스 짜기→④집필하기→⑤제작하기 등으로 소개하고, 비용이 많이 들어가는 영상보다는 비교적 제작이 용이한 출판 콘텐츠를 우선순위로 하는 전략 등을 소개하였다.[473]

이명현은 고전서사의 도식성과 환상성을 적극적으로 수렴해 재창조해야 한다고 주장하고,[474] 고전소설 연구 방향으로 '현재성을 강조한 텍스트 해석', '연구 범위의 확장', '매체전환에 따른 고전소설의 스토리텔링' 등을 제시하였다.[475] 이원석은 4대 연행록 작품들을 분석해 게임, 영상과 만화, 소설과 희곡의 형식으로 콘텐츠화하는 방안을 제시하였을 뿐 아니라, 콘텐츠의 구체적인 내용을 집필하였다.[476] 이 연구는 콘텐츠 제작에 관한 연구는 단순히 방향을 언급하는 데 그치지 않고 콘텐츠의 시놉시스 및 설계안 기술까지 제시해야 한다는 것을 보여주었다는 점에서 의미가 있다. 가장 최근에 간행된 『한국고전서사와 콘텐츠』는 문학과 콘텐츠 분야의 연구자들이 모여 2000년대 후반부터 콘텐츠 시장에 불어온 역동적 변화에 초점을 맞춰 원천소재로서 고전서사의

472 같은 논문, 137-148쪽.

473 정창권, 「고전 스토리텔러의 세계와 미래」, 『국어문학』 58, 국어문학회, 2015, 191-213쪽.

474 이명현, 앞의 논문, 120쪽.

475 이명현, 「문화콘텐츠시대 고전소설 연구 경향과 방향」, 『어문론집』 57, 중앙어문학회, 2014, 55-80쪽.

476 이원석, 「연행록의 내용 분석과 각색 방안의 연구」, 동국대 문화학술원 편, 『문화콘텐츠와 퍼블릭 도메인 스토리』, 동국대 출판부, 2010, 115-157쪽.

가능성을 탐색하고 다양한 방식의 고전서사 스토리텔링 전략을 제시하였다.[477]

김진형은 원천문화를 소재로 하여 수원시, 안성시, 영월군, 단양군, 부여군, 안동시, 영주시, 통영시, 남원시, 장성군 등 10개 지자체에서 수행한 지자체 주도 콘텐츠를 축제, 공연, 전시, 교육, 테마파크, 문화디자인, 캐릭터로, 민간 주도 콘텐츠를 출판, 기념품, 식품으로, 모두 10개 유형으로 분석하였다.[478] 이 연구는 지역문화 콘텐츠 제작의 다양한 사례를 분석하고 앞으로의 방향을 제시했다는 점에서 참조할 필요가 있다.

2000년 이후 연구되기 시작한 고전서사의 콘텐츠화에 대한 연구는 해마다 고전 작품의 콘텐츠적 가치 인식 및 대상작품의 발굴, 매체의 선택과 콘텐츠 전략, 지역문화산업과의 결합, 모바일 콘텐츠로의 개발 등과 같이 좀 더 새로운 방향의 콘텐츠 제작방향을 제시하고 있다. 일찍부터 청소년용 교양도서로 출판되었고, 남원 지역문화와의 관계도 밀접한 〈최척전〉은 이러한 연구성과를 수용하여 다양한 출판형태, 지역문화콘텐츠, 영상콘텐츠 등의 제작방안을 모색해야 할 것으로 보인다.

477 홍순석 · 정선희 · 이명현 · 이기대 · 김도환 · 이태화 · 장예준 · 김효림 · 정혜경 · 송미경, 『한국고전서사와 콘텐츠』, 한국문화사, 2018.

478 김진형, 『문화콘텐츠와 멀티유즈 전략』, 민속원, 2015, 25-147쪽.

2. 〈최척전〉의 콘텐츠 요소분석

서사

〈최척전〉의 주요 서사는 다음과 같다.

1) 1590년대 중반 임진왜란의 와중에, 남원 서생 최척은 글공부를 하다가 알게 된 옥영이란 여인과 사랑에 빠진다.
2) 최척은 어렵게 옥영과 혼인하기로 했으나, 변사정을 의병장으로 하는 의병에 참전한다.
3) 양생이란 사람이 옥영과 결혼하려고 계략을 써서, 최척과 옥영이 파혼될 위기에 처한다.
4) 옥영이 자결을 시도하며 이에 저항하고, 의병장이 병을 앓던 최척을 보내주어 두 사람은 극적으로 결혼한다.
5) 최척 · 옥영 부부는 양가 부모를 모시고, 아들 몽석을 낳고 행복하게 산다.
6) 1597년 정유재란 때 왜군이 남원을 공격하여 남원성이 함락되자 최척의 가족은 지리산 연곡사로 피신한다.
7) 최척이 식량을 구하러 나간 사이 연곡사의 피란처가 왜군의 습격을 받는다.
8) 최척 일가가 서로의 생사를 모른 채 뿔뿔이 흩어진다.
9) 옥영은 일본으로 잡혀가고, 홀로 남은 최척은 명군 부대에 의탁해 일을 한다.
10) 종전 후 최척은 명군 병사 여유문을 따라 중국으로 망명하여 절강성 소흥에 정착한다.
11) 여유문이 1년이 못 되어 병사하자 최척은 강호를 유랑한다.
12) 항주 사람 주우가 권유하여 최척은 무역선에 오른다.
13) 베트남 항구에 정박한 최척은 일본배에 타고 있던 옥영과 극적으로 재회한다.

14) 사람들의 축복을 받으며 두 사람은 항주로 돌아와 산다.
15) 두 사람이 낳은 아들이 홍도라는 여인과 결혼한다.
16) 1618년 누르하치가 이끄는 후금군이 허투알라에서 발흥하자, 최척은 명 토벌군에 소집된다.
17) 최척이 가족과 이별하고 출전하나, 허투알라 전투에서 패해 후금의 포로가 된다.
18) 감옥 안에서 최척은 남원에 두고 온 아들 몽석과 재회하고, 조선을 향해 탈출한다.
19) 최척이 고향으로 가던 중 병을 앓아 위기에 처하나 은인에게 치료받고 무사히 귀향한다.
20) 옥영은 남편이 살아 있다면 고국으로 돌아갔을 것으로 생각하고 귀국을 준비한다.
21) 1620년 옥영은 배를 준비하여 아들 부부와 함께 해로에 오른다.
22) 옥영과 아들 부부는 갖은 위험을 이기고 순천에 도착한다.
23) 옥영 일행이 순천에서 남원으로 돌아가 온 가족이 재회한다.
24) 최척이 남원 주포에 살던 조위한에게 자신의 이야기를 전하고 조위한이 이를 기록한다.

위에 그려진 소설의 주요 서사를 요약하면, 최척과 옥영의 애정서사, 최척의 의병 참여로 인한 혼사장애서사, 정유재란 때 남원성 전투로 인한 가족이산의 서사, 최척의 망명서사, 옥영의 포로서사, 최척의 사르후 전투 참전으로 인한 포로서사 등이다. 〈최척전〉은 주인공들의 운명이 당시 전란의 전개와 밀접히 연관되며 진행되기 때문에 매우 극적이다.

소설에서는 임진왜란과 변사정 의병 거사, 정유재란과 남원성 전투, 일본 나가사키의 노예시장, 사르후 전투 및 심하전투 등의 역사적 사건이 소설을 이끌고 가는 동력으로 작용하면서 주인공들의 삶에도 위기와 반전이 발생한다. 주인공들의 삶에 얽힌 다기한 역사의 현장을 고찰하는 것도 흥미롭다. 박희병은 〈최척전〉의 서사에서 16-17세기 동아시아 전란과 가족이산의 고통이 반영된 양상을 읽었고,[479] 민영대는 작가 조위한 일가의 전란체험과 이로 인한 가정적 불행이 〈최척전〉에 반영된 양상을 세세히 고찰하였다.[480] 양승민은 〈최척전〉에 설정된 시공간, 그리고 남원 출신 선비 최척의 삶이 작가의 삶 및 당대 기층 민중들의 고달픈 삶이 결합되어 형성된 것이라고 하였다.[481]

인물

〈최척전〉의 인물은 다양하고, 개성이 뚜렷한 편이다. 〈최척전〉의 주요 인물은 남원 선비 최척, 옥영, 의병장 변사정, 조위한, 최척의 부친, 옥영의 모친, 최척의 스승 정상사, 최척 부부의 자녀 몽석, 소홍의 여유문, 항주의 주우, 일본의 병사 출신 돈우 등이다.

소설에서 최척은 임란에 상흔을 입은 망명자로서의 성격이 잘 그려져 있다. 주인공 최척은 남원 출신의 실존 인물에 바탕한 인물이지만, 소설에 그려진 최척의 행적은 실제 생애와는 대부분 상관이 없다.[482] 옥영은 민간인포로로서의 성격이 잘 그려져 있고, 삶의 고비마다

479 박희병, 「〈최척전〉-16 · 17세기 동아시아의 전란과 가족이산」, 『한국고전소설작품론』 집문당, 1990.

480 민영대, 『조위한의 삶과 문학』, 아세아문화사, 1993.

481 양승민, 「〈최척전〉의 창작동인과 소통과정」, 『고소설연구』 9, 한국고소설학회, 2000, 88쪽.

482 정태제(鄭泰齊, 1612~1669)의 『국당배어(菊堂排語)』의 기록에 의하면, 최척은 관향이 충주인 남원의 재지사족이며, 유학(幼學)의 신분이었던 인물이다. 하지

매우 정감적이면서도 의지적 인물로 성격화되었다. 옥영은 당시 일본군에게 잡혀간 수없이 많은 민간인을 대표하는 여인으로, 그녀의 행적은 당시 정절을 지키기 위해 순절했거나 포르투갈 상인에게 노예로 팔려갔거나 일본인들 사이에 매매 당했거나 일본인들의 하인 또는 첩이 되었거나 하는 등의 역사적 상흔을 반영하는 인물이다.[483]

적대적 인물로는 남원성을 공격한 일본의 병사들이 그려져 있고, 우호적 인물로는 명나라 장수 여유문, 일본 병사 돈우, 항주 사람 주우, 후금군의 감옥 간수, 전직 명나라 군인 진위경 등 다양한 국제적 인물이 그려져 있다.

명나라 장수 여유문은 명의 구원병의 한 사람으로서, 최척이 가족을 잃고 실의에 빠졌을 때, 그를 구해주고 명나라 소흥으로 데려가서 정착시킨 인물이다. 주우는 최척이 명나라에서 사귄 인물인데, 명의 사족 출신이지만 배를 타고 무역업에 종사하는 인물이다. 그는 여유문이 죽은 뒤 의지할 곳이 없고 세상일에 뜻이 없어 신선술을 익히는 최척을 세속에 끌어들여 장사를 하며 살자고 제안한다. 주우 덕분에 최척은 베트남 항구에서 아내 옥영을 만날 수 있었다.

일본 병사 돈우는 부처를 믿고 뱃일을 하던 사람인데, 임진왜란에 출전하였다가 전쟁 후 포로로 잡혀온 옥영의 주인이 된다. 그는 옥영이 물에 빠져죽으려 할 때 위로하며 삶의 소망을 준다. 뒤에 옥영을 배에 태우고 중국, 베트남까지 무역 일을 하다가 호이안 항구에서 옥영이 남

만 소설에 그려진 최척의 삶은 대부분 실제 그의 삶과 거리가 있다. 양승민은 위의 논문, 72-100쪽에서 실제 인물 최척과 소설에 형상화된 최척의 차이를 자세히 고찰하였다.

483 양승민, 위의 논문, 97쪽.

편 최척을 재회하자, 아무런 대가 없이 오히려 은덩어리를 주며 옥영을 보내주었다.

후금군의 늙은 간수는 원래 조선인이었다가 후금에 망명한 인물인데, 최척이 감옥에 갇힌 후 아들 몽석과 만난 사정을 알고, 최척 부자를 몰래 풀어주고 식량을 주고 탈출길을 알려준 인물이다.

이처럼 최척 일가는 일본인, 중국인, 조선 출신의 늙은 호병 등 동아시아 여러 사람들의 도움으로 재회할 수 있었다. 김현양은 이러한 동아시아인들의 '인간애'를 바탕으로 최척과 옥영의 삶이 온전할 수 있음을 말하였다.[484] 서사를 대폭 개작하지 않더라도, 이들 한 사람 한 사람의 성격을 디테일하게 그려내는 것만으로도 소설은 새롭고 현대적인 작품으로 읽힐 것이다.

주제

〈최척전〉의 주제는 사랑, 부처님의 도움, 구원, 인간애, 가족애, 동아시아인들의 연대 등으로 언급되었는데, '사랑', '가족애', '평화'로 요약할 수 있다. 이 주제는 오늘날에도 널리 공감될 수 있는 정도로 친근하고 보편성이 있다. 최척과 옥영은 갖은 환경적 어려움을 이기고 혼인하였고, 전란으로 인해 두 번씩이나 이산하였지만 끝내 재회하여 행복하게 살았다. 두 사람의 사랑과 재회는 매우 극적으로 구성되어 있다. 또한 전란의 과정에서 이별과 만남의 과정을 반복할 때 최척과 옥영의

484 김현양, 「〈최척전〉, '희망'과 '연대'의 서사」, 『열상고전연구』 24, 열상고전연구회, 2006, 86-87쪽.

부부애, 그의 가족들이 보여주었던 가족애는 매우 감동적이다.

최척과 옥영이 고국으로 귀환하기까지의 과정에서 외국인들이 보여주었던 긍휼과 선의의 감정, 국경을 뛰어넘는 사랑과 우정, 아시아인들의 연대는 '평화'라는 주제로 집약되는데, 이러한 '평화' 주제는 오늘날 국지적 전쟁과 난민이 급증하고 있는 국제사회에서 보편성과 시의성이 있다.

배경공간

〈최척전〉은 소설의 배경 공간이 지역성과 국제성을 띠고 있어 매력적이다. 〈최척전〉의 공간 구성 원리에 대해서는 여러 논의가 진행되었다. 신태수는 〈최척전〉에서 '원심적 공간'의 구성원리가 인물들을 원하지 않는 공간으로 밀어내는 역할을 한다며, 인물과 공간의 관계를 고찰하였다.[485] 김재웅 · 권혁래는 〈최척전〉 국내공간의 문학지리를 사진과 지도, 스토리텔링을 통해 시각적으로 표현하였다.[486] 김현화는 〈최척전〉을 방랑과 정착이 반복되는 구조의 '노정형 서사'로 규정하고, 노정 위에서 주인공들의 삶의 갈등과 번민을 해소하는 교화적 공간성이 작품에 형상화되었음을 논증하였다.[487]

〈최척전〉에는 16세기 말에서 17세기 초에 이르는 시기, 남원 일대

485 신태수, 「〈최척전〉에 나타난 공간의 형상」, 『한민족어문학』 51, 한민족어문학회, 2007.

486 김재웅 · 권혁래, 「〈최척전〉 국내공간의 문학지리학적 고찰」, 『온지논총』 42, 온지학회, 2015.

487 김현화, 「〈최척전〉의 노정 공간 연구」, 『어문연구』 70, 어문연구학회, 2011.

(남원성, 만복사, 주포, 지리산 연곡사, 섬진강), 순천, 강화, 나주를 비롯하, 일본의 나가사키, 베트남 호이안, 중국 절강성 소흥, 항주, 허투알라 등의 장소가 파악되며, 최척의 망명길(삼남대로·의주대로)과 중국의 사르후 전투 참전노정, 포로탈출노정, 옥영의 포로길과 해로귀국 노정 등의 노정이 그려져 있다.

작가 조위한은 26세였던 1592년 겨울, 모친의 친정인 남원으로 피란했다. 그곳에서 그는 먹을 것이 없어 딸과 모친을 잃는 슬픔을 겪었다. 그는 남원에 피란하였을 때, 김덕령 장군의 휘하에서 의병활동에 참가했다. 그 뒤 조위한은 52세 되던 1618년 2월, 가족과 함께 남원에 낙향하여 1623년 8월까지 5년 7개월을 기거하였다. 〈최척전〉은 이 기간 동안인 1621년에 완성되었다.

소설에 구체적 지명이 나타난 남원 및 지리산 일대의 만복사, 남원성, 주포, 지리산 연곡사, 섬진강, 순천 등지는 스토리텔링과 콘텐츠 개발을 통해 문학 명소로 삼을 수 있다.

중국의 소주, 항주, 허투알라, 일본의 나가사키, 베트남의 호이안[흥옌] 등의 해외 지역들은 육로와 운하, 해로를 통해 〈최척전〉의 탄생지 남원과 연결되어 있다. 〈최척전〉의 스토리를 매개로 남원과 17세기 동아시아의 명소 도시들은 현실 공간에서 관광상품 개발, 박물관 전시 등의 방식으로 교류할 수 있을 것이다. 〈최척전〉에는 임진왜란, 정유재란, 심하전투 등 여러 번의 전란 때문에 중국, 일본, 베트남 등 동아시아 각 지역과 그곳 사람들이 등장하며, 그 지역의 인심과 풍경, 노정이 그려진다. 이러한 공간적 특성은 〈최척전〉의 독특하고 흥미로운 요소다.

3. 〈최척전〉의 콘텐츠 개발전략

〈최척전〉을 콘텐츠로 개발할 때 장점을 셋으로 꼽을 수 있다.

첫째, 고전문학연구자들이 작품론 · 작가론은 물론이고, 소설의 역사적 · 지리적 측면까지 꽤 소상한 연구성과를 축적해놓았다는 점이다. 이러한 연구성과는 〈최척전〉의 콘텐츠 개발에 큰 도움이 될 것이다.

둘째, 〈최척전〉은 청소년 독자들에게 비교적 많이 알려진 고전 작품이다. 〈최척전〉은 2000년 이후로 초등학생 학습도서, 청소년 교양도서로 출판되어 적지 않은 초등 · 중학생들이 읽고 있고, 고등학교 참고서나 EBS 수능특강 교재에도 수록되어 있으며, 간혹 수능 모의고사로도 출제되고 있어 학생, 청년 독자층의 작품 인지도는 예상보다 높을 수 있다. 따라서 청소년 독자들의 참여를 유도하고, 성인들이 〈최척전〉에 관심을 가질 수 있도록 방법을 찾는다면 '잘 알려진 작품이 아니라는 점'이라는 약점을 해결할 수 있고, 콘텐츠로의 성공 가능성도 높아질 것이다.

셋째, 〈최척전〉은 남원에 토대를 둔 지역성이 강한 고전소설이다. 각 지방자치 단체마다 작가와 문학 작품을 내세워 기념관과 테마파크를 건립하고 축제를 유치하는 상황에서, 남원 출신 선비 최척의 망명과 귀환의 스토리를 그린 〈최척전〉은 남원시가 주도하는 '지자체 문화콘텐츠의 멀티유즈 식 개발'[488]에 적합한 원천서사이다. 남원 선비 최척의

488 문화콘텐츠의 멀티 유즈화 현상이란, 문화콘텐츠를 개발할 때 멀티 유즈 전략을 적용시키지 않았음에도 불구하고 개발과정에서 자연스럽게 멀티 유즈화가 일어나는 현상을 말한다. 현재 우리나라 지자체는 지기 지역을 홍보하기 위해 지역문화의 상징화 작업을 대대적으로 전개하고 있다. 예컨대, 수원시(수원화성), 안

망명자 귀환서사는 콘텐츠화 과정에서 축제, 공연, 전시, 교육, 문화디자인, 테마파크, 캐릭터 등의 영역에서 창의적으로 표현할 수 있을 것이다.

현 단계에서 〈최척전〉을 당장 대중 미디어에 담아 대규모의 콘텐츠로 제작하는 것은 지자체이든, 민간기업이든 투자유인 요소가 작다. 특히, 〈최척전〉의 사건과 장소를 실사영상으로 재현하려면 적지 않은 비용이 들 것이다.

이러한 분석에 의거할 때, 〈최척전〉의 망명자 귀환서사의 콘텐츠 개발 전략은 가장 큰 위협 요소인 투자비용을 줄여 적은 비용으로 〈최척전〉을 널리 알릴 수 있는 방법을 찾는 것이다. 필자는 네 가지의 방안을 순서대로 제시한다. 그 첫 번째는 〈최척전〉을 시각화 자료 중심으로 표현하고, 인문정보를 스토리텔링의 방식으로 기술하여 인문교양도서로 출판하는 방안이다. 이 출판물을 바탕으로 하여, 〈최척전〉 올레길 상품 개발, 테마박물관 건립, 영상콘텐츠 제작 방향에 대해 알아보자.

『〈최척전〉 문학지도 · 사전』 제작

남원 선비 최척의 '망명자 귀환' 서사를 활용한 콘텐츠 개발방안은 몇 가지가 있으나, 이 중 가장 실현 가능성이 높은 것은 〈최척전〉의 서사와 장소, 노정, 역사적 사건 등을 스토리텔링해 출판하는, 이른바

성시(바우덕이), 영월군(김삿갓), 단양군(온달), 영주시(선비문화), 장성군(홍길동) 등의 지자체는 괄호 안의 원천자료를 가지고 다양한 문화콘텐츠를 개발하고 있다. 이에 대해선 김진형의 『문화콘텐츠와 멀티유즈 전략』, 51-79면을 참조할 것.

『〈최척전〉 문학지도 · 사전』 출판' 전략이다. 출판 콘텐츠는 다음과 같은 내용으로 구체화될 수 있다.

○ 제목: '〈최척전〉 문학지도 · 사전' (가제)

○ 기획의도

①이 책은 〈최척전〉의 여러 요소를 설명하기 위한 인문교양 서적이다.

②이 책은 지도와 사진 등의 시각화 자료를 앞에 내세운 인문지리서이자, 〈최척전〉에 관한 모든 정보를 재미있게 읽을 수 있도록 구성한 백과사전이다.

③소설 〈최척전〉을 남원에서 산출된 지역문화 소산물로 성격을 매긴다.

④소설에 소략히 기술된 서사정보, 공간정보, 인물정보, 역사정보 등을 시각화 자료로 변환 · 제작한다.

⑤소설에 등장하는 인물, 역사적 사건, 지명, 서사를 인문지식 형태로 기술하여 정확한 지식을 제공하고, 주요 정보 및 지식을 스토리텔링해 흥미성을 배가시킨다.

○ 분량: 국판 148*210mm, 150쪽 이내.

○ 주요 내용 및 순서

①〈최척전〉의 서사, 인물, 배경 공간 등을 기술 소개한다.

②작가 조위한의 생애 자료를 스토리텔링하여 소개한다.

③현지답사 자료 및 연구자료를 바탕으로 주요 도시 및 노정에 관한 인문지리서를 제작한다.

- 전체 서사공간을 보여주는 큰 지도, 로컬 공간을 보여주는 작은 지도, 이동로 등으로 구분해 구체적으로 표현할 것.

④주요 도시마다 작품 관련 지역의 유적지나 현재의 모습을 사진 이미지로 보여준다.

⑤〈최척전〉과 관련된 국내 주요 장소의 경관 및 인문정보를 스

토리텔링한다.

- 남원성 일대1): 의병전의 장소, 만복사, 남원성 전투, 지리산 연곡사, 섬진강 등.
- 남원성 일대2): 작가 조위한의 인생 및 남원에 거주하였던 '주포' 지역, 최척과 옥영의 거주지역(만복사 및 남원성 주위)
- 순천: 옥영이 바닷길로 해운선을 타고 들어와 귀환했을 해창 포구, 순천왜성.

⑥임진왜란 콘텐츠의 스토리텔링

- 변사정의 의병활동과 최척의 스토리텔링
- 남원성 전투와 최척의 스토리텔링

⑦노정의 스토리텔링

- 옥영의 포로길: 연곡사 - 섬진강 - 사천 - 부산 - 대마도 - 일본 나가사키
- 옥영의 무역선 루트: 나가사키–중국– - 베트남 호이안
- 최척의 망명 루트: 남원–한양–의주–중국의 경항운하–소흥
- 최척 부자의 의주대로, 삼남대로를 통한 귀환
- 옥영 모자의 바닷길을 통한 귀환

⑧〈최척전〉과 관련된 해외 도시의 경관 및 인문정보에 대한 스토리텔링

- 나가사키와 전쟁포로; 일본인들이 포르투갈 상인들에게 임란 포로들을 팔던 노예시장
- 국제무역항 베트남 호이안 : 중국, 일본, 필리핀, 말레이시아 등의 선박들이 출입하던 17세기 국제무역항으로 자리잡았던 옛 모습, 현재의 관광지 풍경
- 중국의 명승지 절강성 소흥, 항주: 소흥주, 차 생산지, 운하의 도시, 항주 서호와 용금문 주위
- 전쟁터 허투알라: 사르후 전투 및 조명 연합군의 포로생활에 관한 기록, 현재의 사진

⑨〈최척전〉 주요 도시에서의 서사를 디테일하게 스토리텔링하기

– 호이안에서의 부부 상봉: 17세기 국제무역항 호이안 묘사, 17세기 전반의 일본 나가사키 항과 주인선(朱印船)에 대한 정보 제공, 말라카 해협을 중심으로 한 인도네시아 · 말레이시아 등 동아시아 상인들의 활동 재현, 호이안 항구에서 최척 부부의 극적인 상봉장면 묘사, 동남아 뱃사람들의 축하 장면 등
– 최척의 항주 시절: 18년 간 차 상인으로 활동했던 최척의 생애 스토리텔링, 항주 용정차 문화, 항해와 운하, 항주 서호와 용금문의 경관
– 최척의 사르후 전투 참전: 항주에서 북경으로, 북경에서 허투알라로. 명군의 전투 묘사, 후금의 군주 누르하치의 활약, 조선, 명나라 군의 포로생활 묘사

⑩전란과 평화에 대한 서술, 오늘날 전란과 난민에 대한 서술 부가

이 책은 기존의 연구성과를 바탕으로 집필할 것인데, 어느 정도의 자료는 축적된 상태이다. 개인 연구자와 작가가 결합하여 집필할 수도 있고, 남원시의 지원을 받고 집필할 수도 있다. 아직까지 〈최척전〉을 아는 남원 시민들은 많지 않다고 하는데, 남원 시민 및 성인 독자들은 이 책을 통해 남원이 최척의 터전이자 안식처임을 알게 될 것이다. 이 출판작업을 바탕으로, Web GIS 작업을 통해 〈최척전〉의 문학공간을 웹 공간에 재현하고, 〈최척전〉의 서사를 스토리텔링하여 디지털 콘텐츠를 만들 수 있기를 기대한다.

〈최척전〉 올레길 개발

〈최척전〉 올레길은 ‘조위한의 남원 거주지인 주포방부터, 최척의

생가로 그려진 만복사 동쪽, 남원성, 지리산 연곡사에 이르기까지 〈최척전〉에 등장하는 남원 일대의 길과 장소를 걸으며 소설에 그려진 사랑, 고통, 재회와 평화의 감회를 느낄 수 있도록 기획한 문학기행 코스이다. 올레길 개발과 걷기를 통해 〈최척전〉 문학공간이 기억되고, 최척 · 옥영의 아름다운 가족애와 평화의 정신이 현대인들의 마음에 환기될 수 있을 것이다.

○ 상품제목: '〈최척전〉 사랑과 평화 올레길' (가제)

○ 기획의도

①이 상품은 〈최척전〉이나 『〈최척전〉 문학지도 · 사전』을 읽은 독자들이 소설에 등장하는 남원 일대의 길과 장소를 산책할 수 있도록 기획한 문학기행 코스이다.

②〈최척전〉 문학기행을 〈춘향전〉 테마파크 및 남원 일대의 관광과 연계해 배치한다.

○ 상품내용

①이 상품에 필요한 최소 내용은 지도, 산책로, 길 안내표지, 장소에 대한 입간판 등이다.

②관광객들이 지도를 보고 〈최척전〉의 장소, 일대를 걸을 수 있도록 길을 정비한다.

③〈최척전〉 관련 장소에 각각의 표지판을 제작해 세워 장소의 스토리텔링 작업을 한다.

④올레길 코스 개발

– '조위한의 남원 거주지인 주포방(현 주생면 제천리) ⇒ 최척의 집인 만복사의 동쪽 ⇒ 옥영의 집인 남원성 남쪽 ⇒ 남원성 전투의 현장 남원성 ⇒ 최척이 말을 씻기다가 명 장수 여유문을 만났던 금교 ⇒ 최척 일가가 지리산 연곡사로 피란 갔을 이동로' 등을 포함해 올레길 코스를 개발한다.

⑤'〈최척전〉 올레길'에 관한 스토리텔링 및 올레길 지도를 남원

문화원 홈페이지에 올려 서비스한다.

⑥올레길 안내표지 정비

⑦섬진강의 포로길, 옥영과 아들 부부가 귀국하였던 순천 해창포에 관한 정보도 연계해서 제공한다.

⑧남원의 숙박시설과 음식점, 문화 프로그램을 개발 · 연계하여 남원 관광을 활성화한다.

남원은 문화와 역사가 있는 도시다. 남원은 춘향의 도시라 할 만큼 〈춘향전〉이 대표적 문화 브랜드이고, 광한루와 춘향테마파크로 알려진 곳이다. 남원의 도심은 관광산업이 주 수입원이 되는 곳인데, 대부분의 사람들이 당일치기 여행으로 다녀가는 곳으로 인식하고 있어 관광산업이 위축되어 있다. 이러한 문제를 해결하기 위해선 사람들이 남원에서 하룻밤 묵으면서 문화를 감상할 수 있도록 투어 상품을 개발하는 것이 중요하다.

이러한 문제의식을 공유하며 한 방안으로 내놓을 수 있는 것이 〈최척전〉 테마 올레길 걷기 콘텐츠 개발이다. 이 콘텐츠의 핵심 개념은 〈최척전〉의 스토리와 캐릭터, 역사 · 문화 요소, 가족애와 평화라는 주제의식을 〈최척전〉의 관련 장소에 시각적으로 재현하여, 걸으면서 체감할 수 있게 하는 것이다. 남원을 방문한 청소년 및 성인 관광객이 올레길을 천천히 걸으며 최척의 사랑과 망명자 귀환 스토리를 가슴으로 느낄 수 있도록 한다. 〈최척전〉 올레길은 남원 지자체와 협의해 개발할 콘텐츠다. 출판 콘텐츠에 이어, 올레길 걷기 콘텐츠를 통해 최척과 남원 문화에 대한 인문학적 가치를 음미하는 사람들이 증가한다면, 문화도시로서의 남원의 위상도 올라갈 것이고, 관광수입도 증가할 것으로 예상한다.

'남원선비 최척의 평화박물관' 건립

'남원선비 최척의 평화박물관'은 남원선비 최척의 테마 박물관이다. 출판 콘텐츠와 올레길 콘텐츠가 성과를 거두면 사람들이 한곳에 모여 최척의 스토리를 보고 듣고, 즐길 수 있도록 공간을 구성할 필요가 있다. 박물관의 주제는 '평화'이다. 공간 구성방안 및 전시 콘텐츠를 소개하면 다음과 같다.

○ 프로젝트 명: '남원선비 최척의 평화박물관' 건립
○ 기획의도
①남원시청, 남원시문화원 등이 주체가 되어 〈최척전〉 출판 콘텐츠를 바탕으로 '남원선비 최척'과 '평화'를 테마로 한 전시관 건립을 추진한다. 이 박물관은 '조위한 문학기념관'의 성격도 지닌다.
②이 박물관은 관람객들이 〈최척전〉의 스토리와 장소를 한 곳에서 돌아볼 수 있도록 구성하면서, '평화'에 관련된 다양한 특별전시 및 체험학습 프로그램을 준비하여 〈최척전〉의 의미를 확산시킨다.
③이 테마박물관을 남원의 명소로 만들어 남원을 〈춘향전〉과 함께 〈최척전〉의 도시로 기억되도록 한다.
○ 박물관 위치는 소설에서 최척의 생가로 그려진 남원시 왕정동 '만복사지' 근처가 가장 적절할 것이다. 이는 〈금오신화〉의 배경 공간으로도 그려진 만복사지의 장소성을 활용하기 위한 의도에서 선정한 것이다. 2차 후보지는 남원문화원, 남원시립도서관이 위치한 남원시 하정동이다.

○ 테마 박물관의 공간 구성 및 전시 콘텐츠

①『〈최척전〉 문학지도 · 사전』 출판물의 내용을 바탕으로 전시공간 및 전시내용을 준비한다.

②작가 조위한에 관한 전시공간

- 조위한의 생애, 가족, 남원 거주시절
- 조위한의 문학활동, 전쟁 중 가족을 잃은 고통, 평화에 대한 열망을 스토리텔링

③서사별 공간 구성

- 최척과 옥영의 사랑: 남원 일대(남원부–지리산–섬진강–순천)
- 정유재란과 포로길, 망명길: 일본 나가사키의 풍경, 명나라 소흥, 항주의 풍경 재현
- 최척 부부의 재회: 무역선의 해상루트, 베트남 호이안에 모인 각국 무역선과 사람들 풍경
- 최척 부부의 항주 정착생활: 항주 서호(西湖), 용금문(湧金門), 시장, 항주와 북경을 이어주는 경항 운하 재현, 차 상인 최척의 생활, 항주 용정차, 중국의 무역선 재현
- 최척의 사르후 전투 참전(1618년) 및 포로생활, 조선귀환: 허투알라성의 누르하치 묘사, 조명 연합군의 대패 및 항복 장면, 포로생활 및 탈출 장면 스토리텔링
- 이동경로: 삼남대로, 의주대로, 조운선 운항로, 중국의 경항운하, 해로사행로 등

③각 공간의 전시 콘텐츠

- 서사내용의 스토리텔링
- 최척이 만난 사람들의 전형적 특징 서술
- 서사공간의 문학지도
- 서사공간의 주요 경관을 사진과 동영상으로 서비스
- 주요 서사를 애니메이션으로 제작해 디지털 매체에서 서비스

④특별전시관 또는 체험학습관의 공간 구성: 내용 미정

- '평화', 또는 '아시아의 연대'를 주제로 한 특별전시, 또는

청소년 체험학습관 구성

남원선비 최척의 사랑과 망명자 귀환 서사를 그린 〈최척전〉은 남원의 자랑거리임에 틀림없다. 이 서사문학을 콘텐츠로 삼아 테마박물관을 개관 · 전시한다면 남원을 찾는 학생들, 관광객들에게 큰 즐거움과 함께 문학 · 지리 · 역사가 어우러진 교양 지식을 제공할 수 있을 것이다.

〈최척전〉의 드라마 제작

〈최척전〉은 고소설 중 서사 전개와 공간 전환이 가장 드라마틱한 작품 중 하나로 꼽힌다. 다만, 〈최척전〉은 몇몇 주요 장면 중심으로 구성되어 있고 긴 시간과 넓은 공간에 대한 묘사가 불충분하므로, 포로 · 망명 · 중국정착생활 등 소략한 부분을 디테일하게 묘사하는 것이 드라마 시나리오 작성의 핵심 작업이 될 것이다. 아래에 드라마 제작의 컨셉과 시놉시스를 제시한다.

드라마 기획안

○ 제목: '최척'
○ 기획의도

전란의 시기, 평범한 남녀가 전란에 휩싸여 외국으로 포로로 끌려가고, 망명도 하면서 고통을 겪지만 서로에 대한 사랑과 믿음을 바탕으로 온갖 어려움을 이겨내는 사랑, 가족애, 평화의 드라마를 제작한다. 17세기 전반 동아시아의 역사와 민중들의 삶을 디테일하게 묘사하는 가운데, 고전소설 〈최척전〉의 사랑 이야기를 현대적으로 재해석한다.

○ 형식: 미니시리즈, 70분 16부작.

○ 시간: 1592년부터 1630년경까지

○ 장소: 조선 남원 일대를 주요 무대로 하여, 일본 나가사키시, 중국 절강성 소흥, 항주시, 길림성 허투알라, 베트남 호이안 시 등지를 배경으로 한다.

○ 주요 인물

①조위한: 조선의 양반. 임진왜란 때 모친과 아내, 아이를 잃고 실의에 빠져 남원에 내려와 살던 중, 1620년경 자신을 찾아온 최척을 만나 그의 이야기를 듣고 소설을 짓는다.

②최척: 남원 출신의 선비. 옥영과 결혼하지만 가족을 잃고 중국으로 망명하며, 긴 중국 생활을 마치고 귀환한다.

③옥영: 서울 출신의 사족. 임진왜란 때 남원에 내려와 살다가 최척과 결혼하고, 일본에 포로로 끌려갔다가 베트남, 중국을 거쳐 귀환한다.

④몽석: 최척과 옥영 사이의 첫째 아들. 1597년 부모와 헤어졌다가 1619년 후금 포로감옥에서 부친 최척을 만나 조선으로 귀환한다.

⑤돈우: 임진왜란 때 군인으로 조선에 출전하였다가 포로로 잡혀온 옥영을 노예로 삼았지만, 친절하게 대해준다.

⑥여유문: 명나라 군사. 절강성 소흥 조선에 명의 원병으로 출전하였다가 남원에서 최척을 만나 자신의 고향까지 데려가 중국 정착을 돕지만, 병으로 일찍 죽는다.

⑦주우: 항주성 출신의 사족. 소흥을 떠나 유랑하는 최척을 권해 무역선에 타게 하여 같이 상업을 한다.

⑧몽선: 최척과 옥영이 항주에 정착하여 낳은 둘째 아들.

⑨홍도: 몽선의 아내. 부친이 임진왜란 중 조선에 출병하였다가

도망병이 되어 부친의 생사를 모르고 있던 중, 몽선과 결혼해 뒤에 시모와 남편과 함께 조선으로 간다.

○ 시놉시스

①조위한의 회상 장면: 17세기 전반, 남원 주포에 살던 조위한이라는 노인 양반이 자신이 쓴 〈최척전〉이라는 소설책을 펴며, 임진왜란 중 부모와 아내를 잃었던 자신의 과거사를 떠올리고, 다시 남원 선비 최척과 처음 만나 이야기를 주고받던 시간을 회상한다.

②최척의 이야기 장면: 1620년 경, 중국에서 귀환한 최척이 조위한을 찾아와 자신이 중국에 살다가 돌아온 이야기를 시작한다.

③최척과 옥영의 사랑과 결혼: 1592년 임진왜란 발발 무렵, 남원의 서생 최척이 정상사의 집으로 글공부를 하러 다니다가 옥영과 사랑에 빠지고, 위기를 겪었다가 결혼하기까지의 과정을 극적으로 그린다.

④가족의 이산: 최척 부부가 아들을 낳고 행복하게 살던 중, 1597년 정유재란이 일어나면서 남원성이 함락되고, 옥영이 포로가 되어 일본으로 끌려가고, 최척은 명나라로 망명하여 절강성 소흥에 정착하는 과정을 그린다.

⑤옥영의 일본 생활과 최척의 중국 생활: 원작에 이 장면은 매우 소략하게 서술되었는데, 당시 일본, 중국, 베트남 등지의 국제정세를 참고해 피로인 옥영 및 망명자 최척의 삶을 구체적으로 스토리텔링한다. 옥영은 부산항을 거쳐 일본 나가사키 노예시장으로 끌려갔다가 돈우 집으로 오고, 뒤에 돈우의 무역선을 탄다. 최척은 아내가 죽은 줄 알고 명나라로 망명하였다가, 뒤에 항주 사람 주우의 도움을 받아 상선을 타고 차 상인 일을 한다.

⑥호이안에서의 부부 재회: 옥영이 일본 무역선을 타고 베트남

의 국제무역항인 호이안 항구에 정박한다. 중국 남부와 베트남에 차를 팔러 다니던 최척도 호이안 항구에 정박하였다가 아내 옥영과 극적으로 재회한다. 돈우가 옥영을 놓아주고, 항구에 정박한 동남아시아 상선의 상인들, 중국 친구의 도움으로 부부가 항주로 와 정착한다. 이 부분을 디테일하게 재구성한다.

⑦옥영 부부의 항주 정착: 1600년, 최척과 옥영은 항주로 돌아와 용금문 지역에 정착하고, 둘째 아이를 낳고 산다. 항주에서 가장 번화한 서호 및 용금문 지역에서 사람들과 어울리며 행복하게 사는 모습을 그린다.

⑧차 상인 최척: 원작에는 1600~1618년까지의 시간 동안 최척 부부의 행적이 거의 빈 공간처럼 남아 있다. 이 시기 최척은 차 상인으로서의 활동을 주로 하였을 것이다. 최척이 용정차를 수매하여 외지로 차를 팔러 다니며 돈을 벌고, 항주인들과 어울리며 내면이 풍요로워지며, 둘째 아들이 장성하고 아내를 맞이하기까지의 내용을 디테일하게 그려낸다.

⑨최척의 사르후 전투 출전과 가족 이별: 1618년 후금의 누르하치가 군사를 일으키자 최척은 명나라 군인이 되어 사르후 지역으로 출전하며 가족들과 이별하는 장면을 명 · 청 교체기의 전사(戰史) 속에서 그려낸다.

⑩최척의 후금 포로생활 및 조선 귀환: 최척은 허투알라 전투에서 패배하여 후금군 포로가 된다. 후금군의 감옥에서 조선에 두고온 아들과 극적으로 해후, 감옥을 탈출해 조선으로 돌아오는 모습을 재현한다.

⑪옥영 모자의 조선 귀환: 항주에 있던 옥영과 그녀의 아들 부부는 조선으로 돌아가기로 하고 배를 준비하여 1620년 항주를 출발, 우여곡절을 겪고 순천으로 돌아와 남원으로 돌아와 온 가족이 재회한다.

⑫노년의 조위한이 자신과 최척이 겪은 전쟁의 아픔과 가족의

소중함을 회상하며, 청나라, 일본, 베트남, 조선 사람이 서로 돕고 이해하며 평화롭게 살아야 함을 이야기한다.

원작에는 ⑤~⑪부분이 매우 소략하다. 이 부분은 거의 새롭게 집필한다는 기분으로 배경공간, 시대환경, 스토리, 인물의 성격 등에 구체성을 부여하며 시나리오를 작성해야 한다.

시나리오 세부 집필 시 참고사항

①임진왜란, 정유재란 때 일본군의 동향, 명군의 동향, 조선군의 동향을 조사하여 변사정의 의병전투, 남원성 전투, 남원사람들이 일본으로 포로로 잡혀가는 모습, 최척의 명군에게 보호받는 장면 등을 생동감 있게 재현한다. 드라마의 초반 부분을 생동감 있게 재현하기 위해서는 이러한 역사적 사건과 장소에 대한 자료조사와 해석이 중요하다.

②임진왜란 실기류를 참조하여 옥영의 일본 체류 생활 초기를 디테일하게 묘사한다. 나가사키의 노예시장, 국제무역항으로서의 나가사키를 묘사한다.

③베트남 관련 실기인 〈조완벽전〉, 제주도에서 중국 절강성 영파까지 표류하다가 중국을 거쳐 귀환한 내용을 기록한 최부의 『표해록』 등 실기를 참조하여 무역신을 타고 다니는 장면, 최척과 옥영이 베트남 항구에서 재회한 부분을 재현한다.

④절강성 항주는 최척과 옥영이 18년 동안 살며 성장한 곳이지만, 소설에는 주인공의 항주 시절이 아주 간략하게 표현되어 있다. 항주의 서호, 용금문 근처, 시장, 운하, 용정차 문화 등을 조사하여 두 사람의 삶의 스토리를 디테일하게 채워 넣는다.

⑤중국 허투알라 일대에서 벌어진 사르후 전투와 심하전투에 대해 조사하여 조명 연합군과 후금군의 전투 장면, 최척의 포로

생활 등을 재현한다.

⑥17세기 중반의 해로사행록에 그려진 해로이동 경로를 참조하여 옥영과 몽선 부부가 항주에서 조선으로 돌아오는 과정을 재현한다.

⑦작가 조위한의 생애, 임진왜란 중 가족을 잃은 슬픔과 한에 대해 조사하고, 전란의 한 가운데에서 방황했던 그의 삶과 지향점을 이해한다.

소설 〈최척전〉에서 1597년 이전 남원을 배경으로 한 전반부 이후의 서사에는 빈 구석이 매우 많다. 시나리오 작업은 이 빈 구석을 스토리텔링의 방식으로 디테일하게 채워 넣는 것이 핵심이다. 제2의 창작이라 할 수 있는 이 작업은 〈최척전〉의 스토리 라인을 유지하면서도 당대의 역사적 사건, 동아시아 각국의 생활상을 조사하여 구체화하고, 인물의 감정선과 장면의 미장센을 살리는 작업이 필요하다.

맺음말

나는 조선후기 역사소설에 그려진 문학공간을 분석하고, 현장을 찾아보다가 문학지리학이라는 학문의 개념과 범주를 생각하게 되었다. 2010년 즈음 학술대회가 있어 중국 산동성 등주를 방문하면서 여말선초 및 조선 중기에 해로사행을 왔던 사신들이 등주에서 임무를 수행하던 곳을 찾아보게 되었고, 그 유명한 봉래각에도 올라보았다. 2015년경 등주항과 등주고성 거리를 찾아보며 역사소설 〈김영철전〉의 주인공 김영철이 등주에 정착해 살다가 1631년 정두원의 사행선에 잠입해 귀국했다는 서사를 실감하였다. 2011년 겨울, 〈김영철전〉의 제재가 되었던 심하전투가 벌어졌던 요녕성 본계시 환인현의 부찰벌판, 홍당석 마을, 포로로 끌려가던 가합령 고개를 찾아보았을 때는 1619년 3월 14, 15일 역사의 현장을 보는 듯하여 몸에 소름이 돋았다. 이를 계기로 후금의 누르하치, 청 태종, 금주전투, 영원성전투에 대해 조사하며 〈김영철전〉의 서사를 좀 더 분석해보았다.

〈최척전〉의 주인공이 살던 남원성 만복사지 동쪽의 마을과 하천, 다리, 피난처인 지리산 연곡사 계곡을 찾아보면서 1597년 정유재란을 배경으로 하여 최척과 옥영의 사랑과 행복, 전란으로 인한 이별의 고통을 느낄 수 있었고, 나가사키로 끌려가던 조선인 포로들의 모습을 떠올려보았다. 중국 절강성 항주를 방문해 시장과 서호, 용금문 일대를 답사하면서 최척과 옥영 부부가 1600년경부터 정말 이곳에서 18년간 살았을까, 하는 생각을 했다. 코로나19 바이러스 팬데믹이 막 시작되던 2020년 1월 27일 베트남 호이안의 옛 포구를 수소문해 찾아갔을 때,

이곳이 최척과 옥영이 극적으로 재회했던 곳이겠지, 하며 감회에 젖었다. 작가 조위한이 정말 이곳을 두 사람의 재회 장소로 설정했을까, 하는 생각에 17세기 동아시아, 동남아시아 무역관계에 대해 찾아보고 공부하게 되었다.

이런 생각들이 고소설 전공자인 나로 하여금 바다, 전란, 상인, 이주, 유랑, 무역선, 항해, 표류, 베트남 등의 키워드를 찾아보도록 이끈 게 아닌가 한다. 이렇게 탐구한 내용을 바탕으로 이 책의 2부~5부까지 고전문학을 텍스트로 한 문학지리학적 분석과 해석 작업을 하였다. 김은숙, 김태준 선생님을 비롯해 심승희, 장은미 선생님 등의 논문과 책은 문학지리학의 개념과 분석방법을 좀 더 체계적으로 공부하고, 문학작품의 공간 분석에 적용하는 바탕이 되었다. 이승수 선생님의 답사와 논문, 감회, 신춘호, 문상명 선생님의 사진과 지도를 통한 표현은 나에게 지속적으로 문학지리적 영감을 불어 넣어주었다. 이러한 선행 연구 업적과 선생님들이 있어 부족하나마 1부에서 문학지리학의 관점과 연구방법론, 문학지리학 연구의 쟁점과 전망에 대해 집필할 수 있었다.

책의 머리말을 쓰고, 본문의 최종 교정을 마치며 이 맺음말을 쓴다. 맺음말은 생각하지 않았던 것인데, 감회가 있어 몇 문단을 채우며 이 책을 마무리하려 한다. 어쩌면 10여 년간 공부하고 집필한 내용의 키워드는 '조선후기 전란서사를 통해 보는 공간인식과 세계인식' 정도가 아닌가 한다. 17세기를 전후해 조선과 동아시아에는 1592년 임진왜란을 시작하여 1619년부터 이어지는 심하전투, 영원성전투, 정묘호란, 심하전투, 1636년의 병자호란, 1640년대의 개주전투, 금주전루, 명나라의 멸망, 1650년대에 두 차례에 걸친 조 · 청 연합군의 흑룡강원정,

1664년의 남명정권의 멸망에 이르기까지 70년이 넘는 기간 동안 전란이 휘몰아쳤다. 조선과 동아시아에 휘몰아친 연속된 전란이 문학의 내용에 변화를 주었고, 이로 인해 문학공간이 확장되고 변화된 세계인식이 작품에 투영된 것이 아닌가 한다.

〈최척전〉, 〈김영철전〉, 〈조완벽전〉, 『표해록』, 〈임진록〉, 〈강로전〉, 〈임경업전〉, 『책중일록』, 『북정록』, 〈배시황전〉 등 17세기 전란 소재 소설 및 실기문학에는 남쪽으로는 일본, 베트남, 동남아시아가, 북쪽으로는 후금지역의 심양, 요동 등의 현 요녕성, 길림성 지역과, 북경에 이르는 사행로, 흑룡강까지의 수로와 러시아와 몽골, 그리고 호남성, 산동성 등주와 절강성 소흥과 항주의 남방 중국까지 확장된 공간이 문학공간으로 들어왔다. 그 공간은 전란서사와 얽히며 새로운 세계인식의 양상을 보여주었다. 막연하게 그려진 동남아시아 국가와 바다, 항해, 모호하게 그려진 일본에 대한 인식, 명 · 청 교체기에 후금 · 청 · 명에 대한 실체적 인식, 러시아와 몽골 등 북방세력에 대한 인식, 북방영토 및 산하에 대한 인식 등은 변화하는 세계상을 보여준다.

17세기 전란 소재 소설과 실기문학에는 실체적으로 다가오는 북방세계에 대한 인식과 묘사가 불쑥불쑥 튀어나오는 것이 흥미롭다. 남방 중국, 일본과 류큐, 베트남, 무역과 바다, 항해 등의 남방세계에 대한 인식과 묘사는 모호한 편이지만 힌트 같은 단서가 간혹 나타난다. 18,19세기에 지어진 표류기록에는 중국, 류큐, 일본을 비롯해, 베트남, 필리핀 견문이 발견되기도 한다. 정약전의 〈표해시말〉은 19세기 초 홍어장수 문순득 일행의 류큐 및 필리핀 표착과 귀환 이야기, 필리핀의 도시 및 생활문화 이야기, 1801년 제주도에 표착했다 힘겹게 귀국한

필리핀 표류인 이야기를 전해준다.

1653년 6월 18일, 네덜란드 동인도회사의 상선 '스뻬르베르 호'가 자카르타를 출발한다. 중간 기착지는 대만, 최종 목적지는 일본 나가사키 데지마 섬의 네덜란드 상관. 그런데 대만을 떠난 후 7월 말부터 폭풍에 휘말린 배는 표류하기 시작해, 그해 8월 16일 제주도에 난파된다. 선원 64명 중 36명만 생존했다. 이들은 바로 하멜 일행이다. 효종은 조선에 표착한 네덜란드인들을 내보내려 하지 않았고, 이들은 전라도 영암 병영으로 보내져 허드렛일을 하며 연명한다. 이들은 두 차례 탈출을 시도했지만 실패했고, 1666년 9월 4일 하멜과 일행 8명은 배를 마련해 세 번째 탈출을 감행해 마침내 성공한다. 하멜 일행은 1666년 9월 14일 드디어 일본 나가사키 데지마 섬의 네덜란드 상관에 도착한다. 그리고 1년 뒤 마침내 네덜란드 본국으로 돌아간 하멜은 13년간 밀린 월급을 받아내기 위해 그간의 일을 꼼꼼하게 기록한 보고서를 작성한다. 이것이 윤색되어 『하멜 표류기』로 출간되고 베스트셀러가 되어 네덜란드 동인도회사는 밀린 월급을 지급한다.

『하멜 표류기』(유동익 역, 2020)를 보면서 1653년 조선 제주도에 표착한 네덜란드 상선의 선원들에게는 13년간의 조선 생활이 참으로 끔찍했겠다는 생각을 한다. 『하멜 표류기』는 외부세계에 폐쇄적이었던 조선 왕조의 실상을 보여준다. 『하멜 표류기』는 네덜란드 동인도회사의 존재와 자카르타, 말라카해협, 향료무역, 일본 나가사키, 대만 등으로 이어지는 유럽제국의 동아시아 진출양상과 조선의 폐쇄성을 대비해 보여준다.

조선은 사행, 전란과 포로생활, 표류와 이주 등이 계기가 되어 외부 세계와 접촉했고, 그러한 경험과 견문이 사행록, 실기문학, 표류기 등으로 기록되거나 소설에서 허구적 양상으로 서사화되었다. 그에 따라 실제 경험한 일과 지리공간을 바탕으로 한 전란서사, 이산-귀환서사, 포로서사가 나타나고, 문학공간도 북쪽으로는 현 중국의 요양, 심양, 영고탑을 비롯한 동북3성(길림성, 요녕성, 흑룡강성), 몽골, 러시아 등으로, 남쪽으로는 산동성, 절강성, 호남성 등의 남방 중국, 그리고 일본, 류큐, 베트남, 동남아 바다까지 확대되었다. 이렇게 문학공간의 경계는 동아시아 국가를 포함하고 동남아시아까지 확장되었으나, 장소와 경관에 대한 묘사 및 노정의 기술은 대개 구체적이지 않고 모호하였고, 때로는 상상된 공간에 가깝게 묘사되었다.

그 문학공간에서 주인공들은 정착하지 못하고 고난을 겪거나 유랑을 한다. 이때 명나라 장수 및 일반 백성들, 후금(청)의 군주 및 장수, 일반백성들, 일본인들, 베트남 사람, 동남아 선원 등 외국인들에 대한 새로운 인식이 나타나기도 한다. 〈조완벽전〉, 〈최척전〉, 〈김영철전〉, 『북정록』, 〈배시황전〉, 『북정일기』, 『표해록』, 〈표해시말〉 등의 경우, 주인공들은 굳은 의지와 절박한 마음, 기적 같은 행운과 타국인들의 호의와 도움에 힘입어 고국으로 귀환하는 양상을 보인다. 이것이 조선후기 전쟁소설, 역사소설, 실기문학이 보여주는 공간인식 및 세계인식의 한 단면이다.

2021년 12월 20일

권 혁 래

출 처

*각 장의 원문출처는 다음과 같다.

제1부

1, 2장: 권혁래, 「문학지리학 연구의 정체성과 연구방법론 고찰」, 『우리문학연구』 51, 우리문학회, 2016; 권혁래, 「국문학계와 지리학계의 문학지리학 연구동향과 전망」, 『인문학연구』 47, 경희대 인문학연구원, 2021.

제2부

1장: 권혁래, 「문학지리학의 관점에서 본 등주(登州)」, 『국어국문학』 154, 국어국문학회, 2010.

2장: 권혁래, 「고전문학에 그려진 개성상인 형상 연구」, 『열상고전연구』 64, 열상고전연구회, 2018.

3장: 권혁래, 「도생(圖生)의 북방공간, 1871년 북간도 풍경—〈영고탑북정지(寧古塔北征誌)〉를 중심으로—」, 『고전과해석』 19, 고전문학한문학연구학회, 2015.

4장: 권혁래, 「『조선환여승람』「영암군편」의 인물 스토리텔링」, 허경진 · 권혁래 외, 『조선환여승람과 왕인박사』, 왕인박사현창협회, 2019.

제3부

1장: 권혁래, 「〈조완벽전〉과 〈최척전〉에 그려진 민간인 포로 형상과 해양체험」, 『한문고전연구』 38-1, 한국한문고전학회, 2019.

2장: 권혁래, 「『북정록』과 나선정벌 노정 연구」, 『열상고전연구』 37, 열상고전연구회, 2013.

3장: 권혁래, 「흑룡강원정서사에 나타난 이역인식」, 『국어국문학』 187, 국어국문학회, 2019.

4장: 권혁래, 「조선후기 전란 제재 소설에 그려진 북부지방의 표상」, 『고전문학연구』 52, 한국고전문학회, 2017.

제4부

1장: 권혁래 · 신춘호 · 김재웅 · 이석현, 「심하전투서사의 문학지리학적 고찰 –문학지도와 경관, 서사 중심으로–」, 『우리문학연구』 51, 우리문학회, 2015.

2장: 권혁래, 「〈김영철전〉의 등주 시절 스토리텔링」, 『온지논총』 43, 온지학회, 2015.

3장: 권혁래, 「심하전투서사 『김영철전』의 전란과 인생사 서술방식」, 『서강인문논총』 50, 서강대 인문과학연구소, 2017.

4장: 김재웅 · 권혁래, 「〈최척전〉 국내공간의 문학지리학적 연구」, 『온지논총』 42, 온지학회, 2015.

5장, 권혁래, 「〈최척전〉 소흥 · 항주 공간의 문학지리와 스토리텔링」, 『고소설연구』 39, 한국고소설학회, 2015.

제5부

1장: 권혁래 · 김사현, 「나선정벌서사의 시각화 콘텐츠 제작방안 모색」, 『열상고전연구』 50, 열상고전연구회, 2016.

2장: 권혁래, 「남원 선비 최척의 '망명자 귀환 서사'를 활용한 콘텐츠 개발 연구」, 『우리어문연구』 62, 우리어문학회, 2018.

참고문헌

1. 1차 문헌 및 번역서

『광해군일기』
『구림(鳩林)』, 사단법인 향토문화진흥원, 1992.
『국역본 조선환여승람 영암군편』, 영암문화원, 2007.
〈김영철전〉(박재연본, 홍세태본, 조원경본)
『남원지』
『대동야승』
『동국여지승람』
『맹자』
『변례집요(邊例集要)』 上 · 下(한국사료총서 제16집)
『북정일기』, 『통상공실기전(統相公實紀全)』
『소호당집(韶濩堂集)』 권9; 『김택영전집』 2, 아세아문화사, 1978.
『순조실록』
『승정원일기』
『신증동국여지승람』
『영조실록』
『인조실록』
『정조실록』
〈최척전〉(규장각본, 천리대본)
『태종실록』
『통문관지』
경섬, 〈해사록〉 하, 국역 『해행총재』 II 권, 한국고전번역원, 1974.

경판본 〈임진록〉, 소재영 · 장경남 역주, 『한국고전문학전집』 4권, 고려대 민족문화연구원, 1993.

고려대 민족문화연구원 만주학센터 만주실록역주회 역, 『만주실록 역주』, 소명출판, 2014.

고선웅 극본 연출, 〈변강쇠 점찍고 옹녀〉, 국립창극단 공연, 2014-2017.

고용후, 〈정등주군문장(呈登州軍門狀)〉, 『정사집(晴沙集)』

권근, 〈봉사록(奉使錄)〉, 『양촌집(陽村集)』 권6.

권칙, 〈강로전〉, 신해진 역, 『권칙과 한문소설』, 보고사, 2008.

김기현 역주, 〈명월부인전〉, 〈임장군전〉, 『한국고전문학전집』 15, 고려대 민족문화연구원, 1995.

김시습 저, 이지하 역, 『금오신화』, 민음사, 2008.

김원행 저, 강여진 역, 『미호집』 4, 보고사, 2013.

김택영, 『중편한대숭양기구전(重編韓代崧陽耆舊傳)』; 한국학문헌연구소 편, 『김택영전집』 5, 아세아문화사, 1978.

최부 저, 박원호 역주, 『최부 표해록』, 고려대 출판부, 2006.

신류 저, 박태근 역주, 『국역 북정일기』, 한국학중앙연구원, 1980.

박희병 표점 · 교석, 『한국한문소설 교합구해』, 소명출판, 2005.

〈배시황전〉

사마천 저 김원중 역, 『사기열전』, 민음사, 2007.

서대석 편저, 『조선조문헌설화집요』 1 · 2권, 집문당, 1992,

신기석 역저, 『북정일기』, 탐구당, 1980.

신류 저, 계승범 역, 『북정록』, 서해문집, 2018.

신해진 역, 〈강로전〉, 『권칙과 한문소설』, 보고사, 2008.

〈영고탑북정지(寧古塔北征誌)〉, 규장각.

영암문화원 편, 『영암의 전설집』, 영암문화원, 2002.

이규경, 〈북정일록(北征日錄)〉, 『오주연문장전산고(五洲衍文長箋散稿)』 권60, 〈나선변증설(羅禪辨證說)〉

이규보, 『동국이상국전집』

이덕형, 〈송도기이(松都奇異)〉, 『대동야승』 제71권; 『대동야승』 17권, 한국고전번역원, 1971.

이민성, 『경정집(敬亭集)』; 영인표점 한국문집총간 76, 한국고전번역원, 1991.

이민홍 역, 『유득공의 이십일도회고시』, 국학자료원, 2008, 147－148쪽.
이민환, 〈건주문견록(建州聞見錄)〉.
이상구 역주, 『17세기 애정전기소설』, 월인, 1999.
이선, 「임장군전」, 『임장군전』, 『지봉선생집』 권13.
이수광, 〈안남사신창화문답록(安南使臣唱和問答錄)〉, 『지봉선생집』 권8.
______, 〈조완벽전(趙完璧傳)〉, 『지봉선생집』 권23.
이우성 · 임형택 공역, 『이조한문단편집』 하권, 일조각, 1978.
이익, 〈차한일기(車漢日記)〉, 『성호사설유선(星湖僿說類選)』 권9下.
이정섭 연출, 〈쾌도 홍길동〉 24부작, KBS, 2008.
이중환, 『택리지』, 이익성 옮김, 을유문화사, 2004.
임석재, 『한국구전설화』 '경기도편'(임석재전집5), 평민사, 1989.
장덕순, 최진원 교주, 〈신미록〉, 『홍길동전 외』, 교문사, 1978.
정몽주, 『포은집』
정사신, 〈조완벽전(趙完璧傳)〉, 『매창선생집(梅窓先生集)』 권4.
조수삼 지음, 안대회 옮김, 『추재기이』, 한겨레출판, 2010.
차용주 역, 『양원유집 · 해학유서 · 명미당집 · 소호당집 · 심재집』(한국고전문학전집 9), 고려대 민족문화연구원, 1993.
〈차한일기〉, 임형택 역, 『한문서사의 영토1』, 태학사, 2012.
채수 외 저, 전관수 역, 『조선사람들의 개성여행』, 지만지, 2008.
최웅 주해, 『주해 청구야담』 Ⅰ, 국학자료원, 1996.
〈치암최옹묘갈명(癡庵崔翁墓碣銘)〉, 『연암집』 권2; 박지원 저, 신호열 · 김명호 역, 『연암집』 상편, 돌베개, 2007.
헨드릭 하멜 지음, 유동익 옮김, 『하멜 표류기』, 더 스토리, 2020.
홍만종 저, 이민수 역, 『순오지』, 을유문화사, 1971.
________, 정순범 역, 〈조천항해록〉, 『국역 연행록선집』 Ⅱ, 민족문화추진회, 1976.
동북아 역사넷(http://contents.nahf.or.kr), 정사외국전 DB.
『향토문화전자대전』, 한국학중앙연구원. grandculture.net.

2. 연구논문 및 저서

간복균, 「문학공간 연구를 위한 현장 답사의 방법과 실제–문학공간 동두천을 중심으로–」, 『우리문학연구』 21, 우리문학회, 2007.

강민희, 「문학공간의 상징성 연구–토포스(topos)로서의 편의점을 중심으로」, 『동아인문학』 48, 동아인문학회, 2019.

______, 「문학공간의 스토리텔링 방안 연구–권정생을 중심으로–」, 『한민족어문학』 71, 한민족어문학회, 2015.

강정구 · 김종회, 「문학지리학으로 읽어본 신경림 문학 속의 농촌–1950–70년대 작품을 중심으로」, 『한국문학이론과 비평』 16–3, 한국문학이론과비평학회, 2012.

계승범, 「나선정벌과 신유의 『북정록』, 『군사사연구총서』5, 군사편찬연구소, 2008.

______, 「러시아 자료로 본 1650년대 흑룡강원정(나선정벌)」, 『열상고전연구』 65, 열상고전연구회, 2018.

고동환, 「조선시대 개성과 개성상인」, 『역사비평』 54, 역사비평사, 2001, 209–220쪽.

고영란, 「18세기 에도 시대 소설에 보이는 상인의 치부와 그 의식–치부 주체의 이동을 중심으로」, 『중국소설논총』 46, 한국중국소설학회, 2015.

______, 「에도(江戸) 중기 경제인식과 상인소설 소고 –에지마 기세키(江島其磧)의 작품을 중심으로–」, 『일본근대학연구』 46, 한국일본근대학회, 2014.

고혜선, 「고려 '쌍화'와 '삼사(samsa)'의 관련성 연구」, 『동양학』 55, 단국대 동양학연구원, 2014, 119–140쪽.

구동회 · 심승희 역, 이푸 투안, 『공간과 장소』, 대윤, 개정판:2007.

국사편찬위원회 편, 『한국사』 제20권, 국사편찬위원회, 1994.

권순긍, 「중원지역의 문학지리와 그 의미–달천, 청풍 지역을 중심으로, 『고전문학연구』 33, 한국고전문학회, 2008.

______, 『제천의 문학과 문학지리학』, 박이정, 2020.

권혁래, 「〈김영철전〉과 해로사행의 수용양상」, 『우리어문연구』 31, 우리어문학회, 2008.

______, 「〈김영철전〉의 작가와 작가의식」, 『고소설연구』 22, 한국고소설학회, 2006.
______, 「나선정벌기의 허구화 과정에서 『북정일기』의 소설적 성취」, 『고소설연구』 37, 한국고소설학회, 2014.
______, 「나손본 〈김철전〉의 사실성과 여성적 시각의 면모」, 『고전문학연구』 15, 한국고전문학회, 1999,
______, 「남원 선비 최척의 '망명자 귀환 서사'를 활용한 콘텐츠 개발 연구」, 『우리어문연구』 62, 우리어문학회, 2018.
______, 「〈배시황전〉 연구」, 『고소설연구』 3, 한국고소설학회, 1997.
______, 「〈신미록〉의 문학적 상상력과 역사의식」, 『동양고전연구』 7, 동양고전학회, 1996.
______, 「조선후기 역사소설 연구」, 연세대 박사논문, 1999.
______, 『조선후기 역사소설의 탐구』, 월인, 2001.
______, 「〈조완벽전〉의 텍스트와 문학적 의미 연구」, 『어문학』 100, 한국어문학회, 2008.
______, 「〈최척전〉에 그려진 '유랑'의 의미」, 『국어국문학』 150, 국어국문학회, 2008.
______, 「〈최척전〉의 문학지리학적 고찰과 소설교육」, 『새국어교육』 81, 한국국어교육학회, 2009.
______ · 김사현, 「나선정벌 서사의 시각화 콘텐츠 제작 방안 모색」, 『열상고전연구』 50, 열상고전연구회, 2006.
______ · 신춘호 · 김재웅 · 이석현, 「심하전투서사의 문학지리학적 고찰–문학지도와 경관, 서사 중심으로–」, 『우리문학연구』 51, 우리어문학회, 2015.
권혁명, 「서울의 문화유적과 콘텐츠화 방안–성북구 낙산지역을 중심으로–」, 『한문학논집』 51, 근역한문학회, 2018.
규장각한국학연구원, 『조선 사람의 세계여행』, 글항아리, 2011.
김경회, 「최순성(崔舜星)의 행적에 나타난 협객(俠客) 면모 고찰」, 『겨레어문학』 69, 겨레어문학회, 2019.
김기동, 「배시황전에 대한 일고찰」, 『어문학』 8, 1962.
김남석, 「일제강점기 개성 지역 문화의 거점 "개성좌(開城座)" 연구 –1912년 창립부터 1945년까지–」, 『영남학』 26, 경북대 영남문화연구원,

2014.
김동석, 「18세기 청나라로 간 조선 상인들의 활동」, 『동방한문학』 73, 동방한문학회, 2017.
김동철, 「17세기 조선 · 청 · 러시아의 관계와 '나선정벌' : 나선정벌의 성격과 의의를 중심으로」, 중앙대 석사논문, 2002.
김명석, 「문학공간으로서의 블로그와 인터넷 시대의 소설 읽기-박범신의 〈촐라체〉와 황석영의 〈개밥바라기별〉을 중심으로-」, 『어문론집』 40, 중앙어문학회, 2009.
김미영, 「박완서 소설의 치유 공간 연구」, 『한국언어문학』 91집, 한국언어문학회, 2014.
김민숙, 「백석 시에 나타난 장소성 연구」, 『비평문학』 46, 한국비평문학회, 2012.
김수복, 「문학공간답사를 활용한 문학교육방안 시안」, 『한국언어문화』 26, 한국언어문화학회, 2004.
______, 「문학공간의 데이터베이스 실용화방안 연구」, 『한국언어문화』 29, 한국언어문화학회, 2006.
______, 「신동엽 문학공간의 에듀테인먼트 활용 연구」, 『한국언어문화』 44, 한국언어문화학회, 2011.
김수연, 「〈취유부벽정기〉의 경계성에 대하여」, 『한국고전연구』 19, 한국고전연구학회, 2009.
______, 「18-19세기 한국 소설에 나타난 여성의 상업 활동과 여성 유상(儒商)」, 『중국소설논총』 46, 한국중국소설학회, 2015.
______, 「남악 형산, 유불도 인문지리의 공간경계역」, 『고전문학연구』 45, 한국고전문학회, 2014.
김양선, 「1930년대 소설과 식민지 무의식의 한 양상-김유정 소설에 나타난 향토의 발견과 섹슈얼리티를 중심으로」, 『한국근대문학연구』 10, 한국근대문학회, 2004.
김우진, 「숙종대 몽고 · 러시아에 대한 지식 · 정보 분석-청과 몽고 · 러시아 간의 교전 정보를 중심으로」, 『인문학연구』 37, 경희대 인문학연구원, 2018.
김원, 「구로공단이라는 장소의 소멸-90년대 구로공단의 '재영토화'를 중심으로」, 『한국학논집』 59, 한국학연구원, 2015.

김은희, 「송순 시가의 장소성에 대한 일고찰-자연시를 중심으로-」, 『한민족어문학』 63, 한민족어문학회, 2013.
김장동, 「배시황전」, 『조선조소설의 작품론고』, 형설출판사, 1986.
김재웅, 「나선정벌의 영웅 신유 장군 기념관 건립과 전시 콘텐츠 개발방안」, 『열상고전연구』 47, 열상고전연구회, 2015.
______, 「신류 장군의 나선정벌 업적을 활용한 선양사업의 방안」, 『열상고전연구』 68, 2019.
______ · 권혁래, 「〈최척전〉 국내공간의 문학지리학적 연구」, 『온지논총』 42, 온지학회, 2015.
김종철, 「〈춘향전〉과 지리(地理)-문학교육과 지리교육의 공동 영역의 탐색」, 『고전문학과 교육』 35, 한국고전문학교육학회, 2017.
김진영, 「인간주의 지리학 관점에서 장소성 프로세스를 적용한 문학지리학 연구: 소설 〈토지〉 속 평사리의 장소성을 중심으로」, 서울대 석사학위 논문, 2011.
______ · 신정엽, 「문학지리학 연구의 정체성과 공간 논의에 대한 재고찰」, 『지리교육논집』 54, 2010.
______, 『문화콘텐츠와 멀티유즈 전략』, 민속원, 2015.
김창원, 「근대 개성의 지리적 배치와 개성상인의 탄생」, 『국제어문』 64, 국제어문학회, 2015, 33-53쪽.
김창호, 「소설 『태백산맥』 문학공간의 공간 분류에 따른 콘텐츠화 연구」, 『현대문학이론연구』 37, 현대문학이론학회, 2009.
김춘식, 「식민지 도시 '경성'과 '모던 서울'의 표상-유리, 강철, 대리석, 지폐, 잉크가 끓는 도시」, 『한국문학연구』 38, 한국문학연구소, 2010.
김태준 편저, 『문학지리 · 한국인의 심상공간』(국내편, 국외편), 논형, 2005.
김태준, 「정유년 포로 조완벽과 기리시탄」, 『임진란과 조선문화의 동점』, 한국연구원, 1977.
______, 『한국의 여행문학』, 이화여대 출판부, 2006.
김현, 「디지털 인문학- 인문학과 문화콘텐츠의 상생 구도에 관한 구상」, 『인문콘텐츠』 29, 2013.
김현양, 「〈최척전〉, '희망'과 '연대'의 서사 -'불교적 요소'와 '인간애'의 의미층위에 대한 주제적 해석」, 『열상고전연구』 24, 열상고전연구회, 2006.

김현화, 「〈최척전〉의 노정 공간 연구」, 『어문연구』 70, 어문연구학회, 2011.
남궁정 · 김경훤, 「문학공간 답사를 통한 한국어 학습자의 문화교육 방안 연구」, 『문화와 융합』 41-2, 한국문화융합학회, 2019.
남미혜, 「17세기 피로인 조완벽의 안남 체험」, 『한국학논총』 45, 국민대 한국학연구소, 2016.
______, 「정유재란기 피로인 조완벽의 가계와 삶」, 『이화사학연구』 50, 이화여대 이화사학연구소, 2015.
남윤섭, 「문학공간의 장소성을 활용한 관광콘텐츠 개발에 관한 탐색적 연구-제주지역 '바람타는 섬'을 중심으로-」, 『한국사진지리학회지』 29-3, 한국사진지리학회, 2019.
노창선, 「신경림 문학공간 연구」, 『한국문예창작』 6-2, 한국문예창작학회, 2007.
도진순, 「왕인 현창의 양면: 민족주의와 식민주의, 연계와 변주」, 『역사학보』 226, 역사학회, 2015.
동국대 한국문학연구소, 『근대 한국의 문학지리학』, 동국대 출판부, 2011.
류승국, 「백제박사 왕인 내동(渡東)에 관한 문헌적 고증과 그 의의」, 『학술원 논문집: 인문 · 사회과학편』 50-1, 2011.
마이크 크랭 글, 이무용 옮김, 「여행/관광」, 데이비드 앳킨슨 등 편저, 이명민 · 진중헌 등 옮김, 『현대문화지리학』, 논형, 2011.
문상명, 「고지도에 나타난 백두산 및 백두산 동북부 하천」, 성신여대 지리학과 박사논문, 2012.
______, 「나선정벌 신류 장군의 『북정록(北征錄)』에 담긴 허저주(赫哲族)의 삶과 문화-헤이룽장성 자무쓰시 아오치춘(佳木斯市 敖其村) 허저주를 중심으로-」, 『열상고전연구』 65, 열상고전연구회, 2018.
______ · 권혁래, 「고지도와 문학 텍스트에 그려진 닝구타(寧古塔)의 경관과 인식」, 『열상고전연구』 47, 열상고전연구회, 2015.
문안식, 「왕인의 도왜(渡倭)와 상대포의 해양교류사적 위상」, 『한국고대사연구』 31, 한국고대사학회, 2003.
문영진, 「지역성과 문학 교육-공간 및 장소의 재현 방식을 중심으로」, 『문학교육학』 45, 한국문학교육학회, 2014.
민덕기, 「임진왜란 중의 납치된 조선인 문제」, 한일관계사연구논집 편찬위원회 편, 『임진왜란과 한일관계』, 경인문화사, 2005.

민영대, 「〈최척전〉 연구」, 경남대 박사논문, 1991.
______, 『조위한의 삶과 문학』, 아세아문화사, 1993; 국학자료원, 2000.
박경남, 「조선후기 야담에 나타난 상인의 범주와 상인 형상의 변모 과정」, 『민족문화연구』 68, 민족문화연구원, 2015.
박광순, 「왕인박사의 도일시기와 경로」, 박광순 · 임영진 · 정성일 편저, 『왕인박사연구』, 주류성, 2013.
박덕규, 「문학공간의 명소화(名所化)와 문화산업화 문제」, 『한국문예창작』 8-2, 한국문예창작학회, 2009.
______, 「문학공간의 문학관 조성과 문화산업화 전략 – 이문구와 김주영의 문학을 중심으로」, 『한국문예창작』 5-2, 2006.
______ · 이은주, 「분단 접경지역 문학공간의 의미–철원 배경의 소설을 중심으로」, 『우리문학연구』 43, 우리문학회, 2014.
박선영, 「김구용 시에 나타난 근대 공간성 연구–시집 『시(詩)』를 중심으로–」, 『아시아문화연구』 29, 아시아문화연구소, 2013.
박승규, 「개념에 담겨 있는 지리학의 사고방식」, 전종한 외, 『인문지리학의 시선』(개정2판), 사회평론, 2012.
박영민, 「미래사회의 청소년 인성역량 개발을 위한 융 · 복합교육의 가능성 탐색: 문학공간 체험을 중심으로」, 『교육발전』 39-2, 사범대학 부설 교육연구소, 2019.
박용찬, 「1950년대 대구의 문학공간 형성과 출판매체」, 『국어교육연구』 51, 국어교육학회, 2012.
______, 「고령문학의 공간과 장소성」, 「영남학」 45, 퇴계연구소, 2009.
박원길, 『조선과 몽골–최덕중 · 박지원 · 서호수의 여행기에 나타난 몽골 인식』, 소나무, 2010.
박일용, 「〈취유부벽정기〉의 형상화 방식과 그 의미: 〈등목취유취경원기〉, 〈감호야범기〉와의 대비를 중심으로」, 『고소설연구』 14, 한국고소설학회, 2002.
박일우, 「문학텍스트의 공간구현을 통한 도시브랜드구축에 관한 연구–조정래의 소설 『태백산맥』의 서사 공간을 중심으로」, 『한국문예창작』 16-3, 한국문예창작학회, 2017.
박종우, 「16세기 누정의 공간적 특성과 누정제영의 문학사적 의미–호남지역 누정제영을 중심으로–」, 『우리어문연구』 32, 우리어문학회,

2008.
박준형, 「문학공간의 교육적 활용 방안 연구」, 『문화와 융합』 42-12, 한국문화융합학회, 2020.
박진숙, 「식민지 근대의 심상지리와 『문장』파 기행문학의 조선 표상」, 『민족문학사연구』 31, 민족문학사연구소, 2006.
박현규, 「17세기 전반기 대명(對明) 해로사행에 관한 행차 분석」, 『한국실학연구』 21, 한국실학학회, 2011.
박형준, 「한국소설에 재현된 '장항'의 장소성 연구」, 『한국민족문화』 76, 한국민족문화연구소, 2020.
박혜민, 「조선후기 이역인식 연구」, 연세대 박사논문, 2018.
박희병, 「〈최척전〉-16 · 17세기 동아시아의 전란과 가족이산」, 『한국고전소설작품론』 집문당, 1990.
______, 「17세기 동아시아의 전란과 민중적 삶」, 김학성 · 최원식 외, 『한국근대문학사의 쟁점』, 창작과비평사, 1990.
______, 「17세기 초의 숭명배호론과 부정적 소설 주인공의 등장」, 간행위편, 『한국고전소설과 서사문학』 상편, 집문당, 1998.
반윤홍, 「비변사의 나선정벌 주획에 대하여-효종조 영고탑 파병절목을 중심으로-」, 『한국사학보』11, 고려사학회, 2001.
백양, 『백양 중국사』, 역사의 아침, 2014.
변주승 역주, 『여지도서 전라도 보유』 1권, 흐름, 2009.
변찬복, 「〈소설가 구보씨의 일일〉 문학공간의 관광콘텐츠화에 관한 연구」, 『호텔경영학연구』 25-5, 한국호텔외식관광경영학회, 2016.
______, 「박태원 문학공간의 미학적 해석」, 『글로벌문화콘텐츠』 20, 글로벌문화콘텐츠학회, 2015.
______ · 박종호, 「문학공간의 장소성 분석에 근거한 관광콘텐츠화 방안 : 〈탁류〉를 대상으로」, 『관광연구』 31-3, 대한관광경영학회, 2016.
서기재, 「일제강점기 미디어를 통해 본 여행지로서 '평양'과 '평양인'」, 『통일인문학』 66, 건국대 인문학연구원, 2018.
성아사, 「홍경래난을 소재로 한 상업출판물 연구: 방각본 〈신미록〉을 중심으로」, 연세대 석사논문, 2011.
손정연, 『무송(撫松) 현준호』, 전남매일신문사, 1977.
송성욱, 「고전소설과 TV 드라마-TV드라마의 한국적 아이콘 창출을 위한

시론」, 『국어국문학』 137, 국어국문학회, 2004.

송지언, 「고전시가를 통한 장소 경험과 지역문학교육－호남지역 원림문학을 중심으로－」, 『문학교육학』 45, 한국문학교육학회, 2014.

송하준, 「『북정록』의 소설화 과정과 그 성취」, 『고소설연구』 12, 한국고소설학회, 2001.

______, 「새로 발견된 한문필사본 〈김영철전〉의 자료적 가치」, 『고소설연구』 35, 한국고소설학회, 2013.

______, 「홍경래란의 기억과 문학적 형상화」, 『서강인문논총』 50, 서강대 인문과학연구소, 2017.

水谷隆之, 「일본 근세소설 속의 상인상의 형성과 전개－사이카쿠(西鶴)와 그 이후의 우키요조시(浮世草子)를 중심으로－」, 『민족문화연구』 68, 민족문화연구원, 2015.

스나구찌 다이스케, 「확인되지 않은 과거에 대한 현대인들의 기억 만들기: 한일 양국의 왕인현창 사례를 중심으로」, 연세대학교 석사논문, 2008.

신선희, 「고전 서사문학과 게임 시나리오」, 『고소설연구』 17, 한국고소설학회, 2004.

신성환, 「편혜영 소설에 나타난 장소상실과 그 의미－집, 일터, 길의 공간구조 및 인문지리학적 인식을 중심으로」, 『어문론총』 55, 한국문학언어학회, 2011.

신원선, 「〈춘향전〉의 문화콘텐츠화 연구－2000년 이후 영상화 양상을 중심으로」, 『석당논총』 52, 석당학술원, 2012.

신춘호, 「'17C 역사소설 공간' 전자문화지도 구축 방안 시고」, 『글로벌문화콘텐츠』 20, 글로벌 문화콘텐츠학회, 2015.

______, 「연행노정 공간의 역사문화콘텐츠 활용 방안 일고－〈스토리테마파크〉의 스토리를 활용한 "병자호란 역사관광콘텐츠" 기획을 중심으로－」, 『한문고전연구』 31, 한국한문고전학회, 2015.

신태수, 「〈최척전〉에 나타난 공간의 형상」, 『한민족어문학』 51, 한민족어문학회, 2007.

______, 「외국공간에 대한 16세기 조선 문인의 심상지리와 작품화－권필의 〈주생전〉에 형상화된 중국 남방을 중심으로－」, 『고소설연구』 31, 한국고소설학회, 2011.

신희경, 「고전소설 공간 답사를 위한 제언」, 『돈암어문학』 33, 돈암어문학회, 2018.
심경호, 「관서 · 관북 지역의 문학적 형상화와 문학 활동-조선시대를 중심으로」, 『한국고전연구』 24, 한국고전연구회, 2011.
심상용, 『간도 비극의 땅, 잊혀진 영토』, 아우누리, 2013.
심승희, 「문화관광의 대중화를 통해서 본 공간의 사회적 구성」, 서울대 박사학위논문, 2000.
______, 「지리학과 지리교육이 문학에 접근하는 방식」, 『문학교육학』 37, 한국문학교육학회, 2012.
안숭범 · 최혜실, 「문학관 유형에 따른 공간 스토리텔링 활용 연구-'노작 홍사용문학관'을 중심으로」, 『석당논총』 51, 동아대 석당학술원, 2011.
양민정, 「디지털콘텐츠 개발을 위한 고전소설의 활용 방안 시론-〈숙영낭자전〉을 중심으로」, 『외국문학연구』 19, 한국외국어대학교 외국문화연구소, 2005.
양승민, 「〈최척전〉의 창작동인과 소통과정」, 『고소설연구』 9, 한국고소설학회, 2000.
______ · 박재연, 「원작 계열 〈김영철전〉의 발견과 그 자료적 가치」, 『고소설연구』 18, 한국고소설학회, 2004.
양정필, 「1930년대 개성지역 신진 엘리트 연구 : 『고려시보』 동인의 사회문화운동을 중심으로」, 『역사와 현실』 63, 한국역사연구회, 2007.
______, 「개성상인과 일본 오미[近江] 상인의 비교 연구-그 기원과 정치권력과의 관계를 중심으로-」, 『역사와 실학』 69, 역사실학회, 2019.
______, 「개성상인과 중국 산서(山西)상인 비교 연구」, 『탐라문화』 62, 제주대 탐라문화연구원, 2019.
엄경흠, 「정몽주와 권근의 사행시에 표현된 국제관계」, 조규익 외 편, 『연행록 연구총서』 7권, 학고방, 2006.
엄경희, 「헤테로토피아와 알레고리적 장소의 시학적 연관성에 대한 소론-김명인의 시집 『東豆川』의 경우」, 『국어국문학』 193, 국어국문학회, 2020.
엄태식, 「〈김영철전〉의 서사적 특징과 서술 시각」, 『한국고전연구』 24, 한국고전연구학회, 2011.
에드워드 렐프 저, 김덕현 · 김현주 · 심승희 역, 『장소와 장소상실』, 논형,

2005.
『연변조선족자치주개황』 집필소조, 『중국의 우리민족』, 한울, 1988.
『영암왕인유적의 현황』, 왕인문화연구소 · 전라남도 영암군, 1986.
오성, 「개성상인들은 어떻게 일제에 저항하였나?」, 한철호 외 저, 『대한제국기 지방 사람들』, 어진이, 2006.
오태호, 「하동 출생 시인의 시 세계에 나타난 심상지리적 특성 비교 고찰」, 『한국문학이론과 비평』 16-3, 한국문학이론과비평학회, 2012.
우미영, 『근대조선의 여행자들』, 역사비평사, 2018.
유승주, 「조선후기 서간도이주민에 대한 일고찰」, 『아세아연구』 21-1, 고려대 아세아문제연구소, 1978.
유인선, 『베트남의 역사』, 이산, 2002.
유인혁, 「한국 근대문학의 용산-식민지시기 조선인의 용산 경험과 탈식민적 심상지리의 구축」, 『구보학보』 21, 구보학회, 2019.
육락현, 『간도는 왜 우리 땅인가?』, 백산자료원, 2013.
육민수, 「〈목동문답가〉 창작시기 및 이본의 실현 양상」, 『반교어문』 26집, 반교어문학회, 2009.
윤재근, 「조선시대 저항적 인물전승 연구」, 고려대 박사논문, 1989.
윤주필, 「한국 한문학에서 본 중국 강남의 문학지리학」, 『한국한문학연구』 49, 한국한문학회, 2012,
이강엽, 「〈구운몽〉의 문학지리학적 해석: 응축과 확산」, 『어문학』 94, 한국어문학회, 2006.
이경선, 「배시황전 연구」, 『한양대논문집』1, 1964.
이경숙 · 권기창, 「문학관광 활성화를 위한 이육사문학관 공간콘텐츠 기획」, 『한국문화공간건축학회논문집』 72, 한국문화공간건축학회, 2020.
____________, 「장소성 강화를 위한 무섬별리문학관 공간스토리텔링 방안 연구」, 『지역과문화』 6-1, 한국지역문화학회, 2019.
이근영, 「공간생산론을 활용한 문학교육 방법 연구」, 『새국어교육』 126, 한국국어교육학회, 2021.
______, 「옛이야기 감상에서 장소감의 활용과 교육 방법」, 『한국초등교육』 32-1, 초등교육연구원, 2021.
이기대, 「한문소설에 나타난 남원의 문화적 특질과 콘텐츠화 방안-〈만복사저포기〉, 〈홍도전〉, 〈최척전〉을 중심으로」, 『남도문화연구』 30, 순천대 남도문화연구소, 2016.
이대형, 「『금오신화』의 서사방식 연구」, 연세대 대학원 박사논문, 2001.
이동월, 「'계월향 이야기'와 '죽음'의 변주」, 『한국고전여성문학연구』 16, 한국고전여성문학회, 2008.
이동진, 「1872년 '江北'의 조선인 사회:『강북일기』에 나타나는 민족, 국가, 지역」(『동북아역사논총』 8, 동북아역사재단, 2005.
이명현, 「문화콘텐츠 스토리텔링 소재로서 고전서사의 가치」, 『우리문학연구』 25, 우리문학회, 2008.
______, 「문화콘텐츠시대 고전소설 연구 경향과 방향」, 『어문론집』 57, 중앙어문학회, 2014.
이무용 역, 마이크 크랭, 「여행/관광」, 이명민 · 진중헌 외 역, 데이비드 앳킨슨 외 편, 『현대문화지리학』, 논형, 2011.
이복규, 『우리고소설연구』, 역락, 2004.
이소영, 「1990년대 문학과 망각된 정동–1991년 5월 유서대필 조작사건과 김영현의 소설을 중심으로」, 『민족문학사연구』 74, 민족문학사연구소, 2020.
이수현, 「〈메밀꽃 필 무렵〉의 스토리텔링 양상 연구–HDTV 문학관과 서사만화를 중심으로」, 『현대문학의 연구』 35, 한국문학연구학회, 2008.
이승수, 「〈김영철전〉의 갈래와 독법–홍세태의 작품을 중심으로」, 『정신문화연구』 30–2, 2007.
______, 「1658년 나선정벌 관련 기록의 서사지리」, 『고전문학연구』 45, 한국고전문학회, 2014.
______, 「1790년 열하 사행의 "이도정–열하" 구간에 대한 인문지리학적 탐색」, 『고전문학연구』 40, 한국고전문학회, 2011.
______, 「고려말 대명 사행의 요동반도 경로 고찰」, 『한문학보』 20집, 우리한문학회, 2009.
______, 「심하전역과 『김장군전』」, 『한국문학연구』 26, 동국대 한국문학연구소, 2003.
______, 「심하전역의 현장답사 연구」, 『한국학논집』 41, 한양대 한국학연구소, 2007.
______, 「한국문학의 공간탐색1 평양–김시습의 〈취유부벽정기〉와 이태준의 〈패강랭〉을 중심으로」, 『한국학논집』 33, 한양대 한국학연구소,

1999.
______ · 김일환 · 신춘호 · 임문성, 「1619년 심하전역의 미결지리 고증」, 『어문연구』 47-4, 한국어문교육연구회, 2019.
이승윤, 「문학관/문학공간의 활성화 방안과 콘텐츠 기획의 사례 연구—박경리의 〈토지〉를 중심으로」, 『대중서사연구』 24-4, 대중서사학회, 2018.
이원석, 「연행록의 내용 분석과 각색 방안의 연구」, 동국대 문화학술원 편, 『문화콘텐츠와 퍼블릭 도메인 스토리』, 동국대 출판부, 2010.
이원영, 「구비문학을 활용한 지역문화콘텐츠 개발과 현대적 전승 양상」, 『한국고전연구』 43, 한국고전연구학회, 2018.
이윤석, 『남원고사 원전비평』, 보고사, 2009.
이은숙, 「1930년대 북간도 지역에 대한 조선이민의 공간 이미지-이민소설을 중심으로」, 『대한지리학회지』 34-4, 대한지리학회, 1999.
______, 「문학공간의 인식체계와 특성」, 『현대문학이론연구』 36, 현대문학이론학회, 2009.
______, 「문학지리학 서설-문학과 지리학과의 만남」, 『문화역사지리』 4, 한국문화역사지리학회, 1992.
______, 「이민공간에 대한 재미한인의 지각-한인이민문학을 중심으로: 이민공간에 대한 재미한인의 지각」, 『문화역사지리』 18-3, 한국문화역사지리학회, 2006.
______, 「지리학 탐구대상으로서의 문학작품과 지리학 연구수단으로서의 문학작품」, 『문화역사지리』 22-3, 한국문화역사지리학회, 2010.
______, 「해방 전 재미한인 이민문학에 나타난 고향의식과 그 지리적 의미」, 『문화역사지리』 16-1, 한국문화역사지리학회, 2004.
______ · 김일림 · 장은미, 「소비를 통해 본 서울 도시민의 생활양식: 1950년대 이후 도시소설을 중심으로」, 『문화역사지리』 21-1, 한국문화역사지리학회, 2009.
______ · 김일림 · 정희선, 「종로 문학공간의 데이터베이스 구축방안」, 『문화역사지리』 19-2, 한국문화역사지리학회, 2007.
______ · 김일림 · 정희선 · 장은미 · 김희순, 「유비쿼터스 GIS와 도시소설의 만남」, 『대한지리학회 학술대회논문집』, 2007.
______ · 김희순 · 정희선, 「도시소설 속에 나타난 도시민의 여가공간 변화:

1950년 이후 수도권 배경의 도시소설을 중심으로」, 『한국도시지리학회지』 11-3, 한국도시지리학회, 2008.
______ · 정희선 · 김희순, 「1950년 이후 도시소설에 투영된 수도권의 도시화에 의한 공간변화」, 『국토지리학회지』 42-4, 국토지리학회, 2008.
______ · 정희선 · 장은미, 「문학공간을 활용한 장소마케팅 방안: 종로지역을 사례로」, 『국토지리학회지』 41-1, 국토지리학회, 2007.
______ · 장은미, 「한국 문학공간의 특성과 Web GIS 구축자료에 관한 기초연구」, 『문화역사지리』 13-1, 한국문화역사지리학회, 2001.
이을호, 「왕인문화의 역사적 배경」, 박광순 · 임영진 · 정성일 편저, 『왕인박사연구』, 주류성, 2013.
이종묵, 「기묘사림과 충주의 문화 공간」, 『고전문학연구』 33, 한국고전문학회, 2008.
이지하, 「대하소설의 문화콘텐츠화에 대한 전망」, 『어문학』 103, 한국어문학회, 2009.
이채연, 『임진왜란 포로실기 연구』, 박이정, 1995.
이푸 투안 저, 구동회 · 심승희 역, 『공간과 장소』, 대윤, 개정판:2007.
이훈, 「17세기 중엽 청-러시아의 충돌과 흑룡강 유역의 부족민」, 『열상고전연구』 65, 2018.
이희연, 『지리학사』, 법문사, 1991.
임기중, 「수로 연행록과 등주」, 『연행록 연구』(증보판), 일지사, 2006.
______, 「수로연행록과 수로연행도」, 『한국어문학연구』 43집, 한국어문학연구회, 2004.
______, 『연행록 연구』(증보판), 일지사, 2006.
임봉식, 『개성지』, 개성지편찬소, 1934; 경인문화사 영인, 『개성지』, 1989.
임외석, 「한 · 중 · 일 주요 상인조직의 경영철학에 대한 비교연구」, 『유라시아연구』 11-3, 아시아 · 유럽미래학회, 2014.
임철호, 「〈흑룡일기〉 연구(3)-개별 이야기 단락의 의미와 변이」, 『한국언어문학』 59, 한국언어문학회, 2006.
______, 「계월향 이야기의 변이와 의미」, 『무악어문학』 1, 전주대 국어국문학회, 1986.
임형택 역, 『한문서사의 영토1』, 태학사, 2012.
임형택, 「한문단편 형성과정에서의 강담사」, 『창작과 비평』 제13권 3호, 창비, 1978.
임화순 · 김구 · 남윤섭, 「문학공간을 활용한 스토리텔링 콘텐츠 개발 연구-소설 「지상에 숟가락 하나」를 중심으로-」, 『탐라문화』 40, 탐라문화연구원, 2012.
장노현, 「〈만인보〉 문학공간의 전략적 포지셔닝과 공간 스토리텔링」, 『한국언어문화』 57, 한국언어문화학회, 2015.
______, 「〈소나기〉와 문학활용 테마파크-전략과 테마기획을 중심으로」, 『국제어문』 41, 국제어문학회, 2007.
장동익, 『고려시대 대외관계사 종합연표』, 동북아역사재단, 2009.
장석주, 『장소의 탄생』, 작가정신, 2006.
장은미 · 박용재, 「정보통신기술은 문학 연구에 약이 되는가? 독이 되는가?」, 『한국문학연구』 55, 동국대 한국문학연구소, 2017.
______ · 이은숙, 「대중교통확장과 문학공간의 외연확대」, 『대한지리학회 학술대회논문집』, 대한지리학회, 2008.
장진숙, 『야담 서사변개의 사회문학적 맥락과 의미』, 인하대학교 박사학위논문, 2013.
장한식, 『오랑캐 홍타이지 천하를 얻다』, 산수야, 2015.
전영주, 「한국 근대시와 시적 표상공간으로서의 '서도' 로컬리티-1920년대 시형식의 변화와 시적 발화를 중심으로」, 『동악어문학』 62, 동악어문학회, 2014.
정광훈, 「당대(唐代) 소설 속 시장과 상인-이질 세계와의 접촉과 그 매개 주체-」, 『중국학연구』 87, 중국학연구회, 2019.
______, 「돈황 변문 속 상인 형상과 그 문학적 작용」, 『중국소설논총』 46, 한국중국소설학회, 2015.
______, 「인식의 이중성—唐代 소설 속 상인을 보는 시선들」, 『중국소설논총』 58, 한국중국소설학회, 2019.
정두희 · 이경순, 「16세기 최대 전쟁, 임진왜란」, 정두희 · 이경순 엮음, 『임진왜란 동아시아 삼국전쟁』, 휴머니스트, 2007.
정선희, 「문화콘텐츠 원천소재로서의 고전서사문학: 『삼국유사』와 한문소설 활용을 중심으로」, 『우리말글』 60, 우리말글학회, 2014.
정연수, 「모빌리티와 트랜스로컬리티로 살핀 강원영동문학의 공간 재해석」, 『한중인문학연구』 69, 한중인문학회, 2020.

정종현, 「일본제국기 개성의 지역성과 (탈)식민의 문화기획」, 『동방학지』 151집, 연세대 국학연구원, 2010, 279-329쪽.
정지영, 「'논개와 계월향'의 죽음을 다시 기억하기」, 『한국여성학』 23-3, 한국여성학회, 2007.
정창권, 「고전 스토리텔러의 세계와 미래」, 『국어문학』 58, 국어문학회, 2015.
______, 「대하소설 〈완월회맹연〉을 활용한 문화콘텐츠 개발」, 『어문논집』 59, 민족어문학회, 2009.
정출헌, 『고전소설사의 구도와 시각』, 소명출판, 1998.
정한기, 『여행문학의 표현과 창작배경』, 월인, 2010.
정혜경, 「고전서사를 활용한 콘텐츠 동향과 기획」, 『우리문학연구』 57, 우리문학회, 2018.
정환국, 「16-7세기 동아시아 전란과 애정전기」, 『민족문학사연구』 15, 민족문학사학회, 1999.
______, 「허생고사와 북벌인식의 추이-자료 〈선유동기〉를 통해서」, 『한국어문학연구』 47, 한국어문학연구학회, 2006.
조동일, 『지방문학사 연구의 방향과 과제』, 서울대 출판부, 2004.
조명숙, 「1930년대 모더니즘 시의 장소성 연구: 정지용, 김기림, 김광균을 중심으로」, 아주대 박사논문, 2015.
조성경, 「이효석 소설의 문학공간과 활용방안」, 『인문과학연구』 30, 인문과학연구소, 2017.
조재현, 『고전소설의 환상세계』, 월인, 2009.
______ · 송정남, 『베트남 들여다 보기』(수정판), 한국외국어대학교 출판부, 2005.
조철기, 「지리교육에서의 도덕적 전환-도덕적 개념, 기능, 가치/덕목-」, 『대한지리학회지』 48-1, 대한지리학회, 2013.
조혜란, 「고전소설과 문화콘텐츠」, 『어문연구』 50, 어문연구학회, 2006.
______, 「다매체 환경 속에서의 고소설 연구 전략」, 『고소설연구』 17, 한국고소설학회, 2004.
지상현 · 콜린 플린트, 「지정학의 재발견과 비판적 재구성: 비판지정학」, 『공간과 사회』 31, 한국공간환경학회, 2009.
진재교, 「월경(越境)과 서사-동아시아의 서사 체험과 '이웃'의 기억-「최척전」 독법의 한 사례 –」, 『한국한문학연구』 46, 한국한문학회, 2010.
최기숙, 「17세기 고소설에 나타난 여성 인물의 유랑과 축출, 그리고 귀환의 서사」, 『고전문학연구』 38, 한국고전문학회, 2010.
최명환, 「충청북도 마을신앙 현황과 당신화 전승 가능성」, 『고전문학연구』 33, 한국고전문학회, 2008.
최몽룡, 「월출산지구의 문화유적」, 『영암왕인유적의 현황』, 왕인문화연구소 · 전라남도 영암군, 1986.
최병두, 「새로운 지역지리학과 세계화시대 지역발전」, 『한국지역지리학회지』 8–2, 한국지역지리학회, 2002.
최병욱, 「16–17세기 호이안과 베트남의 대외무역」, 양승윤 · 최영수 · 이희수 외, 『바다의 실크로드』, 청아출판사, 2003.
______, 「17세기 제주도민들이 본 호이 안과 그 주변」, 『베트남 연구』 2, 한국베트남학회, 2001.
______, 「전통시대 베트남 여성의 교역활동」, 『동양사학연구』 96, 동양사학회, 2006.
최수웅, 『문학의 공간, 공간의 스토리텔링』, 한국학술정보, 2006.
최영희, 「백제 왕인박사에 대한 문헌고찰」, 『문화사학』 5, 한국문화사학회, 1996.
최원오, 「17세기 서사문학에 나타난 월경(越境)의 양상과 초국적 공간의 출현」, 『고전문학연구』 36, 한국고전문학회, 2009.
최태화, 「19세기 일본 근세소설 속에 등장하는 실존 상인들의 묘사–KBS드라마 “프로듀사”와의 비교를 중심으로」, 『중국소설논총』 46, 한국중국소설학회, 2015.
탁원정, 「17세기 가정소설의 공간 연구–〈사씨남정기〉, 〈창선감의록〉을 대상으로–」, 이화여대 박사논문, 2005.
______, 「고소설 속 관서–관북 지역의 형상화와 그 의미」, 『조선후기 고전소설의 공간 미학』, 보고사, 2013.
______, 「조선후기 고소설에 나타난 상인 형상과 그 의미–〈보은기우록〉을 중심으로」, 『한국고전연구』 30, 한국고전연구학회, 2014.
하우봉, 「조선시대 왕인에 대한 인식의 전개와 그 의미」, 『전북사학』 47, 전북사학회, 2015.
한석수, 「중원지역 전통문화의 문학지리학적 고찰; 화양동의 문학–우암 송시열과 그 제자들의 한시를 중심으로-」. 『고전문학연구』 33, 한국고전문학회, 2008.
한혜경, 「명대 의화본 소설에 나타난 상인들의 풍모와 이국정취: 〈轉運漢巧遇洞庭紅, 波斯胡指破龜龍殼〉을 중심으로」, 『중국소설논총』 27, 한국중국소설학회, 2008.
함복희, 「야담의 문화콘텐츠화 방안 연구」, 『우리문학연구』 22, 우리문학회, 2007.
함은선, 「사회문화적 측면에서 본 화본소실 중의 상인형상」, 『중국소설논총』 25, 한국중국소설학회, 2007.
허경진, 「수로조천록과 통신사행록의 바다 체험 비교」, 『한국한문학연구』 43, 한국한문학회, 2009.
______, 「중국조선족문학 최초의 작품과 그 창작 배경에 대하여」, 『한문학보』 18, 우리한문학회, 2005.
______ · 강혜종, 「〈조선환여승람(朝鮮寰輿勝覽)〉의 상업적 출판과 전통적 가치 계승 문제」, 『열상고전 연구』 35, 열상고전연구회, 2012.
______ · 구지현, 『조선시대 표류노드 시각망 연구일지』, 보고사, 2016.
허세욱, 「중국문학지리학의 형성과 그 인과 연구」, 『중국어문논총』 18, 중국어문연구회, 2000.
현주환, 『한국유이민사』 상, 어문각, 1967.
홍순석 · 정선희 · 이명현 · 이기대 · 김도환 · 이태화 · 장예준 · 김효림 · 정혜경 · 송미경, 『한국고전서사와 콘텐츠』, 한국문화사, 2018.
황혜진, 「문학을 통한 인문지리적 사고력 교육의 가능성 탐색-평양을 배경으로 한 고전소설을 배경으로」, 『고전문학과 교육』 13, 한국고전문학교육학회, 2007.

內藤雋輔, 「壬辰 · 丁酉役における被擄朝鮮人の刷還問題」(上), 奈良: 『朝鮮學報』 29, 朝鮮學會, 1963.
稻葉岩吉, 「朝鮮孝宗朝に於ける兩次の滿洲出兵について」上 · 下, 『靑丘學叢』 15 · 16, 1934.
司馬遷, 〈秦始皇本紀〉, 『史記』.
謝壽昌 외 편, 『中國古今地名大辭典』(제16판), 臺北:臺灣商務印書館, 1982.
謝壽昌 외, 『中國古今地名大辭典』(6판), 臺北:臺灣商務印刷館, 1982.

杉浦芳夫 編,『文學 人 地域-越境する地理學』, 東京: 古今書院, 1995.
杉浦芳夫,『文學のなかの地理空間-東京とその近傍』, 東京: 古今書院, 1992.
桑树森 主编,『黑龍江道路交通史』, 人民交通出版社, 1988.
小田匡保,「文學地理學のゆくえ - 杉浦芳夫編『文學・人・地域』はなぜ面白くないか?-」,『駒澤地理』33, 東京: 駒澤大学文学部地理学教室, 駒澤大学総合教育研究部自然科学部門 編, 1997.
岩生成一,「安南國渡航 朝鮮人 趙完璧傳」について」,『朝鮮學報』6, 奈良: 朝鮮學會, 1954.
王建榮・張佳 編,『西湖茶文化』, 杭州: 杭州出版社, 2013.
王從安,「桓仁滿族自治縣境內最大的古戰場-世說薩爾滸大戰的東線之戰」(http://tieba.baidu.com/f?kz=114461515)
林屋辰三郎,『角倉了以とその子』, 東京: 星野書店, 1994.
張縉彦,『寧古塔山水記 域外集』, 黑龍江人民出版社, 1984.
『皇淸開國方略』
Christian Norberg-Schulz, Existence, Space and Architecture, London: Praeger Publishers, 1971.

찾아보기

ㄷ

ㄹ

ㅁ

ㅂ

ㅅ

ㅇ